简阳年鉴

2022

JIANYANG YEARBOOK

简阳市人民政府　主办

简阳市地方志办公室　编

方志出版社

图书在版编目（CIP）数据

简阳年鉴．2022 / 简阳市地方志办公室编．—北京：方志出版社，2022.10

ISBN 978-7-5144-5368-3

Ⅰ．①简…　Ⅱ．①简…　Ⅲ．①简阳—2022—年鉴　Ⅳ．①Z527.14

中国版本图书馆 CIP 数据核字（2022）第 244040 号

责任编辑：王海荣
责任校对：刘玉霞
责任印制：梅中英
出 版 者：方志出版社
地　　址：北京市朝阳区潘家园东里 9 号（国家方志馆 4 层）
邮　　编：100021
网　　址：http://www.zgfzcb.cn
发　　行：方志出版社图书营销中心（010-67110500）
印　　刷：成都市兴雅致印务有限责任公司
开　　本：889 毫米 ×1194 毫米　1/16
印　　张：35.25
字　　数：1070 千字
版　　次：2022 年 10 月第 1 版
印　　次：2022 年 10 月第 1 次印刷
定　　价：268.00 元

简阳市行政区划图

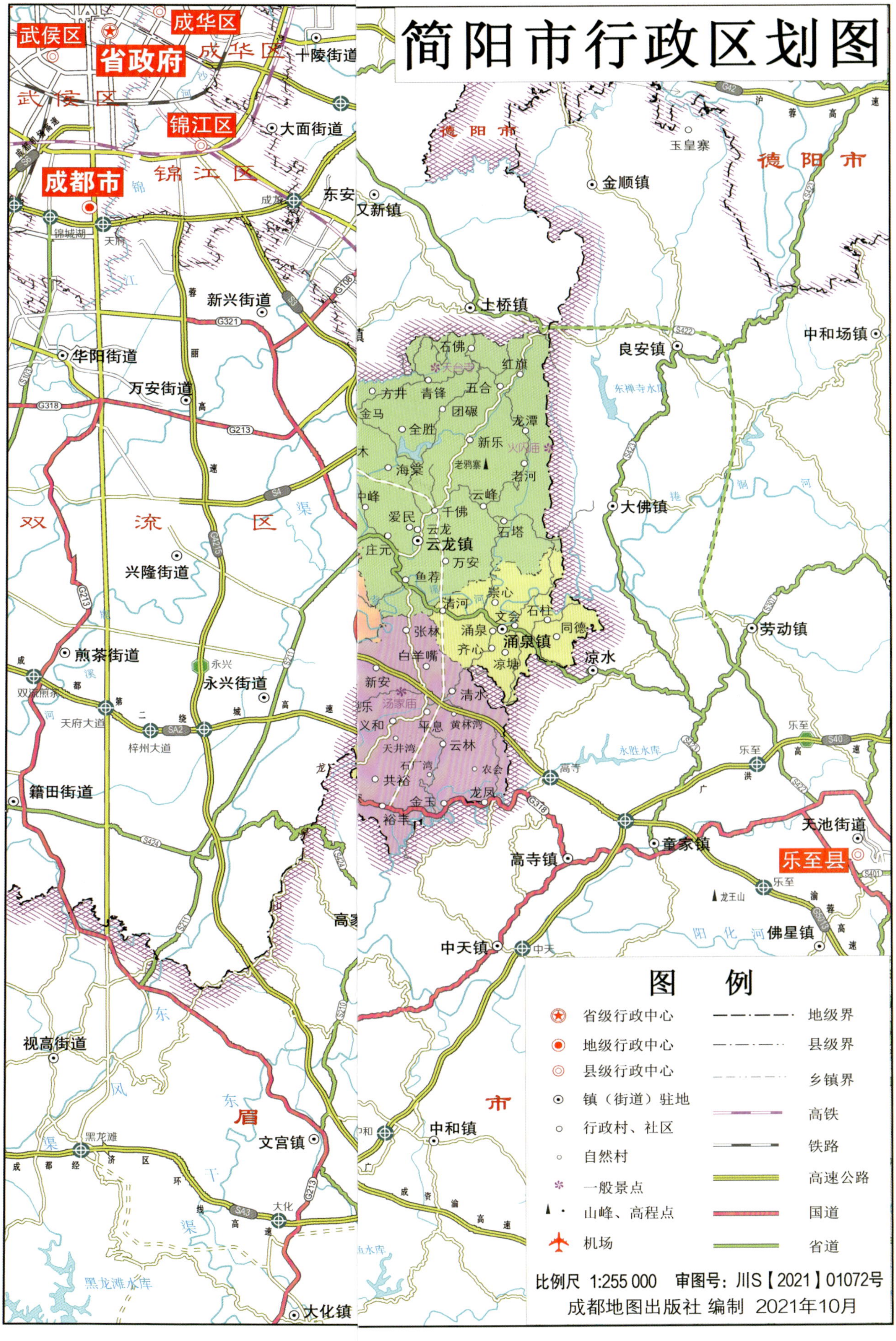

武侯区
成华区
省政府
锦江区
成都市
双流区
十陵街道
大面街道
东安
又新镇
新兴街道
华阳街道
万安街道
兴隆街道
煎茶街道
永兴街道
籍田街道
视高街道
文宫镇
大化镇
黑龙滩
黑龙滩水库
天府大道
梓州大道
锦城湖
玉皇寨
德阳市
金顺镇
土桥镇
良安镇
中和场镇
东禅寺水库
大佛镇
劳动镇
石佛
红旗
方井
青锋
五合
金马
团碾
全胜
龙潭
新乐
火烧庙
海棠
老鸦寨
老河
中峰
云峰
爱民
千佛
云龙
云龙镇
石塔
庄元
万安
鱼荐
崇心
清河
石柱
文会
同德
张林
涌泉
涌泉镇
齐心
凉城
凉水
白羊嘴
新安
汤家庙
清水
义和
平息
黄林湾
天井湾
石广湾
云林
共裕
农会
金玉
龙凤
裕丰
高寺
高寺镇
永胜水库
乐至
天池街道
乐至县
童家镇
龙王山
中天镇
中天
阳化河
佛星镇
高家
中和镇
中和
市
眉
图例
省级行政中心
地级行政中心
县级行政中心
镇（街道）驻地
行政村、社区
自然村
一般景点
山峰、高程点
机场
地级界
县级界
乡镇界
高铁
铁路
高速公路
国道
省道
比例尺 1:255 000 审图号：川S【2021】01072号
成都地图出版社 编制 2021年10月

《简阳年鉴（2022）》编辑部

主　　编	罗　勇
副 主 编	张也驰
编　　辑	张也驰　杜景余　黄红武　廖晓琳　孙梦娜　曹仁发　骆舜钦　邓莹珠　张笑语　汤秀兰　胡玉娜
校　　对	张也驰　杜景余　黄红武　孙梦娜
排版设计	四川远近文化有限公司

《简阳年鉴（2022）》编写组成员名单

中共简阳市委办公室（中共简阳市委保密机要局〈简阳市国家保密局、简阳市密码管理局〉、简阳市政府外事办公室、简阳市档案局）

张潇澜　王　波　王乐乐　杜小飞　段　海

解雪梅　陈荣齐　刘姝男　陈　静

简阳市人民代表大会常务委员会办公室

杨先菊　范昊林　张　起

简阳市人民政府办公室

周晓伟　李　翔　董　军　李红梅　何　兴

李云霄

中国人民政治协商会议简阳市委员会办公室

肖明华　张家林　王　强　郑　妍　李东京

曾　爽　刘志燕

中共简阳市纪律检查委员会　简阳市监察委员会

唐靖琪

中共简阳市委组织部（中共简阳市委非公有制经济组织和社会组织工作委员会、中共简阳市委直属机关工作委员会、中共简阳市委老干部局、简阳市公务员局）

阿拥桑娜　钟　泉　陈　龙　谢佳材　张　爽

马勇军　付尚艳　易思冬　王用军　樊正璘

李健升　程　玮

中共简阳市委宣传部［简阳市精神文明办公室、中共简阳市委对外宣传办公室（简阳市政府新闻办公室）、简阳市新闻出版局（简阳市版权局）、简阳市互联网信息办公室］

付洪波　邹　磊　杨　森　谢　勇　王　静

吴姿欣　李　威　唐　骁

中共简阳市委统一战线工作部　简阳市民族宗教事务局（简阳市政府侨务和台湾事务办公室）

郑键斌　蒋　荔　张小林　谭宏斌

中共简阳市委政法委员会

黄友志

中共简阳市委政策研究室

卓思帆　晋云海

中共简阳市委城乡社区发展治理委员会

黄　佳

中共简阳市委机构编制委员会办公室

孔　曦　王婕钰

中共简阳市委巡察工作领导小组办公室

赵　云

中共简阳市委党校（简阳行政干部学校）

王华荣

简阳市档案馆

汪沐子

简阳市融媒体中心

樊九思

简阳市人民法院

梁亚男

简阳市人民检察院

孔令锋

中国人民解放军四川省简阳市人民武装部

张　军

简阳城区鸟瞰（市住建局供图）

杨家镇互助村150亩红萝卜种植基地（市农业农村局供图）

现代农业

Modern Agriculture

平泉街道太阳村莲藕丰收（市农业农村局供图）

禾丰镇潮水社区高标准粮油种植农田（市农业农村局供图）

踏水镇泉水村集体经济蔬菜大棚（踏水镇供图）

三合镇利木村养殖的大耳羊（三合镇供图）

宏缘镇大堰村葡萄产业园（宏缘镇供图）

2021年9月23日，简阳市第四届农民丰收节在平武镇尤安村举行（市农业农村局供图）

施家镇龙河村百香果种植示范基地（施家镇供图）

城乡建设

Urban and Rural Construction

蓝天白云下的鳌山公园（市住建局供图）

荷桥村郊野型公园城市示范片区（市住建局供图）

被公园环抱的简阳城区（市住建局供图）

平武镇尤安村新村聚居点（市农业农村局供图）

鳌山公园一角（市住建局供图）

观音井绿道（市住建局供图）

河西城区建设（市住建局供图）

完成老旧小区改造的简城街道红建路兰苑小区（市惠民中心供图）

成安渝高速简阳东收费站（市交通局供图）

畅通简阳
Jianyang Transportation

成安渝高速公路石钟连接线（秦建华　摄）

成龙简快速路和金简仁快速路枢纽互通（市交通局供图）

简蒲高速公路上的沱江特大桥（市交通局供图）

雄州大道（市住建局供图）

成龙简快速路（市交通局供图）

成资快速路（市交通局供图）

平泉镇荷桥村村道（市交通局供图）

位于禾丰镇连山村的“简阳 · 中国桃花源”赏花基地（市文体旅局供图）

平泉街道太阳村十里荷花长廊（市农业农村局供图）

成都市十大乡村旅游目的地——禾丰镇金色丙灵景区（市文体旅局供图）

成都市AAA级林盘景区——平武镇“和乐尤安”景区（市文体旅局供图）

2021年12月19日，简阳第十八届羊肉美食文化旅游季在雄州广场C区开幕（市文体旅局供图）

“新旅游 · 潮成都”主题旅游目的地——青龙镇“稻花香里”生态农庄（市文体旅局供图）

石钟镇川红花基地（市文体旅局供图）

2021年4月2日，简阳市射洪坝街道首届黄花风铃木赏花活动在新合社区举行（市文体旅局供图）

生态旅游

Ecological Tourism

成都市AAA级林盘景区——平泉街道“家风荷乡”景区（市文体旅局供图）

民生工程

People's Livelihood Projects

2021年12月3日，2021成都市“走基层”文化惠民活动暨简阳市社区音乐汇演在雷家镇举行（市文体旅局供图）

欢乐时光（市住建局供图）

简阳市图书馆智能借书系统（市文体旅局供图）

2021年7月12日，简阳市青少年活动中心组织51名留守儿童到哈工大机器人集团成都科普基地开展“放飞科技梦想　点亮智慧童年”留守儿童公益夏令营活动（市教育局供图）

2021年6月25日，四川大学华西第二医院｜华西妇产儿童医院与简阳市人民医院区域联盟医院授牌仪式举行（市卫健局供图）

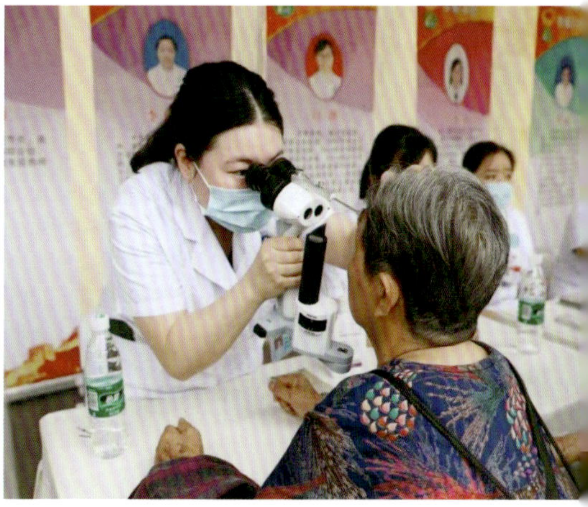

义诊咨询活动（市卫健局供图）

2021年7月2日，"川体集团杯"四川省第三届全民健身运动会暨"我要上全运"社区运动会太极拳比赛在简阳市东来印象体育馆开赛（市文体旅局供图）

2021 数字简阳

面积：2213.5242 平方公里

城市建成区面积：41 平方公里

户籍人口：150.44 万人

常住人口：113.69 万人

地区生产总值：620.09 亿元

人均地区生产总值：63341 元（不含成都东部新区）

第一产业增加值：84.05 亿元

第二产业增加值：150.76 亿元

第三产业增加值：385.28 亿元

社会消费品零售总额：412.47 亿元

外贸进出口总额：15.06 亿元

地方一般公共预算收入：40.23 亿元

地方一般公共预算支出：97.4 亿元

城镇居民人均可支配收入：43290 元（不含成都东部新区）

农村居民人均可支配收入：21706 元（不含成都东部新区）

中小学校数：125 所

公办中小学在校学生数：13.48 万人

卫生机构数：558 个

卫生机构床位数：8602 张

卫生技术人员：7393 人

注：以上数据除标注“（不含成都东部新区）”外，其余数据均涵盖成都东部新区在内的37个镇（街道）范围

目　录

特　载

专　记

大 事 记

综　述

中共简阳市委员会

简阳市人民代表大会

简阳市人民政府

中国人民政治协商会议简阳市委员会

中共简阳市纪律检查委员会 简阳市监察委员会

民主党派

群众团体

法　治

军　事

产业功能区（园区）

农 业

工　业

建筑和房地产业

服务业

开放与合作

综合监督管理

城乡规划建设与管理

教育·科技

卫生健康

文化·体育

生态建设

居民生活

镇（街道）

附 录

索 引

特 载

中共简阳市委工作报告

——在中国共产党简阳市第十六次代表大会上

中共简阳市委书记　詹　庆

（2021 年 10 月 26 日）

同志们：

现在，我代表中国共产党简阳市第十五届委员会向大会作报告。

这次大会的主题是：深入学习贯彻习近平新时代中国特色社会主义思想，全面贯彻落实党中央和省委、成都市委决策部署，动员全市各级党组织、广大党员干部群众接续奋斗，高质量建设成都东部区域中心城市，高水平创造新时代幸福美好生活，为全面建设社会主义现代化简阳而努力奋斗。

一、五年拼搏奋进，简阳发展迈上新的台阶

刚刚过去的五年，是简阳发展历史上极不平凡、具有划时代意义的五年。市委始终坚持以习近平新时代中国特色社会主义思想为指导，认真学习贯彻习近平总书记对四川及成都工作系列重要指示精神，抢抓成渝地区双城经济圈建设、成德眉资同城化发展、成都城市东进等历史机遇，团结带领全市人民，顽强拼搏、追赶跨越，全面融入大成都，加快建设新简阳，推动简阳发展站在现代化建设的新起点。简阳市连续两年被四川省委、省政府表彰为“县域经济发展强市”，综合经济实力跻身全国县域经济百强，连续五年被评为“全省脱贫攻坚先进县”，先后获得“四川省文明城市示范城市”“全国文明城市提名城市”“国家卫生城市”等荣誉。

我们始终牢记初心使命，把握正确方向勇担时代重任。把学习贯彻习近平新时代中国特色社会主义思想作为首要政治任务，作为市委常委会会议“第一议题”，第一时间抓好贯彻落实，做到学思用贯通、知信行统一，引领带动党员干部增强“四个意识”、坚定“四个自信”、做到“两个维护”。贯彻落实中央和省市决策部署，讲政治、讲境界、讲情怀，服务保障成都天府国际机场建设，做好所辖镇（街道）两次托管关系调整，平稳顺利完成工作移交，在服务省市发展大局中作出简阳贡献、体现简阳担当。抢抓融入成都发展重大机遇，把握城市发展阶段性特征，传承创新、与时俱进，明确建设成都东部区域中心城市的总体目标定位，确立加快培育“五个新优势”的发展路径，编制完成“十四五”发展规划，优化完善市域国土空间规划，绘就简阳发展美好蓝图。

我们保持专注发展定力，实现综合经济实力稳步提升。经济总量迈上新台阶，2020年实现地区生产总值425.8亿元，一般公共预算收入突破30亿元，发展质量效益不断提升。产业支撑更加有力，“2＋2＋1”三次产业体系加快形成，农业现代化迈出坚实步伐，工业经济保持平稳运行，服务业实现增量提质，社会消费品零售总额由2016年的234.7亿元增长至358.1亿元，简阳临空经济产业园、成都空天产业功能区规划建设加快推进，西部电商物流产业功能区获评国家电子商务示范基地。项目投资势头强劲，实施重大项目841个，完成固定资产投资1257亿元，成安渝高速禾丰、石钟连接线建成投用，简州大道实现试通车，城市西内环线、柳林大桥等项目启动实施，中通、申通西南总部等项目加快建设，一批支撑城市发展的重大产业和基础设施项目强力推进。

我们坚定践行公园城市理念，推动城乡面貌显著改善。城市功能品质大幅提升，编制完成《践行新发展理念的公园城市示范区——简阳市建设总体规划》，加快推进8个公园城市示范片区建设，建成城市公园5个、绿道205公里，改造棚户区（城中村）10个、老旧小区54处，实施“两拆一增”项目50个，城区人均公园绿地面积由14.2平方米增加至15.9平方米。综合交通网络加快构建，公路总里程增加至2650公里，成资渝高速、成宜高速、成都经济区环线高速通车，成简快速C段完成提质改造，新（改、扩）建县乡村道2207公里，外联内畅的市域交通格局初步形成。城乡基础条件切实改善，毗河供水一期工程主干渠顺利通水、每年新增供水6753万立方米，河东部分区域生产生活用水难题有效解决，城乡供水安全性和保证率大幅提高，行政村公交客运通达率达100%，村级就业服务中心实现全覆盖，农村人居环境“三大革命”深入推进，改造农村户厕83259户、土坯房25744户，创建成都市AAA级林盘景区4个、四川省乡村振兴示范村4个。

我们坚持普惠共享发展，持续提升群众获得感幸福感。民生保障坚实有力，投入资金235.9亿元实施民生工程和民生实事，民生支出占一般公共预算支出比重达76.2%；城乡居民医疗保险、养老保险参保率分别提升至98%、94.8%，城乡低保标准分别由每人每月370元、190元统筹增加至800元，城乡特困人员供养金由每人每月250元增加至1040元；新增城镇就业44600人，登记失业率控制在4%以内。教育事业加快发展，投入资金67.6亿元，新（改、扩）建义务教育标准化学校、公办幼儿园74所、增加学位6.8万余个，义务教育均衡发展通过国家督导评估认定，普通高中教学质量连续四年获评成都市优秀等级。医疗卫生事业全面进步，市、镇、村三级医疗卫生服务体系更加完善，提标改造镇卫生院（社区卫生服务中心）28个、村卫生室199所，市人民医院门急诊医技大楼、市疾控中心迁建等项目建成投用，市中医医院成功创建“三甲”，简阳市获评全国基层中医药工作先进单位，健康扶贫工作经验在全国推广。养老体系逐步完善，新（改、扩）建社区日间照料中心100个、敬老院31所，新增养老床位数1337张，有意愿集中供养特困人员满足率100%。文体事业持续繁荣，镇村综合文化服务中心实现全覆盖，市文化馆、市图书馆创建国家一级馆，成功举办中华龙舟大赛、全国青年跳水锦标赛等重大赛事，“一镇（街道）一活动”精彩纷呈，被省文旅厅命名为“四川省民间文化艺术之乡”。

我们打赢脱贫攻坚硬仗，高标准全面建成小康社会。始终把脱贫攻坚作为最大政治任务，形成成都市级层面关怀帮助、兄弟区县鼎力支持、干部群众奋发有为的大扶贫工作格局，全民动员、尽锐出战，6000余名党员干部深入基层开展结对帮扶，统筹整合资金33.98亿元投入扶贫领域，提前3年实现116个省定贫困村摘帽、25336户建档立卡贫困户脱贫。实施三年巩固提升行动，脱贫户社会救助兜底保障率、医保参保率、子女入学率均达100%，8969户贫困群众住上新房，脱贫群众人均纯收入增加至12669元，是

2016年的3.3倍。扎实推进巩固脱贫攻坚成果与乡村振兴有效衔接，编制完成乡村振兴战略规划、现代农业产业发展规划，发展特色产业32万亩，培育农民专合社1700余家，村集体经济收入突破1亿元，农村居民收入进入全省高收入组，为共同富裕打下坚实基础。在这场攻坚硬仗中，党员干部倾力奉献、苦干实干，涌现出许多感人至深的先进事迹，10家单位、79名个人受到省级及以上表彰。

我们加强生态文明建设，切实改善生态环境质量。生态环境保护责任制全面落实，第一轮中央生态环保督察四川交办和反馈问题全面整改完成。持续加强环保设施建设，投入资金43.95亿元、实施重点项目35个，沱江、绛溪河截污干管改造全面完成，新（改）建老城区雨污分流管网148公里，31个乡镇污水处理厂、城市生活垃圾焚烧发电厂等项目建成投用。污染防治成效显著，整治黑臭水体33段，沱江流域水质达到考核标准；大气质量持续改善，空气质量优良天数由289天增加至324天，PM2.5浓度较2016年下降43.6个百分点，城市环境空气质量达二级标准、列成都市前列；工业危险废物和医疗废物无害化处理率达100%，土壤环境总体优良。绿色转型有序推进，整治"散乱污"企业304户，淘汰落后产能企业21家，城市新能源公交车全面普及，单位地区生产总值能耗下降5%。

我们坚持共建共治共享，完善治理体系提升治理能力。"党建引领、多元共治"向纵深推进，新（改）建标准化党群服务中心242个，创建成都市级党建引领示范社区18个，"一核四治"治理模式被评为"2020年度中国十大社会治理创新典范"，2019年、2020年连续两年被评为"全国社会治理创新典范城市"。织密扎牢疫情联防联控网，严防局地疫情扩散输入风险，筑牢保障人民群众生命健康安全的坚实屏障。法治简阳、平安简阳建设扎实推进，"七五"普法工作成效明显，扫黑除恶专项斗争、政法队伍教育整顿、禁毒人民战争取得阶段性成果，安全生产、食药监管等工作切实加强，5年未发生重特大安全生产事故，获评"全国2020平安创建优秀城市"。社会大局保持和谐稳定，城乡建设、征地拆迁、社会保障等领域历史遗留问题逐步化解，人民调解"百米服务圈"等做法在全省推广，被国家信访局评为信访工作"三无"县（市、区）。

我们持续深化改革开放，不断增强经济社会发展动力。机构改革圆满完成，行政效能大幅提升。"两项改革"富有成效，镇（街道）、村（社区）、村（居）民小组数量分别调减36.2%、45.7%、41.34%，实现资源要素优化配置、乡村经济和治理版图重塑，为全面推进乡村振兴奠定基础。"五项制度"改革取得阶段性成效，经济管理、公共服务、社会治理、财政预算管理能力进一步提高。农业农村改革持续深化，农村产权"六权同确"全面完成，获评全国农村承包地确权登记颁证工作典型地区，"四合一"改革经验在全省推广。营商环境进一步优化，"放管服"改革有力推进，依申请类政务服务事项100%实现"网上可申请"和"最多跑一次"，政务服务更加优质、便捷、高效。招商引资成效明显，签约引进重大项目160个、总投资超3000亿元，累计到位国内省外资金534.83亿元。区域合作务实有效，简雁乐交界地带融合发展有序推进，与成都东部新区协同一体化发展加快成势。

我们注重加强团结协作，广泛凝聚加快发展强大合力。切实加强市委常委班子自身建设，严格执行民主集中制和"三重一大"决策机制，坚持常委会向全委会报告工作，重大问题征求市人大、市政协意见。支持市人大、市政府、市政协依法依章程履行职责，深化与各民主党派、工商联、无党派人士的合作共事，民族、宗教、外事、侨务等工作水平不断提升。坚持党管政法，市法院、市检察院依法独立公正行使审判权、检察权，助力营商环境和诚信体系建设、服务企业发展成效显著。深入推进党管武装、双拥、退役军人服务保障工作，国防动员和后备力量建设实现新提升，荣获"四川省双拥模范城"称号。工会、共青团、妇联、科协、侨联、残联、红十字会等桥梁纽带作用进一步发挥，老干部工作和关心下一代工作不断加强。基层民主稳步发展，群众自治机制不断完善。

我们保持从严治党定力，全面加强党的领导和党的建设。党的政治建设全面加强，"两学一做"学习教育、"不忘初心、牢记使命"主题教育和党史学习教育扎实开展，庆祝中华人民共和国成立70周年、庆祝中国共产党成立100周年系列活动凝聚起强大奋进力量，学习贯彻新思想走深走实、入脑入心。四川省委第四巡视组巡视简阳市和四川省委第九巡视组巡视成都市反馈意见整改工作扎实推进，整改问题100个、整改完成率90%。坚持“四个纳入”压紧压实意识形态工作责任，加强网络等阵地管控，意识形态领域安全平稳、整体向上向好。鲜明大抓基层导向，健全市级领导联系镇（街道）、党员领导干部党支部工作联系点制度，完成村（社区）“两委”和镇党委班子换届，统筹推进企业、机关、学校、“两新”组织等领域党建工作，基层组织战斗力、凝聚力进一步增强。坚持好干部标准，严格干部选任程序，实施干部专业能力提升计划，培训干部9万余人次。扎实推进“东进英才”工程，引进高层次人才560名，评选“简阳工匠”111人。严格落实中央八项规定及其实施细则精神，常态化开展“微腐败”治理、形式主义和官僚主义问题专项整治、脱贫攻坚领域专项整治，十五届市委巡察实现全覆盖，正确运用监督执纪“四种形态”，坚持零容忍态度惩治腐败，立案审查调查1470人、党纪政务处分1404人、移送司法机关审查起诉29人，全面从严治党向纵深发展，风清气正干事创业环境进一步巩固。

回顾过去五年，这些成绩的取得，是习近平新时代中国特色社会主义思想科学指引的结果，是党中央和四川省委、成都市委坚强领导的结果，是历届简阳市委班子接续奋斗和市四套班子精诚团结的结果，是全市各级党组织和广大党员干部群众共同拼搏的结果，是广大离退休老同志、老干部关心支持的结果，是驻简各单位、各民主党派、工商联、无党派人士和群团组织勠力同心的结果。在此，我代表中共简阳市第十五届委员会，向所有关心、支持、参与简阳建设和发展的同志们、朋友们，表示衷心感谢，并致以崇高敬意！

回顾过去五年，我们也要清醒看到问题和不足：发展质量还不够高，发展不平衡、不充分仍然是最大市情，城乡、区域发展差距较大，产业层次偏低，有效投资不足，开放水平不高，创新创造活力不强，还需要持续用力推动发展质量变革、效率变革、动力变革；发展优势还未充分转化，营商环境还不优，资源禀赋、区位交通、机场集聚效应等优势转化利用不充分，还没有形成高端产业、资源要素集中汇聚的发展实效；改善民生还存在短板，教育、医疗、住房、养老以及城乡基础设施薄弱环节还不少，满足人民群众对美好生活的向往还有很多工作要做；干事创业氛围还不浓厚，少数党员干部责任感、事业心不强，精神不振、能力不足、作风不实，锻造高素质专业化干部队伍还需持续用力。对于这些问题，必须采取更加积极有效的措施切实加以解决。

二、把握城市历史、现实和未来，开启全面建设社会主义现代化简阳新征程

未来五年，是机遇叠加、前景美好的五年，是大有可为、追赶跨越的五年。我们必须科学研判、准确把握城市发展的时代方位，奋力谱写社会主义现代化简阳新篇章。

回顾发展历程，我们要准确把握城市发展的阶段特征。从汉代立城于绛溪河北岸，到明代跨河向南发展，形成老城区架构；从新世纪跨江拓展进入拥江发展时代，到全面融入成都，加快县级城市向区域中心城市转型跨越，简阳城市发展走过从发育到壮大，再到城镇化快速发展的不同时期，经历从依水而生到传统农业大县、川中工业重镇，再到依港而兴的历史性跨越。今天的简阳，城市建成区面积拓展至40平方公里，常住人口城镇化率提高到53.8%，区域发展协调性明显增强，城乡结构发生根本性变化，城市发展进入崭新阶段。我们要认识、尊重、顺应发展规律，准确把握新阶段城市发展速度、发展方式、发展动力的深刻变革，树立科学的城市发展理念，推动城市高质量发展。

分析发展现状，我们要积极应对城市发展的现实挑战。从承载能力看，市域空间格局发生重大变化，城镇空间规模结构不优，产业发展承载空间不足，资源环境约束愈加明显，迫切需要科学统筹，提高城市工作全局性。从发展动力看，城市发展动能从要素驱动向创新驱动转变，制度机制活力释放不足，科技创新支撑作用不强，人才和资源要素聚集度不高，迫切需要重塑城市动力系统、优化城市动力结构，提高城市发展的持续性。从治理能力看，城市规划前瞻性、严肃性和延续性不强，建设运营模式比较单一，管理服务不够精准有效，共建共治共享的合力不足，迫切需要树立规划引领城市发展的理念，增强城市工作的系统性，凝聚城市发展的正能量。从宜居品质看，城市生态环境、公共服务、交通出行、安全保障、文明建设等，与群众需求还有较大差距，迫切需要城市发展回归人本逻辑、生活逻辑，提升城市发展的宜居性。

我们要坚定不移贯彻新发展理念，切实增强城市工作的系统思维，努力走出一条更高质量更有效率更可持续的现代化城市发展路径。

展望美好前景，我们要全力抢抓城市发展的重大机遇。党中央赋予成都建设践行新发展理念的公园城市示范区重大使命，为新时代城市发展指明方向、提供遵循。“一带一路”建设、长江经济带发展、新时代西部大开发和成渝地区双城经济圈建设，以及四川省委“一干多支、五区协同”战略部署、推进成德眉资同城化发展和成都城市东进，这些重大决策部署为简阳城市发展提供更高平台、更大空间。成都天府国际机场建成投运，简阳跃升成为内陆开放的重要窗口，在服务国内大循环、国内国际双循环中的作用更加凸显。我们要始终保持干事创业的澎湃激情，紧紧抓住城市跨越发展的历史机遇，以国际视野、战略思维推动城市发展不断向前迈进。

今后五年，全市工作的总体要求是：坚持以习近平新时代中国特色社会主义思想为指导，深入贯彻党的十九大和十九届二中、三中、四中、五中全会精神，认真落实习近平总书记对四川及成都工作系列重要指示精神，全面贯彻落实党中央和四川省委、成都市委决策部署，立足新发展阶段，贯彻新发展理念，服务新发展格局，坚持以建设践行新发展理念的公园城市示范区为统领，坚持稳中求进总基调，坚持系统观念和底线思维，牢固树立“人民城市为人民”的理念，全面落实“一尊重五统筹”城市工作总要求，推进依港兴市、产业强市、生态立市、开放活市、惠民和市，高质量建设成都东部区域中心城市，高水平创造新时代幸福美好生活，为全面建设社会主义现代化简阳而努力奋斗。

今后五年，全市工作的奋斗目标是：建设区域中心城市，打造“五个新简阳”。

建设区域中心城市，站位国家和省市发展大局，勇担城市发展新使命，系统谋划推动城市发展，到2025年，系统完备的城市工作制度机制基本建立，城市发展能级全面提升，在区域发展中的辐射力带动力影响力显著增强，成为成渝相向发展桥头堡、同城化发展新支撑、区域协同发展示范区。

打造“五个新简阳”，坚定践行新发展理念，推动经济社会高质量发展，地区生产总值增速、固定资产投资总额增速、社会消费品零售总额增速、一般公共预算收入增速、城乡居民人均可支配收入增速和常住人口城镇化率提升幅度高于全国、全省和成都市平均水平，初步建成空港简阳、实力简阳、宜居简阳、活力简阳、幸福简阳。

——建设空港简阳。打好临空牌，创响空港城市名片，立体综合交通网络更加完善，现代化临空产业体系初步构建，在东进区域率先形成现代物流产业集群、临空服务业集群和国际商务产业集群，临空经济成为城市经济发展的新引擎，国际现代、大气包容的国际空港门户枢纽城市加快建设。

——建设实力简阳。夯实城市发展的底座支撑，构建高质量现代产业体系，形成先进制造业集群成链、现代服务业量质齐升、都市现代农业优质高效的产业发展态势，经济总量、发展质量大幅提升，地区生产总值突破700亿元，一般公共预算收入突破50亿元，综合经济实力保持全国百强、实现进位争先。

——建设宜居简阳。坚定践行公园城市理念，塑造“城山相映、人水共生”的山水公园城市形态，公共服务更加优质均衡，生活环境更加便捷舒适，城市治理更加科学化精细化智能化，城市更加安全韧性，宜居舒适成为简阳城市最大的魅力。

——建设活力简阳。抓住发展环境这一决胜未来的关键，推动更高水平的改革开放，稳定公平可及的营商环境基本形成，重点领域改革取得重大突破，人人享有人尽其才的就业创业机会，市场主体、新兴产业、信息技术等吸引力集聚力全面增强，成为成渝地区资源要素集聚新高地。

——建设幸福简阳。始终把人民对美好生活的向往作为奋斗目标，创造共同富裕的民生福祉，基本实现幼有善育、学有优教、劳有厚得、病有良医、老有颐养、住有宜居、弱有众扶，人民群众生活水平和幸福指数显著提高，小城大爱的城市品格更加彰显，幸福成为简阳最温暖底色。

建设区域中心城市，是我们勇担历史使命、推动城市转型发展的时代要求；打造“五个新简阳”，是推进高质量发展、实现跨越赶超的必然选择。展望新征程，全市上下要锚定目标不放松，一届接着一届干，开拓创新、拼搏奋进，绵绵用力、久久为功，奋力开创全面建设社会主义现代化简阳新局面！

三、增强城市可持续发展能力，为幸福美好生活提供永续承载空间

当前，简阳城市发展进入新阶段，要聚焦建设成都东部区域中心城市，在统筹上下功夫、在重点上求突破、在补短上提质效，推动城市永续发展，努力实现“城市，让生活更美好”。

（一）优化市域空间格局，重塑城市经济地理

城市是社会、经济、文化等诸多要素的物质载体。要科学统筹空间、规模、产业，塑造紧凑集约、高效绿色、协同共进的空间格局和经济地理，实现城市和经济社会相辅相成、相互促进。

构建协作协同、互利共生的区域发展格局。深入落实《成渝地区双城经济圈建设规划纲要》，发挥成渝交通枢纽、主轴重要节点作用，打造成都建设国内大循环战略腹地和国内国际双循环门户枢纽的战略支点、成渝相向发展的桥头堡。主动服务“一干多支、五区协同”战略格局，发挥成德眉资同城化桥梁和纽带作用，推动交界地带融合发展，打造同城化发展战略新支撑。全力助推成都城市东进，全面推进与成都东部新区协同一体化发展，在基础设施互联互通、公共服务共建共享、产业发展共荣共兴、生态环境联防共治等方面协调联动，打造区域协同发展示范区。

构建一核引领、多点支撑的城镇发展体系。着眼增强城市区域竞争力，优化城镇功能体系和空间布局，以中心城区为核心，以禾丰镇、三星镇、雷家镇3个中心镇和其他特色镇为支撑，构建“1＋3＋N”城镇体系，形成布局合理、功能互补、一体共兴城市发展格局。中心城区着力构建“一心两翼、两轴四区”空间格局，活化存量空间、赋能增量空间、打开弹性空间，推动城市整体形态、发展方式、营城路径全方位深层次转变，打造产城融合、功能完备、职住平衡、绿色生态、交通便利、生活幸福的宜业宜居山水公园城市。力争到2025年，建成区面积拓展至45平方公里，人口增长至45万人。中心镇聚力扩容提质，持续完善综合服务功能、培育壮大特色产业、提升辐射带动能力，打造推动农业转移人口就地就近城镇化重要平台，强化对区域中心城市建设的支撑作用，加快建设“县域副中心、镇级小城市”，成功创建1个以上“四川省级百强中心镇”。特色镇坚持特色化、差异化发展，充分发挥交通区位、资源禀赋、产业基础等比较优势，加快形成产业特而强、功能聚而合、形态小而美、机制新而活的新型发展空间，打造城乡融合新支点、乡村振兴新支撑、文化传承新载体。

构建乡村振兴、城乡互促的融合发展格局。聚焦农业高质高效、乡村宜居宜业、农民富裕富足，坚持统筹规划、梯次融合，加快构建“一城四区”城乡融合发展格局，绘就“青丘原野·自在简阳”的美丽城乡画卷。近郊农旅城乡融合发展片区，发挥各街道和石钟镇、杨家镇在区位交通、产业发展等方面的优势，承接中心城区辐射带动，探索农旅融合发展新模式新路径，大力发展农事体验、观光休闲、近郊旅游等业态，打造满足市民多元化生活需求的城市后花园。数字乡村城乡融合发展片区，发挥禾丰镇、平武镇、三合镇、云龙镇、施家镇、涌泉镇特色产业集聚优势，提升晚白桃、大耳羊等产业质效，大力发展农业科技研发、现代种业、农产品加工、冷链物流等先导性产业，规划建设数字乡村产业功能区，打造全省数字乡村丘区示范。高品质粮经城乡融合发展片区，发挥三星镇、青龙镇、踏水镇、宏缘镇优质粮油、生态果蔬等产业优势，大力发展循环种养、农副产品加工等，打好“猪、粮、菜”保供保质保量组合拳，打造全省优质粮油保供基地。临空都市农业城乡融合发展片区，充分发挥雷家镇、镇金镇、江源镇紧邻机场区位优势，大力发展特色种植、休闲观光、航空食品、文旅康养等业态，打造临空都市农业新样板。

（二）发挥规划引领作用，系统推动城市发展

城市工作是一个系统工程。要坚持系统观念、增强全局意识，完善规划、建设、管理、运营一体化工作机制，推动城市功能完善、品质提升、特色彰显。

坚持高起点规划。树立规划“一张图”思维，坚持“多规合一”，编制完成市、镇、村三级国土空间规划，同步编制完善各领域专项规划，引领城乡建设高质量发展。高水平编制高铁片区、放生坝片区等重点区域控制性详细规划和城市设计，塑造高品质城市空间和城市风貌特色，完善城市功能。探索规划“留白”制度，实施战略留白和弹性管控，刚性保留产业空间规模，保障城市长远可持续发展。

坚持高质量建设。建立完善规划编制、审批、实施和监督“一张图”闭环管理机制，确保规划在城市建设管理过程中得到刚性落实。优化工程项目竣工验

收交接机制，完善居住区公共配套设施建设管理制度，促进“规建管用”有机衔接，实现项目建设满足需求、高效利用，工程质量经得起时间检验。深入开展城市体检，建立发现问题、整改问题、巩固提升的联动工作机制，精准查找、及时解决城市建设和发展中的短板不足，努力建设没有“城市病”的城市。

坚持高标准管理。推进城市管理理念、模式、手段创新，鼓励引导社会各界参与城市管理，构建“共谋、共建、共管、共评、共享”的城市管理体系。实施城市管理提质行动，健全城市管理指挥、调度、监督、考核机制，建立统一规范的城市管理标准，推动管理执法力量下沉，常态化抓好城乡违法建设治理，加强背街小巷环境整治提升，改善城乡人居环境。树立“管理即服务”意识，优化便民利民措施，项目化、清单式解决群众反映问题，推行包容审慎柔性监管，实现民生需求、城市秩序与城市活力平衡共存。

坚持高效益运营。按照“政府主导、社会参与、市场化运作”原则，推行片区综合开发、融建等多元化城市建设、投资模式，让政府有形之手、市场无形之手、市民勤劳之手同向发力。树立经营城市理念，深化“行业主管部门+市属国有企业+专营机构”管理模式，盘活存量资产、搞活增量资产、激活无形资产，实现城市资本“投入—经营—增值—再投入”的良性循环，以城建城、以城养城、以城兴城，促进城市精明增长。以市政公用、公共服务、环境治理、产业配套等公共设施为重点，推动政府投资和国有资本优先投向公共性平台项目，促进市属国有企业向城市综合运营商转变，更好服务城市建设发展。

（三）培育转换城市动能，增强城市核心竞争力

城市动力决定城市发展的速度、质量和可持续性。要着眼构建城市发展新动能和竞争新优势，统筹改革、创新、人才、文化，推进新旧动能接续转换。

深化重点领域改革。统筹推进户籍、教育、医疗、养老、住房等领域改革，加快农业转移人口和常住人口市民化，提升较低生活成本、较高生活品质的城市竞争力。构建推动高质量发展的政策体系，健全完善财政预算、执行、监督、考核体制机制，深化国资国企改革推动国有企业转型发展，建立土地资源集约节约高效利用和分类管理差异化供给制度机制，释放城市发展内生动力。扎实做好两项改革“后半篇”文章，推进镇（街道）扩权赋能，强化产业发展、公共服务、环境保护、营商环境建设等职能，提升镇（街道）经济发展和社会治理水平。持续深化农业农村领域改革，健全发展壮大新型农村集体经济和促进农民持续增收的制度机制，激发乡村振兴活力，培育集体经济年收入超1000万元的村3个、超5000万元的村1个。

增强创新发展动能。实施科创提能行动，聚焦主导产业搭建科创孵化平台、共性技术平台，积极推进众创空间、众创平台等建设，构建校院企地协同创新机制，联合开展以需求为导向的技术攻关，加速科技成果形成、转移与转化，落实企业创新研发扶持激励政策措施，促进创新要素向企业集聚，全社会研发经费支出年均增幅保持在10%以上。实施创业提升行动，建立青年创新创业“一站式”服务平台，鼓励引导各类群体踊跃创新创业，到2025年新增市场主体5万户、企业占市场主体比重达24%以上。

夯实发展人才支撑。建立健全“一把手抓人才第一资源”机制，落实“十四五”人才发展规划，推进人才政策创新突破，开辟落户、住房、子女就学、家属就业、金融服务等“绿色通道”，努力营造近悦远来的人才生态，促进创新型应用型人才成长、集聚和发挥作用，到2025年新增吸纳大学生就业创业1万人以上、技能人才1.2万人以上。深入实施“东进英才”工程，聚焦先进制造业、临空经济等重点领域，着力培育集聚一批高端领军人才和创新创业团队。完善人才激励机制，建立完善杰出人才荣誉制度，开展“简阳工匠”“突出贡献人才”评选，提升高技能人才职业尊荣感和社会认同度。

提升城市文化软实力。推进雄州文化传承创新，深化以“八大文化”为代表的传统文化挖掘阐释，加强圣德寺白塔、周克芹故居等文化遗址、名人故里的保护利用，重现“简州八景”神韵，建设一批具有鲜明简阳印记的文化地标、设施和景观，塑造特色城市风貌、城市文化名片，延续历史脉络。丰富拓展“大道至简、阳光致远”城市精神的内涵载体，增强市民对城市的归属感、认同感，为城市发展提供深层次原动力。大力培育文化文艺人才，实施文艺精品工程，繁荣文化文艺。做大做强文化产业，培育一批本土文化企业和文化产业示范基地，形成一批高辨识度的文化品牌，为群众提供高品质文化产品和服务。

物流、科技服务、创意设计等生产性服务业，积极培育一批管理服务商，引入一批专业服务提供商和平台型企业，推动现代服务业与先进制造业双向深度融合，力争到2025年，生产性服务业增加值超过150亿元，占服务业比重达到40%。主动适应消费新需求，大力培育消费新模式、新业态、新场景，合理布局建设城市综合体，提升简州里、鳌山坊等特色商业街区品质，提升简阳美食品牌效应，打造成都东部区域最具魅力的美食聚集地，高质量建设区域消费中心，力争到2025年，社会消费品零售总额超600亿元。推动文化旅游体育产业加快发展，实施文旅品牌创建行动，深度挖掘文化主题、地方特色等元素，丰富文化和旅游产品、旅游场景供给，构建跨区域旅游融合发展大格局，大力发展临港商旅、文化创意、会议展览等业态，借势大运会举办高能级体育赛事，打造一批精品线路、精品景区、精品节会、精品赛事，力争到2025年，打造国家AAAA级旅游景区、旅游度假区2个，实现旅游收入75亿元。

提质发展都市现代农业。以深化农业供给侧结构性改革为主线，优化产业布局，推动简阳晚白桃、简州大耳羊等七大特色产业连片规模化发展，壮大智慧种业、智能农机装备制造、烘干冷链物流三大先导性产业支撑，构建现代农业产业体系。大力培优品种、提升品质、做强品牌，充分发挥数字乡村产业功能区的牵引功能，加快建设天府农业科创园，加强农业关键核心技术攻关，推进全域全程标准化生产，大力发展农产品初加工、精深加工及副产物综合利用，培育创响“原香简阳”农业品牌，到2025年认证“三品一标”达150个以上，农业增加值突破80亿元。积极推进农商文旅深度融合，着力培育休闲观光、庭院经济、民宿经济、生态康养、田园旅居等业态，延长农业产业链，提升价值链。着力补齐农业基础设施短板，加强高标准农田、粮食仓储加工等基础设施建设，推进毗河供水一期工程配套渠系建设，推动毗河二期工程等重点水利设施建设。

（三）坚持生态立市，持续厚植城市绿色低碳底蕴

深学笃行习近平生态文明思想，把生态作为立市之本，加大生态环境保护修复和污染防治力度，让绿色生态成为城市最优质的资产和最普惠的民生。

全面加强生态环境保护。强化国土空间规划管控，严格落实“三线一单”硬约束，实行最严格生态环境保护制度，完善绿色发展考评机制。统筹推进山水林田湖草系统治理，深入实施河湖长制、林长制，持续抓好长江“十年禁渔”，加强明星水库等饮用水源保护，争创国家生态文明建设示范市。强化区域生态环境共治，推进跨区域环境污染联防联控联治，协同周边县（市、区）构建跨区域环境应急联动机制。

持续用力推进污染防治。狠抓中央环保督察反馈问题整改，健全污染防治长效机制。坚持精准科学依法系统治污，推进生活污水治理“厂网配套、泥水并重”，增强污水收集能力，加强城市大气质量达标管理，协同防控水土环境风险，建设分类投放收集运输处理的生活垃圾处理系统，健全危险废弃物和医疗废弃物集中处理设施、大宗固体废弃物综合利用体系，打造水清、天蓝、土净、无废的美丽简阳。力争城市环境空气质量稳定保持二级标准，沱江流域市控及以上断面水质优良比例达到100%，固废危废有效综合利用率达到100%。

推动形成绿色生产生活方式。加快构建绿色低碳的产业体系，推进建筑、工业、交通等重点行业和重点领域智能化、绿色化转型，推进产业园区循环化改造，推动绿色建筑高质量发展，到2025年实现当年城镇新建绿色建筑面积占比达100%、老旧小区既有建筑绿色化改造80%以上。编制和实施碳达峰、碳中和行动方案，建立健全碳排放统计监测体系，严控高耗能、高污染项目，大力发展循环经济，加快优化能源结构，推动减污降碳协同增效。引导全社会践行绿色生活和消费理念，大力推进节约型机关、绿色家庭、绿色学校和绿色社区创建，让保护环境、拥抱绿色成为全民自觉。

（四）坚持开放活市，推动城市发展活力充分迸发

坚持以大开放促进大发展，积极对接融入国家战略，构建综合交通网络，全面拓展开放空间，提升资源要素集聚能力，增强城市发展动力活力。

打造更高能级综合交通体系。构建“1空7高14轨22快”综合立体交通网络，配合推进成渝中线高铁、成自高铁、成都外环铁路、成渝铁路扩能和成渝高速扩容改造等重大项目建设，争取早日启动地铁18号线临江站至简阳南站段建设，大力争取S3线在雷家镇设站，加快推进迎宾大道延长线与天府机场高速互通

立交、成金简快速等快速通道建设，确保成龙简、金简仁等建成通车，到2025年“交通强县”建设初具成效，基本实现客运服务“人享其行”、货运服务“物优其流”。着力构建多式联运物流体系，依托紧邻成都天府国际机场、青白江铁路港的区位优势，完善物流通道建设，加快空铁公衔接“最后一公里”服务设施和场站布局，建立健全鼓励支持多式联运发展的政策体系，加强统筹调度平台、运营管理系统建设，加快打造东部物流港，让“黄金节点”产生“黄金效益”。畅通市域整体联动、区域高效连接的交通“内循环”，健全“快速路+主干路网”接驳体系，构建同城“半小时交通圈”，规划建设城市环线，改善城市过境交通，推动蜀都大道东延线、西内环线等重大项目建成投用，规划建设公交首末站、港湾式站台，推进农村客运公交化改造，实现镇（街道）通公交、20户及以上居民聚居点通硬化路，建成市、镇、村三级农村物流网络体系，成功争创全省“四好农村路”示范县和乡村运输“金通工程”样板县。

推进更高层次开放合作。坚持招大引强、招才引智，持续优化招商引资政策体系，聚焦主导产业细分领域和未来赛道，大力引进产业链头部企业和核心零部件配套企业，聚焦先进制造、现代物流等开展专场投资推介，积极参与西博会、渝洽会等投促活动，提升开放招商的能级、层级和水平，提高签约项目履约率、落地率，力争到2025年，引进重大项目300个，实际到位内资500亿元以上。深化对外交流合作，扩大城市“朋友圈”，加强城市宣传营销，持续提升简阳知名度、美誉度和影响力。坚持合作共赢理念，在更广范围、更深层次与周边城市开展交流合作，积极探索经济区与行政区适度分离，健全落实协同发展制度机制，推动区域合作走深走实。

营造稳定公平可及营商环境。坚持以市场主体和市民满意度为基本标尺，持续深化“放管服”改革、行政审批制度改革和政务服务能力建设，加快实现“一网通办”“一件事一次办”，打造“简易阳光”政务服务品牌。着力构建“亲”“清”政商关系，加快补齐营商环境建设短板，稳步推进营商环境建设4.0行动，健全完善领导干部联系帮扶企业制度，发扬“服务员”“店小二”精神，完善惠企政策直达机制，畅通政企沟通渠道，建立以信用为基础的新型监管机制，坚持审慎包容柔性执法，做到“企业无事不扰、服务无处不在”，让市场主体在简阳放心投资、安心创业、顺心发展。

（五）坚持惠民和市，让人民群众共享城市发展成果

坚持以人民为中心的发展思想，尊重人民群众的主体地位，把共享作为城市工作的价值追求，加强普惠性、基础性、兜底性民生建设，努力让城市发展更有温度、群众生活更有质感。

用心用情办好民生实事。常态化推进民心工程、民生实事，健全投入保障机制，确保每年民生投入占财政支出比重只增不减。聚焦出行、就医、养老等领域，广泛访民情、听民意，畅通网络理政、“百姓需求一号通”热线等民意反映渠道，充分征求“两代表一委员”的意见，每年实施一批民生工程、办好一批民生实事，下大力气解决群众急难愁盼问题，让城市的发展成果惠及更多市民群众。坚持房住不炒定位，建立住房和土地联动机制，扩大城镇保障性租赁住房供给，加快推进拆迁安置还房建设，让城乡居民住有所居。

繁荣发展社会事业。坚持教育优先发展，扎实推进“双减”工作，进一步优化学校布局，加快推进学前教育普及普惠，深入推进义务教育薄弱环节改善与能力提升，大力建设更多家门口的好学校，到2025年中小学优质学校覆盖率达70%，义务教育优质均衡发展，普通高中教育特色发展，中等职业教育健康发展。着力建设健康简阳，支持发展专科医院，全面提升基层医疗机构基础设施水平，强化基层卫生机构和队伍建设，统筹推进医疗、医保、医药“三医”联动改革，持续加强医联体、医共体建设，构建城乡“医疗服务共同体”，完善分级诊疗制度，持续提升群众就医体验。大力发展全民健身事业，精心组织、承办好第三十一届世界大学生夏季运动会跳水、柔道项目。推进市、镇（街道）、村（社区）三级文化空间建设，常态化开展惠民演出，丰富人民群众精神文化生活，到2025年新增基层综合性文化服务中心示范点10个。

建设全龄友好包容社会。积极应对人口老龄化，大力发展老龄服务事业和产业，优化养老服务设施布局，构建居家社区机构相协调、医养康养相结合的养老服务体系，健全老年人社会救助、社会福利和社会保险相衔接的长期照护保障制度，扩大多层次养老服务供给，到2025年每千人口养老床位数达21.7张。认

真落实全面放开三孩生育政策及配套措施，推进优生优育，提高人口素质，大力发展成本可负担、方便可及的普惠性托育服务，到2025年每千人口拥有三岁以下婴幼儿托位数达4.5个以上。健全覆盖全民、统筹城乡、公平统一、可持续的多层次社会保障体系，让人民群众在面对年老、疾病、失业、伤残、贫困等风险时，都有可靠的制度性保障。完善分层分类社会救助体系，大力发展公益慈善事业，健全农村留守儿童和妇女、老人、残疾人等特殊群体关爱服务体系，加强未成年人思想道德建设和关爱保护，落实残疾儿童康复救助制度，加大失智失独失能等特殊群体的关心帮扶力度。

扎实推进全民共同富裕。坚持发展改革富民增收导向，构建推动共同富裕的体制机制，力争居民收入增长速度快于经济增长速度。多渠道提高城乡居民工资性收入、经营性收入、财产性收入，缩小城乡收入差距，完善低收入群体和返贫边缘户动态监测管理、分类救助体系，不断增加低收入群体收入，夯实全体人民共同富裕的基础。实施更加积极的就业政策，完善就业服务体系，大力促进就近就业，保障高校毕业生、农民工、城镇"零就业"家庭等重点群体就业，力争每年新增城镇就业4000人以上、农村劳动力转移就业6000人以上。持续巩固拓展脱贫攻坚成果，全面推进乡村振兴，加快农业产业化，盘活农村资产，多渠道增加农民收入，促进农村居民勤劳致富。

切实维护社会安全稳定。坚定不移维护国家政治安全，严厉打击敌对势力渗透破坏、暴力恐怖、邪教活动等违法犯罪。深化平安简阳建设，全面推进依法治市，常态化开展扫黑除恶斗争，打好新一轮禁毒人民战争，统筹抓好安全生产、食药安全、城乡防火、网络安全、反电信诈骗、常态化疫情防控等工作。切实维护社会和谐稳定，强化矛盾纠纷排查化解，持续用力解决征地拆迁、社会保障、投融资、产权办理等方面群众反映的突出问题，用心做好"送上门的群众工作"，真正做到民有所呼、我有所应。增强城市安全韧性，健全安全监测预警体系，加快建设海绵城市，完善城市排水防涝工程体系，增强重大突发公共卫生事件防控救治能力，健全应急物资保障机制，合理布局应急避难场所，筑牢城市"安全屏障"。强化城乡能源保障，完善农村水利、通信、物流等基础设施，提升城乡饮水、电力、燃气等保障能力。

五、全面加强党的建设，以高质量党建引领高质量发展

高质量建设成都东部区域中心城市，高水平创造新时代幸福美好生活，关键在党、关键在人。要全面落实新时代党的建设总要求，坚持党要管党、全面从严治党，持续推进新时代党的建设新的伟大工程，不断提高党的建设质量，为全面建设社会主义现代化简阳提供坚强保证。

（一）坚持新思想引领，强化对标看齐的政治自觉。坚持把党的政治建设摆在首位，旗帜鲜明讲政治，自觉用习近平新时代中国特色社会主义思想武装头脑、指导实践、推动工作。自觉加强党性锤炼，严守政治纪律和政治规矩，增强"四个意识"，坚定"四个自信"，做到"两个维护"，始终胸怀"国之大者"，不断增强政治判断力、政治领悟力、政治执行力。深入学习贯彻习近平总书记"七一"重要讲话精神，持续巩固拓展"不忘初心、牢记使命"主题教育成果，深化党史学习教育，推动"为民办实事"常态化，传承、弘扬、践行党的艰苦奋斗精神，激励党员干部坚定理想信念、牢记初心使命。全面加强党对意识形态工作的领导，强化阵地平台管理，守护清朗网络空间，形成强大主流舆论场，更好强信心、聚民心、暖人心、筑同心。

（二）坚持党管干部，锻造担当有为的过硬队伍。坚持好干部标准，坚持德才兼备、以德为先原则，完善优秀年轻干部脱颖而出的制度机制，大力选拔改革创新、躬身实干、担当有为的好干部，不断优化各级领导班子结构，增强整体功能。分层分类实施干部能力提升工程，加强思想淬炼、政治历练、实践锻炼、专业训练，建立年轻干部"墩苗式""梯队式"培养机制，分批选派干部到产业发展、城市建设、乡村振兴、信访维稳等一线"练兵""赛马"，提升干部队伍专业化水平。坚持严管厚爱结合、激励约束并重，健全完善干部监督、考核评价、奖优罚懒、容错纠错、澄清保护机制，加强干部日常考察，全面提升干部管理科学化、规范化水平，推动形成解放思想、创新创业、干事成事的浓厚氛围。

（三）突出固本强基，打造坚强有力的战斗堡垒。着眼增强政治功能和组织功能，推进组织设置和活动方式创新，不断扩大党的组织和工作覆盖，形成上下贯通、执行有力的组织体系。加强党支部标准化规范

化建设，持续开展软弱涣散基层党组织整顿提升，全面开展农村发展党员违规违纪问题排查整顿，健全完善党员教育管理工作机制和党内激励关怀帮扶机制，严格和规范党的组织生活，全面提升基层组织组织力。深入实施基层党组织带头人选用“头雁工程”，打造一支政治坚定、公道正派、顾全大局、能力突出、心系群众的基层党组织带头人队伍，建立健全村（社区）党组织书记“一肩挑”监督管理和激励机制，逐步提高村（社区）干部报酬待遇和保障力度，切实加强在外优秀农民工的定向回引和在家青年骨干农民的培养使用力度，以组织振兴、人才振兴推动乡村全面振兴。

（四）落实严实要求，巩固风清气正的政治生态。强化对“一把手”和领导班子的监督，严格执行民主集中制，落实“三重一大”决策制度，严肃党内政治生活。严格落实中央八项规定及其实施细则精神，严查落实不力背后的腐败和作风问题。保持惩治腐败力度不减、态度不变，加大对国资国企、工程项目建设、项目审批、公共资源交易等资金资源集中领域的专项整治。聚焦惠民富民政策落实情况，持续纠治侵害群众利益、为政不为、推诿扯皮、落实不力等群众身边不正之风和腐败问题。一体推进不敢腐、不能腐、不想腐，科学运用监督执纪“四种形态”，常态化开展警示教育，做好“以案促改、以案促建、以案促治”工作。严明纪律规矩，强化政治监督，主动接受四川省委、成都市委巡视巡察，抓好上级巡视巡察反馈问题整改，高质量完成届内巡察全覆盖。

（五）加强党的领导，凝聚推动发展的强大合力。坚持和完善人民代表大会制度，支持和保证人大及其常委会依法行使职权，加强对“一府一委两院”的有效监督，密切人大代表同人民群众的联系。支持人民政协充分发挥专门协商机构作用，协商议政建诤言，民主监督促落实，提高建言资政和凝聚共识双向发力工作质量。巩固和发展最广泛的爱国统一战线，加强同各民主党派、工商联和无党派人士合作共事，与时俱进做好民族、宗教、外事、侨务、港澳台、民营经济、党外知识分子和新的社会阶层人士等工作，汇聚各方智慧力量。加强和改进党的群团工作，更好发挥工会、共青团、妇联、科协、文联、侨联、残联、红十字会等桥梁纽带作用。用心用情用力做好新时代老干部工作。加强党管武装工作和国防后备力量建设，全面加强拥军优属工作，巩固深化“双拥”模范城创建成果。

同志们，征程万里风正劲，重任千钧再出发。站在新的历史起点上，让我们更加紧密地团结在以习近平同志为核心的党中央周围，高举中国特色社会主义伟大旗帜，弘扬伟大建党精神，在省委和成都市委的坚强领导下，凝心聚力、创新实干，高质量建设成都东部区域中心城市，高水平创造新时代幸福美好生活，为全面建设社会主义现代化简阳而努力奋斗！

名词解释

1. 五个新优势：简阳市委十五届十四次全会坚持将着眼长远和立足当前相结合，将整体推进和重点突破相结合，提出加快形成“五个新优势”的战略路径：借势成都天府国际机场，加快形成临空新优势；发挥绿色优势补齐功能短板，加快形成生态宜居新优势；坚定不移走制造强市之路，加快形成智能制造产业集群新优势；深入实施乡村振兴战略，加快形成农业农村新优势；持续优化营商环境，加快形成高端资源要素集聚新优势。

2. “2＋2＋1”三次产业体系：构建智能制造装备和航天装备、新电商经济和现代物流、农产品精深加工为主导的现代产业体系。

3. 两拆一增：拆违建、拆围墙、增开敞空间。

4. 农村人居环境“三大革命”：农村“厕所革命”、农村污水治理、农村垃圾治理。

5. 人民调解“百米服务圈”：在进一步完善村（社区）人民调解委员会的基础上，将人民调解组织网络延伸到自然村（组）、社区居民小组、居民聚居区、居民小区，通过设立人民调解矛盾纠纷受理点，实现群众在居住区百米范围内就能获取“矛盾纠纷化解、法规政策宣传、法律服务指引、法律诉求收集”等综合法律服务。

6. 两项改革：乡镇（街道）行政区划调整和村级建制调整改革。

7. “五项制度”改革：推进以绩效为导向的财政预算制度改革、推进以效率为导向的国资经营评价制度改革、推进以产出为导向的土地资源配置制度改革、推进以利民为导向的基本公共服务清单管理和动态调整制度改革、推进以成长为导向的企业扶持激励制度改革。

8. 农村产权“六权同确”：统筹推进农村集体土

地所有权、集体建设用地（含宅基地）使用权、房屋所有权、林权、土地承包经营权、小型水利工程产权确权颁证。

9.“四合一”改革：是指构建“股份经济合作联合社+集体经营开发公司+土地股份合作社+农民专业合作社”“四合一”平台，发展壮大集体经济，实现集体资产保值增值、农民增收。

10.“放管服”改革：简政放权、放管结合、优化服务的简称。“放”即简政放权，降低准入门槛；“管”即创新监管，促进公平竞争；“服”即高效服务，营造便利环境。

11. 三重一大：重大问题决策、重要干部任免、重大项目投资决策和大额资金使用。

12. 四个纳入：把意识形态工作作为党的建设和政权建设的重要内容，纳入重要议事日程，纳入党建工作责任制，纳入领导班子、领导干部目标管理，纳入党的纪律监督检查范围。

13. 监督执纪“四种形态”：经常开展批评和自我批评、约谈函询，让咬耳扯袖、红脸出汗为常态；党纪轻处分和组织处理为大多数；对严重违纪的重处分、作出重大职务调整为少数；严重违纪涉嫌违法立案审查的为极少数。

14.“一带一路”：丝绸之路经济带、21世纪海上丝绸之路。

15. 一干多支、五区协同：“一干”是指做强“主干”，支持成都加快建设全面体现新发展理念的国家中心城市；“多支”是指推动环成都经济圈、川南经济区、川东北经济区、攀西经济区竞相发展；“五区协同”是指推动成都平原经济区、川南经济区、川东北经济区、攀西经济区、川西北生态示范区协同发展。

16. 一尊重五统筹：尊重城市发展规律，统筹空间、规模、产业三大结构，统筹规划、建设、管理三大环节，统筹改革、科技、文化三大动力，统筹生产、生活、生态三大布局，统筹政府、社会、市民三大主体。

17. 一心两翼、两轴四区：“一心”即葫芦坝生态绿心；“两翼”即老城区、东城新区；“两轴”即沱江发展轴、东简大道发展轴；“四区”即放生坝城市阳台社区、海井国际创新社区、西部电商物流社区、高铁国际智谷社区。

18. 八大文化：龙垭文化、状元文化、名人文化、东灌文化、商道文化、非遗文化、农耕文化、群众文化。

19. 简州八景：一塔凌云、印鳌拱璧、金绛流虹、四崖泛月、朝阳曙阁、龙门锦浪、应第莲池、渔村暮艇。

20. 一江一河六山一坝：“一江”即沱江，“一河”即绛溪河，“六山”即鳌山、佘家大山、棋盘山、龙王山、虎山、庙子山，“一坝”即葫芦坝。

21. 一核三治：构建在党组织领导下的自治、法治、德治相融合的基层治理体系。

22. TOD：以公共交通为导向的开发，是规划一个居民或者商业区时，使公共交通的使用最大化的一种非汽车化的规划设计方式。

23. 三品一标：无公害农产品、绿色食品、有机农产品和农产品地理标志的统称。

24. 三线一单：生态保护红线、环境质量底线、资源利用上线和生态环境准入清单。

25. 四好农村路：2014年3月4日，习近平总书记提出实现“建好、管好、护好、运营好”农村公路。

26. 金通工程：乡镇及建制村通客车的提质升级版，以统一乡村客运标识、统一招呼站（牌）、统一车辆外观、统一从业人员标识为抓手，以建设美丽清新、安全绿色、便捷优质、精细管理乡村客运为主要任务，建人民满意乡村客运服务体系。

27.“双减”：减轻义务教育阶段学生的作业负担、减轻家长和学生的校外培训负担。

简阳市人民代表大会常务委员会工作报告

——在简阳市第十八届人民代表大会第一次会议上

简阳市人大常委会主任 陈建龙

（2021年12月22日）

各位代表：

我受市十七届人大常委会委托，向大会报告工作，请予审议。

过去五年主要工作

过去五年，是简阳市经济社会发展攻坚克难、决胜小康，取得显著成就的五年，也是简阳市人大工作主动作为、开创新局，不断发展进步的五年。五年来，在简阳市委的坚强领导下，在上级人大的有力指导下，简阳市十七届人大常委会深入学习贯彻习近平新时代中国特色社会主义思想，全面贯彻落实党的十九大和十九届历次全会精神，坚持党的领导、人民当家作主、依法治国有机统一，围绕中心、依法履职，为促进简阳经济社会发展和民主法治建设作出了积极贡献。

五年来，组织召开人民代表大会会议8次、常委会会议55次，听取审议“一府两院”报告、议案121项，作出决议、决定29件，提出审议意见115件；开展执法检查27次、视察调研67次；评议市政府工作部门28个；依法任免国家机关工作人员818人次，简阳市十七届人大历次会议确定的目标任务全面完成。常委会专项工作受到四川省人大表彰3次、成都人大表彰6次、简阳市委表彰43次。2019年，在四川省人大纪念设立常委会40周年座谈会上，简阳作为全省唯一县（市、区）人大作大会交流发言。

一、坚持党的全面领导，全力把牢政治方向

（一）政治引领维护核心。深入学习贯彻习近平法治思想、习近平总书记关于坚持和完善人民代表大会制度的重要思想、习近平总书记对四川及成都工作系列重要指示精神，对表贯彻落实中央人大工作会议精神，增强“四个意识”，坚定“四个自信”，做到“两个维护”。坚持第一议题学习习近平新时代中国特色社会主义思想，学习习近平总书记关于人大制度、宪法法治、治国理政、创新发展、脱贫攻坚、生态文明、疫情防控、换届选举等重要论述210余次，自觉用新思想武装头脑、指导实践、推动工作。持续推进“两学一做”学习教育、“不忘初心、牢记使命”主题教育常态化制度化，扎实开展党史学习教育，不断提升政治判断力、政治领悟力、政治执行力。

（二）找准定位把握重心。主动维护市委总揽全局、协调各方的领导地位。带头落实市委决策部署和工作要求，统筹安排人大工作。严格执行重大事项请示报告制度，主动向市委报告人大重要工作89次。就重点监督议题、人大机构设置、市镇（街道）人大建设、代表工作、换届选举等事项，报请市委常委会研究决定41次。认真落实市委书记重要批示指示530余件次。争取市委对人大工作的领导和支持，出台《关于加强新时代人大工作和建设的实施意见》及贯彻落实任务分工方案，召开市委人大工作会议、市镇两级人大换届选举工作动员会，推动上级决策部署在简阳落地落实。

（三）积极作为融入中心。坚决服从市委统一安排，积极参与全市中心工作。常委会领导带头开展脱贫攻坚、“十大行动计划”重点项目推进、农村基础设施“884”工程落实、乡镇（街道）行政区划及村组建制调整、疫情防控、幸福美好生活十大工程实施、“大学习、大走访、大调研”活动、安全环保稳定重点领

域综合治理等重点工作联系督导，协调解决问题329个，提出意见建议105条，形成专项报告18个，推动市委决策部署在人大工作中得到全面贯彻。

二、依法行使监督职权，着力增强监督实效

（一）推动重大决策落地见实效。聚焦依法治国基本方略，作出开展第七个五年普法教育决议。聚焦成渝地区双城经济圈建设重大战略，连续两年听取审议成资同城化重点工作推进情况报告。坚决贯彻四川省委设立成都东部新区决策部署，主动对接、依法指导成都东部新区镇（街道）人大工作。紧扣“三城三都”建设要求，跟踪监督大运会简阳赛区筹备工作并提出意见建议，推动筹备工作规范高效。

（二）助推全市经济发展高质量。听取审议乡村振兴、工业经济、现代服务业、公园城市建设、重大交通建设等工作报告并提出意见建议。检查《中华人民共和国中小企业促进法》实施情况，调研农村土地承包经营、制造业科技创新、第三产业发展等工作，视察民营经济、新经济发展和产业园区建设等情况，积极协调解决问题。专题调研疫情防控、复工复产复学工作，扎实开展“送政策、帮企业、送服务、解难题”专项行动，助推夺取常态化疫情防控和经济社会发展双胜利。

（三）紧盯三大攻坚战役补短板。聚焦打好防范化解重大风险攻坚战，听取审议行政区划调整、平安简阳建设等工作报告，维护社会和谐稳定。连续四年听取审议国有资产管理情况报告，高度关注审计问题整改，建设预算联网监督系统，着力防范资产风险。聚焦打赢脱贫攻坚战，检查《四川省农村扶贫开发条例》实施情况，连续五年听取审议脱贫攻坚巩固提升工作报告，对扶贫资金监管、乡村振兴年度计划实施开展跟踪监督。聚焦打好污染防治攻坚战，检查《中华人民共和国环境保护法》实施情况，调研大气、水、土壤污染防治以及城乡污水处理厂运营。连续四年听取审议环境状况和环境保护目标完成情况报告，持续关注央省环保督察问题整改，对河长制、阳化河流域河渠治理等工作开展重点监督。

（四）促进民生社会事业大发展。集中视察调研学前教育、城市管理、交通安全、生活供水、农村公路建设、劳动就业保障、征地拆迁安置等工作，广泛参与“我为群众办实事”实践活动，推动解决一批事关群众切身利益的难点问题。对义务教育均衡发展工作开展“回头看”，督促完成解放九义校等校园周边环境整治。听取审议农村卫生服务能力建设情况报告，跟踪监督市人民医院三甲功能完善项目建设，着力破解医疗难题。听取审议《中华人民共和国食品安全法》实施情况、农产品质量安全监管报告，专题调研饮用水源保护，维护群众“舌尖上的安全”。检查《成都市爱国卫生管理规定》实施情况，积极参与“双创”工作，助推文明卫生城市建设。规范人大信访工作，督促解决群众合理合法诉求。

（五）开创法治简阳建设新局面。稳妥推进成都市地方性法规贯彻实施，实现全域成都法治统一。定期听取市政府工作报告、法治政府建设情况报告，五年来完成43件规范性文件备案审查，对《中华人民共和国城市居民委员会组织法》等27部法律法规贯彻实施情况开展执法检查，对政府工作部门换届以来工作开展全覆盖评议，推动依法行政。依法产生市监察委员会，支持依法监察。定期听取两院工作报告，五年来重点听取市法院审判执行、执法办案、诉源治理和市检察院公益诉讼、未成年人刑事犯罪检察、认罪认罚从宽制度落实等工作报告，促进公正司法。视察扫黑除恶专项斗争工作，开展“六清”行动专题调研，督促抓好涉法涉诉信访问题处理。

三、依法决定重大事项，助力经济社会发展

（一）服务经济发展提质提速。依法审查批准计划和预算执行、预算调整、决算以及审计工作等报告，督促优化支出结构，提高资金使用效益。批准年度地方政府债务限额，决定停止执行市人大常委会部分融资议案批复文件，防范财政风险。批准“十三五”规划纲要，推动规划顺利实施。作出监督实施简阳市幸福美好生活十大工程的决定，助推经济高质量发展。

（二）推动城市建设宜居宜业。审议同意《简阳市城市总体规划（2016—2035年）》《成都市实施东进战略简阳城区分区详细规划（2017—2035年）》，推动城市建设提质升级。审议成都东部新区、简阳市国土空间总体规划，同意按程序报批，推动成都东进区域协同发展、一体发展。依法批准将简阳市高铁TOD片区、成都东部新区未来医学城片区等30个片区土地征收及成片开发计划分别增补纳入经济社会发展相应年度计划，切实改善城镇基础设施和居民生活条件。

（三）推进区划调整有力有序。在广泛征求意见的基础上，审议同意部分乡镇（街道）行政区划调整改革方案并提出工作建议，为推进新型城镇化，完善城市治理，建设山水公园城市提供坚强组织保障。依法作出关于乡镇（街道）行政区划调整改革涉及镇人大组建、街道人大工委设立相关事项的决定，推动乡镇（街道）行政区划调整改革工作如期顺利完成。

四、依法做好选举任免，有力加强组织保障

（一）依法任免国家机关工作人员。坚持党管干部原则与依法任免相统一，严格落实任前法律知识考试、任职陈述、宪法宣誓制度。五年来，依法任免市人大专门委员会、常委会办事工作机构人员292人次；决定任免市政府副市长23人次、工作部门主要负责人111人次；决定任免“一委两院”人员392人次；接受辞去简阳市十七届人大常委会委员职务8人，接受2名成都市人大代表和30名简阳市人大代表辞去代表职务；补选成都市十七届人大代表2名、简阳市十七届人大代表49名；许可司法机关对3名简阳市人大代表依法采取司法强制措施。

（二）依法有序开展换届选举工作。在市委统一领导下，依法组建市镇两级人大选举委员会，作出市镇两级人大换届选举的决定。从2021年9月起，组织实施人大代表换届选举，做好宣传发动、业务培训和统筹指导，联动把好代表人选入口关、换届选举纪律关、代表资格审查关，于2021年11月21日，选举产生市人大代表441名、镇人大代表1437名，市镇两级人大代表选举工作程序规范、风清气正、圆满顺利。

五、持续深化代表工作，合力发挥主体作用

（一）完善制度机制让代表履职扬正气。推行“三三”人大代表工作法，健全常委会组成人员直接联系基层代表、代表生病住院慰问、优秀人大代表评选表扬等制度，推进“代表之家”“代表联络站”规范化建设，引导代表深入开展“六个一”联系，积极参与经济社会建设。2018年以来，常委会组成人员联系走访人大代表2153人次，市镇人大代表联系走访“六个一”对象96400余人次，收集转办处理建议意见7645条。评选优秀建议、批评和意见40件，评选优秀市人大代表、人大工作者各40名，代表履职基础不断夯实、履职监督日益强化、履职热情有效激发，得到上级人大和简阳市委充分肯定。

（二）搭建活动平台让代表履职接地气。邀请代表参与立法调研、执法检查、建议督办等活动3500余人次，列席常委会会议64人次。组织代表开展脱贫攻坚、营商环境、项目建设、城市更新等专题视察，督促有关方面抓实各项工作。动员代表支持统筹常态化疫情防控和经济社会发展工作，督促解决复工复产、“六稳”、“六保”等困难问题415个。号召代表为市“十四五”规划编制建言献策，征集意见建议68条。引导代表参加“脱贫攻坚——人大代表再行动”“走基层、进社区”“我为群众办实事——人大代表在行动”等活动，围绕群众困难问题、市场主体建议，就近就地开展走访联系，推动解决问题1526个，提出建议471件。

（三）强化服务保障让代表履职有底气。加强代表建议督办，每年听取代表建议、批评和意见办理情况报告，推动承办单位改进工作。支持“一府一委两院”向代表通报重要工作情况，支持“两院”邀请300余名代表视察工作、提出建议，保障代表知情知政。严格落实代表活动管理制度，足额保障工作经费，提高代表出席率和活动实效。

六、注重加强自身建设，大力提升工作效能

（一）始终把思想政治建设摆在首位。以政治建设为统领，全面贯彻落实党中央和省市关于加强新时代人大党建工作总体要求。带头遵守宪法法律、维护宪法权威，充分发扬民主，严格依法办事。认真履行全面从严治党政治责任，全面落实意识形态工作责任制，严肃党内政治生活，深化“四个机关”建设。主动接受市纪委监督，支持派驻纪检监察组履行职责。积极配合巡视巡察，诚恳接受监督，务实推进整改。

（二）紧紧把纪律作风建设抓在手上。认真贯彻党内法规制度，加强经常性党风廉政教育。严格落实中央八项规定及其实施细则精神和省市实施办法，严格执行党的纪律。扎实推动微腐败专项治理、纪律作风大整顿活动，坚决反对和纠正“四风”。深入开展调查研究，形成集聚高端资源要素等调研报告35篇，积极推动成果转化。

（三）坚持把履职能力建设贯穿始终。不断完善理论学习制度，认真学习政治理论、法律法规、上级决策部署和人大业务知识。举办各类履职培训班12期、培训730人次，实现代表履职培训全覆盖。制定街道人大工委工作办法，推动街道人大工作制度化规范化。依法按程序开展市人大专门委员会增设、更名工作，47 名局级干部充实到人大工作、8 名干部得到提拔重用，机关组织建设更加规范、服务效能不断提升。

各位代表！简阳市十七届人大及其常委会取得的成绩，关键在于市委的坚强领导，是全体人大代表、人大工作者依法履职、辛勤工作的结果，是“一府一委两院”及政府职能部门接受监督、协作配合的结果，是全市人民及社会各界充分信任、大力支持的结果。在此，我代表市十七届人大常委会，向大家表示衷心感谢并致以崇高敬意！

在肯定成绩的同时，我们清醒地认识到自身工作还存在一些薄弱环节，主要是适应新时代人大工作新要求的主动性需进一步提高，监督的刚性和实效需进一步强化，常委会组成人员依法履职的能力水平需进一步提升，对镇（街道）人大工作的联系指导需进一步加强，常委会机关工作制度需进一步完善等。这些问题都需要在今后的工作中切实改进。

回顾五年工作实践，我们深刻体会到，做好新时代人大工作，必须坚持党的领导，始终保持正确政治方向；必须坚持以人为本，切实保障人民当家做主；必须坚持依法履职，加快推动法治简阳建设；必须坚持围绕中心，主动服务全市发展大局；必须坚持改革创新，不断激发人大工作活力。

今后五年工作建议

未来五年，是机遇叠加、前景美好的五年，是大有可为、追赶跨越的五年。新一届简阳市人大常委会要坚持以习近平新时代中国特色社会主义思想为指导，认真贯彻党的二十大和省市党代会精神以及中央和省市人大工作会议精神，在市委的坚强领导下，深入推进坚持和完善人民代表大会制度的简阳实践，不断发展全过程人民民主，依法履行宪法和法律赋予的各项职责，推动市镇人大工作再上新台阶，为建设区域中心城市、打造“五个新简阳”贡献人大力量。

一、以更高站位谋划人大工作，在彰显制度优势上保持定力

一是加强理论武装，坚持与时代同频。制定并严格执行以习近平新时代中国特色社会主义思想为核心的政治理论学习计划，持续在学懂弄通做实上下功夫，增强“四个意识”、坚定“四个自信”、做到“两个维护”。二是坚持党的领导，始终与市委同向。主动争取市委的领导和支持，充分发挥党组把方向、管大局、保落实的重要作用，重大事项、重要会议、重点工作及时向市委请示报告，坚决落实市委决策部署和工作要求。坚持党管干部原则与人大依法任免有机统一，规范完善人事任免，圆满实现市委人事意图。三是注重依法履职，时刻与发展同步。紧扣市第十六次党代会确定的目标任务，依法及时有效行使法定职权，督促解决群众广泛关心的热点难点问题，确保所作决议决定体现市委改革需要、契合简阳发展实际，推动经济社会高质量发展。

二、以更实举措提升监督质效，在服务发展大局上精准发力

一是高处着眼，促进转型发展。锚定简阳“十四五”发展任务和二〇三五年远景目标，在监督推动成渝地区双城经济圈建设、成德眉资同城化发展、成都东进战略实施、城乡融合发展、公园城市建设、产业优化升级、营商环境打造、民生项目实施等重点工作中体现人大作为。二是细处用心，增进民生福祉。坚持以人民为中心的发展思想，聚焦教育、医疗、卫生、文化、环保等民生社会事业发展，为保障公共安全、保护生态环境、维护群众合法权益提出务实管用的人大建议。三是实处着手，改进监督方式。综合运用“报告+专题询问”“报告+工作评议”等形式，实现由程序性监督向实质性监督转变。探索监督“一府一委两院”工作的新举措，加强对常委会任命人员的任后监督，在推动依法行政、依法监察、公正司法方面发挥人大作用。

三、以更优服务支持代表履职，在密切联系群众上深挖潜力

一是优化服务质量，保障代表能为。开展新一届代表履职培训，结合年度工作重点组织专题培训，畅通代表知情知政渠道，邀请代表广泛参与常委会工作。二是完善办理机制，力促代表愿为。完善建议办理评价、公开和督办机制，畅通闭会期间代表建议办理渠道，集中精力督办好重点建议和“反复提”建议，不断提高建议办理的满意率和落实率。三是搭建平台载体，激励代表有为。科学划分代表小组，合

理确定活动主题。建好管好用好代表之家、代表联络站，有主题有计划地组织代表开展闭会期间活动，切实增强活动实效，促进代表闭会期间履职常态化、规范化。

四、以更高标准加强自身建设，在提升履职水平上持续用力

一是狠抓制度建设，提升工作水平。完善办文、办会、办事等各项规章制度，强化制度执行，发挥专门委员会作用，规范街道人大工作委员会运行，增强各级人大工作协同联动，提升全市人大工作整体水平。二是狠抓工作落实，锤炼过硬作风。坚决扛起全面从严治党主体责任，严格执行中央八项规定及其实施细则精神，深入践行全心全意为人民服务的根本宗旨，认真落实“六个一”联系，不断提升服务保障水平。三是狠抓队伍管理，激发干事活力。坚持从严教育、从严要求、从严管理，建好建强常委会机关和镇（街道）人大干部队伍，做到政治过硬、业务过硬、作风过硬，体现人大担当，展示人大形象，让市委放心，让人民满意。

各位代表，征程万里风正劲，千帆竞发再起航。让我们在市委的坚强领导下，高举中国特色社会主义伟大旗帜，弘扬伟大建党精神，牢记初心使命、不负人民重托，开拓进取、奋发有为，为高质量建设成都东部区域中心城市，高水平创造新时代幸福美好生活，全面建设社会主义现代化简阳作出新的贡献，以优异成绩迎接党的二十大胜利召开！

简阳市人民政府工作报告

——在简阳市第十八届人民代表大会第一次会议上

简阳市人民政府市长　苏呈祥

（2021 年 12 月 21 日）

各位代表：

现在，我代表市人民政府向大会报告工作，请予审议，并请市政协委员提出意见。

过去五年工作回顾

过去五年，是简阳全面融入成都的第一个五年，也是简阳发展历史上意义非凡的五年。五年来，我们坚持以习近平新时代中国特色社会主义思想为指导，深入学习贯彻习近平总书记对四川及成都工作系列重要指示精神，在党中央国务院、四川省委省政府、成都市委市政府及简阳市委的坚强领导下，在简阳市人大、市政协的监督支持下，围绕“培育‘五个新优势’，高质量建设成都东部区域中心城市”目标，抢抓成渝地区双城经济圈建设、成德眉资同城化发展、成都天府国际机场通航等重大历史机遇，勠力同心、拼搏进取，推动简阳由县级城市向区域中心城市加速迈进。

一、五年来，我们实干创业绩，城市能级持续跃升

（一）综合竞争力全面提高。经济总量迈上新台阶，预计 2021 年实现地区生产总值 480 亿元，年均增速 7.9%，规上工业增加值年均增速 7%，社会消费品零售总额、一般公共预算收入年均分别增长 9.9%、12.07%。项目投资强劲有力，实施重大项目 841 个，完成全社会固定资产投资 1257 亿元。城乡居民人均可支配收入分别增长 49%、60%。2018 年、2019 年被四川省委、省政府表彰为县域经济发展强市，2021 年首次跻身全国县域经济百强。

（二）对外吸引力不断增强。要素资源加速集聚，21 家六类 500 强企业相继落户，申通、中通等知名企业在简阳建立区域总部，累计到位国内外投资 553.6 亿元、2.4 亿美元。城市美誉度日益提升，中华龙舟大赛、全国青年跳水锦标赛等国家级赛事如火如荼，樱桃节、羊肉美食文化旅游季等特色文旅活动广受关注，旅客接待量、旅游收入年均增长 17%、20%。

（三）城市新风尚持续巩固。持续开展市容市貌大整治，大力倡导文明新风，三次荣获全国文明城市提名城市，成功创建国家卫生城市、四川省文明城市示范城市。实施城乡社区发展治理“五大行动”，2019 年、2020 年连续两年荣获全国社会治理创新典范城市。

二、五年来，我们转型求突破，发展动能持续增强

（一）先进制造业转型提质。智能制造、商业航天、新材料三大主导产业初具规模，智能制造动能转换，引进天府云数据产业基地等重大项目 35 个，华冠饮料灌装及配套生产线等 12 个项目投产达能；商业航天实现突破，落户星河动力、中电天奥等领军企业 9 户；新材料加快发展，五冶装配式建筑、绿色建材及装配式产品一体化等项目竣工投产。积极顺应空间布局调整，开辟工业发展主战场，空天产业功能区累计建成标准厂房 23 万平方米、高品质科创空间 10 万平方米，园区企业增至 242 家，全市规上工业企业累计实现产值 1682 亿元。

（二）现代服务业实力倍增。电商物流产业成型成势，西部电商物流产业功能区入驻龙头企业 11 家，培育孵化本土电商品牌 30 个，园区产值由 170 亿元增至360亿元，获评国家电子商务示范基地。生活性服务业加快发展，“鳌山坊”美食文化街等7个特色商业街区全面呈现，社会消费品零售总额较2016年增长136.3亿元。

（三）都市现代农业活力迸发。农业基础更加坚实，高标准农田占比提升32.7个百分点，达54.1%，农村土地适度规模经营率提升41个百分点，达65%，“三品一标”农产品增至126个。“7 + 3”都市现代农业产业体系加快构建，发展特色产业32万亩，简州大耳羊现代农业园区列入四川省级园区培育序列。农商文旅加快融合，平泉荷桥村获评2021年中国美丽休闲乡村，乡村旅游总收入突破270亿元。

三、五年来，我们共建促共治，城乡面貌持续改善

（一）交通体系日益完善。累计实施交通项目74个，全市公路通车总里程达2650公里，普通公路路网密度增至1.97公里/平方公里，增长60%。对外联通能力全面增强，成都天府国际机场建成投用，成安渝、成资渝等5条高速路建成通车，金简仁快速路竣工投用，“1空7高14轨22快”立体综合交通网络加快呈现。市域交通更加便捷，雄州大道提档升级，成安渝高速禾丰、石钟连接线等项目相继完工，新建市政道路148公里，新开通公交线路27条。

（二）城市品质持续提升。城市框架加速拓展，建成区面积扩展至40平方公里，常住人口城镇化率从44.7%提高到53.8%。宜居品质不断增强，提升改造老旧院落54处、背街小巷260条、棚户区（城中村）9个，东来印象主体竣工，“简州八景”中印鳌拱璧、应第莲池、金绛流虹三景重现，鳌山公园、滨江公园等5个公园建成开放，建成绿道205公里。

（三）乡村面貌焕然一新。基础设施短板加快补齐，新（改、扩）建农村公路2207公里，毗河供水工程（一期）主干渠顺利通水，农村自来水普及率由50.4%提升至66.85%，天然气普及率由27.48%提升至81.79%。基本公共服务更加完善，提标改造村卫生室199所，光纤闭路电视信号、综合文化服务中心、基层就业和社会保障服务站实现行政村全覆盖，行政村通客车（公交）率达100%。美丽乡村加快建设，前瞻性编制完成《农村聚居点风貌导则》等技术导则，改造农村土坯房2.5万余户、户厕8.3万余户，新（改）建居民聚居点130余个、惠及群众5500余户。

（四）生态环境显著改善。生态环境保护责任制全面落实，第一轮中央生态环保督察四川交办和反馈问题整改全面完成。环保基础设施不断完善，成都简阳环保发电厂、33座镇（街道）污水处理厂等一批重大项目投入使用。污染防治攻坚战成效显著，空气优良天数占比稳定保持在85%以上，PM2.5年均浓度较2016年下降30%，空气质量达到国家二级标准；阳化河、绛溪河流域水环境综合治理稳步推进，39段黑臭水体实现“长治久清”，饮用水水源地水质达标率100%。

四、五年来，我们改革激活力，发展环境明显优化

（一）改革步伐不断深入。政府机构改革和镇村行政区划调整顺利完成，农村土地承包经营权等“六权”确权颁证扎实推进，获评全国农村承包地确权登记颁证工作典型地区。创新实施“四合一”改革，全市农村集体经济收入增长161%。推动国有企业由功能性平台向市场化经营实体转型，国有企业资产总额突破1200亿元。

（二）创新活力持续释放。鼓励企业加大研发投入，累计投入各类技改资金516.7亿元，高新技术企业数量达到28户，全社会研发经费年均增长10%，获批国家知识产权强县工程试点县。人才发展环境持续优化，建成人才公寓及产业功能区配套住房37.67万平方米，引进高层次人才178名、急需紧缺人才560名。

（三）开放合作深入推进。主动融入成渝地区双城经济圈建设和成德眉资同城化发展，与成都东部新区携手争创国家级临空经济示范区。营商环境持续优化，252项行政许可事项实现集中审批，依申请类政务服务事项承诺时限较法定时限压减85.1%。实现减税降费9.04亿元，惠及纳税人15.28万户次，市场主体突破5.8万户。

五、五年来，我们倾力惠民生，城市发展更有温度

（一）脱贫攻坚成效显著。提前3年实现116个省定贫困村摘帽、76813名建档立卡贫困户脱贫。实施三年巩固提升行动，脱贫户社会救助兜底保障率、医保参保率、子女入学率均达100%，8969户贫困群众住上新房。全市建档立卡贫困户家庭年人均纯收入达12669元，较2016年增长230%，连续五年被评为全省脱贫攻坚先进县。

（二）公共服务更加完善。教育事业加快发展，获评全国义务教育均衡县，普通高中教学质量连续四年获评成都市优秀等级。医疗水平稳步提升，市中医医院成功创建“三甲”，214所镇村两级卫生院（室、中心）完成提标改造，每千人口床位数、执业（助理）医师数由6.08张、1.97人增至8.53张、2.9人。养老体系逐步完善，每千名老年人养老床位数由9.5张增至17张。文化事业持续繁荣，市文化馆、市图书馆创建国家一级馆，获评全国广播电视公共服务试点县、四川省民间文化艺术之乡。

（三）社会保障更加充分。建成安置房69万平方米，公租房保障量较2016年增长260%。城乡参保扩面提标，基本养老保险、基本医疗保险户籍人员参保率保持在92%和98%以上。城乡低保标准分别由每人每月370元、190元统筹增加至800元，城乡特困人员供养标准分别由每人每月370元、250元统筹提高到1040元。

（四）社会治理更加高效。坚持人民至上、生命至上理念，做好新冠疫情常态化防控，不断提升流调溯源、核酸检测、管控服务能力，织牢织密社区防控网络。社区治理纵深推进，建成蜀阳社区等一批高品质和谐宜居生活示范点，“一核四治”治理模式获评2020年度中国十大社会治理创新典范。平安简阳不断深化，“七五”普法成效明显，扫黑除恶三年专项斗争圆满收官，获评全国2020平安创建优秀城市。社会大局和谐稳定，生产安全事故起数和死亡人数呈“双下降”态势；积极探索“枫桥经验”简阳实践，人民调解“百米服务圈”治理模式在全省推广。

六、五年来，我们对标转作风，自身建设驰而不息

（一）党的建设全面加强。始终把政治建设摆在首位，坚持把深入学习习近平新时代中国特色社会主义思想作为市政府党组会“第一议题”，自觉同党的基本理论、基本路线、基本方略对表对标，切实做到学思用贯通、知信行统一。扎实开展“两学一做”学习教育、“不忘初心、牢记使命”主题教育和党史学习教育，切实增强“四个意识”、坚定“四个自信”、做到“两个维护”，不断提高政治判断力、政治领悟力、政治执行力。

（二）依法行政扎实推进。主动接受市人大法律监督、工作监督和市政协民主监督。修订完善市政府工作规则、市政府常务会议事决策规则，聘请法律顾问团参与政府重大行政决策合法性审查。建立“府院联动”机制，规范行政机关负责人应诉行为，出庭应诉率提高至100%。

（三）行政效能切实提升。严格落实红黄牌预警，累计对重点工作推进不力、作风不实的干部记黄牌727张、红牌18张。提升网络理政效能，累计办理群众来信12.6万余件，群众满意率93.5%。开通百姓需求“一号通”热线电话，累计办理群众来信来电4.2万余件，群众综合满意率94.8%。

（四）廉政建设不断强化。切实履行政府党组全面从严治党主体责任，扎实开展易恩弟严重违纪违法案“以案促改”，用身边人、身边事教育引导广大党员领导干部受警醒、知敬畏。严格落实中央八项规定及其实施细则精神，三公经费支出年均下降8.3%。

同时，国家安全、国防动员、退役军人事务、消防、人防工作取得新进展；机关事务、统计、档案、审计、保密、气象、邮政、通信、能源、地方志等工作取得新成绩；工会、民族宗教、外事侨务、妇女儿童、青少年、老龄、残疾人、慈善、红十字会、科协等工作取得新进步。

自2020年4月成都东部新区成立以来，简阳市与成都东部新区共同肩负助推城市向东发展使命，协同推进“十四五”规划编制、全国百强县创建等重点工作，开启区域协同一体化发展新篇章。

各位代表，过去五年成绩的取得，是党中央国务院、四川省委省政府、成都市委市政府和简阳市委统揽全局、坚强领导的结果，是简阳市人大、市政协依法监督、鼎力支持的结果，是简阳市与成都东部新区干部群众众志成城、共同奋斗的结果。在此，我代表市人民政府，向给予我们大力支持的人大代表、政协委员、离退休老干部及社会各界人士，向驻简阳部队、武警官兵、消防指战员、政法干警，向驻简阳各单位，向为统筹推进疫情防控和经济社会发展作出重大贡献的广大医务工作者、疾控工作者、社区工作者、志愿者、基层党员干部以及全体市民，表示崇高的敬意并致以衷心的感谢！

回顾过去，我们也清醒地认识到，当前简阳正处

在爬坡过坎、转型升级的关键时期，发展不平衡不充分问题依然突出，城市能级与建设区域中心城市、打造“五个新简阳”总体目标还有不小差距。空港优势还未充分转化，现代产业体系还需加快构建，宜业宜居水平还有待提升，开放步伐还需加快，民生事业还有待进一步改善，我们的理念、作风、能力还有待进一步提高。对此，我们将直面问题困难，采取有力措施，认真加以解决。

未来五年的主要目标任务

今后五年，政府工作的总体要求是：高举中国特色社会主义伟大旗帜，坚持以习近平新时代中国特色社会主义思想为指导，全面贯彻落实党中央国务院、四川省委省政府、成都市委市政府和简阳市委决策部署，立足新发展阶段、贯彻新发展理念、服务新发展格局，坚持以建设践行新发展理念的公园城市示范区为统领，以推动高质量发展为主题，以深化供给侧结构性改革为主线，以改革创新为动力，以满足人民日益增长的美好生活需要为目标，大力实施依港兴市、产业强市、生态立市、开放活市、惠民和市战略，高质量建设成都东部区域中心城市，奋力打造“五个新简阳”。

今后五年，政府工作的奋斗目标是：力争到2025年，地区生产总值突破700亿元，一般公共预算收入突破50亿元，全社会固定资产投资年均增长8%，规上工业增加值年均增长7.5%，社会消费品零售总额突破600亿元，城镇居民、农村居民人均可支配收入分别达到57000元、32000元，年均分别增长7.5%、10%。

今后五年，政府工作的主要任务是：

推动空港简阳成型成势。现代化临空产业体系加快构建，现代物流产业、临空服务业和国际商务产业初具规模，空铁公多式联运东部物流港加快建设，“望山见水、生态宜居、蜀风雅韵、国际时尚”临港城市特质充分彰显，临空经济产业园承载力显著增强，成功跻身国家级临空经济示范区。

推动实力简阳再上台阶。高质量发展支撑更加坚实，三次产业结构持续优化，先进制造业集群成链，现代服务业协同发展，都市现代农业加速发展，形成领军企业带动、中小企业共进的发展格局。成功创建全省乡村振兴成效显著县，综合经济实力在全国县域经济百强进位争先。

推动宜居简阳更有质感。生产、生活、生态空间高度和谐统一，“城山相映、人水共生”的山水公园城市形态充分显现，群众生活便利性舒适度全面提升，自然生态质量和生态经济效益稳步提高，城市建成区绿化覆盖率达到45%。重大风险防范化解能力、突发公共事件应急能力显著增强。

推动活力简阳魅力彰显。深度融入成渝地区双城经济圈建设、成德眉资同城化发展，资源配置效率、政务服务效能大幅提升，稳定公平可及的营商环境基本形成，对市场主体、新兴产业、人才的吸引力集聚力全面增强，全社会研发经费投入年均增长10%以上，企业占市场主体比重提高至24%以上。

推动幸福简阳更有温度。民生领域财政投入稳定增长，教育、医疗、文化体育等公共服务水平不断提升，中小学优质学校覆盖率达70%，全龄友好型城市建设取得积极成效。共同富裕迈出坚实步伐，居民收入增速高于经济增速。成功创建全国文明城市。

2022年工作安排

按照简阳市第十六次党代会的决策部署，2022年政府工作的总体要求是：深入贯彻党的十九大和十九届二中、三中、四中、五中、六中全会精神，认真落实党中央国务院、四川省委省政府、成都市委市政府和简阳市委决策部署，坚定不移推进依港兴市、产业强市、生态立市、开放活市、惠民和市战略落地生根，改革创新、锐意进取，努力为实现“建设区域中心城市，打造‘五个新简阳’”目标开好局、起好步。

2022年经济社会发展主要预期目标是：实现地区生产总值525亿元，增速8%，一般公共预算收入34.9亿元，增长10%，全社会固定资产投资373.5亿元，增长8%，规上工业增加值增速7.5%，社会消费品零售总额423.5亿元，增长10%，城镇居民人均可支配收入46539元，增长8.2%，农村居民人均可支配收入23760元，增长10%。围绕实现上述目标，我们将重点做好七个方面工作：

一、开创“依港兴市”新局面

（一）塑造临空经济优势。推动临空物流集聚成势。聚焦航空货运、供应链管理、冷链物流等细分领域，完善航空物流货运设施，加快推进传化智联成都东中心、中通西南总部等项目建设，确保申通西南总部（一期）建成投运，韵达西南总部、盈石冷链等项目启动建设，完成投资16亿元，力争物流产业规模突破350亿元。开展保税物流中心（B型）前期筹备工作。大力发展高端商务商贸。引进临空高端酒店、临空会议会展和枢纽商贸综合体等项目6个，推动亿联（二期）、ACG动漫城等项目加快建设，确保西南国际旅游集散中心、凯颂广场等项目建成投运，完成投资26亿元，力争高端商务商贸产业规模突破100亿元。培育壮大临空总部经济。以航空保障总部、绿色食品研发总部和功能型总部为主方向，出台更具竞争力的支持政策，加快构筑临空总部集聚区，启动航空教育产业园、供销西南总部、途虎养车西南总部项目建设，力争临空总部产业规模突破60亿元。

（二）增强园区承载能力。夯实临空产业培育载体。有序推进赤水大道、电商北路等基础设施建设，启动空港新经济智汇空间等产业载体建设，确保建成产业孵化培育空间10万平方米、配套楼宇5万平方米。完善高铁新城功能配套。高水平开展简阳南站TOD综合开发及未来公园社区城市设计，启动TOD核心区建设，加快推进片区污水处理厂、兰成渝输油管道迁改等项目建设，着力塑造高铁枢纽核心区“TOD+公园”和高铁片区“国际智谷”整体城市形态。

（三）彰显空港城市特质。营造临空消费场景。围绕打造区域消费中心，引进大型商业综合体项目1个以上，促进传统商圈业态创新、功能升级，加快打造鄰江樾商业街、简州里休闲步行街。积极承接临空经济辐射带动效应，加快建设天府国际生态候机厅、临空现代绿色农业示范基地等项目。推动办赛营城。全力办好第31届世界大学生运动会跳水、柔道赛事，延伸发展体育赛事、音乐会展等新业态，做好后大运时代“体育+”文章。打造城市文化品牌。挖掘“东灌”精神，丰富“八大文化”内涵，加强资源包装和宣传策划，积极创建中国民间文化艺术之乡，塑造一批具备高辨识度的本土特色文化品牌。

二、筑强“产业强市”新支撑

（一）做强先进制造业。大力发展智能制造产业。新引进高能级产业项目和产业链配套企业15家以上，推动港通智慧医疗等3个重点项目开工，天府云数据等5个重点项目加快建设，确保瑞特机械、颐海食品建成投产，完成工业性投资105亿元以上。积极发展商业航天产业。围绕打造全国知名的空天产业基地，全力推进航天装备产业链头部企业的招引培育，引进头部企业2户，推动航天长征装备、华奥天星项目开工建设，星河动力（一期）建成投产，商业航天产业主营收入突破3亿元。加快发展新材料产业。聚焦装配式建筑、新型建材等细分领域，加快构建覆盖“前端研发—中端智造—末端服务”全产业链的绿色建筑科技产业生态，启动华西绿色建筑、成都交投建筑工业化等4个重点项目建设，力争全市绿色建筑产业营业收入突破30亿元。提质改造传统制造业。推动《稳定工业经济增长促进产业转型升级支持政策》落地落实，支持引导润尔科技等3户企业实施智能化改造，力争新培育规模以上工业企业8户以上，新增年营业收入超10亿元制造业企业1家。增强空天产业功能区承载能力。启动园区道路（二期）、110千伏尖山变电站、污水管网等12个基础及公服配套设施项目建设，确保37万平方米城南工业园（三期）配套住房、4万平方米专业楼宇及4.4万平方米人才公寓建成投用，累计建成标准厂房31万平方米，南北干道等园区骨干道路建成通车。

（二）做活现代服务业。加快发展电子商务产业。加快跨境电商、快递分拨等产业发展，支持电商总部企业拓展业务种类、完善产品体系，力争引育电商及关联企业10家以上，实现电子商务交易额500亿元以上。抢抓直播电商风口，加快网易联合创新中心网红直播基地建设。培育壮大金融服务业。完善金融资本奖补政策，组建航空航天等股权投资基金，加快构建涵盖项目建设、产业培育、招商引资等领域的股权投资体系。增强金融服务实体能力，积极争取四川省乡村振兴金融服务试验区试点，全年实现“蓉易贷”投放5亿元以上、普惠小微贷款余额增长12亿元以上，人民币存贷款余额增速达8.5%。积极发展信息服务产业。加快新一代信息基础设施建设，新建5G基站200个，新能源充电桩300个，推动主要商圈、重点特色街区、产业功能区等区域实现5G信号全覆盖。加快互联网数据中心（IDC）等重点项目建设，培育规模以上信息传输、软件和信息技术服务业企业1家。提质发展生活性服务业。以打造15分钟社区生活服务圈为牵引，推动商业零售、餐饮服务、家庭服务等传统服务业态提档升级，大力培育新兴服务业态，引育各类首店2个，打造夜间经济示范点1个，加快形成便利安全、智慧时尚、绿色低碳的生活服务业体系。

（三）做优都市现代农业。着力稳产保供。以高品质粮经城乡融合发展片区为重点，全面推广“套种、间种、种养循环”等生产模式，推进全市大宗粮油、蔬菜全程机械化试验示范，新建高标准农田4.12万亩，主要农作物耕种收综合机械化率达到68%以上，确保粮食总产量稳定在39万吨以上、出栏生猪58万头以上。促进延链补链。高位推动数字乡村城乡融合发展片区建设，加快天府农业科创园建设，建成产业研发中心和冷链物流中心，引进农作物新品种5个、新技术5项。强化农产品溯源体系建设和质量监管，构建产品码、网格码、人才码和产权码“四码”兴农营运体系，争创国家农产品质量安全县。大力推进农村土地适度规模经营，新培育成都市级农业产业化龙头企业2家，创建各级示范合作社30家，农村土地适度规模经营率达到70%以上。推动融合发展。依托近郊农旅城乡融合发展片区、临空都市农业城乡融合发展片区，高标准推进乡村振兴示范环线、沱江绿色发展轴、金简仁产村融合示范轴建设，加快营造前锋村、荷桥村、尤安村等重要节点农商文旅融合场景，推动一口吖吖园区项目数字牧场（一期）竣工投用，红酒奥特莱斯项目样板区开园。启动全域旅游示范区创建，大力培育庭院经济、休闲农业、生态康养、田园旅居等业态，打造精品旅游线路3条，确保创建AAA级林盘景区1个、高品质主题旅游目的地2个，旅游收入增长50%。

（四）激发创新创造活力。强化新经济培育。积极构建智能生产、智慧生活、绿色生态、智慧治理示范场景，打造成都市级示范场景2个，新增新经济企业600家，新经济企业梯度培育入库数增长20%。强化科技创新。建立“校院企”精准对接平台，打通“研发—工程化—产业化”创新链条，支持氢能与燃料电池汽车压缩机研究中心等机构开展科技成果转化，全年培育高新技术企业8户以上，全社会研发经费投入增长10%以上。加大知识产权全链条保护力度，确保每万人高价值发明专利拥有量增长10%。强化智力支撑。坚持以项目合作、技术指导、培训咨询、技术入股等形式的柔性引才理念，建立紧缺人才职业清单制度，年内引育高层次人才300名以上。

三、彰显“生态立市”新形象

（一）构建集约高效的城市空间。坚持科学规划引领。立足资源条件和发展定位，科学划定“三区三线”，编制完成《简阳市国土空间总体规划（2020—2035）》，引领城镇功能体系和空间布局，着力构建“1+3+N”城镇体系。优化片区城市设计。以构建“一心两翼、两轴四区”城市空间格局为引领，以塑造高品质城市空间和城市风貌为目标，推动中心城区控规法定化。珍视滨水岸线“最后四公里”，高品质完成放生坝片区城市设计。高品位打造城市绿心，开展葫芦坝片区城市设计国际招标。强化规划刚性执行。落实规划编制、审批、实施和监督闭环管理，推动城建项目管理实施科学化、规范化、制度化。

（二）营造精致宜居的生活空间。提升城市功能品质。精细利用城市剩余空间，高标准配置8大类18项基本公共服务设施，推动杨柳养老敬老中心、解放社区综合体等15个项目开工建设，爱晚中心（二期）、水东农贸市场等53个项目加快推进，市妇幼保健计划生育服务中心综合住院大楼建成投用。改善农村居住环境，完成城乡建设用地增减挂钩项目12个、农民集中建房整理项目16个。推进城市有机更新。以“留、改、建”模式分期分步推进白塔状元文化街区城市更新项目建设，完成火车站街、红塔粮站宿舍风貌改造。持续推进东溪场镇、石油仓库（一期）等5个棚户区（城中村）改造，完成老旧小区改造10处，既有住宅增设电梯30部。提升城市管理质效。加快智慧城市建设，融入“智慧蓉城”体系，搭建城市信息模型（CIM）平台和视联网平台，稳步推进智慧水务、智慧环保等分系统建设，启动智慧交通城市主干道“绿波带”试点。扎实抓好全国文明城市创建。统筹推进城乡“两违”常态化治理，完成“两拆一增”点位30个，拆除违法建筑5万平方米以上。完成城区主干道病害治理，改造提升背街小巷3条，新建环卫公厕2座，创建生活垃圾分类示范小区10个。

（三）保护山清水秀的生态空间。实施污染防治攻坚。扎实抓好第二轮中央环保督察问题整改。科学实施大气污染源分类治理，加强扬尘污染综合管控，推进移动源污染专项治理，确保PM2.5年平均浓度低于35微克/立方米。持续推动水生态环境质量改善，开展阳化河、绛溪河等重要支流水质系统治理，确保市控及以上断面水质优良比例达到100%。加快推进镇（街道）雨污分流体系建设，完善污水处理厂支管网建设，全面完成农村生活污水处理工程。加强环保重点项目建设，完成5万吨危险废物综合处置项目、3万吨废矿物油资源化利用和6.5万吨固体废物（有机溶剂）资源化利用项目建设，确保危废安全处置率达到100%。厚植城市绿色底蕴。启动国家级生态文明示范市创建。加快城区绿道体系“成环”步伐，着力构建“绿道+公园+微绿地”城市绿色空间体系，新建绿道12.2公里，打造金角银边2处，建成区绿化覆盖率达43.9%，人均公园绿地面积达16平方米。推进绿色低碳发展。聚焦空间、产业、能源、交通等重点领域，积极探索绿色低碳发展新路径。加快绿色产业转型升级，严控高能耗、高污染项目，构建绿色技术创新体系，推动形成绿色发展方式。加快推进建筑领域节能减排，严格执行建筑节能强制性标准，确保建筑节能施工执行率达100%，完成既有公共建筑节能改造1万平方米，城镇新建绿色建筑面积占比达92%。

四、构建“开放活市”新格局

（一）完善交通体系。优化连接机场通道。全面建成简州大道，积极对接协调成都东部新区开通环宇大道、机场北一线等道路，实现简阳城区高效接入成都天府国际机场。加快推进迎宾大道延长线及其与机场高速互通立交建设，有序推动成都天府国际机场与成渝中线高铁枢纽站双港直连快速通道前期工作。打通城市外联通道。全力服务保障成渝中线、成自高铁、东西城市轴线等重大项目建设，配合落实成都外环铁路、成渝铁路扩能和成渝高速扩容等项目前期工作，推动金简黄、成龙简、成资等快速路竣工投用。畅通市域内循环。加快推进西内环线、G321石桥段等项目建设，完成新（改、扩）建县道12公里、乡道60公里、村组道路574公里，推进农村客运公交化改造试点，争创“四好农村路”示范县、“金通工程”样板县。

（二）优化营商环境。提高行政审批效率。制定高频许可事项和便民服务事项审查细则，全面完成22个镇（街道）“一窗受理”改革，实现依申请类事项“最多跑一次”“网上可申请”和简易事项“马上办”3个100%。深入推进并联审批、告知承诺制改革，企业开办时限压缩至0.5个工作日。建立工程建设项目审批审查中心，工程建设项目全流程审批时限压减至67个工作日以内。维护公平公正环境。落实市场准入负面清单制度，允许各类市场主体“非禁即入”。严格执行行政执法“三项制度”，坚持审慎包容柔性执法，动态调整行政处罚“三张清单”，探索建立“首违不罚”清单制度。推进多部门联合“双随机、一公开”监管常态化，构建以信用为基础的新型监管机制，做到“企业无事不扰”。提升政务服务水平。稳步实施营商环境4.0行动，创新推进“交地即交证”“现勘现审现发证”等改革，打响“简易阳光”政务服务品牌。建立健全接诉即办和四级督办问责机制，进一步畅通政企沟通渠道。完善惠企政策直达机制，推进政策兑现在线申报，推动“企业找政策”向“政策找企业”转变。

（三）深化开放合作。加强区域合作。认真贯彻落实《成渝地区双城经济圈建设规划纲要》，协同推动双城古道教育发展联盟校际结对，与重庆市璧山区共建医疗资源共享平台，深化成渝地区双城经济圈政务服务合作，新增50项“跨区域通办”事项。主动融入成德眉资同城化发展，加快简雁乐农旅融合发展示范区建设。推动东简一体化发展，与成都东部新区协同推进成资临空经济产业带建设和成都（天府）临空经济示范区规划申报，打造“东简共同体”。提升招商实效。健全更具针对性的三次产业和投资促进政策体系，聚焦高能级六类“500强”“专精特新”等企业，包装策划机会清单100个，新引进重大产业化项目10个、工业“专精特新”项目6个、先进生产性服务业项目6个、生活性服务业项目2个、中日合作项目4个，实际到位内资85亿元。壮大外贸外资。鼓励凯力威、空分等重点进出口企业技改扩能，确保外贸进出口总额同比增长25%。借力驻蓉渝领事机构，全力推动日银跨境电商项目和丰树临空电商物流综合平台入驻，实际利用外资8700万美元。

五、诠释“惠民和市”新表达

（一）完善社会保障体系。用心用情办好民生实事。聚焦群众关心关注的住房、就医、养老领域，广泛访民情、听民意，扎实推进民生工程，确保民生支出只增不减。促进房地产市场平稳健康发展，筹集保障性租赁住房300套；按照“先易后难、应办尽办”原则，依法依规化解不动产办证历史遗留问题。推进全民共同富裕。做好脱贫后监测和帮扶，逐项分类优化调整帮扶政策和措施，保持巩固期内原有帮扶政策不退、力度不减。扎实抓好高校毕业生、退役军人、就业困难人员等重点群体的就业援助工作，用活“大众创业，万众创新”支持政策，确保新增城镇就业4100人、农村劳动力转移就业6000人以上。建设全龄友好包容社会。优化养老服务设施布局，推进嵌入式养老服务体系建设，新建社区养老服务综合体5个、农村社区日间照料中心4个，每千名老年人口养老床位数提升至17.6张，65岁及以上老年人健康管理率提升至69%。搭建青年创新创业“一站式”服务平台，助力青年人才在简创新创业、追梦圆梦。加快推进妇幼保健规范化门诊建设，新增托育服务机构4家，每千人口拥有三岁以下婴幼儿托位数达到2.5个。加强未成年人保护，创建儿童友好试点社区1个。完善社会救助体系。推动临时救助“增项、扩面、提标”，建成镇（街道）关爱援助中心5个，构建“政府救助兜底负责，社会援助有效补充，社会力量多元参与”的社会救助格局。

（二）优化基础公服供给。坚持教育优先发展。优化学校布局，确保6所城乡公办幼儿园投入使用。支持阳安中学创建省级示范性高中、市高级职业中学创建省级示范校，全市中小学优质学校覆盖率提升至45%以上。关爱学生身心健康，推进学校安防设施建设，完成80所中小学（幼儿园）光环境提升工程。严格落实“双减”政策，推动“五项管理”落地见效。努力打造健康简阳。加快市人民医院完善三甲功能、市中医医院康复治疗中心建设，启动疾控中心三级乙等达标创建。统筹推进“三医联动”改革，推进跨省异地就医直接结算，加强医联体、医共体建设，力争打造在成都市具有一定影响力的临床重点专科1个。完善文体服务体系。开展四川省现代公共文化服务体系示范县创建，持续丰富市民文化生活，积极推进11个镇（街道）公共文化服务社会化运营试点。深入开展“体育三百工程”等全民健身文化活动，新建全民健身路径40条，改（扩）建示范性社区运动场3处，全市体育场地人均面积提升至2.4平方米。持续强化城乡能源保障。推动天然气由“村村通”向“户户通”延伸，新铺设天然气管道230公里以上。深入实施电网改造，增容五星、江南2座变电站，新建十江、放岭2条配电线路。全力解决河东片区生产生活用水保障问题，大力实施“水美乡村示范区”项目，建成投用河东自来水厂（一期）、城区第二水厂（二期），确保城乡自来水普及率达到83%。

（三）防范化解重大风险。抓实常态化疫情防控。坚决克服松懈麻痹思想，始终坚持“外防输入、内防反弹”，落实落细常态化疫情防控措施。坚持人、物、环境同防，加强重点人群和重要场所日常监管，常态化组织开展应急演练，做好大规模核酸检测应急准备。持续推进疫苗接种，筑牢疫情防控安全屏障。增强城市安全韧性。加强应急管理五大体系建设，实施简阳市第一次全国自然灾害综合风险普查，推动城市风险隐患分级管控。扎实开展安全生产专项整治三年行动，持续强化安全生产隐患排查整治，维护食品、药品、产品质量、特种设备“四个安全”，坚决守住不发生重特大事故底线。守护和谐稳定大局。持续推进更高水平平安简阳建设，常态化开展扫黑除恶斗争，严打意识形态领域违法犯罪以及电信网络诈骗，坚决打赢新一轮禁毒人民战争。完成天网（三期）建设，整合“雪亮工程”“校园一键报警”等平台资源，形成完整闭环的“治安防控识别圈”。充分发挥人民调解“百米服务圈”“镇（街道）信访联席会议”作用，持续推进“三张清单”化解。

六、集聚改革创新新动能

（一）深化要素资源配置改革。深化财政资金管理制度改革。实施以绩效管理为重点的预算制度改革，强化财政预算刚性约束，从严控制预算新增。加强财源建设，实施“百舸计划”，大力扶持重点税源企业，壮大财政收入。深化土地资源配置制度改革。深入开展“批而未供”和“供而未用”产业用地处置攻坚，完善差异化土地供应价格机制，细分土地用途和级别，编制完成新一轮基准地价体系。推进工业用地“标准地”改革，园区新增工业用地30%以上采取“标准地”供地。深化国资国企改革。推动企业向综合运营商转型，实施企业战略重组，力争2022年实现市属国有企业“AA +”评级零突破。开展注资增资、资产盘活、权证办理三大攻坚，提升国企服务城市重大战略能级。完善以管资本为主的国有资产监管体制，健全以效率为导向的国资经营评价制度体系。强化债务管控，优化债务结构，全年新增融资成本下降 1.5 个百分点。

（二）推动重点领域机制创新。健全招商工作机制。持续深化与社会专业机构、高能级行业协会商会的合作，破解产业研究、信息获取、商务谈判等难题，加快构建专业务实高效、集约节约有效的招商工作机制，形成“专业部门主责，鼓励全员参与”的大招商格局。健全招商引资考核激励办法，努力营造“全市一盘棋、围绕项目干、人人谋招商”的浓厚氛围。健全项目推进机制。建立并落实项目年度计划决策管理体系，优化项目包装、争取、决策等前期程序。实行政府投资项目投资、建设、管理“三分离”机制，切实提升工程项目建设专业化水平。建立产业项目要素资源统筹保障体系，落实全过程服务，推动项目多投快建。健全政府采购机制。建立重大项目政府采购决策体系和绩效评价指标体系，确保采购行为规范科学。实行政府采购项目在线交易，实现政府采购全流程电子化管理，深入推进异地远程评标常态化。健全市场主体培育机制。以企业全生命周期为主线，精准制定市场主体培育发展配套政策，建立联席会商通报机制，实施市场主体阶梯培育计划，扎实推进“个转企”“分转子”“小升规”“规上市”，确保新增市场主体 1.1 万户、培育“四上”企业 100 户。健全安置房建设机制。带着感情、带着责任、带着压力全力以赴做好安置房建设，细化安置房项目“规、建、管、用”全流程，新开工建设安置房项目 100 万平方米。

（三）做实两项改革“后半篇”文章。优化乡村空间布局。坚持“明确导向、找准定位、确定中心、彰显特色、开门问计”原则，按照“五统筹五优先”理念，划好村级片区、定好中心村；落实“三上三下”“三走三请三送”方法，高标准完成 4 个城乡融合发展片区和若干村级片区国土空间规划编制。优化资源配置。按照“依法下放、宜放则放、按需下放”原则，稳妥推进“五权”下沉，推动 26 项财权下沉镇（街道），完成“3 + 3”镇（街道）综合执法力量下沉试点，力争 2 个镇（街道）便民服务中心纳入省级政务服务“三化”建设试点。健全完善公有资产管理办法，着力规范镇村公有资产配置、使用和处置，大力推广“五个一批”“四个一批”盘活方式，实现公有资产保值增值。增强产业发展能级。按照“宜农则农、宜商则商、宜旅则旅”的原则，梯度培育“1 + 2 + 3 + N”现代农业园区，推动形成“一片区一主业一特色”新格局。把发展壮大集体经济作为推动脱贫攻坚与乡村振兴有效衔接的重要抓手，积极探索“集体经济组织+社会资本+重大项目”等市场化运营形式，推广一三融合旅游经济型、特色产业型、服务经济型等集体经济发展模式，力争全市 70% 以上村集体经济经营性收入达 10 万元以上。提升公共服务水平。分层级建立中心镇、一般镇、中心村、一般村公共服务设施和基础设施重大建设项目清单，扩建义务教育学校 2 所，完成 17 家基层医疗机构基础设施提升改造，打造县域医疗卫生次中心 1 个，基层综合性文化服务中心示范点 2 个。提升基层治理水平。落实城乡社区减负提能增效的若干措施。健全多元主体参与、人人尽责共享的基础治理机制，全面落实“四议两公开一监督”制度，实现基层事情基层办、基层权力给基层、基层事情有人办。

七、持续加强政府自身建设

（一）加强政治建设。始终胸怀“国之大者”，强化对标看齐的政治自觉，不断加强党性锤炼，深刻领会“两个确立”的决定性意义，严明政治纪律和政治规矩，增强“四个意识”，坚定“四个自信”，做到“两个维护”。不折不扣贯彻好党中央国务院、四川省委省政府、成都市委市政府和简阳市委决策部署，切实把对党的绝对忠诚体现在具体行动上。落实意识形态工作责任制，坚决维护意识形态安全。

（二）加强法治建设。坚持依法履职，推动学法用法制度化、规范化，严格执行“三重一大”决策程序，把政府决策与群众参与、专家咨询、法律审查等有机结合，做到科学决策、民主决策、依法决策。主动接受人大法律监督、政协民主监督，自觉接受司法监督、社会舆论监督，强化审计监督。加强行政执法、行政复议规范化建设。提高人大代表议案建议和政协委员提案办理质量。扎实开展“八五”普法，争创全国法治政府示范市。

（三）加强作风建设。增强“补课充电”的紧迫感，深入一线开展调查研究，全面增强干事创业的本领，提高解决实际问题的能力。大力弘扬“真抓实干、马上就办”的工作作风，完善工作任务全程可量化的目标、督查和考核体系，形成有权必有责、有责要担当、失责必追究的闭环管理机制。强化宗旨意识，提升网络理政效能，动真碰硬解决教育、医疗、养老、交通等群众“急难愁盼”问题。

（四）加强廉政建设。认真落实全面从严治党主体责任，严格落实党风廉政建设责任制和“一岗双责”，健全工程建设、国有资产管理等重点领域风险防控机制，持续整治侵害群众利益、为政不为、推诿扯皮、落实不力等群众身边的不正之风和腐败问题。常态化开展廉政教育，做好“以案促改、以案促建、以案促治”工作，全力维护风清气正的政治生态。

各位代表！奋斗成就梦想，实干创造未来！让我们更加紧密团结在以习近平同志为核心的党中央周围，坚持以习近平新时代中国特色社会主义思想为指导，在四川省委省政府、成都市委市政府和简阳市委的坚强领导下，同心同德、顽强奋斗，高质量建设成都东部区域中心城市，高水平创造新时代幸福美好生活，为全面建设社会主义现代化简阳而努力奋斗，以优异的成绩迎接党的二十大胜利召开！

名词解释

1. 五个新优势：简阳市委十五届十四次全会坚持着眼长远和立足当前相结合，整体推进和重点突破相结合，提出加快形成“五个新优势”战略路径，即借势成都天府国际机场，加快形成临空新优势；发挥绿色优势补齐功能短板，加快形成生态宜居新优势；坚定不移走制造强市之路，加快形成智能制造产业集群新优势；深入实施乡村振兴战略，加快形成农业农村新优势；持续优化营商环境，加快形成高端资源要素集聚新优势。

2. 城乡社区发展治理“五大行动”：老旧城区改造、背街小巷整治、特色街区创建、社区服务提升、平安社区创建。

3. 三品一标：无公害农产品、绿色食品、有机农产品和农产品地理标志。

4.“7 + 3”都市现代农业体系：“7”指优质粮油、简州大耳羊、简阳晚白桃、优质生猪等 7 个特色产业；“3”指农产品冷链物流、现代农机装备、智慧农业 3 个先导性产业支撑。

5.“1 空 7 高 14 轨 22 快”：“1 空”指成都天府国际机场；“7 高”指成安渝高速、成渝高速、天府国际机场高速等 7 条高速路；“14 轨”指沪渝蓉高铁、成渝铁路、成渝高铁等 14 条轨道交通；“22 快”指金简仁快速路、金简黄快速路、成金简快速路、成龙简快速路、成简快速路等 22 条快速路。

6. 简州八景：一塔凌云、印鳌拱璧、金绛流虹、四崖泛月、朝阳曙阁、龙门锦浪、应第莲池、渔村暮艇。

7.“四合一”改革：通过构建股份经济合作联合社+集体经营开发公司+土地股份合作社+农民专业合作社“四合一”平台，发展壮大集体经济，实现农民增收。

8.“一核四治”治理模式：构建在党组织领导下的自治、法治、德治、智治相融合的基层治理体系。

9. 人民调解“百米服务圈”：在进一步完善村（社区）人民调解委员会的基础上，将人民调解组织网络延伸到自然村（组）、社区居民小组、居民聚居点、居民小区，通过设立人民调解矛盾纠纷受理点，实现群众在居住区百米范围内就能获取“矛盾纠纷化解、法规政策宣传、法律服务指引、法律诉求收集”等综合法律服务。

10. 八大文化：龙垭文化、状元文化、名人文化、东灌文化、商道文化、非遗文化、农耕文化、群众文化。

11. 柔性引才：在人才引进过程中，突破地域、户籍、身份、档案、人事关系等限制，不改变其户籍（不迁户口）或国籍，不改变人才与原单位关系（不转人事关系），将人才吸引到本地工作或创业的人才引进和使用方式。

12. 府院联动：加强政府与法院之间的协作联动，有序推进法治政府建设、多元矛盾化解、“僵尸企业”清理等工作，实现行政与司法的良性互动。

13. 三区三线：“三区”即城镇、农业、生态空间；“三线”即城镇开发边界线、永久基本农田保护红线、生态保护红线。

14.“1 + 3 + N”城镇体系：以中心城区为核心，以禾丰镇、三星镇、雷家镇 3 个中心镇和其他特色镇为支撑的城镇体系。

15. 一心两翼、两轴四区：“一心”即葫芦坝生态绿心；“两翼”即老城区、东城新区；“两轴”即沱江发展轴、东简大道发展轴；“四区”即放生坝城市阳台社区、海井国际创新社区、西部电商物流社区、高铁国际智谷社区。

16. 绿波带：在非交通高峰期、道路不拥堵的正常情况下，驾车在一条主干路上行驶，信号灯会依据流量自动调整变换，信号灯会跟着车流，像绿色的波浪一样延伸。

17. 两违：违法占地、违法建设。

18. 两拆一增：拆违建、拆围墙、增开敞空间。

19. 四好农村路：建好、管好、护好、运营好农村公路。

20. 全通工程：乡镇及建制村通客车的提质升级版，以统一乡村客运标识、统一招呼站（牌）、统一车辆外观、统一从业人员标识为抓手，以建设美丽清新、安全绿色、便捷优质、精细管理乡村客运为主要任务，建人民满意乡村客运服务体系。

21. 双减：减轻义务教育阶段学生的作业负担、减轻家长和学生的校外培训负担。

22. 五项管理：做好中小学学生手机、睡眠、读物、作业、体质管理。

23. 三医联动：医保体制改革、卫生体制改革与药品流通体制改革联动。

24. 体育三百工程：培育太极拳、柔力球、广场舞百人教练员队伍。

25. 三张清单：社会重大风险、历史遗留问题、突出信访问题。

26. 百舸计划：培育100家重点税源企业。

27. 标准地：土地出让时把每块建设用地的投资、建设、税收、能耗、环境等标准给予明确。

28. 个转企、分转子、小升规、规上市："个转企"是指个体工商户依法重新登记为有限公司、个人独资企业、合伙企业等各类企业；"分转子"是指外地企业在简阳设立的分公司转变为子公司，成为属地法人企业；"小升规"是指小微企业转变为规模以上企业；"规上市"是指推动规模以上企业上市。

29. "四上"企业：规模以上工业企业、资质等级建筑业企业、限额以上批零住餐企业、国家重点服务业企业四类规模以上企业的统称。

30. 五统筹五优先："五统筹"即统筹考虑产业发展、基础设施、公服配套、生态环境、历史文化；"五优先"即老场镇优先、基础好优先、产业兴优先、人口多（资源多）优先、意愿强优先。

31. 三上三下：初步成果阶段：上报人口、产业、资源等基础数据，下沉核准核实相关数据，广泛征求建议；中期成果阶段：上报审核修改完善的规划初步成果，结合规划中期成果，再次下沉收集意见建议；最终成果阶段：深化优化规划中期成果并按程序上报审批，下发最终成果、加强宣传引导。

32. 三走三请三送："三走"即走出去讲，做好群众宣传动员工作，加强业务培训指导；走出去访，认真听取基层群众和社会各界对规划编制的意见建议；走出去收，做好调查摸底和数据收集工作。"三请"即在规划成果初审、二审、定审三个阶段，邀请基层代表、专家团队等参加，广泛听取各方意见建议。"三送"即送理念，通过规划实施积极引导乡村生产方式转变，进而促进基层党员干部群众转变生活方式；送政策，把省市关于乡村国土空间规划的相关政策、要求送向基层群众，争取理解支持；送蓝图，将规划最终成果采用群众喜闻乐见的形式宣传引导，确保村民看得懂、镇村用得来、部门管得好。

33. "1＋2＋3＋N"现代农业园区：到2025年，争创1个国家级农业园区、2个省级农业园区、3个成都市级农业园区、N个简阳市级农业园区。

34. "3＋3"：3个城区街道中队和派驻3个重点镇为中心的片区执法中队。

35. 政务服务"三化"建设：便民服务标准化、规范化、便利化建设。

36. 五个一批、四个一批："五个一批"是指通过充实办公用房一批、改作公益用房一批、支持产业发展一批、市场化处置变现一批、补充国有资本一批方式，盘活镇（街道）国有资产；"四个一批"是指通过便民服务提升一批、公益事业改建一批、集体经济使用一批、市场运营开发一批方式，盘活村集体资产。

简阳市政协常务委员会工作报告

——在中国人民政治协商会议简阳市第十五届委员会第一次会议上

简阳市政协主席　李崇喜

（2021年12月20日）

各位委员、同志们：

我受十四届市政协常委会委托，向大会报告工作，请予审议，并请列席会议的同志提出宝贵意见。

过去五年工作回顾

五年来，在中共简阳市委的坚强领导下，在上级政协的关心指导下，简阳市政协团结带领广大政协委员，高举中国特色社会主义伟大旗帜，坚持习近平新时代中国特色社会主义思想，牢牢把握团结和民主两大主题，认真履行政治协商、民主监督、参政议政三大职能，为加快建设成都东部区域中心城市作出积极贡献。

一、坚持政治引领，筑牢思想基础，践行初心使命

五年来，我们始终坚持增强“四个意识”、坚定“四个自信”、做到“两个维护”，引导社会各界“同心、同向、同行”。

坚持理论武装，凝聚政治共识。坚持以习近平新时代中国特色社会主义思想统揽政协工作，重点围绕党的十九大和十九届二中、三中、四中、五中、六中全会精神，中央、省委、市委政协工作会议精神及省委、市委全会精神开展各类学习200余次。推动学习培训常态化，先后开展“两学一做”学习教育、“不忘初心、牢记使命”主题教育、党史学习教育、革命传统教育、委员履职培训等20余批次1500余人次大规模、全覆盖的委员教育培训，准确把握政协工作新时代新使命，不断筑牢团结奋斗的共同思想政治基础。

坚持党的领导，坚定政治方向。市政协党组坚决落实党对政协组织实施领导的制度，自觉做到坚决维护习近平总书记党中央的核心、全党的核心地位，坚决维护党中央权威和集中统一领导。坚持重大问题、重点工作、重要事项及时向市委请示报告，做到市委有号召，政协有行动，市委有部署，政协有落实，确保政协事业始终沿着正确的政治方向前进。

坚持党建引领，强化政治责任。市委高度重视市政协党建工作，专题召开市委政协工作会议，制定《关于加强新时代人民政协党的建设工作的实施意见》，决定市委常委、统战部部长兼任市政协党组副书记，批准市政协新设立机关党组、机关党委及10个机关党支部，构建起“政协党组+机关党组”“机关党委+党支部”的党建工作组织体系，实现党的组织对党员政协委员、党的工作对政协工作的全覆盖，批准实施市政协机构改革方案，增设市政协农业农村委、综合服务中心，提拔、交流政协机关一批年轻干部。制定完善市政协党组、机关党组、机关党委和党支部相关制度，制发《党组成员联系各界别、中共党员政协委员联系非中共党员政协委员制度》，充分发挥政协党组在政协组织中的领导作用、机关党支部在政协各专委会中的战斗堡垒作用、党员委员在委员中的先锋模范作用，积极把党的主张转化为广大政协委员、社会各界的共同认识和行动自觉，确保中央大政方针和省、市决策部署贯彻落实。

二、坚持围绕中心，服务发展大局，彰显政协担当

五年来，我们始终坚持市委中心工作推进到哪里，

政协履职就跟进到哪里，服务中心大局“有力、有序、有效”。

紧扣中心工作，深入协商议政。坚持把政协年度协商计划报请市委审定，由市委办、市政府办、市政协办联合印发《政协年度协商计划》，开展乡镇行政区划调整、村级建制调整等各类协商活动200余次。围绕脱贫攻坚、城市总体规划、“十四五”规划、公共卫生服务体系建设、幸福美好生活十大工程等22个课题开展常委会专题协商，向市委、市政府报送《决策参考》20余期。特别是对城区儿童入学入园难问题开展2次高规格、高质量的专题协商，提出《关于简阳城区教育资源优存量、扩总量的协商建议》，有效助推城区各幼儿园、小学、初中、高中学校建设和大班额化解。围绕成渝地区双城经济圈建设和成德眉资同城化发展，以全市交通路网体系建设为切入点，历时半年对全市1.2万余条6000余公里交通路网及与周边相邻区县连接的道路实地开展全覆盖摸底调查，向市委、市政府报送《关于简阳市交通路网体系建设的报告》，为科学制定“十四五”交通规划和争取上级政策支持提供重要参考。围绕城乡社区发展治理，与资阳市政协联合开展调研，形成《关于简阳市城乡社区发展治理的调研报告》，得到四川省政协领导签批肯定。围绕打好大气、水、土壤污染防治“三大战役”，报送《土壤污染专题调研报告》《大气污染专题调研报告》。围绕安全环保稳定重点领域综合治理，开展城中村全面改造、老旧场镇综合治理、老旧市场调迁改造、化工企业隐患整治、散乱污企业动态调迁“五项课题”调研。成都东部新区政协委员围绕教育、卫生等民生事业开展调研，积极建言献策，有效助推成都市实验小学、四川大学附属实验小学等在成都东部新区签约落户，为成都东部新区打造“1 + 4 + 30”医疗体系强基工程提供有力支持。

紧扣发展大局，主动担当作为。按照市委统一安排，市政协领导班子成员牵头联系“十大行动计划”重点项目32个，挂点督导迎宾大道、创业大道、东来印象、成简快速通道升级改造等重大项目建设和其他“三重工作”。主席会议成员带队深入企业、学校、镇（街道）、村（社区），认真开展“联帮挂”、大学习大调研大走访、河长制、“双创”等中心工作，全程参与“中华龙舟大赛”“中国广场舞大赛”筹办等重点工作。

紧扣重点难点，强化民主监督。聚焦市委重大决策部署开展民主监督，助推市委、市政府决策部署落地落实。聚焦中央环保督察反馈问题整改开展民主监督，增强整改实效。聚焦成安渝高速石钟连接线、阳安中学新校区迁建等重点建设项目推进情况开展民主监督，助推重点建设项目更快建成投用。聚焦环境综合治理，组织200余名政协委员对全市14条重点河流开展“黑臭水体治理”专项民主监督。聚焦脱贫攻坚，组织近300名政协委员到全市116个贫困村开展全覆盖民主监督。成都东部新区政协委员聚焦生态环境保护，对中央、四川省生态环境保护督察移交的案件办理情况进行民主监督。

紧扣提案和社情民意工作，突出办理实效。五年来，共收到提案1071件，审查立案828件，提案办复率100%，收集转办社情民意和意见建议32条。重点对提交成都市政协的《关于简阳撤市设区的提案》《关于构建成都东进半小时交通圈的提案》等24件提案办理情况进行跟踪回访，确保重点提案办理实效。先后对市住建局等5个单位57件提案办理落实情况进行民主评议，促成一大批提案成果转化。简阳市政协《创新开展提案办理民主评议工作实践》在全省五年一次的政协工作经验交流会上作交流发言，《简阳市生猪发展现状与建议》被成都市政府采纳，《居民住宅小区物业管理的忧患问题及对策建议》在成都市政协社区治理座谈会上作经验交流。

三、坚持履职为民，助力民生改善，发挥政协优势

五年来，我们始终坚持人民政协为人民的思想，秉承“爱民、亲民、为民”情怀。

全力战“疫”奋力夺取双胜利。面对突如其来的新冠肺炎疫情，全市政协系统全力以赴投入战“疫”斗争，奋力夺取疫情防控和经济社会发展双胜利，充分展现政协为国履职、为民尽责的家国情怀和时代担当。市政协领导班子成员带队深入镇（街道）、社区、企业督导疫情防控工作，对50余家企业开展“联帮挂”活动，全面组织开展复工复产、复市复学工作，组织11个工作组深入赤水街道各村组社区开展疫情防控工作。市政协各参加单位、政协委员捐赠口罩1万余只、防护服4000件、消毒剂120余吨、时令新鲜蔬菜167吨，合计价值300余万元。医疗卫生界委员带头战斗

在疫情防控第一线，用行动诠释了“伟大抗疫精神”。市政协委员原创的《中华无恙》等3首抗疫歌曲先后被《人民日报》、新华网、学习强国等30多家媒体平台采用。2名政协委员被成都市政协表彰为新冠肺炎疫情防控先进个人。

精准务实助力脱贫攻坚。市政协领导班子成员带队对70个贫困村和10个非贫困村的脱贫攻坚工作开展督导，发现并整改问题233个，得到市委主要领导充分肯定。市政协机关帮扶石家村、牛心村、金明村按期脱贫。全体政协委员积极参加“我为扶贫攻坚做件事”活动，参与委员达到2375人次，做好事实事13600多件次，捐款捐物500余万元。启动“助力巩固脱贫、助推乡村振兴”专项活动，助力脱贫攻坚同乡村振兴有效衔接。各民主党派、工商联、各界别充分发挥自身优势，广泛开展送医送药、送教助学、扶智扶贫等活动。

尽心竭力助推民生改善。围绕幸福美好生活十大工程，通过视察、调研、协商等方式，深入基层、深入群众，积极就居民增收、公共服务、生态宜居、创业就业、城市建设等方面建言献策，推动解决人民群众密切关注的热点难点问题。围绕社会民生事业，重点开展“有事来协商”平台建设，推动“小微协商”工作下基层进社区，贴近群众解决民生实事。

四、坚持团结民主，广泛凝聚共识，贡献政协力量

五年来，我们始终坚持建言资政和凝聚共识双向发力，构建“团结、合作、和谐”工作格局。

合作共识不断深化。健全主席会议成员、各专委会联系各民主党派和工商联制度，通过调研、视察、协商等形式，支持各民主党派、工商联和无党派人士在政协发挥作用，为其参与讨论协商、发表意见、提出建议创造条件。各民主党派、工商联开展《精准扶贫进程中的简阳市农村集体经济发展对策建议》《河长制推行过程中的问题与建议》等35个课题调研，得到国家级、省级、市级领导的肯定表扬。举办各界人士新年茶话会，承办成都市、简阳市政协侨联界别座谈会，推选政协委员列席市委、市政府重要会议，参加省、市重要活动450余人次，为政协委员“零距离”知情明政、建言献策、合作共事、共谋发展搭建平台。

文史工作存史聚心。全方位、多角度挖掘、保护和传承简阳文史资源，先后编辑出版《简阳文史资料》第三十一辑至三十五辑，特别是以回顾简阳政协事业70年光辉历程为重点，出版《简阳政协70年》专辑。编纂完成《简阳市政协志（2006—2021）》。完成市委交办的“挖掘家风家训衍生的三个家庭故事”工作任务。向省内外政协交流赠送文史资料1000余册。市政协委员原创歌曲《爱的接力赛》荣获全国工会职工书屋主题征集活动优秀奖（四川工会系统唯一获奖作品），《诗意成都》荣获四川省网络正能量“十大金曲”，《太阳神鸟》入选四川省文联2021年百家“推优工程”十佳音乐类作品。

宣传交流扩大影响。省政协副主席等领导先后到简阳市视察指导；接待河南省政协、湖北省武汉市政协、资阳市政协等省内外各级政协到简阳市考察调研70余批次；携同成都市双流区、泸州市龙马潭区等地政协围绕空港水港铁路港开展专题协商；建立“简阳市政协微信公众平台”，推送图文283期/428条。成功举办中华人民共和国暨人民政协成立70周年庆祝大会以及“我和我的祖国”音乐诗歌会、文学书画作品展等“1+10”系列庆祝活动。在《四川政协报》专题刊登《勇立潮头写华章——简阳市政协服务地方发展特色工作掠影》。多次承办成都市政协在简阳市召开的经济工作座谈会、委员服务与管理交流会、政协协同互动工作现场会等现场会。

五、坚持固本强基，着力提质增效，塑优政协形象

五年来，我们始终坚持加强自身建设，着力打造“知责、履责、尽责”政协队伍。

政协工作制度进一步健全。换届伊始，市政协依据宪法、法律、政协章程和相关政策，对政协工作管理制度、政协委员管理制度、政协机关管理制度3大类32项规章制度进行修改完善，覆盖政协党的建设、履职工作、组织管理、内部运行等各方面，印发《简阳市政协工作制度汇编》，形成权责清晰、程序规范、运行有效的制度体系，为政协工作制度化、规范化提供制度保障。

委员管理服务进一步规范。建立委员履职工作规则，制定完善《委员履职服务与管理办法》《联系常委联系委员联系群众工作制度》和《加强委员学习培训工作的实施意见》。对368名委员全部建立履职档案。

完善政协各委室向主席会议报告工作、常委提交履职报告、常委年度述职等制度。健全委员履职评价及激励机制，严格执行委员履职考核制度，报请市委表彰优秀政协委员、优秀政协工作者 80 人次，60 名政协委员获省、市表彰，132 名委员履职优秀；35 名委员因不假未参会被约谈，243 人次因未提交提案或反映社情民意被通报批评，9 名委员履职不到位，2 名委员因违纪违法被撤销委员资格。

党风廉政建设进一步加强。坚决贯彻落实全面从严治党要求，严格执行中央八项规定精神。坚持每季度向市委常委会报告市政协党组履行党风廉政建设主体责任情况，把党风廉政建设与政协工作同谋划、同部署、同落实，压紧压实主体责任，认真落实“一岗双责”。主动接受市委第四巡察组对市政协机关党组开展常规巡察。定期开展廉政党课专题讲座，切实做到“懂政协、会协商、善议政，守纪律、讲规矩、重品行”，确保政协依章履职、高效运转、风清气正。

各位委员、同志们！回顾十四届市政协五年来的工作，我们更加真切体会到，做好新时期政协工作，必须坚持党的领导，才能确保政协事业始终沿着正确的政治方向前进；必须坚持人民政协为人民，才能更好践行初心使命；必须坚持建言资政和凝聚共识双向发力，才能更好发挥人民政协专门协商机构作用；必须坚持围绕中心服务大局，才能确保政协工作有为有位；必须坚持守正创新，才能更好推动政协事业再上新台阶。

各位委员、同志们！十四届市政协取得的成绩，是市委坚强领导和上级政协有力指导的结果，是市人大、市政府和社会各界大力支持的结果，是历届政协传承的结果，是广大政协委员和政协工作者共同努力的结果。在此，我谨代表十四届市政协，向历届政协委员、政协工作者，向所有关心支持政协工作的各位领导、同志们、朋友们，表示衷心的感谢并致以崇高的敬意！

在看到成绩的同时，我们也清醒地认识到政协工作中还有许多需要进一步改进的地方。比如：发挥委员主体作用还需要进一步提高；委员管理服务保障水平还需要进一步提高；民主监督实效还需要进一步提高；协商成果转化还需要进一步提高等等。针对这些问题，在今后的工作中要高度重视，切实改进，努力把政协工作做得更好。

对十五届政协工作建议

今后五年，简阳市政协工作的总体要求是：坚持以习近平新时代中国特色社会主义思想为指导，认真贯彻党的十九大和十九届二中、三中、四中、五中、六中全会精神及中央、省委、市委政协工作会议精神，全面落实市第十六次党代会部署要求，在中共简阳市委的坚强领导下，持续聚焦新要求、新目标、新使命，着力在打造“五个新简阳”中建言献策，在高质量建设成都东部区域中心城市中担当作为，在高水平创造新时代幸福美好生活中倾情履职，在全面建设社会主义现代化简阳中贡献力量，奋力谱写新时代政协工作高质量发展的新篇章。

一、自觉维护核心，以更高站位把牢政治方向

始终坚持党的领导，旗帜鲜明讲政治，不断增强“政治意识、大局意识、核心意识、看齐意识”，坚定“道路自信、理论自信、制度自信、文化自信”，自觉做到坚决维护习近平总书记党中央的核心、全党的核心地位，坚决维护党中央权威和集中统一领导。全面贯彻落实中央、省、市决策部署。充分发挥政协党组把方向、管大局、保落实的重要作用，深入贯彻新时代党的建设总要求，认真履行全面从严治党主体责任，实现党的组织对党员政协委员、党的工作对政协工作的全覆盖。完善市政协党组会、主席会、常委会、全体委员会等学习制度，加强思想政治引领，夯实团结奋斗的共同思想政治基础，确保政协事业始终沿着正确的政治方向前进。

二、紧紧围绕中心，以更大作为服务发展大局

始终坚持围绕中心服务大局，认真履行政治协商、民主监督、参政议政三大职能，做到建言资政和凝聚共识双向发力，把聚焦发展、参与发展、服务发展作为履职主线，立足党政所想、群众所盼、政协所能，切实提高建言献策的精准性、服务发展的针对性、民主监督的主动性。要围绕成渝地区双城经济圈建设、成德眉资同城化发展、乡村振兴等开展调研、视察、协商。要围绕“建设区域中心城市，打造‘五个新简阳’”的奋斗目标，深入调查研究、主动建言资政，为简阳市高质量发展献更多有价值、有分量、可操作的“实招、硬招、高招”。要围绕实施“依港兴市、

产业强市、生态立市、开放活市、惠民和市”战略以及“十四五”规划实施等重点课题，广泛协商、助推落实。要围绕经济社会发展重大问题、两项改革“后半篇”文章、基层社会治理等持续开展民主监督，助推市委、市政府重大决策部署落地落实。

三、恪守为民初心，以更好实效践行使命担当

始终坚持人民政协为人民，以人民为中心履职尽责。按照协商于民、协商为民的要求，组织广大委员深入基层，了解民情，反映民意，化解民忧，进一步提高建言资政的针对性和时效性。重点围绕幸福美好生活十大工程，聚焦老百姓的忧心事、烦心事、揪心事，对事关群众衣食住行和“急难愁盼”问题开展调研视察，对惠民便民利民政策措施落实情况开展民主监督，继续组织政协委员开展好“助力巩固脱贫、助推乡村振兴”专项活动。充分发挥提案、社情民意“直通车”作用，突出办理实效。充分发挥“有事来协商”平台作用，有序推进22个“委员会客点”建设，推动“小微协商”在基层实施，助力改善民生，让人民群众拥有更多的幸福感、获得感。

四、共筑政治同心，以更强担当凝聚社会共识

始终坚持团结和民主两大主题。完善与民主党派、工商联和无党派人士在政协合作共事机制，深入落实主席会议成员联系常委、常委联系委员、委员联系群众的工作机制，建立健全多层面与党外政协委员的沟通联系制度，努力为各党派团体知情明政、参政议政创造条件。充分发挥政协联系群众、团结各界的重要桥梁和纽带作用，积极协助党和政府做好凝聚共识、化解矛盾、维护稳定工作，不断增进与社会各界人士在共同思想政治基础上的团结合作，把党的主张转化为社会各界的思想共识和行动自觉，最大限度地为简阳改革发展凝聚力量。

五、提振干事信心，以更严标准推动自身建设

持续加强政协工作制度建设。按照“制度化、规范化、程序化”要求，对委员管理、学习培训、机关管理、内部考核等制度进行全面梳理完善，确保政协工作有章可循、依规办事。继续完善委员服务保障机制，为委员更好行使权利、履行职责、担当责任创造良好环境。继续强化“懂政协、会协商、善议政”的履职要求，全面开展委员履职培训，抓好委员队伍建设，提高委员履职本领，更好发挥委员主体作用。继续强化“守纪律、讲规矩、重品行”的作风要求，协商建言做到合法依章又理性有度，畅所欲言又谨言慎行，遵规守序不各说各话，有理有据不偏激偏执。全面加强党风廉政建设，从严教育、从严管理、从严监督，打造政治过硬、作风优良、清正廉洁的政协机关。

各位委员、同志们！全面建设社会主义现代化的新征程已经开启，简阳市第十六次党代会描绘未来五年简阳发展的宏伟蓝图，站在新的历史起点，让我们在市委的坚强领导下，更加紧密地团结在以习近平同志为核心的党中央周围，以更加坚定的信念，更加昂扬的斗志，更加务实的作风，同心同德，奋力前行，高质量建设成都东部区域中心城市，高水平创造新时代幸福美好生活，为全面建设社会主义现代化简阳而努力奋斗！

简阳市2021年国民经济和社会发展计划执行情况及2022年国民经济和社会发展计划草案的报告

——在简阳市第十八届人民代表大会第一次会议上

简阳市发展和改革局局长 杨 敏

(2021年12月21日)

各位代表：

受市人民政府委托，现将简阳市2021年国民经济和社会发展计划执行情况及2022年国民经济和社会发展计划草案的报告提请市十八届人大第一次会议审议，并请市政协委员和其他列席人员提出意见。

一、2021年国民经济和社会发展计划执行情况

在党中央国务院、四川省委省政府、成都市委市政府和简阳市委的正确领导下，在简阳市人大、市政协的监督指导下，全市上下坚定以习近平新时代中国特色社会主义思想为指导，深入贯彻党的十九大和十九届二中、三中、四中、五中、六中全会精神，站位新发展阶段，践行新发展理念，服务新发展格局，紧扣“六稳”“六保”任务，大力实施幸福美好生活十大工程，坚持“戴着口罩抓发展”，整体实力稳中有增、发展动力不断增强、营商环境持续培优、城市更加宜居宜业、民生需求充分回应，成功跻身全国县域经济百强，较好地完成市十七届人大七次会议审议批准的2021年国民经济和社会发展计划，为庆祝中国共产党成立100周年营造良好氛围，为加快建设区域中心城市和“五个新简阳”奠定坚实基础，“十四五”实现良好开局。

——经济总量持续提升。实现地区生产总值(GDP)469.1亿元，同比增长7.9%，地方一般公共预算收入33.7亿元，增长12.1%，全社会固定资产投资总额358.7亿元，增长21.9%，社会消费品零售总额395.3亿元，增长18.1%。

——产业结构不断优化。实现农业增加值60.23亿元，增速4.7%，二产增加值124.3亿元，其中规模以上工业增加值增速8.1%、建筑业增加值增长率3.5%，服务业增加值284.5亿元，增速8.9%，三次产业比调整为12.8∶26.5∶60.7，产业结构向更合理区间发展。

——主导产业成型成势。新增市场主体10000余户，引进重大产业化项目20个，总投资约303.8亿元，培育规上企业135户，实现产值1135.5亿元，六类500强企业达10户，“2+2+1”主导产业体系加快形成。

——城市品质不断提升。新增绿道40.3公里，人均公园绿地面积达15.9平方米，全年空气优良天数达317天，PM2.5控制在33微克/立方米。简州大道主线通车，实现与成都天府国际机场无缝衔接，全市公路通车总里程达2650公里。

——民生福祉更加殷实。预计城镇居民人均可支配收入达43290元，增长8.9%，农村居民人均可支配收入达21706元，增长10.5%，城镇登记失业率控制在4%以下，城乡居民基本医疗保险、基本养老保险参保率分别达98%、92%，一般公共预算中民生支出达46.8亿元、同口径增长4.9%。

围绕经济社会发展，我们主要做以下六个方面工作：

(一)坚持防疫发展两手抓，稳定经济发展基本盘

坚持抓防控稳经济。科学制定应急预案，闭环排查75390人、核酸检测539895人(均为阴性)，设置新冠疫苗接种点26个，累计接种新冠疫苗119.2万剂，

应接种人员接种率100%，全市无新增确诊病例，牢牢守住了经济社会发展底线。坚持抓调度促落实。健全完善“行业+综合”经济运行分析调度机制，强化苗头性倾向性潜在性问题分析研判，研究出台《简阳市2021年“四上”企业培育行动实施方案》等经济社会发展“七大行动”政策举措，扎实做好疫情下基本生活物资保供稳价工作，储备应急救灾物资4.2万余件、粮食9万余吨，切实稳住了经济基本盘。坚持抓规划谋长远。充分考虑疫情影响，全方位吸收群众智慧、基层经验、专家意见，编制完成《简阳市国民经济和社会发展第十四个五年规划和二〇三五年远景目标纲要》并依法向社会公开，《简阳市“十四五”工业发展规划》等14个专项规划编制完成。

（二）坚持产业立市夯基石，整体实力稳中有增

1. 农业经济稳定有序。乡村振兴战略深入实施。挂牌成立乡村振兴局，修订《简阳市乡村振兴战略规划（2018—2025）》，编制《简阳市“十四五”农业农村现代化规划》等10余个专项规划，选派轮换驻村工作队70个、第一书记210名、驻村干部282名，持续落实三保障等帮扶措施，推进巩固拓展脱贫攻坚成果同乡村振兴有效衔接。金色丙灵景区获评“第四届乡村振兴‘十大案例’——十大乡村旅游目的地”。农业生产保持增长。全市粮食播种面积117.6万亩、产量39.1万吨，生猪存栏46万头、出栏58万头，羊出栏15万只，禽类381万只，畜牧业产值同比增长25%。基础设施不断完善。动物无害化处理场、生猪定点屠场、2020年度3个高标准农田建设项目竣工投用，累计建成高标准农田49.5万亩，高标准农田占耕地比提升至50.8%。加快推进标准化提灌站、粮食仓储等基础设施建设，农村土地适度规模经营率、生猪规模化养殖率、主要农作物耕种收综合机械化率分别达到66%、81.3%、65%。农业园区梯次培育良性发展。推行“管委会+投资公司”运营模式，梯度推进简阳数字乡村产业功能区（简阳扶贫产业功能区）、天府农业科创园等“1+2+3+N”现代农业园区建设，全市现代农业产业园区累计完成投资43.6亿元，发展产业34.5万亩。

2. 工业提质转型发展。工业经济质效双提。工业用电同比增长34.8%、工业入库税金同比增长9.4%，规模以上工业19个行业大类中，17个行业产值呈正增长，增长面89.5%，其中专用设备制造业、通用设备制造业预计分别增长40%、30%。转型升级加快推进。以高端、智能、绿色为主攻方向，实施传统产业技术改造全覆盖行动，推进润尔科技、南格尔等本地企业转型升级，工业投资占全成都市总量比重提升至5.3%、工业技改投资占全市总量比重提升至8.19%，逐步推动个转企、小升规、规改股、股上市，提升本地企业能级，推动制造业整体迈向“中高端”。重点企业生产有序。持续开展“帮企业、送服务、解难题、强调度”工作，落实“一对一”服务专员和分班服务机制，激励企业充分释放产能，预计空分集团、凯利威科技、港通医疗等10户工业重点企业实现产值63亿元，同比增长40%。

3. 商贸服务蓬勃繁荣。消费载体不断革新。简州里、鳌山坊等标志性消费场景打造完成，实现电子商务网络零售额约169亿元，荣选成都市特色小店4个，简阳羊肉汤、肥肠豌豆汤等四道简阳名菜入评成都名菜，荷桥村被评为省级乡村旅游重点村，新评智慧酒店2个，羊扬天下获评2021“最成都·生活美学新场景”。农贸消费保障有力。完成《简阳市农产品流通体系“十四五”建设规划》编制，建成社区菜店30个，滨河湾集鲜菜市通过成都市标准化菜市场验收。简阳羊肉汤、蒋卤鹅等特色产品通过成都天府国际机场销往全球。电商物流融合发展格局初现。举办临空专场推介活动6次，招引宝能科创产业社区、途虎养车西部总部等项目10个，形成以唯品会、途虎养车为代表的电商产业集群，以中通、申通、韵达为代表的物流产业集群，市电商物流园荣获国家电子商务示范基地。外贸工作持续向好。新增外贸进出口登记备案企业21家、外贸实绩企业5家，实现外贸进出口8.4亿元，超目标任务15个百分点。

（三）坚持改革开放添活力，发展动力不断增强

1. 重点领域改革加快推进。实施国资经营评价制度改革。分类盘活国有资产，加快推进国有企业由功能性平台向市场化经营实体转型，修订完善《简阳市市属国有企业经营业绩考核办法》，年度经营业绩经济指标权重由50%上调至70%，提升企业服务城市重大战略能力。深化财政预算制度改革。实施财政绩效评价工作，委托第三方机构对支出绩效进行重点评价，涉及金额36.6亿元。加快企业扶持激励制度改革。加

大新经济企业梯度培育力度，新增新经济企业1157户，9户企业完成梯度培育库入库申报，其中5户获批进入成都市新经济企业梯度培育库。强化信用体系建设。公布承诺期无理由办理事项13项，第二批容缺受理审批服务事项90项。全面推行“双随机、一公开”监管，增加联合抽查事项至51项、部门检查事项至256项。签订《关于对失信被执行人实施联合惩戒的合作备忘录》，整治严重违法失信企业5家，纳入失信人员名单2090人次。

2. 创新创业活力持续迸发。营造创新创业浓厚氛围。成功举办简阳市第三届创新创业大赛，遴选出20个优势项目集中路演，增强和带动简阳就业能力、科技创新能力、产业发展活力。提高企业自主创新能力。积极搭建创新平台，加快3个高品质科创空间建设，简阳网易联合创新中心成功申报四川省众创空间，筑梦空间成功申报成都市级创业苗圃。进一步提升企业自主创新能力，新增高新技术企业8家，高新技术产业主营业务收入达55亿元，技术合同成交额达1亿元，空分(集团)成功创建省级工程技术研究中心。推进校院企地融合发展。开展“校企双进”活动12场，推动校企合作项目12个。支持产业功能区联合校地企共建产业创新平台，与水木深研(深圳)科技服务有限公司签订协议，共建“简阳—清华i-Space”创新创业孵化中心。

3. 全面开放合作不断深化。对外开放层次不断提高。临空经济产业园首次亮相第三届“空中丝绸之路”国际合作峰会，与“空中丝绸之路”国际合作联盟签署《共建“空中丝绸之路”(西南)产业示范基地战略合作框架协议》。融入成渝地区双城经济圈建设。与成都东部新区、资阳临空经济区等共建成资临空经济产业带。与重庆市璧山区建立友好城市关系，与重庆市铜梁区达成友好城市合作意向。推进成德眉资同城化发展。与德阳市绵竹市签订战略合作协议，梳理成德眉资同城化发展暨成都都市圈建设重大项目17个、重大事项29项，实现成德眉资通办政务服务事项128项。推动交界地带融合发展。建立简阳—雁江—乐至融合发展联席会议制度，成立简雁乐农旅融合发展示范区领导小组，完成《简阳—雁江—乐至交界地带融合发展规划》，在示范区布局重点项目18个，总投资62亿元。

(四)坚持招引促建扩投资，营商环境持续培优

1. 招引促建成效明显。实施招大引强行动。开展驻点招引攻坚行动，发布投资机会清单100个，举办推介活动18场，新签约成都简阳宝能科创产业社区等25个项目，总投资达957亿元，其中30亿元以上项目3个、“专精特新”项目5个、先进生产性服务业项目4个。实施项目促建行动。针对前期、开工、续建、竣工四个批次项目推进明确9项重点任务，健全“专人+专班”服务机制，实施重点项目357个，完成投资385.6亿元。其中，51个四川省、成都市重点项目完成投资150.7亿元。实施用地保障行动。近5年已获取用地批文供地率达65%，出让经营性用地面积达323.6亩，实现全年土地收入27.7亿元。组建基金参与项目建设。成功完成总规模20.1亿元的成都新经济产业股权投资基金、国际合作(四川)投资基金组建，其中成都新经济产业基金成功投资5000万元，定向用于星河动力“新一代商业运载火箭创新研发生产基地”项目。

2. 承载能力全面提升。突出规划引领作用。优化完善产业功能区规划，临空经济产业园总体规划和空天产业功能区东部社区城市总规、13.7平方公里控规、城市设计编制完成。生产性服务配套加快建设。以主导产业行业特点、入驻(租赁)企业需求为导向，全年累计盘活存量低效厂房、新建标准厂房达100万平方米，新增商品房配建人才公寓0.8万平方米。功能区形象集中显现。加快推进各产业功能区1平方公里核心起步区和高品质科创空间规划建设，传化智联成都东中心、五冶建筑科技产业园、简州大道工程等14个续建省市重点项目多投快建。体制机制进一步优化。加快推动产业功能区“放权赋能”工作，积极探索推进“区镇(街道)合一”改革，完善“吹哨报到”制度，实现功能区内企业办事不出功能区。

3. 营商环境稳定公平可及。全力实施稳定公平可及营商环境提升工程。制定出台5年实施方案和年度计划，细化15个配套措施，高质量推进3.0政策落地落实。深化“最多跑一次”改革。实现依申请类政务服务事项“马上办”65.3%、“一次办”100%、“网上办”100%、“全程网办”98.5%、“一窗受理”96.5%，50个“一件事”集成服务，承诺时限较法定时限压减85.1%。营造公平开放市场环境。探索“互联网+交

易”模式，公开政府采购项目，面向中小企业采购项目306个。完成不见面开标126个，异地远程评标29个。全力落实减税降费政策，全年预计降低企业成本2.8亿元。严格落实行政处罚“三张清单”。明确86项轻微违法行为不予行政处罚、55项减轻处罚、188项从轻处罚事项。开展知识产权“护航”执法专项行动。设立6个知识产权纠纷人民调解委员会工作站和15个知识产权维权站（点），办结知识产权侵权案件32件。

（五）坚持公园营城提品貌，城市更加宜业宜居

1. 基础设施内畅外捷。交通路网加快建设。实施城市通勤效率提升工程，简州大道主线通车，金简仁、成资、成龙简等东进快速路强力推进，基本形成纵横南北、连接东西的区域外交通骨架和区域内便捷交通路网。油气供应稳定有序。新建燃气管道约300公里，燃气调压柜（箱）约260个，新增燃气用户约1.4万户，中石化雄州加气站、中石油利民加油站建成投运。通信讯号持续加强。新建5G基站229个，实现城区室外5G信号连续覆盖，4G信号普遍覆盖。电力设施不断完善。完成110千伏十里坝变电站、解放变电站增容9.5万千伏安，新建10千伏五安线8公里，完成10千伏三东线、云涌线等线路大修工程约200公里，改善4万余户居民用电质量。

2. 公园城市加快建设。大力实施生态惠民工程。围绕“山水城”三大资源优势，持续推动城区“三环一带”绿道体系建设，实施绿道项目12个，建成观音井绿道、十里荷花林盘绿道等40.3公里，东麓花溪等8个公园城市示范区加快培育，沱江两岸示范片区“文化环”绿道体系、荷桥村示范片区基本建成，天星公园建成开放。有机更新步伐加快。大力实施城市有机更新和老旧小区改造提升工程，改造老旧小区4处、棚户区100户、启动放生坝片区和白塔状元文化街区2个城市更新项目。城市建设推向纵深。按照“区域联城、公园绿城、产业融城、品质宜城”总体思路，着力加大城市新区开发力度，城市建成区面积达41平方公里。

3. 生态环境持续改善。深入实施“蓝天保卫战”。开展大气污染防控专项督查，发现并整改问题点位200余个。积极推进绿色施工，住建领域项目全部接入智慧工地系统。提高道路扬尘治理水平，建成区道路机械化清扫率达75%以上。稳步推进“碧水保卫战”。阳化河流域范围内19段黑臭河渠整治、绛溪河流域水环境综合治理全面完成，沱江流域市控及以上断面水质优良比例达80%。持续强化饮用水水源地保护，“千吨万人”乡镇集中式饮用水水源地水质达标率100%。持续开展长江流域“十年禁渔”。坚决打好“净土保卫战”。全市一般工业固体废弃物处理率均在99%以上，工业危废和医疗废物无害化处理率达100%，受污染耕地安全利用率和污染地块安全利用率均达94%。

4. 城市治理精细智能。不断完善管理机制。研究制定《简阳市城市公共照明相关设施养护细则》《简阳市城区景观照明维护考核细则》等文件，有效提升基础设施维护作业专业化水平。不断充实完善精细化城市管理体系。建成数字化城市管理信息系统，充分利用天网视频监控，结合线下巡查，受理各类问题5.6万余件，日均上报量达200余条，为应急处置提供全面、精准数据支撑。智慧城市大脑加快建设。市智慧治理中心接入6个委办局、9套业务系统，“城市大脑”基础功能初步具备，成为疫情防控、应急调度指挥中心。建成社区“小脑”7个、小区“微脑”33个，启动简城街道“中脑”建设。

（六）坚持以人为本谋福祉，民生需求充分回应

1. 社区治理效能提升。深化基层治理体制机制改革。编制《简阳市城乡社区发展治理规划导则》，完善《简阳市市级城乡社区发展治理激励资金管理办法》，健全社治综治工作联动、问题联解、绩效联评工作机制。推广应用“社智在线”，录入人员信息98万余条，覆盖3780个小区。融合提升社区服务品质。培育35个城乡示范社区、7个示范小区，完成15个“微更新”项目，打造4个主题社区，上线6条天府社区精品游线，认证2家社区社会企业，持续优化社区服务供给。夯实基层治理阵地。全面推进55个党群服务中心提档升级，同步推进党群服务中心亲民化改造。

2. 社会事业快速发展。教育服务更加优质。公办园在园幼儿占比超过50%，普惠性幼儿园覆盖率达84.4%。义务教育均衡发展，有序推进“双减”工作。阳安中学新校区建成投用，简阳市高级职中创省级示范性职业中学项目顺利通过省教育厅中期评估。健康服务更加优良。市人民医院整体水平达到成都市级三

甲医院前五，市妇幼保健院建成三级乙等妇幼保健院，市疾病预防控制中心按照三级疾控机构标准迁建至成都东城新区，市精神病院加快建设。组建家庭医生团队159个，重点人群签约率达70%以上。文体服务均衡普惠。完成291个文化馆村（社区）服务点挂牌，打造基层综合性文化服务中心示范点2个、示范性社区运动场5个。创作各类文艺精品100余件，举办各类文体惠民活动近1万场，获评“2017—2020年全国群众体育工作先进单位”“四川省民间文化艺术之乡”。开展全国广播电视基本公共服务标准化试点，为全国提供广播电视基本公共服务标准化简阳做法。

3. 民生保障扎实有效。实施居民收入水平提升工程。完善就业创业服务体系，动态消除零就业家庭，全市28.7万农民工外出务工，全年城镇新增就业4230人，全市城乡人均存款余额达6.7万元。实施全龄友好包容社会营建工程。深化养老服务综合改革，新建日照中心5个、养老助餐点1个，改造护理型床位410张、适老化床位355张，备案民办养老机构2所，家庭适老化改造1200户，享受长期照护保险待遇3228人。开展困难群体暖心帮扶行动。发放低保、特困、临时救助等各类救助资金2.1亿元。打造精神障碍社区康复服务“一级中心三级网络”，建成市级社区精神障碍康复中心1个、精神障碍康复站点2个。开展“托起明天的太阳”“手拉手成长课堂”等主题关爱活动，1600余名农村留守儿童和困境儿童受益。扎实推进全民参保计划。全市城乡居民基本医疗保险参保率稳固在98%以上，全市城乡居民2021年基本医疗保险参保总人数达64.5万人，城镇职工医疗保险参保19.4万人。《筑牢医疗保障防线让贫困群众有“医靠”》入选国家发展改革委社会领域公共服务助力脱贫攻坚典型案例。

4. 社会大局和谐稳定。加强信访矛盾化解。信访突出问题案件办结率100%，群众满意率达98.5%，各类矛盾就地化解率达92%。纠治违法犯罪行为。严打“黄赌毒”“盗抢骗”“食药环”及电信网络诈骗等违法犯罪，立刑事案件2396件，刑事拘留590人，逮捕447人。全面推行安全生产清单制管理。深入实施危险化学品、建筑施工、道路交通等重点行业领域专项整治，排查整改隐患1.6万余处。完成22个镇（街道）应急队伍及291个村（社区）应急分队人员选拔，采购储备156万元中央资金救灾物资。强化安全韧性城市建设。安装地震预警终端3台，地震预警接收终端8台，地震监测预警信息覆盖率提高至65%；完成一类避难场所选址实勘，同步推进镇（街道）简易避难场所现有情况统计和拟新建避难场所申报。

过去一年，全市上下在习近平新时代中国特色社会主义思想的指引下，圆满完成2021年国民经济和社会发展计划各项目标任务。取得这一系列成绩来之不易，是市委坚强领导、市人大和市政协监督指导、全市人民共同努力的结果。在看到成绩的同时，我们也深刻认识到当前面临的挑战和不足，主要是：产业基础尚不牢固，发展优势还未充分转化，发展不平衡不充分问题仍然突出，市场主体和创新活力有待进一步激发，重点领域关键环节改革任务依然繁重，民生领域还有不少短板，改善生态环境质量需久久为功，防范化解和应对处置各类风险不能丝毫放松。对于这些挑战和不足，我们必须进一步增强忧患意识、坚持问题导向，把握有利条件，抢抓成渝地区双城经济圈建设、一干多支五区协同战略、成德眉资同城化发展、成都天府国际机场投运和成都城市东进等在简阳市交汇叠加的重大机遇，保持战略定力，深入研究谋划，乘势而上推动经济社会高质量发展。

二、2022年经济社会发展总体要求和主要目标建议

2022年是加快实施“十四五”规划、全面建设成渝地区双城经济圈和践行新发展理念的公园城市示范区的关键一年。做好2022年全市国民经济和社会发展工作的总体要求是：坚持以习近平新时代中国特色社会主义思想为指导，全面贯彻党的十九大和十九届二中、三中、四中、五中、六中全会精神以及四川省委十一届十次全会、成都市委经济工作会议精神和简阳市十六次党代会精神，坚持稳中求进工作总基调，站位新发展阶段，践行新发展理念，服务新发展格局，坚持以建设践行新发展理念的公园城市示范区为统领，以融入区域一体化发展格局为战略牵引，以推动高质量发展为主题，以深化供给侧结构性改革为主线，以改革创新为根本动力，以构建支撑高质量发展的现代产业体系、创新体系、城市治理体系为重要路径，以提升市民群众获得感为价值取向，主动融入“双循环”、齐心唱好“双城记”、坚定走好“东进路”，统

筹发展和安全，巩固全国县域经济百强县地位，落实好“重大项目攻坚年”各项工作，推动依港兴市、产业强市、生态立市、开放活市、惠民和市，全面提升发展能级和综合竞争力，加快建设区域中心城市和“五个新简阳”，以优异成绩迎接党的二十大胜利召开。

综合考虑宏观经济形势、政策变化因素影响、经济发展规律和简阳市经济增长潜力，强化与“十四五”规划和市第十六次党代会高质量发展目标相衔接，简阳市 2022 年经济社会发展目标是：实现地区生产总值增速 8%，其中三次产业增加值增速分别达 5.0%、5.5% 和 11%；规上工业增加值增速 7.5%；固定资产投资增长 8%；社会消费品零售总额增长 10%；地方一般公共预算收入增长 10%；城镇居民人均可支配收入增长 8.2%；农村居民人均可支配收入增长 10%。

三、2022 年经济社会发展主要工作

围绕完成全年经济社会发展目标，按照市委决策部署，坚持“稳农业、强工业、促消费、扩内需、抓项目、重创新、畅循环、提质量”工作思路，着力做好以下重点工作。

（一）常态防控疫情，确保经济社会有序运行

科学精准做好疫情防控工作。进一步健全分区分级防控机制，坚持常态化精准防控与局部应急处置相结合，优化疫情防控预案，持续外防输入内防反弹，强化突发公共卫生事件监测预警，始终在保持经济社会正常运转的过程中加强疫情防控，在做好疫情防控前提下实现经济社会发展目标。改革完善疾病预防控制体系。健全以市级疾病预防控制中心为主体，医疗机构为依托，基层医疗卫生机构为网底，全社会协同参与的疾病预防控制体系，建设至少 1 个生物安全二级实验室、1 支现代化高水平流行病学调查队伍。提升重大疫情救治应对能力。完善传染病救治网络，建立“分级、分层、分流”重大疫情救治体系，完善卫生应急物资储备制度和体系，提升应急医疗物资储备能力。深化城市公共设施应对重大疫情防控“平急”两用改造试点。

（二）坚持依港兴市，加快建设空港简阳

1. 高效衔接机场强化枢纽功能。优化连接机场交通路网。强化与成都天府国际机场、成都东部新区枢纽站快速直连能力，加快推进迎宾大道延长线与机场高速互通立交建设，同步规划成都天府国际机场与成渝中线高铁成都东部新区枢纽站双港直连快速通道，加快空铁公衔接“最后一公里”服务设施和场站布局，推动成渝铁路扩能改造等重大项目加快实施，着力构建多式联运物流体系，打造成都东部区域物流港，增强简阳快速直达全球能力。构建多向立体区域互联同城交通网络。推动地铁 18 号线临江站至简阳南站段纳入成都市城市轨道交通第五期规划建设，争取 S3 线在简阳境内设站，S13 线顺接简阳南站，完善多层次多制式轨道交通体系。打通养资路、万罗路、放高路等断头路，确保金简仁、成资快速路等“东进快速路”建成联网，谋划蜀都大道东三段简乐段等快速路规划建设，强化与成德眉资及成都东部新区快速直连能力，打造区域畅达都市圈快速路网。全力提升城市通勤效率。启动城市环线规划建设，改善城市过境交通，加快西内环线、天星南一路等项目建设，新（改、扩）建县道 12 公里、乡道 60 公里、村组道路 574 公里，推动农村客运公交化改造。

2. 加快构建临空产业新格局。高质量发展现代物流业。完善现代物流基础设施，高质量建设国家电子商务示范基地，打造电商供应链物流中心，启动丰树临空电商物流综合平台、韵达西南总部等项目建设，争取设立保税物流中心（B 型），争创国家双创示范基地，力争物流产业规模突破 350 亿元。大力发展高端商务商贸业。依托机场、高铁的客流和物流集聚效应，引进临空高端酒店、临空会议会展、绿色食品展销贸易和枢纽商贸综合体，有序推进西南国际旅游集散中心、万汇中心等项目建设，打造国际化商务商贸集聚区，力争高端商务商贸产业规模突破 100 亿元。培育壮大临空总部产业。实施更开放的企业总部支持政策，吸引培育有创新活力的高能级总部，构筑临空总部经济集聚新高地。启动航空教育产业园建设，力争临空总部产业规模突破 60 亿元。

3. 加快建设临空经济新载体。加快临空经济产业园建设。完善园区路网体系，推动物流片区科创支路、东简大道等道路建设，积极争取赤水大道用地指标，完成赤水大道一期工程建设。启动建设空港新经济智汇空间等产业孵化培育空间 10 万平方米，争取楼宇建筑面积达 5 万平方米、入驻率不低于 50%。积极争取将简阳临空经济产业园全域纳入成都（天府）临空经济示范区。突出抓经济基本职责。推进园区完善经济运

行调度体制机制，统筹做好统计分析、监测、预警和调度，提高经济指标以及企业信息统计效率。强化项目招引促建。推进供销西南总部、航通国际综合港项目等已签约项目落地开工。持续完善“产品创新+场景应用+清单发布”培育机制，招引培育一批主导产业头部企业和产业链价值链关联企业，力争入驻头部企业、平台企业超15家。

4. 加快塑造临港城市新形象。彰显临港城市特质。充分将空港元素融入城市规划建设，有序推进高铁片区开发，加快构建“一心两翼，两轴四区”空间结构，加快形成高铁枢纽核心区“TOD+公园”和高铁片区“国际智谷”整体城市形态，力争高铁片区城市框架达到2.6平方公里，提升高铁新城承载力和吸引力。塑造公园城市形态。加强“一江一河六山一坝”城市生态资源保护与利用，加快推进城区防洪及生态湿地走廊FH段绿道、放生坝滨江公园等项目建设，利用城市金角银边打造2处功能复合、设施完善的“小游园·微绿地”，新建绿道总里程12.2公里，实现城区绿道成环成网，建成区绿化覆盖率达到43.9%，人均绿地面积提升至16平方米。打造城市文化品牌。围绕状元文化、龙垭文化等历史资源和文化主题，传承弘扬“东灌”精神，塑造一批具备高辨识度的本土特色文化品牌，完成东来印象项目建设。加快天府国际生态候机厅、临空现代绿色农业示范基地等项目建设，打造体现航空文化内涵，集种植、景观和休闲游览功能于一体的都市农业景观带，发展空港农业旅游。

5. 培优国际化一流营商环境。持续完善体制机制。推动营商环境4.0政策落地落实，持续深化重点领域“放管服”改革，健全完善领导干部联系帮扶企业制度，着力构建“亲”“清”政商关系，提升企业和企业家安全感。提升政务服务水平。推进政务服务“一网通办”“一窗办理”达100%，高频许可事项“证照联办”，积极营造“办事不求人，办成事不找人”的社会文化，打造“简易阳光”政务服务品牌。强化法治保障。坚持审慎包容柔性执法，健全司法保护体系，建立健全以信用为基础的新型监管机制，做到“企业无事不扰、服务无处不在”。深入治理滥用行政权力和限制市场竞争等行为，全面实现市场准入“非禁即入”。创新政策供给机制。落实落细金融支持、减税降费、援企稳岗等政策措施，主动对接“天府蓉易享·政策找企业”智能服务平台，促进惠企政策集中汇聚、精准查询、高效兑现，积极引导社会预期。

（三）坚持产业强市，加快建设实力简阳

1. 推动先进制造业集聚集群。加快空天产业功能区建设。推进形成以创业大道、星空年代、标准厂房为核心的1平方公里集中展示区，确保南北干道、标厂西路等5条道路具备基本通车能力，建成标准厂房14万平方米并实现首批企业入驻，颐海食品、孵化器及配套住房竣工投用。健全公共平台支撑。充分发挥成都市航天产业科研技术、人才优势和国有平台公司资本支撑作用，加快组建航天产业研究院，提高区域自主创新能力。壮大工业体量能级。重点围绕航空航天、智能制造、新型材料、碳中和（绿色建筑）产业，引进行业龙头企业1家和关联配套专精特新企业6家以上，力争航空航天产业、碳中和产业主营业务收入突破3亿元、5亿元，新增规上工业企业8户。推动传统企业升级改造。鼓励企业建设未来工厂、智能工厂，带动产业链企业协同推进数字化管理、智能化改造，加快打造一批高水平智能生产制造示范场景，力争新增高新技术企业3家，完成工业性投资105亿元以上。强化项目策划建设。围绕国家“十四五”规划纲要102项重大工程项目包和中央、四川省、成都市预算内投资支持方向，分类策划储备重大项目，滚动充实重大项目储备库，积极向上争取，接续推进实施，推动瑞特机械等项目建成投产。

2. 推动现代服务业发展壮大。持续壮大传统服务业。发挥海底捞、简阳羊肉汤等品牌效应，提升简州里、鳌山坊等特色商业街区品质，引进大型商业综合体项目1个以上，以美食旅游IP为核心，创新举办“一镇（街道）一活动”、羊肉美食文化旅游季等文旅活动，开展全域旅游示范区创建。大力发展生产性服务业。加快完善现代化物流货运设施，建设国际化智慧仓储货站，着力构建多式联运综合信息服务平台，建设国际化物流枢纽，深入推进国家电子商务示范基地建设，大力发展航空食品研发、信息服务、检测检验认证等高技术型总部和服务型总部。提升电商物流发展水平。启动申通二期、盈石冷链、德盛商业等项目建设，加快建设传化商业、大华茶世界广场等项目。聚焦跨境电商、直播电商等领域，引育电商及关联企业10户以上，实现电子商务交易500亿元以上，加快形成电子商务发展新动能。以体育为核心推动赛事营城。提升赛事承办能力，办好第31届大运会跳水、柔道赛事。充分汲取大运会带来的丰富办赛经验，积极举办高能级赛事活动，着力打造国内知名赛事基地。

3. 持之以恒做强农业主导产业。补齐建强产业链。制定农业投资机会清单，精准招引一批有影响力的农业企业和重大项目，加快天府农业科创园建设，建成产业研发中心、冷链物流中心，推动廖氏、马厚德羊肉汤生产基地项目竣工投产，提高农业产业配套率和综合竞争力，大力发展订单农业、科技农业、功能农业、数字农业。培优育强现代农业园区。深化农业园区"1＋2＋3＋N"梯次培育良性发展机制，加快简州大耳羊现代农业园区、伏季水果现代农业园区等11个现代农业园区建设，推动晚白桃、简州大耳羊、优质蔬菜等特色产业规模发展，培育省级、成都市级现代农业园区各1个。促进农商文旅融合发展。加快荷桥村、前锋村、尤安村等重要节点农商文旅消费场景营造和乡村振兴示范环线、沱江绿色发展轴、金简仁产村融合示范轴建设，促进传统农业向复合功能转型，力争实现旅游收入30亿元。高质量推进乡村振兴示范建设。编制好简阳乡村国土空间规划，统筹推进98个乡村振兴重点村建设，争创成都市级乡村振兴先进县、先进镇各1个、示范村5个，争创四川省级乡村振兴示范村1个。加快丙灵村、前锋村等9个精品林盘保护修复，力争创建AAA级林盘景区1个、旅游目的地1～2个、旅游品牌2个。

4. 加快构建城乡互促发展格局。突出规划引领。统筹做好市、镇、村三级国土空间规划，完成国土空间总体规划编制，优化城镇功能体系和空间布局，构建"1＋3＋N"城镇体系。加大中心城区建设力度。持续推进高铁片区综合开发建设，力争兰成渝输油管道完成10公里敷设。优化葫芦坝片区控规编制，加快启动海井片区综合开发，推进放生坝滨江公园、东滨路南二段等项目建设，力争星光北路、星光大道、放生坝西路等项目建成投用。加快中心镇培育。不断提升禾丰镇、三星镇、雷家镇城镇承载力和辐射能力，加快培育禾丰镇为"省级百强中心镇"，推进镇村道路黑化、亮化和禾丰镇环溪河大桥等基础设施项目建设。加快特色镇发展。推动特色产业向小城镇聚集发展，培育特色鲜明的产业，做好一二三产深度联动，促进生态生产生活有机融合，促成产业兴镇、产业强镇。启动一批老旧场镇整治，完善公共服务，提升场镇风貌，彰显小城镇特色。

5. 突出创新驱动加快动能转换。强化科创平台建设。聚焦主导产业，搭建科创孵化平台、共性技术平台，推进航天产业研究院组建工作，吸引科研人才及团队、科技型企业落户简阳，争取航天科技、航天科工等专业人才到功能区挂职。全年引育各类高层次人才300名以上。推进产业链协同创新。建立创新协同激励机制，促进成渝周边大中型国有企业与简阳地方中小企业互动，建立区域产业链协作、创新链协同的合作关系，力争全年培育高新技术企业8户以上，全社会研发投入增幅保持在10%以上。筑牢科技创新基础支撑。深化青年创新创业就业筑梦工程，搭建青年创新创业"一站式"服务平台，开展高水平双创活动，发布城市机会清单30条以上，新建成都市级示范场景2个。抓好市场主体培育。力争全年新增市场主体1.1万户，其中企业占市场主体比重达到24%以上，新增新经济企业600家，新经济企业梯度培育入库数增长20%。

6. 增强金融服务实体经济能力。畅通融资渠道。持续开展"金融雄州行"系列活动，落实产业功能区主办牵头行制度，大力推广"天府信用通""农贷通"等线上融资服务平台，实施"蓉易贷"普惠金融工程，加大对功能区企业精准贷款力度，支持政府性融资担保公司提升服务实体经济能力，力争全年普惠小微贷款余额突破120亿元，继续加大金融支持乡村振兴发展力度，力争全年涉农贷款余额突破350亿元。加快金融要素集聚。出台金融招商引资专项办法，完善股权投资体系，探索开展"金融链"招商，推动组建更多股权投资基金。做大做强地方法人金融机构，支持简阳农商银行多元化专业化发展。积极争取四川省金融支持乡村振兴示范区在简阳落地。积极推动企业到资本市场发展，做好四川港通医疗设备集团有限公司服务保障，助推企业上市成功。创新实践金融科技赋能小微企业融资担保服务模式。建立数据风险分析模式，科学研判客户风险数据。构建风险分担机制，有效控制担保公司贷款风险，缓解资金压力。探索担保公司长远发展机制，探索专业化商业担保和互助互保为两翼，解决担保公司自身生存发展问题，降低企业借贷成本，补充部分小微企业贷款担保需求。

（四）坚持生态立市，加快建设宜居简阳

1. 进一步加强生态环境保护。全面提升水环境质量。加快镇（街道）雨污分流体系建设，补齐污水处理短板，加强农村面源污染治理，强化阳化河流域污染整治，开展索溪河、响水河、石桩堰等重要支流水质“消V”行动，确保沱江流域市控及以上断面水质优良比例达到100%。持续抓好长江流域“十年禁渔”工作。持续推动大气环境质量改善。强化污染分类治理，加强扬尘污染综合管控、“油、路、车”管控，深化工业污染防治，推进移动源污染专项治理，严控面源污染，巩固“散乱污”经营主体清理整治成果，进一步降低PM10、PM2.5浓度，全力改善环境空气质量。持续推动土壤环境质量改善。严格土壤污染风险管控，防范新增污染；持续推进污染地块修复治理，强化污染地块环境监管；加快2个危险废物处置项目建设，确保按时保质建成投运。

2. 高标准探索生态价值转化。突出生态价值转化示范效应。坚持“公园+”“绿道+”理念，深度挖掘绿色生态消费资源，植入公共服务、商业、游憩等多元功能，建成沱江两岸示范片区核心区和简州里示范片区核心区。打造集旅游观光、文化展演、体育健身、休闲娱乐等于一体的公园（绿道）消费示范场景1个以上。创新生态资源开发保护机制。推进资源总量管理、科学配置、全面节约、循环利用，建立生态产品市场机制、生态价值核算评估机制，完善多元化生态环保投入、自然资源资产有偿使用和生态环境损害赔偿制度。健全绿色金融服务体系，构建统一高效的环境资源权益交易体系和生态建设运营双平衡机制。发展绿色产业建设低碳城市。实施既有建筑绿色化改造，力争城镇绿色建筑占新建建筑比重达到92%，新开工装配式建筑面积60万平方米，新建房屋建筑项目节能施工执行率达100%，完成既有公共建筑节能改造1万平方米，选择适宜项目开展超低能耗、近零能耗试点示范。

3. 多维度提升生活成本竞争力。生活消费品质优价稳。积极落实国家保供稳价政策，统筹推进供给侧结构性改革和需求侧管理，健全粮油、猪肉等政府储备和应急投放机制和生活必需品市场价格监测、预警分析机制。全年粮食、蔬菜、生猪生产分别稳定在39万吨、39万吨、58万头，CPI控制在3.5%以内。住房供给提质增效。坚持房住不炒，建立住房和土地联动机制，扩大城镇保障性租赁住房供给，加快推进安置房建设，全年供应商品住房6000套，新增人才公寓100套，新增保障性租赁住房300套，保持房价、房租水平涨幅不超过2021年城镇居民人均可支配收入增幅。生活服务便捷多元。发布2022年社区商业机会清单，促进公共服务与社区商业相融互促，系统营造功能完善、精准高效的社区生活服务场景，招引各类品牌首店2个，培育特色小店3家，建设20个生鲜超市网点。进一步完善“15分钟服务圈、10分钟生活圈、5分钟便民圈”的“三圈”生活服务体系，持续降低生活成本，彰显城市宜居鲜明特质。

4. 多措施推进城市有机更新。深化城市有机更新和老旧小区改造提升工程。实施老旧片区有机更新行动。推动历史文化保护传承，统筹实施历史建筑、历史信息和工业遗产等保护利用，逐步提升历史建筑覆盖率，以原真形象留住城市记忆。石龙路石桥场镇段等项目建成投用，高铁片区（A、B、C地块）周边市政道路、高铁新城片区综合开发、沱江发展轴生态公园及配套基础设施（一期）、白塔状元文化街区城市更新等项目开工建设。实施老旧小区改造行动。按照先自治后整治、居民自愿、各方参与原则，通过改善老旧小区内公共区域，开展安全隐患排查治理等工作，完善改造项目推进机制，实施老旧小区改造10处，打造1个老旧小区示范项目，既有住宅增设电梯30部。实施老旧社区发展治理提升行动。充分利用社区居民家门口品质不高、长期闲置、利用不足、功能不优的微型公共空间，营造社区精致生活场景。构建党建引领下的多元治理模式，引入专业化物业管理，培育社区自治组织、开展社区自愿服务，健全老旧小区长效管理机制。

（五）坚持开放活市，加快建设活力简阳

1. 全面激发消费活力潜力。进一步夯实外贸进出口基础。动员外贸实绩企业100%参加出口信用保险，降低出口收汇风险，确保符合条件的出口企业及时充分享受出口退税、规费减免、融资担保等优惠政策。组织好广交会、西博会和东盟博览会等国内展会的参会工作。加大商贸项目建设和品牌引进力度。大力推进招商鄰江樾商业街、简州里休闲步行街建设。探索建立品牌消费集聚区，扩大品牌消费，招引培育各类消费品牌，出台支持政策，强化名店效应，提升档次水平。大力培育新型消费业态提升消费能级。促进商品消费，畅通汽车、家电、家具等大件商品消费链条，支持汽车、家电等销售企业开展汽车下乡、以旧换新等活动，同时加快推动文旅消费回补增长，持续激发城乡消费潜力。健全消费市场体系增强便民服务能力。大力发展社区商业，解决居民消费品需求“最后100米”问题。构建以“农贸市场（菜市场）为主，生鲜超市为辅，社区零售网点等为补充”的农产品终端供应体系，规划建设农贸市场5个，确保水东农贸市场主体竣工。

2. 促进民营经济健康发展。进一步激发民间投资活力。严格实施市场准入负面清单，推动“非禁即入”普遍落实，落实公平竞争审查制度，进一步健全民营企业权益受损救助补偿机制。拓宽民营资本投资领域，公开发布面向民间资本的项目推介清单，支持民营企业积极参与主导产业和基础设施建设运营，力争民间投资占比提升至45%。推动惠企政策落实。加快“中小企业服务平台”建设，落实减税降费政策，对符合条件的民营企业给予稳岗补贴和技术技能提升补贴等政策措施，降低民营企业用工成本。鼓励民营企业建立现代企业制度。提升民营企业管理水平，开展民营企业劳动保障诚信建设，提高民营企业财税管理、人员管理、运营管理各项能力，促进民营企业转型升级。加强人才培养力度。支持民营企业职工参加岗位技能提升培训，加强专业技术人才和高技能人才培养，鼓励专业人员进行企业品牌创建、技术创新、新产品研发等，逐渐提升企业竞争能力。

3. 提升对外开放层次水平。服务推动成渝协同发展。落实《成都都市圈发展规划》，加快构建“1空7高14轨22快”立体综合交通网络。加快构建东简一体化，推进成资临空经济产业带建设，共同争取成都（天府）临空经济示范区。加快简雁乐农旅融合发展示范区建设，共同创建成德眉资同城化综合试验区。以成渝轴线区（市）县协同发展联盟、双城古道教育发展联盟为平台，深入交流，共谋发展，推动成渝地区双城经济圈建设。加强开放平台载体建设。提升投资贸易平台和口岸服务功能，加快建设简阳临空经济产业园、成都·大凉山农特产品加工贸易园区，争取设立保税物流中心（B型）等海关特殊监管区域。深化对外交流合作。建立健全协同发展体制机制，力争与3个以上城市签订友好合作协议。强化项目招引，出台《简阳市投资促进工作机制》，聚焦主导产业，开展专项投资推介，积极参与西博会、渝洽会等投促活动，持续优化“三图一表”，力争引进重大项目10个以上，实际到位内资达85亿元，利用外资8700万美元。

4. 全方位营建友好包容氛围。彰显城市青春风采。借助大运会等重大赛事，联动国内外媒体持续开展“简阳，不简单”城市宣传营销。推进人才政策创新突破，升级“蓉漂”青年人才驿站，优化“简阳人才之家”功能，建好用好“人才咖啡馆”，打造人才来简落户、住房、子女就学、父母养老、家属就业、金融服务等一条龙服务体系，营造近悦远来氛围。提升新市民情感归属。进一步深化幸福美好生活十大工程，进一步提升公共资源的精细化配置与全生命过程的人性关怀，加快打造新型智慧城市发展样板和活力秩序有机统一的善治之城。塑造城市开放包容普惠品格。以场景营造为重点，高品质营造“活力丰富”的创新创业场景、“幸福美好”的生活体验场景、“可及共享”的生态宜居场景，加快建设“三生融合”的城市新空间，让“就近便捷、丰富多元、温暖贴心”的生活服务成为市民认同，让“和谐宜居、品质生态”成为山水公园城市的典型示范。

5. 深化重点领域改革攻坚。加快推进财政预算管理制度改革。健全预算绩效管理机制，推动财政支出标准化，实施覆盖预算全过程的绩效评价结果与预算安排紧密挂钩制度，推动绩效管理和预算管理深度融合。持续深化国资国企改革。按照一级企业做大做强、二级企业精准布局、三级企业专业化运作的思路，推动市属国有企业战略重组，打造市属国有集团化企业。深化国企转型赋能，重点开展注资增资、资产盘活、权证办理三大攻坚，加快企业由功能性平台向市场化经营实体转型，力争2022年实现市属国有企业“AA+”评级零突破。强化债务管控，优化债务结构，全年新增融资成本同比下降1.5个百分点。深入推进土地资源配置制度改革。按照消化存量拓增量的工作思路，加大“批而未供”和闲置土地处置工作力度，通过“增存挂钩”方式争取年度计划指标。加大土地供应力度，确保近5年平均供地率达65%，经营性建设用地供应面积1000亩，实现土地收入50亿元。推进工业用地“标准地”改革，力争园区新增工业用地30%以上采取“标准地”供应。做深做实两项改革“后半篇”文章。持续优化镇（街道）职能和机构编制资源配置，稳妥推进部分事权、财权下放，规范镇村公有资产配置、使用和处置。持续深化“四合一”改革，力争全市农业适度规模经营率达到70%以上，打造集体经济示范点6个，全市70%以上行政村集体经济经营性收入达10万元以上。

（六）坚持惠民和市，加快建设幸福简阳

1. 用心用情办好民生实事。保障民生实事投入。大力实施就业促进、扶弱助困、教育助学、社会保障、医疗养老、住房安居、生态环境、基础设施、文体惠民、便民服务等民生实事。加快杨柳养老敬老中心、综合社会福利中心和简城、新市养老服务综合体项目建设。深入开展困难老年人家庭适老化改造和困难失能半失能老年人家庭照护型床位改造。确保民生领域财政支出47亿元以上，较2021年只增不减。畅通民意反映渠道。充分运用市民观察团、专业观察团、网络观察团3支队伍，广泛开展访民情、听民意活动，动态实施一批小微民心工程、民生实事。畅通网络理政、“百姓需求一号通”热线等民意反映渠道，用心做好“送上门的群众工作”，下大力气解决人民群众最关心、最直接、最现实的困难问题。

2. 扎实推动全民共同富裕。深化居民收入水平提升工程。组织人力资源机构采取“一对一”方式精准送岗下乡，举办“就业援助月暨春风行动”等大型招聘会，完善职业技能培训体系，推动工资水平合理增长，强化就业帮扶服务，完善劳动者权益保护机制，全年新增城镇就业4100人以上。促进创新创业。加大企业培育力度，加强经济权益保障，激发自主创业活力，力争城乡居民经营性收入增长8%以上。加大开源清障力度。用好房屋租赁增收功能，创新知识产权价值转换，发挥财富管理增值作用，完善居民财产保障机制，增加财产性收入。增强兜底保障能力。完善低收入群体和返贫边缘户动态监测管理、分类救助体系，不断提升低收入群体收入。提高社会保障水平。健全多层次的社会救助兜底保障体系，持续推进长照险试点优质均衡发展，完善生育保险和职工医疗保险合并实施政策，力争医保参保率提升至99%，确保城乡居民基本养老保险参保率稳固在95%以上。

3. 提供优质均衡公共服务。提升公共文化服务水平。新增基层综合性文化服务中心示范点2个，推动基层公共文化设施社会化运营。开展全民艺术普及培训，做大做强文化产业，提供高品质文化产品和服务。提供更加优质的教育资源。扎实推进“双减”工作，进一步优化学校布局，启动水东小学、射洪坝一中扩容工作，新增学位2000个。加快推动优质校（园）培育工作和公办初中强校工程，新培育不少于4所成都市级以上优质校（园）。确保阳安中学创建省级示范性高中、市高级职业中学省级示范校创建成功。深化“健康简阳”建设。加大全民健身场地设施供给，改扩建示范性社区运动场3处，加快22个村（社区）全民健身服务点建设，新建全民健身路径40条，体育场地人均占地面积提升至2.4平方米，国民体质监测达标率提升到93.2%。优化完善卫生服务，完成简阳市妇幼保健计划生育服务中心综合住院大楼和17家基层医疗机构基础设施提升改造项目，启动成简骨科医院建设，加快疾控中心三级乙等创建，建设培育一批健康细胞特色样板，家庭医生重点人群签约率动态达100%。

4. 完善城市基层治理体系。提升智慧城市支撑能力。加快新型基础设施建设，新增5G基站200个，充电桩300个；推动市智慧治理中心提档升级，打造城市大脑2.0，持续开展“天府市民云”平台简阳特色门户建设，构建更多智慧城市应用新场景。推动基层治理现代化。完善社区管理机制，强化党建引领作用，深入推动居民小区（院落）党建“四有一化”，推广应用“社智在线”，优化完善小区治理组织体系，精准配置社区服务载体功能业态。推进城市治理提质增效。扎实抓好全国文明城市创建，完成“两拆一增”点位30个，拆除违法建筑面积5万平方米以上，完成凤山路、凯力威大道、简新大道等城区主干道病害治理，改造提升背街小巷3条，创建生活垃圾分类示范小区10个。全面实施“八五”普法规划。深入宣传以宪法为核心的中国特色社会主义法律体系，打造3～5个高品质普法阵地，建成1～2个成都市民生类法律之家。

5. 切实维护社会安全稳定。落实成都市应急救援能力提升三年行动。深化“平安简阳”建设，切实提升“一主两辅”队伍应急救援能力，加快建设城市安全和应急管理大数据应用平台，力争天网三期和智能交通三期项目竣工投用，打造全方位、多层级、立体化的城市风险监测预警体系。大幅推广“两车”防盗系统，持续严打“黄赌毒”“盗抢骗”“食药环”及电信网络诈骗等违法犯罪。强化信访问题攻坚化解。用好人民调解“百米服务圈”，依托分线维稳工作机制，确保信访突出问题、四重攻坚案件清单办结率100%，确保不发生极端暴力事件。全面推进安全生产领域改革。充分发挥应急队伍作用，开展行业隐患常态化巡查，坚决遏制较大及以上等级生产安全事故。加强食品快检、抽检力度，推行“互联网+明厨亮灶”，实现食品经营风险分级动态管理，确保广大群众舌尖上的安全。增强城市安全韧性。实施简阳市第一次全国自然灾害综合风险普查，全面开展城市安全风险评估、“城市安全体检”，推动城市风险隐患分级管控。

各位代表，做好2022年国民经济和社会发展的各项工作，任务艰巨，意义重大。目标催人奋进、奋斗成就梦想。我们将在党中央国务院、四川省委省政府、成都市委市政府和简阳市委坚强领导下，自觉接受市人大监督，认真听取市政协意见建议，坚决落实大会的审议意见和决议，紧紧依靠全市人民，勇于拼搏、奋力争先、锐意进取，努力走出一条更高质量更有效率更可持续的现代化城市发展路径，为加快建设区域中心城市和“五个新简阳”而努力奋斗！

简阳市 2021 年财政预算执行情况和 2022 年财政预算草案报告

——在简阳市第十八届人民代表大会第一次会议上

简阳市财政局局长 曾文辉

(2021 年 12 月 21 日)

一、过去五年工作回顾

(一)财政实力再上新台阶。地方一般公共预算收入突破 30 亿元，2016 年实现 17.93 亿元，2021 年预计达 31.7 亿元，年均增长 12.07%。一般公共预算支出 2016 年实现 41.41 亿元，2021 年预计达 65.65 亿元，年均增长 9.65%(收入、支出均剔除成都东部新区数据)。属地税收中上解中央省市的比重达 51.7%，年均增长 1.54%。2018 以来累计争取到新增专项债券资金 49.7 亿元。2018 年、2019 年连续两年被四川省委、省政府表彰为县域经济发展强市，县域综合竞争力跻身全国百强县(市)第 92 位、西部百强县(市)第 13 位。2020 年，综合经济实力跻身全国县域经济百强。

(二)重点支出保障坚实有力。一是投入财政扶贫资金 102830 万元，打赢脱贫攻坚硬仗，高标准全面建成小康社会。二是投入资金 2358810 万元实施民生工程和民生实事，五年来民生支出占一般公共预算支出比重始终保持在 75%以上。三是投入财政资金 446000 万元，新(改、扩)建农村公路 2482 公里，全市行政村通客运(公交)率达 100%。四是投入财政资金 24619 万元，改造提升农村土坯房 25645 户、农村户厕 83259 户，农村人居环境明显改善。五是投入财政资金 252281 万元，建成 54 所义务教育标准化学校，新(改、扩)建 20 所公办幼儿园，建筑面积共约 90 万平方米，建成后简阳市公办幼儿园将实现镇(街道)全覆盖。六是投入资金 60886 万元，对全市 37 家公办卫生院、3 家社区卫生服务中心和 240 所村卫生室基础设施进行标准化建设。七是投入财政资金 3205 万元，全面实施广电网络基础设施三年提升行动，完成 14 个镇(街道)、102 个村社应急广播建设，226 个村广电网络数字化、双向化、智能化改造。八是投入财政资金 940 万元，有序推进村(社区)体制机制和村(居)民小组调整优化改革。

(三)减税降费力度空前。严格执行国家减税降费政策，五年来为市场主体减税降费达 396100 万元，为减轻企业负担、激发创新活力、促进居民消费、扩大就业等方面发挥重大作用。

(四)财政改革纵深推进。一是加快建立全方位、全过程、全覆盖的预算绩效管理体系，积极推动绩效管理实施对象从项目(政策)预算向部门预算拓展。二是推进预算管理一体化系统建设，实施项目全生命周期管理，提高预算管理规范化、科学化、标准化水平。三是积极开展财政国库集中支付标准化建设，规范预算单位支出及现金管理。四是启用网络软件编制政府综合财务报告，实现由试编到正式编制的转变。五是推进政府采购和营商环境建设，实现政府采购全流程电子化。六是推进镇(街道)向社会力量购买服务改革工作，合理下放事权、财权到镇(街道)。七是积极盘活用好镇(街道)国有资产，实现国有闲置资产保值增值。八是认真接受人大网络在线监督，不断提升财政运行质量。

(五)财源建设成效显著。2020 年规模以上企业达 99 户，其中纳税过亿元的企业 5 户，纳税过千万的企业 57 户，重点税源企业地方税收收入占比 59.24%，税收收入占地方一般公共预算收入的比重达 66%，市乡财源建设格局基本形成，企业能级、财源质量稳步提升。

（六）财政监督力度增强。近五年累计对41个镇（街道）、21个市级部门（单位）开展镇（街道）财政财务和市级部门（单位）财会监督检查。检查共计出具检查报告、整改通知书各62份，发现违规金额14119万元。截至目前，已全部完成整改。

回顾过去五年，这些成绩的取得，是习近平新时代中国特色社会主义思想科学指引的结果，是市委坚强领导，市人大、市政协有效监督的结果。同时，我们也要清醒看到问题和不足：财政收入质量还不够高、预算约束力还不够强、财政改革还不够深入。对于这些问题，我们将采取更加积极有效的措施切实加以解决。

二、2021年预算执行情况

2021年，在市委的坚强领导下，在市人大、市政协的监督支持下，我们坚持以习近平新时代中国特色社会主义思想为指引，深入贯彻中央、四川省委、成都市委、简阳市委历次全会精神，全面落实简阳市第十七届人大七次会议有关决议要求，坚持稳中求进工作总基调，以深化供给侧结构性改革为主线，以改革创新为根本动力，以满足人民日益增长的美好生活需要为根本目的，坚持系统观念和“保运转、保民生、保重点、优结构、防风险”总体要求，巩固拓展疫情防控和经济社会发展成果，扎实做好“六稳”工作、全面落实“六保”任务，全力支持成渝地区双城经济圈建设，奋力建设成都东部区域中心城市，全市经济社会发展呈现出向上向好的良好态势，财政运行总体平稳。

（一）全市预算执行情况

1. 一般公共预算。2021年全市地方一般公共预算收入预计完成317026万元（剔除代成都东部新区入库数，下同），占年初预算的101.01%，同比增长11.1%。加上上级补助收入、一般债务转贷收入、动用预算稳定调节基金、调入资金、上年结转等507500万元，收入总计824526万元。全市一般公共预算支出预计完成656500万元，占年初预算的106.17%，同比下降2.8%。加上上解上级支出、一般债务还本支出、安排预算稳定调节基金等111346万元，支出总计767846万元。收支相抵，结转结余56680万元，按规定结转下年继续使用。

重点报告事项：

（1）2021年财政预备费12368万元，安排新冠疫情疫苗接种、核酸检测、集中隔离点建设等经费，生猪重大疫病防控工作经费，安全生产及应急救援经费，秋冬季流感疫苗重点岗位人群疫苗接种经费等合计9247万元，结余3121万元全部补充当年预算稳定调节基金。

（2）2021年简阳市清理收回财政结转结余资金10594万元（其中一般公共预算10131万元），收回的资金按照“三保”“六稳”“六保”的原则，安排用于刚性、重点的新增支出事项。

（3）2021年地方政府债务转贷收入47678万元，全部为再融资地方政府债券转贷资金，用于偿还2021年到期的一般债券。

（4）2021年预算稳定调节基金余额24648万元。2020年年末预算稳定调节基金余额61164万元，2021年动用预算稳定调节基金支出58534万元，2021年补充预算稳定调节基金22018万元。

2. 政府性基金预算。2021年全市政府性基金收入预计完成397782万元，占年初预算的74.11%，同比增长13.97%。加上上级补助收入、专项债务转贷收入、上年结转等133116万元，收入总计530898万元。全市政府性基金支出预计完成419272万元，占年初预算的93.47%，同比下降7.74%。加上调出资金、专项债务还本支出等76234万元，支出总计495506万元。收支相抵，结转结余35392万元，按规定结转下年继续使用。

3. 国有资本经营预算。2021年全市国有资本经营预算收入预计完成997万元，加上上级补助收入、上年结余等10万元，收入总计1007万元。全市国有资本经营预算支出完成707万元，加上调出资金300万元，支出总计1007万元。收支相抵，年终结余0万元。

4. 社会保险基金预算。根据《中华人民共和国预算法》第一章第十一条“社会保险基金应当按照统筹层次和社会保障项目分别编制，做到收支平衡”规定，简阳市社会保险项目均属省级和成都市级统筹，按规定简阳市本级不再编制社会保险基金预算，因此无执行情况。

（二）市本级预算执行情况

1. 一般公共预算。2021年市本级一般公共预算收入预计完成317026万元，占年初预算的101.01%，同比增长11.1%。加上上级补助收入、乡镇级上解收入、一般债务转贷收入、动用预算稳定调节基金、调入资金、上年结转等515800万元，收入总计832826万元。市本级一般公共预算支出预计完成610478万元，占年初预算的103.62%，同口径下降5.35%。加上上解上级支出、补助乡镇级支出、一般债务转贷支出、一般债务还本支出、安排预算稳定调节基金等165668万元，市本级支出总计776146万元。收支相抵，结转结余56680万元，按规定结转下年继续使用。

2. 政府性基金预算。2021年市本级政府性基金收入预计完成397782万元，占年初预算的74.11%，同比增长13.97%。加上上级补助收入、专项债务转贷收入、上年结转等133116万元,收入总计530898万元。市本级政府性基金支出预计完成415564万元，占年初预算的92.64%，同比下降6.83%。加上补助乡镇级支出、调出资金、专项债务转贷支出、专项债务还本支出等79942万元，市本级支出总计495506万元。收支相抵，结转结余35392万元，按规定结转下年继续使用。

3. 国有资本经营预算。2021年，市本级国有资本经营预算收入预计完成997万元，加上上级补助收入、上年结余等10万元，收入总计1007万元。市级国有资本经营预算支出预计完成707万元，加上调出资金300万元，市本级支出总计1007万元。收支相抵，年终结余0万元。

4. 社会保险基金预算。简阳市社会保险项目均属省级和成都市级统筹，按规定简阳市本级不再编制社会保险基金预算。

三、2021年贯彻落实市人大预算决议和重点财政工作情况

（一）落实评议问题整改，回应代表关切事项

针对市人大对简阳市有关部门2016年换届以来工作评议意见中指出的问题，认真落实整改责任。一是坚持量入为出原则，加快推动零基预算改革，打破部门基数概念和支出固化格局。二是不折不扣落实过紧日子要求，厉行节约办一切事业，从严控制一般性支出和“三公”经费。三是进一步探索与改进人大代表的建议意见办理方法，扎实开展调查研究，强化与人大预算委的沟通协调，努力提高办理质量。

（二）强化财政收支管理，纵深推进财源建设

一是深挖财政收入潜力，多角度深研税收政策，把握财政收入新的增长点。二是积极向上争取资金，2021年预计争取上级一般公共预算资金338562万元，其中一般性转移支付资金242337万元，专项转移支付资金48547万元，地方政府债券转贷收入47678万元，助推全市经济社会平稳发展。三是紧扣市委、市政府重大战略部署，优先保障“三保”支出和债务还本付息等刚性支出，全力保障重大政策、重要改革和重点项目。四是进一步加大力度清理盘活存量资金，建立健全动态清缴机制，收回资金统筹安排用于“三保”等刚性支出、重点支出。

（三）全面实施乡村振兴，加快推进农业农村现代化

一是推动巩固脱贫攻坚成果同乡村振兴有效衔接，2021年一般公共预算年初安排乡村振兴投入资金42770万元，占总支出比重8.5%；截至11月30日，共争取上级财政支农资金44801万元，实现乡村振兴支出129309万元，乡村振兴投入占一般公共预算支出的20.8%；安排乡村振兴衔接资金12653万元，其中：用于基础设施建设资金1916万元，支持产业发展资金9076万元。二是安排土地出让收入7959万元用于乡村振兴，占土地出让总收入的3.28%，超额完成年度3%的目标任务。三是安排农业产业发展资金6462万元，强化“米袋子、菜篮子”供给水平。四是安排高标准农田建设资金12360万元，全年建成高标准农田4.12万亩。五是安排农村人居环境整治提升行动资金7933万元，用于城乡清扫保洁、川西林盘保护修复、农业面源污染防治攻坚等方面，推动建设美丽宜居乡村。六是完善农村金融服务，组建规模1850万元的乡村振兴农业产业发展贷款风险补偿金，创新建立线上线下相结合的农村金融平台“农贷通”，打通农村金融服务“最后一公里”。

（四）民生保障充分有力，社会事业全面发展

一是投入疫情防控资金7933万元，为全市开展“抗疫战”提供有力的保障。二是投入社会保障和就业资金86448万元，着力解决群众急难愁盼的社保和就业难题。三是投入财政资金10673万元，落实耕地地力保护补贴、实际种粮农民一次性补贴、规模化粮食生产补贴、农机购置补贴等四项惠农补贴。四是筹集、拨付征地拆迁资金213857万元、失地农民超

期过渡费21364万元，保障全市重大项目推动。五是投入教育、卫生、文化基础设施建设资金17929万元，提升全市教育、医疗、文化等公共资源的服务能力。六是投入旅游发展专项资金1030万元，用于探索农旅融合发展新模式新路径，打造特色产业，满足市民多元化生活需求。七是投入文明劝导经费、文明村镇和三美示范村建设、新时代文明实践专项资金等1185万元，加强社会主义精神文明建设，推动形成文明乡风、良好家风、淳朴民风。

（五）深化财政管理改革，激发财政发展活力

一是进一步深化预算管理制度改革，加快推进预算管理一体化建设，全面提高预算管理规范化、标准化和自动化水平。二是全面推进政府采购制度改革、有效盘活镇（村）闲置资产，扎实做好两项改革“后半篇”文章。三是持续深化全过程绩效管理。牢牢把握事前评估、事中监控、事后评价三个关键节点：开展事前绩效重点评估项目6个，第三方机构评估核减金额34%；实现事中绩效监控全覆盖，收回低效无效资金819万元；完成事后绩效重点评价项目（政策）39个、部门整体21个，涉及资金366357万元。四是建立中央财政直达资金支出进度定期通报机制，实施全流程实时监控，确保直达资金定向精准，“一分一厘”都直达基层一线。

（六）落实减税降费政策，打造良好营商环境

一是严格落实减税降费政策。坚持“激励导向”，创新财政扶持方式，对确有困难的企业暂缓缴纳养老、医疗、工伤、失业保险费，减少企业支出，2021年全市新增减税降费155000万元。二是积极配合产业牵头部门，通过积极向上争取、发行专项债券等方式最大限度保障产业功能区建设所需资金，加快推进产业功能区标准厂房、人才公寓、道路等配套设施的建设。三是深化企业扶持激励制度改革，健全分层分级企业扶持激励机制，深入实施“中小企业成长计划”“上市企业培育计划”“总部企业扶持计划”，加快培育一批瞪羚企业、总部企业和上市企业。2021年共兑现26户企业优惠政策28816万元。

（七）强化财政日常管理，提升财政管理水平

一是强化财政监督管理，扎实开展严肃财经纪律及财务管理风险排查，覆盖323个单位，发现问题单位共计55个，问题金额932万元，已全部完成整改。二是强化财政投资评审，2021年共评审493个国家投资项目，项目送审金额2653300万元，审定金额2350500万元，审减金额302800万元，综合审减率为11.41%。三是强化政府债务管控，严格落实《财政部四川监管局加强地方政府债务监管工作的通知》等文件要求，完善债务系统化管理，定期研判预警机制，努力化解政府隐性债务、存量债务，确保债务余额、债务率逐年下降。四是强化信息公开，依法依规、及时准确公开简阳市预决算、政府债务限额、政府债务余额及变动情况、绩效等信息。五是强化国有资产管理，认真做好2020年度全市行政事业性国有资产报告编报工作，全面翔实报告简阳市行政事业性国有资产现状、管理情况等，全市资产总量2711400万元。六是做好政府采购日常监管，常态化推进政府采购项目在线交易，提高交易效率，规范交易行为，营造公平公正交易环境，增强政府采购公信力。

四、未来五年工作思路

未来五年，我们将高举中国特色社会主义伟大旗帜，坚持以习近平新时代中国特色社会主义思想为指导，统筹推进“五位一体”总体布局，协调推进“四个全面”战略布局，持续推进国家治理体系和治理能力现代化。紧紧围绕简阳市第十六次党代会确立的未来五年奋斗目标，高质量建设成都东部区域中心城市，打造“五个新简阳”，实现一般公共预算收入增速高于全国、全省和成都市平均水平，高水平创造新时代幸福美好生活，为全面建设社会主义现代化简阳而努力奋斗。

（一）精准实施积极有为财政政策，确保收入“上台阶”。抢抓成渝地区双城经济圈机遇，坚持稳中求进工作总基调，执行积极的财政政策提质增效。财政工作将立足新发展阶段，贯彻新发展理念，构建新发展格局，以推动高质量发展为主题，研究和制定中长期财源建设规划，建立财政收入稳定增长机制，确保2025年全市一般公共预算收入突破50亿元。

（二）全面推进预算绩效高效管理，严格支出“问绩效”。持续深化以绩效为导向的财政预算制度改革，依托预算管理一体化系统，加快建成全方位、全过程、全覆盖的预算绩效管理体系，健全绩效制度机制，做细做实过程管控，深化绩效考核监督，夯实绩效基础支撑，推动绩效管理深度植入和融入预算管理，实现

从绩效管理到绩效预算的跨越，切实做到“花钱必问效、无效必问责”。

（三）全力防范化解财政运行风险，确保债务“要降色”。健全政府债务和隐性债务风险防控机制，通过推进财源建设、盘活资产资源、增强国企盈利水平等措施，增大可偿债财力，按期偿还政府债务和隐性债务本息，切实降低政府债务和政府隐性债务风险等级。

（四）严肃财经纪律夯实底部基础，推进管理“精细化”。开展全覆盖的权责发生制政府综合财务报告编制工作，进一步深化财政预算制度、国库管理制度等各项改革。全面提升财政法治化水平，法治财政基本建成。加快推进财政管理科学化、规范化、信息化，全面提升依法行政、依法理财的能力和水平。财政运行透明度明显提高，财政信息公开的完整性、时效性和准确性不断增强。

五、2022 年财政预算草案

（一）基本原则

1. 深化零基预算改革，切实保障重点支出。强化运用零基预算理念，进一步提高支出政策和项目资金的指向性、精准性、有效性。紧扣市第十六次党代会重大战略部署，优先保障“三保”支出和债务还本付息等刚性支出，全力保障市委、市政府确定的重点项目和重点工作，合理保障维持部门正常运转和履职必需支出。不折不扣落实过紧日子要求，从严控制一般性支出和“三公”经费，确保部门非刚性、非重点支出可压尽压、应压尽压。

2. 夯实预算编制基础，提高编制科学水平。遵循全国统一的规范和技术标准，使用预算管理一体化系统编制和执行预算，充分发挥标准和项目库的基础性支撑作用，全面提高支出预算编制规范化、标准化水平。

3. 加大收入统筹力度，提升资源配置效率。各部门及所属单位全口径编制部门预算收入，严格财政拨款结余资金认定，大力盘活各类闲置资金和资产，将新增资产配置嵌入预算管理全流程。

4. 深化预算绩效管理，提高资金使用绩效。深度对标“全方位、全过程、全覆盖”预算绩效管理要求，将绩效理念和方法有效融入预算编制、执行和监督全过程，压紧压实部门主体责任，完善部门内部绩效管控机制，统筹推进部门整体支出绩效改革，完善绩效评估方法和指标体系，推动预算绩效管理提质增效。

（二）2022 年预算草案

1. 一般公共预算草案

（1）全市一般公共预算草案

全市一般公共预算收入 348729 万元，增长 10%（上年同期剔除成都东部新区）。加上上级补助收入 255040 万元、债券转贷收入 69270 万元、动用预算稳定调节基金 20000 万元、调入资金 75311 万元、接受其他地区援助收入 40000 万元，收入总额 808350 万元（由于 2021 年年终结算尚未全面结束，上年结余收入暂无法准确预计，因此暂不纳入 2022 年收入测算，下同）。减去上解上级支出 41150 万元、地方政府一般债务还本支出 69270 万元后，全市预算可安排财力为 697930 万元。按照收支平衡原则，全市一般公共预算支出安排为 697930 万元。

（2）市本级一般公共预算草案

全市地方公共财政可安排财力 697930 万元，扣减乡镇级支出 28463 万元，按照收支平衡的规定，市本级可安排财力 669467 万元，较上年增加 139507 万元，同比增长 26.32%。具体安排情况如下：

一般公共服务支出 65319 万元，较上年增加 6274 万元；

国防支出 1796 万元，较上年增加 1186 万元；

公共安全支出 28691 万元，较上年增加 3604 万元；

教育支出 100277 万元，较上年增加 8165 万元；

科学技术支出 660 万元，较上年增加 252 万元；

文化旅游体育与传媒支出 9518 万元，较上年增加 2551 万元；

社会保障和就业支出 76828 万元，较上年减少 2451 万元；

卫生健康支出 33962 万元，较上年增加 2272 万元；

节能环保支出 2150 万元，较上年减少 99 万元；

城乡社区支出 19812 万元，较上年增加 7714 万元；

农林水支出 35390 万元，较上年减少 13285 万元；

交通运输支出 4081 万元，较上年增加 111 万元；

资源勘探工业信息等支出 3465 万元，较上年增加 2675 万元；

商业服务业等支出 10990 万元，较上年增加 10190 万元；

金融支出 90 万元，较上年减少 1090 万元；

自然资源海洋气象等支出 5383 万元，较上年增加 2776 万元；

住房保障支出 13461 万元，较上年增加 929 万元；

粮油物资储备支出 548 万元，较上年减少 2807 万元；

灾害防治及应急管理支出 3591 万元，较上年增加 1764 万元；

预备费 12000 万元，较上年减少 368 万元；

其他支出 225455 万元，较上年增加 108056 万元；

债务付息支出 15850 万元，较上年增加 1038 万元；

债务发行费用支出 150 万元，较上年增加 50 万元。

（3）乡镇级一般公共预算草案（汇总）

根据《简阳市人民政府关于进一步调整和完善乡镇财政体制的实施意见》，按照 2022 年预算编制口径，已编制乡镇级 2022 年年初支出预算 22663 万元，结合 2022 年支出需求预留乡镇级项目支出 5800 万元，2022 年初步核定乡镇级一般公共预算总支出为 28463 万元（上年结转资金暂不纳入，原因同前）。

2. 政府性基金预算草案

2022 年全市政府性基金预算收入安排 534900 万元，加债券转贷收入 50000 万元，收入总计 584900 万元，减去调出资金 75000 万元、地方政府专项债务还本支出 55270 万元，2022 年政府性基金预算可安排财力为 454630 万元。

2022 年全市政府性基金预算支出对应安排 454630 万元，其中乡镇级支出 2961 万元，市本级支出 451669 万元（含下达部门预算支出 259828 万元，财政代列支出 191841 万元）。

3. 国有资本经营预算草案

2022 年国有资本经营收入预算拟安排 1035 万元，其中利润收入 1035 万元，上级转移支付补助收入和上年结转为 0，减去调出资金 311 万元，可安排财力为 724 万元。按照收支平衡原则，2022 年国有资本经营支出预算拟安排 724 万元，具体为：

（1）国有企业退休人员社会化管理补助支出 7 万元；

（2）公益性设施投资支出 717 万元。

4. 社会保险基金预算草案

根据《中华人民共和国预算法》第一章第十一条“社会保险基金应当按照统筹层次和社会保障项目分别编制，做到收支平衡”规定，简阳市的社会保险项目均属省级和成都市级统筹，按规定简阳市本级不再编制社会保险基金预算。

（三）市本级预算草案的补充说明

1. 预备费安排情况。2022 年安排预备费 12000 万元，占全市当年一般公共预算支出的 1.72%，用于预算执行中自然灾害等突发事件处理增加的支出及其他难以预见的开支。

2. 政府债务还本支出安排情况。2022 年市本级应偿还到期地方政府债券本金 124540 万元，安排债务还本支出 124540 万元。

3. “三公”经费预算情况。2022 年“三公”经费预算安排 2220 万元，较上年预算安排增加 218 万元，增长 10.89%，其中因公出国境 360 万元，下降 5.26%；公务用车购置及运行费 1457 万元，增长 41.02%（近年来全市公车购置较少，明年需报废更换的车辆较多）；公务接待费 403 万元，下降 31.47%。

2022 年全市财政预算草案，由于乡镇级预算为市级代编，待其报经同级人代会批准汇总后，再报市人大常委会备案。

以上预算草案，请予审查批准。市本级 303 个预算单位的部门预算草案已书面报送大会，请一并审查。

六、2022 年财政重点工作

（一）推动财政收支提质增效

一是扎实推进减税降费相关工作，不折不扣落实减税降费各项政策，全方位精确提供减税降费服务，努力优化营商环境，强化优惠政策可及性，切实提升企业和群众的获得感。二是强化税源培植，加大收入组织力度，做到依法征收、应收尽收，规范收入征管。三是有效盘活利用闲置国有资产，对闲置国有资产进行改造提升、市场化利用，切实做实市属国有企业资产，提升资源使用效益。四是做好项目储备，充分挖掘项目收入来源，科学编制项目实施方案，提高专项债券项目储备能力，积极争取更多的新增专项债券额度。

（二）集中财力保障重点支出

一是围绕市第十六次党代会确立的重要任务、重点工作，做好民生保障、产业发展、乡村振兴、污染防治等重点领域资金保障，确保财政经济稳健运行。

2022年预算安排三大产业发展资金，助推全市农业、工业、服务业协调快速发展。二是继续推进涉农资金统筹整合工作，合理安排涉农项目资金，确保年初预算安排用于乡村振兴投入占比逐年增长，实现土地出让收入用于乡村振兴投入的占比达到5%。三是兜牢"三保"底线，落实"三保"支出在各类支出中优先顺序，坚决防范"三保"风险。四是牢固树立政府"过紧日子"思想，按照"有保有压"的原则，全面压缩非刚性、非重点等一般性支出。

（三）完善财政运行风险防控

进一步贯彻中央、省、成都市各级对债务管理和规范地方担保承诺工作的相关要求，坚持规范举债，依法健全地方政府举债融资机制，坚决遏制隐性债务增量，妥善化解隐性债务存量，坚决杜绝新发生违法违规提供担保承诺举借政府性债务的情况。

（四）建立健全镇（街道）激励约束机制

按照事权、财权相统一的原则，将工作主体是镇（街道）而相关资金预算到部门的项目，包括农村场镇区域环卫作业市场化服务作业费、城乡特困人员照料护理费、农村公路养护资金等26项市级部门经费直接下沉到镇（街道）。设立镇（街道）激励约束专项资金，完善镇（街道）激励约束奖补机制，制定考核办法，充分激发镇（街道）活力。

各位代表，2022年我们将在市委的坚强领导和市人大、市政协的有效监督支持下，主动作为，强化担当，认真落实本次大会决议，努力完成全年收支目标和各项财政改革发展任务，凝心聚力、创新实干，为高质量建设成都东部区域中心城市，高水平创造新时代幸福美好生活，全面建设社会主义现代化"五个新简阳"而努力奋斗。

2021年简阳市国民经济和社会发展统计公报

简阳市统计局

（2022年5月）

2021年，面对复杂严峻的经济形势和疫情散发的多重冲击，简阳市坚持以习近平新时代中国特色社会主义思想为指导，深入贯彻习近平总书记重要讲话和指示精神，认真落实中央、四川省、成都市各项决策部署，围绕“培育‘五个新优势’、高质量建设成都东部区域中心城市”目标，统筹推进疫情防控和经济社会发展，扎实做好“六稳”工作，全面落实“六保”任务，国民经济与社会发展有序平稳。

一、综合

（一）地区生产总值

根据地区生产总值统一核算初步结果，全年实现地区生产总值（GDP）620.09亿元，按可比价格计算，比上年增长8.0%。其中，第一产业增加值84.05亿元，增长3.3%，第二产业增加值150.76亿元，增长9.8%，第三产业增加值385.28亿元，增长8.8%。三次产业结构为13.6∶24.3∶62.1。

（二）民营经济

全年民营经济增加值278.45亿元，比上年增长5.7%，占GDP的比重为44.9%。其中，第一产业增加值9.97亿元，增长1.6%；第二产业增加值116.75亿元，增长0.2%；第三产业增加值151.73亿元，增长10.4%。民营经济三次产业结构为3.6∶41.9∶54.5。

表1　2021年地区生产总值及其增长速度表

指标	2021年（亿元）	比2020年增长（%）
地区生产总值	620.09	8.0
第一产业	84.05	3.3
第二产业	150.76	9.8
第三产业	385.28	8.8

（三）财政税收

全年完成一般公共预算收入40.23亿元，比上年增长19.1%。其中，税收收入26.33亿元，增长11.4%，占一般公共预算收入比重为65.4%；地方一般公共预算支出97.4亿元，增长23.7%。

（四）固定资产投资

全年固定资产投资比上年增长24.6%。其中，工业投资比上年增长11.1%，制造业投资增长4.1%，技改投资增长22.0%。

（五）人口

年末户籍人口150.44万人，城镇人口45.17万人，乡村人口105.27万人。出生人口1.23万人，出生率8.1‰，死亡人口1.12万人，死亡率7.5‰，人口自然增长率0.7‰。年末常住人口113.69万人，城镇化率53.49%。

二、国民经济各行业

（一）农林牧渔业

全年实现农林牧渔业现价总产值130.46亿元，按可比价计算，比上年增长3.4%。其中，农业74.16亿元，增长3.0%；林业3.25亿元，下降10.8%；畜牧业43.88亿元，增长15.2%；渔业5.84亿元，增长1.8%。粮食产量54.51万吨；油料产量8.59万吨。生猪出栏73.54万头，比上年增长4.9%，猪肉产量5.38万吨，增长9.4%；羊出栏44.48万只，下降17.4%；家禽出栏761.78万只，下降11.5%。

全年粮食播种面积10.91万公顷；经济作物播种面积6.15万公顷。其中，油料作物播种面积3.50万公顷；蔬菜及食用菌播种面积2.05万公顷；中药材播种面积0.12万公顷。

（二）工业和建筑业

全年规模以上工业增加值比上年增长8.1%，实现营业收入181.21亿元，利税总额17.56亿元，利润总额12.60亿元。全市20类规模以上工业产品产量中13类产量实现增长，增长面65.0%。

全年实现建筑业增加值40.99亿元，比上年增长23.1%。全年建筑业总产值同比增长10.0%。其中，建筑工程产值同比增长3.2%，安装工程产值同比增长77.5%，其他建筑业产值同比增长19.3%。

（三）房地产业

全年房地产开发投资比上年增长32.9%，住宅投资增长35.3%。商品房销售面积106.09万平方米，下降19.0%，其中商品住宅销售面积78.25万平方米，下降28.4%。

（四）交通运输邮政仓储业

全年完成农村公路畅通工程14.7公里，投资0.29亿元。新开通客运班线1条，新增客运车辆4辆。年末公路通车里程2468.82公里，其中四级以上等级公路2460.7公里。公路旅客周转量28600万人公里，下降7.8%。公路货物周转量40158万吨公里,增长2.2%。

全年实现电信业务总量51200万元，快递业务收入8954.83万元，增长51.0%；快递业务6081.72万件，增长26.3%。固定电话用户14.1万户，移动电话用户82.8万户；固定互联网用户30.01万户，移动互联网用户61.6万户。

（五）批发零售业和住宿餐饮业

全年实现社会消费品零售总额412.47亿元，比上年增长18.1%。从区域来看，城镇市场实现零售额374.00亿元，增长17.6%；乡村市场实现零售额38.47亿元，增长23.2%。从消费形态来看，餐饮收入180.46亿元，增长64.6%；商品零售232.00亿元，下降3.2%。

（六）金融业、证券业和保险业

全年实现金融业增加值45.49亿元，比上年增长5.0%。年末全部金融机构本外币存款余额907.46亿元，比上年末增长10.1%；全部金融机构本外币贷款余额541.22亿元，比上年末增长14.0%。年末共有境内外上市公司2家；证券营业部2家。证券交易额471.09亿元，比上年减少0.9%。全年保险保费收15.08亿元，比上年增长43.0%；各类保险赔偿3.73亿元，比上年增长65.0%。

三、市场经济

（一）对外经济

全市共有获权外贸进出口企业135户，其中开展业务的29户，外贸进出口总额15.06亿元，比上年增长37.6%，其中，自营出口14.42亿元，增长49.2%；进口0.65亿元，下降49.6%。

（二）旅游

全市实现旅游收入20.88亿元，全年接待游客696.8万人次。旅游资源点949个，优良级旅游资源99个，共有成都市AAA级林盘景区4个，四川省星级农家乐（乡村酒店）13家，旅行社分支机构28家。

四、人民生活和民生保障

（一）居民收入

全体居民人均可支配收入31314元，比上年增长10.7%。城镇居民人均可支配收入43290元，增长8.9%。其中，工资性收入23837元，增长9.0%，经营净收入7564元，增长8.8%，转移净收9743元，增长8.7%。城镇居民人均消费支出25482元，增长11.0%。农村居民人均可支配收入21706元，增长10.5%。其中，工资性收入7767元，增长11.1%，经营净收入5975元，增长9.0%，转移净收入7185元，增长11.2%。农村居民人均消费支出15970元，增长10.6%。

（二）社会就业

全年新增就业4303人，全市城镇失业人员再就业人数1340人，年末城镇登记失业率为3.83%。充分合理开发利用农村劳动力资源，培养壮大劳务产业，开展各类职业技能培训13263人次，其中领取失保金人员技能培训525人次，返乡农民工创业培训496人次，农民工劳务品牌培训1625人次，扶贫培训409人次。

（三）社会保障

年末城镇职工基本养老保险参保25.98万人，失业保险参保人数6.33万人，工伤保险参保人数6.74万人。城乡居保参保人数为358909人，参保率97%。年末城镇居民最低生活保障人数1410人，全年累计保障城市低保1.28万人次，发放低保金1245.94万元，月人均补助736.37元。年末农村居民最低生活保障人数15811人，全年累计保障农村低保18.79万人次，发放低保金12226.54万元，月人均补助644.41元。保障农村特困对象11.17万人次，发放供养金11714.63万元。特困人员集中供养率为14.86%。

五、社会事业

（一）教育

年末共有学校（园）293所（公办156所，民办137所），其中幼儿园168所，单设小学29所，单设初中18所，九年义务教育学校66所，特殊教育学校1所，普通高中8所，中等职业学校3所。小学、九年义务教育学校下设村小及教学点25个。公办在职教职工8810人，在校学生共计16.48万人，其中幼儿园3.00万人，小学生6.20万人，初中学生4.61万人，普通高中学生2.04万人，中职学生0.62万人，特殊教育学校学生153人。义务教育段残疾儿童入学率99.11%，小学毕业率100%，初中毕业率100%。

（二）科学技术

全年高新技术企业主营业务收入55亿元。拥有国家高新技术企业26家，省级企业技术中心11个，省级工程技术研究中心3个，省级重点实验室1个，省级高新技术产业化基地2个，省级企业技术创新示范企业1个。

（三）文化

全年全市开展各类文化活动10552场，其中包括演出活动3650场、阅读活动1281场、教育培训3095场、公益讲座855场等，参与群众89.55万人次。组织专家开展简阳市第六届周克芹文艺创作奖评选活动，共评出获奖作品10件。选送节目《二娃回乡》参加“文艺繁星计划——成都市首届戏剧小品、曲艺原创作品大赛”决赛获二等奖。开展2021年“非遗在社区”活动22场，组织专家开展第八批简阳市级非遗项目和第四批简阳市级非遗传承人评审，评出5个项目、6名传承人。共完成文物勘探项目127个，总面积18400余亩，其中发掘项目17个。新建4个镇（街道）、52个行政村应急广播播控系统，新安装2050组应急广播终端，完成26个行政村有线电视网络数字化、双向化、智能化改造，新增电视用户2300户，总用户达到28.83万户，广电产业收入6600万元。

（四）卫生健康

年末共有医疗卫生机构558个，其中县级医院2个，卫生院52个，疾病预防控制中心1个，妇幼保健院1个，民营医院15个。各类卫生机构床位数8602张，其中，医院卫生床位数5364张。卫生技术人员7393人，其中执业（助理）医师2929人，注册护士3510人。全年诊疗653.96万人次。共有三甲医院2个，床位数2550张。全年无偿献血5143670毫升。

（五）体育

全年成功举办2021年全国青年跳水锦标赛暨十四届全运会跳水资格赛、四川省第三届全民健身运动会太极拳比赛、四川省第34届老年人门球比赛、“爱成都·迎大运”全民健身系列赛事、简阳市第二届社区运动节、天府绿道健身系列活动，全年累计开展线上线下各级各类全民健身赛事活动500余场，惠及广大群众50万人次。

六、城市治理

（一）基础设施

全年实施公园项目2个，实施绿道项目9个，建成绿道40.3公里。新建“小游园、微绿地”2个，新增绿地面积2万平方米。建成公园城市示范片区1个。城市建成区面积达41平方公里，增长1平方公里；建成区道路长度322.51公里，增长11.5%；路网密度7.87公里/平方公里，增长8.9%；人均公园绿地面积15.88平方米，增长0.03平方米；建成区绿化覆盖率43.6%。

（二）环境保护

全年总量减排有力实施，形成化学需氧量减排能力1944吨，氨氮减排能力168吨；全年空气优良天数317天（实况），较上一年减少7天；PM2.5平均浓度33.0微克/立方米，上升6.5%，综合指数3.55，连续两年实现PM10、PM2.5等六项指标全面达到国家《环境空气质量标准》二级标准；镇（街道）集中式水源地水质达标率100%；市控及以上断面水质优良比例80%，达到上级下达的水质目标要求。功能区噪声1类区、2类区和3类区昼间、夜间达标率均为100%；4类区昼间达标率100、夜间达标率25%。昼间平均等效声级54.5分贝，夜间平均等效声级45.2分贝，昼夜平均等效声级Leq55.0分贝，道路交通噪声昼间等效声级65.0分贝，道路交通噪声昼间质量等级为一级。

注：

① 公报中部分数据为初步统计数，正式数据以《简阳经济工作手册（2021）》为准。

② 公报中地区生产总值、各产业增加值绝对数按当年价格计算，增长速度按可比价格计算。

③ 公报数据涵盖简阳市37个镇（街道）行政区划范围。

④ 公报中对外贸易、交通、旅游、财政、金融、教育、科学技术、文化、卫生、体育、基础设施、环境保护、人口、就业、人民生活和社会保障等数据来源于相关部门，具体统计范围及口径以相关部门解释为准。

专 记

党史学习教育

2021年2月1日至年底，简阳市委坚持以习近平新时代中国特色社会主义思想为指导，坚决贯彻落实党中央和四川省委、成都市委部署要求，按照学史明理、学史增信、学史崇德、学史力行的要求，系统谋划、统筹推进、务求实效，在学党史、悟思想、办实事、开新局上取得扎实成效。

一、基本情况

（一）精准谋划，系统推进。将党史学习教育作为一项重大政治任务，组建工作领导小组，抽调精干力量组建6个专项工作组和15个联络指导组，健全领导组织架构。先后召开市委常委会、领导小组会议10余次，传达学习习近平总书记在党史学习教育动员大会和庆祝中国共产党成立100周年大会上的重要讲话精神，研究部署党史学习教育相关工作方案，坚持立足实际、守正创新，对领导组织、学习方式、活动形式等内容进行细化，制定《关于开展党史学习教育的实施意见》，为党史学习教育全面启动奠定基础。

（二）健全机制，细化落实。深刻领会党史学习教育的内涵实质，结合简阳市实际，在《简阳市党史学习教育总体安排》基础上，细化制定《简阳市党史学习教育专题学习方案》《简阳市党史学习教育加强政治引领方案》《简阳市党史学习教育专题培训方案》《“我为群众办实事”实践活动方案》《简阳市老党员老干部党史学习教育方案》等6个专项方案，陆续制定《简阳市党史专题宣讲工作方案》等系列具体方案，形成“1+N”工作机制，使各项工作、各个环节紧紧相扣、无缝衔接、有力有序。

（三）压实责任，强化指导。充分发挥党史学习教育引领作用，将党史学习教育作为全年工作重点，纳入年度目标考核，压紧压实各级党委（党组）主体责任，有效传导工作压力。采取随机抽查、调研访谈等方式，深入22个镇（街道）、3个产业园区、50个市直部门和3个直管单位、6个群团、8个企事业单位督促指导，推动参学单位把学习党史同推动实际工作、解决实际问题结合起来，做到力度不减、节奏不变、尺度不松，持续推进党史学习教育常态长效。

二、主要做法

（一）突出深学细悟，坚定理想信念筑牢根基。一是突出“关键少数”，强化引领示范作用。坚持以理论学习中心组为引领，强化以点带面、由上至下的示范作用。围绕学习中共十九届六中全会精神和习近平总书记重要讲话精神等内容，通过召开市级领导干部专题读书班、邀请专家学者专题辅导、分组学习讨论和集中研讨等学习方式，引导市级领导干部学习党的百年奋斗历程、伟大成就和历史经验，领悟新时代党的创新理论和思想伟力，组织市委理论学习中心组党史专题学习会9次，到成都战役纪念馆举办专题读书班1次。县级领导带头相互交流、相互分享、相互学习，深刻领会“两个确立”的重大意义，政治领悟力、政治判断力和政治执行力有新的提升。二是突出党员主体，推动党史学习全覆盖。将党史学习教育纳入党校主体班课程、老干部学习内容，开展集中宣讲和个人自学，举办学习贯彻中共十九届五中全会暨党史学习教育专题培训班等14期，培训1100余人次。督促全市各级各部门用好《论中国共产党历史》等指定学习材料，开展中心组学习1200余次，举办党史学习研讨会600余次。结合党史学习教育专题组织生活会，指导1658个党支部全覆盖开展会前专题学习，组织党员领导干部、基层党组织书记讲党史专题党课2000余场，开展党史专题宣讲、习近平总书记七一重要讲话精神主题宣讲和中共十九届六中全会精神宣讲等4800余场。三是突出举措创新，拓宽学习渠道。守正创新党史学习教育方式，拓宽线上线下学习渠道，引导党员干部群众从“要我学”转变为“我要学”。用好“学习强国”学习平台、“i简阳”App党史学习专栏等线上学习平台，开展党史征文、演讲、知识竞赛、红色院线等活动，丰富简阳市新时代文明实践中心、学习小站线下学习场景。依托“三会一课”、主题党日等，开展“党史精品课基层巡讲”200余场次，推动优秀课程进基层。用党的百年奋斗历程、伟大成就和历史经验，引导全体党员干部感受生活巨变、坚定理想信念、砥砺初心使命。

（二）讲好党的故事，赓续传承红色精神血脉。一是用好先进典型，讲好革命事迹。邀请成都市委党史研究室、老干部宣讲团及妇联宣讲团成员为全市离退休干部、妇女作主题宣讲，开展“巾帼心向党 奋进新征程”“革命老兵讲党史·百年英烈树党魂”等系列宣讲活动50余场，受众1万余人次。组织重要事件亲历者和见证者，特别是最美人物、道德模范、退伍老兵、“五老”和英雄模范队伍，组建简阳“五老”宣讲团、劳模工匠宣讲团、退役军人红色党史宣讲队，开展党史故事和革命先进事迹宣讲70余场，以身边事激励身边人，扩大党史学习教育覆盖面。二是深化青少年教育，播撒红色种子。充分利用党史内容对学生进行思政专题教育，引导青少年把“爱国情、强国志、报国行”融入坚持和发展中国特色社会主义事业中。以“童心向党、礼赞百年”为主线，组织全市11万余名中小学生分批次开展系列庆祝活动和群众性主题教育。利用主题班会、主题团队日活动，围绕“四史”等内容，开展各类专题学习活动，收集以“童心向党”为主题的学生作品1200余件，开展党史学习教育微主题活动600余场、“喜迎建党100周年当好大运东道主”主题班会2000余场，约7万余名学生观看爱国电影、4万余名学生参加主题实践，“红色种子”播撒雄州大地。三是注重文艺宣教，厚植爱党情怀。着力用文艺之美彰显党史之光，用文艺形式展示党的百年奋斗历程和辉煌成就，开展市、镇（街道）、村（社区）三级专题文化活动394场。承办“永远跟党走”——成都市庆祝中国共产党成立100周年群众歌咏评比活动简阳市初赛，吸引全市56支队伍、2400余名党员干部群众参赛；开展简阳市庆祝中国共产党成立100周年主题文艺作品征集活动，收集社会各界文艺作品300余件，评选奖励优秀作品75件；举办“奋斗百年路 启航新征程 共筑简阳梦”简阳市庆祝中国共产党成立100周年主题文艺演出，重现简阳百年重大事件，动静结合讲好百年伟大光辉和群众身边党史故事。

（三）践行为民初心，聚焦解决群众急难愁盼。一是坚持问题导向，开展调查研究。分层开展党史学习教育调查研究，市级党员领导干部带头开展调查研究，梳理形成市委、市政府“我为群众办实事”项目37个、市级党员领导干部“我为群众办实事”项目55个，全部落地落实。全市各级各部门深入一线、深入群众，开展调研500余次，召开“我为群众办实事”实践活动专题会、项目推进会、现场办公会等220余次，走访群众4万余人次、商户1830余户、企业710余家，形成调研报告500余篇，发现问题短板1000余个，推动解决问题860余个，梳理汇总形成“我为群众办实事”项目735个，实施完成517个。二是强化宗旨意识，深化志愿服务。推进“蓉城先锋”基层党组织和党员示范行动，结合“双报到”开展党员志愿服务300余次，创建“党员先锋示范岗”269个，引导党员干部亮身份、树形象、显作用。深入新时代文明实践所（站）开展“学党史、办实事、送服务”文明实践专项行动、“学党史、感党恩、跟党走，庆祝建党100周年”志愿服务活动，带动群众共建共享。三是坚守为民初心，助力特殊群体。聚焦“一老一小”“伤残军人”等特殊人群，走访关爱困难群众600余人次，发放困难帮扶金38万余元。建立退役军人关爱资金，为烈士、伤残军人、现役军人子女就近安排入学入园；举办“我的就业创业路”专题活动和“戎归阳安不退志 职场扬帆再启航”2021年退役军人适应性培训暨专场招聘会，多名退役军人达成初步就业意向。在全市中小学新建心理辅导室49个，配备心理辅导教师356名。新开工建设社区养老综合体2个，建成农村日间照料中心5个，农村养老设施覆盖率达94.6%，城市救助体系不断健全，养老服务显著提升。

（四）坚持笃行实干，打造高品质生活宜居地。一是贯彻新发展理念，激发内生动力。参与8场2021成都新经济“双千”发布会，发布简阳市新场景47个、新产品29个。举行简阳市2021新经济“双百”发布会，发布新场景100个、新产品100个，累计新增新经济企业706家，同比增长12.1%。推进政务服务事项跨区域通办，实现“跨省通办”126项、“川渝通办”161项、“成德眉资通办”128项。借助2021“品质川货”直播电商购物节系列活动，组织简阳电商平台企业开展各类促销活动，推介简阳优势特色品牌和产品，销售额超4000万元。立足成都市域、成（都）德（阳）眉（山）资（阳）区域、成（都）渝（重庆）地区三个层面，实施工程建设和政府采购异地远程评标项目26个，交易金额约1.03亿元，城市发展动力不断增强。二是优化基础设施，增强城市功能。规划新建4个农贸市场，建成社区菜市30个，既有住宅自主增设电梯已竣工投用13部、在建23部，预计新开工42部，拨付政府补贴资金860万元。实施改造老旧小区2处，完成城镇棚户区改造100户；新（改）建公办幼儿园10所，增加学位2800个，城市服务功能显著增强。全年建成绿道192公里，改造建设县乡道120公里、村组道路200公里，新增公共停车位3163个，开通机场大巴、K1、K2机场公交专线，群众出行难题有效化解。建强2个城市消防站，建设全市“智慧消防指挥调度中心”，实现“雪亮工程”村覆盖率达100%，新增36个小区接入“成都市智慧安防社区管理平台”，设立1225个人民调解矛盾纠纷受理点，城市治理能力不断提高。三是坚持以人为本，提升服务品质。进一步简化、规范户籍业务办理流程，推行“首问责任制、限时办结制、责任追究制”，推出“成都公安微户政”服务，开通“成渝一站式互迁”成渝跨省户籍迁移业务，13个“一站式服务办证点”全部开通运行。针对老年公交卡年审、老年待遇领取资格认证等业务，分别推出上门服务、他人代办、绿色通道优先办理等措施。开展职业培训1万余人次，举办网络招聘会20场和现场招聘会18场，累计提供就业岗位2万余个，达成就业意向1万余人，促进就业困难人员、高校毕业生、脱贫劳动力、残疾人、退役军人等各类群体稳定就业。

（五）锚定奋斗目标，凝聚经济社会发展力量。一是坚决贯彻落实全会精神。聚焦贯彻落实中共十九届六中全会和四川省委、成都市委全会精神，简阳市第十六次党代会立足国家和省市发展大局，系统谋划推动城市发展，提出“建设区域中心城市，打造‘五个新简阳’”的奋斗目标，围绕主动服务“一干多支、五区协同”战略格局，发挥成德眉资同城化桥梁和纽带作用，推动交界地带融合发展，把新理念新思想新战略内化为全体党员的政治认同和价值认同，凝聚起高质量建设成都东部区域中心城市、高水平创造新时代幸福美好生活的精神力量。二是推进脱贫攻坚与乡村振兴有效衔接。加快幸福美丽新村建设，强化乡村形态管控和风貌塑造，编制完成《简阳市农村聚居点风貌导则》等技术导则。探索“林盘+景区+产业园”等模式，因地制宜建设近郊服务型、现代园区型、休闲安居型等美丽乡村，成功创建四川省级乡村振兴示范村4个、成都市AAA级林盘景区4个，平泉街道荷桥村获评中国美丽休闲乡村。以数字乡村产业功能区为引领，推进天府农业科创园建设，打造乡村振兴示范环线，简州大耳羊现代农业园区等重点园区建设持续推进，新签约引进天府国际本草源等重大产业项目3个，完成农业重点项目投资31.7亿元，粮食产量达39万吨。三是促进学思成果转化为发展成效。坚持以史为鉴，不断从百年党史中汲取发展力量，聚力做好“六稳”工作、落实“六保”任务，统筹推进各项重点工作，全力推动经济社会稳步发展，全年GDP实现469.1亿元，增长7.9%。围绕“一年奋力冲刺、两年确保成功、三年巩固提升”目标，深入实施“四上企业”培育、招大引强、项目促建、用地保障等七大行动，签约宝能智慧城等重大项目25个，协议总投资920.5亿元，8

个四川省重点项目完成投资31.65亿元，51个成都市重点项目完成投资132.3亿元，实现跻身全国百强县目标，提前完成省市交办任务。

三、特色亮点

（一）创新学习载体，讲好“红色故事”。结合“体验脱贫成就·助力乡村振兴”等主题，推出家风荷乡、和乐尤安、稻花香里、东麓花溪等具有简阳特色的党史学习体验点位，接待成都建工第五建筑工程有限公司、简阳市审计局等学习考察团队180余个，群众28万余人次。聚焦党史学习教育“小而精”，整合属地企事业单位、场馆、公园等多维度资源，构筑“1所1公园3基地N点位”新时代文明实践阵地体系，打造“学习强国”学习小站4个，开展“学党史、办实事、送服务”专项主题活动26场次、文明实践专项行动439场次，辐射覆盖5万余人。充分发挥简阳市军队离退休干部休养所、烈士陵园等爱国主义教育基地作用，承接全市80余家单位、社会组织开展红色研学活动。出版《奋斗百年路　启航新征程——简阳市庆祝中国共产党成立100周年文艺作品集》，拍摄《百年印记》简阳党史档案视频，编撰《中国共产党简阳简史》党史读物，生动呈现中国共产党带领简阳人民投身“三线建设”、打通龙泉山引水灌良田、启航天府国际机场等时代故事。

（二）丰富宣传形式，呈现“红色盛宴”。深入开展“永远跟党走”群众性主题宣传教育活动400余场次，扩大党史学习教育影响力。在全市开展“讲党史、颂党恩、跟党走”简阳市庆祝中国共产党成立100周年演讲比赛，覆盖教育、卫健、市直机关等多个系统，全市200余名党员干部踊跃参与，以生动的语言和饱满的热情表达爱党情怀。聚焦革命英雄、抗震救灾英雄、抗疫英雄、脱贫攻坚英雄等先进典型，首创“为历史纪实　为时代画像”党史学习教育“流动红色文艺廊”活动，现场创作并展出书画摄影作品100余件。开展“农民画绘党史”专题巡展，简阳农民画作品入展中央宣传部，被四川省文化和旅游厅命名为2021—2023年度“四川省民间文化艺术之乡”。筹备“三个一百”宣传活动，征集社区干部、网格员、志愿者等优秀红歌演唱微视频100个，评选“红色表白墙”礼赞党的伟大成就优秀寄语100条，挖掘社区先进典型表彰优秀党务工作者100名，激励党员群众向党的百年华诞献礼，推动党史学习教育大众化、文艺化。

（三）用活媒体矩阵，搭建“红色桥梁”。充分发挥媒体资源优势，把“学党史、悟思想”转化为“办实事、开新局”的具体实践，紧扣市情民意，开设电视访谈类节目《我为群众办实事·局长有约》，呈现简阳市各单位推进“我为群众办实事”的工作动态，搭建政民互动桥梁、畅通民意沟通渠道，有力提升群众获得感、幸福感和安全感。创新打造党员干部群众学习党史的“口袋书”“充电宝”，依托政务App平台“i简阳”启动“党史学习教育专区”，推出每日学习、知识竞赛等学习板块，设置学习积分排行榜，以打卡促学习、以竞赛促比拼、以积分促成效，不断巩固学习成果，推动党史学习教育往心里走、往实里走。“i简阳”App党史学习专区总阅读量超100万人次，访问数、点赞数、评论数居全省县级融媒体手机客户端前列。结合简阳市实际，把党史故事融合有声读物、短视频、歌曲、糖画等内容，组织各级党组织制作“码上学”专属二维码，推出微信“党史问答·我知道”专栏，评选“党史达人”等，把“线上+线下”融入工作日常，进一步激发学习热情，让党史学习教育入脑入心。

（唐　骁）

大事记

1月

1日 简阳市长期照护保险试点扩面，成年城乡居民纳入长期照护险保障范围。

5日 市税务局实现水土保持补偿费、防空地下室易地建设费2项非税收入划转，成功征收第一笔防空地下室异地建设费，开出新项目第一张中央非税收入统一票据（电子）票据。

6日 推进5G三千兆+“新基建”共建“双城之心·智慧简阳”座谈会举行，中国电信成都分公司与简阳市签订战略合作协议。

同日 简阳市快递行业联合工会成立，截至年底有400名建档会员。

8日 《简阳年鉴（2019）》获评第七届全国地方志优秀成果（年鉴类）县级综合年鉴三等年鉴。

11日 简阳市2021年首批集体经营性建设用地使用权在简阳农村产权交易中心公开竞拍。

同日 简阳市公共资源交易服务中心被四川省政府政务服务和公共资源交易服务中心授予全省首批“示范交易中心”称号。

12日 简阳市被全国爱卫办正式命名为2018—2020周期国家卫生城市。

15日 成都百万职工技能大赛·简阳市医疗机构感染防控知识技能竞赛在简阳市举行。

20日 简阳市印发《简阳市全面深化国际化营商环境建设实施方案》，成立“1+1+N”的国际化营商环境建设工作领导小组，采取“11572”工作举措（1个总体方案、15项子方案、7大专项行动、2大配套措施），统筹推进简阳市2021年营商环境建设。

同日 简阳市安全生产委员会2021年第一次全体（扩大）会议暨应对新冠肺炎疫情应急指挥部2021年第三次会议召开，安排部署安全生产工作，研究部署新冠肺炎疫情防控工作。

21日 简阳市2021年征兵工作大会召开，传达中央、四川省、成都市三级征兵工作会议精神，总结简阳市2020年征兵工作，安排部署2021年征兵任务。

2月

1日 简阳市春节及全国、四川省、成都市两会期间安全防范工作会召开，部署做好安全防范工作。

5日 简阳市印发《简阳市进一步提升企业开办便利度优化营商环境建设实施细则》，优化企业开办环节，实现简阳市范围内企业开办时间压减至3个工作小时内。

6月11日，简阳市食品安全委员会2021年第一次会议召开（市市场监管局供图）

简阳市委机构编制委员会印发《关于调整乡村振兴工作职责和机构编制事项的通知》，在简阳市农业农村局加挂简阳市乡村振兴局牌子。

3日 简阳市2021年“全民禁毒宣传月”启动仪式暨禁毒工作颁奖典礼在射洪坝第一初级中学举行。

9日 简阳市乡村振兴局挂牌成立。

同日 2021年成都市农业行业“安全生产月”启动仪式暨农业安全宣传“进农村”活动在简阳市平泉街道龙泉社区举行。

10日 简阳市卫健系统高层次专家人才义诊活动在雄州广场举行。

11日 简阳市公共资源交易服务中心通过“政采云”系统完成首个政府采购工程线上磋商项目——简阳市水务局2020年“8·17”特大洪灾简阳城区防洪堤水毁修复工程采购项目。

同日 简阳市被成都市人民政府授予“环境空气质量达标市”称号。

同日 简阳市召开食品安全委员会2021年第一次全体会议，传达学习国务院食安委第三次全体会议和四川省、成都市食安委2021年第一次全体会议精神，审议并原则通过《简阳市2021年食品安全重点工作安排》。

22日 简州大道简州大桥全线合龙。

23日 四川省属企业2021年二季度重点项目集中开工暨四川能投天府云数据产业基地建设项目开工仪式在简阳市天府云数据产业基地项目现场举行，省属企业集中开工重点项目8个，计划总投资142亿元，涉及轨道交通、园区建设、生态环保领域。

24—26日 “相约幸福成都”成都市青少年柔道锦标赛在简阳市文化体育中心举行。

27日 简州大道主线试通行，与成都天府国际机场同步投用，开通简阳城区至成都天府国际机场航站楼大巴专线，至天府机场北地铁站K1、K2快速公交专线，实现简阳城区与成都天府国际机场及成都地铁18号线无缝接驳。

29日 简阳市举办庆祝中国共产党成立100周年主题文艺演出暨“两优一先”表彰大会，大会共表彰100名简阳市优秀共产党员、50名简阳市优秀党务工作者、100个简阳市先进基层党组织。

同日 简阳市首个“交地即交证”试点在石桥中心卫生院项目用地现场完成，土地使用权人龙阳公司在接受土地的同时拿到土地使用权的不动产权证书。

30日 简阳市动物疫病预防控制中心兽医实验

6月23日，四川省属企业2021年二季度重点项目集中开工暨四川能投天府云数据产业基地建设项目开工仪式举行（市发改局供图）

室能力达到 A 级实验室标准。

7月

2日　简阳市召开庆祝中国共产党成立 100 周年座谈会，深入学习贯彻落实习近平总书记在庆祝中国共产党成立 100 周年大会上的重要讲话精神和四川省、成都市庆祝中国共产党成立 100 周年座谈会精神。

2—5日　由四川省体育局、四川省体育总会主办的“川体集团杯”四川省第三届全民健身运动会暨“我要上全运”社区运动会太极拳比赛在简阳市东来印象举行。

9日　简阳市召开防汛减灾和地灾防范应对工作调度会，安排部署防汛减灾、地灾防范应对工作。

15日　重庆铜梁—成都简阳卫健系统签订《重庆市铜梁区与成都市简阳市卫生健康检验结果互认合作协议（2021—2022 年）》《重庆市铜梁区人民医院与简阳市人民医院合作协议书》《重庆市铜梁区中医院与简阳市中医医院合作协议书》《重庆市铜梁区疾控中心与简阳市疾控中心促进疾控事业发展合作框架协议》等区域合作协议。

18日　2021 年成都首届荷花季暨简阳市平泉街道太阳村第四届荷花观赏活动开幕。

28日　简阳市召开庆祝建军 94 周年党政军座谈会，驻简阳部队代表、双拥成员单位代表、镇（街道）代表就军地双拥工作经验作交流发言。

31日　简阳市开展大规模人群核酸检测应急演练。

8月

2日　简阳市委召开应对新冠肺炎疫情工作专题调度会，听取全市疫情防控情况汇报，安排部署下步工作。

10日　简阳市凭借“农民画”被四川省文化和旅游厅命名为 2021—2023 年度“四川省民间文化艺术之乡”。

11日　简阳市平武镇尤安村、青龙镇联合村、三星镇共和村共和小区、平泉街道协议村集中居住区获评 2020 年度成都市百佳示范社区（小区）。

13日　简阳市投资促进服务中心在成都东部新区举行成都天府国际机场临空经济投资促进推介会，发布临空产业机会清单。

17日　简阳市首个水利类异地远程评标项目——简阳市城区第二水厂净水厂段堤防工程监理项目实施。

19日　简阳市平武镇尤安村、青龙镇联合村被评为 2020—2021 年度主题社区建设市级示范社区。

23—25日　简阳市在城区范围内村（社区）党群服务中心、小区物业办公室等新增设便民接种点位 24 个，开展“送苗上门”服务。

26日　成都重庆两地首个使用“政采云”系统实施异地远程评标项目——简阳市住房和城乡建设局简阳市城建档案馆采购项目实施。

27日　首个成资政府采购异地远程评标项目——简阳市中医医院 2021 年电脑网络及打印设备耗材采购（其他计算机设备）实施。

30—31日　成都市 2021 年百万职工技能大赛暨简阳市妇幼健康技能比赛在简阳市妇幼保健院举行。

9月

1日　简阳市妇幼保健院与四川大学华西公共卫生学院合作的科研项目“简阳市乙肝母婴效果阻断评价”立项。

2日　简城街道白塔路社区通过第二批成都市社区美空间验收，被命名为“简阳市白塔路社区美学馆”。

同日　学习贯彻习近平总书记七一重要讲话精神成都市委宣讲团第八分团宣讲报告会在简阳市举行。

7日　简阳市职工驿站被四川省总工会评为 2021 年“四川省最美工会户外劳动者服务站点”。

9日　简阳市首个非强制性招标项目——简阳市高铁新城综合开发项目下属的西峰福馨居简阳市迎宾大道西峰社区农房安置房建设项目造价咨询公开招标实施。

10 日　简阳市银杏老年养护中心、永绘便民网上商城入选成都市社区商业“好项目”资源库。

11 日　简阳市召开安全生产工作会，对安全生产工作再强化、再推进、再落实。

13 日　简阳市召开鸟类委托代养征求意见会，全市养鸟户代表 20 余人参会，表示愿意接受国家重点保护鸟类委托义务代养，签订义务委托代养协议和代养承诺书 25 份。

23 日　以“庆丰收、感党恩”为主题的 2021 年简阳市第四届农民丰收节在平武镇尤安村举行，活动被新华网、《人民日报》、今日头条等 20 余家媒体报道。

同日　市总工会联合市人力资源和社会保障局、市邮政业服务中心在市邮政分公司举行“2021 成都百万职工技能大赛·简阳市快递行业技能比赛”，全市 10 家邮政快递企业 30 余名快递员参赛。

24 日　由四川省农业农村厅、四川省教育厅、共青团四川省委主办，四川农业大学与简阳市人民政府、德阳市广汉市人民政府、眉山市彭山区人民政府、雅安市汉源县人民政府共同承办的“蚕丛杯”四川省家庭农场品牌创新创意大赛暨四川省大学生农业创意设计大赛初赛评审会顺利举行，来自全国 15 个省、32 个市、86 所高校的 2418 名学生参赛，参赛作品 2104 件，涵盖品牌形象设计、包装设计、平面广告、营销策划案、微电影/短视频、数字产品设计。

28 日　简阳市“世界狂犬病日”主题宣传活动在雄州广场举行。

29 日　简阳市中医医院举行柔性引进四川大学华西医院专家签约仪式，聘请 2 名教授为市中医医院普外科、脾胃病科指导专家。

29 日—10 月 7 日　“2021 简阳市第三届家风文化旅游活动”在平泉街道荷桥村举行。

30 日　2021 年简阳市向烈士敬献花篮仪式在简阳市烈士陵园举行。

10 月

10 日　简阳市 2021 年“世界精神卫生日”集中宣传活动在简阳市东溪初级中学举行。

22 日　简阳市根据人口疏散接收安置对口协议，完成“蜀盾 –2021”简阳市人口疏散接收安置演习。

同日　位于简阳市石桥街道天星村的天星公园对外开放。

28 日　简阳市 2021 年第四季度重大项目集中开工仪式在国际物流供应链科创空间项目现场举行，集中开工项目 14 个，总投资超 100 亿元，涉及先进制造业、现代服务业、都市现代农业、基础设施、社会事业等领域。

29 日　简阳市组织开展 2021 年食品安全突发事件应急演练。

10月28日，简阳市2021年第四季度重大项目集中开工仪式举行（市发改局供图）

11 月

2 日　简阳市成功救助一只国家一级保护濒危鸟类——黑鹳。

同日　简阳市公共资源交易服务中心和眉山交易中心开展首个工程建设项目跨区域异地远程评标——简阳市 2021 年财政衔接推进乡村振兴补助资金第一批（中央资金）禾丰镇牛心山村大耳羊养殖场项目施工标段。

3 日　简阳市印发《关于撤销简阳市西部电商物流产业功能区党工委管委会的通知》，撤销简阳市西部电商物流产业功能区党工委管委会。

12 日　平泉街道荷桥村被农业农村部办公厅评为 2021 年中国美丽休闲乡村。

15 日　成资快速路简阳段主体工程完工。

16 日　由简阳市政务服务管理和网络理政办公室报送，简阳市综合行政执法局承办案例《通道步梯长而陡　安装扶手方便老人出行》获 2021 四川网络理政优秀案例提名。

17 日　平泉街道协议村、青龙镇联合村被命名为四川省第二批乡村治理示范村。

18 日　简阳市实现两宗国有建设用地使用权首次登记“零材料”。

20 日　成资渝高速成都天府国际机场至潼南（川渝界）段资阳临空西收费站开放。

22 日　2021 年空天技术助力国家新经济产业发展研讨会以线上会议方式召开，主会场在北京市，分会场在成都市、贵阳市、福州市、简阳市、潍坊市，会议深入研究商业航天产业。

23 日　简阳市彭山英劳模工匠人才创新工作室被命名为 2021 年成都市劳模工匠人才创新工作室。

同日　由简阳市政务服务管理和网络理政办公室报送，简阳市三合镇承办案例《简阳市 5G 赋能数字乡村实现智慧治理》入围 2021 年度成都网络理政创新案例。

同日　由简阳市政务服务管理和网络理政办公室报送，简阳市综合行政执法局承办案例《简阳市守护老人的健身场地》入围 2021 年度成都网络理政典型案例。

25 日　在“爱成都·迎大运”“运动成都”成都市第八届全民健身运动会暨成都市首届社区运动会中，简阳市赛区获“最佳赛区奖”，射洪坝街道射洪坝社区、简城街道金水街社区获评“最佳体育活力社区”。

26 日　简阳市印发《关于规范设置简阳市临空经济产业园党工委管委会的通知》，规范设置简阳市临空经济产业园党工委管委会，挂简阳市电商物流园党工委管委会牌子。

同日　简阳市出台《简阳市城乡社区发展治理导则》。

同日　简阳市和乐尤安景区上榜成都市 AAA 级林盘景区。

30 日　简阳医保上线国家医疗保障信息平台。

12 月

1 日　简阳市职工驿站被中华全国总工会评为 2021 年“最美工会户外劳动者服务站点”。

同日　2021 年四川省重大动物疫情应急处置技术培训暨应急演练竞赛在简阳市举行。

同日　简阳市第 34 个“世界艾滋病日”大型宣传活动在雄州广场举行。

2 日　“简阳市寄递业安全监管信息平台”完工，建设启用快递分拣中心和主城区快递网点视频监控点位 40 个。

3 日　简阳市喜悦美湖、东城 1 号小区成功创建成都市园林式居住小区。

同日　2021 年成都百万职工技能大赛暨简阳市首届公路养护技能竞赛在成简延长线闭幕，简阳市公路养护一段获团体一等奖，简阳市公路养护二段获团体二等奖，简阳市快速通道管理所获团体三等奖。

8 日　简阳市召开“铁腕肃毒”三年攻坚行动誓师动员大会。

9 日　“简阳市侨创园”在简阳网易联合创新中心挂牌，旨在为有创新创业意愿的华侨华人、留学回国人员搭建合作交流平台。

14 日　由简阳市总工会、简阳市人力资源和社会保障局、简阳市交通运输局联合主办的“2021 年成都百万职工技能大赛——‘安康杯’交通运输安全专项整治三年行动竞赛活动”总决赛在简阳市交通运输局落幕。

16 日　简阳市召开统筹推进全市乡村国土空间规划编制和两项改革“后半篇”文章工作会议。

同日　简阳市召开 2021 年巩固脱贫攻坚成果同乡村振兴有效衔接工作情况交流会。

19—25 日　简阳市举办第十八届羊肉美食文化旅游季。

20—24 日　简阳市举行 2021 年度森林防灭火半专业扑火队伍建设专项培训。

24 日　简阳市举行“紧跟时代、面向未来”沱江流域商会联盟签约活动，资阳市雁江区、内江市资中县、内江市东兴区、自贡市富顺县工商联（总商会）和简阳市工商联（商会）签约成立沱江流域商会联盟。

28 日　成龙简快速路完成交工验收。

29 日　简阳市幸福美好生活十大工程工作推进领导小组办公室选送节目《新同学的祝福》在成都市幸福美好生活十大工程工作推进领导小组办公室主办的“爱成都·创享幸福”小品全民大赛中获优秀奖。

31 日　金简仁快速路北段试通车运行。

综 述

市情概览

【概况】 简阳市位于成都市东南部、四川盆地西部，地理位置介于北纬 30°04′～30°39′、东经 104°11′～104°53′，东西宽 68.3 公里，南北长 63.3 公里，素有“天府雄州”“蜀都东大门”之美誉；东邻资阳市乐至县，南接资阳市雁江区，西连成都市双流区、眉山市仁寿县，北倚成都市龙泉驿区、金堂县，具有“密迩锦城、西控巴陵”的战略区位；市政府驻射洪坝街道人民路 6 号。2021 年，简阳市辖区面积 2213.5242 平方公里（其中成都东部新区 870.1563 平方公里），城市建成区面积 41 平方公里；辖 16 个街道、21 个镇（其中成都东部新区托管 9 个街道、6 个镇），共 105 个社区、186 个村（社区、村数据不包含成都东部新区）；年末常住人口 113.69 万人，户籍人口 150.44 万人（其中城镇人口 45.17 万人、农村人口 105.27 万人）；人口出生率 8.1‰，人口自然增长率 0.7‰。*

（周永怀　邱　琳）

【区划沿革】 简阳古为蜀国地，秦时属蜀郡。西汉元鼎二年（公元前 115 年），置牛鞞县。西魏恭帝二

表 2　　2021 年简阳市镇（街道）辖区（不含成都东部新区托管区域）一览表

镇 / 街道名称	辖区面积（平方公里）	户籍人口（人）	社区（个）	村（个）	居民小组（个）	村民小组（个）	所辖社区、村标准名称
简城街道	44.70	122718	22	0	235	0	安象街社区、滨江路社区、金水街社区、白塔路社区、顺城街社区、南街社区、政府街社区、新民街社区、建设路社区、花园街社区、川拖社区、川空社区、建设中路社区、红塔社区、华西社区、中心社区、西峰社区、大井社区、升阳社区、龙垭社区、大葫社区、棉丰社区
射洪坝街道	39.24	55802	9	2	86	23	射洪坝社区、东滨路南段社区、解放路社区、蜀阳社区、筒车路社区、铁堰社区、柳林社区、沱江社区、新合社区、长顺村、裕民村

* 以上数据涵盖简阳市37个镇（街道）行政区划范围。

续表 2

镇 / 街道名称	辖区面积（平方公里）	户籍人口（人）	社区（个）	村（个）	居民小组（个）	村民小组（个）	所辖社区、村标准名称
新市街道	46.07	44912	7	5	55	33	新达街社区、龙桥社区、张家社区、飞马社区、新五社区、马鞍社区、怀远社区、仁义村、五里登村、老虎嘴村、石家村、垣坝村
石桥街道	37.04	34709	6	5	71	36	大街社区、杨柳社区、皂角社区、利民社区、天星社区、渡坝社区、火烧店村、陈家坝村、菱角村、黄泥堰村、永爱村
赤水街道	61.94	49243	10	6	104	48	回龙寺社区、方家寺社区、万家堂社区、万家坝社区、增产社区、燕子社区、飞鹅社区、建合社区、永达社区、太平桥社区、福民坝村、深湾村、先明村、三溪村、永平村、劲松村
东溪街道	41.75	39304	10	2	87	14	尖山社区、江南社区、奎星社区、双河社区、新阳社区、万古社区、园艺社区、元灯社区、凉水社区、星光社区、黄岭村、龙溪村
平泉街道	80.18	46621	2	14	16	130	平泉社区、龙泉社区、荷桥村、协议村、长春村、进步村、新桥村、梓桐村、太阳村、农建村、群乐村、高坪村、龙王村、胜华村、竹湾村、杨家寺村
杨家镇	46.00	26867	1	9	7	68	杨家社区、民会村、长安村、桐子湾村、金星村、界牌村、常家坪村、新庙子村、互助村、模范村
石钟镇	66.36	37570	4	9	49	92	长沟社区、黄连社区、均乐社区、平窝社区、前锋村、胜锋村、民强村、石王村、山泉村、丁家村、火烧庙村、庙山村、五桂村
施家镇	96.54	53174	3	17	33	146	施家社区、金玉社区、平息社区、白羊嘴村、悦乐村、天才村、兰坝村、兴隆村、信义村、四益村、龙河村、法堂村、裕丰村、龙凤村、义和村、云林村、张林村、清水村、新安村、共裕村
禾丰镇	107.00	59042	6	13	63	135	裕民社区、普安社区、禾丰社区、元吉社区、接龙社区、潮水社区、连山村、安全村、翰林村、农民村、火盆村、牛心山村、南山村、蒋家桥村、碑垭村、丙灵村、农云村、民胜村、城隍村
三合镇	43.50	22157	1	6	15	65	石岭社区、塘坝村、利木村、斑竹村、石马井村、沙河村、靖水村
平武镇	42.82	24719	3	5	29	52	胡家街社区、进化社区、黄桷堰社区、高坡村、木桥村、皮匠街村、尤安村、八角村
云龙镇	119.70	70379	8	16	90	133	云龙社区、爱民社区、千佛社区、庄元社区、鱼荐社区、云峰社区、金马社区、五合社区、中峰村、万安村、团碾村、老河村、石塔村、新乐村、龙潭村、青锋村、红旗村、石佛村、桤木村、海棠村、红坝村、翻身村、全胜村、方井村

续表 2

镇／街道名称	辖区面积（平方公里）	户籍人口（人）	社区（个）	村（个）	居民小组（个）	村民小组（个）	所辖社区、村标准名称
涌泉镇	37.50	17977	1	7	4	69	涌泉社区、文会村、凉塘村、同德村、齐心村、崇心村、清河村、石柱村
三星镇	89.00	51272	3	15	32	180	利济社区、新星社区、同合社区、双桂村、共和村、民桥村、水泉村、宝莲村、蟠龙村、游林村、胜天村、平江村、桐麻岭村、雷公庙村、柑子村、干石山村、三沟村、秀阳村
青龙镇	46.80	26053	1	9	14	75	青龙观社区、联合村、新堰村、极乐村、银洞村、粮丰村、明星村、水井村、芋河村、大松树村
踏水镇	42.00	22629	1	8	8	84	踏水社区、柏杨村、发展村、泉水村、店子村、石炮村、寨子村、双益村、大树村
宏缘镇	44.72	26713	1	8	18	74	渡口社区、金盆村、大堰村、矮桥村、人民村、红沙村、易家坝村、河心村、壮家村
镇金镇	87.38	44046	2	11	26	104	镇金社区、赵家社区、牌坊村、南山坳村、黄家厅村、红庙山村、二郎村、河坝村、小湾村、三里埂村、老龙村、干家沟村、朱家村
雷家镇	72.40	32186	2	7	21	66	团山社区、金家社区、望水寺村、石岩寺村、高桥村、黑水寺村、金竹村、高嘴村、九龙滩村
江源镇	73.80	40158	2	12	23	104	江源社区、红旗社区、五洞村、老鹰村、和睦村、丰产村、月湾村、顺源村、花朝村、团岭村、石泉村、双井村、红台村、芦稿村

说明：数据由各镇（街道）提供

年（555 年），设阳安县。隋仁寿三年（603 年），置简州。1913 年，改名为简阳县。1994 年，撤县建市，由内江市代管。1998 年，由资阳市（原资阳地区）代管。2016 年 5 月，经国务院批准，四川省政府决定简阳市由资阳市划归成都市代管。2020 年 5 月，海螺镇等 15 个镇（街道）交由成都东部新区管理。

（杜景余）

【地形地貌】 简阳市位于龙泉山东麓，市境西北部龙泉山脉呈东北—西南走向，成为简阳市与成都市的天然分界线；地势西北高、东南低，地貌以丘陵地形为主，丘陵地形占全市总面积 88.1%（其余地形低山占 7.8%、河坝占 4.1%），属川中丘陵区，平均海拔 400 ~ 580 米。市内丘陵为水平构造，丘体多呈台阶状、龙岗状，自然形成沟谷田、槽平地、台地、坡地等类型，海拔 400 ~ 550 米。

（付　钰）

【气候特点】 简阳市属于亚热带季风气候，气候温和，热量丰富，雨量充沛，四季分明，冬天严寒，夏天酷热，秋多绵雨，无霜期长，霜雪少，平均风速小，有利于农作物生长发育。简阳市平均气温 17.5℃，最冷月平均气温 6.6℃，最热月平均气温 26.7℃，年平均相对温度 77%，最小相对温度 68%，历年极端最高气温 40.3℃，极端最低气温 -3.1℃；雨量均匀，年平均降雨量 799.1 毫米，其中 5—10 月降雨量 690.4 毫米，占全年降水量的 86%；全年日照 1331.7 小时，年平均无霜期 309 天，年平均蒸发量 1147.2 毫米，年雷暴日数 40.1 天；年平均风速 1.6 米／秒，最多风向为北风。简阳市主要气象灾害有冬干、春旱、夏旱、洪涝。

（杨　婷）

【土地资源】 简阳市行政区域总面积 2213.5242 平方公里（含成都东部新区 870.1563 平方公里），分为农用地、建设用地、未利用地三大类，土地利用率

97.65%。简阳市农用地面积187751.56公顷，其中耕地面积89188.66公顷、园地面积23418.64公顷、林地面积51143.54公顷、其他农用地面积24000.72公顷；建设用地面积28394.87公顷，其中城镇村及工矿用地面积21075.94公顷、交通运输用地面积7193.59公顷、其他建设用地面积125.34公顷；未利用地面积5205.99公顷。土壤以紫色土和冲积土为主，适宜耕种，两种土壤占全市耕地面积的95%。

（周永怀　付　钰）

【水资源】 简阳市位于长江一级支流沱江中游，水资源丰富，境内主要河流有沱江、绛溪河、环溪河、索溪河等20多条。沱江是简阳市最大过境河流，北自成都市金堂县入境，南入资阳市雁江区境，在简阳市境内流长84.9公里，常年平均流量每秒255～275立方米。沱江东岸有支流环溪河（又称资水河）流入，主干发源于成都市金堂县竹篙镇，支干索溪河发源于资阳市乐至县宝林镇；沱江西岸有支流绛溪河，发源于眉山市仁寿县境内，在简城街道注入沱江。境内环溪河流长46.8公里，索溪河流长23.4公里，系洪枯水位变幅较大的季节性溪河；绛溪河干流长71.5公里，亦属季节性溪河。境内有小型水库60座，总库容4367.76万立方米。全市水资源总量3.89亿立方米（不包括沱江过境水），其中地表水资源量3.28亿立方米（2021年都江堰引水量1.14亿立方米）、地下水资源量0.61亿立方米。

（许　露　樊　良）

【生物资源】 简阳市生物资源种类繁多，有各种生物上千种，其中动物约300种、植物600多种。简阳市野生动物资源丰富，其中兽类有狐狸、松鼠、水獭等，禽类有斑头鸭、河鸥、凫等；家养动物以猪为主，羊主要为大耳麻羊和无角黑山羊。全市有树种426种，隶属117科、257属，其中乔木218种，隶属56科、132属；灌木163种，隶属51科、102属；藤本27种，隶属9科、17属；竹类18种，隶属1科、6属。全市有古树245株，其中二级古树22株、三级古树223株。

【矿产资源】 简阳市主要出露白垩系白龙组、苍溪组、侏罗系蓬莱镇组、遂宁组泥页岩、砂岩及第四系松散堆积物等沉积岩层，构造单一；矿产资源主要为砖瓦用泥页岩、建筑用砂岩2种，其中以砖瓦用页岩最丰富，为区域内优势矿产；具有找矿前景的有膨润土、铜矿、地热和矿泉水，仅属于矿化点。

（邱晓宏）

【旅游文化资源】 简阳市文旅资源丰富，素有“入蜀最宜游简郡”的说法，先后被评为四川省旅游强县（市）、四川省乡村旅游强县（市）、四川省旅游标准化示范县（市）、四川省乡村旅游示范县（市）。2021年，全市有四川省乡村旅游示范村1个（简城街道大葫村），四川省级乡村旅游重点村1个（平泉街道荷桥村），四川省级旅游扶贫示范村1个［江源镇红台村（原永宁乡上坪村）］，成都市AAA级林盘景区4个（家风荷乡、金色丙灵景区、千佛桃源、和乐尤安），成都市“新旅游·潮成都”主题旅游目的地7个（玉龙生态园林康养旅游度假区、简阳悠然岛田园综合体、万安石斛康养基地、稻花乡里生态农庄、未来之星家庭农场综合体、羊扬天下、绿光水岸生态农庄）；有四川省星级农家乐/乡村酒店13家，四星级酒店1家，金树叶级绿色旅游饭店2家，银芙蓉级主题旅游客栈1家，成都市SL五花级商旅酒店1家，成都市智慧饭店2家；有重要旅游节庆活动1个（简阳羊肉美食文化旅游季活动）。

（朱　琳）

国民经济与社会发展

【概况】 2021年，简阳市（含成都东部新区）实现地区生产总值（GDP）620.09亿元，按可比价格计算，比2020年增长8.0%，其中第一产业增加值84.05亿元，增长3.3%，第二产业增加值150.76亿元，增长9.8%，第三产业增加值385.28亿元，增长8.8%，第一、二、三产业比为13.6∶24.3∶62.1；民营经济增加值278.45亿元，比2020年增长5.7%，占GDP的比重为44.9%，其中第一产业增加值9.97亿元，增长1.6%，第二产业增加值116.75亿元，增长0.2%，第三产业增加值151.73亿元，增长10.4%，民营经济第

一、二、三产业比为 3.6 : 41.9 : 54.5；一般公共预算收入 40.23 亿元，比 2020 年增长 19.1%，其中税收收入 26.33 亿元，增长 11.4%，占一般公共预算收入比重为 65.4%；地方一般公共预算支出 97.4 亿元，增长 23.7%；固定资产投资比 2020 年增长 24.6%，其中工业投资比 2020 年增长 11.1%、制造业投资增长 4.1%、技改投资增长 22%。

【农林牧渔业】 简阳市（含成都东部新区）实现农林牧渔业现价总产值 130.46 亿元，按可比价计算，比 2020 年增长 3.4%，其中农业 74.16 亿元，增长 3.0%，林业 3.25 亿元，下降 10.8%，畜牧业 43.88 亿元，增长 15.2%，渔业 5.84 亿元，增长 1.8%；粮食产量 54.51 万吨，油料产量 8.59 万吨；生猪出栏 73.54 万头，增长 4.9%，猪肉产量 5.38 万吨，增长 9.4%，羊出栏 44.48 万只，下降 17.4%，家禽出栏 761.78 万只，下降 11.5%；粮食播种面积 10.91 万公顷，经济作物播种面积 6.15 万公顷，其中油料作物播种面积 3.50 万公顷、蔬菜及食用菌播种面积 2.05 万公顷、中药材播种面积 0.12 万公顷。

【工业和建筑业】 简阳市规模以上工业增加值比 2020 年增长 8.1%，简阳市（含成都东部新区）实现营业收入 181.21 亿元，利税总额 17.56 亿元，利润总额 12.6 亿元；全市 20 类规模以上工业产品产量中 13 类产量实现增长，增长面 65%。简阳市（含成都东部新区）全年实现建筑业增加值 40.99 亿元，比 2020 年增长 23.1%，建筑业总产值比 2020 年增长 10.0%，其中建筑工程产值比 2020 年增长 3.2%、安装工程产值比 2020 年增长 77.5%、其他建筑业产值比 2020 年增长 19.3%。

【房地产业】 简阳市（含成都东部新区）房地产开发投资比 2020 年增长 32.9%，住宅投资增长 35.3%；商品房销售面积 106.09 万平方米，下降 19.0%，其中商品住宅销售面积 78.25 万平方米，下降 28.4%。

【交通运输邮政仓储业】 简阳市（含成都东部新区）完成农村公路畅通工程 14.7 公里，投资 0.29 亿元；新开通客运班线 1 条，新增客运车辆 4 辆；年末公路通车里程 2468.82 公里，其中四级以上等级公路 2460.7 公里；公路旅客周转量 28600 万人公里、下降 7.8%；公路货物周转量 40158 万吨公里，增长 2.2%。简阳市（含成都东部新区）全年实现电信业务总量 51200 万元，快递业务收入 8954.83 万元，增长 51%；快递业务 6081.72 万件，增长 26.3%；固定电话用户 14.1 万户，移动电话用户 82.8 万户，固定互联网用户 30.01 万户，移动互联网用户 61.6 万户。

【批发零售业和住宿餐饮业】 简阳市（含成都东部新区）全年实现社会消费品零售总额 412.47 亿元，比 2020 年增长 18.1%；从区域来看，城镇市场实现零售额 374.00 亿元，增长 17.6%，乡村市场实现零售额 38.47 亿元，增长 23.2%；从消费形态来看，餐饮收入 180.46 亿元，增长 64.6%，商品零售 232 亿元，下降 3.2%。

【金融业、证券业和保险业】 简阳市（含成都东部新区）全年实现金融业增加值 45.49 亿元，比 2020 年增长 5%；年末全部金融机构本外币存款余额 907.46 亿元，比 2020 年年末增长 10.1%，全部金融机构本外币贷款余额 541.22 亿元，比 2020 年年末增长 14%；年末共有境内外上市公司 2 家、证券营业部 2 家，证券交易额 471.09 亿元，比 2020 年减少 0.9%；全年保险保费收 15.08 亿元，比 2020 年增长 43%，各类保险赔偿 3.73 亿元，比 2020 年增长 65%。

【对外经济】 简阳市（含成都东部新区）有获权外贸进出口企业 135 户，其中开展业务的 29 户，外贸进出口总额 15.07 亿元，比 2020 年增长 37.6%，其中自营出口 14.42 亿元，增长 49.2%，进口 0.65 亿元，下降 49.6%。

【旅游】 简阳市（含成都东部新区）实现旅游收入 20.88 亿元，全年接待游客 696.8 万人次；有旅游资源点 949 个，优良级旅游资源 99 个，成都市 AAA 级林盘景区 4 个，省星级农家乐（乡村酒店）13 家，旅行社分支机构 28 家。

【居民收入】 简阳市（含成都东部新区）全体居民人

均可支配收入31314元，增长10.7%；城镇居民人均可支配收入43290元，增长8.9%，其中工资性收入23837元，增长9%，经营净收入7564元，增长8.8%，转移净收9743元，增长8.7%；城镇居民人均消费支出25482元，增长11%；农村居民人均可支配收入21706元，增长10.5%，其中工资性收入7767元，增长11.1%，经营净收入5975元，增长9%，转移净收入7185元，增长11.2%；农村居民人均消费支出15970元，增长10.6%。

【社会就业】 简阳市（含成都东部新区）新增就业4303人，全市城镇失业人员再就业人数1340人，年末城镇登记失业率为3.83%；开发利用农村劳动力资源，培养壮大劳务产业，开展各类职业技能培训13263人次，其中领取失保金人员技能培训525人次、返乡农民工创业培训496人次、农民工劳务品牌培训1625人次、扶贫培训409人次。

【社会保障】 简阳市（含成都东部新区）年末城镇职工基本养老保险参保25.98万人，失业保险参保人数6.33万人，工伤保险参保人数6.74万人；城乡居保参保人数为358909人，参保率97%；年末城镇居民最低生活保障人数1410人，全年累计保障城市低保1.28万人次，发放低保金1245.94万元，月人均补助736.37元；年末农村居民最低生活保障人数15811人，全年累计保障农村低保18.79万人次，发放低保金12226.54万元，月人均补助644.41元；保障农村特困对象11.17万人次，发放供养金11714.63万元；特困人员集中供养率为14.86%。

【教育】 简阳市（含成都东部新区）年末共有学校（园）293所（公办156所、民办137所），其中幼儿园168所、单设小学29所、单设初中18所、九年义务教育学校66所、特殊教育学校1所、普通高中8所、中等职业学校3所；小学、九年义务教育学校下设村小及教学点25个；公办在职教职工8810人，在校学生共16.48万人，其中幼儿园3万人、小学生6.2万人、初中学生4.61万人、普通高中学生2.04万人、中职学生0.62万人、特殊教育学校学生153人；义务教育段残疾儿童入学率99.11%、小学毕业率100%、初中毕业率100%。

【科学技术】 简阳市（含成都东部新区）高新技术企业主营业务收入55亿元；拥有国家高新技术企业26家，省级企业技术中心11个，省级工程技术研究中心3个，省级重点实验室1个，省级高新技术产业化基地2个，省级企业技术创新示范企业1个。

【文化】 简阳市（含成都东部新区）开展各类文化活动10552场，其中演出活动3650场、阅读活动1281场、教育培训3095场、公益讲座855场等，参与群众89.55万人次；组织专家开展简阳市第六届周克芹文艺创作奖评选活动，共评出获奖作品10件；选送节目《二娃回乡》参加“文艺繁星计划——成都市首届戏剧小品、曲艺原创作品大赛”决赛获二等奖；开展2021年“非遗在社区”活动22场，组织专家开展第八批简阳市级非遗项目和第四批简阳市级非遗传承人评审工作，评出5个项目、6名传承人；完成文物勘探项目127个，总面积18400余亩，其中发掘项目17个；新建4个镇（街道）、52个行政村应急广播播控系统，新安装2050组应急广播终端，完成26个行政村有线电视网络数字化、双向化、智能化改造，新增电视用户2300户，总用户达到28.83万户，广电产业收入6600万元。

【卫生健康】 简阳市（含成都东部新区）有医疗卫生机构558个，其中县级医院2个、卫生院52个、疾病预防控制中心1个、妇幼保健院1个、民营医院15个；各类卫生机构床位数8602张，其中医院卫生床位数5364张；卫生技术人员7393人，其中执业（助理）医师2929人、注册护士3510人；全年诊疗653.96万人次；全年无偿献血5143670毫升。

【体育】 简阳市（含成都东部新区）全年成功举办2021年全国青年跳水锦标赛暨十四届全运会跳水资格赛、四川省第三届全民健身运动会太极拳比赛、四川省第34届老年人门球比赛、“爱成都·迎大运”全民健身系列赛事、简阳市第二届社区运动节、天府绿道健身系列活动，累计开展线上线下各级各类全民健身赛事活动500余场，惠及广大群众50万人次。

【基础设施】 简阳市（含成都东部新区）全年实施公园项目2个，实施绿道项目9个，建成绿道40.3公里；新建“小游园、微绿地”2个，新增绿地面积2万平方米；建成公园城市示范片区1个；城市建成区面积达41平方公里，增长1平方公里；建成区道路长度322.51公里，增长11.5%；路网密度7.87公里/平方公里，增长8.9%；人均公园绿地面积15.88平方米，增长0.03平方米；建成区绿化覆盖率43.6%。

【环境保护】 简阳市（含成都东部新区）全年总量减排有力实施，形成化学需氧量减排能力1944吨，氨氮减排能力168吨；全年空气优良天数317天（实况），较2020年减少7天；PM2.5平均浓度33.0微克/立方米，上升6.5%，综合指数3.55，连续两年实现PM10、PM2.5等六项指标全面达到国家《环境空气质量标准》二级标准；镇（街道）集中式水源地水质达标率100%；市控及以上断面水质优良比例80%，达到上级下达的水质目标要求；功能区噪声1类区、2类区和3类区昼间、夜间达标率均为100%，4类区昼间达标率100、夜间达标率25%；昼间平均等效声级54.5分贝，夜间平均等效声级45.2分贝，昼夜平均等效声级Leq55分贝，道路交通噪声昼间等效声级65分贝，道路交通噪声昼间质量等级为一级。

（崔潇逸）

精神文明建设

【概况】 2021年，简阳市精神文明建设工作按照四川省委、成都市委和简阳市委对精神文明建设工作的决策部署，把培养时代新人作为着眼点，培育和践行社会主义核心价值观；引导全社会树立文明观念、提高文明程度、形成文明风尚，推动人民在理想信念、价值观念、道德观念上团结，为建设成都东部区域中心城市，创造新时代幸福美好生活，全面建设社会主义现代化简阳提供精神力量和社会环境。

【精神文明创建】 简阳市争创第七届全国文明城市，把握创建规律，制定三年工作规划、包联工作方案、督查管理办法，开展指标体系培训研讨35次，开展实地督查47次，下发整改通知书534份，推动整改问题4800余个，制作刊播公益广告3000余处，完成网报资料100余份，迎接年度测评；持续开展“三美”示范村和文明村镇创建活动，完成简阳市级及以上文明单位、文明村镇、“三美”示范村复核验收，新创建简阳市级“三美”、文明村镇10个；开展农村精神文明建设，助力乡村振兴战略实绩考核；开展简阳市“五好家庭”评选活动，评选出“五好家庭”20户，6户家庭获评成都市级“五好家庭”；开展文明校园创建，新创成都市文明校园2所。

【时代新人培育】 简阳市精神文明办公室贯彻落实《新时代公民道德建设实施纲要》，开展道德模范、身边好人、新时代好少年等先进典型评选推荐103人次，8人获成都市级称号；帮扶礼遇先进模范50人次，开展身边好人事迹宣讲报告会5次；围绕“童心向党”主题，开展“童谣传唱颂党恩”主题创作、“追寻红色记忆·传承革命精神”党史研学、“百年光辉历程　全面建成小康”青少年爱国主义读书教育、“童心向党·庆祝中国共产党成立100周年”乡村学校少年宫成果展示等未成年人特色活动，3首童谣作品获评成都市优秀童谣。简阳市精神文明办公室获评四川省关心下一代工作先进集体、第六届成都市中小学生校园书画创评活动优秀组织。

【新时代文明实践】 简阳市有注册志愿者11.9万人，成立志愿服务队伍1000支，落地简阳市志愿服务促进中心；开展文明实践活动2590余场次、志愿服务活动1680余场次，开展“学党史、办实事、送服务”文明实践专项行动、“学党史、感党恩、跟党走，庆祝建党100周年”志愿服务活动等主题活动600余场次；完成新时代文明实践中心、所、站全域建设，完成简阳市新时代文明实践中心升级建设；开展示范创评，简阳市新时代文明实践中心等5个点位成功创评2021年成都市新时代文明实践精品范例；发展网络文明传播志愿者224人，开展网络文明传播活动20个，推出原创作品107个。

（吴姿欣）

中共简阳市委员会

市委机构

【概况】 2021年，中共简阳市委员会设置工作机关10个，即市纪律检查委员会监察委员会、市委办公室[市委保密机要局(市保密局、市密码管理局)、市政府外事办、市档案局]、市委组织部(市委非公经济和社会组织工委、市直机关工委、市委老干部局、市公务员局)、市委宣传部[市文明办、市委外宣办(市政府新闻办)、市新闻出版局(市版权局)、市互联网信息办]、市委统一战线工作部(市政府侨务和台湾事务办公室)、市委政法委员会、市委政策研究室、市委城乡社区发展治理委员会、市委机构编制委员会办公室、市委巡察工作领导小组办公室；设置市委议事协调机构8个，即市委全面深化改革委员会(办公室设在市委政策研究室)、市委全面依法治市委员会(办公室设在市司法局)、市委网络安全和信息化委员会(办公室设在市委宣传部)、市委财经委员会(办公室设在市委办公室)、市委外事工作委员会(办公室设在市委办公室)、市委审计委员会(办公室设在市审计局)、市委教育工作领导小组(秘书组设在市教育局)、市委农村工作领导小组(办公室设在市农业农村局)；市委直属事业单位4个，即市委党史研究室、市委党校(简阳行政干部学校)、市档案馆、市融媒体中心。

【功能区管理机构撤销】 11月3日，简阳市委机构编制委员会根据成都市委机构编制委员会办公室《关于撤销简阳市西部电商物流产业功能区党工委管委会的通知》，印发《关于撤销简阳市西部电商物流产业功能区党工委管委会的通知》，撤销简阳市西部电商物流产业功能区党工委管委会。

【开发区管理机构设置】 11月26日，简阳市委机构编制委员会按照中央机构编制委员会办公室《关于调整四川天府新区管理机构的批复》和成都市委机构编制委员会办公室《关于规范简阳市部分开发区管理机构设置的通知》，印发《关于规范设置简阳市临空经济产业园党工委管委会的通知》，规范设置简阳市临空经济产业园党工委管委会，挂简阳市电商物流园党工委管委会牌子。

(王婕钰)

市委重要会议

【概况】 2021年，市委召开代表大会1次、全体会议4次、常委会会议44次，并召开其他重要会议。

【简阳市委十五届十四次全体会议】 1月12日，简阳市委十五届十四次全体会议暨市委经济工作会议在会议中心召开。会议贯彻落实中共十九届五中全会、中央经济工作会议和四川省委十一届八次全会、四川省委经济工作会议，以及成都市委十三届八次全会暨市委经济工作会议精神，总结2020年工作，安排部署2021年工作；审议简阳市“十四五”规划建议，系统部署把握新发展阶段、贯彻新发展理念、融入新发展格局；审议并通过《中共简阳市委关于制定简阳市国民经济和社会发展第十四个五年规划和2035年远景目标的建议》。

【简阳市委十五届十五次全体会议】 7月29日，简阳市委十五届十五次全体会议在会议中心召开。会议贯彻落实党的十九届五中全会和四川省委十一届九次全会、成都市委十三届九次全会决策部署，听取和讨论简阳市委常委会工作报告，审议通过《中共简阳市委关于抢抓机遇创新发展加快培育城市新优势高质量建设成都东部区域中心城市的决定》；肯定简阳市委十五届十四次全会以来市委常委会工作；审议并通过《关于召开中国共产党简阳市第十六次代表大会的决议（草案）》，安排部署下半年经济工作和重点工作。

【简阳市委十五届十六次全体会议】 10月22日，简阳市委十五届十六次全体会议在会议中心召开。会议听取中国共产党简阳市第十六次代表大会筹备情况报告，审议通过十五届市委报告、市纪委工作报告、人选建议名单、选举办法（草案）、大会日程（草案）等党代会重要文件、资料及相关事项。

【简阳市第十六次党代会】 10月26—27日，中国共产党简阳市第十六次代表大会在市文化艺术中心召开。中共简阳市第十五届委员会作题为《高质量建设成都东部区域中心城市 高水平创造新时代幸福美好生活 为全面建设社会主义现代化简阳而努力奋斗》的报告。大会以书面形式审查《中国共产党简阳市第十五届纪律检查委员会工作报告》，审议《全市党费收缴、使用和管理情况的报告》；通过关于十五届市委报告的决议和关于十五届市纪委工作报告的决议；宣布十六届市委委员、候补委员和市纪委委员当选名单，中共简阳市第十六届委员会委员41名、候补委员8名，中共简阳市第十六届纪律检查委员会委员27名。大会应到代表320名，实到311名，符合规定人数。

【简阳市委十六届一次全体会议】 10月27日，中共简

10月26—27日，中国共产党简阳市第十六次代表大会在市文化艺术中心召开（市委办供图）

阳市委十六届一次全体会议在昕雅图酒店召开。会议选举市委常委12名、市委副书记3名。

【简阳市委常委会会议】 简阳市委全年召开常委会会议44次。

表3　　2021年简阳市委常委会会议一览表

届次	时间	主要内容
十五届第一七八次	1月8日	传达学习四川省推动成渝地区双城经济圈建设暨推进区域协同发展领导小组第二次会议精神，研究简阳市贯彻意见；审议《简阳市全面深化国际化营商环境建设实施方案（送审稿）》《简阳市村（社区）体制机制改革后村级党群服务中心建设计划（送审稿）》
十五届第一七九次	1月18日	传达学习习近平总书记在省部级主要领导干部学习贯彻中共十九届五中全会精神专题研讨班开班式上的重要讲话精神，研究简阳市贯彻意见；传达学习《中国共产党统一战线工作条例》，传达学习四川省委人大工作会议、成都市委人大工作会议精神；研究部署常态化疫情防控工作；研究其他事项
十五届第一八〇次	1月27日	传达学习四川省森林草原防灭火相关会议精神、《四川省脱贫攻坚领导小组办公室关于平稳有序做好巩固拓展脱贫攻坚成果同乡村振兴有效衔接的通知》，研究简阳市贯彻意见；听取简阳市委领导班子成员及人大常委会、政府、政协、法院、检察院党组书记2020年度履行党风廉政建设主体责任情况汇报；传达学习《中共成都市委成都市人民政府党风廉政建设责任制领导小组办公室关于印发〈关于建立全面从严治党“四责”协同机制的实施意见〉的通知》；听取2020年简阳市反腐败工作情况汇报；研究部署常态化疫情防控工作；研究其他事项
十五届第一八一次	2月8日	传达学习四川省、成都市两会精神，研究简阳市贯彻意见；传达学习四川省森林草原防灭火专项整治自我检视会议精神，听取简阳市森林草原防灭火专项督查情况汇报；传达学习四川省、成都市农村地区和宗教活动场所新冠肺炎疫情防控工作电视电话会议精神，听取简阳市疫情防控相关情况汇报；传达学习成都市幸福美好生活十大工程推进领导小组第一次会议精神；研究其他事项
十五届第一八二次	2月20日	传达学习中央纪委和四川省纪委全会精神，中央和四川省委、成都市委政法工作会议精神，安排部署下一步工作；传达学习全国、四川省和成都市2021年“扫黄打非”工作会议精神；传达学习成都市实施幸福美好生活十大工程动员大会精神，审议《简阳市幸福美好生活十大工程工作推进领导小组名单（送审稿）》；传达学习成都市村（社区）“两委”换届工作相关会议精神；通报春节假期简阳市经济社会相关情况；听取简阳市禁毒工作情况汇报；研究其他事项
十五届第一八三次	3月2日	传达学习《中共中央办公厅印发〈关于加强巡视巡察上下联动的意见〉的通知》，研究简阳市贯彻落实意见；传达学习成都市委书记在成都东部新区和简阳市实地调研“东进”、乡村振兴等工作时的指示精神；研究其他事项
十五届第一八四次	3月9日	通报简阳市招商大使及产业顾问有关情况，审议《简阳市2021年民生实事实施方案（送审稿）》；研究其他事项
十五届第一八五次	3月17日	传达学习全国两会精神，研究简阳市贯彻意见；传达学习中央、四川省委、成都市委农村工作会议，全国脱贫攻坚总结表彰大会精神，听取“三重”工作情况汇报；传达学习全国、四川省政法队伍教育整顿动员部署会议精神，审议《简阳市政法队伍教育整顿实施方案（送审稿）》《简阳市政法队伍教育整顿任务分工方案（送审稿）》；听取四川省委巡视反馈意见整改推进情况汇报；传达学习成都市村（社区）“两委”换届工作领导小组第四次会议精神；传达学习《成都市社区发展治理促进条例》
十五届第一八六次	3月26日	传达学习习近平总书记在2021年春季学期中央党校（国家行政学院）中青年干部培训班开班式上的重要讲话精神，研究简阳市贯彻意见；传达学习2021年全国、四川省和成都市生

续表 3

届次	时间	主要内容
十五届第一八六次	3 月 26 日	态环境保护工作会议精神；传达学习成都市区（市）县和镇领导班子换届工作会议精神以及中央和四川省委、成都市委关于严肃换届纪律加强换届风气监督相关文件精神；听取简阳市地方志工作情况汇报
十五届第一八七次	4 月 8 日	审议《关于做好镇领导班子换届工作的通知（送审稿）》；安排部署简阳市 4 月重点工作；审议《简阳市委常委会 2021 年工作要点（送审稿）》《关于表扬 2020 年度宣传思想文化、基层统战等工作先进集体、先进个人的请示》等文件；研究其他事项
十五届第一八八次	4 月 19 日	传达学习《四川省市县重大经济事项决策规定（试行）》、四川省推进成德眉资同城化发展领导小组第三次会议精神，研究简阳市贯彻意见；传达学习成都市产业功能区及园区建设工作领导小组第八次会议精神；听取简阳市委领导班子成员及市人大常委会、政府、政协、法院、检察院党组书记 2021 年第一季度履行党风廉政建设主体责任情况汇报；听取简阳市委政法委、市公安局、市司法局、市应急局、市信访局、青龙镇 2021 年“三重”工作情况汇报
十五届第一八九次	4 月 28 日	研究干部职级晋升相关工作
十五届第一九〇次	4 月 28 日	研究干部职级晋升相关工作
十五届第一九一次	5 月 8 日	传达学习《中共中央关于加强对“一把手”和领导班子监督的意见》精神、李克强总理在四川考察重要指示精神，研究简阳市贯彻意见；通报“五一”假期简阳市经济社会相关情况；听取有关单位 2021 年度“三重”工作情况汇报；听取简阳市打击治理电信网络新型违法犯罪情况汇报；研究其他事项
十五届第一九二次	5 月 17 日	传达学习四川省委、成都市委党建领导小组会议及相关文件精神，听取党建领导小组成员单位党建工作情况汇报，审议《中共简阳市委党建领导小组 2021 年工作要点（送审稿）》，安排部署下步工作；研究其他事项
十五届第一九三次	5 月 21 日	传达学习《中华人民共和国乡村振兴促进法》，研究简阳市贯彻意见；传达学习成都市委书记出席西南交通大学城市轨道交通学院开工仪式并调研简阳市重大项目推进工作时的指示精神；听取有关单位 2021 年度“三重”工作情况汇报；研究其他事项
十五届第一九四次	5 月 28 日	传达学习习近平总书记在福建省、广西壮族自治区考察期间重要讲话精神及中央、四川省委、成都市委党史学习教育相关会议精神，听取简阳市党史学习教育情况汇报，审议相关文件，安排部署下步工作；传达学习《成都市委办公厅　成都市人民政府办公厅〈关于传达贯彻四川省委书记重要批示精神切实强化值班值守工作的通知〉》；传达学习四川省政协系统“助力巩固脱贫、助推乡村振兴”专项活动动员部署会精神；听取有关单位 2021 年度“三重”工作情况汇报；研究其他事项
十五届第一九五次	6 月 4 日	传达学习《四川省贯彻〈中国共产党农村工作条例〉实施办法》，研究简阳市贯彻意见；传达学习十三届成都市委常委会第 181 次（扩大）会议精神；听取简阳市常态化疫情防控情况汇报；研究其他事项
十五届第一九六次	6 月 18 日	传达学习习近平总书记有关重要指示和李克强总理批示及四川省委常委会会议、成都市委常委会会议精神，听取 2021 年度上半年应急管理情况汇报，安排部署下一步工作；传达学习四川省委十一届九次全会精神；传达学习四川省巩固拓展脱贫攻坚成果同乡村振兴有效衔接现场会议精神；传达学习四川省、成都市庆祝中国共产党成立 100 周年宣传工作专题会议精神；研究其他事项

续表 3

届次	时间	主要内容
十五届第一九七次	6月25日	传达学习全国政法队伍教育整顿领导小组第三次会议、全国政法队伍教育整顿领导小组办公室第四次会议、中央政法委副秘书长到成都市调研指示精神，听取简阳市政法队伍教育整顿开展情况汇报，审议《简阳市政法队伍教育整顿总结提升环节工作方案（送审稿）》；研究其他事项
十五届第一九八次	7月1日	传达学习《中国共产党组织工作条例》，研究简阳市贯彻意见；传达学习四川省生态环境保护工作会议、成都市生态环境保护工作会暨安全环保稳定突出问题排查整治工作动员部署会精神；安排部署7月重点工作；听取四川省委巡视反馈意见整改情况汇报；传达学习成都市市域社会治理现代化试点暨深化“党建引领、双线融合”推进“四个一”管理机制改革工作会精神；听取简阳市镇领导班子换届情况汇报；研究其他事项
十五届第一九九次	7月9日	传达学习习近平总书记在庆祝中国共产党成立100周年大会上的重要讲话精神，研究简阳市贯彻意见；传达学习中央、四川省委、成都市委组织部门加强干部选拔任用监督暨选人用人巡视检查问题整改推进会议精神；传达学习四川省三年禁毒人民战争总结暨2021年工作部署会和成都市禁毒人民战争三年攻坚总结表彰暨禁毒工作推进会精神，听取简阳市禁毒工作情况汇报；传达学习成都市人大常委会县乡两级人大换届选举工作座谈会精神；研究其他事项
十五届第二〇〇次	7月12日	审议简阳市委组织部《关于做好中国共产党简阳市第十六次代表大会筹备工作有关事项的请示》和简阳市委统战部《关于市政协换届有关事项的请示》
十五届第二〇一次	7月16日	传达学习习近平总书记关于新时代民营经济统战工作重要指示和全国、四川省、成都市民营经济统战工作会议精神，研究简阳市贯彻意见；传达学习全国政法队伍教育整顿领导小组第四次会议、中央第十四督导组反馈意见整改暨第一批政法队伍教育整顿“回头看”动员部署会、第三次省级政法队伍教育整顿办主任会议精神；听取简阳市委领导班子成员及市人大常委会、政府、政协、法院、检察院党组书记2021年上半年履行党风廉政建设主体责任情况汇报；安排部署简阳市防汛工作；研究其他事项
十五届第二〇二次	7月28日	传达学习习近平总书记对防汛救灾工作作出的重要指示精神，听取简阳市防汛减灾相关工作情况汇报，审议简阳市人民政府党组《关于审定〈简阳市应对极端洪涝灾害总体工作方案（送审稿）〉的请示》，安排部署下步工作；传达学习四川省、成都市镇（街道）行政区划调整和村（社区）体制机制改革“后半篇”文章工作相关会议精神，审议简阳市委组织部《关于成立简阳市镇（街道）行政区划调整和村（社区）体制机制改革“后半篇”文章专项工作领导小组的请示》等文件；传达学习成都市委十三届九次全会精神，审议简阳市委十五届十五次全会建议方案及文件；传达学习成都市疫情防控相关会议精神，研究部署下步工作，包括安排部署8月重点工作
十五届第二〇三次	8月2日	研究干部工作
十五届第二〇四次	8月6日	传达四川省、成都市生态环境保护工作相关会议精神，审议《简阳市落实四川省生态环境保护例行督察成都市督察意见整改方案（送审稿）》，安排部署相关工作；研究其他事项
十五届第二〇五次	8月18日	研究干部工作
十五届第二〇六次	8月23日	安排部署简阳市常态化开展扫黑除恶、深入开展项目招引攻坚行动等工作；听取简阳市深入开展项目招引攻坚行动情况及第一阶段任务开展情况汇报；研究其他事项
十五届第二〇七次	9月1日	传达学习四川省推动成渝地区双城经济圈建设暨推进区域协同发展领导小组第三次会议精神，研究简阳市贯彻意见；开展严肃换届纪律谈心谈话，安排部署9月重点工作；审议

续表 3

届次	时间	主要内容
十五届第二〇七次	9 月 1 日	简阳市人大常委会党组《关于调整简阳市第十七届人民代表大会第八次会议相关事项的请示》；研究干部工作
十五届第二〇八次	9 月 14 日	审议简阳市委办《关于审定〈市委书记、副书记、常委工作分工建议方案〉的请示》《关于审定〈中共简阳市委常委班子 2016 年换届以来工作总结（送审稿）〉的请示》；研究干部工作
十五届第二〇九次	9 月 16 日	成都市委第九换届考察组入驻简阳市开展市级领导班子换届考察
十五届第二一〇次	9 月 17 日	传达学习中央民族工作会议精神和习近平总书记在 2021 年秋季学期中央党校（国家行政学院）中青年干部培训班开班式上的重要讲话精神，研究简阳市贯彻意见；传达学习习近平总书记对档案工作作出的重要批示精神，专题学习新修订的《中华人民共和国档案法》，听取 2021 年简阳市上半年档案工作汇报；传达学习成都市乡村振兴驻村工作电视电话会议、成都市组织系统重点工作专题会议精神；听取简阳市疫情防控情况汇报；听取《关于加强新时代检察机关法律监督工作的意见》；研究其他事项
十五届第二一一次	9 月 22 日	审议简阳市领导班子换届、市纪委领导班子换届会议推荐参考人员名单
十五届第二一二次	9 月 26 日	研究确定简阳市领导班子换届、市纪委领导班子换届考察对象
十五届第二一三次	9 月 27 日	传达学习中央和四川省委、成都市委深改委相关会议精神，研究简阳市贯彻落实意见；听取四川省委巡视反馈意见整改推进情况汇报；听取 2020 年和 2021 年上半年简阳市食品安全工作情况汇报；安排部署 10 月重点工作；研究其他事项
十五届第二一四次	10 月 14 日	审议简阳市委组织部《关于审定〈十六届市委委员、候补委员、市纪委委员候选人初步人选建议名单〉的请示》
十五届第二一五次	10 月 14 日	审议简阳市委组织部《关于审定〈市委、市人大、市政府、市政协、市纪委、市法院、市检察院换届候选人预备人选建议名单〉的请示》；研究干部工作
十五届第二一六次	10 月 22 日	听取中共简阳市第十六次代表大会筹备情况汇报，审议重要报告、有关建议名单及文件；审议简阳市第十六次党代会筹备工作领导小组《关于召开中共简阳市第十五届委员会第十六次全体会议的请示》
十六届第一次	10 月 28 日	研究干部工作
十六届第二次	11 月 3 日	传达学习习近平总书记在纪念辛亥革命 110 周年大会上的重要讲话精神和全国、四川省、成都市文明城市创建工作相关会议精神，研究简阳市贯彻落实意见；审议《简阳市创建全国文明城市工作领导小组名单（送审稿）》等文件；安排 11 月重点工作；研究其他事项
十六届第三次	11 月 19 日	传达学习党的十九届六中全会精神，中共中央、国务院印发的《成渝地区双城经济圈建设规划纲要》，研究部署简阳市贯彻落实意见；听取简阳市委领导班子成员及市人大常委会、政府、政协、法院、检察院党组书记 2021 年第三季度履行党风廉政建设主体责任情况汇报；审议《中共简阳市委应对新型冠状病毒肺炎疫情工作领导小组、简阳市应对新型冠状病毒肺炎疫情应急指挥部组织架构调整方案（送审稿）》；研究其他事项
十六届第四次	11 月 26 日	传达学习中央人才工作会议和四川省委常委会会议、成都市委常委会会议有关精神，研究简阳市贯彻意见；听取简阳市 2021 年重点经济指标运行情况汇报，研究部署下一步工作；听取简阳市打击治理电信网络新型违法犯罪情况汇报，研究部署下步工作；安排 12 月重点工作；研究其他事项
十六届第五次	12 月 6 日	传达学习习近平总书记关于禁毒工作系列重要指示精神和相关文件精神、四川省委十一届十次全会精神，研究部署简阳市贯彻落实意见；研究其他事项

【简阳市实施幸福美好生活十大工程动员大会】 3月9日，简阳市实施幸福美好生活十大工程动员大会在会议中心召开，各镇（街道）设分会场。会议由10个专项推进组组长发布各工程五年实施方案和2021年工作计划，发布简阳市2021年民生实事，向首批特邀市民观察员代表颁发聘书。简阳市委、市人大常委会、市政府、市政协领导，市法院院长、市检察院检察长，其他成都市管领导，市级部门（单位）主要或常务负责人，各镇（街道）党政主要负责人，农业产业化重点龙头企业、先进制造业重点企业、新经济重点企业、生活性服务业重点企业代表，银行及证券、保险行业等金融机构有关负责人，幼儿园、中小学、医院、养老机构有关负责人，“蓉漂”人才、老年大学学员、青年代表，主流自媒体有关负责人在会议中心参会，镇（街道）党政班子其他成员、村（社区）党组织主要负责人在各镇（街道）分会场参会。

【简阳市委农村工作会议】 5月8日，中共简阳市委农村工作会议在会议中心召开，各镇（街道）设分会场。会议学习贯彻中共十九届五中全会精神和中央、四川省委、成都市委农村工作会议精神，分析简阳市“三农”工作面临的形势和挑战，研究部署2021年“三农”工作，巩固拓展脱贫攻坚成果，全面推进乡村振兴，加快农业农村现代化；传达学习全国、四川省和成都市重要会议精神，宣读2020年度相关表扬文件，向先进集体和先进个人颁奖；安排部署2021年简阳市农业农村工作。简阳市级领导，市级部门主要负责人，各镇（街道）党（工）委书记、镇长（办事处主任）和农业农村工作分管人员，市水务局、市农业农村局、市供销社党政班子成员、中层干部及局属各单位负责人在会议中心参会，镇（街道）班子成员、农业综合服务中心主任、各村党组织书记和重点龙头企业、专业合作社、家庭农场代表在镇（街道）分会场参会。

【简阳市庆祝中国共产党成立100周年座谈会】 7月2日，简阳市庆祝中国共产党成立100周年座谈会在市级机关会议中心召开。会议围绕学习贯彻落实习近平总书记在庆祝中国共产党成立100周年大会上的重要讲话精神，回顾中国共产党在简阳的发展历程和党领导简阳人民推进革命建设及改革发展取得的成就座谈，部分市级领导和有关单位负责人参加会议。

（王乐乐　杜小飞）

市委重要决策

【概况】 2021年，简阳市深入学习贯彻习近平新时代中国特色社会主义思想和习近平总书记对四川及成都工作系列重要指示精神，落实中央和四川省委、成都市委各项决策部署，立足新发展阶段、贯彻新发展理念、服务新发展格局，统筹推进疫情防控和经济社会发展，加快建设成都东部区域中心城市，实现“十四五”良好开局。

【简阳市国民经济和社会发展第十四个五年规划和二〇三五年远景目标制定】 1月13日，中共简阳市委办公室印发《中共简阳市委关于制定简阳市国民经济和社会发展第十四个五年规划和二〇三五年远景目标的建议》（以下简称《建议》）。《建议》分为三大板块，共11个部分、42条。第一板块为总论，包括导语和第一部分，主要总结分析简阳市“十三五”时期发展的主要成就、新阶段发展面临的机遇和挑战、“十四五”时期经济社会发展的总体要求和主要目标以及2035年远景目标；第二板块为分论，包括第二部分至第十部分，阐述建设成都东部区域中心城市、建设国际空港门户枢纽城市、建设东进区域智能制造高地等9项重点任务，明确产业发展、对外开放、城市建设、乡村振兴、文化建设、改革创新、民生保障、社会治理等方面的思路和重点工作；第三板块为保障，包括第十一部分及结束语，提出从提高党领导经济社会发展的能力和水平、扎实推进社会主义民主政治建设、健全规划制定和实施机制3个方面，为简阳市实现“十四五”规划和2035年远景目标提供保障。

【成都东部区域中心城市建设】 7月30日，中共简阳市委办公室印发《中共简阳市委关于抢抓机遇创新发展加快培育新优势高质量建设成都东部区域中心城市的决定》（以下简称《决定》）。《决定》共8个部分、28条。第一部分阐述培育城市新优势、高质量建设成都东部区域中心城市的重大意义和总体要求，明确重点任务和发展目标；第二部分至第七部分围绕加快培育临空新优势、生态宜居新优势、智能制造产业集群新优势、农业农村新优势、高端资源要素集聚新优势和建设智慧安全韧性城市，分别从临空经济、公园城市建设、产业发展、资源要素保障、城市高效治理等方面，提出推动创新发展、培育城市新优势的具体抓手；第八部分提出从加强组织领导凝聚合力、提高创新能力敢为善成、营造浓厚氛围激励创新 3 个方面，为推动创新发展、加快培育城市新优势、高质量建设成都东部区域中心城市提供保证。

【国际化营商环境建设深化】 1 月 20 日，中共简阳市委办公室印发《中共简阳市委办公室、简阳市人民政府办公室关于印发〈简阳市全面深化国际化营商环境建设实施方案〉的通知》（以下简称《通知》）。《通知》主要包括 3 个部分：第一部分为总体要求，提出重点围绕优化提升“五个便利度”，推动政府职能转变，营造公平竞争市场环境；第二部分为主要举措，从优化提升投资贸易便利度、优化提升获得许可便利度、优化提升要素匹配便利度等 7 个方面，提出 24 项工作任务；第三部分为组织保障，提出从强化组织领导、开展社会共建、加强宣传推广等 5 个方面，确保全面深化营商环境建设各项工作有序推进。《通知》附有《简阳市全面深化营商环境建设实施方案任务分工》。

【做好镇（街道）行政区划调整和村（社区）体制机制改革“后半篇”文章】 8 月 20 日，中共简阳市委办公室印发《中共简阳市委办公室、简阳市人民政府办公室印发〈关于做好镇（街道）行政区划调整和村（社区）体制机制改革“后半篇”文章的实施方案〉的通知》（以下简称《通知》）。《通知》主要分为 3 个部分：第一部分为总体要求，明确做好镇（街道）行政区划调整和村（社区）体制机制改革“后半篇”文章工作的指导思想，提出 2021 年和 2025 年的主要目标；第二部分为重点任务，围绕优化资源配置、提升发展质量、增强服务能力、提高治理效能 4 个方面，明确提出 27 项重点工作任务；第三部分为保障措施，提出从加强组织领导、注重工作统筹、开展监测评估、营造良好氛围 4 个方面，确保各项工作任务落到实处。

【乡村振兴战略规划】 8 月 26 日，中共简阳市委办公室印发《中共简阳市委、简阳市人民政府关于印发〈简阳市乡村振兴战略规划（2018—2025 年）〉的通知》（以下简称《通知》）。《通知》分为 4 个部分，共 11 章。第一部分（第一章）为规划背景，阐述乡村振兴战略规划的制定意义、基础、存在的问题和面临的形势；第二部分（第二章）为总体要求，明确规划的指导思想、基本原则和目标任务；第三部分（第三章至第十章）为重点任务，从突出规划引领、构建全域乡村振兴新格局，全面推进产业振兴、培育现代乡村产业竞争新优势，改善农村生态环境、打造美丽乡村建设新典范等 8 个方面，明确实施乡村振兴的重点工作举措和具体目标；第四部分（第十一章）为规划实施，提出从坚持和加强党对农村工作的全面领导、切实推进规划落实、突出项目支撑等 5 个方面，推动乡村振兴战略规划实施。

【幸福美好生活十大工程实施】 3 月 31 日，中共简阳市委办公室印发《中共简阳市委、简阳市人民政府关于实施幸福美好生活十大工程的意见》（以下简称《意见》）。《意见》主要包括 3 个部分：第一部分为总体要求，明确提出实施幸福美好生活十大工程的重大意义、总体思路和努力方向；第二部分为主要任务，提出实施居民收入水平提升工程、高品质公共服务倍增工程、生活成本竞争力提升工程等 10 项工程，明确 39 项重点任务、150 项主要指标；第三部分为保障措施，提出从加强组织领导、强化资金保障、营造共建氛围、健全考核体系 4 个方面，确保幸福美好生活十大工程推进。

【“不忘初心、牢记使命”主题教育成果巩固】 4 月 2 日，中共简阳市委办公室印发《中共简阳市委办公室关于印发〈简阳市贯彻《关于巩固深化“不忘初心、牢记使命”主题教育成果的意见》实施方案〉的通知》（以下简称《通知》）。《通知》主要包括 9 个部分：第一部分提出从坚持“系统学习新思想、分类研究新思想、对表贯彻新思想”工作体系的常态化制度，坚持把学习传达习近平总书记重要讲话和重要指示批示精神作为党委（党组）会议“第一议题”制度等 4 个方面，坚持用习近平新时代中国特色社会主义思想武装头脑；第二部分提出从加强党章学习教育、强化对党忠诚教育等 5 个方面，强化理想信念教育和党性教育；第三部分提出从聚焦“四个对照”找差距、深入查摆问题等 4 个方面，开展经常性政治体检；第四部分提出从激励党员、干部在大战大考中经受考验，加强治理能力和专业能力培训等 5 个方面，推动党员干部履职尽责、担当作为；第五部分提出从深化“大学习、大调研、大走访”活动、完善领导干部带头调查研究制度、促进调研成果转化 3 个方面，聚焦破解重点难点问题、加强调查研究；第六部分提出从推进幸福美好生活十大工程、建立健全服务市场主体工作制度等 5 个方面，坚持为群众办实事做好事解难事；第七部分提出从树立正确政绩观、突出重点开展整治、深入推进问题整治 3 个方面，坚决反对形式主义、官僚主义；第八部分提出从定期开展专项整治、整体推进问题整治、深化监督检查 3 个方面，开展常态化专项整治；第九部分提出从严守政治纪律和政治规矩、严格执行民主集中制等 5 个方面，督促党员干部遵规守纪、廉洁从政。

【《新时代爱国主义教育实施纲要》贯彻落实】 10 月 28 日，中共简阳市委办公室印发《中共简阳市委办公室、简阳市人民政府办公室关于印发〈简阳市贯彻落实《新时代爱国主义教育实施纲要》工作方案〉的通知》（以下简称《通知》）。《通知》主要包括 3 个部分：第一部分为总体要求，提出深入开展爱国主义教育，着力培养爱国情，使爱国主义成为全市人民的坚定信念、精神力量和自觉行动；第二部分为重点任务，从推动新时代爱国主义教育广泛覆盖、建好用好新时代爱国主义教育实践载体、丰富新时代爱国主义教育文化活动、营造新时代爱国主义教育浓厚氛围 4 个方面，明确提出做好新时代爱国主义教育工作的重点任务和具体举措；第三部分为组织保障，提出从加强组织领导、调动各方力量、强化法治和制度保障 3 个方面，推动新时代爱国主义教育落细落实。

【学校安全风险防控体系建设】 10 月 25 日，中共简阳市委办公室印发《中共简阳市委办公室、简阳市人民政府办公室关于印发〈加强学校安全风险防控体系建设工作方案〉的通知》（以下简称《通知》）。《通知》主要包括 4 个部分：第一部分为指导思想，提出统筹教育改革发展与学校安全稳定，建立健全学校安全风险防控体系，推进简阳教育治理体系和治理能力现代化；第二部分为基本原则，明确提出坚持党的领导、坚持依法治理、坚持问题导向、坚持预防为主、坚持综合施策 5 项工作原则；第三部分为重点工作，从健全安全责任体系、健全风险预防体系、健全应急处置体系、完善舆论引导体系 4 个方面，提出 16 项重点工作任务；第四部分为保障措施，提出从加强组织领导、加强基础保障、强化督导考核、强化责任追究 4 个方面，推动学校安全风险防控体系加快构建完善。

【危险化学品安全生产管理】 3 月 26 日，中共简阳市委办公室印发《中共简阳市委办公室、简阳市人民政府办公室关于印发〈简阳市全面加强危险化学品安全生产工作实施方案〉的通知》（以下简称《通知》）。《通知》主要包括 6 个部分：第一部分为总体要求，要求抓好危险化学品安全生产三年专项整治行动，营造安全稳定社会环境，明确提出全面完成危险化学品安全生产工作任务，杜绝较大及以上化工危险化学品生产安全事故的工作目标；第二部分为强化安全风险管控，提出从推进化工产业结构调整、加强成都空天产业功能区集中化工区安全管理、严格安全准入 3 个方面，防范化解化工危险化学品安全风险；第三部分为推动企业主体责任落实，从实施安全生产清单制管理、严格精准监管执法等 4 个方面，强化企业主体责任落实；第四部分为强化全链条安全管理，提出从深入开展企业安全风险隐患排查治理、强化危险化学品重点环节安全管控、强化危险废物安全监管 3 个方面，确保危险化学品生产、运输、经营、储存、使用、废弃处置全链条的安全管控；第五部分为强化基础支撑保障，提出从推动技术创新、提升从业人员专业素质能力等 5 个方面，提高危险化学品企业科技水平和从业人员能力，强化应急救援能力建设；第六部分为强化安全监管能力，通过完善监管体制机制和提升监管效能，实现全主体、全品种、全链条安全监管。《通知》附有《简阳市全面加强危险化学品安全生产工作三年行动任务分工方案》。

【环境治理体系和治理能力现代化】 12月2日，中共简阳市委办公室印发《中共简阳市委办公室、简阳市人民政府办公室关于印发〈简阳市构建现代化环境治理体系提升环境治理能力实施方案〉的通知》(以下简称《通知》)。《通知》分为3个部分，共10条。第一部分(第一条)为总体要求，明确简阳市构建现代化环境治理体系、提升环境治理能力的指导思想和目标任务；第二部分(第二条至第九条)为主要工作内容，提出加快构建"环境治理七体系一能力"，并明确具体工作措施；第三部分(第十条)为强化组织保障，明确加强组织实施和宣传引导两个方面的保障措施，确保各项工作任务落实见效。《通知》附有《简阳市环境治理体系和治理能力现代化责任分工与重点举措》。

【林长制实施】 11月19日，中共简阳市委办公室印发《中共简阳市委办公室、简阳市人民政府办公室印发〈关于全面推行建立林长制的实施方案〉的通知》(以下简称《通知》)。《通知》分为4个部分：第一部分为总体要求，明确全面推行建立林长制工作的指导思想、基本原则和目标要求，提出近期、中期和远期工作目标；第二部分为组织体系，提出分级设立林长，明确各级林长和"两员"工作职责，并建立林长会议制度、部门协作制度等工作机制；第三部分为主要任务，明确严格林业园林资源保护、提升生态系统质量、创新生态价值转化等6个方面的工作任务；第四部分为保障措施，明确加强组织领导、加强经费保障、强化考核问责、夯实科技支撑、接受社会监督5个方面的保障措施，确保林长制各项工作推进。

(段　海)

市委综合事务

【概况】 2021年，市委办深入学习贯彻中共十九大和十九届六次全会精神以及四川省委、成都和简阳市委全会精神，围绕简阳市中心工作和市委重大决策部署，提升"三服务"质量和水平，在参谋服务、督办协调、服务保障上下功夫，服务保障市委各项工作推进。

【文稿撰写】 市委办把握成渝地区双城经济圈建设、成德眉资同城化发展、天府国际机场投运等机遇，坚持从简阳市发展大局出发，助力简阳市委提出"依港兴市""产业强市""生态立市""开放活市""惠民和市"的发展路径和"建设区域中心城市，打造'五个新简阳'"的奋斗目标；坚持"求精求实"，组织撰写市十六次党代会、镇村国土空间规划编制工作会议等重要会议专题汇报材料300余篇，整理领导录音30余万字，审核把关媒体发布文稿10余万字，完成会议纪要76期，文稿的领导满意度、基层认同感和实践指导性大大提高。

【信息开发】 市委办围绕"三服务"主题，聚焦经济发展、社会民生、项目建设等重点，挖掘乡村振兴、营商环境等亮点信息，从加强信息规范化建设入手，提升党委信息工作质量和水平，全年编发信息403篇，其中被中央办公厅综合采用1篇、被四川省委办公厅采用1篇、被成都市委办公厅采用65篇、被四川省政协采用4篇、被简阳市委主要领导肯定性批示4篇。

【目标考核】 市委办研究成都市下达简阳市目标考评任务，围绕简阳市委、市政府中心工作，重点围绕落实新发展理念、融入新发展格局、深化供给侧结构性改革、创新驱动发展、推进成渝地区双城经济圈建设、公园城市示范区建设、成都东部区域中心城市建设，推进实施"十四五"规划，做好"六稳""六保"、乡村振兴、生态环境突出问题、推动绿色发展、防范化解重大风险、维护金融安全、民营经济发展、开放发展等工作，制定简阳市目标绩效考评办法及指标体系，细化考评内容，突出目标考评导向；针对重点指标督查跟踪，督促各部门按时按质完成成都市下达简阳市各项指标。

【文会接待】 市委办规范运转公文3500余件，制发市委主要领导批示通知2400余件；精简文件，制发规范性文件、通报类等部署类文件38件，比2020年下降40.6%；承办会议活动250余次，其中党代会、市委全会等全市性大会20余次，开竣工仪式等大型活动8次；服务保障市委调研活动65次，完成成都市委书记调研简阳市统筹疫情防控和经济社会发展工作、成都市市长到简阳市调研督导等重大调研活动13次，完成厅级以上领导到简阳市调研活动28次（其中部级以上领导到简阳市调研8次）。

【党内规范性文件管理】 市委办做好党内法规各项工作，推动党内法规制度体系完善；落实精简文件、改进文风等要求，提升简阳市委规范性文件制定质量，维护党内规范性文件统一性和权威性；审查核改党内规范性文件50件，向成都市委报备简阳市委规范性文件22件，其中说明整改3件；集中清理简阳市委规范性文件543件，并发布清理决定。

（张潇澜）

组织建设

【概况】 2021年，市委组织部坚持以习近平新时代中国特色社会主义思想为指导，贯彻全国、四川省、成都市组织部长会议精神，坚持谋大事抓落实、严标准提质量、强引领促发展，推动组织工作在建设成都东部区域中心城市中彰显价值担当；围绕庆祝建党100周年主线，推进学习教育走深走实；围绕配强班子，推进集中换届平稳有序；突出专业能力，推进干部队伍精准提能；强化党建引领，推进基层党建全域提升；健全工作链条，推进人力资源高效协同。截至年底，简阳市有党员43165名，其中女性党员12292名；基层党组织2021个，其中党委161个、党总支200个、党支部1660个。

【党员发展】 市委组织部执行《中国共产党发展党员工作细则》，做到成熟一个、发展一个；履行5大阶段25个步骤的程序，聚焦青年农民、高知识群体和非公有制经济组织、社会组织重点群体领域，全年发展党员567名。其中，在“两新”组织中发展党员44名，在高知识群体中发展党员9名，在农民、牧民、渔民中发展党员207名，在公有制单位中发展党员243名。其中，35岁以下占79.01%，大专以上学历占75.66%。

【党员教育】 市委组织部落实新思想学习第一课，印发2021年党员教育示范培训工作计划，将新思想学习教育纳入党员教育培训总体布局，组织党员示范（重点）培训班42期，培训各领域基层党组织书记、重点行业系统党员、村（社区）党员5000余人次，形成常态化培训机制；推进五年《2019—2023年全国党员教育培训工作规划》实施，通过成都市委组织部中期实地评估检查；深化“党课开讲啦”系列活动，组织“党史精品课基层巡讲活动”走进资阳线地铁项目建设工地、公益图书馆、社区，开展党课活动12场次，推广党史学习现场教育点位11个，设计“八个一”打卡动作，即聆听一堂党课、观看一部爱国电影、诵读一篇红色经典、参加一场党史答题、开展一次志愿服务活动、讲述一个初心故事、组织一次现场参观体验、重温一次入党誓词，丰富党史学习教育形式；探索与简阳市委党校联合挂牌、合作共建市级微党校“中心校”，构建“1＋27＋N”（1个成都市级“中心校”、27个县级“中心校”、N个基层微党校）的微党校阵地建设体系，承接成都市委组织部“中心校”建设东部片区交流会，通过评估验收；推进党员教育信息化平台应用，“雄州先锋”微信公众号全年推送图文信息209条，阅读20911人次；指导督促党员完成“蓉城先锋·党员e家”学时任务，简阳市参学率100%、达标率100%；制作党员教育片、歌声中的党史主题党课8部，其中在学习强国成都平台推广1部、获成都市党员教育电视片观摩交流活动二等奖1部、获四川省“党课开讲啦”优秀党员教育电视片优秀作品奖1部。

【党员管理】 市委组织部引导党员干部做到“五个带头”（带头落实防控措施、带头遵守公共秩序、带头下沉基层一线、带头联系服务群众、带头做好宣传引导）投身防疫一线，2名党员受到成都市委组织部通报表扬，开展简阳市级疫情防控表扬3批，表扬优秀共产党员11名；开展中国共产党成立100周年表彰，2名党员获四川省委表彰，4名党员、2名党务工作者获成都市委表彰，表彰简阳市级优秀共产党员100名、优秀党务工作者50名；开展民主评议党员工作，把握“组织集中学习、开展谈心谈话、查摆突出问题、开展批评和自我批评、抓好问题整改”，1660个党支部开展民主评议，43120名党员参加，评出优秀党员848名、合格党员42218名，评出不合格党员54名，给予组织处置54名。

【党费收缴】 市委组织部贯彻执行中央、四川省委、成都市委组织部关于党费收缴、管理和使用的相关规定，加强党费收缴管理宣传引导；健全党费收缴登记制度，推行网上缴纳党费，基层党组织利用会议、党务公开栏，定期公开党费收取上缴情况，接受监督；严格党费使用审批制度，坚持集体讨论决定使用和下拨党费，履行党费开支审批手续，严格使用范围，做到专款专用；坚持党费收缴考核制度，定期开展党费收缴督查，纳入组织工作年度考核内容，加强对各个基层党组织党费收缴、管理工作规范，确保党费财尽其用、用尽其效。简阳市全年市管党费收入总额579.81万元，其中基层党委、党总支、党支部上缴499.07万元，上级拨入75万元，存款利息收入2.90万元，党员自愿多缴纳千元以上党费2.84万元；市管党费支出总额585.81万元，主要支出项目为上解党费55.67万元、下拨党费282.52万元、党内关爱帮扶支出166.36万元、“两优一先”表彰支出23.44万元、订阅或购买用于开展党员教育的报刊和资料支出49.84万元、开展党员培训及电化教育支出6.16万元、购置党徽和党旗支出1.55万元、市管党费银行账户手续费支出0.27万元。

（钟　泉　阿拥桑娜）

【干部队伍建设】 市委组织部组织完成换届，实现镇领导班子学历提升、素质提升、年龄下降“两升一降”，配强领导班子、建强干部队伍；选派优秀年轻干部到成都市级部门、双流区和重庆市璧山区、甘孜州德格县等单位挂职锻炼100余人次，抽调参与市委中心工作100余人次，选派320名选调生到村任职，推进高素质专业化干部队伍建设；建立领导班子和领导干部日常考察调研机制，对全市领导班子和领导干部考察分析、精准“画像”；探索建立由组织部牵头，纪检、公安、人社、信访等多部门协同的“1+7+X”政治素质档案记录体系，评价干部政治忠诚、政治定力、政治担当、政治能力、政治自律等方面情况。

【干部监督】 市委组织部坚持将政治监督摆在首位，强化干部日常监督管理，做好四川省委巡视反馈问题整改，推动形成风清气正政治生态；对27个单位开展选人用人专项检查，发现并督促整改问题61条；对16人个人有关事项报告抽查核实，完成经济责任审计11人、自然资源离任审计2人；结合换届风气监督开展全覆盖谈心谈话7700余人次、督导督查6轮，全覆盖查核全市940名市管领导干部在社会团体兼职（任职）情况；接听“12380”举报电话20余次，受理上级转办及信访投诉7件。

【干部培训】 市委组织部坚持“全市经济社会发展的主战场在哪里、干部培训的中心就在哪里”原则，围绕简阳发展“五个新优势”，聚焦市管领导干部、优秀年轻干部、基层党组织书记三大类别，紧扣思想铸魂、紧扣思想铸魂、创新提能、勤政务实三大内容，采取“线上+线下”“走出去+请进来”“举办培训班+大讲堂”三大形式，综合运用“领导讲+专家教+案例论+实操悟+效果评”等多种教学模式，实施“干部提能行动”，开展理论武装和理想信念教育、专业化能力和知识培训、履职能力培训，举办培训班次43个，培训8000余人次。

（张　爽　付尚艳　马勇军　易思冬）

【组工干部队伍建设与管理】 市委组织部围绕中国共产党成立100周年主线，深入推进党史学习教育，健全系统学习、分类研究、对表贯彻新思想工作体系；开展政治机关意识教育，开展市委组织部机关党史学习教育，建设“讲政治、重公道、业务精、作风好”模范部门；执行《中国共产党组织工作条例》，开展党务干部能力提升培训；创新开办“组工月讲坛”，常态开展组工青年研讨活动；落实成都市“1+8”（1个标准统一的底层数据库，组织、干部、公务员、人才等8个业务应用系统集群）智慧赋能平台建设，办好《简阳组工动态》；加强党的建设，特别是研究运用组织建设发展历程和基本经验；强化离退休干部服务保障；健全督查考核制度，定期督查、跟踪问效，掌握工作进展情况，推动各项工作提质增效。

（钟　泉　阿拥桑娜）

【公务员和参公人员管理】 市委组织部优化公务员管理体系，抓实公务员队伍建设，新考录公务员（含参公管理单位工作人员，下同）58人，市外调入4人，公务员队伍本科以上学历占78.89%，研究生学历占7.6%，45岁以下占62%，队伍学历年龄结构持续改善；

首次举办新录用公务员入职培训班，组织全市人事干部开展专题业务培训，编印发放《公务员管理工作资料选编》；巩固提升年度考核质量，优秀指标注重向承担“急难险重”基层一线公务员倾斜；印发《简阳市公务员平时考核实施方案（试行）》，推行公务员平时考核；加强职级公务员日常管理，晋升一级主任科员以下职级462人次，法院、检察院两院40名司法辅助人员完成入轨，公务员分类管理推进；建立《中华人民共和国公务员法》执行情况监督检查迎检长效整改机制，规范公务员管理，激发队伍活力。

（张　爽　付尚艳　马勇军　易思冬）

【干部驻村帮扶】 市委组织部坚持抓党建促乡村振兴，把干部驻村帮扶作为巩固拓展脱贫攻坚成果、接续推动乡村全面振兴的重要保障；围绕“建强村党组织、推进强村富民、提升治理水平、为民办事服务”四项职责任务，向94个乡村振兴重点村和2个党组织软弱涣散村、5个集体经济薄弱村累计选派驻村干部289名。蒋青淞被评为全国脱贫攻坚先进个人，平泉街道荷桥村村民委员会被评为全国脱贫攻坚先进集体。简阳市纪委监委、市政府办公室被四川省委、省政府表彰为四川省脱贫攻坚先进集体，5人被四川省委、省政府表彰为四川省脱贫攻坚先进个人。简阳市委组织部、市农业农村局、市交通运输局被四川省委、省政府评为脱贫攻坚“五个一”帮扶先进集体，6名第一书记、3名驻村工作队队员、2名农技员、1名一线扶贫干部受到四川省委、省政府表扬。简阳市通过四川省级巩固脱贫攻坚成果后评估交叉考核。

（钟　泉　阿拥桑娜）

基层党建

【概况】 2021年，市委组织部推进基层党建工作，围绕庆祝中国共产党成立100周年主线，分层分类开展中共十九届五中全会精神全覆盖轮训；开展“党课开讲啦”“歌声中的党史”等活动，30余名本土讲师一线讲党课120余场次；召开“两优一先”表彰大会，表彰优秀个人150名、先进集体100个；聚焦乡村振兴，对表省市要求制定两项改革“后半篇”文章简阳方案，建立县乡领导干部支部联系点324个，选派289名机关干部蹲点驻村帮扶，新建农村聚居点党组织61个，以组织、人才振兴推动乡村全面振兴；深化居民小区党建“四有一化”，建设党建引领示范社区35个，物业企业（项目）示范建设5个；组织400余名机关党员下沉编组支持社区疫情防控，带动1300余个基层党组织、1.65万余名党员直接服务群众；创新党建赋能嵌入国企机制，完成18家二级企业经理层成员任期制和契约化管理改革；加强学校党的领导，创建成都市党建标准化示范校3所；成立镇（街道）“两新”综合党委22个、全市行业综合党委4个；一企一策攻坚“两个覆盖”，推动海底捞等企业建党组织32个。

【“两新”组织党建】 市委组织部以“两新”组织出资人、负责人为重点，分层分类组织开展习近平总书记“七一”重要讲话精神等专题宣讲21场次；创新“车间课堂”“园区讲座”等学习载体，开办党史学习教育“体验课堂”，组织打卡陈毅故居、建川博物馆等红色教育基地，引导“两新”组织从党史国史中汲取力量，增强政治认同和情感认同；以互联网行业党建为统揽，坚持线上定期推送“组织生活清单”，增强党在“两新”领域影响力、号召力；严把政治关、思想关、廉洁关，综合评价民营经济代表人士117人，推荐各级“两代表一委员”（党代表、人大代表、政协委员）52名，把“两新”组织及从业人员团结凝聚在党周围；开展物业行业党建示范创建行动，引导物业公司领办社区养老、幼托等服务项目82个，创建成都市“蓉城先锋·暖心物管”示范企业2个、项目4个；采取以奖代补、返还党费等方式，发放党建活动经费350余万元，激励组建“两新”志愿服务队16支，开展“送法律、送文化、送健康、送技能”等活动46场次；开展“两新”组织“两个覆盖”集中攻坚，组建行业、区域综合党委26个，指导海底捞集团成立党委，引领推动单建党组织27个、联建党组织5个，做到应建必建、动态清零；实施“两新”领域“提质”行动，指导空分集团、平安运业、通材学校等4个党组织完成提档升级，督促补缴党费9881元，提升基层党支部标准化规范化建设水平。

【教育系统党建】 简阳市教育系统有党组织160个，

其中党委10个、党总支10个、党支部140个（“两新”组织党支部12个），党员3223名。简阳市教育系统各级党组织开展庆祝中国共产党成立100周年活动和党史学习教育，强化青少年“四史”教育，推动党的历史进教材、进课堂、进头脑；开展教育系统突出问题专项治理，处置共性问题8个，警告处分6人；建强意识形态宣传阵地，“简阳教育”微信公众号点击率位列成都市教育系统前10名，24篇稿件被“学习强国”四川省、成都市平台采用；建成公办幼儿园10所，新创成都市优质学校6所、成都市一级示范园2所；加强23对公办民办学校党建结对，实现以强带弱；全覆盖开展基层党组织书记、党务工作者及入党积极分子培训，发展预备党员68名，转正42名；突出党组织和党员示范，21名党员干部受到简阳市级以上“两优一先”表彰，13个学校党组织获评“先进基层党组织”；创建成都市级党建标准化建设示范学校3所；开展“两个覆盖”，新建“两新”组织党支部5个；抓好人才引进和教师招聘，引进高层次教育人才42名，公开招聘编内教师142名，促进城乡教育资源均衡发展；创建成都市名师、名校长工作室4个，获成都市级及以上名优教师表彰51人次。

【卫健系统党建】 简阳市卫健系统有党委3个、党总支2个、党支部31个，党员1471名（包括预备党员59名）。简阳市卫健系统加强支部规范化建设，指导新建党支部3个，按期换届9个；抓实党内教育培训，举办培训班2期，培训基层党组织书记、党员350余人次；推动4家二级以上医疗机构制定“十四五”规划编制，突出党建争强目标，开展基层党建创新项目创建2个，成立党员志愿服务队30支，领建党员示范岗214个，打造公立医院“标杆党支部”1个；坚持巩固拓展脱贫攻坚成果同乡村振兴有效衔接，派驻驻村干部3名，助力乡村振兴；抗击新冠肺炎疫情，开展大规模人群快速核酸检测应急演练3次，抽派638名技术骨干到成华区、锦江区开展疫情防控，推进新冠疫苗接种146万余剂次，建立简阳市人群免疫屏障；获四川省级文明单位、成都市计生协会先进单位等表彰20余项。

【市直机关党建】 简阳市直机关工委制定《机关党建工作要点》，指导机关基层党组织抓好贯彻落实，建立一级抓一级、层层抓落实的工作局面；落实完善市直机关工委领导机制，增设工委委员7名；调整市委党研室党支部等10个市级部门（单位）基层党组织隶属关系和机关基层党组织设置审批权限、发展党员审批权限；指导94个机关基层党组织完成按期换届；开展中共十九届五中、六中全会精神宣讲各3场；结合党史学习教育，组织100名机关党员到简阳市烈士陵园开展“庆祝中国共产党成立100周年·百名党员学党史缅怀先烈”清明祭扫活动；举办“讲党史、颂党恩、跟党走”演讲比赛4场、“红色信仰·百年辉煌”党史知识竞赛2场，推动党史学习教育走深走实；组织4名选手参加成都市直机关工委“学党史、悟思想、办实事、开新局”主题党课竞赛，获三等奖1名、优秀奖3名，市直机关工委获优秀组织奖。

【小区（院落）党建】 市委组织部推动党组织向小区（院落）延伸，全覆盖摸清小区（院落）493个，党组织141个，覆盖小区（院落）304个，覆盖率61.7%，落实小区（院落）党组织运行基本经费27.6万元；排查挖掘老旧小区（院落）流动党员，摸排老旧小区（院落）167个，单建党组织2个，联建党组织51个；探索创新体制机制，建立党建引领小区治理“五方联动机制”（小区党组织、物业企业、自组织、社会组织、在职党员）和“五微”（认领“微心愿”、制定“微公约”、组建“微团队”、承接“微项目”、做好“微公益”）共建共治共享机制，推动党建引领小区治理提质增效。

【村（社区）“两委”换届】 简阳市推进村（社区）“两委”换届，建立“1+6+9”工作体系（“1把手”指挥，分设工作组6个、督导联络小组9个），注重工作统筹，召开领导小组会4次、办公室会议10次，完成291个村（社区）“两委”换届；选优配强基层队伍，换届后村（社区）党组织书记平均年龄45.7岁，较换届前降低2.7岁，大专及以上学历占54.3%，较换届前提升26.1%，村党组织书记中致富带头人、优秀农民工超过90%，村（社区）“两委”成员平均年龄39.6岁，较换届前降低3.7岁，大专及以上学历占比52.7%，较换届前提升24.2%。291个村（社区）全部实现至少有1名35岁以下干部、1名大专以上干部和1名女干部，基本形成年轻化、知识化和专业化干部队伍结构。

【城乡干部队伍建设】 市委组织部组织村（社区）党组织书记培训班3期、新任村（社区）“两委”班子成员培训班1期，市镇村三级通过党员e家、微党校、农民夜校等方式培训“两委”干部2200余人次；委托成都开放大学提升“两委”干部大专学历60人；制发“好支书”培育文件，构建递进持续性成长培养机制，培育“一懂两爱三过硬”好支书队伍；开展优秀农民工回引培养工程，回引优秀农民工6400余人，新培育高素质农民500余人，为每个村（社区）培养2～3名后备干部。

【村级党组织运行】 市委组织部制发“做好开门七件事”通知，细化32项清单台账，督促推进做好工作交接、建立制度规范等7件事，帮助解决群众急难盼愁问题1700余件；制发村（社区）党组织书记监督管理激励文件，明晰“一肩挑”书记权利义务清单，建立导师帮带制度，制定领导班子帮带方案，理顺党组织与自治组织、集体经济组织和群团等组织关系，推动落实“四议两公开一监督”（村党组织提议、村“两委”会商议、党员大会审议、村民会议或村民代表会议决议，决议内容公开、实施结果公开，民主评议监督）议事决策机制、“三个在先”（党组织统筹协调在先、党组织讨论决策在先、党组织推动落实在先）运行机制。

（钟　泉）

宣传工作

【概况】 2021年，简阳市宣传思想战线学习贯彻中央、四川省委、成都市委和简阳市委决策部署，紧扣庆祝中国共产党成立100周年和党史学习教育主题主线，开拓创新，为建设成都东部区域中心城市、打造“五个新简阳”提供思想舆论支撑。

【思想理论学习】 简阳市委理论学习中心组坚持把学习宣传贯彻新思想作为首要政治任务，开展专题学习会16次，各级（党组）理论学习中心组学习研讨中共十九届六中全会精神、习近平总书记七一重要讲话精神等1200余场次；举办“天府雄州”基层理论宣讲比赛，获成都市理论宣讲优秀组织奖；强化“学习强国”学习平台推广使用，投稿400余篇、采纳130余篇，建设线下“学习强国”学习小站，3.3万余名党员使用学习。

【党史学习教育】 市委宣传部组织专题学习会9次、专题读书班1次、专题培训班14期，指导1658个党支部专题党课2000余场，围绕“四史”等内容开展微主题活动600余场，推动学习走深走实；召开“我为群众办实事”实践活动专题会、项目推进会、现场办公会等220余次，梳理汇总形成“我为群众办实事”项目735个。

【意识形态建设】 市委宣传部抓好四川省委巡视反馈问题整改落实工作，优化分析研判、通报报告、分类指导、提醒约谈等机制；全覆盖开展意识形态责任制专项检查，定期开展分析研判，跟踪督导整改落实；与公安机关建立会商研判、联动处置机制，办结“扫黄打非”案件11起；开展网络专项整治行动40余次；加强意识形态阵地管理，简阳市意识形态领域态势向上向好。

【对外宣传】 市委宣传部围绕中心大局，在中央、省市级媒体推出宣传报道1800余篇次，其中中央级18家重点新闻单位上稿60余篇次、涉外报道20余篇次，新华社客户端《“十三五”的简阳答卷——走好“东进路”打好“临空牌”》浏览量近110万人次，新媒体平台推出阅读量10万人次以上稿件近20篇次；以“相约幸福成都”系列赛事、成都天府国际机场通航、简阳第十八届羊肉美食文化旅游季为契机，以“简阳，不简单”为主题，开展城市宣传营销，提升城市知名度和影响力。

【庆祝中国共产党成立100周年宣传】 市委宣传部在全国首创党史学习教育“流动红色文艺廊”，举办“奋斗百年路　启航新征程　共筑简阳梦”——简阳市庆祝中国共产党成立100周年主题文艺演出，艺术性呈现回顾党的百年奋斗史和简阳城市发展史；开展简阳市庆祝中国共产党成立100周年主题文艺作品网络征集，举办优秀作品专题展览；组织“传承红色基因　献礼建党百年”征文比赛，在城市主要道路悬挂国旗道旗、投放大型宣传画面、打造主题艺术装置，厚植爱党爱国爱社会主义情怀。

【文艺发展促进】 市委宣传部开展简州文学大讲堂、曲艺沙龙等活动50余场次，统筹各文艺家协会开展“感党恩颂祖国　赞盛世惠华章”文艺惠民系列活动，在街道、村(社区)开展“走基层”文化惠民活动惠及群众3000余人次；抓好文艺阵地建设，办好《简阳文艺》刊物、“简阳文联”微信公众号，搭建文艺家及作品宣传推介展示平台，《简阳文联》入选四川省文联系统“百刊话百家”；实施文化精品工程，农民画《快乐读书人》入选中央宣传部主办的全国美术作品展。简阳市实现文创产业增加值33.4亿元，比2020年增长18.8%。

（杨　森）

网络安全管理

【概况】 2021年，简阳市贯彻落实《党委(党组)网络安全工作责任制实施办法》，健全完善工作机制，常态化开展网络安全检查、网络安全培训、网络安全应急演练，开展好国家网络安全宣传周活动，夯实安全基础保障，筑牢网络安全防线。

（王　静）

【网络安全保卫】 简阳市公安局网安大队维护网上公共安全，开展安全监督检查87家，开展等级保护检查1家，巡查属地App及网站51家，办理违反《中华人民共和国网络安全法》行政案件3件；联合简阳市委网信办、市经科信局对全市50余家党政机关、镇(街道)及其下属重要网络运营单位开展监督检查，签订网络安全责任书，提出整改意见建议；安排各派出所监督检查辖区LED屏300余张，网吧、非经上网场所450余家次，抽查网站、LED屏、非经场所、网吧等运营单位40余家次；打击网络违法犯罪，办理涉网案件18件，其中办理帮助信息网络犯罪活动案13件、侵犯公民个人信息案4件、非法获取计算机信息系统数据案1件，抓获犯罪嫌疑人45人，配合各办案部门办理案件159件，核查线索23件，电子数据勘验取证151件，检查手机424部、电脑22台。网安大队办理的简阳市某房地产公司不履行网络安全保护义务案被四川省公安厅评为“护网2020”专项行动十大典型案例，办理的“‘1·28’非法控制计算机信息系统案”被四川省公安厅评为“四川网安‘4·15’国家安全教育日典型案例”。网安大队电子数据勘验室获评公安部电子数据取证三级实验室。

（聂　彤）

【网络安全综合督查】 6月7—23日，市互联网信息办联合市委保密机要局、市公安局、市经科信局及网络安全技术服务公司，通过线上线下相结合的方式，对全市120余个部门(单位)、镇(街道)及属地网站开展网络安全综合检查，发现问题265处、中高风险隐患450个，并反馈给受检单位，要求受检单位限期整改到位，并报送整改情况。

【网络安全应急演练】 6月16—20日，市互联网信息办联合市公安局参加2021“资足永简”四地首届网络安全应急演练。演练是四川省资阳市、简阳市和重庆市大足区、永川区四地网信、公安部门探索川渝网络安全合作、拓展网络安全应急演练形式的尝试，突出“资足永简”四地联动、网信和网安两条战线协同、跨部门和跨区域统筹调度的特点，也是川渝两省市规模最大、方式最新颖的网络安全应急演练，为新阶段川渝两省市网络安全协同作战探索道路。11月29日，简阳市委网信办联合市公安局、市经科信局、市卫健局、市应急局等单位在简阳市应急指挥中心开展简阳市2021年网络安全应急演练，市级相关部门、镇(街道)等50余人现场观摩。演练普及网络安全应急处置

6月16日，2021“资足永简”双城四地首届网络安全应急演练开幕式举行(市互联网信息办供图)

知识，检验网络安全应急预案实效性，提升网络安全处置过程中简阳市相关部门协调联动能力、技术管网能力和应急处置能力,实现“科学、安全、有序、快速”应对突发网络安全事件的预期目标。

【2021年国家网络安全宣传周活动】 10月11—17日，市互联网信息办组织开展简阳市2021年国家网络安全宣传周系列活动。活动覆盖全市22个镇（街道）、70余个市级部门（单位）、90余所学校、40余所医院，印发宣传海报4000张、宣传资料1.6万份、宣传书签5万份，发放宣传纪念品1000份，制作新媒体宣传视频1个，宣传视频转发1.3万余次、点赞1.9万余人次、评论600余条；通过制作张贴大型户外广告、标语，公交车、出租车以及城区大型LED屏、夜景灯光秀滚动播放网络安全宣传视频和标语，营造网络安全宣传氛围；组织开展六大主题日活动以及网络安全进社区、进农村、进企业、进机关、进校园等线上线下宣传活动120余场次，覆盖人数10万余人次，提升市民网络安全防范意识。

（王　静）

统一战线

【概况】 2021年，市委统战部学习贯彻《中国共产党统一战线工作条例》和习近平总书记关于加强和改进统一战线工作的重要思想，注重发挥统一战线联系面广、资源密集、人才荟萃、作用特殊等方面的独特优势，围绕简阳高质量建设成都东部区域中心城市凝心聚力，有21篇调研成果获得成都市级以上领导肯定性批示。简阳市民宗局被成都市民宗局评为2021年度先进区（市）县民宗局和2021年度区（市）县民宗局信息工作先进单位，简阳市“新领·驿站”新阶实践创新基地被成都市委统战部评为第四批全市新的社会阶层人士统战工作实践创新基地。简阳市委统战部（市民宗局）获简阳市委、市政府单项表彰7项。

【思想政治教育】 市委统战部坚持政治培训为主，举办党外人才培训班2期，培训党外代表人士105人，增

4月1日，简阳市统一战线庆祝中国共产党成立100周年党史学习教育动员大会暨宣讲报告会举行（市委统战部供图）

强党外代表人士综合能力；召开统一战线工作领导小组暨宗教工作领导小组会议，研究统一战线重要政策，推动重大工作，解决重点问题。简阳市委常委会专题学习研究统一战线理论方针政策3次，市委理论学习中心组专题学习《中国共产党统一战线工作条例》1次。

【民主党派工作】 简阳市有民主党派基层组织5个，有民主党派成员391名，其中四川省人大代表1名、成都市人大代表4名、成都市政协委员1名、简阳市人大代表15名、简阳市政协委员86名。简阳市各民主党派围绕庆祝中国共产党成立100周年，开展“学党史、听党话、跟党走”“不忘合作初心，继续携手前进”“传承红色基因、弘扬革命精神”系列主题教育30余次，引导民主党派成员巩固共同团结奋斗的思想基础；围绕公园城市建设、乡村振兴、国际化营商环境打造等中心工作开展重点课题调研，形成调研报告33篇，其中21篇经验成果获成都市级以上领导肯定性批示；通过协商献计、捐资捐物、舆论引导等方式助力疫情防控，为疫情防控捐款捐物250余万元，100余名民主党派成员投身疫情防控一线；开展“为民办实事”系列活动，组织开展法律讲座、医疗义诊、到凉山贫困山区送温暖、慰问抗战老兵、捐资助学等活动30余次；学习中共十九届五中、六中全会精神，贯彻落实新修订的《中国共产党统一战线工作条例》，加强自身建设。5个民主党派相继召开代表大会，选举产生新一届领导班子成员。

【党外知识分子和新的社会阶层人士统战】 市委统战部把党外知识分子和新的社会阶层人士统战工作纳

入重要议事日程，做好思想政治教育，选派优秀人士参加在兰州大学举办的能力提升研修班；组织党外知识分子、新的社会阶层人士开展庆祝中国共产党成立100周年党史学习教育、“重走长征路 · 永远跟党走”、“追寻长征足迹　重温红色记忆”等主题活动6场，深化爱党爱国热情；建立知联会、新联会工作联席会议制度，加强与知联会、新联会人士联系，健全完善党外知识分子和新的社会阶层人士数据库；围绕简阳市公园城市建设、文化产业发展、精准脱贫攻坚、大运会场馆建设等经济社会发展重点工作和人民群众关心的热点难点问题，开展调研活动并形成报告，为简阳市委、市政府重要决策部署建言献策。

【非公经济统战】 市委统战部做好民营经济代表人士思想引领，组织民营企业家30余人到湖北省武汉市参加“坚定理想信念，助推民企高质量发展”培训；引导四川德盛和利集团、四川省诚卓房地产开发有限公司、简阳市大众养殖有限公司、简阳市大立农资有限责任公司等10余家民营企业投身乡村振兴，投入项目资金100余万元，提供就业岗位70余个；组织开展扶危济困、婴幼儿爱心奶粉计划、爱心企业校园行等光彩事业活动8场次，捐资捐物80余万元；建立完善“万所联万会”法治保障机制，协调推动简阳市律师事务所与3家直属行业商会签署合作协议；与市人民法院、市人民检察院、市司法局等部门建立合作协调机制，组织并参与“检察护航民企”暨“M30”检察开放日活动、“法治体检”等3场法治活动；成立市工商联（商会）换届工作领导小组，召开换届工作专题部署会、民营经济代表人士推荐工作座谈会，组织13个评价部门综合评价132名民营经济代表人士；组织民营经济统战工作干部等到重庆市璧山区、石柱县学习服务民营经济先进经验做法，提升服务民营经济发展水平。

【开展调研服务活动】 市委统战部开展“走基层、访民情”专题调研和侨情台情调研活动，到台资企业、侨属企业、归国留学人员创办的培训机构、乡镇（街道）、村（社区）调研企业生产经营情况和侨眷侨属台胞台属情况，摸清工作对象情况，健全联系制度；对174名华人华侨、186名港澳同胞、77名留学人员、634名侨属、120名台胞、209名台属分类建立台账，并动态管理，实时掌握工作对象情况；学习贯彻习近平总书记关于侨务工作的重要论述、习近平总书记关于对台工作的重要论述，坚持“九二共识”，贯彻执行《中华人民共和国归侨侨眷权益保护法》、“惠台31条”“川台70条”和“蓉台54条”等法律法规和政策，关注国际形势、台海局势及两岸经贸形势；调研四川华东农林有限公司总部、三星镇种植基地，解决企业困难；组织港澳侨台界代表参加党史学习教育、爱国教育；引导四川省华侨公益基金会组织“侨爱暖心包”——定制冬衣活动，慰问困难学生；开展春节送温暖、粽情端午、“佳节喜团圆·简州月相伴”“12·4”侨法宣传进社区等活动20余场次。

【党外干部培养】 市委统战部更新党外干部数据库，简阳市有党外领导干部39人，其中成都市管局级党外干部5人、简阳市管正局级党外干部5人、简阳市管副局级党外干部29人；组织党外干部参加在兰州大学举办的能力提升研修班，推荐3名党外干部参加成都市党外干部菁英培养工程2021年培训班；对照成都市目标考核要求，向简阳市委汇报党外干部配备情况，并提出意见建议，搭建党外干部成长平台；向简阳市委组织部推荐党外干部10名，提拔使用正局级1名、副局级2名。

【统战信息调研】 市委统战部利用“简阳统一战线”微信公众号，宣传中央、四川省委和成都市委关于统战工作的新思想、新理论、新要求以及简阳市统战工作动态和大型统战活动，宣传信息被中央广电总台国际在线、中国网、《四川统一战线》等报刊媒体刊载86篇条，其中《简阳市新联会“为民办实事”法治宣讲开讲》新闻作品被评为2021年度成都统一战线“优秀新闻”，《坚持宗教中国化方向，创建示范性宗教场所》获评2021年度成都市统战工作实践创新优秀成果，调研报告《推动凉山实现巩固拓展脱贫攻坚成果同乡村振兴有效衔接研究》获四川省省长肯定性批示，《民革简阳支部关于2021年开展重点课题调研的情况报告》《关于以成渝地区双城经济圈建设战略为引领推进成都东部区域中心城市建设的报告》《创新城乡产业发展探索乡村振兴实现路径》获民革成都市委会主委肯定性批示，《弘扬“三牛”精神　助推法治化营商环境建设——基于法治化营商环境现状与做法的思考》《关于进一步加强中小学生心理健康教育的建议》《法治乡村建设助力乡村振兴战略实施的实践思考》获民盟成都市委会主委肯定性批示,《关于营造优雅时尚的文旅新场景，培育主题旅游目的地的调研情况的专报》《关于简阳市体育产业发展现状及对策调研情况的专报》《关于简阳市产业功能区发展现状、面临问题及发展对策的调研情况的专报》《关于后疫情时代简阳中小企业发展现状及对策的调研情况的专报》《关于提升动物疫病防控应急处置能力的调研情况的专报》《关于简阳市农村产业发展现状及对策的调研情况》《关于高质量筹办大运会的调研情况的专报》《关于简阳城区老旧小区更新改造的调研情况的专报》《关于成渝双城经济圈先行示范区——东部新区的发展建议》获民建成都市委主委肯定性批示,《加快推进简阳市中医药现代化产业化，促进中医药传承创新发展》《加强农村污水治理，助力实施乡村振兴战略》《推进乡村行政执法，提高基层治理水平》获农工党成都市委会主委肯定性批示,《践行“两山”理念　打造公园城市——对简阳市环境污染治理的几点建议》《关于成渝双城经济圈先行示范区——东部新区的发展建议》获九三学社成都市委主委肯定性批示。

（郑键斌）

政策研究

【概况】 2021年，市委政研室坚持“三新一高”（立足新发展阶段、贯彻新发展理念、构建新发展格局，推进高质量发展）导向，聚焦简阳市中心工作，突出产业发展、临空培育、公园城市建设、乡村振兴、民生保障、营商环境等重点工作，开展调查研究，了解、掌握、分析简阳市政治、经济、文化、社会、生态文明和党的建设出现的新情况和新问题，提出合理化建议和意见1000余条。

【文稿起草】 市委政研室围绕简阳市委中心工作，牵头或参与起草市委常委会工作报告、市十六次党代会报告等报告，农业农村、乡村国土空间规划编制引领两项改革“后半篇”等会议讲话,《抢抓机遇创新发展加快培育城市新优势高质量建设成都东部区域中心城市的决定》等重要文稿文件600余篇，为市委提供智力服务。

【调查研究】 市委政研室围绕加快建设成都东部区域中心城市，聚焦加快形成“五个新优势”，牵头组织开展大调研2次，形成市级领导调研成果汇编；聚焦简阳市委重大决策部署、民生、高质量发展等，开展幸福美好生活十大工程、临空经济发展、区域合作等专题调研，形成调研成果或决策建议14篇。

（晋云海）

全面深化改革

【概况】 2021年，简阳市委全面深化改革委员会贯彻落实中央和四川省委、成都市委全面深化改革部署，围绕“高质量发展攻坚年”主题，立足新发展阶段、贯彻新发展理念、服务新发展格局，以改革破解难题、厚植优势、提升质效，推进各项改革措施落地落实。

【全面深化改革任务实施】 简阳市委全面深化改革委员会全年召开会议2次，制发《简阳市委全面深化改革委员会2021年工作要点》《简阳市委全面深化改革委员会2021年度改革落实台账》，印发实施《简阳市关于推进环境治理体系和治理能力现代化的实施方案》和《关于构建公益诉讼协同化社会化体系强化公益司法保护的实施意见》等专项改革实施方案，完成《简阳市“全民信用365”建设工作方案》《关于推进安全生产领域改革发展的实施意见》销账；每月向成都市委改革办报送当月改革推进情况和下月改革计划，完成成都市下达的24项改革任务。

【全面深化改革任务推进】 简阳市委全面深化改革委员会创新财政预算制度体系，优化财政资源配置效率，实现绩效目标全覆盖；深化国企三年改革行动，完成市属国有企业及其下属企业清理，推进国企松绑减负；

优化土地资源配置制度，实行差异化土地供应价格，推进“增存挂钩”，完成1430亩“批而未供”和138亩闲置土地处置；推进基本公共服务设施“三年攻坚”行动，启动《简阳市基本公共服务设施建设管理办法》编制，21处新建公服项目完工；完善科技创新产业转型推进机制和企业全生命周期服务体系，新增高新技术企业8家，10户工业重点企业产值比2020年增长40%；推进“1+2+3+N”现代农业园区体系和“7+3”产业体系建设，创建成都市星级园区2个；推进“环境治理七体系一能力”建设，做好环保督察问题整改，环境空气质量达到国家二级标准，空气优良率排名成都市前列；启动全国法治政府建设示范市创建工作，创新开展法治政府建设第三方测评，建立落实“府院联动”机制，构建完善“三级审查”机制；建强“县乡村”三级公共文化服务体系，实现22个镇（街道）文化分馆、291个村（社区）服务点全覆盖，全国广播电视公共服务试点建设达到验收条件；制发《简阳市城乡社区发展治理规划导则》，推进镇（街道）“四个一”（一支队伍统管、一张网格统揽、一个平台统调、一套机制统筹）管理机制改革；完善党的基层组织建设制度，深化“四有一化”［居民小区（院落）有党组织引领、有党员示范带头、有服务阵地保障、有经费支撑和党建引领小区治理制度化］建设，健全社区党组织引领、多方参与的“1+N”联动机制，新建老旧小区和农民聚居点党组织121个；深化派驻机构改革，健全完善片区协作组工作机制，试点推进国资系统“三不”（不敢腐、不能腐、不想腐）机制建设。

【全面深化改革经验宣传】 简阳市委全面深化改革委员会全年编发简阳改革信息12篇，其中《简阳市推进电子商务进农村综合示范建设助力全面推进乡村振兴》《简阳市四个“双轮驱动”助力县域经济跻身全国百强》被《四川改革动态》第76期、第101期刊发，《简阳市创新“三个三”工作法着力推动义务教育均衡发展和城乡一体化》被《四川改革专报》第23期刊发，《简阳市创新实施“三同步”工作法助推产业园区人才高质量发展》被《成都改革》第35期刊发，在四川省和成都市推广。“10+N”（10个重点领域改革+N个小切口改革事项）改革工作成效被《中国改革报》第7349期宣传报道。

（卓思帆）

目标管理和督查

【概况】 2021年，市委办分解落实成都市下达和简阳市确定的目标任务，科学统筹，推进综合目标管理。

【目标分解】 市委办按照成都市下达目标和简阳市委、市政府工作要点，印制《简阳市2021年工作绩效目标》，印发镇（街道）工作考核细则“88+42”个（常规体系88个考核细则、三重工作考核体系42个考核细则，下同）、市级部门工作考核细则“65+31”个、产业功能（园）区考核细则45个；划分2021年简阳市经济社会发展目标，落实到镇（街道）、市级部门、产业功能（园）区，形成“纵向到底、横向到边，自上而下、自下而上”的双向保证体系，确保目标分工明确，责任层层压实。

【目标督查】 市委办对2021年目标任务按月、季度、全年目标进度完成情况开展督查，每月督查成都市下达简阳市33个重点经济指标进度情况，制发工作专报、督查通报、温馨提示、工作提示，以“月专报季通报”方式，实时掌握任务进度；对进度滞后的重点项目、未开工项目、重点经济指标等采取曝光通报，警醒相关单位抓好抓实工作落实。

【目标考评】 市委办加强同成都市目标工作牵头部门对接，掌握目标考核动向，确保各项工作落到实处、做出实效；根据成都市考评体系，修改完善目标考评指标体系和考评办法，聚焦部门主责主业和镇（街道）重点工作，突出考核的“精准性”和“差异化”，将市级部门历年沿用的1套公共指标考核体系，按类别调整设置为党群部门、经济类政府工作部门、综合类政府部门各有侧重的3套常规工作考评体系，镇（街道）从往年同一套常规工作考评体系调整为两套各有侧重的“双百分”考评体系；突出重点工作、重大项目和重要环节落地落实，强化目标管理责任追究制度；组织相关部门完成各镇（街道）、市级部门2021年综合目标考评，并将考评结果通报全市，作为简阳市委、市政府评价镇（街道）、市级各部门工作的重要依据。

【“逆向”考评】 简阳市作为四川省街道（乡镇）评议县（市、区）职能部门工作试点单位，继续创新镇（街道）“逆向”考核市级部门服务基层评价，构建评议体系，根据部门职能职责差异化设置“7 + N”评价内容，重点评价市级部门履职尽责、服务质量、工作指导、解决问题、帮扶解困、推动发展、转变作风 7 个方面内容，明确梯度得分，有效破除传统考评的弊端、覆盖传统考评的盲区。

（解雪梅　李红梅）

机构编制管理

【概况】 2021 年，市委编办贯彻落实中央、四川省、成都市机构编制工作部署和要求，狠抓改革创新和机构编制管理，深入推进基层扩权赋能、创新开发区体制机制、机构编制核查和实名制管理、事业单位登记管理 4 项工作被成都市委编办通报表扬。

【机构职能体系优化】 市委编办调整优化乡村振兴职能配置，按要求将市政府办承担的乡村振兴相关职责划转到市农业农村局，在市农业农村局加挂市乡村振兴局牌子，将市政府办承担的水利水电工程移民职责划转到市水务局，促进脱贫攻坚和乡村振兴有机衔接；推动群团组织改革，根据“三定”规定制定实施规范，按要求制定市侨联、红十字会等群团机构“三定”规定，规范群团机构管理运行体制；推进职责任务清单化管理，理顺自然灾害、消防安全、食品安全、生态环境保护等领域职责任务分工，结合实际制定职责任务清单。

【两项改革“后半篇”文章推进】 市委编办制发简阳市镇（街道）职责任务、公共服务、属地管理“三张清单”，对 22 个镇（街道）落实“三张清单”情况开展全覆盖督导调研，指出存在的问题，督促整改落实；会同市司法局制定简阳市 2021 年第一批下放行政权力事项清单，下放镇县级行政权力事项 30 项，下放街道县级行政权力事项 17 项；制发《简阳市镇（街道）职责事项动态管理办法》，建立镇（街道）职责事项和“三张清单”动态调整机制，落实清单外事权准入制度，严格部门事项下放准则；督促各部门、镇（街道）在实际工作中落实“赋予镇（街道）对部门派出机构工作考核权和主要负责人任免建议权”等“五权”下放要求，根据成都市“五权”下放实施方案，推进简阳市“五权”实施细则拟订。

【功能区改革创新】 市委编办探索局区合一体制机制，组织相关部门和产业功能区到成都市温江区、双流区等地考察学习，形成《关于“局区合一”的工作建议》，并向成都市委编办汇报简阳市产业功能区开展“局区合一”等体制改革的思路；落实成都市清理规范产业功能区机构实施方案，撤销简阳市西部电商物流产业功能区党工委管委会，规范设置简阳市临空经济产业园党工委管委会，挂简阳市电商物流园党工委管委会牌子，按照“一区多园”模式运行；构建“管委会+综合运营商+专业公司”体制机制，简阳临空经济产业园、成都空天产业功能区与专业运营公司深度合作，共同推动片区专业规划、开发、运营，推进管理运营体制机制突破创新，组建专业运营公司，负责功能区区域内整体投资、开发建设、招商运营、城市服务等。

【事业单位改革深化】 市委编办按照成都市委组织部、成都市委编办《关于规范事业单位领导职数管理的实施意见》精神，拟定规范设置事业单位领导职数、整改超标准核定领导职数初步方案，在调整事业单位机构编制事项中逐步规范；推进公益类事业单位改革，稳步推进市教育局等下属事业单位整体调整，其他系统公益类事业单位按照“成熟一个改革一个”原则改革调整；推进从事生产经营活动事业单位改革，指导市文体旅局改革下属从事生产经营活动事业单位“市电影发行放映公司”，指导制定改革初步方案，研究机构撤销、人员分流；推进行政执法队伍执法力量下沉，指导全市 9 支行政执法队伍拟定执法力量下沉工作初步方案，并细化修改完善方案。

【机构编制管理】 市委编办按要求开展《中国共产党

机构编制工作条例》及配套法规制度执行情况自查自纠，开展简阳市第二次机构编制核查和年度监督检查，发现问题并督促整改，维护机构编制工作严肃性权威性；按照《成都市教师员额管理办法（试行）》和《成都市创新公立医院编制管理实行人员总量控制的试行办法》，会同教育、卫健等部门探索教师员额管理、卫生系统员额管理办法；做好2020年度事业单位法人年报，年报率100%，公示率99.47%；按照“双随机、一公开”要求开展法人公示信息抽查，核实事业单位年报公示信息真实性和准确性。

（孔　曦）

巡察工作

【概况】 2021年，简阳市委巡察机构紧扣“三个聚焦”（聚焦党中央各项决策部署在基层的落实情况、聚焦群众身边腐败问题和不正之风以及群众反映强烈的问题、聚焦基层党组织建设），坚持围绕中心、服务大局，深化政治巡察，综合运用常规巡察、专项巡察等方式，完成十五届市委巡察全覆盖，助推中央和四川省委、成都市委、简阳市委各项决策部署落地落实；梳理十五届市委巡察工作情况，形成《关于十五届市委巡察工作情况的报告》和简阳市巡察工作制度汇编、特色亮点汇编、成果运用汇编、典型案例汇编。简阳市巡察工作并列成都市巡察工作目标考核第一位，《创新开展“一三三”工作法　扎实做好巡察“后半篇文章”》《“三道加法”破解巡察人才“抽调难题”》2篇专报获成都市纪委主要领导肯定性批示。

【常规巡察】 简阳市委巡察机构完成2轮常规巡察，组建5个巡察组对市检察院、市委办、市政府办、市政协机关、市委政研室、市委党研室、市委党校、市退役军人局、市审计局、市国金局、临空经济产业园、电商物流产业功能区、市机关事务中心、市地志办、简阳生态环境局、涌泉镇、三星镇、三星中学、实验中学、高级职业中学、教师进修学校、红十字平泉中心卫生院、雄州质检公司开展常规巡察，对市医保局、市就业中心（市农民工中心）、赤水街道、宏缘镇、江源镇开展巡察“回头看”，发现问题450个，移送问题线索7件；创新方式方法，在简阳市委第十一轮巡察中对市检察院、市退役军人局、市审计局探索开展“巡审联动”。

【专项巡察】 简阳市委巡察机构于7月组建5个巡察组对禾丰中心卫生院、镇金中心卫生院、云龙中心卫生院、三星中心卫生院、东溪中心卫生院、石桥中心卫生院、新市中心卫生院、施家镇卫生院、涌泉镇卫生院、城南社区卫生服务中心、市红十字会、市计划生育药具管理站、市计划生育协会、市流动人口计划生育服务中心、市卫生健康行政执法大队开展基层医疗卫生健康领域专项巡察，发现问题222个，移送问题线索5件，推动中央和四川省委、成都市委、简阳市委医疗卫生健康领域重大决策部署落实落细；10月组建2个巡察组对市发展和改革局（市粮食和物资储备局）、市财政局、市市场监管局、简阳国家粮食储备库和简阳粮友粮食购销有限公司开展粮食购销领域专项巡察，发现问题41个，移送问题线索3件，助推粮食购销领域发展。

【巡视巡察整改】 简阳市委巡察机构协助市委统筹抓好巡视巡察反馈意见整改，深化巡视巡察整改成果运用，将巡视巡察反馈意见整改情况纳入第十轮、第十一轮常规巡察监督重要内容，组织开展2次整改监督检查，发现并督改问题87个。简阳市委巡察全年反馈问题703个，整改完成644个。通过整改，有关单位清退超标准报销等资金81.66万元，上缴财政资金186.07元，健全完善制度408项，提醒谈话110人，批评教育207人。

（赵　云）

机要保密

【概况】 2021年，市委保密机要局贯彻落实习近平总书记对保密机要工作的重要指示批示精神，结合中国共产党成立100周年庆祝活动，重温党的保密机要历史，弘扬保密机要战线优良传统；抓牢抓实《中国共产党机要密码工作条例》要求，落实“三个事关”（事关党中央政令畅通、事关国家主权安全、事关人民切身利益）职责定位和“三个不动摇”（党管密码不动摇、服务大局不动摇、创新发展不动摇）根本要求，突出保密机要部门“命门”“命脉”关键作用，推动简阳市保密机要事业高质量发展。

【保密制度体系完善】 市委保密机要局强化党管保密工作职责，将中央保密委督查四川反馈意见整改摆在首要位置，按照要求整改，健全保密制度；定期召开保密委会议和密码工作领导小组会议，传达学习上级文件精神，分析密码安全保密形势，研究制定具体措施，保障人员、经费，解决影响和制约保密机要事业发展的难点问题，形成上下贯通、执行有力的保密机要工作体系。

【保密管理】 市委保密机要局完成年度定密事项和涉密政府采购情况报备，组织开展涉密岗位和人员保密管理备案，指导单位制定国家秘密事项一览表（细目）和工作秘密清单，加强保密资质单位保密日常指导，做好重要会议、重大活动保密和音视频服务保障、涉密载体销毁等；完成安全可替代工程和涉密单机国产化，加强保密防护和保密技术检查设备的使用和配备，完成“056”平台和国产化平台文档审计系统建设，全天候监管简阳市保密业务数据，处理涉密预警信息4.7万余条；利用电报办理和管理系统，提升密码通信服务保障水平，严格报文登记、内容摘要、审核校对、送签流转、回收归档件销毁等程序，严把格式规范、报面质量，规范借阅管理、复制管理，全年收发密码电报无一差错。

【保密检查】 市委保密机要局开展全市密码电报使用管理业务检查指导，坚持经常提醒、定期核查，确保及时运转无滞压、环节清晰无遗失、管理规范无误办；开展党政网、电子政务内网接入单位安全保密培训及检查3次，确保运行规范、安全有序；组织全市党政机关开展2021年度保密自查自评，对22个镇（街道）和35个市级机关集中办公区入驻单位连接互联网的电脑进行保密检查，发现失泄密隐患、线索26件；会同市委网信办、市规自局、市经科信局等单位开展网络安全、地图测绘、军事设施周边安全环境等保密专项检查，整改处置涉密隐患2起；做好国家考试和人事考试保密监督检查，全程参与中高考和公务员、事业人事招考期间试卷保密和巡考。简阳市全年未发生失泄密事件。

【保密宣传】 市委保密机要局依托“4·15”全民国家安全教育日，围绕中国共产党成立100周年庆祝活动开展保密密码法治宣传教育活动，组织市级机关单位结合党史学习教育，以知识竞赛等形式宣传保密密码知识；利用地标建筑户外多媒体、城区LED电子显示屏、公共场所宣传栏、机关企事业单位服务窗口等发布保密密码标语和公益广告，在全市380辆公交车载媒体播放公益广告、出租车顶灯发布宣传标语口号；在机关集中办公区摆放宣传展板12块，全市悬挂布制横幅50条、张贴宣传海报500余张；在新市街道开展现场宣传教育活动，发放宣传手册2000余份、宣传环保手袋1000个；运用微信、QQ等新媒体对保密法治、密码知识、电信案例宣传教育，在“简阳普法”“法治简阳”等微信公众号上推送保密密码法治宣传文章20余篇，通过电信、移动运营商推送公益宣传短信18万条；电视台专题报道简阳市“4·15”全民国家安全教育日保密密码法治宣传活动情况，在各个时段滚动播放公益广告、宣教视频；以党政机关、涉密单位工作人员为重点对象，召开全市范围保密工作培训会3次，培训人员300余人次，组织保密专兼职干部到四川省保密实训平台培训67人次，在党政机关、军工涉密单位开展保密“两识”（保密意识、保密常识）专题讲座4次，增强保密教育针对性和实效性，提升党政机关、重要军工单位干部群众保密意识。

（陈荣齐）

老干部服务管理

【概况】 2021年，简阳市有离退休人员9914人，其中离退休干部8918人，副县级及以上离退休干部183人（离休33人、退休150人）；有离退休干部党支部96个，离退休干部党员4149人；建立离退休干部微党校24个，其中成都市离退休干部微党校示范点2个，打造党性教育现地教学基地1个；建有简阳市级老干部宣讲团1个、蓉城金秋志愿服务简阳中队1个，副县级及以上离退休干部组建红色传承、关爱互助等分队 5 个；各单位建有志愿服务小队 33 个、老党员工作室 34 个、老干部宣讲团 10 个。

【老干部政治待遇落实】 市委老干部局向全市离退休干部通报经济社会运行情况 1 次，继续增订《晚霞》《蓉城金秋》《关爱明天》《参考消息》等刊物 200 份，邀请老干部列席党政重要会议，组织老干部关注中央、四川省、成都市微信公众号，每天转发各公众号发布的信息到各离退休干部党支部和副县级及以上离退休干部微信群，提升老干部关注见证国家发展的知晓度、参与度；通过每月定期学习会、培训会等形式加强离退休干部政治建设，引导离退休干部把“两个维护”作为最重要的政治责任，执行《新形势下党内政治生活的若干准则》，严守党的政治纪律和政治规矩，树立“四个意识”、坚定“四个自信”；以开展党史学习为重点，采取集中学习、专题辅导、主题宣讲、座谈讨论、信息推送、送学上门等形式，学习习近平新时代中国特色社会主义思想，组织离退休干部深入学习、常悟常进；深化“十百千示范工程”，年初通报表扬示范离退休干部党支部 10 个、优秀离退休干部党支部书记 10 名、优秀离退休干部党员 50 名，七一前表彰一批简阳市级示范离退休干部党支部、优秀离退休干部党支部书记和党员；组织离退休干部党支部书记、委员轮训，指导各支部利用离退休干部微党校组织支部学习，开展党员培训。

【老干部生活待遇落实】 市委老干部局个性化、亲情化开展离休干部服务，建立“一人一策”离休干部“连心卡”，收集看病挂号优先等问题，细化离休干部服务措施；开展主题活动和日常文体活动，组织老干部围绕“我看建党百年新成就”开展 3 次主题活动，举办小规模比赛活动 12 场；春节、重阳节全覆盖走访慰问离休老干部及遗孀，在离退休干部生病住院期间看望慰问，截至年底走访慰问老干部及遗孀 293 人次，发放慰问金及特殊困难帮扶资金 15 万余元。

【老干部作用发挥】 市委老干部局组织离退休干部党支部书记、党员干部 60 余人召开党史学习教育动员大会，重温入党誓词；组织离退休干部代表到李劼人故居、洛带客家文化博物馆参观学习，追寻红色记忆，10 余个离退休干部党支部开展党性教育现地教学；表彰通报 14 个老党员工作室，奖励 10 万元用于阵地建设，新市街道“老马”老党员工作室成功申报成都市“一县一品”老党员工作室；组织“五老”宣讲团成员到村（社区）和学校开展主题宣讲 20 场，受众 3126 人次；联合简阳市老年书画研究会举办庆祝中国共产党成立 100 周年书画展，展出书画作品 118 幅；通过志愿服务、网络发声、诗书画影、建言献策、言传身教等方式为疫情防控献智出力。

【老干部工作方式拓展】 市委老干部局完善“蓉城金秋”离退休干部服务管理系统，整合信息化平台，搭建“线上 + 线下”“键对键 + 面对面”“互联网 + 传统”的服务管理体系；开展专项业务培训 2 次，指导全市 86 个一级单位及其下属单位录入老干部信息系统数据 5000 余条，离退休干部所在党组织入库 229 个，离退休干部信息入库率 99.9%；通过信息系统电脑端组织开展线上活动 526 次，推送简报被成都市委老干部局采纳 255 篇，活动参与 3477 人次，截至年底 75 岁以下离退休干部月登录量 826 人次，机关退休干部登录率 26.9%，事业退休干部登录率 21.3%；征集离退休干部正能量书法、写作等作品 1417 篇；上报成都市老干部局各类工作信息 30 余篇，被成都市老干部局主办的《蓉城金秋》杂志和微信公众号采用 13 篇；编辑刊印《老干部之友》4 期，离退休干部反响较好。

（程　玮）

党史研究

【概况】 2021 年，市委党研室贯彻落实简阳市委和成都市委党研室关于党研工作的安排部署，坚持党史工作“以史鉴今、资政育人”总体目标，围绕“把简阳建设成为成都东部区域中心城市”中心任务，推动党研工作发展。

【党史资料征编】 市委党研室组织干部及抽调相关单位人员到档案馆、图书馆、文物馆等单位查阅，收集档案、文献资料和报刊资料，收集各类史料；统筹协调退役军人事务局、民政局、档案局、人社局以及有红色资源的各个镇(街道),征集相关党史资料;通过向在世当事人、见证人等征集口述资料,补充完善重大历史事件相关情况;完成《简阳执政实录(2021)》出版发行,完成《中国共产党简阳简史》(第三卷)初稿编写。

【党史宣传教育】 市委党研室通过挖掘、交流、搜集,整理有价值的党史书籍和资料,与爱国主义教育、理想信念教育、革命传统教育有机结合,提高党史宣传效果,发挥党史宣传阵地作用;以党史“七进”(进机关、进企业、进农村、进校园、进社区、进军营、进网络)活动为抓手,重点开拓现代传媒手段在党史学习和宣传教育中作用,利用简阳市门户网站和手机客户端向全社会宣传党史,扩大党史影响力,吸引社会各界特别是青少年的关注与喜爱。

【红色遗址普查】 市委党研室牵头制定普查方案,成立普查工作组,统筹协调市文体旅局和相关镇(街道),市文物管理部门提供普查技术支持、镇(街道)配合开展现场普查,实地查看、走访、确认,核实丈量遗址占地面积,进行GPS定位,查看遗址现状、标牌标识情况等,做到一处遗址一个档案,每处遗址有说明、有登记表、有现场照片,确保普查数据与遗址现状准确性。根据普查,简阳市有红色遗址16处。

(陈　静)

党校工作

【概况】 2021年,市委党校(简阳行政学院)上半年办公地租住在简阳市东滨路南段582号4号楼4楼,利用河东新中医院报告厅、市司法局会议室等场地落实干部培训,6月28日启用新党校。简阳市委党校全年举办31个班次49期培训班,参训学员5203人次;完成四川省委党校调研课题3篇,完成成都市委党校重点调研课题1篇、一般调研课题4篇,入选四川省科学社会主义学会理论研讨会理论文章1篇;1人参加成都市党校(行政学院)系统第六届教师风采大赛获风采展示奖,学校获优秀组织奖和校园文化创意奖。

【干部培训】 市委党校深入贯彻习近平总书记关于党校办学治校系列重要讲话精神,落实《干部教育培训工作条例》《中国共产党党校(行政学院)工作条例》,以培养造就高素质专业化干部队伍为目标,举办中共十九届五中全会精神暨党史学习教育专题轮训班、简阳市十五届十四次全会暨党史学习教育专题轮训班、市管领导干部进修班暨学习贯彻习近平总书记七一重要讲话精神专题班、新提拔市管领导干部任职培训班暨公务员任职培训班、中青年干部培训班暨2021年度递进培养年轻干部铸魂工程专题培训班、村(社区)党组织书记进修班等,首次承办成都市选调生培训班;以公园城市建设为主题,成功申报鳌山公园为成都市干部教育培训现场教学基地。

【课题研究和决策咨询】 市委党校向四川省委党校申报调研课题9篇,立项3篇,立项课题全部结项,其中“简阳市农村闲置住房(宅基地)现状的调查与思考”获评优秀课题;向成都市委党校申报重点课题1篇、立项1篇,申报一般课题10篇、立项4篇,立项课题全部结项,其中基于大型体育赛事场馆赛后利用的调查与思考——以简阳“东来印象”为例获评优秀调研课题,《基于文化特质城市形象塑造——以成都市城市文化建设为例》在国家级期刊《中国应急管理科学》2021年1月第三期上发表,《夯实底部基础,扎牢法治根基——村(社区)干部法治素养的调查与思考》在中文科技期刊《社会科学》上发表。咨政报告《简阳市高质量建设成都东部区域中心城市的思考》获简阳市市长肯定性批示。

【宣讲工作】 市委党校9名宣讲团成员分别到市级部门、学校、医院、企业、镇(街道)、村(社区)等部门和单位开展党史学习教育、七一重要讲话精神、党的十九届六中全会精神、四川省委十一届十次全会精神、简阳市委十五届十五次全会精神等宣讲56场次,受众6000余人次。

【党校分类建设】 市委党校以创建四川省一流县级党校为目标,以县级党校办学质量评估指标体系为要求,量化主体责任，推进 6 个一级指标、12 个二级指标、30 个评分细则落实；成立由市委常委、组织部部长、党校校长为组长的党校分类建设工作领导小组，制定推进实施方案。简阳市委组织部、市委党校共同牵头，市委编办、市财政局、市人社局等单位参与，对照四川省委组织部《市县级党校办学质量评估办法》，梳理问题清单 11 大类，解决问题 25 个。6 月 28 日，新党校投入使用，实现“九有”目标，基础设施达到《市县党校基础设施建设规范》标准。市委党校规范办学班次和名称，开齐开足各类培训班次；加快优秀中青年教师培养，选派 30 人次优秀年轻教师到上级党校、行政学院、高校等进行提能培训学习，选派硕士研究生到市级部门、镇（街道）或社区挂职锻炼；建成一体化智慧校园平台，接通成都市委党校远程教学视频系统，学术报告厅、阶梯教室等教学实训场地安装 LED 显示屏和多媒体音箱；推进校园文化建设。简阳市委党校于 6 月接受成都市县级党校办学质量初评，排成都市 22 个区（市）县中上水平；12 月参加成都市党校系统第一片区基础设施建设经验交流活动名列前茅，受到成都市委党校高度肯定。

【新党校建设】 6 月 28 日，市委党校新校址正式投入使用。新校址位于射洪坝街道东壮路与成安渝高速石钟连接线交汇处，占地面积 38.5 亩，建筑面积 1.8 万平方米，总投资 1.7 亿元；建有可容纳 300 人多功能报告厅 1 间、可容纳 200 人阶梯教室 1 间、功能教室 10 间，配有实训室、研讨室，能容纳 900 名参训学员同时培训；配套建设图书室 1 间，藏书万余册，与简阳市图书馆联建图书管理系统，共享图书资源；学员宿舍设置标间 81 间、套间 10 间，床位 202 张；食堂餐位 300 个；建有室内外网球场、篮球场、羽毛球馆各 1 个，地下停车位 113 个，保障新形势下干部培训需要。简阳市是成都市首家按照党校分类建设要求完成党校校址新建的区（市）县。

【党史学习教育】 市委党校要求教学教研人员在学习全部内容的基础上重点深入研究一部分内容，并形成讲稿；全部培训班开设党史课程，安排骨干教师送党史到部门、镇（街道）、学校、企业;注重学习成果运用，开展为民办实事活动、“大讨论、大调研、大走访”活动，为脱贫攻坚帮扶村解决实际问题 3 个，为党校学员解决反映问题 3 个，解决党校历史遗留信访问题 2 个，撰写调研文章 20 篇。

（王华荣）

简阳市人民代表大会

人大机构

【简阳市人大专门委员会设置与变更】 简阳市第十七届人民代表大会第八次会议前，简阳市第十七届人民代表大会设立7个专门委员会，即监察和司法委员会、经济委员会、教育科学文化卫生和民族宗教侨务外事委员会、城乡建设与环境保护委员会、农业和农村委员会、社会建设委员会、预算委员会。9月6日，简阳市第十七届人民代表大会第八次会议第一次全体会议依法作出《关于设立简阳市第十七届人民代表大会代表委员会的决定》，简阳市第十七届人民代表大会设立8个专门委员会，即监察和司法委员会、经济委员会、教育科学文化卫生和民族宗教侨务外事委员会、城乡建设与环境保护委员会、农业和农村委员会、社会建设委员会、预算委员会、代表委员会。12月22日，简阳市第十八届人民代表大会第一次会议第二次全体会议依法作出《关于设立简阳市第十八届人民代表大会专门委员会的决定》，简阳市第十八届人民代表大会设立8个专门委员会，即监察和司法委员会、经济委员会、教育科学文化卫生和民族宗教侨务外事委员会、城乡建设与环境保护委员会、农业和农村委员会、社会建设委员会、预算委员会、代表委员会。各专门委员会按主任委员（正局级）1名、副主任委员（副局级）2～4名、委员4名配备。

【简阳市人大常委会办事工作机构设置】 简阳市人大常委会设办公室（挂研究室牌子）、人事代表工作委员会和信访工作办公室，办公室设主任（正局级）1名、副主任（副局级）2名，人事代表工作委员会设主任（正局级）1名、副主任（副局级）1名，信访工作办公室设主任（副局级）1名。简阳市人大常委会办公室设秘书科、行政后勤科；下设市人大信息服务中心（公益一类事业单位），编制8名，设主任1名、副主任1名。简阳市人大常委会人事代表工作委员会设人事代表科，设中层干部职数3名。

（范昊林）

人大重要会议

【概况】 2021年，简阳市召开3次市人民代表大会、16次市人大常委会会议和36次市人大常委会主任会议。

【简阳市第十七届人民代表大会第七次会议】 1月25—27日，简阳市第十七届人民代表大会第七次会议在简城街道召开。会议听取和审查《简阳市人民政府

1月27日，简阳市第十七届人民代表大会第七次会议召开（市人大常委会供图）

工作报告》，审查《简阳市国民经济和社会发展第十四个五年规划和二〇三五年远景目标纲要》及说明和《简阳市2020年国民经济和社会发展计划执行情况及2021年国民经济和社会发展计划草案的报告》《简阳市2020年财政预算执行情况和2021年财政预算草案的报告》，听取和审查《简阳市人民代表大会常务委员会工作报告》《简阳市人民法院工作报告》《简阳市人民检察院工作报告》，依法作出关于各项报告和规划纲要决议；补选刘东为简阳市人民检察院检察长（须报经成都市人民检察院检察长提请成都市人大常委会批准）。

【简阳市第十七届人民代表大会第八次会议】 9月6—7日，简阳市第十七届人民代表大会第八次会议在简城街道召开。会议补选苏呈祥为简阳市人民政府市长，补选陈建龙为简阳市第十七届人民代表大会常务委员会主任。新当选的市人民政府市长、市人大常委会主任进行宪法宣誓。

【简阳市第十八届人民代表大会第一次会议】 12月21—23日，简阳市第十八届人民代表大会第一次会议在简城街道召开。会议听取和审查《简阳市人民政府工作报告》，审查《简阳市2021年国民经济和社会发展计划执行情况及2022年国民经济和社会发展计划草案的报告》《简阳市2021年财政预算执行情况和2022年财政预算草案的报告》，听取和审查《简阳市人民代表大会常务委员会工作报告》《简阳市人民法院工作报告》《简阳市人民检察院工作报告》，依法作出关于各项报告决议；选举简阳市十八届人大常委会主任、副主任、委员，简阳市人民政府市长、副市长，简阳市监察委员会主任，简阳市人民法院院长，简阳市人民检察院检察长（须报经成都市人民检察院检察长提请成都市人大常委会批准），表决通过关于设立简阳市十八届人大专门委员会的决定及各专门委员会组成人员名单。新当选的简阳市十八届人大常委会主任、副主任、委员，简阳市人民政府市长、副市长，简阳市监察委员会主任，简阳市人民法院院长和表决通过的简阳市十八届人大各专门委员会组成人员进行宪法宣誓。

【简阳市人大常委会会议】 简阳市人大常委会全年召开常委会会议16次。

表 4　　2021 年简阳市人大常委会会议一览表

届次	时间	主要内容
十七届四十一次	1 月 19 日	学习习近平总书记在省部级主要领导干部学习贯彻中共十九届五中全会精神专题研讨班上的重要讲话，传达学习中共简阳市委十五届十四次全体会议暨市委经济工作会议精神；依法作出关于召开简阳市第十七届人民代表大会第七次会议的决定；审议通过关于简阳市十七届人大七次会议相关事项的议案；依法作出关于提请简阳市十七届人大七次会议审查《简阳市人民代表大会常务委员会工作报告》的决议；审议通过代表资格审查报告
十七届四十二次	1 月 22 日	学习习近平总书记在北京市、河北省考察时的重要讲话；依法作出关于接受罗胤辞去成都市第十七届人民代表大会代表职务的决定；补选张瑛、罗开敏为成都市第十七届人民代表大会代表，其代表资格报成都市人大常委会代表资格审查委员会审查确认
十七届四十三次	2 月 19 日	学习习近平总书记在贵州省考察时的重要讲话，传达学习四川省十三届人大四次会议和成都市十七届人大五次会议精神；学习《中共成都市委成都市人民政府关于实施幸福美好生活十大工程的意见》，依法作出关于监督实施简阳市幸福美好生活十大工程的决定；审议通过《简阳市人民代表大会常务委员会 2021 年工作要点》；依法作出关于接受谢强辞去简阳市第十七届人民代表大会代表职务的决定；表决通过人事事项
十七届四十四次	4 月 23 日	学习习近平总书记在党史学习教育动员大会上的重要讲话，传达学习成都市第十七届人民代表大会常务委员会第二十五次会议精神和成都市人大常委会主任关于做好人大代表工作的讲话精神；听取审议并表决通过简阳市人大常委会执法检查组关于检查《中华人民共和国招标投标法》实施情况的报告；听取审议简阳市人民政府关于阳化河流域河渠治理工程建设情况的报告、关于全市脱贫攻坚巩固提升工作情况的报告、关于 2020 年简阳市实施乡村振兴战略推进城乡融合发展工作情况的报告、关于 2020 年度法治政府建设工作情况的报告、关于人民调解“百米服务圈”工作情况的报告、关于应急管理工作情况的报告，并表决通过相关审议意见；评议简阳市政府办、市卫健局、市退役军人局、市统计局 2016 年换届以来工作情况，以按表决键形式进行满意度测评；审议通过简阳市人大常委会主任会议关于提请审议《简阳市“三三”人大代表工作法（修订草案）》《简阳市“人大代表之家”职责（修订草案）》的议案；表决通过人事事项；举行宪法宣誓仪式
十七届四十五次	6 月 22 日	学习习近平总书记在两院院士大会中国科协第十次全国代表大会上的重要讲话，传达学习成都市第十七届人民代表大会常务委员会第二十六次、第二十七次会议精神；听取审议并表决通过简阳市人大常委会执法检查组关于检查《中华人民共和国城市居民委员会组织法》《中华人民共和国村民委员会组织法》实施情况的报告、关于检查《成都市城市供水管理条例》实施情况的报告；听取审议关于简阳市十七届人大七次会议以来代表建议、批评和意见办理情况的报告，表决通过相关审议意见；听取审议简阳市人民政府关于提请审议将简阳市高铁 TOD 片区等 18 个片区土地征收及成片开发计划纳入简阳市 2021 年国民经济和社会发展计划的议案，依法作出相关决定；听取审议简阳市人民政府关于 2019 年度市级预算执行和其他财政收支审计查出问题整改情况的报告，表决通过相关审议意见；听取审议简阳市人民检察院关于公益诉讼服务社会治理情况的报告；依法作出关于确定新一届镇人民代表大会代表名额的决定；表决通过人事事项；依法作出关于接受朱光钰、刘兰英辞去简阳市第十七届人民代表大会常务委员会委员职务的决定；向新任命的人员颁发任命书，并举行宪法宣誓仪式
十七届四十六次	7 月 28 日	学习习近平总书记在庆祝中国共产党成立 100 周年大会上的讲话，传达学习中共成都市委十三届九次全会和成都市十七届人大常委会第二十八次会议精神；听取审议简阳市人大常委会主任会议关于提请审议设立简阳市选举委员会和各镇选举委员会的议案，依法作出关于设立简阳市选举委员会和各镇选举委员会的决定；表决通过人事事项；向新任命的人员颁发任命书，并举行宪法宣誓仪式

续表 4

届次	时间	主要内容
十七届四十七次	8 月 3 日	学习习近平总书记在中共中央政治局第三十二次集体学习时的讲话，传达学习中共简阳市委十五届十五次全会和市委书记讲话精神；审议通过代表资格审查报告；依法作出关于接受罗开敏辞职的决定、关于接受雷磊辞职的决定；表决通过人事事项，依法作出关于苏呈祥代理简阳市人民政府市长的决定；向新任命的人员颁发任命书
十七届四十八次	8 月 3 日	表决任命雷磊为简阳市人民政府副市长，并颁发任命书；举行宪法宣誓仪式
十七届四十九次	9 月 2 日	学习习近平总书记在西藏自治区考察时的重要讲话，传达学习成都市第十七届人民代表大会常务委员会第二十九次会议精神；听取审议并通过简阳市人大常委会执法检查组关于检查《成都市公共场所治安管理规定》实施情况的报告、关于检查《中华人民共和国传染病防治法》实施情况的报告；听取审议"一府两院"2021 年上半年工作报告和简阳市人民政府关于简阳市 2021 年上半年国民经济和社会发展计划执行情况的报告、关于 2020 年市级财政预算执行和其他财政收支的审计工作报告，表决通过相关审议意见；听取审议简阳市人民政府关于简阳市 2020 年财政决算和 2021 年上半年财政预算执行情况的报告，依法作出相关决议；听取审议简阳市人民政府关于成资同城化发展推进情况的报告；依法作出关于简阳市市镇两级人民代表大会换届选举的决定、关于接受钟世全辞去简阳市选举委员会主任职务的决定；表决通过人事事项；依法作出关于接受曾志勇辞去简阳市监察委员会主任职务的决定
十七届五十次	9 月 3 日	学习习近平总书记在河北省承德市考察时的重要讲话，表决任命陈建龙为简阳市选举委员会主任，表决通过人事事项，依法作出关于接受钟世全辞去简阳市第十七届人民代表大会常务委员会主任职务的决定，审议通过代表资格审查报告，依法作出关于召开简阳市第十七届人民代表大会第八次会议的决定，审议通过关于建议设立简阳市第十七届人民代表大会代表委员会的议案、关于市十七届人大八次会议相关事项的议案；向新任命的人员颁发任命书，并举行宪法宣誓仪式
十七届五十一次	9 月 15 日	学习习近平总书记在出席第六届东方经济论坛全会开幕式时的致辞，依法作出关于接受昌朝戎、都学良辞职的决定，决定任命陈文雅为简阳市人民政府副市长；向新任命的人员颁发任命书
十七届五十二次	9 月 16 日	学习习近平总书记在出席金砖国家领导人第十三次会晤时发表的重要讲话；表决任命陈蕾为简阳市监察委员会副主任，依法作出陈蕾代理简阳市监察委员会主任的决定；决定任命罗巍、杨科为简阳市人民政府副市长；向新任命的人员颁发任命书，并举行宪法宣誓仪式
十七届五十三次	10 月 28 日	学习习近平总书记在中央人大工作会议上的重要讲话，传达学习成都市第十七届人大常委会第三十次会议精神和简阳市第十六次党代会精神；听取审议简阳市人民政府关于平安建设情况的报告、关于《简阳市国土空间总体规划（2020—2035 年）》及编制情况的报告、关于乡村振兴战略（产业振兴）实施情况的报告、关于 2020 年度全市国有资产管理情况的综合报告，并表决通过相关审议意见；表决通过人事事项；依法作出关于接受周斌辞去简阳市人民法院院长职务的决定；表决任命钟晞鲲为简阳市人民法院副院长，依法作出钟晞鲲代理简阳市人民法院院长的决定；表决通过代表资格变动情况的报告；向新任命的人员颁发任命书，并举行宪法宣誓仪式
十七届五十四次	11 月 30 日	传达学习中国共产党第十九届中央委员会第六次全体会议精神；表决通过人事事项，审议通过代表资格变动报告，依法作出关于接受王幼文等辞去简阳市第十七届人民代表大会常务委员会委员职务的决定；向新任命的人员颁发任命书，并举行宪法宣誓仪式

续表 4

届次	时间	主要内容
十七届五十五次	12 月 8 日	学习习近平总书记重要文章《扎实推动共同富裕》，传达学习成都市第十七届人民代表大会常务委员会第三十一次会议精神；听取审议并表决通过简阳市人大常委会执法检查组关于检查《四川省粮食安全保障条例》实施情况的报告；听取审议简阳市人民政府关于简阳市人大常委会 2021 年度所作决议决定及审议意见落实情况的报告、关于简阳市 2021 年幸福美好生活十大工程推进情况的报告、关于 2021 年环境状况和环境保护目标完成情况的报告，表决通过相关审议意见；听取审议简阳市人民政府关于简阳市 2021 年财政预算调整方案的报告、关于提请审议批准调整简阳市 2020 年地方政府债务限额的议案，依法作出相关决议；审议通过代表资格审查报告；依法作出关于召开简阳市十八届人大一次会议的决定；审议通过关于建议设立简阳市第十八届人民代表大会专门委员会的议案、关于简阳市十八届人大一次会议相关事项的议案；依法作出关于提请简阳市十八届人大一次会议审查《简阳市人民代表大会常务委员会工作报告》的决议
十八届第一次	12 月 24 日	学习习近平总书记在中央经济工作会议上的重要讲话；对简阳市十八届人大常委会组成人员作履职培训，表决通过人事事项

【简阳市人大常委会主任会议】 简阳市人大常委会全年召开主任会议 36 次。

表 5　　2021 年简阳市人大常委会主任会议一览表

届次	时间	主要内容
十七届一〇五次	1 月 19 日	讨论决定简阳市十七届人大常委会第四十一次会议相关事项
十七届一〇六次	1 月 19 日	听取简阳市十七届人大常委会第四十一次会议分组审议情况，研究提请简阳市十七届人大常委会第四十一次会议表决事项
十七届一〇七次	1 月 22 日	讨论决定简阳市十七届人大常委会第四十二次会议相关事项
十七届一〇八次	2 月 9 日	传达学习四川省十三届人大四次会议、成都市十七届人大五次会议精神；讨论决定简阳市十七届人大常委会第四十三次会议相关事项
十七届一〇九次	2 月 19 日	听取简阳市十七届人大常委会第四十三次会议分组审议情况，研究提请简阳市十七届人大常委会第四十三次会议表决事项
十七届一一〇次	4 月 21 日	讨论决定简阳市十七届人大常委会第四十四次会议相关事项
十七届一一一次	4 月 23 日	听取简阳市十七届人大常委会第四十四次会议分组审议情况，研究提请简阳市十七届人大常委会第四十四次会议表决、测评事项
十七届一一二次	5 月 13 日	审定并交办简阳市人大常委会关于简阳市政府办、市卫健局、市退役军人局、市统计局工作评议意见
十七届一一三次	6 月 21 日	听取简阳市民宗局、市公安局、市住建局、市商投局、市市场监管局、市综合执法局、市行政审批局、市医保局关于简阳市人大常委会工作评议意见落实情况的报告，讨论决定简阳市十七届人大常委会第四十五次会议相关事项
十七届一一四次	6 月 22 日	听取简阳市十七届人大常委会第四十五次会议分组审议情况，研究提请简阳市十七届人大常委会第四十五次会议表决事项
十七届一一五次	7 月 27 日	讨论决定简阳市十七届人大常委会第四十六次会议相关事项
十七届一一六次	7 月 28 日	听取简阳市十七届人大常委会第四十六次会议分组审议情况，研究提请简阳市十七届人大常委会第四十六次会议表决事项
十七届一一七次	8 月 2 日	通报成都市委、简阳市委人事事项，讨论决定简阳市十七届人大常委会第四十七次会议相关事项

续表 5

届次	时间	主要内容
十七届一一八次	8 月 3 日	通报成都市委、简阳市委人事事项，讨论决定调整简阳市十七届人大常委会第四十七次会议建议议程和日程安排
十七届一一九次	8 月 3 日	研究提请简阳市十七届人大常委会第四十七次会议表决事项
十七届一二〇次	8 月 3 日	讨论决定提请简阳市十七届人大常委会第四十七次会议审议相关事项
十七届一二一次	8 月 3 日	听取简阳市十七届人大常委会第四十七次会议分组审议情况，研究提请简阳市十七届人大常委会第四十七次会议表决事项
十七届一二二次	8 月 3 日	讨论决定简阳市十七届人大常委会第四十八次会议相关事项
十七届一二三次	8 月 3 日	研究提请简阳市十七届人大常委会第四十八次会议表决事项
十七届一二四次	8 月 24 日	讨论决定简阳市十七届人大常委会第四十九次会议相关事项
十七届一二五次	8 月 25 日	讨论决定简阳市十七届人大常委会第四十九次会议延期召开相关事项，讨论关于简阳市第十七届人民代表大会第八次会议延期召开的建议
十七届一二六次	8 月 27 日	研究调整简阳市十七届人大常委会第四十九次、第五十次会议相关议题事宜，研究简阳市十七届人大八次会议相关事项
十七届一二七次	9 月 2 日	讨论决定调整简阳市十七届人大常委会第四十九次会议相关事项
十七届一二八次	9 月 2 日	听取简阳市十七届人大常委会第四十九次会议分组审议情况，研究提请简阳市十七届人大常委会第四十九次会议表决事项
十七届一二九次	9 月 2 日	讨论决定简阳市十七届人大常委会第五十次会议相关事项
十七届一三〇次	9 月 3 日	听取简阳市十七届人大常委会第五十次会议分组审议情况，研究提请简阳市十七届人大常委会第五十次会议表决事项
十七届一三一次	9 月 9 日	审定《简阳市第十七届人民代表大会常务委员会领导分工》《简阳市第十七届人民代表大会各专门委员会、常委会办事工作机构职责》
十七届一三二次	9 月 15 日	讨论决定简阳市十七届人大常委会第五十一次会议相关事项
十七届一三三次	9 月 15 日	讨论决定简阳市十七届人大常委会第五十二次会议相关事项
十七届一三四次	10 月 22 日	听取简阳市政府办、市卫健局、市退役军人局、市统计局关于简阳市人大常委会工作评议意见落实情况的报告，讨论决定简阳市十七届人大常委会第五十三次会议相关事项
十七届一三五次	10 月 28 日	听取简阳市十七届人大常委会第五十三次会议分组审议情况，研究提请简阳市十七届人大常委会第五十三次会议表决事项，讨论决定提请简阳市十七届人大常委会第五十三次会议审议相关事项
十七届一三六次	11 月 16 日	审议《简阳市人大常委会人事代表工作委员会关于接受市镇选举委员会部分组成人员辞职的报告》
十七届一三七次	11 月 30 日	讨论决定简阳市十七届人大常委会第五十四次会议相关事项
十七届一三八次	12 月 8 日	讨论决定简阳市十七届人大常委会第五十五次会议相关事项
十七届一三九次	12 月 8 日	听取简阳市十七届人大常委会第五十五次会议分组审议情况，研究提请简阳市十七届人大常委会第五十五次会议表决事项
十八届一次	12 月 24 日	讨论决定简阳市十八届人大常委会领导分工，讨论决定简阳市十八届人大常委会第一次会议相关事项

（范昊林）

人大工作

【概况】 2021年，市人大常委会贯彻落实党中央大政方针和四川省委、成都市委、简阳市委决策部署，聚焦高质量发展攻坚年主题，围绕中心大局，依法履职行权，统筹做好立法调研、监督、决定、任免和代表工作。简阳市人大常委会全年组织开展议题调研31次，依法作出决议决定及审议意见28件；筹备人大常委会会议16次、主任会议36次；报送新闻稿件25篇；规范办理收文3016件，制发常委会文件53件、党组文件50件、办公室文件63件；开展执法检查、工作评议9次；组织代表视察调研14次；办结代表建议、办理来信访来访115件；调研指导镇（街道）开展市镇两级人大代表换届选举185次。简阳市人大常委会专项工作受四川省人大表彰1次，受简阳市委表彰8次。

【换届选举】 市人大常委会组建市镇两级人大选举委员会，作出市镇两级人大换届选举的决定；9月组织实施人大代表换届选举，做好宣传发动、业务培训和统筹指导，联动把好代表人选入口关、换届选举纪律关、代表资格审查关；11月21日选举产生简阳市人大代表441名、镇人大代表1437名。

【人大监督】 市人大常委会围绕中央和四川省、成都市、简阳市重大决策部署，监督支持“一府一委两院”依法推进各项工作；聚焦党中央和省、成都市、简阳市关于巩固拓展脱贫攻坚成果与乡村振兴有效衔接的决策部署，听取审议《简阳市人民政府关于脱贫攻坚巩固提升工作情况的报告》《关于2020年实施乡村振兴战略推进城乡融合发展情况的报告》，助推脱贫基础稳固、成效持续；听取审议《简阳市人民政府关于应急管理情况的报告》《关于阳化河流域河渠治理工程建设情况的报告》，助推打赢“三大攻坚战”；听取审议《简阳市人民政府关于人民调解“百米服务圈”工作情况的报告》《简阳市人民检察院关于公益诉讼服务基层社会治理情况的报告》，加快构建城乡基层治理新格局；组织召开弘扬“东灌”精神座谈会，听取审议《简阳市人民政府关于弘扬“东灌”精神工作推进情况的报告》，提振干事创业精气神；加强审计查出问题整改监督，

9月27日，简阳市市镇两级人大换届选举工作动员培训会在市会议中心召开（市人大常委会供图）

听取审议《简阳市人民政府关于2019年度审计查出问题整改落实情况的报告》；听取审议《2020年度法治政府建设情况的报告》，推动全面完成法治政府建设任务；重视代表建议办理，听取审议《关于简阳市十七届人大七次会议以来代表建议、批评和意见办理情况的报告》；对简阳市政府办、市卫健局、市退役军人局、市统计局2016年换届以来工作情况开展评议，推动被评议部门转变工作作风、提升工作实效；检查《中华人民共和国招标投标法》《中华人民共和国村民委员会组织法》《中华人民共和国城市居民委员会组织法》《成都市城市供水管理条例》实施情况，推动法律法规贯彻实施。简阳市人大常委会坚持"一线工作法"，落实"六个一"项目工作制度，联系督导天府绿道滨江路地下停车场、荷桥村乡村振兴等项目；开展简阳市人民医院三甲功能完善提升、农村场镇生活污水处理厂建设项目跟踪监督，推动重大民生工程加快建设；每周联系镇（街道）、重点企业全覆盖督导安全生产工作，到联系镇（街道）开展巡河及常态化疫情防控、森林防火、防汛减灾、乡村振兴、创文工作督导；落实接访日制度，做好群众来信来访登录督办；建立重点工作监督专班，对弘扬新时代"东灌"精神、实施幸福美好生活十大工程、三大产业功能区项目建设、简州大道等重大功能性交通项目建设、阳化河流域水污染防治、公办幼儿园规划建设六项重点工作开展专项监督。

【重大事项决定】 市人大常委会依法行使重大事项决定权，依法作出关于简阳市市镇两级人民代表大会换届选举的决定、关于监督实施简阳市幸福美好生活十大工程的决定、关于批准将简阳市高铁TOD片区等18个片区土地征收及成片开发计划纳入简阳市2021年国民经济和社会发展计划的决定，服务简阳市经济社会发展；审查批准2020年财政决算、2021年财政预算调整方案，审议批准2021年地方政府债务限额，要求提高财政资金使用绩效。

【人事任免】 市人大常委会坚持党管干部原则与依法行使选举任免权相统一，落实简阳市委人事安排意图；落实任前法律知识考试、任职陈述、任命书颁发、宪法宣誓制度，规范人事任免程序，依法任免地方国家机关工作人员83人次。

【人大代表履职】 市人大常委会开展"我为群众办实事——人大代表在行动"活动，组织人大代表围绕群众困难问题、市场主体建议开展走访联系，发现问题并推动解决；修订完善"三三"人大代表工作法，健全完善代表联系制度，规范化建设"代表之家""代表联络站"；健全代表监督管理体系，评选表扬10名优秀简阳市人大代表、10名优秀人大工作者和10件优秀代表建议；加强代表履职培训，组织参加全国人大培训中心、厦门大学履职能力提升培训班；组织代表视察扫黑除恶、城区农贸市场规划建设等工作；分类整理、转办简阳市十七届人大七次会议期间代表提出的112件建议、批评和意见，均在规定时间办结回复，市人大代表满意率或基本满意率100%。

【镇（街道）人大建设】 市人大常委会加强镇（街道）人大业务指导联系，领导分片指导联系各镇人大健全完善人大主席团工作制度、至少召开2次人民代表大会、依法组织代表小组活动等，各街道人大组织辖区各级人大代表开展闭会期间活动，做好联系选民、学习培训、视察调研等活动，为人大代表依法履职提供服务和保障，促进基层民主政治建设。

表6　简阳市第十七届人民代表大会第七次会议代表建议办理一览表

序号	代表姓名	单位	建议内容	分类	主办单位	协办单位	办理情况
1	徐庆东	市委宣传部	关于"加强农业品牌建设"的建议	农林水利	市农业农村局	—	已办结满意
2	徐庆东	市委宣传部	关于"加快推进全域城乡居民供排水网络建设"的建议	社会事务与公共服务	市水务局	—	已办结满意

续表 6

序号	代表姓名	单位	建议内容	分类	主办单位	协办单位	办理情况
3	谢丰	市退役军人局	关于“加快推动区域消费中心支撑项目建设”的建议	商贸旅游	市商投局	—	已办结满意
4	王海泉	市人大机关	关于“提高 2021 年地区生产总值增长率预期目标”的建议	发展规划	市发改局	—	已办结满意
5	王海泉	市人大机关	关于“大力引进国内外知名学校、医院”的建议	科教文卫体	市教育局	市卫健局	已办结满意
6	蒋和平	西部电商物流产业功能区管委会	关于“加快推进城北片区供排水管网规划建设”的建议	社会事务与公共服务	市水务局	西部电商物流产业功能区管委会	已办结满意
7	黄安文	市卫健局	关于“加大政策、资金等对基层乡镇卫生院的倾斜力度”的建议	科教文卫体	市卫健局	市发改局、市财政局、市委编办	已办结满意
8	汪明	市人大机关	关于“完善河东新区公交网络”的建议	城乡建设与管理	市交通局	—	已办结满意
9	汪明	市人大机关	关于“继续推进全国文明城市创建”的建议	城乡建设与管理	市委宣传部	—	已办结满意
10	施亮	市人大机关	关于“加快毗河供水二期工程规划建设”的建议	农林水利	市水务局	—	已办结满意
11	刘荣华	市委统战部	关于“在简城棉丰片区规划设立农商文旅融合发展示范区”的建议	城乡建设与管理	市文体旅局	—	已办结满意
12	刘荣华	市委统战部	关于“打通内外交通循环”的建议	交通邮电	市交通局	市住建局	已办结满意
13	刘勇	市委组织部	关于“持续推进贫困村扶贫产业发展”的建议	农林水利	市农业农村局	—	已办结满意
14	刘勇	市委组织部	关于“加强与东部新区旅游业一体化发展”的建议	商贸旅游	市文体旅局	—	已办结满意
15	朱康敏	市住建局	关于“优化提升城区主干道及重要节点园林景观”的建议	城乡建设与管理	市综合执法局	—	已办结满意
16	朱康敏	市住建局	关于“推进国有平台公司资源盘活和公园生态价值转换”的建议	财税金融	市国金局	市住建局	已办结满意
17	万勇	市政协机关	关于“加快国资国企整合重组”的建议	财税金融	市国金局	—	已办结满意

续表 6

序号	代表姓名	单位	建议内容	分类	主办单位	协办单位	办理情况
18	万勇	市政协机关	关于“加快东城新区三期安置房门市分配”的建议	社会保障	射洪坝街道	市征补中心	已办结满意
19	万勇	市政协机关	关于“加快文卫花园处非资产的办证工作”的建议	社会事务与公共服务	市规自局	—	已办结满意
20	万勇	市政协机关	关于“加快推动滨江路停车场春节前投入使用”的建议	城乡建设与管理	市住建局	—	已办结满意
21	周伟等 3 名代表	市人大机关	关于“全面开启简阳办赛营城的快进模式，营造爱成都·迎大运浓厚氛围”的建议	社会事务与公共服务	市文体旅局	—	已办结满意
22	陈纯根	新市街道石家村	关于“新鸿路改道”的建议	交通邮电	市交通局	—	已办结满意
23	王迪	新市街道	关于“加快推进老旧小区改造”的建议	城乡建设与管理	市住建局	—	已办结满意
24	冯炀狄、赵冷松	市房管中心、市文化馆	关于“在九义校增设学生午餐”的建议	科教文卫体	市教育局	—	已办结满意
25	钟会	简城街道	关于“城南九义校增加操场面积”的建议	科教文卫体	市教育局	—	已办结满意
26	陈中波、毛传旭	新市街道	关于“明确在村（社区）成立综合巡逻队”的建议	社会事务与公共服务	市民政局	—	已办结满意
27	周建芬等 6 名代表	简城第一小学	关于“老城区学校升级改造”的建议	科教文卫体	市教育局	—	已办结满意
28	易春容等 6 名代表	阳安中学	关于“畅通老城区进出城道路”的建议	城乡建设与管理	市公安局	简城街道	已办结满意
29	晋华强等 10 名代表	简城街道	关于“老城区老旧院落改造”的建议	城乡建设与管理	市住建局	—	已办结满意
30	李蓓、赵冷松	空分实验学校、市文化馆	关于“去除雄州大道两侧行道树支撑杆”的建议	城乡建设与管理	市综合执法局	—	已办结满意
31	李蓓、王勇、魏红艳	空分实验学校	关于“南环线和凯力威大道修建天桥和下穿”的建议	城乡建设与管理	市住建局	—	已办结满意
32	樊建洪	东溪街道江南社区	关于“开通江南场镇公交车”的建议	交通邮电	市交通局	—	已办结满意

续表 6

序号	代表姓名	单位	建议内容	分类	主办单位	协办单位	办理情况
33	杨勇军	简阳中学	关于“推进家长学校建设工程”的建议	科教文卫体	市教育局	—	已办结满意
34	冯顺贤	空分集团	关于“添置川空文化广场健身器材”的建议	城乡建设与管理	市综合执法局	—	已办结满意
35	杨勇军	简阳中学	关于“推进简阳教育软实力提升工程”的建议	科教文卫体	市教育局	—	已办结满意
36	樊建洪	东溪街道江南社区	关于“解决江南场镇居民饮水问题”的建议	社会事务与公共服务	市水务局	—	已办结满意
37	王琴	四川科业教学仪器公司	关于“加强企业困难员工、残障人士及刑满返家人员社会保障力度”的建议	社会保障	市民政局	—	已办结满意
38	冯炀狄	市房管中心	关于“出租车司机统一着装”的建议	交通邮电	市交通局	—	已办结满意
39	林小彬、骆敏	市人民医院	关于“治理江月大桥附近排污管口”的建议	社会事务与公共服务	市水务局	—	已办结满意
40	桑米娜	市人大机关	关于“规范管理老年代步车上路行驶”的建议	城乡建设与管理	市公安局	—	已办结满意
41	桑米娜、朱光钰	市人大机关	关于“加快推进毗河供水工程一期灌区配套工程建设”的建议	农林水利	市水务局	—	已办结满意
42	何小勇等3名代表	市人大机关	关于“加强关爱城区独居老人”的建议	社会事务与公共服务	市民政局	—	已办结满意
43	曾涛	射洪坝街道	关于“进一步提升新区公共卫生服务水平”的建议	科教文卫体	市卫健局	—	已办结满意
44	冯阳、陈建根	射洪坝街道	关于“构建‘一社区一特色’新格局”的建议	社会事务与公共服务	市委社治委	—	已办结满意
45	王浩佑等4名代表	石桥街道	关于“加强城区沿江堤防建设”的建议	城乡建设与管理	市水务局	—	已办结满意
46	叶勇智	赤水街道	关于“大力盘活存量土地”的建议	城乡建设与管理	市规自局	—	已办结满意
47	王浩佑、聂影	石桥街道	关于“加快石桥古镇落地建设”的建议	城乡建设与管理	市文体旅局	市规自局、石桥街道	已办结满意
48	毛劲松	市政府办	关于“盘活使用闲置国有资产”的建议	财税金融	市财政局	—	已办结满意

续表 6

序号	代表姓名	单位	建议内容	分类	主办单位	协办单位	办理情况
49	张文豪	人民银行简阳支行	关于"推进城区危房普查摸底、鉴定处置"的建议	城乡建设与管理	市住建局	—	已办结满意
50	张文豪	人民银行简阳支行	关于"提升轨道交通服务经济发展、民生改善能力"的建议	交通邮电	市交通局	市住建局	已办结满意
51	张文豪	人民银行简阳支行	关于"提升城市文化品位、文化吸引力"的建议	科教文卫体	市文体旅局	—	已办结满意
52	蒋万明等4名代表	石钟镇	关于"加快石钟镇村组道路建设"的建议	交通邮电	市交通局	—	已办结满意
53	樊静	射洪坝学区教育督导组	关于"加快农村产权制度改革进程"的建议	农林水利	市农业农村局	—	已办结满意
54	林剑	赤水街道	关于"提升城市功能品质，创造宜居休闲环境"的建议	城乡建设与管理	市综合执法局	—	已办结满意
55	郑毅	石桥中心卫生院	关于"加强基层卫生单位大中专毕业生引进力度"的建议	科教文卫体	市卫健局	—	已办结满意
56	樊静	射洪坝学区教育督导组	关于"加快乡村振兴步伐"的建议	农林水利	市农业农村局	—	已办结满意
57	杨晓燕	海井九义校	关于"推动城乡教育均衡发展"的建议	科教文卫体	市教育局	—	已办结满意
58	桑米娜	市人大办	关于"硬化石钟镇山泉村村社道路"的建议	交通邮电	市交通局	石钟镇	已办结满意
59	艾正友	简阳市人民医院	关于"推进学前教育高质量发展"的建议	科教文卫体	市教育局	市财政局、市人社局	已办结满意
60	林小彬	简阳市人民医院	关于"提高医务人员待遇激励更多人学医从医"的建议	科教文卫体	市卫健局	市委编办、市财政局	已办结满意
61	徐红彬等6名代表	三星镇	关于"申请重点打造金简线农旅融合示范带"的建议	农林水利	市文体旅局	市农业农村局、市文旅产业发展服务中心	已办结满意
62	酉艳霜等7名代表	宏缘镇	关于"建设金简仁现代农业产业带"的建议	农林水利	市农业农村局	—	已办结满意
63	张原源	青龙镇	关于"推动'开门'搞规划，弹性留白"的建议	发展规划	市规自局	—	已办结满意
64	张原源	青龙镇	关于"加快污水处理厂配套管网建设"的建议	城乡建设与管理	市水务局	—	已办结满意

续表 6

序号	代表姓名	单位	建议内容	分类	主办单位	协办单位	办理情况
65	贺文忠	宏缘镇	关于“加快推进农村土地整理和高标准农田建设”的建议	农林水利	市规自局	—	已办结满意
66	蒋学义	三星镇	关于“储备基层畜牧兽医专业技术人才”的建议	组织人事	市农业农村局	—	已办结满意
67	樊友	市人大机关	关于“加强河东片区乡村振兴规划指导力度”的建议	城乡建设与管理	市农业农村局	—	已办结满意
68	张顺格	新星九义校	关于“完善城乡教师交流制度”的建议	科教文卫体	市教育局	—	已办结满意
69	都进新	涌泉镇	关于“做好简阳市成资同城化发展规划”的建议	发展规划	市发改局	—	已办结满意
70	刘姜伟等5名代表	施家镇	关于“尽快出台闲置资产处置办法，盘活资产，引进新业态”的建议	财税金融	市财政局	市国金局	已办结满意
71	刘姜伟等5名代表	施家镇	关于“进一步推进简雁乐农旅融合示范区建设”的建议	农林水利	市发改局	施家镇	已办结满意
72	董春霞	杨家九义校	关于“加强对学校外公路管理”的建议	交通邮电	市公安局	市交通局	已办结满意
73	唐远英	杨家镇模范九义校	关于“增加农村学校公用经费”的建议	财税金融	市财政局	—	已办结满意
74	刘阳等4名代表	江源镇	关于“进一步明确江源镇在临空经济区的功能定位和制定镇域规划”的建议	城乡建设与管理	市规编中心	市临空经济产业园管委会	已办结满意
75	应雪平	杨家镇	关于“加强对老年人‘免费活动、免费检查、免费旅游’等活动的审查”的建议	社会事务与公共服务	市公安局	市市场监管局	已办结满意
76	应雪平	杨家镇	关于“加强校园食堂生活监管”的建议	科教文卫体	市教育局	—	已办结满意
77	李志彬	镇金镇	关于“进一步加大优化人居环境，提升城市品质工作力度”的建议	城乡建设与管理	市综合执法局	市市场监管局	已办结满意
78	应雪平	杨家镇	关于“加快杨家镇民会村陆文路段道路开工”的建议	交通邮电	市交通局	—	已办结满意
79	唐远英	杨家镇模范九义校	关于“培训农村学校心理教师”的建议	科教文卫体	市总工会	—	已办结满意
80	唐远英	杨家镇模范九义校	关于“提高农村教师待遇”的建议	科教文卫体	市教育局	—	已办结满意

续表 6

序号	代表姓名	单位	建议内容	分类	主办单位	协办单位	办理情况
81	王永明	雷家镇	关于“地铁 18 号延长线在雷家镇设站”的建议	交通邮电	市住建局	—	已办结满意
82	王芳等 4 名代表	杨家镇	关于“优化杨家镇公交线路”的建议	交通邮电	市交通局	—	已办结满意
83	王芳等 4 名代表	杨家镇	关于“加快推进镇村规划编制工作”的建议	城乡建设与管理	市规自局	—	已办结满意
84	严于刚等 7 名代表	江源镇石泉村	关于“乡镇污水处理厂管理运营相关事宜”的建议	社会事务与公共服务	市水务局	—	已办结满意
85	韩春健	市人大机关	关于“加强城市管理群众性参与科学化实施”的建议	社会事务与公共服务	市综合执法局	—	已办结满意
86	刘令	市交通局	关于“帮助解决历史遗留缠访问题”的建议	行政法制	市检察院	市法院	已办结满意
87	邱晓君	市文旅中心	关于“优化非机动车道连贯性”的建议	城乡建设与管理	市综合执法局	—	已办结满意
88	付敬锋	云龙镇	关于“尽快启动成安渝高速禾丰连接线延长线道路建设”的建议	交通邮电	市交通局	—	已办结满意
89	陈炳英、李小兰	三合镇中心小学	关于“加强特殊儿童教育保障”的建议	科教文卫体	市教育局	—	已办结满意
90	邓治林	简阳市中医院	关于“关爱残疾儿童，进一步落实残疾儿童康复相关政策”的建议	科教文卫体	市民政局	市卫健局	已办结满意
91	王性奎、吴书秀	禾丰镇连山村	关于“提升简阳新闻电视信号强度和覆盖范围”的建议	交通邮电	市文体旅局	—	已办结满意
92	王性奎、吴书秀	禾丰镇连山村	关于“提高退休村干部待遇”的建议	社会保障	市民政局	—	已办结满意
93	孔志红、钟训	市农业农村局	关于“传统优势晚白桃产业提档升级”的建议	农林水利	市农业农村局	—	已办结满意
94	吕长芬	养马街道	关于“加强城乡环境改造”的建议	城乡建设与管理	—	—	已办结满意
95	李建平	石盘街道	关于“加强农村学校留守儿童关爱和心理健康教育”的建议	科教文卫体	—	—	已办结满意
96	蔡光德	石盘街道	关于“解决原简阳市开发委占地历史遗留问题”的建议	行政法制	—	—	已办结满意

续表 6

序号	代表姓名	单位	建议内容	分类	主办单位	协办单位	办理情况
97	李利平	壮溪镇	关于“尽快启动实施壮溪渡改桥项目”的建议	交通邮电	—	—	已办结满意
98	尹晓玲	养马小学	关于“关爱教师身心健康，提升教师职业幸福感”的建议	科教文卫体	—	—	已办结满意
99	李华勇	丹景街道	关于“加快简阳市撤市设区”的建议	发展规划	市民政局	—	已办结满意
100	李华勇	丹景街道	关于“分批推进老旧院落改造提升”的建议	城乡建设与管理	—	—	已办结满意
101	李华勇	丹景街道	关于“打破行政壁垒，研究干部职级”的建议	行政法制	—	—	已办结满意
102	魏魁	瑞之源农业开发公司	关于“简阳城区占道停车位收费问题”的建议	交通邮电	市国金局	—	已办结满意
103	李银	石板凳街道	关于“简阳 2 路公交车站点延伸到天府国际机场北地铁站”的建议	交通邮电	市交通局	—	已办结满意
104	李建华	踏水镇	关于“重视简阳市农产品品牌创建”的建议	农林水利	市农业农村局	—	已办结满意
105	李建华	踏水镇	关于“加快镇（街道）黑臭水体治理及二级场镇污水处理厂建设”的建议	城乡建设与管理	市水务局	—	已办结满意
106	李建华	踏水镇	关于“加快镇（街道）村组道路建设”的建议	交通邮电	市交通局	—	已办结满意
107	李建华	踏水镇	关于“加快毗河供水二期供水工程踏水水库建设”的建议	农林水利	市水务局	—	已办结满意
108	刘剑	踏水镇	关于“统筹 22 个镇（街道）农业园区规划和功能分工”的建议	发展规划	市农业农村局	—	已办结满意
109	袁志全	市人大机关	关于“加大背街小巷整治力度”的建议	城乡建设与管理	市综合执法局	—	已办结满意
110	袁志全	市人大机关	关于“增加鳌山公园体育设施和体育器材”的建议	科教文卫体	市文体旅局	—	已办结满意
111	牟尹翔	简城街道	关于“建立创建国家卫生城市长效机制”的建议	城乡建设与管理	市卫健局	—	已办结满意
112	李彦良	武庙镇	关于“巩固扶贫成果、着力乡村振兴”的建议	农林水利	—	—	已办结满意

（范昊林　杨先菊）

简阳市人民政府

政府机构

【概况】 2021年，简阳市人民政府设置工作部门27个，即市人民政府办公室、市发展和改革局（市粮食和物资储备局）、市经济科技和信息化局（市新经济工作局、市航天产业发展局）、市教育局、市民族宗教事务局（与市委统一战线工作部合署办公，实行一套工作机构、两个机关名称，不计入机构限额）、市公安局、市民政局、市司法局、市财政局、市人力资源和社会保障局、市规划和自然资源局（市林业局）、市住房和城乡建设局（市人民防空办公室、市公园城市建设局）、市交通运输局、市水务局、市农业农村局（市乡村振兴局）、市商务和投资促进局（市临空经济产业发展局）、市文化体育和旅游局（市广播电视局）、市卫生健康局、市退役军人事务局、市应急管理局、市审计局、市国有资产监督管理和金融工作局、市市场监督管理局（市知识产权局）、市统计局、市信访局、市综合行政执法局（市城市管理局）、市行政审批局（市政务服务管理和网络理政办公室）、市医疗保障局；有直属事业单位12个，即市机关事务服务中心、市投资促进服务中心、市文旅产业发展服务中心、市供销合作社联合社、市老龄工作服务中心、市地方志办公室、市房屋征收补偿服务中心、市惠民帮扶中心、市公共资源交易服务中心（成都市公共资源交易服务中心简阳市分中心）、市自然资源规划编制研究中心、市智慧城市治理中心（市网格化服务中心）、市就业服务中心（市农民工服务中心）。

【简阳市人民政府部门（单位）设置与变更】 中共简阳市委机构编制委员会于6月1日根据《中共成都市委机构编制委员会办公室关于调整设置乡村振兴工作机构有关事项的通知》，印发《关于调整乡村振兴工作职责和机构编制事项的通知》，在简阳市农业农村局加挂简阳市乡村振兴局牌子；7月2日根据《中共成都市委机构编制委员会办公室关于同意简阳市社会福利企业管理所更名的批复》，印发《关于同意调整简阳市民政局下属事业单位机构编制事项的批复》，同意将简阳市社会福利企业管理所更名为简阳市养老服务指导中心；7月16日根据《中共成都市委机构编制委员会办公室关于做好乡村振兴工作机构设置有关事宜的电话通知》，印发《关于乡村振兴事业单位机构设置的通知》，将简阳市乡村发展服务中心更名为简阳市乡村振兴服务中心，撤销简阳市扶贫移民服务中心；8月16日印发《关于撤销简阳市简城街道空分社区卫生服务中心的批复》，撤销简阳市简城街道空分社区卫生服务中心；10月21日按照《中共成都市委机构编制委员会办公室关于调整简阳市救助管理站挂牌机构的通

3月12日，简阳市人民政府第七次全体（扩大）会议召开（市政府办供图）

12月8日，简阳市人民政府第八次全体（扩大）会议召开（市政府办供图）

知》，印发《关于同意调整简阳市救助管理站机构编制事项的批复》，撤销简阳市救助管理站挂牌机构简阳市残疾军人接待站，将简阳市救助管理站挂牌机构简阳市流浪未成年人救助保护中心更名为简阳市未成年人救助保护中心。

（王婕钰）

政府重要会议

【概况】 2021年，市政府召开第十七届第七次全体（扩大）会议和第八次全体（扩大）会议，并召开常务会议24次。

【简阳市人民政府第十七届第七次全体（扩大）会议】 3月12日，市政府第十七届第七次全体（扩大）会议在会议中心召开。会议深入贯彻落实中共十九届五中全会、中央经济工作会议、四川省委十一届八次全会、四川省委经济工作会议、四川省十三届人大四次会议、四川省人民政府第七次全体会议、成都市委十三届八次全会暨市委经济工作会议、成都市十七届人大五次会议、成都市人民政府第六次全体会议、成都市实施幸福美好生活十大工程动员大会、简阳市委十五届十四次全会暨市委经济工作会议精神，总结分析2020年工作，安排部署2021年工作。

【简阳市人民政府第十七届第八次全体（扩大）会议】 12月8日，市政府第十七届第八次全体（扩大）会议在会议中心召开。会议深入贯彻落实中共十九届六中全会、四川省委十一届十次全会、四川省人民政府第八次全体会议、成都市委十三届九次全会、成都市人民政府第七次全体会议、简阳市第十六次党代会精神，总结分析2021年工作，安排部署2022年工作。

【简阳市人民政府常务会议】 市政府全年召开常务会议24次，审议并原则通过2021年《政府工作报告（送审稿）》《2020年经济工作总结及2021年经济工作安排（送审稿）》《2021年全市经济工作要点（送审稿）》《简阳市2020年国民经济和社会发展计划执行情况及2021年国民经济和社会发展计划草案的报告（送审稿）》《简阳市2020年财政预算执行情况和2021年财政预算草案报告（送审稿）》等议题255项，开展会议学法、传达各级会议精神19次35项。

表7　　2021年简阳市人民政府常务会议一览表

届次	时间	会议议题	学习内容
第十七届第一一九次	1月6日	审议《2020年经济工作总结及2021年经济工作安排（送审稿）》《2021年全市经济工作要点（送审稿）》，审议简阳市2020年地方政府债务限额有关事项，审议《简阳市资本招商基金组建方案（送审稿）》；审定关于确认曾宗安见义勇为行为有关事项，审定向简阳农商银行兑付资本金及利息有关事项	

续表 7

届次	时间	会议议题	学习内容
第十七届第一二〇次	1月15日	审议2021年《政府工作报告（送审稿）》《关于简阳市2020年国民经济和社会发展计划执行情况及2021年国民经济和社会发展计划草案的报告（送审稿）》《简阳市国民经济和社会发展第十四个五年规划和二〇三五年远景目标纲要（送审稿）》《简阳市2020年财政预算执行情况和2021年财政预算草案报告（送审稿）》；听取财政支出绩效评价情况的汇报；审议《关于调整2021—2022年过渡期城乡社区发展治理专项保障激励资金保障标准的方案（送审稿）》；通报近期生产安全事故，安排部署安全生产工作；审议简阳市城北片区棚户区改造项目（二期）杨柳沟安置点项目建设规模、总投资及资金来源调整有关事项；其他议定事项	传达学习全国疫情防控工作电视电话会议精神和成都市委书记在十三届市委常委会第166次会议上听取《关于开展全市新冠肺炎疫情防控专项联动巡察情况的报告》时的讲话（与简阳市应对新型冠状病毒感染肺炎疫情应急指挥部2021年第二次会议套开）；传达学习中国共产党简阳市第十五届委员会第十四次全体会议精神和《成都市产业功能区动态管理工作方案》
第十七届第一二一次	2月9日	审定《中共简阳市人民政府党组班子民主生活会对照检查材料（送审稿）》；审议《关于加强国家投资项目决策管理工作机制的实施意见（送审稿）》；审定《关于坚决制止耕地“非农化”行为问题整治整改工作方案（送审稿）》；安排春节期间安全、疫情、森林防火等各项工作（与简阳市应对新型冠状病毒感染肺炎疫情应急指挥部2021年第五次会议套开）；听取简阳市2019年度土地卫片执法有关情况的汇报；审议简阳市2017年森林植被恢复费（县级分成）项目变更有关事项；审定关于开展《简阳市建设成都东部区域中心城市战略研究规划》编制有关事项；审议简阳市东城新区C9安置还房项目有关事项；审定《简阳市人民政府　四川华西集团有限公司战略合作协议（送审稿）》；审定《“企业招引＋运营咨管”政企服务平台项目投资协议（送审稿）》	传达学习《中共中央　国务院关于全面推进乡村振兴　加快农业农村现代化的意见》；传达四川省、成都市两会精神；传达学习中共四川省纪委关于违反中央八项规定精神典型问题的通报
第十七届第一二二次	3月7日	审议《简阳市2021年民生实事实施方案（送审稿）》；审定简阳市2020年度纳税先进企业名单；审定《简阳市地方政府性债务管理办法（送审稿）》；审议《支持唯品会（中国）西部总部发展合作协议书（送审稿）》；审定《简阳市人民政府　慕华成志教育科技有限公司战略合作协议（送审稿）》；审议《简阳市临空经济产业园管委会　重庆猪八戒实业有限公司　成都旭辉企业管理有限公司（川东南）总部基地项目投资合作协议（送审稿）》；审议《简阳市临空经济产业园管委会　供销普洛斯现代产业基金管理有限公司　四川中拓房地产股份有限公司西南物流总部及结算中心项目投资协议书（送审稿）》；审定《简阳市人民政府　四川卫智达科技有限公司简阳市新经济产业园项目投资合作协议（送审稿）》；审定《简阳市人民政府　水木深研（深圳）科技	

续表 7

届次	时间	会议议题	学习内容
第十七届第一二二次	3月7日	服务有限公司清华 i-Space（简阳）中心项目合作协议（送审稿）》；审议《天府国际航空教育科技产业园项目投资协议（送审稿）》；审议简阳市招商大使及产业顾问名单；审定《简阳市人民政府　康佳集团股份有限公司战略合作协议（送审稿）》；审定《简阳市人民政府　深圳高灯计算机科技有限公司战略合作框架协议（送审稿）》；审议《成都（简阳）宝能科创产业社区项目投资协议（送审稿）》《成都（简阳）宝能科创产业社区项目投资补充协议（送审稿）》；审议《途虎养车西部总部项目投资协议（送审稿）》；审议《简阳市人民政府　上海品然商务服务有限公司投资合作协议（送审稿）》；审定《简阳市人民政府　宏源汇富创业投资有限公司战略合作协议（送审稿）》；审议简阳市天星村安置房建设项目采用“F + B”（融资 + 建设）模式招标建设有关事项；审议简阳市放生坝片区安置还房（B-4-3 地块）项目建设模式有关事项；审议简阳市农村生活污水处理工程一标段采用公开招标方式开展施工招标有关事项；审议 2020 年简阳市乡道提升改造项目采用“F + B”（融资 + 建设）模式建设有关事项；审议 2020 年简阳市村组道路硬化项目二期（290 公里）采用“F + B”（融资 + 建设）模式建设有关事项	
第十七届第一二三次	3月26日	审议《简阳市迎接四川省生态环境保护例行督察工作方案（送审稿）》；听取关于成都市、简阳市 2021 年两会期间人大代表建议和政协委员提案接收情况的汇报；审定《2021 年简阳市〈政府工作报告〉确定的主要目标任务责任分解方案（送审稿）》；审定《简阳市 2021 年十大民生实事督查考核工作管理办法（试行）（送审稿）》；通报简阳市政府主要领导前期专题会议定事项推进缓慢情况；研究疫情防控工作；审议关于表扬 2020 年度双拥工作“先进集体”“先进个人”“好军嫂”有关事项	传达学习《四川省市县重大经济事项决策规定（试行）》和全国、全省及成都市生态环境保护工作会议精神
第十七届第一二四次	4月12日	审议《关于成立简阳市生态环境保护委员会的通知（送审稿）》；审定 2021 年各预算单位第一批新增支出有关事项；审定《简阳市行政事业单位重大国有资产处置实施细则（送审稿）》；审定《简阳市金融支持乡村振兴实施方案（送审稿）》；审定《简阳市第二批工业企业结构调整专项奖补资金用于稳定就业分配方案（送审稿）》；审议《简阳市临空经济产业园临空物流片区综合开发项目投资合作协议（送审稿）》；审定 2013-17-2 号地块高度调整有关事项；听取简阳市 2020 年自然资源督察有关问题督查整改情况的汇报；审议《轨道交通资阳线工程建设用地工作协议（送审稿）》；审定成都简阳环保发电厂生活垃圾处置费（过渡期）标准有关事项；审议简阳市中医医院康复治疗中心项目重新招标有关事项；审议简阳市人民医院完善三甲功能项目重新招标有关事项；审议《成都元航空天产业创业投资基金合伙企业（有限合伙）合伙协议（送审稿）》；审定简阳市明星水库饮用水源地保护工程污染底泥处理项目有关事项	传达学习《中华人民共和国长江保护法》；传达学习全国、全省春季农业生产工作电视电话会议精神；传达学习全省暨成都市水库除险加固和运行管护工作视频会议精神

续表 7

届次	时间	会议议题	学习内容
第十七届第一二五次	4 月 30 日	审定《简阳市人民政府关于市政府领导分工的通知（送审稿）》；听取迎接四川省环保督察相关情况的汇报；听取禁毒工作有关情况的汇报；听取简阳市打击治理电信网络新型违法犯罪情况的汇报，审定《简阳市打击治理电信网络新型违法犯罪百日攻坚专项行动方案（送审稿）》；听取四川省级及成都市第三轮农村乱占耕地建房问题调研指导相关情况和 2020 年卫片执法情况的汇报；审定成立毗河供水工程建设工作推进领导小组有关事项；审议简阳市项目招引工作先进集体和先进个人有关事项；审定《简阳市医疗卫生机构一次性绩效工资总量核增实施方案（送审稿）》；审定简阳市生活垃圾填埋场地下水污染治理有关事项；审议《简阳市“孝道文化园”项目投资合作协议（送审稿）》；审议简阳市简州圣德坊改建项目有关事项；审议关于实施简阳市天府智慧林场项目有关事项；审议关于投资建设简州大耳羊扩繁项目有关事项	传达学习《中华人民共和国退役军人保障法》，通报 2021 年第一季度简阳市政府常务会议等交办事项办理情况
第十七届第一二六次	5 月 14 日	听取关于 2018—2020 年中央资金支持农业类项目内审和新增债券资金使用审计开展情况的汇报；听取 2021 年第一季度财政支出情况的汇报；审议 2021 年各预算单位第二批新增支出有关事项；听取简阳市农业农村局关于创先争优情况的汇报；听取关于开展全市政务服务“一网通办”能力提升百日攻坚行动工作有关情况；审议《简阳市机关事业单位人员调动管理办法（送审稿）》；审议《谷川联行招商引资服务项目协议（送审稿）》；审议《象兴国际供应链管理项目投资协议（送审稿）》；审议《华攀产业链项目投资协议（送审稿）》；审议《朗派供应链项目投资协议（送审稿）》；审议《高灯新经济产业园项目投资协议（送审稿）》；审议《智能遥感大数据项目投资协议（送审稿）》	传达学习中央、四川省、成都市防汛抗旱工作会议精神
第十七届第一二七次	5 月 20 日	研究疫情防控工作（与简阳市应对新型冠状病毒感染肺炎疫情应急指挥部 2021 年第九次会议套开）；审定《简阳市防止耕地“非粮化”稳定粮食生产工作方案（送审稿）》；审议 2020 年重点项目建设工作先进集体和先进个人有关事项；审议 2020 年度国际化营商环境建设先进集体和先进个人有关事项；审定天府国际机场航线区域大地景观 IP 图案项目有关事项；审定《简阳市人民政府　联想控股股份有限公司战略合作协议（送审稿）》；审定《简阳市人民政府　广州南粤基金集团有限公司南粤科技产业园项目战略合作协议（送审稿）》；审议《简阳市人民政府　北京星空年代通信技术有限公司“一带一路”高通量宽带卫星产业基地项目投资补充协议（二）（送审稿）》；审议《四川文化传媒职业学校整体迁建（筹建本科）项目解除协议（送审稿）》；审议《简阳市生态环境保护责任清单（送审稿）》	
第十七届第一二八次	6 月 28 日	听取迎接第二轮中央环保督察相关工作汇报；听取简阳市财政局关于预算管理一体化情况的汇报；听取关于深化院校合作助推医院高质量发展考察学习的汇报；审定《简阳市农村人居环境综合监管平台设计方案（送审稿）》；审定生活垃圾分类管理有关事项；审定 2021 年固	传达学习《中华人民共和国乡村振兴促进法》；传达学习四川省委办公厅《舆论称

续表 7

届次	时间	会议议题	学习内容
第十七届第一二八次	6月28日	废处置设施和环卫设施建设目标任务有关事项；审定城市夜景亮化提质项目三期（三标段）采用企业公开采购招标模式建设有关事项；审议《简阳市城区公共停车位占道停车特许经营权项目出让方案（送审稿）》；审议关于购买简阳市“雪亮”工程二、三期项目运维服务有关事项；审议2020年度生态环境保护工作先进集体和先进个人有关事项；审议简阳市阳化河防洪治理工程一期有关事项；审议简阳市城区第二水厂净水厂段堤防工程项目有关事项；审定《四川冷链物流科技小镇项目战略合作框架协议送审稿》	中央环保督察通报五大类突出问题具有典型性警示性呼吁川内举一反三及时对标补短以严实作风书写生态环保答卷》（网情摘报第52期）及成都市市长批示精神
第十七届第一二九次	7月5日	审定成立简阳市未成年人保护工作领导小组；听取全市信访工作情况的汇报；审议《简阳市城镇土地使用税等级税额标准方案（送审稿）》；审议兰成渝输油管道临空经济产业园规划区段改线工程输油管道改线项目有关事项；审定《四川省现代建筑科技产业园（成都）核心示范区框架合作协议（送审稿）》	传达学习《中华人民共和国固体废物污染环境防治法》；传达贯彻成都市大气、水、土壤污染防治“三大战役”领导小组2021年第三次会议及成都市落实国家长江经济带发展战略领导小组2021年第一次会议精神
第十七届第一三〇次	7月14日	审议《简阳市迎接第二轮中央生态环境保护督察工作方案（送审稿）》；审议《简阳市创建全国法治政府建设示范市实施方案（送审稿）》；研究疫情防控工作；审定《简阳市抢险救灾工程项目管理办法（送审稿）》；审议简阳市2021年各预算单位第三批新增支出有关事项；审定《简阳市森林草原火灾防控能力全面提升三年计划（2021—2023年）（送审稿）》《简阳市森林草原防灭火规划（2021—2030年）（送审稿）》；审议《小微企业增信集合债券之合作框架协议（送审稿）》《小微企业增信集合债券之风险缓释基金监管协议（送审稿）》；审议简阳市东城新区C9安置房项目采用最新财评控制价进行融建招标有关事项	学习习近平生态文明思想，研究贯彻落实意见；传达学习2021年全国职业教育大会会议精神；传达学习《成都市区（市）县下放行政权力事项清单》；传达学习防止干预司法“三个规定”
第十七届第一三一次	7月28日	研究疫情防控工作；审定《简阳市存量城镇D级危险房屋整治工作实施方案（送审稿）》；审议《简阳市应对极端洪涝灾害总体工作方案（送审稿）》；审议《简阳市河东污水处理厂及配套管网项目补充协议（送审稿）》；审议《简阳市人民政府　新疆碟滋味餐饮文化有限公司“总部基地及食品研发、生产”项目投资协议（送审稿）》；审议《简阳市人民政府　珠海欧比特宇航科技股份有限公司“卫星大数据应用及宇航电子研制中心”项目投资协议（送审稿）》	传达学习《中国共产党农村工作条例》《四川省贯彻〈中国共产党农村工作条例〉实施办法》，研究简阳市贯彻意见
第十七届第一三二次	7月30日	研究疫情防控工作；听取简阳市禁毒工作情况汇报，安排部署下一步工作；审议简阳市属国有企业项目投资机会清单（第二期）有关事项；审议关于简阳市5户市属国有企业划转部分国有资本充实社保基金有关事项；审定《简阳市人民政府　四川省农业科学院共建天府农业科创	传达学习《行政事业性国有资产管理条例》；传达贯彻中国共产党简阳市第十五

续表 7

届次	时间	会议议题	学习内容
第十七届第一三二次	7 月 30 日	园项目合作协议（送审稿）》等 3 个合作协议；审议《集朴 HAVERICE 品牌电子商务中心项目投资协议（送审稿）》；审议《简阳市人民政府　四川省数字产业有限责任公司“四川能投天府云数据产业基地建设”项目投资补充协议（送审稿）》；审议《简阳市人民政府　西安有住投资控股有限公司“少海汇西南总部·数智汇”项目投资协议（送审稿）》；审议《简阳市人民政府　北京航天驭星科技有限公司“TR 组件生产线、卫星定标场建设”项目投资协议（送审稿）》；审议《简阳市人民政府　成都精铖电子设备制造有限公司“航天光电设备、特种冷却系统研发生产基地”项目投资协议（送审稿）》；审议《简阳市人民政府　北京双志伟业网络科技有限公司“简阳 LBS 碳中和产业加速基地”投资协议（送审稿）》；审议《简阳市人民政府　北京元航投资管理有限公司“卫星互联网创新工厂及量产基地”项目投资协议（送审稿）》；审议《简阳市人民政府　北京九天行歌航天科技有限公司“火箭贮箱（成都）产业基地”项目投资协议（送审稿）》；审议《简阳市人民政府　四川仲玛智造科技有限公司“火工品自动化生产设备及军用锂电池研制”项目投资协议（送审稿）》；审议简阳市平泉街道荷桥村、杨家寺村美丽新村建设项目有关事项	届委员会第十五次全体会议精神；传达学习全省三年禁毒人民战争总结暨 2021 年工作部署会和成都市禁毒人民战争三年攻坚战总结表彰暨禁毒工作推进会精神
第十七届第一三三次	8 月 5 日	审议关于杭州长江汽车有限公司破产重整案债权确认及重整方案表决有关事项	传达贯彻习近平总书记对防汛救灾工作重要指示精神
第十七届第一三四次	8 月 12 日	审定《部分市政府领导分工调整（送审稿）》；听取 2021 年第二季度财政支出情况汇报；审议 2020 年简阳市产业发展三年行动计划工作先进集体和先进个人有关事项；审议 2020 年度工业经济发展优秀企业、先进集体、先进个人有关事项；审定关于采购简阳市城市生活垃圾处理厂渗滤液处置服务有关事项	传达学习《中华人民共和国安全生产法》
第十七届第一三五次	8 月 20 日	审定《简阳市人民政府 2021 年上半年工作报告（送审稿）》；审定《关于简阳市 2021 年上半年国民经济和社会发展计划执行情况的报告（送审稿）》；审定《关于简阳市 2020 年财政决算和 2021 年上半年财政预算执行情况的报告（送审稿）》；审议简阳市 2021 年各预算单位第四批新增支出有关事项；审定《简阳市培育上规入库企业奖励办法（试行）（送审稿）》；审议《简阳市国家投资项目造价限额指标（房建工程、市政道路、农村道路）管理指导意见（试行）（送审稿）》；审定《简阳市人才公寓租售管理实施细则（送审稿）》；审议《加强学校安全风险防控体系建设工作方案（送审稿）》；审议《简阳市深化相对集中行政许可权改革工作方案（送审稿）》	传达贯彻全国、全省安全防范工作紧急视频会议精神
第十七届第一三六次	9 月 23 日	审议简阳市农村生活污水治理工程二标段项目建设有关事项；审议简阳市农村生活污水治理工程三标段项目建设有关事项；审议简阳市城乡居民饮水三年巩固提升工程三星南片区供水管网工程采用公开招标方式招标建设有关事项；审议《简阳市生活垃圾填埋场生态修复项目	传达学习《中华人民共和国食品安全法实施条例》

续表 7

届次	时间	会议议题	学习内容
第十七届第一三六次	9 月 23 日	技术方案（送审稿）》；审议关于解决原农业综合开发“马铃薯片加工”项目有偿资金借款遗留问题有关事项；审议简阳市 2020 年地方政府债务限额有关事项；审议关于表扬 2020—2021 学年度“十佳教师”和“优秀教师”等先进个人有关事项	
第十七届第一三七次	10 月 12 日	审议《世界银行贷款长江流域上游森林生态系统恢复项目简阳市实施方案（代作业设计）（送审稿）》；审议关于采购中小微经济体财税数字综合服务有关事项；审议启动实施 G321 简阳市石刚村至十里坝街道上场口大修工程项目有关事项；审议《成都天府国际机场高速公路与迎宾大道延长线互通立交工程委托建设协议（送审稿）》；审议简阳市 2021 年度高标准农田建设项目有关事项；其他议定事项	
第十七届第一三八次	11 月 15 日	听取今冬明春欠薪隐患排查情况汇报；审议《简阳市城镇土地使用税额标准方案（送审稿）》；审议 2021 年各预算单位第五批新增支出有关事项；审议《2022 年春节“走基层·送温暖”慰问行动方案（送审稿）》；审议《简阳市红十字会改革方案（送审稿）》；审定《简阳市稳定工业经济增长促进产业转型升级支持政策（送审稿）》；审议成立简阳市保障性租赁住房工作领导小组有关事项；审议简阳市人民医院门急诊医技大楼项目工程增量有关事项；审议调整简阳市政府领导 AB 角有关事项；其他议定事项	传达学习《成都市〈中华人民共和国河道管理条例〉实施办法》
第十七届第一三九次	11 月 30 日	听取简阳市 2021 年 1—9 月财政支出情况汇报；听取 2021 年 7—9 月网络理政运行情况；审议简阳市三星河等流域截污等水环境卫生治理工程有关事项；审议简阳市 2021 年财政衔接推进乡村振兴补助资金项目核减和再安排相关事项；审议《简阳市 2021 年中小学（幼儿园）光环境提升工程实施方案（送审稿）》；审议《成都中际生鲜冷链仓储物流中心项目投资协议（送审稿）》；审议《中日（简阳）跨境电商项目投资协议（送审稿）》；审议《传化智联成都东部物流中心项目投资补充协议书（三）（送审稿）》；审议《信之本总部经济招商引资平台项目投资协议（送审稿）》；审议《乐华电商创业孵化项目投资协议（送审稿）》；审议《简阳市新经济产业园项目补充协议（送审稿）》；审议《“绿色建筑科技产业园”项目投资协议（送审稿）》	传达学习《中华人民共和国教育法》《成都市人民政府办公厅关于进一步加强耕地保护强化执法监管的意见》
第十七届第一四〇次	12 月 7 日	审议《政府工作报告（送审稿）》；审议《关于简阳市人大常委会 2021 年度所作决议决定及审议意见落实情况的报告（送审稿）》；审议《简阳市人民政府关于简阳市 2021 年财政预算调整方案的报告（送审稿）》；审议《简阳市 2021 年财政预算执行情况和 2022 年财政预算草案报告（送审稿）》；审议《简阳市 2021 年国民经济和社会发展计划执行情况及 2022 年国民经济和社会发展计划草案的报告（送审稿）》	传达贯彻习近平总书记关于禁毒工作系列重要指示精神、相关文件精神及简阳市委常委会会议研究禁毒工作、简阳市迎接中央和国家机关禁毒工作督导专题会精神

续表 7

届次	时间	会议议题	学习内容
第十八届第一次	12 月 23 日	听取重污染天气应对情况汇报；审议成立简阳市碳达峰碳中和工作领导小组有关事项；审议简阳市 2021 年财政衔接推进乡村振兴补助资金项目资金核减和再安排相关事项；审议简阳市伏季水果现代农业产业园—冷链物流中心建设项目相关事项；审议简阳市伏季水果现代农业产业园—产业研发中心建设项目相关事项；审议 2012-31 号地块规划用途变更有关事项；审议实施简阳市石钟镇幸福美好前锋村项目（一期）大田景观及风貌梳理有关事项；审议实施简阳市石钟镇幸福美好前锋村美食特色商业街项目有关事项；审议实施简阳市平泉街道荷桥村梦栖荷桥林盘项目；其他议定事项	传达贯彻简阳市委主要领导在简阳市第十八届人民代表大会第一次会议闭幕式、简阳市政协第十五届委员会第一次会议闭幕式上的讲话精神；传达四川省、成都市关于重污染天气应对要求
第十八届第二次	12 月 30 日	审议《简阳市产业用地供应管理办法（送审稿）》；审议《进一步深化简阳市工程建设项目审批制度改革优化营商环境实施方案（送审稿）》；审议处置“加州花园”24 套拆迁安置房不动产权过户遗留问题有关事项；审议《简阳市人民政府　上海品然商务服务有限公司投资合作补充协议（送审稿）》；审议简阳工业集中发展区天宫山安置房建设项目（二期）融资建设有关事项；审议实施简阳市厨余垃圾资源化利用处置项目有关事项；审议简阳市东城新区 C9 安置房项目已建部分工程资金占用费计算方案	

（李　翔）

市政府综合事务

【概况】 2021 年，市政府办深入学习贯彻中共十九大和十九届历次全会精神，落实四川省委省政府、成都市委市政府和简阳市委市政府各项决策部署，突出参谋辅政、综合协调、督促检查、后勤保障四大职能，保障简阳市政府高效规范运转，确保简阳市委、市政府重大决策部署落地见效。

【综合协调】 市政府办对标成都市政府办公厅要求，建立健全规范办文、节俭办会、高效办事制度，审核、印发简阳市政府、市政府办公室名义文件 846 件，办公室文件制发比 2020 年下降 3%；遵照收文流程，转办上下级公文 9300 余件，确保政令畅通；精简会议，力求会议主题明确、中心突出、务求实效，承办简阳市政府第七次全体（扩大）会议、简阳市党政办公室业务工作培训会等会议 350 余次，做到程序规范、务实高效、勤俭节约。

【文秘服务】 市政府办以文稿起草为以文辅政重点，了解全国、四川省、成都市发展大势，吃透上级政策精神，调研建圈强链、绿色低碳发展、公园城市建设等重点工作，了解掌握市情、社情、民情；为领导决策提供信息服务，挖掘提炼简阳市经济社会发展先进经验做法，编辑《政务信息》20 期，上报信息被四川省政府办公厅信息处采用 12 条、被成都市政府办公厅信息处采用 98 条。

【政府信息公开】 市政府办围绕推动经济高质量发展、优化营商环境等重点领域，抓好政府信息公开，通过“两目录一平台”（成都市政府信息公开目录、公共企事业单位办事公开目录、基层公开综合服务监管平台）公开信息 5 万余条；坚持“公开为常态，不公开为例外”，受理依申请公开 164 件，保障群众知情权；推动政务公开清单化、制度化管理，完成成都市政府信息公开目录调整。

【督查督办】 市政府办抓好成都市交办及下达简阳市经济指标、重点项目、领导批示和交办事项等督查督办，制发《督查通知》240 期、《政务督查通报》160 期、《政务督查专报》236 期，推动简阳市委、市政府决策部署落实落地；在常态化疫情防控背景下，采取“现场督查+远程督办”相结合模式，督促政府系统各部门按时保质完成 102 件人大建议及 147 件政协提案办理，满意率 100%。

【后勤保障】 市政府办坚持厉行节约、精打细算，清理财政结转结余资金，编报办公室预决算，并在政府门户网站公开，确保资金使用规范；落实落细车辆采购管理要求，通过政府采购程序置换 3 辆新能源公务车；按照《简阳市党政机关国内公务接待管理实施细则》开展对外接待，完成接待 180 余批次，接待费用下降 25%，获得来宾和领导高度评价。

【应急值守】 市政府办执行领导带班、24 小时值守、零报告等规定，加大周末、法定节假日等敏感时段值班值守抽查力度，全年电话抽查 720 余次、“800M”手持电台点名 365 次；开展“严肃纪律、确保畅通”值班值守提能专项活动，健全完善工作体系、制度机制，实施“在编人员+临聘人员”值班制度，提升值班专业化、规范化水平。

（何　兴）

行政审批

【概况】 2021 年，市行政审批局围绕简阳市委、市政府重大决策部署，以行政审批更高效、政务服务更便捷、营商环境更优化、网络理政更亲民为重点，持续深化“放管服”改革。全市全年办理政务服务事项 609033 件，其中政务大厅 205334 件、分中心 314365 件、镇（街道）89334 件。

（周　乔）

【相对集中许可权改革】 市行政审批局收回 7 个部门协办的 64 项行政许可权，集中行使全市 252 项行政许可权中的 190 项，实行“一枚印章管审批”；将不划转和垂直管理部门的行政许可权，按照“三集中、三到位”（将部门行政审批职能向一个科室集中，承担审批职能的科室向市行政服务中心集中，行政审批事项向电子政务平台集中，审批事项进驻中心到位、授权到位、电子监察到位）要求进驻市政务服务中心或者分中心；推进行政审批规范化标准化运行，精简行政审批环节，再造行政审批流程，制定行政审批标准，以标准化促进工作规范化，以规范化实现政务服务优质化；明确审管分离权责边界，按照“谁审批、谁负责”“谁主管、谁监管”原则，梳理权责清单，做到简政放权和强化监管同步实施。

【政务服务改革】 市行政审批局全面推行“证照分离”及行政审批“告知承诺制”改革，取消招牌设置许可现场踏勘环节，申请人办理招牌设置许可由原来的 5 个工作日实现即办；推进政务服务“好差评”实施，印发《简阳市政务服务“好差评”实施办法》，建立健全“好差评”机制，收到 334101 条有效好评，好评率 100%；印发《简阳市镇（街道）便民服务中心标准化规范化便利化建设工作实施方案》，推进便民服务中心“三化”建设，实施杨家、涌泉和新市 3 个县级便民服务中心“三化”试点建设并通过验收；梳理形成镇（街道）便民服务中心审批服务事项指导目录 146 项和村（社区）办理事项指导目录 87 项，推进镇（街道）赋权提能；推行“一窗受理”改革，市级政务服务大厅及分中心全科无差别受理窗口 71 个、分类窗口 72 个共 143 个窗口实现“综合一窗”，受理事项占全部事项的 96.5%；提升“跨区域通办”建设水平，实现“跨区域通办”清单化、制度化，形成并印发《简阳市政务服务“跨区域通办”受理事项清单》《简阳市政务服务“跨区域通办”工作实施细则》，推出“跨区通办事项”610 项，涵盖与企业群众密切相关的公安、人社、医保等高频业务，同时通过开设窗口、配备人员、加强信息公示等方式完善“跨区域通办”机制，以全程网办、异地委托、本地代收，异地授权、本地办理三种业务办理类型实现政务服务事项“跨区域通办”；坚持“审勘分离”模式，将审批和踏勘剥离，清晰科室职能定位、明确权责划分；坚持开展勘前指导服务，通过网络平台辅导申请人按照现场核查标准做好勘前准备，提高踏勘一次性通过率；推进“一勘多项”“联合踏勘”“云踏勘”等创新举措实施现场踏勘，助力审批提速增效，全年实施 11 类 35 项

简阳市政务服务大厅“综合一窗”（市行政审批局供图）

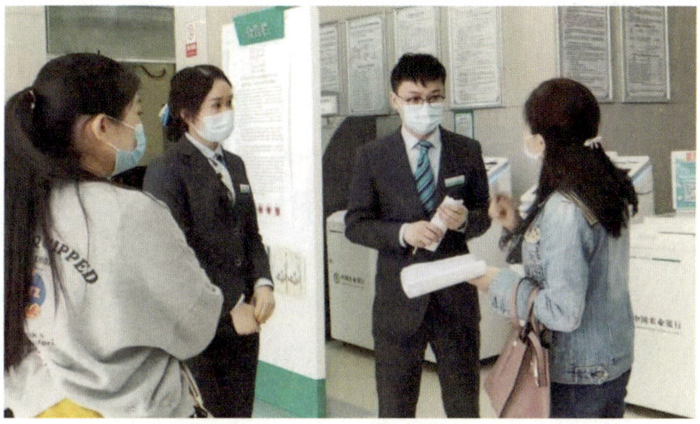

简阳市行政审批局督查镇（街道）银行，优化企业开户流程（市行政审批局供图）

行政许可现场踏勘3002件，出动勘验人员10480人次，一次性通过率54%，整改（补正）后整体通过率96%。

（王　雨）

【商事制度改革】　市行政审批局推广企业住所（经营场所）申报登记制改革，3155户符合条件的市场主体实现住所（经营场所）自主申报登记；将市场主体注册登记和个体工商户登记注册向基层网点延伸，通过“政银合作”模式办结企业登记786户，镇（街道）便民服务中心办结个体工商户233户；压缩企业开办时限，全年有3947户企业实现1小时内办结设立登记申请；通过现场帮办、电话指导、QQ群交流等方式推动企业登记网上办，降低制度性交易成本，办理网上申请4170件，核准通过4036件;推动“证照分离”，取消食品经营（仅销售预包装食品）审批，纳入企业开办“多证合一”备案范畴，截至年底有55户申报食品经营（仅销售预包装食品）审批纳入“多证合一”备案。

（王　芳）

【工程建设项目审批制度改革】　市行政审批局通过采取细化工程建设项目分类、优化主线各阶段审批和市政公用服务流程、合并部分审批事项、压缩审批服务时间、扩大告知承诺制范围等措施，将简阳市工程建设项目审批服务全流程压缩在67个工作日内。

（潘意辉）

【电子政务建设和管理】　市行政审批局推进简阳市政务数据交换共享，编制政务信息资源目录288条，挂接资源720个，其中文件类资源669个、库表类资源48个、接口类资源3个；活化目录288条，总体活化率100%；开放公共数据资源288条，其中无条件共享目录184条、有条件共享目录104条；梳理、编制和审核全市36个市级部门（单位）1561条政务数据资源目录，政务数据资源目录编制完成率100%，人员保障填写完成率100%；在四川省一体化平台接入便民服务应用10个，召集水电气视讯等要素保障单位研究接入相关应用事项，形成接入计划；规范电子政务项目管理，评审9个电子政务项目；强化电子政务云管理，规范政务信息系统迁移上云和退云管理，迁移部署2个政务信息系统到电子政务云，实施1个政务信息系统退云处理；突出电子政务外网管理，规范电子政务外网使用申请流程；建设电子政务外网第二路由，提升网络抗毁性；依托电子政务外网完成企业登记延伸至镇（街道）网络技术改造，完成简阳市电子政务外网和门户网站网络安全三级保护测评。

（黄黎黎）

政务服务和网络理政

【概况】　2021年，市行政审批局按照“网上访民意，网下解民忧”工作理念和“事事有回音，件件有落实”工作原则，办理网络理政平台群众来电、来信，做好沟通解释，做好工作推进。

【网络理政】　市行政审批局全年收到群众来电、来信 37855 件，其中成都市市长公开电话转办件 31809 件、成都市委书记信箱和成都市市长信箱转办件 2259 件、人民网网民留言转办件 17 件、简阳市政府领导网络理政信件 885 件、麻辣社区问政四川受理网民留言 348 件、四川在线问政四川受理网民留言 2537 件，办结 37374 件；梳理 2018—2021 年网络理政平台关于噪声和油烟污染诉求件 5429 件（不满意件 1277 件），收集网络理政平台关于环保类、农民工工资、疫情防控等诉求件，做好台账，为相关事务后期统计查询提供数据支撑，发挥网络理政平台“决策参考、解决问题”作用。

【政府门户网站建设】 市行政审批局优化完善政府网站信息公开栏目，突出民生类信息公开版块展示功能，做好常态化疫情防控信息公开，提升应急管理能力；印发《简阳市人民政府门户网站内容保障工作方案》，要求各级各部门按照“谁公开，谁负责”原则和“严格依法、全面真实、及时便民”要求，根据简阳市人民政府门户网站内容保障分解表，更新栏目信息；公开信息 7700 余条，门户网站信息公开 6000 余条，累计公开信息 1.37 万余条。

【政务公开】 市行政审批局完善政务公开制度建设，印发《2021 年政务公开工作重点的通知》，将目标任务精确细化到每个责任部门（单位）；加强督查力度，通过 QQ 群、电话、现场交流等方式督促工作开展，要求发现问题的单位限期整改；公开信息 6682 条，政府信息公开目录公开信息 7011 条，累计公开信息 13693 条。

【政务新媒体管理】 市行政审批局印发《关于整改政府系统政务新媒体的通知》，按照“谁开设、谁主办”原则，推进政务新媒体发展；利用开普云检测系统，督促政务新媒体做好日常运维，注销或者整改自查中发现的内容长期不更新、功能定位不清晰、无互动不服务的政务新媒体；梳理政务新媒体账号 123 个，完成 31 个系统问题整改，其中新增补报 16 个、注销 13 个、向官方提交注销申请 2 个。

表 8　　2021 年简阳市政务中心各窗口各部门办件情况表

部门	部门实际受理数（件）	部门实际办结数（件）	实际受理即办件数（件）	部门咨询人次（人次）
市民政局（婚姻）	19006	19006	19006	1340
市公安局（车管）	195020	195020	195020	1763
市公安局窗口	28723	28723	1345	2423
公安局（户政）	292809	292809	249205	16710
公安局（出入境）	3121	3121	0	2756
市消防大队	85	85	0	371
市规自局	97	97	0	1257
市医保局（医疗保障事务中心）	10416	10416	3703	16200
市人社局	410023	390031	341312	95200
市财政局	52378	52378	52378	20033
市司法局（公证处）	5989	5989	48001	8010
成都住房公积金管理中心简阳服务部	29311	29311	29311	8756
市交通局	4920	4300	4197	1301
市住建局	843	843	507	1470
市税务局	68790	68790	68790	75006
简阳生态环境局	181	181	0	750
市规自局（不动产）	66602	66602	48990	4089
市行政审批局	29867	29867	7156	38989
合计	1218181	1197569	1068921	296424

（邱小配）

人力资源管理

【概况】 2021年，简阳市坚持人才兴市战略，聚焦产业和城市发展需求，推进青年创新创业就业筑梦工程，招引高层次人才316名，推选7名人才入选“成都市产业生态圈人才计划”；开展职业培训1.9万余人次，评选简阳工匠32名；加强人才双创帮扶，建设“蓉易贷”服务中心18家，投放信贷4.43亿元；成立简阳市青年创业促进会，开展青年社交活动302场，协调解决问题670余个。

【人才招引培育】 简阳市聚焦“2 + 2 + 1”产业发展需求，系统谋划“十四五”人才发展规划，迭代升级“1 + 2 + N”人才政策体系（以区域人才高地人才新政为引领，以人才引育和“智立方”柔性引才2个办法为支撑，以“N”个专项配套细则为保障的综合性人才政策体系）；实施“简州英才”“智立方”“风筝行动”等工程，引进高层次高素质人才18名、本土培育人才5名；兑现人才政策，向42名高层次高素质人才发放补贴津贴25.18万元，向16名本土培育人才发放人才津贴3.6万元。

【人才创新创业平台打造】 简阳市与清华大学深圳国际研究生院协议共建“简阳—清华 i-Space”创新创业孵化中心，依托简阳网易联合创新中心，打造“1 + 3 + 3”赋能体系（“1个载体”为简阳网易联合创新中心，“3个中心”为新产业、新业态、新模式集聚平台，“3大措施”为政府赋能、网易赋能、园区赋能），建成双创平台10040平方米，举办双创培训29场；与中国民航等16所高校共建研究基地、科技创新示范基地，柔性聘请专家39人，引进推广新品种11个、先进技术7项；推进青年创新创业就业筑梦工程，明确责任清单32项、项目清单26项，投资完成173.4%；举办2022“蓉漂杯”创新创业大赛，实现“以赛引才、以赛助创”。

【人才创新创业帮扶】 简阳市推出“网商贷”项目，开展银企对接活动15场，投放担保贷款超3.1万笔，资金超10.9亿元；建立18家“蓉易贷”服务中心，白名单入库企业446家，投放信贷4.43亿元。

【人才服务】 简阳市落实政策担保、双创扶持、就业指导等“一条龙”服务，设立服务站点4个，提供联系服务3400余次，服务种子期、孵化期项目125个；出台《简阳市人才公寓租售管理实施细则》，升级“蓉漂”青年人才驿站，为294名到简阳市的青年提供7天免费入住服务；成立简阳市青年创业促进会，建好“人才之家”，掌握人才需求，协调解决子女入学等问题670余个，开展“蓉漂”人才日等青年社交活动302场；组织专业技术人才到贫困村开展“专业服务团”工作，提供智力服务超过2万人次。

（张　爽　付尚艳　马勇军　易思冬　施　燕）

【人事聘用管理】 市人社局全年考核招聘高层次人才52人，公开招聘产业园区员额内社会化人才26人，兑现一般事业单位引进人才安居补贴和人才津贴189万元；完成1.3万人继续教育，新培育专技人才934人；发放全民技能提升补贴169万元，组织技能竞赛12场；公开招聘教师140人，招募高校毕业生服务基层项目志愿者134人，安置转业士官37人；贯彻落实《事业单位工作人员奖励规定》，事业单位定期嘉奖2143人、记功141人。

（周先勇）

表9　　2021年简阳市取得高级专业技术职务资格人员一览表

姓名	工作单位	职称	取得时间	批准文号	备注
张俊伟	四川轮胎橡胶（集团）股份有限公司	正高级工程师	2021年1月7日	简人社职〔2021〕1号	正高级
刘永为	四川空分设备（集团）有限责任公司	正高级工程师	2021年1月7日	简人社职〔2021〕1号	正高级
朱维高	简阳市农机推广中心	农业技术推广研究员	2021年2月7日	简人社职〔2021〕10号	正高级
贺晓峰	简阳市农机推广中心	农业技术推广研究员	2021年2月7日	简人社职〔2021〕10号	正高级

续表 9

姓名	工作单位	职称	取得时间	批准文号	备注
袁永顺	简阳市石桥中心卫生院	基层卫生主任医师	2021 年 3 月 8 日	简人社职〔2021〕13 号	正高级
杨昌科	简阳市精神病医院	基层中西医结合主任医师	2021 年 3 月 8 日	简人社职〔2021〕14 号	正高级
王辉民	简阳市中医医院	主任中医师	2021 年 3 月 25 日	简人社职〔2021〕19 号	正高级
杨　丽	简阳市人民医院	主任医师	2021 年 3 月 25 日	简人社职〔2021〕20 号	正高级
付万智	简阳市人民医院	主任医师	2021 年 3 月 25 日	简人社职〔2021〕20 号	正高级
陈　军	简阳市人民医院	主任医师	2021 年 3 月 25 日	简人社职〔2021〕20 号	正高级
方　红	简阳市人民医院	主任医师	2021 年 3 月 25 日	简人社职〔2021〕20 号	正高级
陈　炀	简阳市人民医院	主任医师	2021 年 3 月 25 日	简人社职〔2021〕20 号	正高级
王雪玉	简阳市人民医院	主任医师	2021 年 3 月 25 日	简人社职〔2021〕20 号	正高级
伍　杰	简阳市人民医院	主任医师	2021 年 3 月 25 日	简人社职〔2021〕20 号	正高级
李　锦	简阳市人民医院	主任医师	2021 年 3 月 25 日	简人社职〔2021〕20 号	正高级
吴国勇	简阳市中医医院	主任医师	2021 年 3 月 25 日	简人社职〔2021〕20 号	正高级
胡　丕	简阳市中医医院	主任医师	2021 年 3 月 25 日	简人社职〔2021〕20 号	正高级
叶秀兰	简阳市妇幼保健院	主任医师	2021 年 3 月 25 日	简人社职〔2021〕20 号	正高级
何晓玲	简阳市人民医院	主任护师	2021 年 3 月 25 日	简人社职〔2021〕20 号	正高级
魏庆华	简阳市人民医院	主任护师	2021 年 3 月 25 日	简人社职〔2021〕20 号	正高级
毛淑琼	简阳市人民医院	主任护师	2021 年 3 月 25 日	简人社职〔2021〕20 号	正高级
严　敏	简阳市人民医院	主任护师	2021 年 3 月 25 日	简人社职〔2021〕20 号	正高级
牟绍英	简阳市人民医院	主任技师	2021 年 3 月 25 日	简人社职〔2021〕20 号	正高级
钟原胜	简阳市人民医院	主任技师	2021 年 3 月 25 日	简人社职〔2021〕20 号	正高级
雷德财	简阳空分医院	主任技师	2021 年 3 月 25 日	简人社职〔2021〕20 号	正高级
晋建辉	简阳市阳安中学	正高级教师	2021 年 4 月 22 日	简人社职〔2021〕24 号	正高级
陈建超	简阳中学	正高级教师	2021 年 4 月 22 日	简人社职〔2021〕24 号	正高级
黄震宇	四川空分设备（集团）有限责任公司	正高级工程师	2021 年 9 月 15 日	简人社职〔2021〕47 号	正高级
都良英	简阳市五星乡九年义务教育学校	高级教师	2021 年 1 月 13 日	简人社职〔2021〕4 号	
王身修	简阳市云龙镇初级中学	高级教师	2021 年 1 月 13 日	简人社职〔2021〕4 号	
钟　琼	简阳市吴仲良第四初级中学	高级教师	2021 年 1 月 13 日	简人社职〔2021〕4 号	
马炳强	简阳市施家镇九年义务教育学校	高级教师	2021 年 1 月 13 日	简人社职〔2021〕4 号	
田静兰	简阳市东溪初级中学	高级教师	2021 年 1 月 13 日	简人社职〔2021〕4 号	
刘华兵	简阳市金马镇九年义务教育学校	高级教师	2021 年 1 月 13 日	简人社职〔2021〕4 号	
付克强	简阳市太平桥镇初级中学	高级教师	2021 年 1 月 13 日	简人社职〔2021〕4 号	
史德君	简阳市宏缘乡九年义务教育学校	高级教师	2021 年 1 月 13 日	简人社职〔2021〕4 号	
黄玉仙	简阳市石钟镇黄连九年义务教育学校	高级教师	2021 年 1 月 13 日	简人社职〔2021〕4 号	
谢德强	简阳市怀远九年义务教育学校	高级教师	2021 年 1 月 13 日	简人社职〔2021〕4 号	
陈艳丽	简阳市东溪初级中学	高级教师	2021 年 1 月 13 日	简人社职〔2021〕4 号	
周　燕	简阳市江源镇九年义务教育学校	高级教师	2021 年 1 月 13 日	简人社职〔2021〕4 号	
曾碧英	简阳市实验小学	高级教师	2021 年 1 月 13 日	简人社职〔2021〕4 号	
刘玲燕	简阳市简城城北九年义务教育学校	高级教师	2021 年 1 月 13 日	简人社职〔2021〕4 号	

续表 9

姓名	工作单位	职称	取得时间	批准文号	备注
雷晓天	简阳市东溪初级中学	高级教师	2021 年 1 月 13 日	简人社职〔2021〕4 号	
冯兴强	简阳市望水乡九年义务教育学校	高级教师	2021 年 1 月 13 日	简人社职〔2021〕4 号	
卿海松	简阳市禾丰镇初级中学	高级教师	2021 年 1 月 13 日	简人社职〔2021〕4 号	
卿文玖	简阳市五合乡吴文森初级中学	高级教师	2021 年 1 月 13 日	简人社职〔2021〕4 号	
陈庆水	简阳市江源镇九年义务教育学校	高级教师	2021 年 1 月 13 日	简人社职〔2021〕4 号	
陈俊忠	简阳市镇金镇吴文雅初级中学	高级教师	2021 年 1 月 13 日	简人社职〔2021〕4 号	
张　丽	简阳市简城城北九年义务教育学校	高级教师	2021 年 1 月 13 日	简人社职〔2021〕4 号	
张义霞	简阳市新市小学	高级教师	2021 年 1 月 13 日	简人社职〔2021〕4 号	
张石东	简阳市简城城南九年义务教育学校	高级教师	2021 年 1 月 13 日	简人社职〔2021〕4 号	
刘德丽	简阳市解放九年义务教育学校	高级教师	2021 年 1 月 13 日	简人社职〔2021〕4 号	
马　艳	简阳市简城城北九年义务教育学校	高级教师	2021 年 1 月 13 日	简人社职〔2021〕4 号	
秦诗琼	简阳市云龙镇中心小学	高级教师	2021 年 1 月 13 日	简人社职〔2021〕4 号	
李先琼	简阳市云龙镇初级中学	高级教师	2021 年 1 月 13 日	简人社职〔2021〕4 号	
谭志琼	简阳市青龙镇联合九年义务教育学校	高级教师	2021 年 1 月 13 日	简人社职〔2021〕4 号	
李　勋	简阳市简城城北九年义务教育学校	高级教师	2021 年 1 月 13 日	简人社职〔2021〕4 号	
袁凤雏	简阳市平泉镇中心小学	高级教师	2021 年 1 月 13 日	简人社职〔2021〕4 号	
邱　艳	简阳市禾丰镇中心小学	高级教师	2021 年 1 月 13 日	简人社职〔2021〕4 号	
蒋景夏	简阳市金马镇九年义务教育学校	高级教师	2021 年 1 月 13 日	简人社职〔2021〕4 号	
卿　林	简阳市三星中学	高级教师	2021 年 1 月 13 日	简人社职〔2021〕4 号	
彭胜君	简阳市三星镇井田九年义务教育学校	高级教师	2021 年 1 月 13 日	简人社职〔2021〕4 号	
傅永勤	简阳市望水乡九年义务教育学校	高级教师	2021 年 1 月 13 日	简人社职〔2021〕4 号	
蒋增谊	简阳市宏缘乡九年义务教育学校	高级教师	2021 年 1 月 13 日	简人社职〔2021〕4 号	
郭利华	简阳市踏水镇九年义务教育学校	高级教师	2021 年 1 月 13 日	简人社职〔2021〕4 号	
胡友德	简阳市新星乡九年义务教育学校	高级教师	2021 年 1 月 13 日	简人社职〔2021〕4 号	
李晓红	简阳市实验中学	高级教师	2021 年 1 月 13 日	简人社职〔2021〕4 号	
汪晓霞	简阳市实验中学	高级教师	2021 年 1 月 13 日	简人社职〔2021〕4 号	
彭玉波	简阳市踏水镇九年义务教育学校	高级教师	2021 年 1 月 13 日	简人社职〔2021〕4 号	
蒋光琼	简阳市金马镇九年义务教育学校	高级教师	2021 年 1 月 13 日	简人社职〔2021〕4 号	
李　俊	简阳市实验中学	高级教师	2021 年 1 月 13 日	简人社职〔2021〕4 号	
汪广钦	简阳市镇金镇吴文雅初级中学	高级教师	2021 年 1 月 13 日	简人社职〔2021〕4 号	
王万权	简阳市云龙镇初级中学	高级教师	2021 年 1 月 13 日	简人社职〔2021〕4 号	
陈道彬	简阳市普安乡初级中学	高级教师	2021 年 1 月 13 日	简人社职〔2021〕4 号	
李洪生	简阳市新市镇杨家九年义务教育学校	高级教师	2021 年 1 月 13 日	简人社职〔2021〕4 号	
张易超	简阳市青龙镇初级中学	高级教师	2021 年 1 月 13 日	简人社职〔2021〕4 号	
谢仁智	简阳市实验中学	高级教师	2021 年 1 月 13 日	简人社职〔2021〕4 号	
胡　涛	简阳通材实验学校	高级教师	2021 年 1 月 13 日	简人社职〔2021〕4 号	
陈雪梅	简阳市云龙镇百堰九年义务教育学校	高级教师	2021 年 1 月 13 日	简人社职〔2021〕4 号	
游丽英	简阳通材实验学校	高级教师	2021 年 1 月 13 日	简人社职〔2021〕4 号	
刘丽云	简阳市简城城南九年义务教育学校	高级教师	2021 年 1 月 13 日	简人社职〔2021〕4 号	

续表 9

姓名	工作单位	职称	取得时间	批准文号	备注
张　俊	简阳市宏缘乡九年义务教育学校	高级教师	2021 年 1 月 13 日	简人社职〔2021〕4 号	
罗　静	简阳市解放九年义务教育学校	高级教师	2021 年 1 月 13 日	简人社职〔2021〕4 号	
袁晓莉	简阳市简城城北九年义务教育学校	高级教师	2021 年 1 月 13 日	简人社职〔2021〕4 号	
辜群英	简阳市老龙乡九年义务教育学校	高级教师	2021 年 1 月 13 日	简人社职〔2021〕4 号	
曾祥淑	简阳市解放九年义务教育学校	高级教师	2021 年 1 月 13 日	简人社职〔2021〕4 号	
杨　青	简阳市五合乡中心小学	高级教师	2021 年 1 月 13 日	简人社职〔2021〕4 号	
赖福英	简阳市平泉镇中心小学	高级教师	2021 年 1 月 13 日	简人社职〔2021〕4 号	
陈　丽	简阳市五星乡九年义务教育学校	高级教师	2021 年 1 月 13 日	简人社职〔2021〕4 号	
曾学英	简阳市平窝乡九年义务教育学校	高级教师	2021 年 1 月 13 日	简人社职〔2021〕4 号	
李　娟	简阳市青龙镇中心小学	高级教师	2021 年 1 月 13 日	简人社职〔2021〕4 号	
汪　燕	简阳市实验中学	高级教师	2021 年 1 月 13 日	简人社职〔2021〕4 号	
李小平	简阳市太平桥镇初级中学	高级教师	2021 年 1 月 13 日	简人社职〔2021〕4 号	
赖炳勇	简阳市平泉镇新桥九年义务教育学校	高级教师	2021 年 1 月 13 日	简人社职〔2021〕4 号	
张玉芳	简阳市东溪镇江南九年义务教育学校	高级教师	2021 年 1 月 13 日	简人社职〔2021〕4 号	
朱天洲	简阳市施家镇九年义务教育学校	高级教师	2021 年 1 月 13 日	简人社职〔2021〕4 号	
陈　越	简阳市射洪坝第一小学	高级教师	2021 年 1 月 13 日	简人社职〔2021〕4 号	
卿长玖	简阳市宏缘乡九年义务教育学校	高级教师	2021 年 1 月 13 日	简人社职〔2021〕4 号	
罗良斌	简阳市平息乡九年义务教育学校	高级教师	2021 年 1 月 13 日	简人社职〔2021〕4 号	
蒋光金	简阳市金马镇九年义务教育学校	高级教师	2021 年 1 月 13 日	简人社职〔2021〕4 号	
王长江	简阳市平武镇安佛九年义务教育学校	高级教师	2021 年 1 月 13 日	简人社职〔2021〕4 号	
侯　超	简阳市云龙镇初级中学	高级教师	2021 年 1 月 13 日	简人社职〔2021〕4 号	
王　英	简阳市石桥镇石堰九年义务教育学校	高级教师	2021 年 1 月 13 日	简人社职〔2021〕4 号	
邱秀堂	简阳市三星镇中心小学	高级教师	2021 年 1 月 13 日	简人社职〔2021〕4 号	
唐道乾	简阳市石桥镇赤水九年义务教育学校	高级教师	2021 年 1 月 13 日	简人社职〔2021〕4 号	
邓祥森	简阳市石桥初级中学	高级教师	2021 年 1 月 13 日	简人社职〔2021〕4 号	
李先华	简阳市平武镇安佛九年义务教育学校	高级教师	2021 年 1 月 13 日	简人社职〔2021〕4 号	
王树华	简阳市宏缘乡红沙九年义务教育学校	高级教师	2021 年 1 月 13 日	简人社职〔2021〕4 号	
陈长春	简阳市石钟镇九年义务教育学校	高级教师	2021 年 1 月 13 日	简人社职〔2021〕4 号	
王　立	简阳市禾丰镇初级中学	高级教师	2021 年 1 月 13 日	简人社职〔2021〕4 号	
卿明英	简阳市新星乡九年义务教育学校	高级教师	2021 年 1 月 13 日	简人社职〔2021〕4 号	
李林丰	简阳市平武镇九年义务教育学校	高级教师	2021 年 1 月 13 日	简人社职〔2021〕4 号	
邓佑军	简阳市平息乡九年义务教育学校	高级教师	2021 年 1 月 13 日	简人社职〔2021〕4 号	
王　琳	简阳市综合实验九年义务教育学校	高级教师	2021 年 1 月 13 日	简人社职〔2021〕4 号	
赖常根	简阳市东溪初级中学	高级教师	2021 年 1 月 13 日	简人社职〔2021〕4 号	
晏式平	简阳市新市镇杨家九年义务教育学校	高级教师	2021 年 1 月 13 日	简人社职〔2021〕4 号	
黄先明	简阳市施家镇金玉九年义务教育学校	高级教师	2021 年 1 月 13 日	简人社职〔2021〕4 号	
周启华	简阳市解放九年义务教育学校	高级教师	2021 年 1 月 13 日	简人社职〔2021〕4 号	
余　相	简阳市石桥初级中学	高级教师	2021 年 1 月 13 日	简人社职〔2021〕4 号	
蒋治安	简阳市金马镇九年义务教育学校	高级教师	2021 年 1 月 13 日	简人社职〔2021〕4 号	

续表 9

姓名	工作单位	职称	取得时间	批准文号	备注
杨黎群	简阳市踏水镇九年义务教育学校	高级教师	2021 年 1 月 13 日	简人社职〔2021〕4 号	
晋良先	简阳市石桥初级中学	高级教师	2021 年 1 月 13 日	简人社职〔2021〕4 号	
李明玉	简阳市平武镇九年义务教育学校	高级教师	2021 年 1 月 13 日	简人社职〔2021〕4 号	
彭　彬	简阳市简城城南九年义务教育学校	高级教师	2021 年 1 月 13 日	简人社职〔2021〕4 号	
余　冰	简阳市怀远九年义务教育学校	高级教师	2021 年 1 月 13 日	简人社职〔2021〕4 号	
缪　俊	简阳市解放九年义务教育学校	高级教师	2021 年 1 月 13 日	简人社职〔2021〕4 号	
张正斌	简阳市青龙镇初级中学	高级教师	2021 年 1 月 13 日	简人社职〔2021〕4 号	
曾先秀	简阳市三星镇中心小学	高级教师	2021 年 1 月 13 日	简人社职〔2021〕4 号	
毛晓程	简阳市石桥镇石堰九年义务教育学校	高级教师	2021 年 1 月 13 日	简人社职〔2021〕4 号	
卿小辉	简阳市三星镇中心小学	高级教师	2021 年 1 月 13 日	简人社职〔2021〕4 号	
曾元芬	简阳市普安乡初级中学	高级教师	2021 年 1 月 13 日	简人社职〔2021〕4 号	
李　琼	简阳市东溪镇新合九年义务教育学校	高级教师	2021 年 1 月 13 日	简人社职〔2021〕4 号	
田述兴	简阳市云龙镇百堰九年义务教育学校	高级教师	2021 年 1 月 13 日	简人社职〔2021〕4 号	
卿晓林	简阳市新星乡九年义务教育学校	高级教师	2021 年 1 月 13 日	简人社职〔2021〕4 号	
陈典和	简阳市宏缘乡红沙九年义务教育学校	高级教师	2021 年 1 月 13 日	简人社职〔2021〕4 号	
肖　琦	简阳市石钟镇九年义务教育学校	高级教师	2021 年 1 月 13 日	简人社职〔2021〕4 号	
袁　华	简阳市三星中学	高级教师	2021 年 1 月 13 日	简人社职〔2021〕4 号	
朱　惠	简阳市简城第一小学	高级教师	2021 年 1 月 13 日	简人社职〔2021〕4 号	
吴明江	简阳市平泉镇新桥九年义务教育学校	高级教师	2021 年 1 月 13 日	简人社职〔2021〕4 号	
张　强	简阳市解放九年义务教育学校	高级教师	2021 年 1 月 13 日	简人社职〔2021〕4 号	
饶　平	简阳市永宁乡九年义务教育学校	高级教师	2021 年 1 月 13 日	简人社职〔2021〕4 号	
陈建兵	简阳市简城城北九年义务教育学校	高级教师	2021 年 1 月 13 日	简人社职〔2021〕4 号	
王　云	简阳市东溪初级中学	高级教师	2021 年 1 月 13 日	简人社职〔2021〕4 号	
杨　凤	简阳市实验中学	高级教师	2021 年 1 月 13 日	简人社职〔2021〕4 号	
樊　荣	简阳市飞龙乡九年义务教育学校	高级教师	2021 年 1 月 13 日	简人社职〔2021〕4 号	
李明辉	简阳市望水乡九年义务教育学校	高级教师	2021 年 1 月 13 日	简人社职〔2021〕4 号	
唐　海	简阳市金马镇九年义务教育学校	高级教师	2021 年 1 月 13 日	简人社职〔2021〕4 号	
张　玲	简阳市太平桥镇初级中学	高级教师	2021 年 1 月 13 日	简人社职〔2021〕4 号	
卿　兵	简阳市新星乡九年义务教育学校	高级教师	2021 年 1 月 13 日	简人社职〔2021〕4 号	
胡荣逵	简阳市石钟镇九年义务教育学校	高级教师	2021 年 1 月 13 日	简人社职〔2021〕4 号	
钟　琼	简阳市实验中学	高级教师	2021 年 1 月 13 日	简人社职〔2021〕4 号	
吴春洪	简阳市三星中学	高级教师	2021 年 1 月 13 日	简人社职〔2021〕4 号	
汪雪芳	简阳市镇金镇吴文雅初级中学	高级教师	2021 年 1 月 13 日	简人社职〔2021〕4 号	
张龙金	简阳市平武镇九年义务教育学校	高级教师	2021 年 1 月 13 日	简人社职〔2021〕4 号	
张宇学	简阳市青龙镇初级中学	高级教师	2021 年 1 月 13 日	简人社职〔2021〕4 号	
吕成英	简阳市实验中学	高级教师	2021 年 1 月 13 日	简人社职〔2021〕4 号	
刘小平	简阳市东溪初级中学	高级教师	2021 年 1 月 13 日	简人社职〔2021〕4 号	
付余福	简阳市望水乡九年义务教育学校	高级教师	2021 年 1 月 13 日	简人社职〔2021〕4 号	
陈华纯	简阳市云龙镇初级中学	高级教师	2021 年 1 月 13 日	简人社职〔2021〕4 号	

续表 9

姓名	工作单位	职称	取得时间	批准文号	备注
蒋亿春	简阳市云龙镇初级中学	高级教师	2021 年 1 月 13 日	简人社职〔2021〕4 号	
蒋　彬	简阳市三星镇初级中学	高级教师	2021 年 1 月 13 日	简人社职〔2021〕4 号	
余让旭	简阳市石桥镇石堰九年义务教育学校	高级教师	2021 年 1 月 13 日	简人社职〔2021〕4 号	
晏世茂	简阳市镇金镇吴文雅初级中学	高级教师	2021 年 1 月 13 日	简人社职〔2021〕4 号	
周　莉	简阳市宏缘乡九年义务教育学校	高级教师	2021 年 1 月 13 日	简人社职〔2021〕4 号	
彭超萍	简阳市简城城北九年义务教育学校	高级教师	2021 年 1 月 13 日	简人社职〔2021〕4 号	
钟　丹	简阳市射洪坝第一小学	高级教师	2021 年 1 月 13 日	简人社职〔2021〕4 号	
郑　毅	简阳市简城第一小学	高级教师	2021 年 1 月 13 日	简人社职〔2021〕4 号	
林旭晴	简阳市特殊教育学校	高级教师	2021 年 1 月 13 日	简人社职〔2021〕4 号	
毛火艳	简阳市特殊教育学校	高级教师	2021 年 1 月 13 日	简人社职〔2021〕4 号	
王秀英	简阳市委党校	高级讲师	2021 年 2 月 7 日	简人社职〔2021〕11 号	
聂玉梅	简阳空分医院	副主任医师	2021 年 3 月 8 日	简人社职〔2021〕12 号	
汪亚莉	简阳市妇幼保健院	副主任医师	2021 年 3 月 8 日	简人社职〔2021〕12 号	
付光秀	简阳市妇幼保健院	副主任医师	2021 年 3 月 8 日	简人社职〔2021〕12 号	
彭雪梅	简阳市妇幼保健院	副主任医师	2021 年 3 月 8 日	简人社职〔2021〕12 号	
陈雅祺	简阳市人民医院	副主任医师	2021 年 3 月 8 日	简人社职〔2021〕12 号	
李金莲	简阳市人民医院	副主任医师	2021 年 3 月 8 日	简人社职〔2021〕12 号	
邓海波	简阳市人民医院	副主任医师	2021 年 3 月 8 日	简人社职〔2021〕12 号	
胡晓勤	简阳市人民医院	副主任医师	2021 年 3 月 8 日	简人社职〔2021〕12 号	
曾　韬	简阳市人民医院	副主任医师	2021 年 3 月 8 日	简人社职〔2021〕12 号	
陈　熙	简阳市人民医院	副主任医师	2021 年 3 月 8 日	简人社职〔2021〕12 号	
邱　丹	简阳市人民医院	副主任医师	2021 年 3 月 8 日	简人社职〔2021〕12 号	
彭民建	简阳市人民医院	副主任医师	2021 年 3 月 8 日	简人社职〔2021〕12 号	
彭　李	简阳市人民医院	副主任医师	2021 年 3 月 8 日	简人社职〔2021〕12 号	
黄月刚	简阳市人民医院	副主任医师	2021 年 3 月 8 日	简人社职〔2021〕12 号	
王　强	简阳市人民医院	副主任医师	2021 年 3 月 8 日	简人社职〔2021〕12 号	
徐桂珍	简阳市人民医院	副主任医师	2021 年 3 月 8 日	简人社职〔2021〕12 号	
曾勇梅	简阳市中医医院	副主任医师	2021 年 3 月 8 日	简人社职〔2021〕12 号	
林兰娟	简阳市中医医院	副主任医师	2021 年 3 月 8 日	简人社职〔2021〕12 号	
周　华	简阳市中医医院	副主任医师	2021 年 3 月 8 日	简人社职〔2021〕12 号	
郑静阳	简阳市中医医院	副主任医师	2021 年 3 月 8 日	简人社职〔2021〕12 号	
邓　均	简阳市中医医院	副主任医师	2021 年 3 月 8 日	简人社职〔2021〕12 号	
王　关	简阳市中医医院	副主任医师	2021 年 3 月 8 日	简人社职〔2021〕12 号	
王　琼	简阳市中医医院	副主任医师	2021 年 3 月 8 日	简人社职〔2021〕12 号	
曹　琪	简阳市精神病医院（简阳市青龙镇卫生院）	副主任药师	2021 年 3 月 8 日	简人社职〔2021〕12 号	
付红梅	简阳市镇金中心卫生院	副主任药师	2021 年 3 月 8 日	简人社职〔2021〕12 号	
付锦艳	简阳市中医院	副主任药师	2021 年 3 月 8 日	简人社职〔2021〕12 号	
方　清	简阳市妇幼保健院	副主任护师	2021 年 3 月 8 日	简人社职〔2021〕12 号	

续表9

姓名	工作单位	职称	取得时间	批准文号	备注
余　玲	简阳市人民医院	副主任护师	2021年3月8日	简人社职〔2021〕12号	
张　波	简阳市人民医院	副主任护师	2021年3月8日	简人社职〔2021〕12号	
李红敏	简阳市人民医院	副主任护师	2021年3月8日	简人社职〔2021〕12号	
侯　萍	简阳市人民医院	副主任护师	2021年3月8日	简人社职〔2021〕12号	
王　欢	简阳市人民医院	副主任护师	2021年3月8日	简人社职〔2021〕12号	
刘万萍	简阳市人民医院	副主任护师	2021年3月8日	简人社职〔2021〕12号	
陈建秋	简阳市人民医院	副主任护师	2021年3月8日	简人社职〔2021〕12号	
辜秀琴	简阳市石桥中心卫生院	副主任护师	2021年3月8日	简人社职〔2021〕12号	
何小玲	简阳市新市中心卫生院	副主任护师	2021年3月8日	简人社职〔2021〕12号	
李秀英	简阳市镇金中心卫生院	副主任护师	2021年3月8日	简人社职〔2021〕12号	
陶　艳	简阳市中医医院	副主任护师	2021年3月8日	简人社职〔2021〕12号	
彭会兰	简阳市中医医院	副主任护师	2021年3月8日	简人社职〔2021〕12号	
朱俊秀	简阳市中医医院	副主任护师	2021年3月8日	简人社职〔2021〕12号	
徐红丽	简阳市中医医院	副主任护师	2021年3月8日	简人社职〔2021〕12号	
刘　芳	简阳市妇幼保健院	副主任技师	2021年3月8日	简人社职〔2021〕12号	
谢毅明	简阳市疾病预防控制中心	副主任技师	2021年3月8日	简人社职〔2021〕12号	
卢　峰	简阳市人民医院	副主任技师	2021年3月8日	简人社职〔2021〕12号	
李　霞	简阳市城北社区卫生服务中心	基层卫生副主任医师	2021年3月8日	简人社职〔2021〕12号	
谭　红	简阳市红十字平泉中心卫生院	基层卫生副主任医师	2021年3月8日	简人社职〔2021〕12号	
杨　东	简阳市疾病预防控制中心	基层卫生副主任医师	2021年3月8日	简人社职〔2021〕12号	
付　勇	简阳市石桥中心卫生院	基层卫生副主任医师	2021年3月8日	简人社职〔2021〕12号	
何　慧	简阳市新市中心卫生院	基层卫生副主任医师	2021年3月8日	简人社职〔2021〕12号	
秦光琼	简阳市云龙中心卫生院	基层卫生副主任医师	2021年3月8日	简人社职〔2021〕12号	
林福安	简阳市人民医院	中西医结合副主任医师	2021年3月8日	简人社职〔2021〕15号	
刘晓英	简阳市城东社区卫生服务中心	中西医结合副主任医师	2021年3月8日	简人社职〔2021〕15号	
陈文胜	简阳市高级职业中学	高级讲师	2021年5月6日	简人社职〔2021〕25号	
陈　英	简阳市高级职业中学	高级讲师	2021年5月6日	简人社职〔2021〕25号	
刘文胜	简阳市高级职业中学	高级讲师	2021年5月6日	简人社职〔2021〕25号	
谢丽春	简阳市高级职业中学	高级讲师	2021年5月6日	简人社职〔2021〕25号	
李　静	简阳市简州大耳羊养殖技术服务中心	高级畜牧师	2021年6月8日	简人社职〔2021〕30号	
杨自兰	简阳市石钟镇农业服务中心	高级畜牧师	2021年6月8日	简人社职〔2021〕30号	
翁泽明	简阳市杨家镇农业综合服务中心	高级畜牧师	2021年6月8日	简人社职〔2021〕30号	
廖　菊	简阳市赤水街道农业综合服务中心	高级农艺师	2021年6月8日	简人社职〔2021〕30号	
夏　彬	简阳市农业技术推广中心	高级农艺师	2021年6月8日	简人社职〔2021〕30号	
陈晓兰	简阳市植保植检站（简阳市种子管理站）	高级农艺师	2021年6月8日	简人社职〔2021〕30号	
卿晓剑	简阳市农业技术推广中心	高级农艺师	2021年6月8日	简人社职〔2021〕30号	
何　群	简阳市农业技术推广中心	高级农艺师	2021年6月8日	简人社职〔2021〕30号	
施碧刚	简阳市施家镇农业服务中心	高级兽医师	2021年6月8日	简人社职〔2021〕30号	
李　惠	简阳市水产技术服务中心	高级会计师	2021年6月8日	简人社职〔2021〕31号	

续表 9

姓名	工作单位	职称	取得时间	批准文号	备注
毛华盛	简阳市东溪中心卫生院	高级工程师	2021 年 6 月 8 日	简人社职〔2021〕32 号	
刘富扬	四川空分设备（集团）有限责任公司	高级工程师	2021 年 6 月 8 日	简人社职〔2021〕32 号	
马晓波	四川港通医疗设备集团股份有限公司	高级工程师	2021 年 6 月 8 日	简人社职〔2021〕32 号	
杨　超	四川港通医疗设备集团股份有限公司	高级工程师	2021 年 6 月 8 日	简人社职〔2021〕32 号	
郭正奎	四川空分设备（集团）有限责任公司	高级工程师	2021 年 6 月 8 日	简人社职〔2021〕32 号	
杨彬伟	简阳市现代工业投资发展有限公司	高级工程师	2021 年 6 月 8 日	简人社职〔2021〕32 号	
王兴艳	四川空分设备（集团）有限责任公司	高级工程师	2021 年 6 月 8 日	简人社职〔2021〕32 号	
何菊华	简阳市城乡供排水管理站	高级工程师	2021 年 6 月 8 日	简人社职〔2021〕32 号	
刘小伟	四川空分设备（集团）有限责任公司	高级工程师	2021 年 6 月 8 日	简人社职〔2021〕32 号	
陈　勇	成都天慧盛达置业有限公司	高级工程师	2021 年 6 月 8 日	简人社职〔2021〕32 号	
方玉先	简阳市人民医院	高级工程师	2021 年 6 月 8 日	简人社职〔2021〕32 号	
严文辉	简阳市人民政府射洪坝街道办事处综合便民服务中心	高级工程师	2021 年 6 月 8 日	简人社职〔2021〕32 号	
樊　伟	四川空分设备（集团）有限责任公司	高级工程师	2021 年 6 月 8 日	简人社职〔2021〕32 号	
温光林	四川空分设备（集团）有限责任公司	高级工程师	2021 年 6 月 8 日	简人社职〔2021〕32 号	
王　冕	四川空分设备（集团）有限责任公司	高级工程师	2021 年 6 月 8 日	简人社职〔2021〕32 号	
李　亮	四川空分设备（集团）有限责任公司	高级工程师	2021 年 6 月 8 日	简人社职〔2021〕32 号	
蔡　阳	简阳绿杉新能源设备有限公司	高级工程师	2021 年 6 月 8 日	简人社职〔2021〕32 号	
张　雪	四川雄洲建设集团有限公司	高级工程师	2021 年 6 月 8 日	简人社职〔2021〕32 号	
鄢　莹	简阳市图书馆	副研究馆员	2021 年 9 月 15 日	简人社职〔2021〕46 号	

说明：此表由简阳市人社局提供

（周先勇）

机关事务服务

【概况】 2021 年，市机关事务中心围绕简阳市委、市政府决策部署，深化改革、规范管理、优化服务，推进公务接待、公车管理、办公用房管理、公共机构节能；推进“十百千”特色农副产品进机关活动，组织商家 11 户在成都市级机关办公区现场展销简阳特色农副产品 100 余种，销售额 20 余万元；组织专业服务团队参与四川省委办公厅举办的第 12 次厨艺交流活动，宣传简阳特色美食，提升城市美食知名度和美誉度。

【公务接待】 市机关事务中心按照中央“八项规定”和《公务接待管理实施细则》，贯彻落实厉行勤俭节约、反对铺张浪费的精神，规范公务接待，提高接待水平；协助参与四川省纪委“巡视整改”专项整治监督调研等重要接待，获得来宾和领导一致好评。

【公车管理】 市机关事务中心推进镇（街道）增编，做好基层用车保障；实现线上平台管理与线下标识管理相融合，打好内部监管与社会监督“组合拳”；严格编制审批、车辆采购、车辆使用和车辆报废全链条管理，严筑违规“防火墙”；开展公车安全管理专项教育整顿，强化落实整改。

【办公用房管理】 市机关事务中心利用办公用房管理平台，强化日常管理，完善办公用房租用流程和信息统计报告制度；开展办公用房管理使用情况督查 5 次，通过实地查看、现场测量等方式检查 92 家党政机关办公用房使用情况。

【公共机构节能】 市机关事务中心开展节约型机关创建活动，全市集中办公区21个单位通过成都市节约型机关创建初审；推进绿色发展，推广光伏发电项目，倡导合同能源管理；做好公共机构能源资源消耗统计，253个公共机构纳入能耗统计信息平台，实现能源资源消耗统计全覆盖，为公共机构节能提供决策依据。

【会议保障】 市机关事务中心完善会议服务保障制度，定期对会务人员、音控师进行业务知识培训和设备设施安全检查，提升服务“含金量”，全年服务简阳市第十六次党代会等重要会议180余场次。

【后勤保障】 市机关事务中心做好办公区疫情防控常态化工作，加强食堂管理和增加消杀频次，确保办公区安全平稳运行；参与2021年四川省委经济工作会议后勤保障，制作的特色菜品获就餐领导好评。

（袁　巍）

公共资源交易

【概况】 2021年，市公共资源交易中心围绕建设成都东部区域中心城市，打造“五个新简阳”，在新冠肺炎疫情防控期间“防控不松劲，交易不停步”；结合工作职责推动全市交易平台建设发展，优化公共资源交易营商环境，加快智慧交易，规范服务。简阳市全年通过交易中心（含成都市中心）完成公共资源交易项目422个（宗），其中工程建设类交易项目96个、政府采购类交易项目284个、国有资产交易项目24个、土地使用权出让18宗（含成都东部新区土地），实现交易金额74.96亿元。

【交易服务效能提升】 市公共资源交易中心梳理工作流程，更新服务事项，修订项目交易办事指南，优化岗位作业标准，印发《简阳市公共资源交易服务中心岗位作业指导书》，减少交易环节5个，优化交易流程20个；推进“放管服”改革和“互联网+”交易服务，精简办事流程，采取告知承诺、“一表申请”、“首席服务”等举措提升交易速率，扩充“全程网办”服务事项，45项交易服务事项中44项实现全程网办，全程网办率97.8%；立足进场统筹、流程办理、机制保障等环节，分行业类别编排重点项目管理清单，实行重大项目交易问题归集办理，通过项目推进调度会形式收集、整理、化解问题。

【智慧交易推进】 市公共资源交易中心发挥电子交易平台作用，工程建设项目招投标、政府采购、土地使用权出让（工业用地）、资产资源处置四大业务板块全部实行线上全流程电子化交易，降低市场主体交易成本；实施在线投标、开标和评标，实现交易“不见面”、数据“云上走”；4月启用“政采云”电子交易系统，政府采购全项目、全方式、全流程电子化取得突破。6月11日，成都市首个通过“政采云”系统实施政府采购工程线上磋商项目在简阳市完成，项目全流程在线实施，较以往项目开展线下采购活动，缩短采购周期，提升磋商质效。

【区域交易协作】 市公共资源交易中心与成都市、眉山市、资阳市以及重庆市区域内33个交易中心建立“网格化”协作体系，完成成都东部新区8宗工业用地和1宗仓储用地挂牌出让，交易金额1.32亿元；立足成都市域、成（都）德（阳）眉（山）资（阳）区域、成渝地区三个层面，实施工程建设和政府采购异地远程评标项目33个，交易金额1.22亿元。8月26日，成渝两地首个使用“政采云”系统实施异地远程评标项目（简阳市住房和城乡建设局简阳市城建档案馆采购项目）在简阳市公共资源交易中心完成。

6月1日，川渝携手——简阳·璧山公共资源交易工作交流会召开（市公共资源交易中心供图）

【公共资源交易管理】 市公共资源交易中心聚焦工程招投标领域突出问题系统治理，推进交易健康发展；在成都市公共资源电子交易云平台设置“举报专区”，公开投诉举报和线索征集电话；制定《交易现场不良行为记录上报工作规程》，加强开评标现场管理，记录上报交易现场不良行为9人次；持续在开标前滚动播放警示教育片，滚动播放警示教育片295场次，观看人员4644人次。

（蒋　庆）

侨务和台湾事务

【概况】 2021年，简阳市有统计在册华人华侨174人、侨属634人，有侨属企业3家（简阳川空精密铸钢有限公司、四川宏远机械设备有限公司和彤航塑料制品有限公司）；有台胞120人、台属209人，有台资企业（台资超25%为台资企业）1家［四川华东农林有限公司（合资企业）］。

【思想政治引领】 市政府侨台办组织侨台界人士学习中共十九届六中全会精神和四川省委、成都市委、简阳市委全会精神，增强“四个意识”、坚定“四个自信”、做到“两个维护”；利用召开统一战线主题培训班及庆祝中国共产党成立100周年主题教育，宣讲侨台工作方针政策、国际形势、台海形势；抓好侨界、台胞群众宣传教育，利用召开2021年简阳市侨界人士座谈会、微信公众号、微信群、“12·4”集中宣传等途径做好涉侨涉台法律法规宣传；开展“侨法宣传进社区”宣传活动，发放普法教育宣传册和法治宣传单700余份，接受现场咨询34人次，在全市范围内形成学法用法氛围。

【涉侨涉台服务】 市政府侨台办利用新春祝温暖、端午祝安康、中秋祝团圆等契机走访慰问侨台界人士，春节期间筹集6万余元的物资慰问侨眷属、社区侨务工作人员180余户和台胞台属30余人，端午节期间全覆盖慰问侨界党员，中秋节举行“佳节喜团圆·简州月相伴”迎中秋座谈会，简阳市海外统战代表人士30余人参加；走访慰问台资企业和侨属企业，到四川华东农林有限公司总部、三星镇种植基地开展调研，指导企业入驻“四川台资企业名品馆”。

【涉侨涉台活动】 市政府侨台办引导四川省华侨公益基金会组织“侨爱暖心包”——定制冬衣活动，慰问简阳市飞龙九义校优秀困难学生40名；组织简阳市中学生参加第二十一届世界华人学生作文大赛，17名学生作品获奖，其中一等奖1名、二等奖6名、三等奖10名；开展庆祝中国共产党成立100周年系列活动，组织侨界代表参观陈毅故里，开展“百年党史映侨史”党史宣传教育，参加成都市侨联红色教育主题党日活动、开展“感恩跟党走、侨见幸福美好生活”系列活动，传承红色基因，激发爱国情怀，丰富文化生活，增强侨界凝聚力。市政府侨台办协调成都市台办、成都市台协及其妇联会、青委会和简阳市妇联到简阳市施家镇龙河村看望慰问困难妇女、困境儿童，为30名困难妇女、困境儿童送去价值3万余元的慰问金和物资。

（谭宏斌）

信　访

【概况】 2021年，市信访局围绕“控增量、减存量、防变量”目标，织严织密初次信访受理办理、重复信访集中治理、难案积案攻坚化解“三重滤网”，健全完善组织协调、责任传导、基层基础“三项机制”；推进信访积案难案化解，夯实信访工作基层基础，做好重要时段信访保障，全市未发生极端信访行为、未发生负面舆论炒作；与市党政网管理中心共同承办人民网留言办理，向省级刊物《社情民意》报送《打造“微自治”系统工程，积极探索城乡社区发展治理的“简阳之解”》经验做法，在全省推广。简阳市委获评2021年度人民网网上群众工作民心汇聚单位。

【信访机制建设】 市信访局在全市22个镇（街道）建立信访工作联席会议并逐步开始运行；落实六项工作机制（工作例会、信访矛盾纠纷全面排查、分析研判重要信访信息、推动化解信访重点案件、应急处置及信访保障、日常信访工作推进），解决好镇（街道）一级信访问题。

【信访办理】 市信访局全年受理群众信访5876件（人）次，比2020年下降14.2%；落实“三到位一处理”（诉求合理的解决问题到位、诉求无理的思想教育到位、生活困难的帮扶救助到位、行为违法的依法处理），做到“五个一次性”（一次性把群众诉求弄清楚、一次性把矛盾症结找准确、一次性把政策法规用到位、一次性把化解方案定合理、一次性把诉求请求办满意），提高初次信访办理质量，全市初转重率9.7%，群众对信访部门满意率98.99%、对责任单位满意率97.10%；纳入国家信访局满意度评价信访事项，群众对信访部门满意率87.69%，在成都市23个区（市、县）中排名第8位，对责任单位满意率84.75%，在成都市23个区（市、县）中排名第5位。简阳市信访局推进难案积案攻坚化解，“三张清单”突出信访问题清单交办25件，全部办结或化解；第一批“治理重复信访，化解信访积案”专项工作交办85件，全部化解；第二批“治理重复信访，化解信访积案”专项工作交办33件，化解24件，完成阶段化解任务；化解“我为群众办实事”实践活动“硬骨头”项目信访积案，成都市交办5件，化解5件；中央环保督察期间登记环保类信访事项4件，化解4件。

【重点领域信访问题化解】 市信访局房地产领域问题占全年信访总量的42.9%，主要涉及夜月春晓和阳晨丽都产权办理、蓝色港湾二期交房问题、仁和苑一房多卖问题、滨河湾二期精装修和延期交房问题、天慧凯颂广场虚假宣传问题等，化解率61.3%；劳动社保领域问题占全年信访总量的19.2%，主要涉及东来印象、传化·东港城、锦官天宸、家风荷乡、高标准农田建设、村组道路提升等项目欠薪问题，化解率84.7%；农业农村领域问题占全年信访总量的8.4%，主要涉及农村土地确权纠纷、土地流转租金及宅基地申请审批办理等问题，化解率73.6%；民政领域问题占全年信访总量的4.2%，主要涉及优抚救济、低保办理等，化解率87.7%；投融资领域问题占全年信访总量的2.5%，主要涉及大华国际项目、千驹房产等；交通领域的新雄州运输有限公司经济合同纠纷问题比较突出，涉及200余人。

【信访保障】 市信访局协调相关镇（街道）、重点市级部门抽调信访干部参与各级重要会议、重要时段信访服务保障，完成中国共产党成立100周年庆祝活动、中共十九届六中全会、各级两会、中共简阳市第十六次代表大会、全国跳水（简阳赛区）系列赛事等信访服务保障70余次。

（陈晓玉）

中国人民政治协商会议简阳市委员会

政协重要会议

【概况】 2021 年，中国人民政治协商会议简阳市委员会全年召开市政协十四届五次会议和市政协十五届一次会议，其中市政协十五届一次会议开展换届选举，机构设置未变；召开常委会会议 8 次、主席会议 14 次。

【简阳市政协十四届五次会议】 1 月 23—26 日，中国人民政治协商会议简阳市第十四届委员会第五次会议在东城新区会议中心召开。会议听取并赞同简阳市人民政府工作报告，赞同《简阳市国民经济和社会发展第十四个五年规划和二〇三五年远景目标纲要》、市人民法院工作报告、市人民检察院工作报告以及其他有关报告；审议批准市政协常委会工作报告，审议批准市政协常委会提案工作报告。

【简阳市政协十五届一次会议】 12 月 19—22 日，中国人民政治协商会议简阳市第十五届委员会第一次会议在东城新区会议中心召开。会议审议批准十四届市政协常委会工作报告和十四届市政协常委会提案工作报告；听取并赞同市人民政府工作报告，赞同市人民法院工作报告、市人民检察院工作报告以及其他报告；选举产生政协简阳市第十五届委员会主席、副主席、秘书长和常务委员。

12月19日，中国人民政治协商会议简阳市第十五届委员会第一次会议召开（市政协供图）

【简阳市政协常委会会议】 简阳市政协全年召开常委会会议 8 次。

表 10　　2021 年简阳市政协常委会会议一览表

届次	时间	主要内容
十四届二十五次	1 月 23 日	通报市政协十四届五次会议筹备情况、2020 年度市政协委员履职统计考核情况、2020 年简阳市实施乡村振兴战略推进城乡融合发展工作情况、市政协各委室 2020 年度工作总结，专题协商市人民政府工作报告、简阳市 2020 年国民经济和社会发展计划执行情况及 2021 年计划报告、简阳市 2020 年财政预算执行情况和 2021 年财政预算草案报告、市人民法院工作报告、市人民检察院工作报告，审议市政协十四届五次会议方案

续表 10

届次	时间	主要内容
十四届二十六次	1 月 25 日	听取各委员组对市人民政府工作报告，市政协常委会工作报告、提案工作报告，法检两院工作报告，计划和财政工作报告，“十四五”规划和二〇三五年远景目标纲要的讨论情况；审议市政协十四届五次会议决议（草案）和提案审查报告（草案）
十四届二十七次	5 月 24 日	学习《中华人民共和国农产品质量安全法》；传达全国脱贫攻坚总结表彰大会精神，中央、四川省、成都市党史学习教育动员大会精神，全国政协十三届四次会议、四川省政协十二届四次会议、成都市政协十五届四次会议精神，全省政协系统“助力巩固脱贫、助推乡村振兴”专项活动动员部署会精神；通报市政协 2021 年度协商和民主监督计划、市政协 2021 年度工作要点、市政协“有事来协商”平台建设相关情况、市政协党史学习教育安排，协商简阳市“十四五”专项规划编制推进情况
十四届二十八次	7 月 30 日	宣讲防止司法干预“三个规定”，学习《优化营商环境条例》；传达学习习近平总书记在庆祝中国共产党成立 100 周年大会上的讲话精神，四川省委十一届九次全会、成都市委十三届九次全会、简阳市委十五届十五次全会精神；通报简阳市 2021 年上半年经济社会发展情况、市政协党史学习教育培训情况、市政协关于开展“助力巩固脱贫、助推乡村振兴”专项活动相关情况、简阳市政协委员履职服务与管理办法（新修订），协商简阳市新经济发展工作情况
十四届二十九次	10 月 15 日	学习《中华人民共和国土地管理法》；传达学习习近平总书记在纪念辛亥革命 110 周年大会上的讲话精神、全国政协系统党的建设工作经验交流会精神、全省政协工作经验交流会精神，通报简阳市幸福美好生活十大工程推进情况，协商简阳市国土空间规划推进情况
十四届三十次	11 月 26 日	学习《突发公共卫生事件应急条例》；传达中国共产党第十九届中央委员会第六次全体会议精神、中国共产党简阳市第十六次代表大会精神，协商全市高质量实施幸福美好生活十大工程推进情况，审议人事事项
十四届三十一次	12 月 10 日	通报 2021 年简阳市党风廉政建设和反腐败工作情况、简阳市干部选拔任用工作情况、简阳市经济社会发展情况和市政协优秀政协委员、提案工作先进情况，协商市人民政府工作报告（讨论稿）、简阳市 2021 年国民经济和社会发展计划执行情况及 2022 年计划报告（讨论稿）、简阳市 2021 年财政预算执行情况和 2022 年财政预算草案报告（讨论稿）、市人民法院工作报告（讨论稿）、市人民检察院工作报告（讨论稿）；审议市政协十四届常委会工作报告（送审稿）、提案工作情况报告（送审稿）及相关事项；协商市政协十五届委员会委员名额和人选及界别设置情况，审议市政协十五届一次会议相关事项
十五届一次	12 月 22 日	任命市政协第十五届委员会工作机构、专门委员会主任、副主任和副秘书长

【简阳市政协主席会议】 简阳市政协全年召开主席会议 14 次。

表 11　　2021 年简阳市政协主席会议一览表

届次	时间	主要内容
十四届第四十六次	1 月 6 日	审议市政协十四届五次会议相关资料；审议 2020 年度市政协委员履职统计考核情况，市委表彰的优秀政协委员、政协工作者建议名单，优秀提案和提案承办先进单位建议名单；审议市政协十四届五次会议、新春茶话会疫情防控工作方案；安排专委会 2020 工作总结汇编
十四届第四十七次	1 月 15 日	学习贯彻简阳市委十五届十四次全会精神，通报 2020 年简阳市实施乡村振兴战略推进城乡融合发展工作的情况，审议市政协十四届第二十五次常委会会议建议方案
十四届第四十八次	2 月 23 日	学习《成都市政协 2021 年工作要点》，审议《简阳市政协 2021 年度协商和民主监督工作计划（送审稿）》

续表 11

届次	时间	主要内容
十四届第四十九次	3 月 12 日	传达学习全国政协十三届四次会议精神
十四届第五十次	4 月 16 日	协商听取落实“十四五”规划推进情况，审议市政协十四届第二十七次常委会会议建议方案
十四届第五十一次	5 月 19 日	听取“十四五”专项规划协商议题推进情况，审议《市政协关于开展“有事来协商”平台建设的实施意见》，传达全省政协系统“助力脱贫攻坚、助推乡村振兴”专项活动动员部署会精神
十四届第五十二次	7 月 22 日	学习习近平总书记在庆祝中国共产党成立 100 周年大会上的讲话精神，传达成都市政协十五届第十五次常委会会议精神；审议简阳市政协十四届第二十八次常委会会议建议方案、《关于开展“有事来协商”平台建设的实施意见》《关于开展“助力巩固脱贫、助推乡村振兴”专项活动的工作方案》、简阳市政协委员履职服务与管理办法（新修订）
十四届第五十三次	10 月 12 日	传达成都市政协十五届第十六次常委会会议精神，审议简阳市政协十四届第二十九次常委会会议建议方案、4 个街道“小微协商”议题
十四届第五十四次	11 月 25 日	专题学习中国共产党第十九届中央委员会第六次全体会议精神；审议市政协十四届第三十次常委会会议建议方案，市政协十四届常委会工作报告《征求意见稿》、提案工作报告《征求意见稿》，以及市政协 2021 年度优秀委员、政协先进工作者建议名单和提案工作先进建议名单；审议有关人事事项
十四届第五十五次	12 月 10 日	审议市政协十四届第三十一次常委会会议建议方案和市政协十四届常委会工作报告（审议稿）、提案工作情况报告（审议稿）；听取市政协十五届一次会议筹备情况，协商市政协十五届委员会委员名额和人选及界别设置，审议《关于召开市政协第十五届委员会第一次会议的决定（草案）》、市政协第十五届委员会第一次会议议程（草案）、日程（草案）以及《关于委托市政协十四届主席会议主持市政协十五届一次会议预备会议的决定（草案）》《关于授权市政协十四届主席会议审议市政协十四届三十一次常委会未尽事宜的决定（草案）》
十四届第五十六次	12 月 16 日	听取市政协办公室、专委会 2021 年工作总结和市政协常委 2021 年度述职（部分），审议 2021 年度市政协委员履职考核情况；审议市政协十五届一次会议主席团、主席团会议主持人建议名单，主席团常务主席、常务主席会议主持人建议名单，大会秘书长、副秘书长建议名单，提案审查委员会委员建议名单
十四届第五十七次	12 月 17 日	再次审议 2021 年市政协委员履职考核情况；调整市政协十五届一次会议筹备工作领导小组名单，听取市政协十五届一次会议筹备工作情况，审议市政协十五届一次会议预备会议方案
十五届第一次	12 月 22 日	审议人事事项和市政协十五届第一次常委会会议建议方案
十五届第二次	12 月 30 日	审议市政协领导工作分工建议方案

（李东京）

政协工作

【概况】 2021 年，市政协坚持以习近平新时代中国特色社会主义思想为指导，深入学习贯彻中央和四川省委、成都市委、简阳市委政协工作会议精神，全面贯彻落实中央、四川省委、成都市委、简阳市委决策部署，为加快建设成都东部区域中心城市作出贡献。

【政治协商】 市政协发挥专门协商机构作用，重点围绕简阳市“十四五”规划编制推进情况、高质量实施幸福美好生活十大工程推进情况、国土空间规划推进情况、新经济发展工作情况、成资同城化“瓶颈路”“断头路”建设情况等组织开展常委会专题协商4次、专委会对口协商12次，其中围绕安全环保稳定重点领域综合治理，开展城中村全面改造、老旧场镇综合治理、老旧市场调迁改造、化工企业隐患整治、散乱污企业动态调迁“五项课题”调研；围绕幸福美好生活十大工程，通过视察、调研、协商等方式，深入基层、深入群众，就居民增收、公共服务、生态宜居、创业就业、城市建设等方面建言献策，推动解决人民群众密切关注的热点难点问题。

【民主监督】市政协紧扣市委、市政府决策部署贯彻落实情况，就“科技智慧禁毒，助推毒品问题综合治理”“新冠肺炎疫情防控中全市冷链食品监管”“简阳市村（社区）换届工作情况”“简阳市义务教育阶段学校体育工作”“城区安置还房建设推进情况”“全市城乡公办幼儿园建设情况”“双城经济圈建设，高质量建设产业功能区，做强产业发展载体”等14个议题开展民主监督，助推市委、市政府决策部署落地落实。

【参政议政】市政协完善政协委员列席市委全会、市政府全体会议、市政府常务会议制度，政协委员列席市委、市政府重要会议80余人次。简阳市委办公室印发《关于做好“有事来协商”平台建设的通知》，市政协办公室印发《“有事来协商”平台建设工作方案》。简阳市政协开展“1+2+4+N”（1次全体会议、2次以上常委会专题协商会议、4次以上由主席会议成员牵头组织的专题协商活动、“N”次在“有事来协商·委员会客室”和“有事来协商·委员会客点”平台上开展的小微协商）协商活动29次，提出意见、建议670条，参与人数2033人次，参与委员1568人次；建成4个委员会客点，确定4项小微协商议题，提出建议12条，参与人数66人，参与委员16人；上报成都市政协社情民意信息3条。

【提案办理】市政协自1月召开十四届五次会议至10月，共审查立案提案155件，全部办理完毕，办理结果为A类114件、占73.55%，B类25件、占16.13%，C类16件、占10.32%，委员反馈满意154件、基本满意1件。其中，加快构建连接机场的交通路网的提案促进简州大道、迎宾大道延长线等项目建设，推动社区治理共同体建设的提案促进基层党组织建设加强、社会组织发展制度体系健全和社区服务多元化运营模式探索，防止耕地“非粮化”稳定粮食生产的提案促进《简阳市防止耕地“非粮化”稳定粮食生产工作方案》制定和《简阳市人民政府办公室关于2021年促进粮食产业稳定发展政策措施的意见（试行）》出台。简阳市政协坚持开展民主评议，进一步彰显民主监督作用，对市交通局16件提案办理落实情况进行评议，增强承办单位责任感，公交接驳地铁机场、延长公交运营时间等提案成果转化落实。

【委员服务与管理】市政协主席会议成员和常委征求委员意见和建议150余条，帮助委员解决工作和履行委员职责以及生活、维权、子女上学等困难和问题50余件次；组织委员开展视察调研活动12次、协商评议16次、协商议题“回头看”6次、民主监督活动21次，组织委员开展“助力巩固脱贫、助推乡村振兴”活动；完善《简阳市政协委员履职服务与管理办法》，开展年度考核和通报；收集整理368名委员档案；评选42名优秀委员并报简阳市政协发文表扬，简阳市委、市政协联合发文表扬10名优秀政协委员、10名优秀政协工作者。

（李东京）

表12　　2021年简阳市政协十四届五次会议立案提案一览表

提案号	提案名称（案由）	提案者	主办单位	分类	办理结果	反馈意见
1	关于加大民营企业人才政策支持力度的提案	田云富	中共简阳市委组织部	社会管理	A	满意
2	关于规范简阳市出租车驾驶人员行为的提案	卿明主	简阳市交通运输局	工交邮电	A	满意
3	关于继续做好生猪复养的提案	樊　程	简阳市农业农村局	农业水利	A	满意

续表 12

提案号	提案名称（案由）	提案者	主办单位	分类	办理结果	反馈意见
4	关于加强宠物狗管理的提案	李　伟	简阳市公安局	社会管理	A	满意
5	关于解决交通巷道行人乱穿的提案	王　超	简阳市公安局	社会管理	A	满意
6	关于落实天然水域实施全面禁捕的提案	汪广飞	简阳市农业农村局	农业水利	A	满意
7	关于加强小区物业管理的提案	施　涛	简阳市住房和城乡建设局	社会管理	C	满意
8	关于在广场路和阳西街交叉路口新增红绿灯的提案	刘　延	简阳市公安局	社会管理	A	满意
9	关于构建“研训一体”新型教师培训机构的提案	吴　钰	简阳市教育局	教育	B	满意
10	关于科学规划解决停车难的提案	张　洁	简阳市规划和自然资源局	城乡建设	A	满意
11	关于尽快开通驳接成都地铁18号线公交线路的提案	李　勇（嘉汇）	简阳市交通运输局	工交邮电	A	满意
12	关于加强简阳市文体娱乐场所监督管理的提案	陈　敏	简阳市文化体育和旅游局	文化宣传	A	满意
13	关于规范简阳公共交通管理的提案	韩式斌	简阳市交通运输局	工交邮电	A	满意
14	关于设置农村客运站台的提案	蔡　斌	简阳市交通运输局	工交邮电	A	满意
15	关于加强老年代步车安全管理的提案	彭晓佳	简阳市公安局	工交邮电	A	满意
16	关于加强简阳市青少年文明上网教育引导工作的提案	高乙茗	简阳市文化体育和旅游局	社会管理	A	满意
17	关于解决老旧小区车位改造的提案	樊秀英	简阳市住房和城乡建设局	社会管理	C	满意
18	关于推动天府国际机场运行对简阳环境造成影响评估工作的提案	林忠斌	成都市简阳生态环境局	资源环境	A	满意
19	关于促进全民健身运动的提案	陈　翔	简阳市文化体育和旅游局	医疗体育	A	满意
20	关于天然水域全面实施禁捕的提案	钟守俊	简阳市农业农村局	农业水利	B	满意
21	关于提升简阳市教育质量的提案	蒋延彬	简阳市教育局	教育	A	满意
22	关于在龙王沟与安象街交叉路口安装交通信号灯的提案	蒋延彬	简阳市公安局	工交邮电	B	满意
23	关于利用镇（街道）敬老院闲置床位解决建房困难农户住房问题的提案	顾　波	简阳市民政局	社会管理	C	满意
24	关于建立简阳市消费者权益保护工作联席会议的提案	李东明	简阳市市场监督管理局	社会管理	A	满意
25	关于进一步加强建筑垃圾管理的提案	谢　彬	简阳市综合行政执法局	资源环境	A	满意
26	关于启动简阳城区公共停车场运营管理规范车辆停放的提案	钟智刚	简阳市综合行政执法局	社会管理	A	满意
27	关于实施简阳农产品“品牌强市”的提案	王　静	简阳市农业农村局	经济发展	B	满意
28	关于规范餐饮外卖交通行为的提案	程慧英	简阳市公安局	社会管理	A	满意
29	关于中医院公交站更名的提案	李　敏	简阳市交通运输局	社会管理	A	满意
30	关于解决城区学生入学困难的提案	方　英	简阳市教育局	教育	A	满意

续表 12

提案号	提案名称（案由）	提案者	主办单位	分类	办理结果	反馈意见
31	关于举办 2021 年简阳市半程马拉松比赛的提案	陈先楚	简阳市文化体育和旅游局	医疗体育	B	满意
32	关于强化社区建设，提升社区治理能力和水平的提案	王　华	中共简阳市委城乡社区发展治理委员会	社会管理	A	满意
33	关于科普疫苗知识的提案	崔玉兰	简阳市卫生健康局	医疗体育	B	满意
34	关于在城北新城布局优质教育医疗资源，提高区域竞争力的提案	杨钟立	简阳市卫生健康局	城乡建设	B	满意
35	关于在沱东地区加快新建大型水库的提案	陈玉军	简阳市水务局	农业水利	A	满意
36	关于加强居民小区安全治理的提案	晋中良	中共简阳市委城乡社区发展治理委员会	社会管理	A	满意
37	关于改进文苑街停车位使用的提案	黄晋华	简阳市公安局	社会管理	A	满意
38	关于城区过街天桥及人行通道安装电梯的提案	汪玲西	简阳市综合行政执法局	城乡建设	A	满意
39	关于在雄州大桥东增设便民梯步的提案	丁树林	简阳市住房和城乡建设局	工交邮电	C	满意
40	关于改善平泉工业园区配套设施的提案	何　颉	简阳市空天产业功能区管理委员会	经济发展	A	满意
41	关于加强市政工程防尘降噪的提案	胡　毅	简阳市住房和城乡建设局	资源环境	C	满意
42	关于优化城区公共卫生间的提案	汪玲西	简阳市综合行政执法局	资源环境	A	满意
43	关于打造世界旅游目的地的提案	民革简阳支部	简阳市文化体育和旅游局	商贸旅游	A	满意
44	关于促进脱贫攻坚与乡村振兴有效衔接的提案	民革简阳支部	简阳市农业农村局	农业水利	B	满意
45	关于创建简阳市生态农业物流加工展示园区的提案	李茂鸣	简阳市农业农村局	农业水利	B	满意
46	有关提升滨江路春节期间通行能力的提案	贺国志	简阳市住房和城乡建设局	社会管理	A	满意
47	关于保护老成渝路简阳段行道树的提案	李　兆	简阳市交通运输局	资源环境	A	满意
48	关于加强农村公路交通安全管理的提案	杨芝富	简阳市公安局	社会管理	A	满意
49	关于加强乡村文化建设助力简阳市乡村振兴的提案	汪雅兰	简阳市文化体育和旅游局	文化宣传	A	满意
50	关于整治阳晨新世纪房屋漏水问题的提案	张玉元	简阳市住房和城乡建设局	城乡建设	C	满意
51	关于加强公共体育健身设施管理维护的提案	马　明	简阳市文化体育和旅游局	医疗体育	B	满意
52	关于延长雄州大道印鳌路交叉路口人行道红绿灯时间的提案	邹　鸿	简阳市公安局	工交邮电	A	满意
53	关于进一步加强食品安全监管的提案	张泽波	简阳市市场监督管理局	商贸旅游	A	满意
54	关于解决简阳老城区停车难的提案	胡旭东	简阳市公安局	社会管理	A	满意

续表 12

提案号	提案名称（案由）	提案者	主办单位	分类	办理结果	反馈意见
55	关于修改集体土地征收补偿安置实施办法的提案	曹　强	简阳市规划和自然资源局	资源环境	A	满意
56	关于规划建设农业产业道路的提案	张中顺	简阳市农业农村局	农业水利	C	满意
57	关于打造国际象棋户外运动文化广场的提案	杨　萍	简阳市文化体育和旅游局	文化宣传	B	满意
58	关于巩固国家卫生文明城市创建成果的提案	刘　奎	中共简阳市委宣传部	文化宣传	A	满意
59	关于制定简阳市医疗床位管理办法的提案	钟　胜	简阳市卫生健康局	医疗体育	B	满意
60	关于加强简阳城市形象标识（LOGO）设计和应用的提案	朱永昌	中共简阳市委宣传部	文化宣传	A	满意
61	关于缓解简阳老城区“停车难”的提案	刘志燕	简阳市住房和城乡建设局	工交邮电	C	满意
62	关于加强电动自行车管理的提案	彭　健	简阳市公安局	工交邮电	A	满意
63	关于老城区下穿人行梯道加设扶杆的提案	叶世富	简阳市综合行政执法局	城乡建设	A	满意
64	关于提炼历史文化底蕴，打造人文魅力简阳的提案	唐承国	简阳市文化体育和旅游局	文化宣传	A	满意
65	关于创新机制，联动排处信访积案的提案	徐怀谦	简阳市信访局	社会管理	A	满意
66	关于行政区划调整后在边远镇设立派出所的提案	马　毅	简阳市公安局	社会管理	C	满意
67	关于加快构建简阳市连接成都天府国际机场交通路网的提案	段　丽	简阳市交通运输局	工交邮电	A	满意
68	关于简阳实时公交与地图公司合作的提案	高　云	简阳市交通运输局	工交邮电	A	满意
69	关于加强人行便道管理的建议	钟守俊	简阳市综合行政执法局	社会管理	A	满意
70	关于提升综合竞争力，确保进入全国 100 强的提案	陈　平	简阳市发展和改革局	经济发展	B	满意
71	关于加大对基层公共文化服务投入的提案	梁　朗	简阳市文化体育和旅游局	文化宣传	A	满意
72	关于提升“鳌山公园”便民服务水平的提案	周雨桐	简阳市综合行政执法局	社会管理	A	满意
73	关于加强简阳市乡村人才队伍建设，全面推进乡村振兴的提案	彭育安	简阳市农业农村局	教育	B	满意
74	关于简阳市域内沱江复航与旅游开发的提案	晋良军	简阳市文旅产业发展服务中心	商贸旅游	A	满意
75	关于建设鳌山隧道的提案	徐怀谦	简阳市住房和城乡建设局	城乡建设	C	满意
76	关于简阳市中职教育扩容提质的提案	晋良军	简阳市教育局	教育	A	满意
77	关于延长公交车运营时间、加强实时公交查询的提案	方义竹	简阳市交通运输局	工交邮电	A	满意
78	关于促进义教均衡的提案	王君华	简阳市教育局	教育	A	满意
79	关于加强学校（园）疫情监测信息化管理的提案	李　选	简阳市教育局	医疗体育	A	满意

续表 12

提案号	提案名称（案由）	提案者	主办单位	分类	办理结果	反馈意见
80	关于优化 8 路公交车线路的提案	李雪梅	简阳市交通运输局	工交邮电	A	满意
81	关于在江月大桥人行道的机动车道侧加装栏杆的提案	张德山	简阳市综合行政执法局	工交邮电	A	满意
82	关于镇金镇路网建设的提案	谢文华	简阳市交通运输局	工交邮电	A	满意
83	关于加强农村幼儿教育的提案	袁林斌	简阳市教育局	教育	A	满意
84	关于环卫车错时喷洒的提案	章丽华	简阳市综合行政执法局	社会管理	A	满意
85	关于打好沱江禁捕退捕禁渔持久战的提案	吴立平	简阳市农业农村局	农业水利	B	满意
86	关于进一步吸引青年回乡创业的提案	刘志刚	中共简阳市委组织部	农业水利	A	满意
87	关于规范夜市地摊经济的提案	李玉萍	简阳市综合行政执法局	社会管理	A	满意
88	关于新猫路改扩建的提案	李凡君	简阳市交通运输局	工交邮电	A	满意
89	关于做好企业管理与服务的提案	章丽华	简阳市行政审批局	经济发展	A	满意
90	关于简阳市水资源开发利用的提案	农工党简阳支部	简阳市水务局	资源环境	A	满意
91	关于乡村振兴战略的提案	朱　君	简阳市农业农村局	农业水利	A	满意
92	关于加快建设互联网医院，培育健康简阳新场景的提案	农工党简阳支部	简阳市卫生健康局	医疗体育	B	满意
93	关于解决老城区旧楼楼面渗水问题的提案	李方明	简阳市住房和城乡建设局	城乡建设	C	满意
94	关于增设老年服务通道的提案	李方明	简阳市行政审批局	社会管理	A	满意
95	关于加强简阳市疫情防控常态化的提案	雷德财	简阳市卫生健康局	医疗体育	A	满意
96	关于推进简阳市老旧小区生活垃圾分类工作的提案	张　鑫	简阳市综合行政执法局	社会管理	A	满意
97	关于完善林业行政执法体系的提案	贾坤林	简阳市规划和自然资源局	社会管理	A	满意
98	关于城乡公交一体化的提案	张　卫	简阳市交通运输局	工交邮电	A	满意
99	关于加强新时代中小学爱国主义教育的提案	汪压尘	简阳市教育局	教育	A	满意
100	关于消除老旧小区消防安全隐患的提案	汪压尘	简阳市应急管理局	社会管理	A	满意
101	关于加强简阳市进口冷链食品管理的提案	农工党简阳支部	简阳市市场监督管理局	社会管理	A	满意
102	关于预先规划重特大疫情／传染病紧急救援场所的提案	首　峰	简阳市卫生健康局	医疗体育	B	满意
103	关于将简阳羊肉汤打造为国内一流餐饮品牌的提案	曾继元	简阳市商务和投资促进局	商贸旅游	A	满意
104	关于降低城市噪声污染提升城市形象的提案	杨志勇	简阳市综合行政执法局	资源环境	A	满意
105	关于加大河东片区水利基础设施建设的提案	李　毅	简阳市水务局	农业水利	A	满意

续表 12

提案号	提案名称（案由）	提案者	主办单位	分类	办理结果	反馈意见
106	关于拓展“四合一”改革成果助推脱贫攻坚与乡村振兴有效衔接的提案	李　毅	简阳市农业农村局	农业水利	A	满意
107	关于在小区建设电动车充电桩的提案	周万银	简阳市住房和城乡建设局	社会管理	C	满意
108	关于新建简阳晚白桃母本园的提案	钟守俊	简阳市农业农村局	农业水利	A	满意
109	关于解决建设西路与迎宾大道交叉路口早晚高峰拥堵的提案	鄢松林	简阳市公安局	工交邮电	A	满意
110	关于加大非贫困村基础设施建设的提案	樊邦贵	简阳市水务局	农业水利	A	满意
111	关于创新社区人力资源协同促进基层治理效能提升的提案	曾兰岚	中共简阳市委城乡社区发展治理委员会	社会管理	A	满意
112	关于建设简阳现代都市农业的提案	郭　惠	简阳市农业农村局	农业水利	B	满意
113	关于脱贫攻坚到乡村振兴转变的提案	九三学社简阳市委员会	简阳市农业农村局	农业水利	B	满意
114	践行“两山”理念　服务“东进”战略——关于简阳市环境污染治理的提案	九三学社简阳市委员会	成都市简阳生态环境局	资源环境	A	满意
115	关于以统战思维助力简阳市产业功能区服务成渝双城经济圈发展战略的提案	九三学社简阳市委员会	中共简阳市委统一战线工作部	经济发展	B	满意
116	关于加强简阳水利基础设施规划建设的提案	民盟简阳市基层委员会	简阳市水务局	农业水利	A	满意
117	关于致力教育发展，缩小圈层差距的提案	民盟简阳市基层委员会	简阳市教育局	教育	A	满意
118	关于对适龄儿童开展免费窝沟封闭的提案	彭晓佳	简阳市卫生健康局	医疗体育	A	满意
119	关于强化扶贫对口帮扶资金项目管理的提案	民盟简阳市基层委员会	简阳市扶贫移民服务中心	社会管理	A	满意
120	关于精细化、网格化生活垃圾分类处理的提案	民盟简阳市基层委员会	简阳市综合行政执法局	社会管理	A	满意
121	关于回购简阳中学河东校区食堂、学生公寓（超市）经营权的提案	周万银	简阳市教育局	社会管理	A	满意
122	关于加强城区盲道管理维护的提案	民盟简阳市基层委员会	简阳市综合行政执法局	城乡建设	A	满意

续表 12

提案号	提案名称（案由）	提案者	主办单位	分类	办理结果	反馈意见
123	关于防止耕地“非粮化”稳定粮食生产的提案	民盟简阳市基层委员会	简阳市农业农村局	农业水利	A	满意
124	关于将简阳地方文化纳入中小学素质教育的提案	民盟简阳市基层委员会	简阳市教育局	教育	A	满意
125	关于加强农村基础设施建设的提案	文　君	简阳市农业农村局	工交邮电	B	满意
126	关于规范城区道路和桥梁命名的提案	周　良	简阳市民政局	社会管理	B	满意
127	关于进一步加强小区物业管理的提案	姜素香	简阳市住房和城乡建设局	社会管理	C	满意
128	关于支持云龙镇桃产业发展的提案	陈　德	简阳市农业农村局	农业水利	A	满意
129	关于建立简阳非物质文化遗产——古琴制作基地的提案	潘　高	简阳市文化体育和旅游局	文化宣传	A	满意
130	关于培育旅游新业态的提案	民建简阳总支委员会	简阳市文化体育和旅游局	商贸旅游	A	满意
131	关于规范商品房销售格式合同监管的提案	李玉娟	简阳市住房和城乡建设局	社会管理	C	满意
132	关于杜绝教师冷暴力的提案	廖　华	简阳市教育局	教育	A	满意
133	关于在重要交通路口增设红绿灯的提案	朱　艳	简阳市公安局	工交邮电	B	满意
134	关于创新旧城改造思维，提升城市建设品位的提案	吴国勇	简阳市住房和城乡建设局	城乡建设	C	满意
135	关于进一步强化机动车礼让行人的提案	汪辉德	简阳市公安局	社会管理	A	满意
136	关于推动简阳市住宅小区业主委员会建设的提案	鄢文秀	简阳市住房和城乡建设局	社会管理	C	满意
137	关于稳定简阳市农业发展政策促进农业可持续发展的提案	王太新	简阳市农业农村局	农业水利	A	满意
138	关于规划建设简阳城区连接东部新区未来医学城快速通道的提案	马执建	简阳市交通运输局	工交邮电	A	满意
139	关于尽快启动踏水水库建设的提案	罗成荣	简阳市水务局	农业水利	A	满意
140	关于加大原创作品扶持力度的提案	钟　敏	中共简阳市委宣传部	文化宣传	A	满意
141	关于解决中小微企业产业发展问题的提案	民建简阳总支委员会	简阳市经济科技和信息化局	经济发展	A	满意
142	关于推动简阳市农村生猪生产发展的提案	民建简阳总支委员会	简阳市农业农村局	农业水利	A	满意
143	关于以简州大耳羊形象设计简阳市城市标志的提案	华北英	中共简阳市委宣传部	科学技术	A	满意
144	关于进一步深化教育改革建设“现代教育城市”的提案	苏俊清	简阳市教育局	教育	A	满意

续表 12

提案号	提案名称（案由）	提案者	主办单位	分类	办理结果	反馈意见
145	关于实施乡村文化振兴战略的提案	华北英	简阳市文化体育和旅游局	文化宣传	A	满意
146	关于建设现代农业产业园助推乡村振兴的提案	吴　勇	简阳市农业农村局	经济发展	B	满意
147	关于将专用烟道作为城市商住区规划强制条件的提案	魏　强	简阳市规划和自然资源局	资源环境	A	基本满意
148	关于实行公交换乘优惠政策的提案	陈先楚	简阳市交通运输局	工交邮电	A	满意
149	关于推动社区治理共同体建设的提案	何琨治	中共简阳市委城乡社区发展治理委员会	社会管理	A	满意
150	关于统一包装申报成都市区域性建材商城的提案	曾光卫	简阳市商务和投资促进局	经济发展	A	满意
151	关于加强洒水车工作时间管理的提案	卢贵权	简阳市综合行政执法局	社会管理	A	满意
152	关于创建简阳市农产品公用品牌的提案	赵贵勋	简阳市农业农村局	农业水利	B	满意
153	关于加强盲道管理的提案	李雪梅	简阳市综合行政执法局	社会管理	A	满意
154	关于对简阳市西门车站整改的提案	九三学社简阳市委员会	简阳市交通运输局	工交邮电	A	满意
155	关于在鳌山公园增设电动游览观光车的提案	吴　静	简阳市综合行政执法局	商贸旅游	A	满意

说明：总计立案 155 件。办理结果一栏，A 代表意见建议可行，已落实或正在落实；B 代表意见建议可行，纳入计划准备落实；C 代表意见建议不可行或暂不具备条件，不能落实

（张家林）

中共简阳市纪律检查委员会
简阳市监察委员会

纪检监察重要会议

【概况】 2021年，中国共产党简阳市第十五届纪律检查委员会召开3次全体会议（第十次、第十一次、第十二次），中国共产党简阳市第十六届纪律检查委员会召开1次全体会议（第一次）。

【简阳市纪委十五届十次全会】 1月14日，中国共产党简阳市第十五届纪律检查委员会第十次全体会议在市级机关办公区二楼会议室召开。会议专题开展镇（街道）党政主要负责人和市级部门（单位）主要负责人向市纪委全会述责述廉，接受现场询问质询，并开展民主评议。

【简阳市纪委十五届十一次全会】 2月23日，中国共产党简阳市第十五届纪律检查委员会第十一次全体会议在市级机关办公区会议中心召开。会议学习贯彻十九届中央纪委五次全会、四川省纪委十一届五次全会和成都市纪委十三届九次全会精神，总结2020年全市党风廉政建设和反腐败工作，安排部署2021年工作，表决通过简阳市纪委常委会工作报告和全会决议。

【简阳市纪委十五届十二次全会】 10月19日，中国共产党简阳市第十五届纪律检查委员会第十二次全体会

1月14日，中国共产党简阳市第十五届纪律检查委员会第十次全体（扩大）会议召开（市纪委供图）

10月19日，中共简阳市第十五届纪律检查委员会第十二次全体会议召开（市纪委供图）

议召开。会议审议通过《中国共产党简阳市第十五届纪律检查委员会向中国共产党简阳市第十六次代表大会的工作报告》《中国共产党简阳市第十六届纪律检查委员会第一次全体会议选举办法（草案）》《中国共产党简阳市第十六届纪律检查委员会第一次全体会议日程（草案）》。

【简阳市纪委十六届一次全会】 10月27日，中国共产党简阳市第十六届纪律检查委员会第一次全体会议召开。会议讨论、通过十六届市纪委第一次全体会议选举办法，选举十六届市纪委常委及十六届市纪委书记、副书记。

（唐靖琪）

纪检监察

【概况】 2021年，简阳市各级纪检监察组织坚持“全面从严治党首先要从政治上看”，增强“四个意识”、坚定“四个自信”、做到“两个维护”，履行党章和宪法赋予的职责，聚焦主责主业、强化使命担当，突出“七个坚持”：坚持围绕中心服务大局，以精准有力监督保障各项重大决策部署落地见效；坚持上下联动齐抓共管，以层层传导责任压力构建管党治党良好工作格局；坚持纠“四风”与树新风并举，以优良党风政风进一步密切党群干群关系；坚持问题导向目标导向，以点带面推进重点领域突出问题专项治理；坚持惩防结合标本兼治，以系统施治理念一体推进不敢腐不能腐不想腐；坚持高位谋划统筹推动，以“常规+专项”巡察持续彰显“利剑”作用；坚持打铁还须自身硬，以过硬政治建设、能力建设、作风建设锻造纪检监察铁军，围绕纪检监察工作高质量发展主题主线，推动全面从严治党、党风廉政建设和反腐败工作取得显著成效，为全市经济社会高质量发展提供纪律保障。4月，中共简阳市纪律检查委员会、简阳市监察委员会（以下简称“市纪委监委”）被四川省委、省人民政府评为脱贫攻坚先进集体。

【管党治党】 市纪委监委贯彻落实《关于建立全面从严治党“四责”协同机制的实施意见》，逐项明确党委主体责任、党委书记第一责任人责任、党委班子其他成员“一岗双责”和纪检监察组织监督责任，推动“四责”协同、贯通联动；执行党风廉政建设主体责任通报和廉情专报工作办法，督促市党政领导班子成员定期对分管领域、联系单位落实党风廉政建设责任制情况开展督促指导，全年向市党政领导班子成员发送《廉情专报》25期、《主体责任通报》3期；健全完善“5 + 12 + 82”（5个一级指标、12个二级指标、82个三级指标）政治生态评价指标体系，每季度召开联席会开展县域政治生态分析，把握“树木”和“森林”的状况，针对性督促各党委（党组）对各单位政治生态开展动态研判，找准问题、补齐短板；通过工作提示单方式明确党风廉政建设的责任主体和具体要求，督促各级党组织结合实际，“差异化”制定责任清单，并推动“清单制”管理向学校、医院等履行公权力的单位延伸，实现管理无盲点、监督无遗漏。

【监督检查】 市纪委监委坚守政治机关职能定位，担负“两个维护”政治责任，增强政治敏锐性、政治鉴别力，查处违反政治纪律、组织纪律问题5件5人；强化政治监督，确保全市党员干部在思想上政治上行动上同以习近平同志为核心的党中央保持高度一致；严明换届纪律严肃换届风气，坚持警示在先、教育在先、预防在先，把严明纪律、强化监督贯穿人选推荐、组织考察、大会选举全过程，严把党风廉政意见回复关，护航换届选举推进；紧盯习近平总书记重要指示批示精神和各级重大决策部署，开展跟进式监督，督促推动疫情防控、乡村振兴、巡视整改等决策部署落地落实；健全追责问责机制，12名党员干部因推动疫情防控、环保问题整改不力被追责问责。

【作风建设】 市纪委监委整合基层纪检监察组织、特约监察员、媒体记者等多方力量，聚焦贯彻落实中央八项规定精神情况开展随机抽查、突击检查，查处享乐奢靡问题7件12人，查处形式主义、官僚主义问题5件5人；巩固拓展“一卡通”管理问题专项治理成果，定期跟踪关注低保、“五保”、教育医疗、养老社保等涉农补贴资金管理、拨付和使用情况，查处群众身边的不正之风和腐败问题15件30人；深入开展民生诉求“大排查、大研判、大解决、大回访”和阳光问责问廉“坝坝会”活动，收集并督改问题96个，做实做细百姓需求“一号通”工作，受理、转办群众诉求7234件，督办288件次，群众综合满意率98.4%；立足行业治乱常态化、线索排查常态化、建章立制常态化目标任务，开展问题线索“清零”、涉黑涉恶案件“过筛”、行业乱象整治“挖伞”行动，收到涉黑涉恶问题线索5件，追责问责1件1人。

【“三不”一体推进】 市纪委监委一体推进不敢腐、不能腐、不想腐，保持惩贪治腐高压态势，全市各级纪检监察组织受理信访举报116件，处置问题线索490件，立案审查调查238件246人，运用监督执纪“四种形态”处理686人次，其中给予党纪政务处分214人、移送司法机关8人、留置7人，重点查处政法领域案件8件10人、金融领域案件8件9人、社保领域案件22件22人；深入开展以案促改，落实重大违纪违法典型案件以案促改工作办法，协助市委开展易恩弟违纪违法案以案促改，对市医保中心温鑫违纪违法案实施“三会一书两公开”（“三会”即支部大会、民主生活会、警示教育会，“一书”即纪律检查建议书或监察建议书，“两公开”即向党内公开案情、向社会公开整改情况），针对审查调查中发现的问题，点对点制发纪律检查建议书、监察建议书29份，推动健全完善《市属国有企业项目投资管理办法》等长效机制20余项；常态化开展党章党规党纪教育，坚持正面引导与反面警示相结合，分层分类上基层“流动”课、党校“固定”课、法庭“现场”课、支部“法纪”课21堂，针对性预防、遏制基层干部违纪违法行为；推进警示教育场馆建设，坚持“三加三”（“考核+指导”压实关爱责任、“谈话+回访”跟踪关爱效果、“评价+反馈”强化结果运用）工作法，关心关爱受处分处理人员，通过谈心谈话、回访教育，帮助57名干部放下思想包袱，重拾干事创业信心。

【专项治理】 市纪委监委开展发改、住建、卫健、人防、经信、人社等领域突出问题系统治理，立案查处8件13人，督促整改问题95个；推动粮食购销领域腐败问题专项整治，细化5个方面12项重点任务，明确5个环节具体要求，开展信访举报、审查调查“大起底”，预研预判行业管理薄弱环节，以专项巡察破解整治瓶颈，发现问题42个，处置问题线索3件；排查公务接待和公函使用情况，找准制度建设不健全、落实不到位、执行不严格不精准3个方面的共性问题6个，并针对性提出建议，督促落实整改；梳理16个设有服务窗口的部门（单位）和镇（街道）便民中心服务事项，综合分析近年窗口人员违纪违法案件，分类明确专项监督重点，推动各纪检监察组织精准监督，发现并督改问题21个。

【巡察工作】 市纪委监委落实中央巡视工作方针，制定《市委巡察工作联席会议制度》《市委巡察工作人才库管理办法》，完善巡察工作议事决策规则等制度机制，选优配强巡察干部，组建巡察专业人才库，人数240人；紧扣中央和四川省委、成都市委、简阳市委决策部署，开展常规巡察2轮，巡察基层党组织25个，并开展医疗卫生健康领域专项巡察1轮、粮食购销领域专项巡察1轮、疫情防控专项联动巡察1轮，完成十五届市委巡察全覆盖目标任务，发现问题445个，移送问题线索9件；出台《关于开展巡视巡察“未巡先改”工作的意见》《简阳市加强巡察成果运用的实施办法（试行）》，反馈并督促整改问题392个，清退超标准报销等资金8.49万元，督促上缴应缴未缴财政资金44.43万元，推动被巡察单位建立健全长效制度机制188项。

（唐靖琪）

民主党派

中国国民党革命委员会四川省委简阳直属支部

【概况】 2021年，中国国民党革命委员会四川省委简阳直属支部（以下简称“民革简阳市支部”）有党员44名。9月29日，民革简阳市支部换届大会暨第五届支部委员会成立大会举行，选举产生委员9名，其中主委1名、副主委3名、委员5名。民革简阳市支部被民革四川省委表彰为助力脱贫攻坚工作先进集体，获评民革成都市委会宣传工作、社会服务工作先进集体。

【民革思想建设】 民革简阳市支部组织党员参与各级组织的庆祝中国共产党成立100周年党史学习教育和干部培训班活动以及“观故居，走多党合作之路”专题活动，24篇宣传信息被四川民革省委、成都民革微信公众号、简阳市委统战部采纳。

【参政议政】 民革简阳市支部有简阳市人大代表2名、简阳市政协委员14名，坚持“以组织建设为基础、以履行职责为重点、以规范化建设为关键”的原则，履行参政议政、民主监督职能。集体提案《关于打造世界旅游目的地》被评为2021年度优秀提案，《践行新发展理念，以“幸福美好生活十大工程”为引领，加强简阳市公园城市示范区建设》《以成渝地区双城经

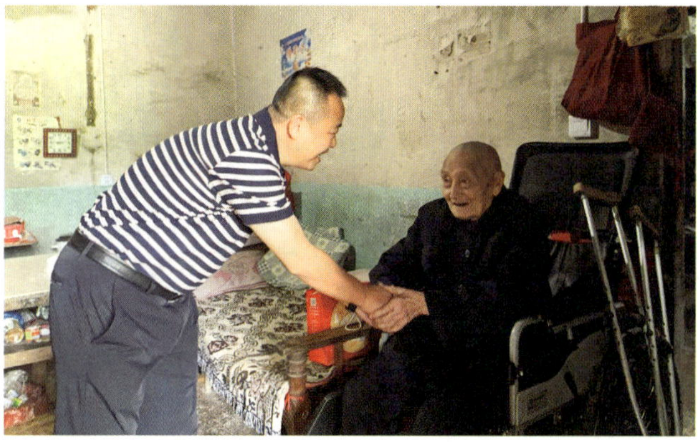

9月17日，民革简阳市支部走访慰问抗战老兵（市委统战部供图）

5月22日，民革简阳市支部与民革青白江区总支、社会爱心人士联合开展以“一对一捐资助学（简阳站）”为主题的捐资助学活动（市委统战部供图）

济圈建设战略为引领推进成都东部区域中心城市建设》2 篇调研课题得到民革成都市委会主委肯定和批示。

【社会服务】 民革简阳市支部走访慰问 5 名支部老党员、2 名台胞台属和抗战老兵；与民革青白江区总支、社会爱心人士联合开展以"一对一捐资助学（简阳站）"为主题的捐资助学活动，为简阳市 21 名帮扶学生送去学习补助费 2.1 万元以及价值 3000 元的生活、学习用品。

（蒋　荔）

中国民主同盟简阳市基层委员会

【概况】 2021 年，中国民主同盟简阳市基层委员会（以下简称"民盟简阳市基层委员会"）新发展盟员 6 名，共有盟员 144 名，其中成都市管干部 1 名、简阳市管干部 4 名、单位担任中层正职干部 12 名和中层副职干部 18 名。10 月 15 日，民盟简阳市基层委员会换届选举暨新一届委员会成立大会举行，选举产生委员 13 名，其中主委 1 名、副主委 6 名、委员 6 名。民盟简阳市基层委员会被民盟成都市委会评为综合考评先进集体，获评思想宣传、组织建设、参政议政、社会服务等专项工作先进集体；在简阳市民主党派基层组织工作考评中排第二位；60 余人次获简阳市级以上表扬或荣誉，50 余人次获所在单位表扬。

10月15日，中国民主同盟简阳市第十届基层委员会成立大会召开（市委统战部供图）

【民盟思想建设】 民盟简阳市基层委员会组织或推荐盟员骨干参加全国、四川省、成都市等各级各类专题培训和交流学习 30 余次；向成都民盟、简阳统一战线等平台投稿 21 篇，提交征文 12 篇。

【参政议政】 民盟简阳市基层委员会全年完成课题调研报告 9 篇，提交社情民意 12 条；有 4 名盟员担任简阳市人大代表，27 名盟员担任简阳市政协委员，两会期间提交人大代表建议 6 篇、政协提案 35 篇、集体提案 9 篇。

【社会服务】 民盟简阳市基层委员会全年组织社会服务活动 14 次；助力脱贫攻坚，通过捐资助学、送教下乡推进智力扶贫，提供法律咨询推进法治扶贫；参与疫情防控，通过自愿捐款捐物、开展志愿服务、建言防控举措等形式，凝聚抗疫共识，汇聚抗疫合力；开展服务进村（社区）活动，组织"双减"工作座谈会、"我为群众办实事·助民寻亲"等活动，赢得群众好评。

（蒋　荔）

4月18日，民盟简阳市基层委员会举行"建党100周年"主题教育活动（市委统战部供图）

中国民主建国会简阳总支

【概况】 2021年，中国民主建国会简阳总支（以下简称“民建简阳市总支”）有会员62名。9月24日，民建简阳市总支第五届委员会换届大会召开，选举产生新一届总支主委1名、副主委4名、委员6名。民建简阳市总支获民建四川省委“五个好”魅力基层组织、民建成都市委会“五个好”先进基层组织称号，总支和会员获成都市级及以上表扬（表彰）20余次。

【民建思想建设】 民建简阳市总支围绕学习贯彻中共十九大及历次全会精神、习近平总书记重要讲话精神等主题，举办学习活动8次；参加简阳市政协、中共简阳市委统战部、民建成都市委会等组织的学习活动6批次30余人次，组织会员到朱德故居、阆中红军纪念馆、内江范长江纪念馆等红色教育基地接受中共党史学习教育10余场次；编撰印制简阳市民建首部志书《民建简阳志（1987—2020）》；做好宣传工作，29条信息被中央级网站（媒体）采用，12条信息被省级报刊网站采用，8条信息被成都市级报刊网站采用。

【参政议政】 民建简阳市总支组织骨干会员开展调研，撰写《关于营造优雅时尚的文旅新场景，培育主题旅游目的地的调研报告》《关于后疫情时代简阳中小企业发展现状及对策的调研报告》《关于提升动物疫病防控应急处置能力的调研报告》《关于高质量筹办大运会的调研报告》等调研报告8篇，为简阳市委、市政府提出意见建议，得到民建成都市委会主委肯定性批示；有成都市人大代表1人、简阳市人大代表2人、简阳市政协委员17人，两会期间提交人大建议5件、政协提案19件，报送社情民意18条，为简阳市经济社会发展提出意见建议，《关于培育旅游新业态》被简阳市政协评为优秀集体提案。

9月24日，民建成都市简阳市总支第五届委员会成立大会召开（市委统战部供图）

9月8日，民建简阳市总支到三星中学开展教师节走访慰问活动（市委统战部供图）

【社会服务】 民建简阳市总支带队走访慰问困难学生、贫困老党员、困难群众等8户，送去米、面、油和慰问金，共价值4800元。会员唐红军分别在简阳市三合镇和凉山州开展爱心助学活动，慰问贫困儿童，并捐献书包、大米、油、牛奶等物资。会员王琴多次在简阳市宏缘镇红沙村、简阳爱晚中心等地慰问儿童、探望孤寡老人并捐献爱心物资。

（蒋　荔）

中国农工民主党简阳支部

【概况】 2021年，中国农工民主党简阳支部（以下简称“农工党简阳市支部”）新发展党员4名，共有党员41名。12月9日，农工党简阳市支部换届大会召开，选举产生农工党简阳市第五届支部委员会，其中主委1名、副主委3名、秘书长1名、委员6名。农工党简阳市支部获农工党成都市委会2021年度先进基层组织、组织建设先进集体、思想理论先进集体、对外宣

9月10日，农工党简阳市支部开展中共党史学习教育（市委统战部供图）

传先进集体、社会服务先进集体 5 项表彰，9 名党员获成都市级以上表扬。

【农工党思想建设】 农工党简阳市支部组织参加农工党四川省委、农工党成都市委会和中共简阳市委、简阳市人大、简阳市政协举办的各类专项培训 20 余人次；开展坚持中国特色社会主义教育实践，组织骨干党员到遵义会议旧址、红军山烈士陵园、娄山关战斗遗址等红色基地开展中共党史学习教育；邀请农工党四川省直工委丝绸支部主委作《风雨百年　同心同行》专题宣讲报告，引导全体党员重温百年峥嵘岁月、汲取革命精神力量；有 31 篇信息被同心四川、四川统一战线、农工党四川省委、《大众健康报》等媒体采用。

【参政议政】 农工党简阳市支部有成都市人大代表 1 人、简阳市人大代表 2 人、简阳市政协委员 10 人，深入学习简阳市第十六次党代会精神，通过参加建言献策座谈会、提交人大和政协建议提案等履行参政议政

3月12日，农工党简阳市支部开展中医药调研活动（市委统战部供图）

职能，提交集体提案 4 件、个人提案 3 件、建议 15 件；到海南省中医院、海南省医学院等地开展《加快推进简阳市中医药现代化产业化，促进中医药传承创新发展》课题调研，获成都市政协、农工党成都市委会主要领导肯定性批示。《推进乡镇行政执法，提高基层治理水平》《加强农村污水治理，助力实施乡村振兴战略》2 篇调研报告为相关领域提出建议。

【社会服务】 农工党简阳市支部结合中共党史学习教育，开展“我为群众办实事”活动；对接农工党成都市委会到四川省革命伤残军人休养院开展送健康暨“关爱英雄，学习党史”活动，捐赠价值 5.7 万元的保健品、电视机 1 台；邀请农工党成都市委会、省直中药所总支、成都市委法务支部医疗健康、生态环境和法律领域专家到施家镇，举办“2021 年环境与健康宣传周”活动，接诊 200 余人次，贴膏药 120 副，“艾灸”治疗 30 余人次。

（蒋　荔）

九三学社简阳市基层委员会

【概况】 2021 年，九三学社简阳市基层委员会（以下简称“九三学社简阳委员会”）新发展社员 4 名，共有社员 100 名。6 月 29 日，九三学社简阳市第六届委员会选举大会和成立大会举行，选举产生主委 1 名、副主委 4 名、委员 12 名。

【九三学社思想建设】 九三学社简阳委员会通过社委扩大会、各支社座谈会、培训会、学习交流会等形式，开展中共党史学习教育，传达和学习中国共产党十九届三中、四中、五中、六中全会精神；举行庆祝九三学社成立 76 周年纪念日活动，回顾学习九三学社社史；推进《九三学社简阳志》编撰，成立编撰工作领导小组，明确任务分工，完成初稿编撰；加大宣传报道力度，在九三学社成都市委会网站刊载活动信息 40 余篇。

【参政议政】 九三学社简阳委员会有四川省人大代表 1 名、成都市人大代表 1 名、成都市政协委员 1 名、简阳市人大代表 4 名、简阳市政协委员 18 名，两会期间

3月23日，九三学社简阳委员会开展法律进校园活动（市委统战部供图）

9月18日，九三学社成都市简阳委员会赴简阳石钟镇开展科技助推乡村振兴活动（市委统战部供图）

提交提案25篇、人大建议6篇；撰写上报调研报告15篇，其中参与撰写的《关于成都培育国际范烟火气新消费形态的建议》获成都市委书记肯定性批示，《践行“两山”理念打造公园城市》《创新城乡产业发展探索乡村振兴实现路径》2篇调研报告获成都市级领导肯定性批示。

【社会服务】 九三学社简阳委员会在平泉镇开展“送法进校园　护航青少年健康成长”活动，增强学生法律保护意识；邀请四川省农科院土肥节水农业中心主任刘定辉、四川省农科院植物保护研究院毛建辉在石钟镇开展土壤调研，为农民答疑解惑，助力乡村振兴；到凉山州越西县马拖镇开展“送法下乡解民忧　服务群众促和谐”活动，简阳妇幼保健院妇产科盆底专家、产后保健科主任、社员陶颖到广元市开展为期一年的对口支援帮扶，得到当地领导和群众好评；组织动员社员投身疫情防控，社员熊洪奇参与锦江区核酸应急采集，医疗战线社员首峰、苟廷伟、叶世富等奋战在抗疫一线。

（蒋　荔）

群众团体

简阳市总工会

【概况】 2021年，市总工会围绕向党的百年华诞献礼和简阳加快建设成都东部区域中心城市的工作重心，以项目为抓手，以活动为主导，以服务为灵魂，扎实工作，创新突破，各项工作取得显著成效；吸引新就业形态等群体新入会会员2708人，截至年底，全市共有基层工会组织1456个，工会会员304828人，9名职工获得“成都工匠”称号，32名职工获得“简阳工匠”称号；开展“四季四送”活动，发放价值63.13万元的慰问品和慰问物资，惠及职工6832人次。简阳市劳动纠纷“一站式”多元化解联动处置中心全年接待来人来访3323人次，受理案件581件，调解成功385件，调解涉及金额近1800万元，调解成功金额1122万元，司法确认234件，确认金额675万元。

【基层工会建设】 市总工会坚持“党建带工建、工建促党建”，推进新就业形态群体（货车司机、快递员、护工护理员、家政服务员、商场信息员、网约送餐员、房产中介员、保安员、环卫工人等）入会，新建简阳饿了么公司工会委员会、简阳市美容美发行业协会工会，引导16家快递公司成立简阳市快递行业工会；开展快递行业联合工会“简阳快递小哥之家”、四川省简阳市安吉迅客货运业有限责任公司、新市街道新达社区3个四川省级“职工之家”示范点建设，增强行业、企业活力；组织全市各镇（街道）、企（事）业单位156名工会主席参加简阳市2021年基层工会主席培训。

表13　　2021年简阳市工会组织及工会会员情况表　　单位：个、人

	基层工会	基层工会涵盖单位	职工	其中			工会会员	其中			2021年新发展会员
				女性	农民工	女性农民工		女性	农民工	女性农民工	
总计	1456	3578	304828	139209	201596	92253	291056	133947	193967	88681	2708
单独基层工会	1391	1391	273703	124346	185028	83973	260014	119213	177552	80457	2559
联合基层工会	65	2187	31125	14863	16568	8280	31042	14734	16415	8224	149

表 14 2021 年简阳市职工之家、职工服务中心、大群团服务中心站点一览表

名称	属地	地址
快递小哥之家	简阳市射洪坝街道	简阳市邮政服务中心
简阳市职工服务中心	简阳市简城街道	红建路北段 375 号 4 楼

【职工就业培训】 市总工会为意愿强烈且有意从事互联网营销或者提升互联网营销水平人员、主题社区从业人员（农民工）、困难职工等就业困难群体提供互联网营销师、家政服务、护理、中国红十字会救护员等技能培训，开展培训 19 场，培训 1000 余人次。

【职工维权保障】 市总工会常态化开展集体协商“要约”活动，与相关部门联发《关于组织开展 2021 年全市集体协商“集中要约”活动的紧急通知》，督促指导基层开展集体协商签订“1＋3”（“1”指综合集体合同，“3”指工资专项合同＋职工劳动安全卫生专项集体合同＋女职工权益保护专项集体合同）集体合同，全市启动“要约”企业 318 家，覆盖职工 6 万余人次，签订“1＋3”集体合同 720 份，签订率 95%；开展“根治欠薪冬季专项行动”，会同相关部门组成工作小组，排查建筑工地等重点区域，检查建筑企业用人单位 135 家、加工制造企业 33 家、其他用人单位 31 家，发出询问通知书 15 份，通过协调等非立案方式解决欠薪 24 件。

【职工关爱】 市总工会开展 2021 年干部职工心理效能提升活动，建成心理健康教育基地，以教育、医疗和网约送餐员行业群体为重点，实施心理辅导活动，开展辅导活动 34 场，服务职工 1700 余人次；免费为全市 320 名环卫工人和工会建档困难职工提供体检。

【职工驿站建设】 市总工会在职工驿站开展职工网球培训活动、关爱女性普拉提健身推广活动和“懂中医，信中医，学中医”冬季中医养生课堂等职工文体活动 30 余场，2000 余名职工参加；在职工驿站内设置“户外劳动者之家”，长期开展“公益理发”“养生汤天天送”“为坐骑充电　为生活加油”等活动，解决户外劳动者“冷可取暖、热可纳凉、渴可喝水、累可歇脚”的实际问题，服务职工上万人次；针对参训意愿强烈且有意从事互联网营销或者提升互联网营销水平的下岗职工、农民工、灵活就业人员等重点人群，开展“新工种　新业态　助力乡村振兴”互联网营销师培训之职工驿站专场，并在驿站内搭建网络直播间作为简阳特色农产品、乡村旅游等线上推广点，引导更多职工“为家乡产品代言”。简阳市职工驿站被中华全国总工会评为 2021 年“最美工会户外劳动者服务站点”，被四川省总工会评为 2021 年“四川省最美工会户外劳动者服务站点”。

【职工文体活动】 市总工会组织“七一薪火　云端欢歌”简阳劳动者快闪活动，动员 1000 名职工在雄州广场和简阳地标，以同唱一首歌的形式庆祝中国共产党成立 100 周年，宣传视频经国家级、省级媒体发布，

4月17日，简阳市总工会开展1000名劳动者“快闪”活动，献礼建党百年（市总工会供图）

4月28日，简阳市2021年职工技能大赛启动（市总工会供图）

观看量超过10万人次；举办简阳市2021年庆五一劳动表扬活动，创作音诗画节目《东进路上》，讲好劳动故事、弘扬劳动精神；推进“大运薪火　东进简阳”系列体育赛事，举办职工气排球、游泳、乒乓球比赛，组建简阳职工代表队参加成都市总工会举办的游泳比赛、气排球比赛；组建“成都工匠”宣讲团、“永远跟党走　建功新时代”简阳市劳模工匠宣讲团，开展宣讲42场，参与人数1000余人次；与相关单位联合举办简阳市快递员包裹分拣、货车司机驾驶、餐厅服务等职业技能赛17场，动员263个企业（单位、班组）、1700余名职工参加技能比赛19项，营造“练技能、赛技能、专技能”氛围。

（魏河英）

中国共产主义青年团简阳市委员会

【概况】 2021年，团市委以“爱成都·迎大运”青年友好城市营造共建共治共享行动为抓手，以服务“简漂”青年助力青年创新创业就业筑梦工程为载体，加强共青团思想建设、组织建设、文化建设，履行共青团组织青年、引导青年、凝聚青年、服务青年、维护青年权益的重要职能。6项工作获成都市关工委、共青团成都市委表彰。

【基层团组织建设】 团市委上半年发展团员1077名，覆盖初二至高三5个年龄阶段；下半年发展团员710名，新增社会领域团员60名；录入下级组织1042个，新建非公企业团组织19个、农业园区团组织5个、城市小区团组织20个、农合社团组织70个，完成22个镇（街道）团（工）委组织换届。简阳市共有基层团委31个、团工委10个、团总支60个、团支部720个，有团员15756名。

【青少年思想道德建设】 团市委组织各级团组织、少先队开展“学党史、强信念、跟党走”主题教育，开展“高举队旗跟党走　红色基因代代传”简阳市庆祝中国共产党成立100周年暨“六一”主题队日系列活动和“请党放心，强国有我”简阳市2021年“十·一三”主题队日暨生命教育活动，六大专题（新民主主义革命专题、社会主义革命和建设专题、改革开放专题、中国特色社会主义新时代专题、习近平总书记七一重要讲话精神学习、中共十九届六中全会精神学习）学习会、专题组织生活会达到全市团组织100%学习率；成立新时代新思想青年宣讲团，深入基层开展七一重要讲话精神宣讲活动3场；开展2020年度共青团工作“两红两优”先进评选，通报表扬30个先进集体、60名先进个人。

【少先队工作】 团市委组织全市少先队员及少先队辅导员参加党史学习教育，5万余名少先队员参与学习“党史我来讲·红色照我心”14期、“党史队课100讲”72讲；组织优秀少先队员和少先队辅导员录制向党献礼视频《生长吧》，推选2名优秀少先队辅导员参与成都市“党史队课100讲”视频录制；在各级少先队组织开展学习习近平总书记七一重要讲话及中国共产党简阳市第十六次代表大会精神活动；六一期间

6月1日，“高举队旗跟党走　红色基因代代传”简阳市庆祝中国共产党成立100周年暨“六一”主题队日活动（团市委供图）

开展“评选表扬2020—2021学年度简阳市优秀少先队员、优秀少先队辅导员、优秀少先队集体”活动，评选出优秀少先队员78名、优秀少先队辅导员35名和优秀少先队集体37个；11月开展“红领巾奖章”二星章评选活动，评选出“红领巾奖章”二星章少先队员4678名、二星章集体95个。

【重点青少年群体关怀】 团市委开放运营童伴计划点位5个，有留守儿童建档立卡人数117人，童伴妈妈开展家访走访260余人次；开展“传承红色基因·迎接建党百年”“禁毒防艾”“垃圾分类”“普法宣传”“疫情防控”系列主题教育，开展端午节、六一儿童节、建党节、中秋节、国庆节等节假日关怀活动100场，覆盖留守儿童1700余人次；开展“青春建功行动计划”，联合多家市级部门集中策划“关爱情·暖冬行”“青心相伴　爱在身边　情系暖冬”慰问活动等项目，关心关爱弱势青少年和特困老人等特殊群体，涉及资金170万余元，惠及5200余人次；开展“我为群众办实事”系列主题活动，实施“公益助学行”计划，开展“助学筑梦　铸未来”系列主题研学活动4场，助学助智帮扶困难学生220名。

【青年就业创业帮扶】 团市委服务“简漂”青年，助力青年创新创业就业筑梦工程，推进“简阳市幸福美好生活十大工程”；举办“青创简阳·载梦起航”青年创新创业系列培训会6场，吸引企业和创业青年学习交流；依托青年创新创业“一站式”服务平台，服务种子期、孵化期项目130个，呼吁加入青年创新创业“一站式”服务平台；升级“蓉漂”青年人才驿站，为到简阳在简阳求职应聘青年人才提供7天免费入住，帮助入住大学生在简阳就业，截至年底，人才驿站订单总数1772次，入住订单数1730次，床位使用4742人次；开展“知名高校感知简阳行”活动5场，组织各大高校青年实地参观、面对面座谈；主导成立简阳市青年创业促进会，指导青创会组织开展创业类讲座、走访学习调研等活动30余场，激发青年创业热情。

7月21日，共青团简阳市委组织电子科技大学和西华大学的44名学生参加“知名高校感知简阳行”活动（团市委供图）

【青年志愿服务】 团市委召集11826名青年志愿者支援镇（街道）疫情防控点，进行文明劝导戴口罩、协助进出人员扫健康码、秩序维护等志愿服务，服务10万余人次，服务时间7万小时；推进共青团青年之家三级“门店”服务体系有效覆盖面，新建青年之家社区店2家、青年之家共营店19家；召集186名赛会志愿者、48名城市志愿者完成“相约幸福成都”2021年全国青年跳水锦标赛暨全运会跳水资格赛和全国大中学生跳水比赛、“相约幸福成都”2021年成都市青少年柔道锦标赛志愿服务；开展“爱成都·迎大运”“禁毒防艾”“垃圾分类”3类契合青年特点和社区发展治理需求的志愿服务项目，组织各级团组织开展志愿服务近3700场；助力创建全国文明城市，开展植树节、“我们的节日”系列主题、包联点位文明劝导、日常文明礼仪倡导等创文活动。

【关心下一代行动】 简阳市关心下一代工作委员会在各镇（街道）以“两史·三爱”“传承红色基因、争做时代新人”“礼赞新中国，奋进新时代”“中华魂”等为主题，开展爱国主义主题教育实践活动81场；向成都市关心下一代基金会申请资金20余万元，在简阳市职业高中举办为期5天的全市中小学生红色夏令营活动，组织380余名师生参加；为获2021年中国关工委、成都市关工委演讲、征文比赛的100个先进集体和440名先进个人颁发证书和奖品，为在“党旗在基层一线高高飘扬”比赛中获一等奖、二等奖、三等奖的371人颁发证书和奖品；组织镇（街道）青少年200余人在简阳市烈士陵园举行“悼念革命烈士　传承红色基因学党史守初心传薪火”党史宣讲活动；联合简阳市规划馆开展“小小志愿者”文化之旅暑期培训，26名青少年报名参加；联合简阳市图书馆开展“传承红色基因·我爱阅读朗诵”系列活动，14097名青少年儿童参加；联合三合镇初级中学举办中学生文艺、书法比赛等活动，450名师生获奖；联合市文明办、市教育局、市民政局、市委老干部局、市卫健局、市总工会、市妇联、团市委、市惠民帮扶中心等单位募集资金20余万元，在元旦、春节前夕为23所幼儿园2800余名儿童、98名“五老志愿者”、56名“青年志愿者”开展“关爱情·暖冬行”慰问活动；筹集资金21万元为105名危重病、残疾、特困青少年儿童开展生活补助、医疗救助、残疾帮助等关爱帮扶活动，每人发放慰问金2000元；动员企业捐资，争取成都市关心下一代基金会支持，共筹集资金300万元，对镇金幼儿园等11所农村幼儿园户外活动场地实施塑化改造；投资8万元，聘请专家、学者在简阳市城北初中、平泉小学分别开展培训，组建教师心理辅导团队，培养专业心理辅导教师；开展关爱下一代“圆梦计划”项目，在简阳中学评选出11名贫困大学生新生，每人每年资助生活费3600元，直至大学毕业，共15.84万元。

（唐铭壕）

简阳市妇女联合会

【概况】 2021年，市妇联围绕乡村振兴、党史学习教育、幸福美好生活十大工程等中心工作，带领妇女弘扬自尊、自信、自立、自强巾帼精神，为建设成都东部区域中心城市、打造“五个新简阳”贡献巾帼力量。

【基层妇联组织建设】 3月底，简阳市291个村（社区）妇联与村（社区）党组织同步换届，新一届村（社区）妇联达到“两委”班子中100%有女性、村（社区）妇联主席100%进村（社区）“两委”目标，村委会成员中女性比例达46.65%，村委会主任中女性比例达17.74%，村（社区）妇联主席291人、副主席582人、执委4954人。简阳市基层妇联工作实务《躬身基层勤奋斗　带领妇女多建功》在四川省基层妇联组织成员示范班作交流，基层妇联组织发挥作用《以“三步”破难　助“五美”创建　基层妇联执委赋能乡村振兴路径》入选四川省基层妇联组织建设与改革典型案例汇编，在全省妇联系统推广。

【妇女思想引领】 市妇联发起“大运成都　show简阳”抖音短视频挑战赛活动，通过广播电视、微信微博、“i简阳”等媒体，发动市民以个人或家庭方式参赛，拍摄关于人文、美景、美食、文化、运动、最美家庭等系列主题短视频1.9万个，曝光量4.5亿次；开展“巾帼心向党　百年正辉煌”“幸福美好生活十大工程”“巾帼心向党　奋进新征程”等主题宣讲60余场，引导妇女群众知党史、感党恩、听党话、跟党走；开展“巾帼心向党　舞动新时代”广场舞下乡活动，传播党史学习教育知识，在全市征集歌词50余首，优选《山高水远》《简阳文明家风歌》2首歌曲创编成广场舞，并录制教学视频，将党史知识、妇女维权法律知识、疫情防控知识融入视频，促进妇女群众个人素养提升。“巾帼心向党　舞动新时代”广场舞比赛被《中国妇女报》、“学习强国”平台宣传报道。

【妇女创新创业】 市妇联调研收集10280名妇女就业培训需求，开展电商、家政服务员、育婴师培训50场；联合多部门开展线下岗位招聘会6场，提供就业岗位4200余个，帮助190余名女性实现就业；开设瑜伽、茶艺、烘焙、花艺等课程58场，1400余名职场女性参与活动，丰富职场女性业余生活。

【儿童友好城区创建】 市妇联深入实施幸福美好生活十大工程，推动儿童友好城区建设，制定《简阳市儿童友好城区建设五年行动计划（试行版）》《简阳市儿童友好社区建设标准》《简阳市儿童友好社区建设评估指标体系》等系列指导性文件，完成儿童友好试点社区创建，探索儿童友好“简阳模式”；开展专题培

6月24日，“巾帼心向党　舞动新时代”简阳市2021年广场舞比赛在市文化艺术中心举行（市妇联供图）

训5期，培训270人次；常态化运营简阳市妇女儿童活动中心，助推儿童友好试点社区服务辖区儿童；在六一儿童节、暑期、世界儿童日等节点，开展主题活动、亲子活动、普法宣传、安全教育、红色阅读、暑期托管等活动80余场次，其中六一儿童节系列活动被四川省妇联宣传报道。简阳市妇儿工委办牵头完成《简阳妇女发展纲要（2011—2020年）》《简阳儿童发展纲要（2011—2020年）》10年终期评估验收，妇女在健康、教育、经济、参与决策、社会保障、法律与环境7个方面70项主要监测指标中达标69项，占指标总数的98.57%，儿童在健康、教育、福利、法律与环境五个方面41项主要监测指标中全部达标，达标率100%。

【妇女儿童关爱行动】 市妇联构建心理服务“3＋1”（学生、家长、教师，一对一心理咨询）模式，以班级为单位开展心理团辅55场，覆盖学生5250余名，开展大型团辅2场为910余名学生科普心理健康知识；开展教师心理工作坊12课时，培育心理辅导骨干教师30名，开展教师心理健康培训主题讲座4场；开展家庭教育团辅4期48课时、大型主题讲座4场；提供一对一心理咨询和辅导70人次，相关做法被四川新闻报道；开通免费心理咨询热线，为137名群众提供咨询服务；在22个镇（街道）和13个市级部门开展全国妇联中央彩票公益金妇女“两癌”防治知识到村（社区）活动，“两癌”免费筛查9253人，为590名困难妇女免费赠送“两癌”保险；春节慰问留守儿童270余名；联合团市委、市关工委实施“留守儿童保障计划”，为1500余名留守儿童赠送安全保险；争取成都市台办、台商协会到简阳市慰问困难妇女、留守儿童，赠送慰问金、慰问物资，价值3万余元。

【妇女儿童权益保护】 市妇联启动“美丽乡村法润简州”项目，重点围绕《中华人民共和国民法典》《中华人民共和国反家庭暴力法》《中华人民共和国老年人权益保障法》和预防电信网络诈骗等内容开展普法宣传27场，参与人数1100余人次；选取中彩法律援助项目典型案例筛选汇编，编制动漫版维权宣传册《婚姻家庭纠纷十大案例》，推广宣传维权普法；联合市法院、市公安局建立“一站式”反家庭暴力工作机制；联合市司法局打造律师志愿者维权队伍，每周二、周四在简阳市体育中心开展免费法律咨询服务，为妇女群众提供免费法律服务17件次。

7月21日，“阳光驿站”未成年人心理关爱项目启动仪式举行（市妇联供图）

【家庭文明建设】 市妇联通过“巾帼写、写巾帼”方式，精选家风故事22篇，编撰出版《简阳巾帼家风故事集》；开展“家风润万家十百千行动计划”，组建宣讲团10支，招募巾帼志愿者100名，制作家风动漫原创短视频3部，开展“家风润万家”宣讲28场，服务家庭1120个，相关做法被《中国妇女报》、中国网报道；评选产生“简阳市五好家庭”20户，其中获评“成都市五好家庭”6户、“成都市家庭工作先进集体”3个、“成都市家庭工作先进个人”3人。

【“五美庭院”创建】 市妇联开展“五美庭院”（整洁美、卫生美、绿化美、文明美、和谐美）创建三年行动计划，在22个镇（街道）28个村（社区）开展“五美庭院”创建试点，提高妇女群众卫生习惯、文明意识，提升妇女群众对追求美好生活的认同感，逐步实现“小家美”促“乡村美”；成立家园护卫队，发放《扮靓乡村从我做起倡议书》30余万份，发放“五美庭院”创建宣传围裙6000余条；成立市、镇、村、社四级“五美庭院”创建志愿宣传队，开展“五美庭院”创建宣讲800余场；对照“五美庭院”创建内容及标准，创编《五美之歌》广场舞曲，制作原创动漫视频《五美庭院》，转发至全市460余个村（社区）群众微信群，增强妇女群众开展“五美庭院”创建的思想认同、情感认同；实施“乡村振兴巾帼行——女性素质提升行动”，以“五美庭院”创建培训、“家风润万家”宣讲、“美丽乡村法润简州”普法宣传、“五好家庭”评选为抓手，开展培训100余场，参加培训妇女1万余人次；实施“我爱我家·全民清扫行动”，每月确定1天为“全民清扫日”；实施“家园护卫队·志愿帮扶行动”，组织家园护卫队成员定期不定期开展志愿服务活动，协助清理公共区域垃圾死角，帮助老弱病残等特殊困难家庭打扫卫生，开展志愿帮扶活动280余次；建立“实地考核机制”，完成2次月度“五美庭院”创建考核和“五美庭院”创建试点考核；建立“线上线下评优机制”，产生10户年度“十佳五美庭院”。简阳市妇联“五美庭院”创建相关做法被《人民日报》、《中国妇女报》、中国网、国际在线、中国新闻图片网、今日头条、四川在线、川观新闻、四川新闻网等媒体报道。

（罗小琴）

简阳市科学技术协会

【概况】 2021年，市科协围绕简阳市委中心工作，开展为科技工作者服务、为创新驱动发展服务、为提高全民科学素质服务、为党和政府科学决策服务，助力建设成都东部区域中心城市。简阳市22个镇（街道）均成立“3＋1”科协组织（“3”是指把县乡级医院院长、学校校长、农技站站长吸纳进科协组织，担任兼职、挂职副主席，“1”是指加强上级科协的指导），3所学校、3家企业、2家医院、1个园区成立科协组织，有学会3个、农村专业技术协会11个、老科学技术工作者协会1个。简阳市科协被四川省科协评为精准服务科技工作者（团队）优秀组织单位，被成都市科协评为“天府科技云”服务平台建设先进集体、全国科普日活动先进集体、城乡社区科技公共服务先进集体。

【科普场景打造】 市科协打造绿道科普场景，通过在绿道中植入科普内容，拓展绿道科普复合功能，丰富公园城市建设品质和内涵，10月打造完成鳌山绿道极限运动广场生物科普场景，11月打造完成平泉街道荷桥村林盘绿道航空航天科普场景；完善社区科普示范场景，指导新市街道新达街社区完善交通安全AR体验屋、科学实验屋、科普大讲堂等，释放科普教育功能。

【公益科普品牌打造】 市科协开展绿道科普活动，在绿道及附近相关街道、社区、学校开展科普体验等系列活动9场；牵头开展2021年简阳市全国科普日主题活动，全市开展科普宣传23次，受众1万余人次，赠送书籍挂图等2万余份；开展科普进校园活动8场，在解放九义校、高级职业中学等学校，特邀中科院教授卢汉清等老科学家，开展“自动化技术和大数据处理”“航空知识”等科普讲座；配合成都市青少年科技活动中心在简阳市开展2021年成都市电子信息技能创新大赛辅导教师培训；组织协会参与社区治理，科普志愿者面向青少年，开展“亲子风筝彩绘　放飞科学

5月18日，2021年简阳市第六届“科普进校园”暨科技活动周——中国科学院老科学家演讲团进校园主题活动举行（市科协供图）

3月6日，“亲子风筝彩绘　放飞科学梦想”新时代文明实践中心科技志愿服务活动在简阳市禾丰镇丙灵村举行（市科协供图）

梦想”等科技志愿服务活动。

【“天府科技云”服务中心建设】 市科协建成“天府科技云”服务中心，设置洽谈接待区、会议交流区、办公区，满足相关线下服务功能和科技工作者及企事业单位或群众来访洽谈接待需求，并在中心入口显眼区域设置服务中心形象墙，按照四川省统一样式制作简阳市“天府科技云”服务中心门头标识和“天府科技云”服务LOGO。

【科技创新服务】 市科协指导产业功能区科协面向企业开展提能培训，开展“天府科技云”供给侧“保姆式”服务，截至年底简阳市注册科技工作者34996人，组织机构用户1614户，达成科技服务交易37笔，科技成果转化2笔，合计金额3202.07万元，“保姆式”服务完成46单，其中达成交易6单、服务中10单；在天府脱模、国光农化2家企业建立“科创中国·会地联合创新基地”，牵线搭桥中国宇航协会与成都空天产业功能区接洽，在线上召开“2021空天技术助力国家新经济产业发展研讨会”；到三星镇新星社区、桐麻岭村等地，以疫情防控应急科普为重点，开展疫情防控应急科普（科技）志愿服务活动。

【科技助农行动】 市科协支持大众特种水产养殖协会、平泉水果种植协会、简州大耳羊产业化联合会、石钟果树种植协会等农技协，以“公司+协会+农户”为基础的发展模式，通过技术培训、跟进追踪、个性指导，指导协会发展，引领农户增产增收，全年面向周边种植、养殖农户开展培训服务10次，惠及600余人次。简阳市老科协协同成都市老科协，在平泉街道龙泉村等地共建科技助农联系点；组织四川省农科院等各级老专家，开展种植养殖培训；组织各类专家在新市街道等地开展老年医学科普知识宣讲，开展“天府雄州简阳”本土历史文化下乡活动。

表15　2021年简阳市“成都市院士（专家）创新工作站”一览表

序号	名称
1	简阳市人民医院

表16　2021年简阳市科协组织情况表

序号	名称	类别
1	简阳市永宁果桑协会	农技协
2	简阳市大众特种水产养殖协会	农技协
3	简阳市石钟镇果树科学种植技术协会	农技协
4	简阳市平泉镇水果种植协会	农技协
5	简阳市涌泉镇花椒协会	农技协
6	简阳市水产协会	农技协
7	简阳市宏缘乡苗木协会	农技协
8	简阳市马铃薯协会	农技协
9	简阳华东高科农业协会	农技协
10	简阳市金马镇翻身村水果种植协会	农技协
11	简阳市禾丰镇辣椒协会	农技协
12	简阳市小牛顿科学实践协会	学会
13	简阳市心理咨询师协会	学会
14	简阳市营养师协会	学会
15	简阳市人民医院科协	医院科协

续表 16

序号	名称	类别
16	简阳市星科医院科学技术协会	医院科协
17	简阳市港华燃气有限公司科学技术协会	企业科协
18	国网四川简阳市供电有限责任公司科学技术协会	企业科协
19	四川省杨森乳业有限责任公司科学技术协会	企业科协
20	简阳工业集中发展区科技服务协会	园区科协
21	简阳市老科学技术工作者协会	老科协
22	四川省简阳中学科学技术协会	学校科协
23	简城三小科学技术协会	学校科协
24	城北九义校科学技术协会	学校科协
25	简阳市简城街道科学技术协会	镇（街道）科协
26	简阳市射洪坝街道科学技术协会	镇（街道）科协
27	简阳市新市街道科学技术协会	镇（街道）科协
28	简阳市石桥街道科学技术协会	镇（街道）科协
29	简阳市赤水街道科学技术协会	镇（街道）科协
30	简阳市平泉街道科学技术协会	镇（街道）科协
31	简阳市东溪街道科学技术协会	镇（街道）科协
32	简阳市石钟镇科学技术协会	镇（街道）科协
33	简阳市青龙镇科学技术协会	镇（街道）科协
34	简阳市三星镇科学技术协会	镇（街道）科协
35	简阳市踏水镇科学技术协会	镇（街道）科协
36	简阳市宏缘镇科学技术协会	镇（街道）科协
37	简阳市平武镇科学技术协会	镇（街道）科协
38	简阳市三合镇科学技术协会	镇（街道）科协
39	简阳市禾丰镇科学技术协会	镇（街道）科协
40	简阳市云龙镇科学技术协会	镇（街道）科协
41	简阳市涌泉镇科学技术协会	镇（街道）科协
42	简阳市施家镇科学技术协会	镇（街道）科协
43	简阳市杨家镇科学技术协会	镇（街道）科协
44	简阳市江源镇科学技术协会	镇（街道）科协
45	简阳市雷家镇科学技术协会	镇（街道）科协
46	简阳市镇金镇科学技术协会	镇（街道）科协

表 17　2021 年简阳市科普基地一览表

序号	名称	科普项目内容
1	简阳中学科创体验室	三维电子迷宫、VR 虚拟现实设备、DIY 创意造物、光固化 3D 打印机等（2017 年建成，位于雄州大道）
2	普安初中科创体验室	三维电子迷宫、VR 虚拟现实设备、DIY 创意造物、光固化 3D 打印机等（2018 年建成，位于禾丰镇）

续表 17

序号	名称	科普项目内容
3	永宁九义校科创实验室	三维电子迷宫、VR 虚拟现实设备、DIY 创意造物、光固化 3D 打印机等（2020 年建成，位于江源镇）
4	虚拟现实 AR 体验馆	各类 AR 体验（2020 年建成，绿道科普点位，位于东滨路）
5	简阳市规划馆	科学规划等科普内容，体验简阳历史、现状及未来规划（2020 年建成，绿道科普点位，"天府科技云" 共享科普点位，位于人民路）
6	荷桥村高密度智能水产养殖基地	红眼鳟鱼、青波鱼、岩原鱼等 7 个品种，开展种养循环、无污染物排放等环节科普（2020 年建成，绿道科普点位，位于平泉街道）
7	简阳市运动广场科普基地	展示四川特有和常见的生物，其中动物有大熊猫、金丝猴、小熊猫、白唇鹿、雪豹、金毛羚牛，鸟类有灰鹤、朱鹮、红腹锦鸡、绿头鸭、普通鵟、大白鹭，昆虫有蚂蚁、蜜蜂、蝴蝶、蜻蜓、瓢虫、螳螂（2021 年建成，绿道科普场景，位于鳌山运动广场）
8	荷桥村航空航天科普基地	提供科普教育、国防教育和爱国主义教育咨询服务，涉及军事科普、模拟体验、训练互动等（2021 年建成，绿道科普场景，位于平泉街道）

（吴　量）

简阳市归国华侨侨眷联合会

【概况】 2021 年，简阳市有统计在册华人华侨 174 人、港澳同胞 186 人、留学生 77 人、侨属 574 人。市侨联深入学习中共十九届五中、六中全会精神和习近平总书记重要讲话精神，贯彻落实习近平总书记关于群团工作和侨务工作的重要论述，围绕维护侨益、凝聚侨心、汇聚侨智、发挥侨力开展工作，在成渝地区双城经济圈建设和成（都）德（阳）眉（山）资（阳）同城化发展中贡献侨界力量。

【侨联学习教育】 市侨联在侨联机关以及常委、委员和侨眷属集中的社区开展党史、侨史专题宣讲 8 场，宣讲对象 480 余人次；4 月 16 日组织侨界党员到资阳市乐至县陈毅故居开展"伟人故里学党史"现场教学活动，通过观看展览、游览故居、重温入党誓词、诗歌朗诵等形式，增加侨界党员幸福感和光荣感；9 月带领侨界干部和基层点位负责人到广东汕头侨批文物馆参观，增加对侨联工作的认同感和使命感；落实干部教育管理，专题学习反腐倡廉理论 4 次，教育引导机关干部贯彻执行中央八项规定及其实施细则精神以及四川省委、成都市委、简阳市委相关规定精神，转变机关干部思想作风、学习作风、工作作风、生活作风；组织收看警示教育片《清廉蓉城》《黑白人生》《警钟长鸣——严肃换届纪律教育警示录》《说案》，以案明纪，举一反三。

【参政议政】 12 月，市侨联推选台侨界 12 名代表作为市政协委员参加简阳市政协十五届第一次会议，围绕简阳市委、市政府中心工作和人民群众普遍关注的热点、难点、焦点问题建言献策，提出个人提案 6 份、联名提案 4 份，2 名委员参加联组讨论。

4月16日，简阳市侨联组织侨界党员到资阳市乐至县开展"伟人故里学党史"活动（市侨联供图）

控捐赠物资，会员企业周六福珠宝开展新冠疫苗接种一线工作人员慰问活动，发放慰问品200件并捐赠价值5万元的帐篷，四川理创律师事务所在疫情防控期间向陕西省西安市捐赠价值5万元的爱心蔬菜；推进公益慈善事业发展，在试点镇村困难家庭中开展0～3岁婴幼儿“爱心奶粉计划”，组织12名民营经济代表人士向涌泉镇12名困难家庭儿童送去爱心奶粉基金3.6万元。

（王　媛）

简阳市残疾人联合会

【概况】 市残联下设镇（街道）残疾人联合会22个，镇（街道）配置残联主席、残联理事长、残疾人专职干事，村（社区）配置残疾人联络员。简阳市残联于3月被成都市残联评为2020年度党群工作先进单位，4月被简阳市委、市政府评为2020年脱贫攻坚先进集体，12月获第五届全国残联专职委员知识竞赛组织奖并获成都市第七届残疾人职业技能竞赛优秀组织奖。6月，简阳市残联机关党支部被简阳市委评为先进基层党组织，《桃园梦》获成都市第三届“残疾人文化艺术周”微电影类作品优秀奖。

【残疾人社会保障】 简阳市全年投入608.27万元资助12826名残疾人参加城乡居民基本医疗保险，投入984.01万元资助1157名残疾人参加城镇职工或城乡居民基本养老保险，投入20万元为100户有家庭无障碍改造需求的残疾人实施家庭无障碍改造，为3781人次残疾人发放居家安养补贴223.3万元。

【残疾人康复服务】 市残联投入71.22万元完成免费白内障复明手术575例，投入101.56万元为1500名残疾人适配轮椅、助听器、假肢等辅助器具，投入538.57万元为229名残疾儿童申报康复训练，投入23.77万元为117名重性精神障碍患者提供“阳光救助”生活费补贴，投入5.75万元为97名精神残疾人申请服药补贴。

【残疾人教育就业服务】 市残联为701名低保或低保边缘户家庭及困难户中的残疾学生、残疾人子女学生发放自强助学金83.2万元；高考前，向47名高三残疾学生、残疾人家庭学生子女发放慰问金2.35万元；向简阳市特殊教育学校学生捐赠毛毯126套，价值3.4万元；安置残疾人就业223人；投入20万元为400名农村残疾人进行实用技术培训，投入34.02万元为300名残疾人发放居家灵活就业创业补贴。

【残疾人维权和关爱行动】 市残联处理来信来电来访40余件；组织开展“温暖万家行”活动，元旦、春节走访慰问残疾人500余名，发放慰问品、慰问金21.5万元；在全国助残日、国际残疾人日慰问残疾人300余名，发放慰问品、慰问金10余万元。

【残疾人颁证换证】 市残联为1339名残疾人办理残疾人证，为27067名残疾人换发第三代智能残疾人证；组织集中残疾评定19次，下基层免费残疾评定293人。

5月30日，简阳市残联在银桂广场开展“特别的爱给特别的你”六一儿童节志愿者服务关爱残疾儿童活动（市残联供图）

9月2日，简阳市残联、简阳市中医医院在施家镇联合开展健康体检、疾病筛查暨集中评残活动（市残联供图）

【残疾人文体活动】 市残联组织开展第31个全国助残日、第30个国际残疾人日等系列活动；组织7名残疾人参加成都市第三届残疾人文化艺术周活动，在文艺表演类、工艺美术类、影视类三大类艺术作品评比中，获一等奖1个、二等奖2个、三等奖3个；组织6名残疾人参加成都市第七届残疾人职业技能竞赛，获美发竞赛一等奖。

（蔡远治）

简阳市文学艺术界联合会

【概况】 2021年，市文联坚持“二为”方向和“双百”方针，履行团结引导、联络协调、自律维权、服务管理职能，围绕中心、服务大局，以庆祝中国共产党成立100周年为主线，开展党史学习教育，推动文艺事业出作品、出人才、出影响，为加快培育城市新优势、高质量建设成都东部区域中心城市贡献文艺力量。简阳市文联综合考核在成都市文联系统位居前列。

【文艺创作】 市文联全年有200余件优秀文艺作品在成都市级及以上平台（活动）中展演（获奖、发表），书法作品入展中国书协、四川省文联主办的庆祝中国共产党成立100周年四川省书法名家书党史优秀作品展，农民画《快乐读书人》入选中央宣传部主办的全国美术作品展；引导文艺家参与推动全市20余个文创空间（街区）建设打造；组织开展主题采风，创作优秀文艺作品400余件，以文化振兴助力乡村振兴；新增国家级会员5名、省级会员7名，增量创历史新高。《简阳文艺》入选四川省文联系统文艺期刊“百刊话百家”。

【文化惠民】 市文联开展迎春书画大派送，创作赠送春联、福字、年画等文化年货600余件；开展“感党恩颂祖国 赞盛世绘华章”庆国庆、“走基层”等文化惠民活动，参与文艺家500余人次，惠及群众近万人次；举办春联展、妇女美术作品展、临帖展等展览，展出优秀作品400余件；策划开展“艺”同过年2021年春节系列文艺活动，推动文艺活动由线下到线上转型，网上刊播（展出）优秀文艺作品100余件。

【庆祝建党100周年系列文艺活动】 市文联举办“奋斗百年路 启航新征程 共筑简阳梦”——简阳市庆祝中国共产党成立100周年主题文艺演出，遴选200幅优秀书画摄影作品举办主题展览，展览规模、持续时间均突破历史；出版简阳市庆祝中国共产党成立100周年文艺作品集；全国首创党史学习教育“流动红色文艺廊”，推动党史学习教育大众化、文艺化，被人民网、光明网、中国文明网等媒体宣传报道。

（付洪波）

简阳市社会科学界联合会

【概况】 2021年，市社科联推进社科普及基地建设，建有国税局廉政文化基地、城市规划社科普及基地等

6月29日，简阳市庆祝中国共产党成立100周年主题文艺演出在市文化体育中心举行（王松平 摄）

9个简阳市级社科普及基地；邀请四川省、成都市社科权威专家开展庆祝中国共产党成立100周年、党史学习教育、乡村振兴等主题的学术沙龙活动20余场。

【社科讲座】 市社科联举办科普讲座50余次，发放科普书籍1万余册，发放科技资料2万余份，展示科普挂图2000余幅；利用网络媒体加强科普宣传普及，邀请卫生、医疗专家开展卫生知识、慢性病防治、新冠肺炎防控等知识讲座20余期。

【社科活动】 市社科联利用社科基地等载体，开展与基地主题相关活动，涉及党史、教育、卫生、规划、统战、税务、佛学、乡村旅游等领域社科普及活动100余场，受益群众2万余人。

（谢　勇）

简阳市红十字会

【概况】 2021年，市红十字会深入贯彻习近平总书记对红十字工作的重要讲话和指示精神，以《成都市红十字事业发展规划纲要（2021—2025年）》为引领，推动红十字事业高质量发展。

【红十字会组织建设】 市红十字会组建“红十字蓝天救援队”和“红十字红丝带救援队”两支队伍；清理全市红十字会员，核实红十字会员信息95名、红十字志愿者信息120名。

【困难救助】 市红十字会开展大病医疗救助6人，投入救助金1.1万元；开展“博爱送万家”活动，救助18人，投入救助金3600元、物资3600元。

【公益活动】 市红十字会开展宣传活动38场，发放宣传资料3500册，组织志愿者120人次，惠及3500人次；接受63所学校捐款214229元，拥军事业捐款73.1万元。

【社会服务】 市红十字会组织应急救护普及培训96场，惠及1.5万人次；组织造血干细胞捐献40场，惠及5800人次；组织人体器官捐献48场，达成遗体器官捐赠9人。

（曾　勇）

法 治

依法治市

【概况】2021年，简阳市始终将习近平法治思想作为推进全面依法治市的行动指南，深入贯彻落实中共十九届四中、五中全会及中央全面依法治国工作会议精神，探索新思路、新方法，将全面依法治市各项部署落实到法治简阳建设实践全过程，法治简阳建设不断在理论和实践的结合上取得新成效。

【依法执政】简阳市委全面依法治市委员会制发《〈成都市党政主要负责人履行推进法治建设第一责任人职责实施方案〉任务分解表》《中共简阳市委全面依法治市委员会2021年工作要点》，明确牵头单位、责任单位、完成时限，把责任细化到项目、落实到部门；采取书面征询、座谈征求、公开征求意见等形式，配合上级人大开展《四川省老鹰水库饮用水水源保护条例（草案）》《四川省公共文化服务保障条例（草案）》《四川省行政执法监督条例（修订草案）》等9部地方性法规立法调研和意见征求。

【依法行政】简阳市委全面依法治市委员会建立“三级审查”（部门初步审、法律顾问重点审、司法局全面审）工作机制，完善合法性审查跟踪督办机制，形成合法性审查“闭环”；用活法律顾问，引导法律顾问参与重大行政决策、重点项目、重大风险化解；通过案卷评查、实地走访、交流座谈等方式，加强重点领域执法监督；持续深化人民群众最不满意行政执法突出问题承诺整改活动，规范执法程序；严把行政复议申请、审核、答复和决定关，减少复议案件；建立应诉案件分析制度，通过指导答辩状撰写、搭建与法院沟通平台等方式，掌握应诉主动权。截至12月，简阳市人民政府被诉案件31件，审结21件，败诉1件，开庭审理11件，负责人出庭应诉率100%。

【公正司法】简阳市优化法治化营商环境，建立“一园一策”司法服务保障机制，健全商业纠纷快立、快审、快执机制，加大跨区域、跨行业侵犯知识产权和商业秘密行为打击力度；提升司法公信力，推进金融、破产等领域专业化审判改革，疏通影响案件办理效率最大堵点；推进5G智慧法院建设，整合在线诉讼服务功能，回应人民群众司法需求。

【法治宣传】简阳市深入学习宣传贯彻习近平法治思想，将习近平法治思想纳入各级党委（党组）中心组专题学习内容及党校（行政学院）重点课程；落实《青少年法治教育大纲》，完善法治副校长制度；打造青龙“稻花香里”生态农庄等3处法治文化阵地，建成石钟镇前锋村等2个成都市民生实事项目；开通运营“法治简阳”官方抖音号，浏览量超过462万人次；公布“便民服务十项举措”，系统梳理法律援助、公证、司法鉴定等6类13项法律服务产品，使各项法律服务看得见、摸得着、可评价。

（薛文娟 陈 敏 丁 洁 陈 丽 郝娅菲 杨 利 陈 茜 王晓芹 李 丽）

法治政府建设

【概况】 2021年，简阳市各级行政机关坚持以习近平法治思想为指引，深入学习贯彻中共十九届五中、六中全会精神，对照“争当表率、争做示范、走在前列”标准要求，深入推进依法行政，加快建设法治政府，为建设成都东部区域中心城市提供法治保障。

【合法性审查】 市司法局建立“54”审查模式，合法性审查做到过“五道关”（内容、程序、格式、文字和政策法规）、有“四要素”（必要性、起草说明和主要内容、实施建议），提升审查质效、做到凡审必严；选聘9家律师事务所，组成新一届市委、市政府法律顾问团；加强合法性审查能力建设，定期邀请法律顾问团成员、法学专家对各单位开展“订单式”培训，审查市委常委会会议、市政府常务会上会议题323件，提出修改意见850条，推动行政决策合法化；开展行政规范性文件合法性审查7件，发文并向简阳市人大常委会和成都市人民政府备案3件，备案率100%。

【行政复议和行政应诉】 简阳市落实行政复议体制改革，实现“一个窗口对外”，由市司法局统一承担全市行政复议职能；制发《关于切实加强行政复议答复相关工作的通知》，规范答复工作；落实市政府负责人出庭应诉机制，细化出庭应诉程序，向拟出庭单位制发《出庭温馨提示函》，督促负责人出庭应诉，推进实质化解行政纠纷，全年办理行政复议案件112件，行政应诉案件142件，市政府、市级部门及各镇（街道）负责人出庭率均达100%。

【行政执法】 市司法局深化综合行政执法体制改革，制定《简阳市部门镇（街道）综合行政执法协作配合工作机制（试行）》，促进形成镇（街道）、执法部门、行业主管部门协调配合、信息共享、协作通畅工作格局；落实《四川省乡镇（街道）法定行政权力事项指导目录》，以市政府名义公布下放行政权力到镇30项、街道17项，推动镇（街道）扩权赋能；组织682名拟从事行政执法的人员参加行政执法人员资格考试，换发全国统一的行政执法证件1115个；制定《简阳市2021年行政执法监督检查工作方案》，通过案卷评查、实地走访、交流座谈等方式对市综合执法局、市规自局、市征收补偿中心等11个单位开展执法监督检查；制发执法监督检查建议书，督促存在的执法问题整改落实，促进严格规范公正文明执法；指导市级部门梳理完成并对外发布涉及行政许可、行政处罚等行政权力事项5892项，明晰各行政执法部门行政执法项目内容和依据；指导市级部门编制行政处罚“三项清单”1500项，推进包容审慎柔性执法；开展执法案卷自查和第三方集中评查，深化人民群众最不满意行政执法突出问题承诺整改活动；落实行政执法“三项制度”，开展市场监管、医疗卫生等领域重大行政处罚、行政强制备案审查48件。

（薛文娟 陈 敏 丁 洁 陈 丽 郝娅菲 杨 利 陈 茜 王晓芹 李 丽）

政 法

【概况】 2021年，市委政法委贯彻落实中共十九届六中全会和四川省委、成都市委、简阳市委全会精神，围绕中心、服务大局，做好队伍教育整顿、打击违法犯罪、维护社会稳定、“三张清单”问题化解、矛盾纠纷调处、社会治安防控等工作，推动政法工作高质量发展，建设更高水平的平安简阳、法治简阳，为加快建设成都东部区域中心城市、打造“五个新简阳”营造安全稳定社会环境。简阳市委政法委获简阳市统战工作先进集体、宣传思想文化工作先进集体等荣誉10项，有四川省铁路护路工作先进个人和成都市法学工作先进个人2名。

【平安简阳建设】 市委政法委深化改革创新，制定《2021年市域社会治理现代化试点工作要点》，完成383项试点评估打分，推动试点行动有序开展；在简城街道试点推进“四个一”（一支队伍统管、一张网格统揽、一个平台统调、一套机制统筹）管理机制改革，优化整合资源，夯实基层基础；加强技防建设，建成投用简阳市智慧治理中心，安装人脸识别小区62个，推进城区（郊）天网三期项目建设，推动“雪亮”工程与公安“天网”系统并轨，实现校园“一键报警”与“110”联网运行，智能化防控体系加速成型；推进“铁腕肃毒”三年攻坚行动，吸毒人员查处率排成都市第一位，四川省禁毒“两打三控”（严打制毒犯罪、严打贩毒犯罪，严控制毒物品、严控高危吸毒人员、严控贩毒通道）专项行动在60个重点县市中排名第7位；扭转反诈骗工作形势，11月后电信诈骗发案数、受损金额四川省负向排名由最高峰的第33名下降到第122名；滞留境外窝点人员核减总量列成都市第一位，核减情况负向排名由全国第81名下降到第305名；常态化推进扫黑除恶，制发《简阳市扫黑除恶斗争10项长效机制（试行）》《简阳市推进四大行业领域整治工作实施方案》，查处矿产资源违法案件5件，对“保护伞”问题追责问责3人；克服专业人员短缺、服务机构不足等客观困难，对394名社区矫正对象、4841名在册吸毒人员等进行重点管理，服务好3694名在册严重精神障碍患者，未发生肇事肇祸事（案）件。

【社会稳定维护】 市委政法委印发并执行《简阳市重大决策社会稳定风险评估制度》，完成简阳市乡道提升改造项目、C9安置还房自愿调剂C6（住房）分配大会等社会稳定风险评估报告14份，为重大决策提供科学支撑；开展“三张清单”“治重化积”专项行动，化解历史遗留问题8件、群体性矛盾风险14件；加大邪教打击力度，加快推进教育转化，两个邪教去存量率分别达90%、50%；建立健全风险防控协同机制，研判和处置涉稳事件20次，消除房地产、征地拆迁、非法集资等领域风险隐患11个，化解较大涉稳问题3件，完成全国跳水锦标赛和庆祝中国共产党成立100周年安保维稳任务。

【执法监督】 市委政法委统筹推进案件评查，接受评查案件131件，清查涉法涉诉信访重点案件49件，对所有问题案件落实措施整改到位；协调重大复杂疑难案件，对“6·10”聚众扰乱公共场所秩序案、涉蜀楠农牧执行案件等专题研究，指导政法单位依法妥善处理问题，实现“三个效果”（政治效果、社会效果、法律效果）统一；推进涉法涉诉案件化解，结合“治重化积”专项行动，处置重点案件24件。

【法学会建设】 市委政法委开展法治宣传，将习近平法治思想、《中华人民共和国宪法》、《中华人民共和国民法典》等内容纳入市政府常务会会前学法，组织开展《中华人民共和国民法典》、国家安全教育日、第八个国家宪法日、打击电信网络新型违法犯罪等宣传活动50场，覆盖群众1.6万人次；建立健全专家人才库，在全市范围内遴选高层次法学法律人才41名，为建设法治简阳提供人才支撑；规范法学会会员发展和管理，完善会员信息管理系统，清理入库会员400名，审核发展新会员15名，入册入库会员415人、会员单位43个；抓好中国法学会确定课题和四川省、成都市法学会自拟课题研究和上报，获二等奖1名、优秀奖2名。

【政法队伍教育整顿】 市委政法委协助简阳市委统筹推进政法队伍教育整顿，组织开展英模教育11场次、集中学习128场次、专题讨论113次，指导政法各单位创新“口袋书+掌上书”、“五夜”行动、“检·悟讲堂”、“543210 + N”、“三新”活动等方式，推动学习教育不落空、不走偏、不变样；组织完成两轮谈心谈话和两轮个人自查事项报告表填报，指导政法各单位甄别认定六大顽瘴痼疾问题190个并全部整改到位，对135名适用第一种情形的干警给予诫勉谈话、提醒谈话，对13名干警追责问责。

（黄友志）

公　安

【概况】 2021年，市公安局贯彻全国、四川省、成都市公安机关精神，把握“对党忠诚、服务人民、执法公正、纪律严明”总要求，紧扣高质量发展主题，聚焦建党100周年安保维稳主线，突出党史学习教育、政法队伍教育整顿、“护旗”系列专项行动、常态化疫情防控、公安工作现代化和公安队伍“四化”建设重点，推进各项工作任务，确保城市“三安”（城市安全、社会安定、市民安宁）。简阳市公安局有1个集体、2名个人受到四川省公安厅通报表扬，1人被评为遂行建党100周年安保维稳先进个人，3人分别被成都市委表彰为公务员二等功、三等功和嘉奖，2个集体被成都市公安局记集体三等功、5个集体获集体嘉奖、17人记个人三等功、29人获嘉奖，1名辅警获成都市公安局辅警1等奖、2名辅警获二等奖、1名辅警获四等奖、1人受到通报表扬，1个集体、2名个人被评为全警实战大练兵第一批省级“标兵集体”“标兵个人”。7月，简阳市公安局被四川省公安厅评为四川省庆祝中国共产党成立100周年宣传活动先进单位。

（李　响　张　怡）

【法治建设】 市公安局加强法治保障，完成“执法工作五项制度”改革；建立完善制度措施，强化对初始执法、案件质量的事前、事中、事后把控；推进执法场所升级改造和“一站式”执法办案中心主体工程建设；分类梳理现行刑事领域法律、法规、规章、司法解释490余件；汇编《〈公安机关现场执法指引〉实施细则》，细化现场执法和15类常见警情处置的基本操作标准指引。简阳市公安局加强监督管理，推进执法管理委员会实体化、常态化、规范化运行；开展现场执法、涉案财物、受案立案、执法场所等方面专项检查39次，发现执法问题70个，整改执法安全隐患29处；推进案件统一进出口和刑事案件实体审核，实体审核案件90余件，接收、移送检察院、法院案件572件，接收行政单位移送案件16件；推进基层法治力量建设，健全完善专职法治员制度，实现监督关口前移。简阳市公安局加强案件审核，为重大、复杂、敏感、疑难案件提供处理建议，提前介入、参与案件研讨14件次；统一审核尺度，强化“主办民警、法治员、办案部门负责人、法治审核、局领导”层级把关责任制；坚持小微问题“零容忍”，逗硬案件审核审批，倒逼民警规范养成和能力提升。简阳市公安局加强执法服务，围绕“两法两规”、现场处置、调查取证及一线执法热点，难点等内容，完善“学、考、练、比”的一体化执法培训模式，开展专题培训会议5场次，深入基层开展“面对面、点对点”执法专题培训5场次；开展执法示范单位评选和“执法之星”选树，强化先进典型引领，打造执法示范样板。

（詹婷婷）

【政治安全保卫】 市公安局推进捍卫政治安全、深化对敌斗争、防控邪教风险、政保网上斗争、反恐怖斗争等工作，完成专案打击2件，抓获邪教人员1人，行政拘留1人、上报信息454条，开展反恐防暴实战训练和演练34次，抵制渗透活动2件，完成调研推广3篇；配合简阳市委统战部、民宗部门治理全市1222处违规庙宇，治理率100%。

（曾安甫）

【刑事侦查】 市公安局常态化开展“扫黑除恶”专项斗争，开展“护旗”“云剑”“断卡”“打击侵财犯罪”等专项行动，破获刑事案件490起，刑事拘留520人；办结涉黑涉恶线索12条，办理恶势力犯罪集团案1起，破获“九类”案件50起，破获涉枪案14起，查获非法枪支28支；破获电信诈骗案件53件（其中损失100万元以上电信诈骗案件6件），抓获犯罪嫌疑人190人，止付银行账户5182个、止付金额18718.89万元，冻结银行账户1350个、冻结金额2271.04万元，追回被诈骗资金200万元；打掉为境外诈骗集团搭建通信设备的虚拟拨号系统（GOIP）窝点4个，收缴涉案电话卡300张；“断卡”专项行动打击嫌疑人70人，打掉本地“跑分”窝点10个；破获“盗抢骗”案177件、扒窃案38件、盗窃“两车”案23件，追回被盗“两车”（电瓶车、摩托车）27辆、汽车1辆、被盗手机12部、现金6万元；命案破案3起，现行命案连续9年全破，抓获上网逃犯76人。

（陈增培）

【经济犯罪侦查】 市公安局完成“云端”核查指令40条，监测线索环节上报线索数3条，被采用1条；承担公安部下发打击总数9起，办结9起（其中形成打击立案4起），抓获嫌疑人4人。简阳市公安局移送起诉犯罪嫌疑人19人，其中办结非法集资案2件（涉案金额6.69亿元），移送起诉2人，存量案件办结率100%；侦办组织领导传销案2件，移送起诉2人；侦办涉税类案件2件，移送起诉6人；侦办职务侵占类案件4件，移送起诉4人；侦办保险诈骗案1件，移送起诉2人；办理其他经济犯罪2起，移送起诉3人；收缴假币4.7万元，挽回经济损失680万元。

（吴　娟）

【毒品查缉】 市公安局开展制毒风险大排查、吸毒人员大收戒，深化“净边”“集群打零”“铁腕肃毒”百日攻坚行动，涉毒违法犯罪查处、打击和强戒数较前三年平均数分别上升3.43%、41.66%、15.02%，全年缉毒执法效能排名成都市第6位，禁毒工作群众满意度第三方评估达到优秀，污水毒情监测负面指标持续下降，摆脱“戴帽”整治风险；破获毒品案件82件，打击处理涉毒嫌疑人118人，强制隔离戒毒291人，查处吸毒人员811人，社区戒毒社区康复217人，行政处罚696起，破获省级目标案件2件，抓获涉毒逃犯3人（其中省公安厅“钉子”逃犯1人），打掉吸贩毒窝点18处，缴获成品毒品1.32公斤、液体冰毒57公斤。

（樊小洁）

【治安管理】 市公安局开展安保勤务70次，完成各级领导到简阳市调研、2021年全国青年跳水锦标赛暨全运会资格赛和全国大中学生跳水比赛等警卫、安保任务；将全市民爆库房、剧毒化学品从业单位、易制爆危险化学品企业、小剂量存储易制爆危化品学校、放射源单位、烟花爆竹批发企业、烟花爆竹销售点、爆破作业项目、加油站点以及公务用枪单位纳入日常监管，筑牢安全防线；对全市963家公共娱乐服务场所及“五小”（小酒吧、小餐饮、小茶楼等小型场所的统称）门店、180家旅店、20家未办证留宿场所、6家刻章企业、272家机动车修理业、23家锁行、49家印刷业、101家废旧收购业等行业加强监管，确保行业场所“安全闭环、守牢底线”管理；查破涉黄案件16起，采取刑事强制措施13人、移送起诉41人、行政处罚人34人，收缴“小黄卡”3万张；查破涉赌案件53起，采取刑事强制措施68人、移送起诉61人、行政处罚239人，收缴赌资17万元、赌博机51台；组织核查公安部下发可疑网络赌博人员208人、部级下发可疑跨境赌博人员468人；按照分线维稳职责，预知预警，搜集信息70条，核查稳控线索涉及重点人员100人次；开展信息核查、场所落实疫情防控督导，制发《新冠疫苗接种安保勤务工作方案》《大规模人群快速核酸检测勤务工作方案》，协调开展疫苗接种、核酸检测点位安全保障等勤务工作500场次，并按照成都市公安局安排部署，制定勤务方案，抽调警力增援青羊区、郫都区参与防疫，核查人员身份及轨迹信息500条；扩大净空区域安全保护宣传面，提升群众知晓度，牵头各镇（街道）制作安装通告牌、警示牌1130个，查处未经审批“黑飞”无人机案件6起，行政处罚7人；开展生活噪声专项整治，查处制造噪声干扰他人正常生活的行政案件2件，行政警告2人，对生活噪声投诉重点地区、重点部位、重点时段开展联合巡查30次，劝导群众1000人次，印制并签订公共区域群众自发性活动承诺书70份，在噪声多发地设立警方提示牌22个，规范群众娱乐活动时间和音量分贝，减少噪声扰民；通过“蓉城犬管”办理电子犬证1225个，结合2021年春季、秋季犬只专项整治行动加强犬只管理，联合相关部门纠正不文明养犬行为370起，处置犬吠噪声扰民21起，抓捕流浪犬只16只，发放宣传资料4000份；对全市41家二级重点内保单位安全管理，检查134家次，发现整改安全隐患23处，下发整改通知书1份，开展教育培训23次、演练4次；8—10月完成银行业金融机构第七轮安全评估。

（韩冬雪）

【特警工作】 市公安局特警大队参加全市万福苑、新东南、奥林、新党校、五星、五合等8个留观点的安全防护、监控系统、警务室设置和勤务规范、个人防护、应急演练，组织人员参与各留观点24小时看守，历时200天，观察900人次，确保医学留观点稳定，并出动警力参加石盘和双流留置看守；加强移动巡逻盘查系统运用，开展街面巡逻，确保社会面治安稳定；落实“高峰勤务”“护学岗”工作，确保城区4所中小学校周边治安稳定；做强快反处置，快反小组按照“1.3.5”处置原则（定点核心守护1分钟到达处置、重点守护目标3分钟到达处置、网格防控区域内5分钟到达处置），在市委、市政府及周边开展定点值守，处置突发警情8起，移交人员24人；加强治安卡点盘查，启动“三道防线”（环市、环城、环中心）工作13次，盘查人员21398人次、车辆7393辆次，移交人员24人、车辆1辆；开展夜间酒驾查缉4次，时长37天，盘查1414人次、车辆499辆次，移交酒驾人员89人；做实安检排爆，参加安保任务78次，其中对“简阳市第十七届人民代表大会”“简阳市第十六次党代会”“大运会场馆”等场地现场防爆安检17次，确保安保现场安全稳定；开展警犬训练，按照勤务要求开展街面携犬巡逻及“净边2021”邮寄渠道查缉；参加全市2021年防汛救灾综合演练，做好突发险情处置准备；强化比武训练，按照年度训练大纲计划，组织训练63次；组织开展送教工作及对参与“实战大练兵”培训人员先期培训；结合“我为群众办实事”和“加强校园安保”，组织派出所参与校园反恐防暴培训和演练8次。简阳市公安局特警大队被四川省公安厅评为“标兵集体”，连续五年获成都市公安局特（巡）警比武竞赛市县组年度团体第一。

（赵　文）

【监所管理】 市公安局加强监所安全监管，开展安全检查108次、集体教育717次、狱情分析会12次，召开联席会议12次，举行突发事件预案演练24次，确保看守所17年安全无事故；加大协助破案力度，转递有效线索9条，破获案件24起，抓获逃犯2名。

（徐　佳　张杨梅）

【派出所建设】 市公安局加强派出所等级管理，通过评定的一级派出所1个、二级派出所1个、三级派出所6个、四级派出所3个、未定级所2个；在简城、城西、射洪坝派出所运行“两队一室”（执法办案队、社区警务队、综合指挥室）警务模式，提高群众“见警率”和民警“管事率”；按照四川省公安厅“一三五七”（一条主线、三个着力、五个最强、七型公安）发展战略，按照“枫桥式公安派出所”创建要求，城西派出所参加成都市公安局“枫桥式公安派出所”评选活动；按照《简阳市公安局推进派出所规范化建设实施方案》要求，本着“注重规范统一、注重日常管理、注重民警意愿、注重民警参与”的原则，加强派出所规范化管理，营造相对舒适的工作环境，改善工作条件，增强民警队伍的凝聚力、归属感，以标准促规范，内抓管理，外树形象；完成射洪坝派出所整体搬迁、施家派出所整体规划以及东溪派出所租用新办公场地。

（彭　涛）

检　察

【概况】 2021年，市检察院深入贯彻习近平法治思想，坚持“讲政治、顾大局、谋发展、重自强”，转变司法理念，服务成渝双城经济圈建设，维护社会大局稳定，优化营商环境，加强检察法律监督，为简阳市经济社会发展提供检察服务。简阳市检察院先后获全国检察机关文明接待室、全国检察宣传先进单位、四川省和成都市扫黑除恶专项斗争先进集体等称号，连续四年获评成都市检察机关目标绩效考核先进单位，被简阳市委评为“四好领导班子”，12项业务工作在省市检察系统交流；有省市控告申诉标兵、优秀公诉人、侦查监督能手等4人，入选最高人民检察院、省市检察系统典型案例5个，检察理论调研成果在国家省市级刊物发表29篇，获成都市级以上集体表彰奖励6项、个人表彰奖励40人次。

【刑事检察】 市检察院全年受理刑事案件1100件1495人，其中审查逮捕案件435件600人、移送审查起诉665件895人，审查后批捕339件442人，提起公诉596件797人，不起诉41件46人；适用认罪认罚从宽制度办理案件866人，适用率90.5%，提出确定量刑建议率97.4%，认罪认罚案件量刑建议采纳率98.4%；开展羁押必要性审查专项活动，变更强制措施为取保候审42人，审前羁押率54.78%，比2020年下降4.2%；立案监督98件115人，在成都市率先设立派驻公安案件管理中心检察室，提前介入引导侦查112件，追诉漏罪漏犯221人，其中王某安、王某华故意伤害致人死亡立案监督案被评为四川省检察机关立案监督典型案例，并入选全国优秀立案监督典型案例；纠正公安侦查不规范行为141件，其中发送纠正违法通知书48件，发送侦查活动监督通知书78件、口头纠正违法15件；监督认为确有错误的刑事判决、程序性违法，意见采纳率94.4%；健全刑罚变更执行同步监督机制，梳理减刑、假释、暂予监外执行案件2707件，纠正社区矫正、监管活动、财产刑等刑罚执行违法案件257件；提起抗诉案件6件、书面纠正刑事审判活动9件，法院采纳率100%；完善“管根本、利长远、重实效”的职务犯罪检察工作运行机制，与简阳市监委、简阳市法院建立简阳市职务犯罪案件跟踪协调机制，受理监委移送职务犯罪案件13件15人，落实监委移送职务犯罪案件介入率100%，职务犯罪案件审结11件12人，适用认罪认罚从宽11件11人，认罪认罚从宽适用率达90%以上。

【民事检察】 市检察院办理涉及民生的民事监督结果案件17件，比2020年增长143%，其中向法院发出再审检察建议3件，向成都市院提请抗诉1件，促成当事人达成和解或主动撤诉7件；办理民事审判程序监督案件11件、执行活动建议11件，法院采纳率100%；强化虚假诉讼监督，聚焦民间借贷纠纷等方面，发现并办理虚假民事诉讼案件2件；聚焦农民工工资和弱势群体保护等方面，办理支持起诉案件15件。

【行政检察】 市检察院办理行政执行监督案件10件、行政审判程序监督案件3件，提出检察建议10件，比2020年增长67%；办理行政裁判结果监督案件4件，对1件行政生效裁判提出再审检察建议，监督意见得到法院认可；建立行政争议案件化解工作机制，实质性化解3起行政争议案件。

【公益诉讼检察】 市检察院开展“十年禁捕”“个人所得税监管”“农业面源污染治理”等专项监督活动，办理案件169件，挽回直接经济损失600万元；构建专业化办案团队，成立“简·益”公益诉讼团队，提升业务素能和社会知晓度；与税务、规自、网格中心等部门协作，签订关于生态环境和自然资源保护、文物保护、生态修复纳入缓刑考核等公益保护机制、意见4个，形成公益保护合力；与天府新区、龙泉驿区、金堂县、青白江区、成都高新区等检察院，签订跨区域公益保护相关机制文件6个，推动跨区域公益诉讼开展。

9月26日，简阳市人民检察院聘请公益诉讼观察员（市检察院供图）

【控告申诉检察】 市检察院落实“群众信访件件有回复”制度，制定《信访办理工作办法》，所有信访线上办理，回复情况全流程监控，做到“7日内程序性回复、3个月内办理结果或过程答复”，受理信访案件115件，接待来访群众180人次，安排检察长接待24次，检察长接待10件11人次；落实首办责任制，初信初访化解率达90%以上；按期办结四川省信联办交办的重复信访事项1件，办理最高人民检察院确定的重复信访案件6件，化解率100%；加强与律师协会沟通协作，设置律师值班接待制度，全年律师参与涉法涉诉信访5件，提升矛盾化解成功率。

【未成年人刑事检察】 市检察院实行“捕、诉、监、防”一体化办案模式，依法严惩侵害未成年人合法权益犯罪84件101人；最大限度教育、感化、挽救涉罪

5月30日，简阳市检察院联合市妇联在射洪坝社区举办“普法引领护航·助力儿童成长”未成年人保护案例分享会（市检察院供图）

未成年人，不批捕94人，附条件不起诉56人；开展打击侵害未成年人犯罪专项行动，打击性侵未成年人犯罪，起诉侵害未成年人刑事案件17件28人；推动落实“一号检察建议”，联合简阳市教育局对全市2万名教职员工开展入职筛查，保护未成年人免受侵害；联合教育、司法等部门及相关社会组织，成立“一站式”工作中心和法治观护帮教基地，开展未成年人心理疏导、亲职教育等活动341人次。

（孔令锋）

法 院

【概况】 2021年，市法院围绕高质量建设成都东部区域中心城市总体目标，统筹推进执法办案、党史学习教育和队伍教育整顿，审（执）结案件15076件，结案率99.33%，审判综合质效位居成都市22家基层法院首位，13项工作经验获四川省高级人民法院、成都市中级人民法院主要领导批示肯定，目标考评位列第三序列法院第一名、成都市基层法院第二名，囊括年度工作先进法院、审判质效专项奖和司法改革专项奖，被成都市中级人民法院记集体三等功。

【刑事审判】 市法院常态化开展扫黑除恶斗争，落实“打伞破网”，倒查已审结的12件涉黑涉恶案件及近30年的145件减假暂案件，移送黑恶势力保护伞线索22条；配合支持重点行业领域开展“行业清源”行动，发送司法建议3条，常态化推进扫黑除恶工作机制在成都法院系统推广；整治电信网络诈骗，依法审结电信网络诈骗案件，落实联席会商、提前介入机制，提升打击实效，审结电信网络诈骗犯罪30件53人，李玉娟法官的裁判文书入选四川省法院“十佳裁判文书”；推进反腐败斗争，与监委、检察院建立职务犯罪案件跟踪协调机制，推动职务犯罪案件办理，审结职务犯罪案件9件10人；推进刑事庭审实质化改革，落实“三项规程”［最高人民法院印发《人民法院办理刑事案件庭前会议规程（试行）》《人民法院办理刑事案件排除非法证据规程（试行）》《人民法院办理刑事案件第一审普通程序法庭调查规程（试行）》］，当庭认证率、律师参与辩护率、当庭宣判率均达100%；完善刑案繁简分流机制，扩大简案适用率至80.51%，结案率100%；推进认罪认罚从宽制度改革，简化程序，缩短周期，均衡量刑从宽幅度，审结认罪认罚案件599件，认罪认罚轻刑案件10天内审结；打击破坏生态环境犯罪，审结环资刑事附带民事公益诉讼案件5件；严惩涉毒犯罪，审结制毒贩毒犯罪106件118人。简阳市法院全年受理刑事案件667件，审结662件，判处犯罪嫌疑人922人，分别比2020年上升80.27%、80.38%、64.94%。

【民事审判】 市法院深化劳动争议“一站式”联处机制建设，部署开展“劳动纠纷蓉e调”专项行动，建立“人民调解+司法确认”绿色快速通道，与人民调解组织、工会、仲裁委、人社局等召开联席会议52次，为100余家规模以上企业开展“企业劳动用工法律风险防控”专项培训；深化民事繁简分流改革，完善庭审规则、机制，案件平均审理天数缩短至40.46天；推进民事庭审优质化改革，宋黎法官在成都法院民事庭审优质化竞赛活动中获“十佳法官”称号；推进家事审判改革，部署开展“春风护蕾”农村留守儿童司法关护行动，挂牌成立“豌豆荚法官工作室”，“三聚三化”（聚焦现实性纠纷化解，专业化推进审判工作；聚焦苗头性问题预防，常态化督促责任落实；聚焦长效性机制建设，制度化保障关护工作）保护留守儿童工作做法在成都市家事审判改革联席会上作交流，工作经验被成都市委推广，巡回审理的“变更留守儿童监护权”纠纷一案被中央电视台专题报道；建立心理疏导师名册库和驻庭机制，规范家事案件心理咨询干预；与市公安局、市妇联等建立“一站式”反家暴工作机制，推行人身安全保护令线上申请，规范出具离婚证明书，助力成都法院《家事审判方式和工作机制改革白皮书》编撰；创新推动《中华人民共和国民法典》学习宣传，举办第二届民法典婚姻家庭及未成年人保护司法实务研讨会，开展“走进民法典”系列活动，适用民法典新规定审结成都法院首例“隐瞒重大疾病撤销婚姻案”，被《人民法院报》宣传报道。简阳市法院全年受理民商事案件8023件，审结7951件，分别比2020年上升22.69%、23.94%，标的额15.9亿元。

4月16日，在“春风护蕾”农村留守儿童司法关护行动中，法官担任辖区小学法治副校长（市法院供图）

7月23日，民法典婚姻家庭及未成年人保护司法实务研讨会在简阳市召开（市法院供图）

【行政审判】 市法院强化行政诉讼监督，建立行政负责人出庭应诉常态监督机制，定期通报司法审查、出庭应诉等情况，行政负责人出庭应诉率90.48%，比2020年上升9.83个百分点；落实常态化联系机制，与市公安局、市司法局、市人社局等10家单位召开行政执法与行政审判联席会议，分析行政机关负责人出庭应诉、行政执法等存在的问题及原因；与市国金局、市财政局、市司法局、市规自局等单位开展点对点联席会议10次，交流公房出租、国有资产处置、集体土地征收等；提升依法行政水平，就“大运会”场馆建设、房屋拆迁、国家补偿等向市综合执法局、市规自局等发送司法建议4份，发布行政审判报告1份；开展“送法进机关”活动，重点就强制执行类案件的审查要件、事实证据审查标准等作专题指导和沟通交流。简阳市法院全年受理行政诉讼案件142件，审结141件，办理非诉行政案件11件，分别比2020年上升136.67%、上升135%、下降50%。

【执行工作】 市法院强化刑事涉案财产执行，与市纪委监委、市公安局、市检察院等定期召开涉案财产处置工作联席会，密切立审执各环节配合，规范执行流程；完善综合治理执行难大格局，推动市委全面依法治市委员会印发《关于加强综合治理从源头切实解决执行难问题的实施意见》，把解决执行难纳入全面依法治市指标体系；与市网格化中心、市规自局等建立健全网格协执、不动产登记处置联动协作机制，与34家单位召开执行工作联席会议，与市检察院、市公安局等健全刑事案件涉案财物处置、打击拒不执行判决裁定工作联席会议机制；开展执行攻坚专项行动，对“四类案件”（涉及群体性纠纷、可能影响社会稳定的，疑难、复杂且在社会上有重大影响的，与本院或者上级法院的类案判决可能发生冲突的，有关单位或者个人反映法官有违法审判行为的）实行精准攻坚，督促国企、党政机关作为被执行人的案件执行到位；落实“打财断血”，执结涉黑涉恶财产刑案件43件；推进执行案件专项执法检查整改，清理一年以上未支付案款，建立案款管理长效机制；宣传执行典型案例，1篇案例入选“2020年度全省法院十大典型案例”和“2020年度成都法院十大典型案例”，1篇案例入选“2021年度全省法院执行典型案例：执行不能篇”，执行工作经验先后两次在成都法院系统执行专题会上作交流。市法院全年执结案件6313件，为当事人兑现案款5.9亿元，限制高消费3324人，纳入失信人员名单2445人，拘留131人，罚款10人3.4万元，拒执打击宣判3人。

【司法服务】 市法院优化营商环境，制定全面深化服务保障国际化营商环境建设举措27条；深化破产工作“府院联动”，推进万千房地产、菱威钢结构等公司破产案件处置，召开禧鑫机床公司第一次债权人会议；提升执行合同质效，完善和推广“天府市民云App”诉讼服务端口、“移动微法院”等电子诉讼平台运用，推进调解协议线上司法确认，前移送达地址确认，优化审判程序和流程衔接，降低解决商业纠纷的耗时和费用，涉企纠纷平均审理天数比2020年缩短40.44%；服务保障产业功能区建设，与两大产业功能区管委会建立破产联席机制，推进园区“僵尸企业”识别，以《社会治理视域下“僵尸企业”破产处置工作的“破”与“立”研究》为题在第十二届中国破产法论坛作专题发言。

【诉讼服务】　市法院推动电子诉讼运用，推广“蓉易诉”电子诉讼平台，融合网上预约、立案、调解、庭审、送达等业务，实现一站通办、一号通办、一网通办，全年办理线上诉讼事务16901件、“12368”司法热线来电来信2445件；完成送达工作精细化改革，创建送达工作“五分法”（案件分类、流程分段、部门分区、对象分人、责任分明），推行网格员有偿送达工作机制，推动简阳本地律师代理案件全部电子送达；开展判后答疑，设立司法释明中心，对信访风险大、社会关注高的案件邀请专家、基层组织、第三方律师参与答疑186件次，一审服判息诉率95.73%；提升群众诉讼体验，制定《立案工作规范》，解决立案延期问题；建立“一把手亲自主抓、分管领导包案推动、部门负责人具体落实”处访机制，办理涉诉信访249件，初信初访化解率80.25%；拓宽司法公开渠道，在诉服中心公开办案法官联系方式，在各个镇（街道）党群服务中心和司法所公示法庭负责人联系方式，便于群众联络法官。

【诉源治理】　市法院健全完善诉源治理格局和工作机制，挂牌成立简阳市诉源治理中心、简阳市矛盾纠纷调处化解中心，统筹全市矛盾纠纷化解资源和力量；强化诉前调解，加强人民调解培训，对特邀调解组织和特邀调解员实行名册管理，落实当天移送、3日内送达、10日调解、30日内结案，全年开展诉讼辅导2500件以上，引导诉讼分流600件以上，委派（委托）调解2931件，调解成功562件，调解成功率19.17%；发挥法庭解纷前沿阵地作用，选取非法捕捞、赡养抚养等典型案件到田间地头开展巡回审判，石桥法庭入选成都市首批“枫桥式人民法庭”并被四川省高级人民法院评为“先进法庭”。

【司法协作】　市法院深化成都、重庆司法协同，邀请重庆市璧山区、铜梁区法院到简阳市参加第三届成渝司法协同院长论坛，与重庆市大足区法院签署《服务保障成渝双城经济圈建设司法协作框架协议》；与市人社局、市司法局、市总工会等单位建立集执法、仲裁、

2月7日，简阳市人民法院巡回法庭开庭（市法院供图）

调解、司法确认于一体的协作联动机制；强化法律职业共同体沟通联系机制，召开律师座谈会、法检联席会20次，推动检察长列席审委会常态化。

【审务公开】　市法院推进司法公开，开展“法庭开放日”活动13次，通过互联网开展直播庭审3374场，公开审判流程信息23975条、裁判文书12482份；向市人大、市政协汇报司法改革等法院工作6次，邀请代表委员参与案件评查、“十佳庭审”评选。

（梁亚男）

司法行政

【概况】　2021年，市司法局围绕中心服务大局，坚持稳中求进、积极改革创新，为简阳经济建设又好又快发展提供法治保障，17个集体、45名个人受到简阳市级及以上部门表彰。

【普法依法治理】　市司法局印发《2021年简阳市普法依法治理工作要点》，代拟《2021年度市政府常务会学法安排》，起草《简阳市法治宣传教育第八个五年规划（2021—2025年）（征示意见稿）》，征求全市各部门、各镇（街道）、“法律七进”牵头单位代表及部分人大代表、政协委员意见建议，为启动“八五”普法奠定基础；健全完善守法普法工作机制，推动“谁执法谁普法”普法责任制贯彻落实，做好“七五”普法成果推广及“八五”普法开篇布局，形成主要领导亲自抓、分管领导具体抓，各级部门协同配合、齐抓共管格局，

4月28日，简阳市司法局在法治广场开展《中华人民共和国民法典》集中宣传活动（市司法局供图）

推进普法依法治理工作落地落实；推进“互联网+法治宣传”，线下开展公共卫生安全、交通安全、食品药品安全、禁毒防艾、扫黑除恶、反诈骗、民法典、“开学第一课”等主题活动206场次，线上运用“简阳普法”微博、“法治简阳”微信开展《中华人民共和国民法典》《中华人民共和国宪法》有奖竞答8期，开通运营“法治简阳”官方抖音号，依托平台录制短视频，推进全民普法守法；加强法治文化产品建设，打造青龙“稻花香里”生态农庄、新市沱电小区、住建局机关3处法治文化阵地，建成青龙镇联合村、石钟镇前锋村2个成都市民生实事项目；打造简阳特色普法品牌，指导建立简阳市普法志愿者协会，促进普法工作专业化、精品化。

【人民调解】 市司法局坚持发展“枫桥经验”，在全市各镇（街道）推广人民调解“百米服务圈”，实施人民调解“四聚焦四提升”工程，即聚焦机制优化，提升服务效能；聚焦基层治理，提升服务层次；聚焦群众需求，提升服务品质；聚焦品牌铸造，提升服务水平。各受理点累计排查、调处矛盾纠纷2240件，涉案金额478.5万元，调处纠纷涉及人数5900人次，矛盾发生率与2020年同期相比下降22%；组织开展村（社区）人民调解委员会换届和镇（街道）人民调解委员会调整，换届完成后全市建立人民调解组织335个，登记调解员1776人；落实“公调对接”“诉非衔接”，在医患纠纷、交通事故、消费纠纷、婚姻家庭、诉调对接、物业纠纷、信访事项、知识产权、劳动纠纷、生态环境保护纠纷领域建立专业性、行业性人民调解组织10个；组织开展人民调解员业务培训2950人次，指导各级调委会调解案件2338件，开展排查矛盾纠纷7512次；对照规范化司法所建设标准，更换22个司法所门楣、腰线、背景墙、工作时间牌等外观标识，完成硬件翻新；按照四川省司法厅、成都市司法局部署要求，将射洪坝司法所申报为“枫桥式司法所”省级试点创建单位，12月射洪坝司法所被四川省司法厅授予省级“枫桥式司法所”称号；落实人民陪审员管理制度，贯彻《人民陪审员选任办法》，选任人民陪审员29人，完成简阳市5名成都市级人民监督员2021年度考核。

【社区矫正】 5月12日，简阳市社区矫正管理局成立，完善社区矫正体制机制。市司法局制定《社区矫正排查整治专项活动实施方案》《违规违法“减刑、假释、暂予监外执行”专项整治工作方案》，清查历年案件档案，以整改促提升，有效规范执法；开展社区矫正对象“大走访”活动，列为“我为群众办实事”内容，对社区矫正对象全覆盖走访，并把法治宣传教育、“学四史、明初心、塑新生”学习教育融入“大走访”活动中同步开展，强化社区矫正对象思想政治教育；紧抓重要节点监管帮扶，对46名生活困难的社区矫正对象和安置帮教对象开展节前“走基层送温暖”帮扶活动；在社区矫正对象中开展六一送法献爱心公益活动，向未成年社区矫正对象、社区矫正对象未成年子女发放爱心物资。

【公共法律服务】 市司法局优化公共法律服务中心功能，推广智慧公共法律服务平台，安装3台自助法律服务机，完善22个工作站外观标识，建成7个特色公共法律服务工作室，委托13类法律服务事项到镇（街道）；开展公共法律服务质效提升行动，组织集中培训22场次，开展集中宣传、以案释法等活动329场次，编印法律宣传资料8万份，公布法律服务产品6类13项；扩大公共法律服务知晓，推行公共法律服务宣传日、“三见”[公共法律服务中心律师天天见、公共法律服务示范室专职调解员周周见、村（社区）律师线上见]工作机制和群众“需求+满意”反馈评价机制三大品牌；提升人民调解“百米服务圈”质效，印发“四聚焦四提升”方案，制定考核办法，设立简城、东溪、射洪坝3个工作枢纽指导站；聚焦队伍建设，开展培训 70 场次、交流活动 4 场次；培育示范调解室 10 个，迎接调研 4 次，排查、调处纠纷 3144 件，涉及金额 626.73 万元；抓好行业突出问题专项治理，制定行业专项治理各阶段方案，开展全覆盖谈心谈话 2 次，签订公证“诚信执业承诺”，评查公证文书 593 份，开展行业投诉案件“回头看”；突出建章立制，制定制度规范 5 个；推进“我为群众办实事”，组织行业公益宣传 6 场次，提供便民公证服务 40 次，减免收费 4 万元，司法鉴定所为法律援助受援人提供免费工伤鉴定 2 件；实施农民工专项行动，受理讨薪案件 191 件，追索报酬 463.3 万元；深化法律援助工作制度改革，依托基层工作站点形成全覆盖法援服务网络，办理法律援助案件 817 件，提供法律咨询 6160 人次，常态化开展案件评查和质量回访，收到受援群众感谢信 2 封、锦旗 5 面；线上线下结合，开展法律援助宣传活动 100 场，印发宣传资料 3 万份，4 篇文章被主流媒体采用，简阳电视台采访宣传报道 1 次。

【律师行业管理】 市司法局开展律师行业突出问题专项治理，推动全市律师队伍政治素质提升、服务为民意识增强、行业风气好转；制定《简阳市律师行业五年发展规划（2021—2025 年）》，抢抓机遇、加快发展、推进转型升级；推动四川得力律师事务所与简阳市家居建材建工行业商会结对签约，开展“企业家刑事风险防范”法律宣讲活动 4 场次，深入民营企业、中小微企业、个体工商户开展“法治体检”20 余次，编印企业法律服务产品清单，优化企业营商环境；为全市 291 个村（社区）配置法律顾问，实现法律顾问全覆盖；建立微信工作群，采取“线上+线下”“定时+定点”相结合的方式，服务换届选举、纠纷化解；开展以案释法，在“法治简阳”微信公众号推出“律师帮帮忙”14 期，结合简阳电视台、成都人民广播电台“998 大讲堂”，以真实典型的案例宣讲、传播法律知识，营造良好法治环境。简阳市有律师事务所 10 家，专职律师 105 人、公职律师 26 人；有基层法律服务所 11 家，基层法律服务工作者 39 人；全年律师及基层法律服务工作者办理刑事、民事、行政诉讼等案件 2664 件，业务收入 2200 万元。阳安律师事务所张雯被评为“四川省律师行业优秀共产党员”，得力律师事务所被评为“成都市律师行业先进党组织”，深兰律师事务所被评为“2019—2020 年度成都市优秀律师事务所”，阳安律师事务所李进和得力所朱冬梅被评为“2019—2020 年度成都市优秀律师”，衡通律师事务所魏宁被评为“简阳市优秀共产党员”，得力律师事务所刘真行被评为“简阳市优秀党务工作者”，理创律师事务所党支部被评为“简阳市先进基层党组织”，衡通律师事务所魏宁被评为“简阳工匠”。

7月21日，四川得力律师事务所与简阳市家居建材建工行业商会结对签约仪式举行（市司法局供图）

（薛文娟　陈　敏　丁　洁　陈　丽　郝娅菲　杨　利　陈　茜　王晓芹　李　丽）

军事

人民武装

【概况】 2021年，简阳市人民武装部（以下简称“市人武部”）坚持以习近平新时代中国特色社会主义思想和习近平强军思想为指导，以党史学习教育为主线，深入学习习近平总书记七一重要讲话精神，深入贯彻中共十九届六中全会精神和“十四五”规划民兵调整改革动员部署会议精神，落实上级决策部署，抓党建固根本、抓备战强能力、抓基层强基础、抓作风正生态，展现新风貌、取得新突破。

【党管武装】 简阳市委、市政府主要领导多次听取武装工作情况汇报并作出重要指示，研究决策涉及部队国防动员和后备力量建设的重大问题、参与重大活动，把党管武装纳入党委、政府目标考核，把武装工作经费列入财政预算优先安排、优先保障，对民兵整组、兵役工作、国防教育、国防动员等经费按时足额拨付，遇到重大、临时性任务额外提供经费保障，凝聚党管武装共识。简阳市人武部全年常态化开展军地联合送喜报，完成退役军人档案查询业务，协助简阳籍现役军人办理子女教育优待。

【思想政治建设】 市人武部坚持以党史学习教育为主线，把学习贯彻习近平总书记七一重要讲话精神和中共十九届六中全会精神转化为抓工作的具体实践，组织参加军地各级党史学习宣讲及党课辅导30场次；发动全体干部职工和民兵参加“永远跟党走”网上党史军史知识竞赛活动，参与人数排名成都市第4位；参与庆祝中国共产党成立100年主题演讲比赛、党史微课展播、“巾帼心向党，聚力强军梦”等群众性主题活动，让干部文职人员、职工和民兵队伍强化运用强军文化、增强服务强军兴军的使命自觉。

【民兵整组】 市人武部调整民兵整组组建任务，创新编组方法，重点抓好新质力量建设，基干民兵党员比例和退役军人比例均达30%以上；5—6月对全市基干

6月16日，简阳市人武部在简阳市规划馆开展党史学习教育（张军　摄）

民兵组织全覆盖点验，提升民兵整组质量；10—12月结合基干民兵“一证一卡”办理发放，掌握民兵数质量，提升民兵整组质量水平。

【战备训练】 市人武部深入贯彻习近平主席新年度开训动员令和关于培育战斗精神的重要指示，坚持贯彻《战备工作条例》，落实警备区《战备工作规定》，规范基层武装部战备值班要求，增强应急处置能力；筹划专武干部和民兵分队训练，组织完成6期民兵军事训练；配合地方职能部门开展森林防灭火、防汛抢险等应急救援训演练，提升遂行非战争军事行动能力。

【征兵工作】 市人武部以提高兵员质量为核心，完成新兵征集任务，其中大学生占比84%，较2020年提升7%，未发现一起廉洁征兵问题。简阳市征兵办公室和三星镇被成都市人民政府、成都警备区表彰为“成都市征兵工作先进基层单位”。

【国防教育】 市人武部结合国家公祭活动、民兵整组、征兵宣传、全民国防教育日、学生军训等时机开展国防教育，在第21个全民国防教育日组织镇（街道）基层武装部和民兵到社区、商场和学校等人流密集场所，宣传和普及国防知识，发放宣传手册2万份，同时利用公交车、商场大屏、“简阳发布”微博和微信公众号等平台循环播放宣传片、形象片和海报，在全市营造“知国防、爱国防、固国防”氛围。

【学生军训】 市人武部根据《成都市深化学生军事训练改革实施方案》等文件精神，8—10月组织民兵骨干对辖区1所大学和13所普高、中职、技工学校学生实施军事训练，按照连队化管理、军事化要求，严格一日生活制度，规范言行举止，加强日常养成。

1月5日，简阳市人武部在吉利学院开展简阳市2021年征兵宣传进校园活动（张磊　摄）

【装备器材管理】 市人武部升级改造值班室、武器库安防视频系统，实现全营区无死角覆盖；根据全军资产大清查要求，清理清查所属装备器材，掌握资产底数，提升规范管理水平；完善战备建设，按照上级下发标准，区分任务种类，采购配置防汛抢险、森林防火等装备器材。

【安全管理】 市人武部对照《安全工作检查考评细则》，紧盯军委国防动员部明确的“人车枪弹密、水火电钱网、酒油黄赌毒、涉外涉地方”等重点要素17个，做好预防犯罪教育、网络安全教育、节前教育，视情组织地震、火灾等事故疏散演练，排查营区电线、网络、消防器材等设施，确保安全无事故；坚持重要岗位人员政治考核，组织观看防失泄密教育警示片，定期组织保密教育，牢固树立保密意识，在重要场所设置“五条纪律”“十条禁令”；抓好常态化疫情防控，对全体干部职工进行常态化疫情防控教育，摸排单位人员情况，健全报告制度，实时掌握人员状况，定期对公共活动区域防疫消杀，加大防疫物资储备，完善物资进出登记统计。

【参建参治】 市人武部根据关于开展巩固脱贫攻坚“回头看”部署要求，走访入户，细查核查收入变化，找短板弱项，发现返贫致贫风险，落实帮扶措施，4月被四川省委、省政府评为“四川省脱贫攻坚先进集体”；贯彻落实四川省军区《关于做好参与巩固拓展脱贫攻坚成果同乡村振兴有效衔接工作的实施意见》精神，结合成都警备区和简阳市乡村振兴有关要求，到云龙镇新乐村实地考察调研3次，11月召集地方有关部门召开推进云龙镇新乐村乡村振兴工作会，初步形成将新乐村建设成为省级乡村振兴示范村的规划方案，全年协调投入120万元用于生态蔬菜大棚建设；贯彻党中央“我为群众办实事”实践活动要求，梳理解决问题矛盾10余个。

（张　军）

人民防空

【概况】 2021年，市人防办以习近平新时代中国特色社会主义思想统领人民防空发展全局，紧贴“建设强大巩固的现代化人民防空体系”现实需求，融入全市经济社会发展大局，全市警报系统建设、人防工程管理、人防应急演练及人防宣传等人防事业取得长足发展，提升城市综合防护能力，有效履行“战时防空、平时服务、应急支援”使命任务。简阳市人防办被四川省人民防空办公室评为“蜀盾–2021”检验性演习先进单位，被成都市人民防空办公室评为综合目标完成先进单位、工程建设先进单位、警报先进设台单位。

【人防工程建设管理】 简阳市开工建设结建式人防工程和易地建设防空地下室项目，新增1处人口疏散示范基地，提升成都市锦江区人口疏散地域建设水平；完成人防质量普查，全市投入使用的人防工程维护使用良好，防护结构完好率100%；安装新增防空地下室标识标牌，安装比例100%。

【人防演练】 市人防办参加成都市人防办组织的跨区拉练、“铸盾–2021”成（都）德（阳）眉（山）资（阳）人防指挥通信联训联演、“蜀盾–2021”人口疏散接收安置演习等，提高简阳市人防应急指挥和通信保障能力；完成33台警报器日常维护管理，警报设备完好率100%；借助简阳电视台发布防空警报试鸣演练公告，开展“9·18”警报试鸣演练及防空防灾疏散演练。

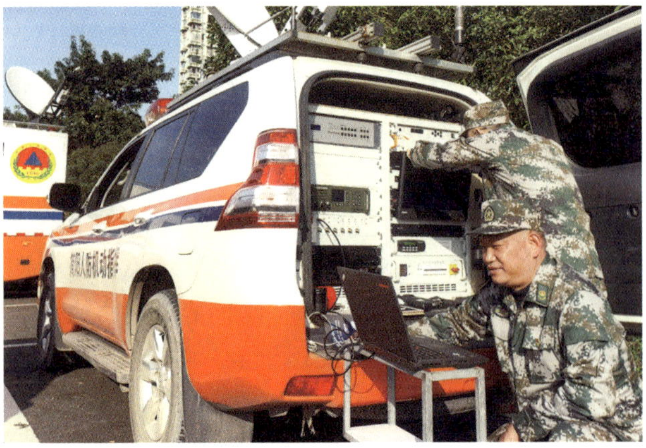

12月2日，简阳市参加“铸盾–2021”成（都）德（阳）眉（山）资（阳）人防指挥通信联训联演（市住建局供图）

【人防宣传】 市人防办利用“5·12”防灾减灾日、安全生产月、“9·18”警报试鸣日等大型应急宣传活动契机，发放宣传教育读本2000本、人防应急包800个、应急救援防空防灾知识宣传资料及物品1350份。

（田　泽）

双拥共建

【概况】 2021年，驻简阳各部队官兵政治合格，军事过硬，爱军习武，拥政爱民，为保障简阳市社会稳定，促进市域经济发展作出应有贡献。简阳市退役军人“离军不离党、退伍不褪色、转业不转志”，在推动简阳经济社会发展的各条战线发光发热。

【走访慰问】 市退役军人事务局通过“线上慰问+物流配送+实地走访”多种形式，开展“走基层、送温暖”活动，走访慰问驻简阳部队并赠送慰问品，市级领导、各级各单位走访慰问重点优抚对象，慰问一等功臣、抗战老兵、烈属、伤残军人、参战参核退役人员、复员军人、立功受奖官兵家属、边海防任务官兵家属等，发放春节慰问信、慰问金、慰问品。

【优待抚恤】 市退役军人事务局为优抚对象发放抚恤和生活补助，为优抚对象发放医疗补助，资助1~6级伤残军人参加城镇职工医疗保险，为优抚对象由政府按每人842元/年标准全额参加2022年城乡居民基本医疗保险；发放家庭优待金，为大学生士兵发放一次性入伍奖励金；落实“军人依法优先”、现役军人和退役军人依法享受优待、公共场所军车停放免费等政策，为军人制发“军人专属借记卡”。

【军地共建】 简阳市召开议军会议和八一党政军座谈会，制定《简阳市2021年双拥共建军地互办实事清单》，地方为部队改造自来水管网、修建训练大棚、购买对讲机、赠送党史学习读本；部队落实国防教育、

9月30日，简阳市向烈士敬献花篮仪式（市退役军人事务局供图）

军营开放日，参与乡村振兴对口帮扶、应急救援、疫情防控。

【褒扬纪念】 简阳市建成双拥文化示范街和双拥文化公园，升级简阳市军队离退休干部休养所爱国主义教育基地，成功创建成都市级爱国主义教育基地；打造镇（街道）微型爱国主义教育平台，修缮烈士英名墙，整修平窝烈士纪念碑；清明期间结合缅怀革命先烈活动与党史学习教育，线上线下开展烈士祭扫，为烈属送上暖心信和慰问品。9月30日，简阳市党政军领导和各界代表230人到烈士陵园举行向烈士敬献花篮仪式。

（乔　晓）

退役军人事务

【概况】 2021年，市退役军人事务局按照加强新时代退役军人事务工作要求，以服务好退役军人为宗旨，以退役军人思想政治工作为引领，夯实退役军人服务保障体系建设，发挥"战旗红"志愿服务队基层治理生力军作用，推进全市退役军人事务工作向好、向上发展。

【党史学习教育】 市退役军人事务局组织"老兵永远跟党走""为历史纪实　为时代画像"——简阳市党史学习教育"流动红色文艺廊""书画百年党史　凝聚奋进力量"等活动；发挥市军队离退休干部休养所、市烈士陵园等爱国主义教育基地作用，承接全市100余家单位、社会组织参观学习和祭扫活动；开展红色影片展播102场次，开展"缅怀革命先烈、弘扬红色精神"烈士史实主题展览；组建退役军人红色宣讲连，开展"革命老兵讲党史·百年英烈树党魂""我们的心永远忠于党"等宣讲活动，进机关、进企业、进社区、进校园、进军营等宣讲38场次，受众人数7800余人次。

【退役军人服务体系建设】 简阳市退役军人事务局投入财政资金500余万元，对退役军人服务中心及23个镇、村服务站特色化打造；完成覆盖全市22个镇（街道）的应急指挥视频系统建设，创建全国示范型服务中心1个、镇级服务站22个、村级服务站13个；探索城市型、城乡结合型、农村型3种地域特色退役军人"服务超市"试点，由三方公司按照市场规律整合企业资源，包装工作岗位，聘用退役军人上岗，为辖区退役军人提供清单式服务43项；开展班子成员、科室骨干上讲台活动，对全市退役军人服务人员开展业务培训10余次；开展"蹲点基层服务站"活动4次。

【退役军人接收安置】 市退役军人事务局接收2020年冬季自主就业退役士兵和2021年秋季退役士兵，发放一次性地方经济补助；接收安置符合政府安排工作的退役士兵和转业军官，开展适应性培训，提供免费技能培训；开展部分退役士兵社保接续清零攻坚，完成成都市任务要求。

【退役军人就业创业】 市退役军人事务局创新建立"军创家园+孵化基地"创业创新服务模式，为退役军人企业团队提供项目规划、企业申办、培训指导等创业企业全链条孵化服务；举办四川省第二届退役军人创新创业大赛简阳选拔赛，选送4个项目参加成都选拔赛，其中"菜鸟易购"项目获成都选拔赛优胜奖，并参加四川省复赛；统计退役军人就业人数、创业人数，走访退役军人企业，组织退役军人专场招聘会3场。

【退役军人权益维护】 市退役军人事务局为困难退役军人申请关爱援助，为因公残疾退役老兵发放多功能护理床、手动轮椅、盲人收音机等生活辅助设备；为

8月24日，简阳市退役军人创业创新家园揭牌仪式举行（市退役军人事务局供图）

7月27日，成都市退役军人战旗红志愿服务队简阳市授旗仪式举行（市退役军人事务局供图）

成都拥军事业发展基金募捐，建立简阳市退役军人关爱援助基金。

【普法宣传】 市退役军人事务局以“法律政策落实年”为抓手，开展《中华人民共和国退役军人保障法》等法律法规学习和宣传教育，组织退役军人事务系统《中华人民共和国退役军人保障法》知识竞赛活动，印制政策法规资料2万份，开展送法进校园、进军营、进社区活动6场。

【军休保障】 市退役军人事务局落实健康体检，组织疗养活动，创新开展专业护理人员上门为军休干部提供居家养老服务，打造中医理疗馆，优化军休保健服务；定期开展每月军休主题活动，创建成都军休大学简阳教学点，落实常态化走访制度，关心关爱伤残病军休干部，确保军休干部“两个待遇”落实。

【退役军人志愿服务】 市退役军人事务局成立成都市退役军人战旗红志愿服务队简阳大队，分专业、分特长登记退役军人志愿者，大队下设6支直属专业分队和22支镇（街道）分队、282支村级服务小队，形成具有简阳特色的“1＋6＋22＋N”志愿服务架构模式；结合全市中心工作，聚焦文明城市创建、禁毒反诈、生态保护、疫情防控等重点领域，在医疗健康、心理咨询、法律援助、帮扶解困等基层治理各个方面服务，开展“夏日送清凉”“健康暖冬行”等主题志愿活动687场次，彰显“战旗红”品牌。

【“雄州军魂”全社会尊军崇军浸润行动】 市退役军人事务局于9月17日开展“我的就业创业路”专题活动，组织2021年秋季返乡的退役军人进企业参观并参加就业应聘；12月17日主办“军功章背后的故事”爱国主义教育活动，英雄模范与全市师生和产业工人代表100余人分享先进事迹；12月23日举办“百年党史照初心，乡村振兴做尖兵”——乡村振兴中的“尖兵”主题活动，19个镇（街道）的乡村振兴退役军人尖兵代表分享各自在社会经济建设中的思考、行动和效果。

（乔　晓）

产业功能区（园区）

产业功能区（园区）建设

【概况】 2021年，简阳市抢抓“成渝地区双城经济圈”建设和成都天府国际机场投运、成德眉资同城化发展、成都东进等重大历史机遇，培育“2+2+1”现代产业体系，构建产业生态圈创新生态链，以产业功能区为主要载体，打造成都东进区域“智能制造基地”“现代物流基地”“综合服务基地”。

【产业功能区优化调整】 市发改局按照成都市第八次产领会精神和成都市委办公厅《关于优化调整后的产业功能区名录》，优化调整简阳市产业功能区机构、国土空间规划、主导产业，推进产业社区和高品质科创空间建设，西部电商物流产业功能区并入简阳临空经济产业园。

【产业功能区产业发展】 简阳市以产业功能区为载体平台，构建产业生态圈创新生态链，引导政策、土地、人才等要素集聚集成，推进产业集群发展，聚焦航天装备制造、智能制造、新电商经济、现代物流等主导产业，强化龙头企业带动和招引促建；强化与机场及周边区域联动发展，在产业规划及发展方面形成错位协同机制，聚焦电子商务、国际物流、航空快递等业态，完善现代物流基础设施，打造电商供应链物流中心，提升国家电子商务示范基地发展水平，争取设立保税物流中心（B型），融入成资临空经济产业带建设，加快培育形成临空新优势，构建临空产业新格局。

【产业功能区项目建设】 简阳市引进重大产业化项目20个、总投资303.76亿元，加快建设以创业大道、星空年代、标准厂房、创业大道景观及街道一体化为核心的1平方公里集中展示区；发挥成都市航天产业科研技术、人才优势和国有平台公司资本支撑作用，加快组建航天产业研究院，提高区域自主创新能力；打造“临空现代服务业”产业集群，完善现代化物流货运设施，建设国际化智慧仓储货站，推进国家电子商务示范基地建设；推进申通二期、韵达、传化物流、

唯品会物流基地（市发改局供图）

盈石冷链、德盛商业等项目启动建设，加快建设传化商业、大华茶世界广场、道路基础设施项目。

【产业功能区要素保障】 简阳市完成国际合作（四川）投资基金（规模10.1亿元）组建落地和首轮募资；参股成都新经济产业股权投资基金合作，完成首轮募资和首个辖内项目投资决策；推动简阳市中小担公司完成资本金倍增计划，资本金增至6亿元，入围成都市再担保体系。成都元航空天装备制造产业创业投资基金完成决策程序，开展工商注册。

【产业功能区服务提升】 简阳市打造国际一流营商环境，在企业注册登记、融资、跨境交易等方面，加强与国际规则和国际惯例接轨，全面推行客商投资代办制；持续推进政务服务模式创新，优化线上线下服务，方便企业办理税务、货代等业务。

（郑　驰）

简阳临空经济产业园（电商物流园）

【概况】 2021年，成都市产业生态圈和产业功能区名录经优化调整后，简阳临空经济产业园（电商物流园）是成都市58个产业功能区之一，总规划面积142.34平方公里（涵盖简城街道、石桥街道、赤水街道），其中规划建设面积33.13平方公里。园区构建以现代物流为引领，以高端商务商贸、临空总部为支柱的“1+2”临空产业体系，将简阳临空经济产业园打造成为国际临空商务区、空港东翼新中心、高能级电商物流新港口。园区全年实现“四上”企业营业收入367.73亿元，比2020年增长19.34%；实现税收收入15.15亿元，比2020年增长33.1%；完成固定资产投资14.18亿元。园区获商务部“国家电子商务示范基地”称号，被“空中丝绸之路”国际合作联盟公布为“空中丝绸之路”国际合作联盟会员单位，被《环球时报》评为“（区域）高质量发展最具投资价值园区”，成功申报为2021年四川省现代服务业集聚区。简阳网易联合创新中心入选四川省级众创空间。

（李　倩）

8月20日，简阳临空经济产业园获评“国家电子商务示范基地”（市临空经济产业园管委会供图）

【园区规划体系建设】 简阳临空经济产业园按照产业功能区优化调整系列指示精神，坚持错位协同发展，深入研究临空经济圈层理论，结合成都东部新区、资阳临空经济区等区域产业发展方向，优化提升产业规划；邀请中国城市发展研究院、成都市规划设计研究院、新加坡墨睿公司等国内外知名机构编制园区总规、城市设计和控规，推动园区总体规划及城市设计优化提升；完成高铁片区、电商片区控制性详细规划法定化，完成环境影响评价、地质灾害危险性评估、节能评估报告、水土保持方案编制。

（黄　林）

【园区项目招引】 简阳临空经济产业园围绕主导产业，深研“两图一表”，以现代服务业为主攻方向，聚焦重点建设生态圈、做强产业链，到北京市、上海市、深圳市、重庆市等地拜访京东、卓越集团、英富曼展览、日银、康佳、海格云链等高能级500强目标企业，挖掘投资信息，拜访、接待企业300家，形成有效在谈项目信息80余条；参加第三届“空中丝绸之路”国际合作峰会、第十一届中国国际会议产业周全体大会、第十一届中国物流投融资大会、中国西部会展业发展高峰会、2021成都商贸物流产业投资合作推介会、中国城市高质量发展与国际合作大会以及简阳市在深圳市、成都市举办的系列活动，提升园区知名度；在深圳市、上海市、成都市、北京市分别举办简阳·西部电商物流功能区跨境电商专场推介会、“川深联动”简阳·西部电商物流功能区跨境电商专场推介会、“‘蓉’耀新门户，电商新高地”2021年

10月14日，“共享新机遇，共谋新发展，共创新未来”成都·简阳临空经济产业发展（上海）专题推介会举行（市临空经济产业园管委会供图）

西南国际旅游集散中心项目一期（市临空经济产业园管委会供图）

简阳市西部电商物流产业功能区上海专场招商引资推介会、成都·简阳临空经济产业发展（上海）专题推介会、成都天府国际机场临空经济投资促进推介会、第三届“空中丝路”之夜临空推介会，发布园区城市机会清单项目30个，累计释放482亿元投资机会。园区全年新签约项目21个，总投资270亿元，其中重大产业化项目9个、高能级结算类项目11个、校地合作类项目1个。

（徐小凤　李　倩）

【园区重点项目建设】 简阳临空经济产业园（电商物流园）全年有四川省重点项目6个、成都市重点项目20个，总投资238.17亿元。申通西南总部暨成都电商物流科技产业园（一期）项目竣工验收，传化智联成都东部物流中心等4个项目加快建设，中通快递西南总部项目开工建设，国际物流供应链科创空间项目加快完成设计。韵达西南（成都）电商总部基地等6个项目拟用地取得用地指标，加快完成征地拆迁，加紧项目落地。

（何兆璐）

【园区基础设施及配套建设】 简阳临空经济产业园（电商物流园）完善基础设施及配套功能，提升城市发展活力，增强城市功能品质，天星公园竣工并向市民开放，西南国际旅游集散中心项目一期、阳安中学、城西九义校迁建（含幼儿园）、高屋安置房、大井安置房、简州大道基本完工，石桥卫生院、赤水大道（一期）、迎宾大道延长线、高铁片区基础设施等项目建设推进，电商片区雨污水管网专项规划形成初步成果。

（黄　林）

【园区要素保障】 简阳临空经济产业园（电商物流园）统筹安排新增建设用地计划指标，保障重大项目、优质项目和优质企业用地需求，全年争取到1271.35亩建设用地指标，保障产业项目落地需求；组卷报征新增建设用地规模指标1691.35亩，其中27批次137.64亩新增建设用地指标通过四川省自然资源厅技术审查。

（高　磊）

【园区企业服务】 简阳临空经济产业园（电商物流园）优化营商环境，提升服务效能，推动企业转型升级，培育“小升规”企业，指导优质企业申规入库，新增入库企业15家；提升投资项目服务满意度，协助115户入园企业完成注册登记；召开现场办公会、项目协调会，解决项目建设运营过程中遇到的困难问题，收集、解决问题30余个；利用宣传海报、微信、QQ等传播媒介宣传惠企、利企政策，安排专人下沉企业指导做好优惠政策申报。

【园区安全生产】 简阳临空经济产业园（电商物流园）推进安全生产大排查大整治等专项严打整治行动，累计检查生产经营单位（场所）145家次，整治隐患6处；加大道路交通、建筑施工等3个重点行业领域整治力度。

（黄丽丽）

成都空天产业功能区

【概况】 成都空天产业功能区位于简阳市，面积168.5平方公里，拥有“1空7高14轨22快”交通区位优势。功能区依托金简黄、成龙简快速及成安渝禾丰连接线，形成“一环两横三纵”交通骨架路网；主导产业为航天装备、智能制造装备，产业定位为国内重要的高端装备制造基地和碳中和产业基地，是成都市58个产业功能区中唯一以航天装备为主导产业的功能区；拥有四川航天长征装备有限公司、四川空分设备（集团）有限责任公司、四川省数字产业有限责任公司、北京星空年代通信技术有限公司、四川港通医疗设备集团股份有限公司、四川南格尔生物医学股份有限公司、四川天虎工具有限责任公司等智能制造、航空航天领域重点企业和重大项目。2021年，功能区市场主体注册3993户，注册资本额47.4亿元，高新技术企业18户，世界500强4户；42户规模以上企业实现主营业务收入73.82亿元，完成产值79.17亿元，完成税收2.5亿元。简阳市空天产业功能区管委会会同简阳市经科信局完成固定资产投资59.44亿元，招商引资、项目建设等重点工作获国家级、省级、市级媒体报道52次。

【功能区规划编制】 成都空天产业功能区核定范围168.5平方公里，涵盖东溪街道、新市街道、平泉街道，纳入成都市工业空间规划面积14.92平方公里（东部社区5.65平方公里、南部社区6.68平方公里、平泉工业点2.59平方公里）；重点发展东部社区，打造国内知名商业航天产业基地。东部社区完成29.01平方公里城市总规、13.7平方公里控规、城市设计、规划环评编制，南部社区完成控规、规划环评编制。

【功能区招商引资】 成都空天产业功能区完成经成都市认定签约项目11个，其中重大项目6个、专精特新项目3个、与社会专业机构合作签约项目2个；举办投资推介活动及微型发布会5场，梳理、包装、发布功能区产业机会清单33条，走访对接企业230户；与简阳市国金局、简阳市现代工业投资发展有限公司共同推进组建规模为2亿元的成都元航空天产业创业投资基金，参股成都交子新经济产业基金并完成返投功能区内项目（星河动力）5000万元；与电子科技大学、中国电子科技集团公司第十研究所、哈尔滨工业大学、江苏省未来网络创新研究院、清华大学5所院校机构合作开展座谈会17次，初步形成“校院企”研究成果转化平台。

7月20日，成都空天产业功能区争取成都交子新经济产业基金定向投资星河动力项目（市空天产业功能区管委会供图）

【功能区基础设施及配套建设】 成都空天产业功能区东部社区创业大道完成全线管网、路面黑化、交安设施安装，达到竣工验收条件；41万平方米标准厂房除定制厂房留白暂未修建外，其余楼栋主体封顶，推进外立面装饰装修施工；排污管网项目完成地勘，二次线形方案经简阳市规自局、简阳市水务局审批，开展前期准备。南部社区三绕连接线、滨江路、张家大道、法南次干道延长线等5条道路推进建设，其中三绕连接线路基、挡墙施工完成，推进桥梁施工和全线路基水稳层摊铺施工；滨江路完成部分路基施工，剩余可实施区域清表；张家大道路基开挖施工；法南次干道延长线道路工程完工，开展附属工程施工。南部社区37.6万平方米城南安置房主体结构封顶，开展水电、消防、砌砖等装饰装修工程；34万平方米天宫山安置房开展基础工程及部分主体结构施工；石板河改道项目主体、景观绿化及人行道工程全部建成；13.9万平方米孵化器及配套住房完成主体施工，开展外墙装饰装修施工；平泉安置房开展地下室基础施工。

【医用二氧化碳药用辅料登记证申请】 3月，国家药品监督管理局通过四川港通医疗设备集团股份有限公司的医用二氧化碳药用辅料登记证申请，四川港通医疗设备集团股份有限公司成为国内唯一一家通过与制剂联合审评审批的医用二氧化碳药用辅料登记企业。医用二氧化碳药用辅料将降低医疗单位用气腹机使用二氧化碳气体用于辅助治疗造成的风险，填补国内药用二氧化碳生产空白。

【四川省属企业2021年二季度重点项目集中开工暨四川能投天府云数据产业基地建设项目开工仪式】 6月23日，四川省属企业2021年二季度重点项目集中开工暨四川能投天府云数据产业基地建设项目开工仪式在成都空天产业功能区举行。仪式由四川省人民政府国有资产监督管理委员会主办，四川省能源投资集团有限责任公司、简阳市委、简阳市人民政府承办，集中新开工项目8个，计划总投资142亿元，涉及轨道交通、园区建设、生态环保等领域。

（陆江华）

农 业

农业农村经济运行与发展

【概况】 2021年，简阳市农林牧渔业总产值108.34亿元，比2020年增长5.4%，其中农业产值48.78亿元，比2020年增长2.02%；林业产值1.75亿元，比2020年下降24%；畜牧业产值50.73亿元，比2020年增长16%；渔业产值5.25亿元，比2020年增长1.15%。简阳市农林牧渔专业及辅助活动产值1.84亿元，比2020年增长12%。

（李平波）

【现代农业“7＋3”产业体系构建】 简阳市贯彻落实四川省农业农村厅“三农”工作要求，围绕实施乡村振兴战略，加快构建现代农业“7＋3”产业体系，其中“7”指粮、果、菜、畜、花、桑、烟7大优势特色产业，“3”指现代农业种业、现代农业装备、现代农业烘干冷链物流3大先导性支撑产业。

【农村土地承包经营权确权登记与流转】 简阳市农村经济服务中心推进农村土地承包经营权确权颁证后续完善，继续对农村土地承包经营权确权登记颁证差错更正；规范农村土地流转，推动土地适度规模经营，牵头制定《关于进一步规范农村土地经营权流转审查审核和风险防范的实施意见》，更新土地流转资格审查、项目审核、合同备案等制度。

【集体经济发展】 简阳市农村经济服务中心探索创新集体经济发展模式，牵头制定简阳市纵深推进“四合一”模式（股份经济合作联合社+集体经营公司+农民专业合作社+土地股份合作社）发展壮大集体经济发展三年行动计划，全年培育集体经济发展重点村85个，经营性收入超10万元的村94个，其中经营性收入50万元以上的村17个，集体经济总收入1.55亿元，比2020年增加19%。

【农民合作社建设】 截至12月，简阳市有在册农民合作社1591家，注册资本54亿元，入社成员10.32万户，社均64户，规模经营面积21万亩；有示范合作社79家，其中国家级4家、省级33家、市级14家、县级28家。农民合作社全年实现产值6.73亿元，社均42万元。

【家庭农场建设】 截至12月，简阳市家庭农场入库2458家（其中工商注册数量1881家，较2019年年底增长252%），三年（2020—2022年）创建目标完成率98.32%，“一组一场”完成率100%；有示范家庭农场573家，其中省级25家、市级188家、县级360家；“一村一示范”完成率100%，“一镇一省示范”完成率 71%。

（汪 伟）

【农产品质量安全监管】 市农业农村局开展标准化技术、“三品一标”等培训 42 次，参训人员 2100 余人次；生产环节快速检测 102521 次；完成四川省农业农村厅 145 个定量监测任务，完成率 100%，合格率 98.75%；完成成都市 1000 个定量监测任务，完成率 100%，合格率 99.08%；开展实验人员 1 次比对试验、1 次内审、1 次质量监督，任务完成率 100%。

（万 丽）

【简阳市第四届农民丰收节】 9 月 23 日，2021 年简阳市第四届农民丰收节在平武镇尤安村举行。活动以“庆丰收、感党恩”为主题，按照“务实、开放、共享、简约”要求，举办吃西瓜大赛、拔河比赛、鸡公车运粮、趣味捉鱼等农事活动，展现简阳市“三农”发展成果和村民风貌，400 余人参加。新华网、《人民日报》、今日头条等 20 家媒体对活动进行报道。

（钟升旭）

乡村振兴

【概况】 2021 年，简阳市聚焦实现乡村产业振兴、人才振兴、文化振兴、生态振兴、组织振兴，统筹谋划，科学推进，推动乡村全面振兴。全市第一产业增加值 60.23 亿元，比 2020 年增长 4.7%；农村居民人均可支配收入 21706 元，比 2020 年增长 10.5%，增速在成都市和近郊区县列第一位，城乡居民收入比缩小到 1.99∶1。简阳市获评成都市级乡村振兴先进市，创建成都市级乡村振兴先进镇 1 个（云龙镇）、示范村（社区）11 个（平武镇皮匠街村、高坡村，云龙镇海棠村、新乐村、鱼荐社区，青龙镇新堰村，禾丰镇农民村，三星镇雷公庙村，江源镇五洞村，石钟镇前锋村，东溪街道黄岭村）。

（李平波 张小翠）

【脱贫成果巩固同乡村振兴有效衔接】 简阳市坚持“五级书记”（省、市、县、乡、村）抓乡村振兴，调整市委农村工作领导小组，调整定点帮扶、驻村帮扶力量；常态化到镇村开展脱贫攻坚与乡村振兴调研，研究制定《简阳市实现巩固拓展脱贫攻坚成果同乡村振兴有效衔接实施方案》，组织开展防止返脱贫全覆盖集中排查，采取针对性措施抓好巩固提升，全市脱贫人口人均可支配收入增长 12.8%；建立财政投入保障机制，安排巩固拓展脱贫攻坚成果同乡村振兴相衔接专项资金 1.26 亿元，用于改善农业生产条件和发展产业的比例达 57.2%。

【两项改革“后半篇”文章推进】 简阳市组织召开统筹推进全市乡村国土空间规划编制和两项改革“后半篇”文章工作会议，集中开展片区划分、中心村划定研讨，建立完善“市级领导包片、镇（街道）领导包村、村（社区）干部包组”的三级调查摸底组织体系，全市划分镇级片区 4 个、村级片区 46 个，确定中心镇 3 个、中心村 24 个；深入推进镇（街道）扩权赋能，推动“3＋3”综合行政执法力量下沉改革试点，下放 30 项县级行政权力事项至镇，下放 17 项县级行政权力事项至街道。

【产业振兴】 简阳市构建“一环两轴四区”（乡村振兴示范环线＋沱江绿色发展轴、金简仁产村融合发展轴＋临空都市农业城乡融合发展片区、数字乡村城乡融合发展片区、近郊农旅城乡融合发展片区、高品质粮经城乡融合发展片区）乡村振兴产业功能布局，加速形成“4＋4”（优质粮油、绿色蔬菜、特色水果、畜禽水产四大保障型产业，数字农业、冷链物流、智能装备、智慧种业四大都市农业引领性产业）现代农业产业体系；把“米袋子”“菜篮子”抓在手中，落实粮食安全党政同责，制止“非粮化”“非农化”，全市粮食播种面积 117.8 万亩，产量 39.1 万吨，出栏生猪数 46 万头；梯度推进“1＋2＋3＋N”现代农业园区建设，累计培育县级以上农业园区 5 个，创建成都市星级园区 2 个，列入四川省级培育园区 1 个；加大简州大耳羊、简阳晚白桃等优势支柱产业发展力度，累计发展产业 26.68 万亩，建成高标准农田与高效节水灌溉 3.5 万亩，农村土地适度规模经营率、生猪规模化养殖率、主要农作物耕种收综合机械化率分别达 66.39%、81.3%、62%。

【人才振兴】 简阳市系统谋划"十四五"人才发展，推动建立市级领导联系走访人才机制，把乡村人才振兴纳入党委人才工作总体部署；持续开展优秀农民工回引培养工程，全市储备优秀农民工6400余人，从中培养储备村干部后备力量1800余人；开展镇村干部创新提能行动，围绕推动都市农业发展、壮大集体经济、优化乡村治理、提升创新能力等重点全覆盖组织培训320场1.5万人次；推进高素质农民、农村实用人才、农技推广人才队伍建设，培育高素质农民299人、基层农技人员215人、新型职业农民363人。

【文化振兴】 简阳市重视乡村精神文明建设，召开专题会议，安排部署文化基础设施配套、管理服务水平、群众文化活动和乡村旅游产业等重要工作和重要环节；围绕推进农村移风易俗，弘扬传统美德，实现乡村治理文明目标；实施乡村文化振兴"百千万"工程，推进农村基层综合性文化服务中心提档升级，鼓励多元开展文化惠民活动，全市开展乡村星舞台、乡村文化振兴魅力乡镇竞演等文化惠民活动近万场。云龙镇入选四川省首批100个魅力乡镇，平泉街道荷桥村、平武镇尤安村、云龙镇千佛社区入选首批成都市乡村文化振兴样板村。

【生态振兴】 简阳市推进生态价值转化，深入推进农村人居环境"三大革命"，累计改造农村户厕84841户、土坯房25744户，改造率分别为94.35%、100%；新改扩建污水处理厂44座，实现乡镇（街道）污水处理厂全覆盖，行政村生活垃圾转运处置覆盖率超过97%；创建千佛桃源林盘、金色丙灵林盘等成都市AAA级林盘景区4个；开展"最美家庭""最美院落"评选，评选出"最美家庭"98户、"最美院落"84个。

【组织振兴】 简阳市完成村（社区）"两委"换届，实现书记、主任"一肩挑"，村党组织书记致富带头人、优秀农民工超过90%，村（社区）"两委"成员平均年龄降低3.7岁、大专以上学历提升24.2%；全覆盖摸排镇村党（工）委、党总支、党支部以及居民小区（院落）、集中安置点等党组织建设情况，集中规范设置村（社区）8个党委、9个党支部，推动21个具备条件农村种植养殖合作社成立功能型党组织，实现党建工作对镇村两级体系全覆盖。

（张小翠）

种植业

【概况】 2021年，简阳市［不包含成都东部新区6个镇（街道）］种植粮食117.48万亩，总产量39.88万吨；种植油料39.37万亩，油料作物总产量6.4万吨；种植蔬菜22.83万亩，总产量39.06万吨；水果总面积12.7万亩，总产量10.94万吨，产值5.09亿元。

【粮食作物种植】 简阳市［不包含成都东部新区6个镇（街道）］大春粮食作物104.6万亩，产量为37.85万吨，其中谷物67.05万亩，产量28.05万，豆类9.43万亩，产量1.41万吨，薯类28.12万亩，产量8.39万吨；小春粮食作物12.93万亩，产量2.02万吨，其中谷物1.6万亩，产量0.34万吨，豆类9.73万亩，产量1.26万吨，薯类1.6万亩，产量0.42万吨。

【经济作物种植】 简阳市［不包含成都东部新区6个镇（街道）］大春经济作物21.04万亩，其中花生6.58万亩、蔬菜及食用菌11.64万亩、中药材0.78万亩；小春经济作物45.94万亩，其中油菜32.76万亩。

【特色水果种植】 简阳市发展特色水果，总面积12.7万亩，总产量10.94万吨，产值5.09亿元，其中柑橘总面积5.69万亩，产量3.68万吨；以晚白桃为主的水蜜桃4.4万亩，产量5.2万吨，产值1.7亿元。简阳市

镇金镇老龙村"爱媛38号"橘子丰收（市农业农村局供图）

以晚白桃为主的水蜜桃面积、产值占水果总量的30%以上，产量占水果总量的40%以上，平均单产达每亩940公斤，是简阳第一大宗水果。

【种植业产业化发展】 简阳市有相对集中成片种植业基地321个（50亩以上），其中粮食基地13个、蔬菜基地97个、水果基地196个；500亩以上种植基地41个，其中粮食基地3个、蔬菜基地10个、水果基地26个。

【种植示范基地建设】 市农业农村局与科研院校、龙头企业、相关单位合作，引进新品种15个、新技术7项、新模式4项，建成"四新"（新技术、新品种、新模式、新机具）示范基地3个，促进农业科技成果转化，为农业科技助力产业升级和乡村振兴做好储备；新建、改（扩）建示范基地18个、1.54万亩。

【种植实用技术培训】 市农业农村局组织召开省、市、县水果标准化生产大型现场会、观摩会5次；组织技术骨干在关键农时季节开展培训150期次，现场指导1.2万人次，发放资料2万份，让先进实用技术进村入户。

【农作物检疫】 简阳市设立省级重点监测点80个，完成监测调查面积1.33万亩次，完成检疫性病虫害抽样送检150个，开展稻水象甲阻截防控0.2万亩次；在全市8个种子基地和17个种苗种植基地进行产地检疫备案，出具农作物产地检疫证书201份，出具植物检疫证书635份。简阳市农业农村局获四川省农业农村厅表彰1项、成都市农业技术推广总站表彰1项。

【农作物保护】 简阳市实现主要农作物绿色防控实施面积60.55万亩，覆盖率51.46%；统防统治面积79.8万亩，覆盖率52.88%；主要农作物病虫害发生面积198.23万亩次，损失率在4%以下，农药利用率达40%以上，农药使用总量减少59.5吨，农药施用量减少5.05%，实现农药使用量负增长；发布大、小春及果蔬作物病虫防治预报16期、电视病虫预报6期，病虫预报准确率达95%以上，信息上报与交流3000余条次，开展专业化统防统治和绿色防控等技

青龙镇开展小麦病虫害统防统治（市农业农村局供图）

术宣传和培训活动42场次；推广应用水稻带药移栽、昆虫天敌（赤眼蜂）、理化诱控（色板、杀虫灯、性诱）等绿色防控新技术，培育扶持植保社会化服务组织4个。简阳市农业农村局获四川省农业农村厅表彰4项。

（朱　静）

畜牧业

【概况】 2021年，市农业农村局做好生猪重大动物疫病防控和恢复生产，抓好畜禽禁养区整治及规模场粪污资源化利用，推进新建生猪定点屠宰场，规范养殖环节生产行为，加强兽药饲料各环节监管，加强生猪屠宰监管，畜牧业生产和畜产品供给保持平稳。全市出栏生猪58.1万头，出栏牛0.16万头，出栏山羊39.5万只，出栏禽兔816万只，肉类产量6.1万吨，禽蛋产量2万吨，奶产量0.12万吨，畜牧业产值51.2亿元。

简州大耳羊（市农业农村局供图）

【生猪养殖】 简阳市实施生猪规模养殖场设施设备提档升级改造，投入各级财政补贴资金 6477.4 万元带动社会资金投入 16539.2 万元。全市出栏生猪 58.1 万头，年末存栏 38.1 万头，猪肉产量 4.3 万吨，占全市肉类总产量 70.7%。

【牛羊养殖】 简阳市投入各级财政资金 1000 万元，对简州大耳羊地方品种资源开展保护和开发利用。全市出栏牛 0.16 万头，牛肉产量 223 吨，比 2020 年下降 37.3%，占全市肉类总产量的 0.26%；出栏羊 39.5 万只，比 2020 年下降 30.4%，羊肉产量 5999 吨，比 2020 年下降 27.3%，占全市肉类总产量的 11.2%。

【家禽养殖】 简阳市有 5 家大型蛋鸡规模养殖场，蛋鸡存栏量达 121 万只，可年产鸡蛋 1.8 万吨。全市家禽出栏 632 万只，比 2020 年增长 3.2%；禽肉产量 1.30 万吨，占全市肉类总产量的 19.1%；禽蛋总产量 2.03 万吨，比 2020 年增长 4.1%。

【动物疫病防控】 市农业农村局按照“阻断隔离、严格消毒、突出重点、全面防控”和“五不一处理”（所有病死畜禽不丢弃、不销售、不屠宰、不贩运、不食用）要求，组建工作专班，采取大宣传、大培训、大消毒等措施处置动物疫情；抓好基础防疫，通过动员部署、组织发放防控物资、开展技术培训、加强监督检查、加大疫情监测和流行病学调查力度，确保春夏秋季防疫工作开展；每月召开春秋季重大动物疫病防控工作会，层层落实责任，确保重大动物防疫工作落到实处。

（张仲友）

林　业

【概况】 2021 年，简阳市林业产业总产值 28.30 亿元，其中第一产业 6.09 亿元、第二产业 4.01 亿元、第三产业 18.20 亿元；竹产业产值 2802.7 万元，林下经济产值 1.03 万元；各类经济林面积 20.99 万亩、产量 2.12 万吨，森林药材 48 吨，木本油料（核桃、油橄榄）面积 12.97 万亩、产量 6330 吨。

【林产业管理】 市规自局完成食用林产品（核桃、花椒、竹笋、山地水果）抽样 46 批次，抽样批次全部合格；管理和服务林业企业 230 家，其中省级林业产业化重点龙头企业 4 家、木竹材经营加工企业 101 家、野生动物驯养繁殖企业 5 家；管理和服务新型经营主体 484 家，其中专业大户 2 家、涉林专业合作社 254 家、家庭农场 228 家。

【林木采伐管理】 市规自局规范办理林木采伐许可证，全年办理林木采伐许可证 266 份，采伐林木蓄积 11328.28 立方米，出材 4592.68 立方米，未出现超限额发放采伐许可证；编制《简阳市“十四五”期间年森林采伐限额实施意见》，简阳市（含成都东部新区）“十四五”期间年森林采伐限额控制指标为总采伐量控制在 33632 立方米，其中人工林 33228 立方米、天然林 404 立方米。

【木材经营加工管理】 市规自局取消木材经营加工许可，重点监督管理经营加工秩序、木材来源和安全生产，对 101 个木材经营加工场地进行生产经营加工、电气火灾安全、粉尘防爆综合治理日常检查，消除安全隐患，全年未发生安全事故。

【森林督查】 国家林业和草原局下发简阳市疑似变化图斑 212 个，经核实，涉嫌违法图斑 139 个，其中违法使用林地图斑 67 个、面积 13.86 公顷，违法使用林木图斑 72 个、面积 29.26 公顷、蓄积 51.4 立方米。简阳市自然资源行政执法大队依照《中华人民共和国森林法》《中华人民共和国行政处罚法》等法律法规，完成森林督查违法案件查处。

（邱晓宏）

水产业

【概况】 2021 年，简阳市水产品产量 2.34 万吨，居成都市第一位；水产品产值 4.62 亿元；全年无水产食品安全事故，无渔业生产安全事故。

【水产发展模式创新】 市农业农村局在平泉街道指导完成村集体水产项目2个并投入生产；以“村建企办”模式发展水产养殖，形成利益联结机制，摸索新型经营发展方式，在巩固拓展脱贫攻坚成果同乡村振兴有效衔接的道路上探索水产发展新途径。

【水产健康绿色养殖推广】 市农业农村局实施水产健康绿色养殖“五大行动”，普及推广池塘健康养殖、稻渔综合种养、池塘工程化循环水养殖、工厂化循环水养殖、高位池循环水养殖等特色养殖技术和模式，提升养殖者绿色发展意识，促进水产业转型升级绿色发展。池塘养殖普遍采用投喂颗粒饲料，使用光合细菌、硝化细菌、芽孢杆菌等生态制剂改良水质，辅以增氧机械养殖；稻渔综合种养面积1.2万亩；池塘工程化循环水养殖槽6条；高位池循环水养殖30口（100立方米/口）；工厂化循环水养殖6套（养殖水体550立方米）养殖系统建成投产。

【水产健康养殖示范创建】 市农业农村局将简阳市大众养殖公司（池塘鱼菜共生综合种养模式）、简阳市永雄养殖专合社（循环水养殖+多级沉淀池净水模式）、简阳市中嘉富海公司工厂化循环水养殖（循环水养殖+多级沉淀池净水模式+资源化利用方式）3个水产绿色健康养殖技术模式推荐为水产健康养殖骨干基地典型示范，以点带面促进全市水产业绿色发展。

【渔业管理】 市农业农村局抓好渔民暖心行动，防止动态返贫，搞好渔民帮扶；推进执法监管和日常巡护，健全“水上打、岸上管、市场查”全链条监管网络，深化行刑衔接，派出巡查、督查人员600人次，发放资料2000余份，督导水产养殖点位125个，对天然水域、人工养殖水体开展排查和监督，保障渔业生态安全、生产安全及水产品质量安全；开展沱江水生生物评价监测和沱江鱼类栖息地保护及项目规划建设，增殖放流鱼类，恢复沱江生态资源；完成“春季禁渔”。

【水产品质量安全监管】 市农业农村局以“全面监管、突出重点、标本兼治、着力治本”为方针，做好水产品质量安全监管，对50亩及以上养殖场抽检水产样品94个，抽检送样100%，50亩以下全覆盖抽样1113个。

（余 洋）

农业重点项目建设

【概况】 2021年，市农业农村局牵头重点项目29个，其中成都市重点项目7个[简阳市桃花源农业示范园项目、简阳市海晟隆辣椒田园综合体建设项目、中安富海有机农业示范园项目、简阳市天府国际本草源（文旅康养）项目、简阳市中国西南红酒奥特莱斯田园综合体项目、简阳市一口吖吖高效农业生态园区项目、中马农业简阳生猪规模化养殖项目]，竣工标准化规模猪场转型升级建设、畜禽规模养殖场污染治理等项目9个，开工简阳市中国西南红酒奥特莱斯田园综合体项目、简阳市杨家镇“天府水寨·花港田园”综合体项目2个，续建简阳市桃花源农业示范园项目、简阳市天府国际本草文旅（康养）小镇等项目17个。项目总投资225.67亿元，2021年计划投资41.75亿元，完成投资43.8亿元，投资完成率105%。全市完成农业固定资产投资17.8亿元，列成都市各区（市）县第一名。四川烽瑞盛文化旅游发展有限公司、北京金源利丰资产管理有限公司、广元川土食品有限公司与简阳市人民政府签约中国西南红酒奥特莱斯红酒小镇、天府国际本草文旅（康养）小镇、川土万亩青花椒3个项目，协议总投资60亿元。全市在谈农业项目26个，计划总投资95亿元。

【简阳市桃花源农业示范园建设】 简阳市桃花源农业示范园项目由四川省胜男农业开发有限公司投资，建设规划面积2万亩，包括禾丰镇、平武镇、施家镇等镇，其中核心区位于禾丰镇，面积7000亩；主要发展桃产业，配套建设农产品研发中心、冷链物流中心、休闲娱乐设施等。项目于2017年10月启动建设，截至2021年年底完成整地起垄建园、土壤改良、基础道路建设、新品种引进及栽植等，面积1.23万亩，配套建设水果分拣中心和冷链物流中心。2021年，项目完成试花挂果3000亩，产量82.5万公斤，产值330万元。

【简阳市海晟隆辣椒田园综合体建设】 简阳市海晟隆辣椒田园综合体建设项目选址于赤水街道太平村、劲松村、福民坝村等村，计划总投资3.2亿元，规划用地面积7300亩，其中建设用地面积200亩；主要发展现代农业、标准化种植、标准化管理等产业，配套建设辣椒农耕文化中心、Mini辣椒博物馆、标准化种植博览园、玻璃温室综合性种植展示区、科研成果试验及展示中心等。项目于2020年2月开工建设，截至2021年年底流转土地700余亩，并开展辣椒种植，其中新流转300余亩开展玻璃温室综合性种植。

【中安富海有机农业示范园建设】 中安富海有机农业示范园项目选址于平泉街道荷桥村、禾丰镇安全村、平武镇皮匠街村，计划总投资16亿元，规划用地面积3830亩，其中建设用地面积280亩；主要发展优质油橄榄、有机桃、名贵中药材、药食同源（蔬菜、花卉）、大棚番茄种、巨型稻制、高密度淡水鱼等产业，配套建设国家级AAAA旅游休闲观光农业园、市集小镇等。项目于2020年7月开工建设，截至2021年年底流转土地1600余亩，种植油橄榄约1200亩、有机桃约150亩，种植珍稀中草药100亩，巨型稻立体养殖80亩，建高密度智能养殖大棚2352平方米，建设水产养殖系统9套600立方米、供氧系统6套，建组培室792平方米、库房102平方米、发电房28平方米，生态鱼主体养殖80亩，建稻田防护网57亩38180平方米、水质净化池750立方米、补水井300米，建生产便道14253米，改造高标准农田1600余亩。

【中国西南红酒奥特莱斯田园综合体建设】 中国西南红酒奥特莱斯田园综合体项目选址于石钟镇前锋村、山泉村、胜锋村，计划总投资17亿元，规划用地面积2600亩，主要发展优质葡萄种植、红酒酿造、红酒奥特莱斯、旅游观光、休闲度假、医养康养产业，配套建设国际红酒体验街、臻品红酒展示中心、红酒4S店、红酒文化博物馆、红酒主题民宿、红酒温泉康养酒店、田园康居、医养服务中心、乡村运动俱乐部、葡萄谷儿童公园、亲子活动采摘园、滨江景观步道等以红酒为文化特色的休闲、购物、度假、娱乐、康养、医养多元集成式服务园区。项目于2021年3月开工建设，截至2021年年底流转土地700亩，开展土地整理，一期样板区规划方案报请简阳市规自局，待简阳市规委会审议；按程序取得样板区3.5亩集体建设用地；规划区土地增减挂钩项目立项并获得简阳市批复，待成都市规自局批复。

【简阳市天府国际本草文旅（康养）建设】 简阳市天府国际本草文旅（康养）项目选址于石钟镇长沟社区、前锋村、民强村、山泉村、黄连社区等村（社区），计划总投资40亿元，规划总面积6600亩。项目一期“本草天空”项目规划面积3500亩（农业用地3150亩、建设用地350亩），打造集种植、观光、养身于一体的国家AAAA级旅游景区，包含川红花等中药材种植基地、中药材种植资源保存和科学实验基地、本草院子、禅意馆；二期规划面积3100亩，涵盖“极味乐园”项目和“人才基地”项目，其中“极味乐园”项目规划面积750亩（建设用地75亩），打造以本草森林乐园、极味膳食中心、极味味道记忆馆、简阳十宝美食聚落等为主要内容的餐饮服务美食街区，“人才基地”项目规划面积2350亩（建设用地235亩），建设中医药“一带一路”分会永久会址、国家中医药资格考试实训中心、康复人才培养中心、本草国际健康社区和高级专家公寓等项目。项目于2020年10月开工建设，截至2021年年底完成土地流转2000亩，种植芍药300亩、川红花200亩、牛樟树100亩、黄精100亩、桃（李子）200亩、药枳壳200亩、小麦500亩、蚕豆100亩、玉米300亩；完成“天府国际本草文旅（康养）小镇总体规划”，包含“石钟镇旧镇改造详细规划”及“本草天空详细规划”，完成“本草天空”相应基础设施配套项目；新修蓄水池5口，整治堰塘3口，建设机耕道路4公里，道路硬化3.5公里，建设晒场500平方米，4座大棚建设1312平方米，建成观景台1座。

【简阳市一口吖吖高效农业生态园区建设】 简阳市一口吖吖高效农业生态园区项目选址于青龙镇白庙村（2020年5月合并为水井村）、明星村、联合村、郭家村（2020年5月合并为芋河村）等，总规划面积6088亩，主要打造以绿色农产品生产为立足点，以一口吖吖为品牌核心，以粮果蔬牧渔循环种养为发展特色，集标准化果园、数字牧场、稻鱼种养、绿色蔬菜生产和乡村旅游为一体的高效农业产业园。项目是以成都一口吖吖农业有限公司为建设主体的种养循环标准化农业生态产业园区，建设内容包括“一心两带五园”，其中“一心”即集科研创新、管理办公、加工物流于一体的科创管理中心，“两带”即园区北部旅游休闲观光带和南部产业示范观光带，“五园”即稻鱼种养示范园、精品果蔬示范园、涉水农庄观光园、创意农业示范园、标准化养殖示范园，并拟配套建设乡村酒店。项目于 2019 年 10 月开工建设，截至 2021 年 12 月流转土地 5000 亩，建成桃园 2040 亩、智能大棚 200 亩、枇杷园 300 亩、水稻区 600 亩、柑橘园 300 亩；修建生产用便道、供排水沟渠、蓄水池等基本生产设施，建成一体化粮食仓库、农产品分拣中心、农业机械存放库、农产品预冷库冷藏库；基本建成以桃园为中心、配以其他蔬果的生态化农业产业园区，建成年出栏 12 万头生猪的数字牧场（第一期），开展数字牧场（二期）建设前期准备。

（余广伟）

农业品牌建设

【概况】 2021 年，市农业农村局争取消费扶贫的相关配套措施，提供消费市场信息，促进农超对接；解决农产品价值与市场价格倒挂问题，促进农业标准化、品牌化建设；推进农业供给侧结构性改革，以提高农产品质量和效益为核心，促进现代农业发展和农民增收；坚持政府主导、企业主体、市场导向原则，培育一批具有明显本地特色和市场知名度的农产品品牌；按照“集中力量、整合资源、强化培育、扶优扶强”思路，提升现代农业产业核心竞争力和综合效益，推进农业农村经济可持续发展。

【“原香简阳”区域公用品牌打造】 市农业农村局对接简阳市汇众农业投资发展有限公司，构建“原香简阳”农产品区域公用品牌营销、质量标准等体系，完善“原香简阳”区域公用品牌培育、管理、保护机制，挖掘、培育、创新、传播“原香简阳”质量品牌文化。

【“三品一标”品牌创建】 截至 12 月，简阳市有“三品一标”农产品 112 个，获证企业 64 个，总面积 17.25 万亩，年生产总量 40.66 万吨，其中无公害农产品 47 个，获证企业 22 个，总面积 13314.4 亩，年生产总量 13045.1 吨；绿色食品 42 个，获证企业 29 个，总面积 27748.2 亩，年生产总量 31955.92 吨；有机产品 14 个，获证企业 6 个，总面积 9407.25 亩，年生产总量 641 吨；农产品地理标志 1 个，用标企业 4 家，总面积 12 万亩，年生产总量 36 万吨；良好农业规范产品 8 个，获证企业 6 个，总面积 2011.65 亩，年生产总量 992.2 吨。

（钟升旭　万　丽）

农田水利

【概况】 2021 年，市农业农村局按照“统筹规划、整合项目、聚集资金、整体开发、集中连片、示范带动、整体推进”建设思路，在平泉街道、石钟镇、禾丰镇、三合镇、江源镇完成高标准农田 3.5 万亩，其中高效节水灌溉面积 0.21 万亩；整治塘堰 35 座，新建蓄水池 86 口，新建提灌站 4 座，整治及衬砌明渠 38 公里，新、改建机耕道 53 公里和生产路 24 公里。简阳市水务局完成农业水价综合改革面积 6 万亩，完成施家镇兴隆村等 5 个水美乡村创建，新增水土流失治理面积 18 平方公里。

（汪　超　何　艳）

【农业水价综合改革】 市水务局投入成都市级农田水利专项资金 40.5 万元，完成鸡公山提灌站中型灌区农业水价综合改革灌溉面积 3.1 万亩，在鸡公山提灌站灌区成立“鸡公山提灌站灌区农民用水协会”1 个，建

禾丰镇高标准农田（市农业农村局供图）

设雷达明渠流量监测站3处、巴歇尔槽流量监测站10处以及中心平台1套；在陡岩提灌站、八一提灌站实施简阳市2020年水利设施维修养护及农业水价综合改革补助资金项目，总投资120万元，完成农业水价综合改革灌溉面积2.9万亩，其中陡岩提灌站灌区维修衬砌主干渠1.52公里，成立“农民用水户协会”1个，建设巴歇尔槽流量监测站6处，建设中心平台1套、远传智能水表2套，维修提灌站设备1套，在八一提灌站灌区成立“农民用水户协会”1个并建设远传智能水表1套。

【水美乡村建设】 简阳市在施家镇兴隆村、悦乐村、天才村、兰坝村、新安村5个村实施水美乡村建设，总投资100万元，通过山坪塘清淤整治、渠道整治、新建排水沟、新建防腐木栏杆、新建彩色陶瓷颗粒路面、种植绿植等，围绕水美乡村建设“七有”（水资源有保证、水安全有保障、水生态有保护、水文化有底蕴、水景观有特色、水价值有体现、水管理有创新）标准，以“水”元素为主基调，建成“宜居宜业、水美景秀、人和地优”的美丽乡村，被成都市评为水美乡村达标村。

【水土保持】 市水务局推进水土流失治理，完成新增水土流失治理面积18平方公里；推进坡耕地水土流失综合治理，完成民胜项目区2020年中央预算内投资坡耕地水土流失综合治理工程，通过竣工验收，总投资1125万元，实施坡改梯3210亩；审批生产建设项目水土保持方案73个，征收水土保持补偿费3173.33万元；利用先进手段推进“水利行业强监管”效能，查处水土保持违法违规行为，重点梳理排查出疑似违法项目或者不规范项目15个。

（何 艳）

农机管理

【概况】 2021年，市农业农村局在全市推广智能农业机械，进行小麦、花生、红薯全程机械化生产试验示范和蔬菜机械化育苗流水线试验示范；实施国家农机购置补贴政策，补贴机具台数805台、套，受益农户数654户；受理农机报废更新机具台数62台、套，受益农户数60户；对农业生产经营组织实施成都市级农机购置累加补贴20%，做到应补尽补；打造智能化提灌设施，建设（技改）机电提灌站23座。简阳市农业农村局被农业农村部评为全国星级基层农技推广机构，被四川省农业农村厅评为2021年度四川省农机化工作突出单位。

【农机化示范推广】 简阳市2021年农机化示范推广项目资金主要用于开展红薯、花生、小麦全程机械化生产试验示范和蔬菜机械化育苗试验示范，其中红薯全程机械化生产试验示范项目资金30万元，试验面积50亩，引进红薯移栽机、无人机、红薯收获机等红薯全程机械化生产机具，实施业主为简阳市远航农机专业合作社，建设地点在禾丰镇南山村；花生全程机械化生产试验项目资金60万元，示范面积50亩，引进花生播种机、植保机、花生收获机等花生全程机械化生产机具，实施业主为简阳市小湾村兴农文农机专业合作社，建设地点在镇金镇小湾村；小麦全程机械化生产试验示范项目资金32万元，示范面积100亩，引进小麦播种机、大疆植保机、小麦收获机等小麦全程机械化生产机具，实施业主为成都一口吖吖农业有限公司，建设地点在青龙镇水井村；蔬菜机械化育苗试验项目资金50万元，建设蔬菜机械化育苗基地2000平方米，购置蔬菜育苗流水线、AGV自动物流装卸车、基质粉碎装置等蔬菜机械化育苗机械，实施业主为简阳市乡约农机专业合作社，建设地点在平泉街道协议村。

【农机购置补贴】 简阳市深入实施国家农机购置补贴政策，补贴全市范围内从事农业生产的个人或组织购买目录内的农业机械；根据便民原则，采取“一站式”服务，群众可在户籍所在镇（街道）申请补贴，由农机推广站组织人员核验机具，对核验通过的机具提交至简阳市财政局兑付资金。全市全年补贴机具台数805台、套，受益农户数654户，发放补贴资金316.68万元；受理农机报废更新机具台数62台、套，受益农户数60户，发放报废补贴资金61.85万元。

【提灌站建设】 简阳市探索引进自动化控制系统及新

型机具，坚持以“集成化、模块化、智能化、信息化”建设标准化、新型化提灌站，通过建立提灌储备库，围绕助农增收主线，着重产业发展、农业灌溉等方面，对全市提灌项目建设科学规划按需排序，重点扶持粮油、养鱼、柑橘、桃等种养殖产业，满足群众农业生产及产业发展用水。全市全年争取四川省、成都市各级资金552万元，新建（技改）机电提灌站23座，覆盖15个镇（街道），新增（恢复）灌溉面积2万亩以上，解决农业灌溉用水需求，提升抗旱能力，在促进农业增产、发展农村经济中发挥作用。

（魏建敏）

农业科技

【概况】 2021年，简阳市抓好高素质农民培育，培训高素质农民299人，其中省级调训农业产业领军人才3人、农业经理人7人，成都市级调训农业经理人6人，委托彭州市显辉职业技能培训学校培训经营管理型高素质农民283人，通过理论与实践教学，提高培训学员科技文化素质，改善专业生产技能水平。

【新型职业农民培训】 市农业农村局推进新型职业农民培训，培训农业职业经理人363人，其中新增农业职业经理人培训260人、新型职业农民精英培训20人、乡村专业人才培训50人、国家成都农业科技中心人才基地培训30人、省外先进基地培训3人，培训后通过简阳市农业职业经理人评价委员会评审认定，评定初级、中级农业职业经理人230人；推荐成都市评定高级农业职业经理人3人，其中1人被评选为2021年成都市“十佳”农业职业经理人，实现简阳市高级职业经理人在成都市级评选“十佳”农业职业经理人“零”的突破，树立农业职业经理人典型，充实农业职业经理人队伍，初步建立简阳市乡村人才培育集聚机制。

【基层农技推广体系建设】 市农业农村局通过2021年度基层农技推广体系改革与建设补助项目，新建农业科技示范展示基地2个，简阳市大众养殖有限责任公司在禾丰镇合群村建立淡水鱼科技示范养殖基地，简阳市绿色湾湾家庭农场在平泉街道协议村建立活体盆栽蔬菜种植试验示范基地，培育农业科技示范主体2个；组织全市213名基层农技人员参加四川农业大学知识更新培训，组织2名专业人才参加省级调训；结合农业农村部、四川省农业农村厅发布的年度农业主推技术，推广一批优质绿色高效技术模式，农业主推技术到位率大于98%；组建20人的农业科技示范推广团队，不定期到镇（街道）开展农业技术推广宣传指导，促进技术进村入户。

【农业技术示范推广】 市农业农村局加强与中国农科院果树所、四川省园艺总站、四川农业大学、四川省农业科学院、成都市农技总站以及成都市农业科学院合作，把禾丰镇连山村“中国桃花源”桃示范基地作为实施基地，划定200亩园区作为核心示范区，示范展示桃生态高效关键栽培技术（包括桃优新品种宜机化作业、高光效树形培养、轻简高效栽培和采后处理技术），在全市推广桃新品种8个、新技术5项，示范带动新型经营主体25个，辐射带动市域桃产业先进技术应用覆盖面积2万亩，其间开展桃生产技术指导及培训30次，培训基层农技人员和果农700人次。

（杨　韬）

农业综合执法

【概况】 2021年，简阳市县级监管巡查生产经营主体705家，乡村级监管员、协管员监管巡查辖区内生产经营主体56892次；农业综合执法巡查整顿市场69次，检查投入品批发、零售企业439家，检查范围包括企业经营场所、投入品存储仓库、农资经营台账等，查处假冒伪劣农资案5起，罚没金额5.27万元。简阳市农业综合行政执法大队开展农产品质量安全、农业投入品、动物卫生监管、生猪屠宰、养殖渔政和农机安全等日常执法检查和专项整治活动；处理因农药引起的纠纷16起，处理因种子引起的纠纷7起，均通过调解解决，挽回经济损失20万元；办理案件26起，罚没金额12.49万元，其中经营假农药案3起、经营不合格兽药案2起、动物卫生监督案件6起、屠宰案件1起、禁渔期违法捕捞案件8起、不合格农产品6起；5件行政处罚案卷参加成都市农业行政处罚案卷评查，其中3件被评为成都市优秀案卷。

（王　萧　万　丽）

【种植业执法】 市农业综合行政执法大队结合“春雷”“利剑”行动，出动执法人员500人次、执法车辆100辆次，检查种子经营户200家次、农药经营户300家次、肥料经营户60家次、农产品生产基地130家次、种植大户56个，监督抽检农业投入品及农产品363个，其中农药监督抽检100个、肥料监督抽检20个、蔬菜监督抽检105个、水果监督抽检30个、食用菌监督抽检5个、绿色监督抽检18个、省级监督抽检6个、本级监督抽检79个（蔬菜57个、水果22个）；拓宽假劣农资举报渠道，发展假劣农资投诉举报线人，做到投诉举报案件100%核查、违法案件100%查处、涉嫌犯罪100%移送。

【渔政执法】 市农业综合行政执法大队以水生生态修复为重点，开展天然河道禁渔执法，清查、收缴和销毁重点流域内使用的禁用渔具及产品，打击非法捕捞行为，加强天然水域水生生物资源保护；张贴禁渔通告200余份，发放宣传单6000余份，对群众进行禁捕退捕法律政策宣传300余人次；出动执法人员1500余人次，开展联合执法36次，劝离游钓人员2800余人，集中教育培训违规垂钓人员300余人，暂扣钓具960根，收缴销毁粘网12张、地笼324米、电鱼工具4套、可视锚鱼工具7套，移交公安刑事处罚3起，发现、报告和制止非法捕捞及其他破坏水生生物和渔业水域生态违法行为。

【农机监管】 市农业综合行政执法大队加强农机销售点、维修点隐患排查，组织农机执法人员到乡村道路和田间地头对作业机械安全监督检查；加强与公安、交通、安监等部门沟通协调，并加大人力、物力投入，查处拖拉机无牌行驶、无证驾驶、酒后驾驶、违法载人、私自改装加装、不参加年检等违法违规行为；针对重要时段，组织开展专项整治行动，形成严管重治高压态势，确保农村道路安全形势良好。市农业综合行政执法大队全年办理农机监理业务257个，检查农机专业合作社17家；注册登记26台，上门检验拖拉机、收割机42台，注销变型拖拉机809台、轮式拖拉机3台；开展变型拖拉机专项整治，制定变拖整治方案，成立工作专班，会同公安交警部门联合执法，在交通要道、重点时段进行道路检查，严查拖拉机、农用车非法载人现象，参与联合检查26次，出动农机监理人员78人次，检查变型拖拉机21台，暂扣涉嫌使用假牌车辆1台，暂扣连续数年未年检车辆1台，完成变拖清零；对农业机械驾驶操作人员作业、农机专业合作社等安全检查，开展检查30次，出动执法人员96人次，检查农业机械90台，对检查中发现的安全隐患及时制止、提出整改要求并督促整改。

【动物卫生监管】 市农业综合行政执法大队监督指导屠宰企业履行肉品品质主体责任，执行“限时入场，定时屠宰”承诺制度，落实成都市生猪入场规定，四川鸿杰屠宰有限公司和四川东进嘉源食品有限公司屠宰检疫21.38万头，屠宰检疫率100%；监督抽检屠宰、运输环节“瘦肉精”，按2%～3%比例抽查监测，监督监测“瘦肉精”7570头份，做到“瘦肉精”检测结果通知单、检测原始记录表等记录记载齐全。简阳市产地检疫生猪1.7万车次43.6万头、牛17车次96头、羊140车次3680只、禽758车次98.68万只，申报检验率100%；实行“业主报告，企业统一收集、集中处理，动监机构全程监管”集中处理模式，养殖环节集中处理病害死猪25224头、牛1头、羊4只、禽19.29万公斤、兔4425公斤，屠宰环节处理病死猪（含产品折合）483.5头。简阳市农业综合行政执法大队动监执法科受理处置信访、投诉、举报等28件，取缔私屠滥宰窝点5个。

（王　萧）

脱贫攻坚成果巩固

【概况】 2021年6月，市乡村振兴局成立，原扶贫和移民服务中心与乡村发展服务中心合并后，成立简阳市乡村振兴服务中心，承担简阳市乡村振兴工作和巩固脱贫攻坚成果工作。简阳市已脱贫人口17713户、

51024人，有70个脱贫村、17个四川省级重点帮扶村、76个成都市级重点提升村、5个县级重点提升村。全市以防止返贫动态监测和帮扶、巩固脱贫攻坚成果为重要抓手，为全面进入乡村振兴打基础。

【体制机制建设】 简阳市调整市委农村工作领导小组，将市脱贫攻坚领导小组职责并入市委农村工作领导小组，由市委、市政府主要负责人任双组长，统筹推进脱贫攻坚成果巩固同乡村振兴有效衔接各项工作；建立党政一把手定期研究部署和督促推动工作机制，市委、市人民政府主要负责人亲自部署、落实、督察，召开市委常委会会议8次、市政府常务会13次、农村工作领导小组会议4次，研究部署农业产业规划、项目建设，解决工作中遇到的情况和问题。

【帮扶政策落实】 简阳市落实“三免一补”“雨露计划”等贫困家庭学生资助政策，发放资助资金3332.73万元，资助贫困学生2.82万人次，义务教育学段适龄儿童入学率100%；执行“两提一兜底三取消”“十免四补”等医疗救助政策，脱贫人口参加城乡居民基本医疗保险（含大病保险）参保率100%，县域内就医个人自付费用在医疗总费用的10%以内；保持低保、残疾人“两项”补贴和养老保险政策，发放农村低保金7766.92万元，向困难残疾人发放生活补贴4.9万人次、1066.38万元，向重度残疾人发放护理补贴10.69万人次、950.79万元。全市未出现“漏测失帮”情况。

【问题整改】 简阳市举一反三持续巩固拓展脱贫攻坚成果，抓好问题自查自纠，发现问题24个，全面整改落实。

（张小翠）

移民安置与扶持

【概况】 2021年，简阳市按照《国务院关于完善大中型水库移民后期扶持政策的意见》要求开展大中型水利水电工程移民。年初，全市有大中型水库移民11493人，其中直补到人6549人，指标项目4944个；涉及22个镇（街道）184个村842个社，涉及工程42个，其中市内工程2个。

【移民资金投入】 简阳市全年移民后扶投入直发直补资金、库区指标项目资金、一般项目资金8716.77万元，其中实现当年投资3524.85万元，完成往年投资5191.92万元。

【移民安置建设】 简阳市实施村组道路建设20.277公里、渠道建设29.51公里、移民村自来水主管网建设46.25公里、蓄水池建设255口，发展壮大集体经济项目23宗，开展人居环境整治项目6个、移民综合服务建设项目1个，提升改造提灌站2座，改善库区移民区生产生活基础设施条件，提升群众满意度和幸福指数，全市6500余名移民人均增收1139元。

（张　玲）

工　业

工业经济运行与发展

【概况】 2021年，简阳市工业投资目标112.1亿元，完成112.6亿元；实现规模以上工业产值126.2亿元，规模以上工业增加值增速8.1%；实现工业用电4.7亿千瓦时，比2020年增长32.3%；实现入库税金6.5亿元，比2020年增长15.9%。

【工业产业发展】 简阳市规模以上工业企业分布于装备制造、能源化工、新材料、绿色食品四大产业，分别实现产值69.15亿元、22.84亿元、17.67亿元、9.48亿元，分别占全市规模以上工业企业总产值的54.79%、18.10%、14.00%、7.51%。全市有高新技术规模以上工业企业12家，实现产值39.8亿元，比2020年增长8.46%，实现营业收入40.9亿元，利税4亿元。

【规模以上企业发展】 简阳市71户规模以上工业企业实现产值126.2亿元，实现规模以上工业增加值增速8.1%，比2020年提升7.8个百分点，其中10户重点规模以上工业企业产值比2020年增长29.0%。规模以上工业企业中，产值亿元以上企业33家，实现产值112亿元，比2020年增长20.7%，其中8亿元以上企业4户（空分设备、港通医疗、凯力威、润尔科技）、5亿～8亿元企业3户、2亿～5亿元企业12户，利润过1000万元的工业企业23户（亿元以上2户，分别为空分设备1.32亿元、润尔科技1.42亿元），税收过1000万元的工业企业11户，资产过10亿元的工业企业2户（空分设备31.41亿元、港通医疗10.09亿元）。产业功能区内规模以上工业企业42户，实现产值79.2亿元，占简阳市规模以上工业总产值的62.8%，其中四川凯力威科技股份有限公司、四川港通医疗设备集团股份有限公司、四川润尔科技有限公司、简阳嘉美印铁制罐有限公司、四川南格尔生物医学股份有限公司产值分别增长12.95%、11.51%、15.77%、73.08%、29.71%。

表20　　2021年简阳市规模以上工业企业一览表

序号	企业名称	镇（街道）	六类工业
1	四川阳安思源建材科技有限公司	赤水街道	建材行业
2	四川香榕源食品有限公司	赤水街道	绿色食品
3	四川省简阳市建川实业有限公司	东溪街道	装备制造
4	四川派安建材有限公司	东溪街道	建材行业

续表 20

序号	企业名称	镇（街道）	六类工业
5	四川南格尔生物科技有限公司	东溪街道	医药健康
6	简阳市石桥镇建强建材有限公司	东溪街道	建材行业
7	简阳市升大羽绒有限公司	东溪街道	纺织服装
8	简阳市家蕴食品有限责任公司	东溪街道	绿色食品
9	简阳市佳昊商品混凝土有限责任公司	东溪街道	建材行业
10	简阳市华宇制衣有限公司	东溪街道	纺织服装
11	四川省简阳市合华食品发展有限公司	禾丰镇	绿色食品
12	四川省简阳利丰食品有限公司	禾丰镇	绿色食品
13	简阳市夏氏食品有限公司	禾丰镇	绿色食品
14	中冶西部钢构有限公司	简城街道	装备制造
15	中冶交投善筑成都装配式建筑科技发展有限公司	简城街道	建材行业
16	四川兴福制衣有限公司	简城街道	纺织服装
17	四川天虎工具有限责任公司	简城街道	装备制造
18	四川省简阳市兴华教学仪器设备有限公司	简城街道	装备制造
19	四川省简阳川田机械阀业有限公司	简城街道	装备制造
20	四川龙一制衣有限公司	简城街道	纺织服装
21	四川空分设备（集团）有限责任公司	简城街道	装备制造
22	四川科业教学仪器设备有限责任公司	简城街道	装备制造
23	四川凯力威科技股份有限公司	简城街道	能源化工
24	四川简阳瑞特机械设备有限公司	简城街道	装备制造
25	四川简阳川空通用机械设备有限公司	简城街道	装备制造
26	四川大川压缩机有限责任公司	简城街道	装备制造
27	四川川空低温设备有限公司	简城街道	装备制造
28	简阳市棉丰榨油厂有限公司	简城街道	绿色食品
29	简阳市君晟睿混凝土有限公司	简城街道	建材行业
30	简阳川空铸造有限公司	简城街道	装备制造
31	简阳市江源面业有限公司	江源镇	绿色食品
32	四川润尔科技有限公司	平泉街道	能源化工
33	四川腾扬商砼有限公司	平武镇	建材行业
34	四川鸿杰屠宰有限公司	平武镇	绿色食品
35	简阳港华燃气有限公司	射洪坝街道	能源化工
36	四川省余师傅鱼饵有限公司	石桥街道	绿色食品
37	简阳市煜达建材有限公司	石桥街道	建材行业
38	简阳海天水务有限公司	石桥街道	能源化工
39	成都德君建设工程有限公司	石桥街道	建材行业
40	四川众宸精密铸造有限公司	新市街道	装备制造
41	四川杨森乳业股份有限公司	新市街道	绿色食品
42	四川新开元制药有限公司	新市街道	医药健康
43	四川五环石化装备有限公司	新市街道	装备制造

续表 20

序号	企业名称	镇（街道）	六类工业
44	四川泰博流体科技有限公司	新市街道	装备制造
45	四川省简阳天府脱模材料厂	新市街道	建材行业
46	四川省简阳市大胜机械制造公司	新市街道	装备制造
47	四川省简阳市川霸电动工具制造有限公司	新市街道	装备制造
48	四川省简阳空冷器制造有限公司	新市街道	装备制造
49	四川普拉恩管业有限公司	新市街道	装备制造
50	四川简阳华威机械设备有限公司	新市街道	装备制造
51	四川简阳海特有限公司	新市街道	装备制造
52	四川华新南光真空设备有限公司	新市街道	装备制造
53	四川华冠食品有限公司	新市街道	绿色食品
54	四川海缘食品有限公司	新市街道	绿色食品
55	四川国木再生资源利用有限公司	新市街道	其他
56	四川港通医疗设备集团股份有限公司	新市街道	装备制造
57	四川碟滋味餐饮有限公司	新市街道	绿色食品
58	四川成阀精密铸造有限公司	新市街道	装备制造
59	简阳天兴包装制品有限责任公司	新市街道	其他
60	简阳市中原低温设备配套有限公司	新市街道	装备制造
61	简阳市兴华机械有限公司	新市街道	装备制造
62	简阳市协力商混有限公司	新市街道	建材行业
63	简阳市五洲水泥厂	新市街道	建材行业
64	简阳市林家食品有限公司	新市街道	绿色食品
65	简阳市恒益商混有限公司	新市街道	建材行业
66	简阳林德医用气体有限公司	新市街道	能源化工
67	简阳嘉美印铁制罐有限公司	新市街道	装备制造
68	四川兆信电力股份有限公司	杨家镇	能源化工
69	四川双实建筑新材料有限公司	杨家镇	建材行业
70	简阳蜀能天然气有限公司	云龙镇	能源化工
71	四川辅正药业股份有限公司	镇金镇	医药健康

【工业项目招引建设】 简阳市聚焦航天装备、智能制造装备、新材料等主导产业开展招商，专人专班、挂图作战推进项目建设，深入摸排、分门别类制定企业补链需求、产品供给能力清单，支持保障企业稳定生产；签约引进珠海欧比特“卫星大数据应用及宇航电子研究中心”、北京元航“卫星互联网创新工厂及量产基地”、四川华西绿色建材产业园等重大产业化项目 6 个，计划总投资 70.7 亿元。成都建工、粤丰环保（成都简阳环保发电厂）等项目竣工投产，天府云数据产业基地、星河动力等项目开工建设。12 月 7 日，星河动

成都简阳环保发电厂（市经科信局供图）

力（北京）空间科技有限公司在酒泉卫星发射中心发射一枚运载火箭，将五颗商业卫星送入500公里太阳同步轨道，实现国内民营火箭首次连续发射成功。

（蓝天翔　陈国洪）

传统优势产业

【概况】 2021年，简阳市存量工业企业以装备制造、建材生产、能源化工、食品加工、纺织服装、医药健康等传统产业为主，六大传统产业规模以上工业企业实现产值120.3亿元，占全市规模以上工业总产值的95.3%，其中优势产业包括装备制造、医药健康等。

【传统产业转型升级支持政策制定】 11月19日，简阳市人民政府出台《简阳市稳定工业经济增长促进产业转型升级支持政策》，从支持企业技改扩能、打造智能制造典型示范引领、降低厂房租赁成本、支持企业稳定生产、鼓励企业发展壮大、吸引高端人才落户、支持企业并购重组7个方面，对存量工业企业发展提出具体政策措施，加快传统产业转型升级，提升工业产业能级，提高制造业发展水平，推动东进区域智能制造高地建设。

【装备制造产业发展】 简阳市有规模以上装备制造业企业26家，占全市规模以上工业企业面的36.6%，实现产值62.1亿元，占全市规模以上工业总产值的49.2%，其中四川空分设备（集团）有限责任公司实现产值9.2亿元，比2020年增长36.8%，营业收入14.3亿元，比2020年增长26.2%；四川港通医疗设备集团股份有限公司实现产值9.1亿元，比2020年增长11.5%，营业收入6.8亿元，比2020年增长20%。

【医药健康产业发展】 简阳市有规模以上医药健康企业3家，实现产值6.6亿元，比2020年增长22.2%，其中四川南格尔生物科技有限公司作为国内唯一能全系统生产输采血设备和耗材的制造商，实现产值4.2亿元，比2020年增长29.7%，营业收入4.1亿元，比2020年增长26.4%。

四川润尔科技有限公司自动装箱（市经科信局供图）

【传统优势产业智能转型】 简阳市顺应新一代智能制造技术与制造业融合发展趋势，以采用新技术、新机器、新工艺为抓手，推动传统优势产业智能转型，全年推荐四川华冠食品有限公司、四川润尔科技有限公司、四川港通医疗设备集团股份有限公司等6家规模以上工业企业参与成都市智能工厂（数字化车间）免费诊断。

（何玉杰）

航空航天产业

【概况】 2021年，简阳市加大加深航天产业细分领域研究力度和深度，通过向上汇报咨询、与权威高校院所交流对接、走访国内商业航天30强等，研判梳理形成运载火箭研制、小微型通信卫星研制、通导遥数据融合应用的商业航天产业主攻方向，明确以产业链招商、资本招商为主的投促路径；聚焦航天装备及零部件、航天应用及服务、航天新材料及制品等细分领域，引入星河动力、星空年代、华奥天星等头部企业，与北航、电子科大、中电科十所等达成战略合作，开启商业固体运载火箭研制、低轨卫星通信载荷研制局面。

【航天产业发展规划编制】 9月，简阳市通过竞争性磋商，确定由赛迪科创负责编制简阳市商业航天产业发展规划。10月，赛迪在结合简阳市产业发展实际情况及特点特色基础上，启动简阳市航天产业发展规划编制，计划从做强“卫星应用服务+地面设备制造+运载火箭制造”三大主导产业、做精“整星制造+航天电子+智能装备”三大特色产业、培育“卫星集成+航天大数据+航天新材料”三大未来产业入手，构建“3+3+3”航天产业新型产业体系。

【航空航天重点项目建设】 简阳市重点推进项目2个，分别为星河动力商业运载火箭创新研发生产基地项目、星空年代共建“一带一路”高通量宽带卫星产业基地项目。星河动力一期项目开展外墙施工和内部装修。星空年代一期项目综合管理中心1号、2号楼主体结构施工完成，开展外墙装饰装修；3～13号楼地勘完成，开展10号、11号、12号楼主体结构施工及7号、8号楼基础施工。

（何玉杰）

能源保障

【概况】 2021年，简阳电网有220千伏公用变电站2座、总容量540兆伏安，110千伏公用变电站5座、总容量466兆伏安，35千伏公用变电站5座、总容量81.3兆伏安，电力供应主要由国网简阳市供电公司承担。简阳市有简阳港华燃气有限公司、简阳蜀能天然气有限公司、四川晶盛燃气工程建设有限公司3家天然气企业，3家企业均与中石油公司合作，保证天然气供应；有玉成和金星2座天然气门站，总输气量近期设计规模60万立方米/天，远期设计规模100万立方米/天，实际使用量约40万立方米/天；用气人口38.73万人。简阳市有51座加油站（点）、2座油库，城市供水厂全年供水总量2955万立方米。

【电网建设】 简阳电网有35千伏线路7条，长度78.01公里；10千伏线路105条（专线17条、开闭所线路8条、东部共用线路7条），长度3269.58公里；低压线路约0.86万公里；运维公用变压器4185台；新建10千伏牌城Ⅰ、Ⅱ线，解决10千伏十园Ⅱ线重过载问题，解决10千伏丰源线重过载和电压问题，提升新市、江源片区供电可靠性；新建10千伏五安线，提高安乐乡片区供电可靠性，形成环网。

【电力供应】 简阳市全年售电量13.5亿千瓦时，比2020年增长8.7%；最大负荷29.2万千瓦，比2020年上升9.5%；综合线损率4.36%，比2020年减少1.95个百分点；电费回收率100%。国网简阳市供电公司供电可靠率99.89%，截至12月31日，公司连续安全生产8610天。

【燃气供应】 简阳市新建燃气管网320公里（含庭院管道），天然气销售总量1.13亿立方米，比2020年增长10.51%，其中工业1550.84万立方米；汛情期间未发生燃气安全事故，迎峰度冬期间日均售气量42万立方米。

【成品油供应】 简阳市全年成品油销售总量8.74万吨，比2020年增长3.31%，日均售油量300吨，供应稳定有序。

【水能源保障】 简阳市城市供水厂全年供水总量2955万立方米，其中非居民用水482万立方米，比2020年上升5.41%，居民用水1602万立方米，特种行业用水126万立方米。

（段辉超　杨　超　王　宗）

重点工业企业

【概况】 2021年，简阳市10户规模以上工业企业实现产值58.7亿元，比2020年增长29.0%，占全市71家规模以上工业企业总产值的46.5%，其中四川空分设备（集团）有限责任公司产值增长36.82%、四川凯力威科技股份有限公司产值增长12.95%、四川港通医疗设备集团股份有限公司产值增长11.51%、四川润尔科技有限公司产值增长15.77%。

【四川空分设备（集团）有限责任公司】 四川空分设备（集团）有限责任公司（以下简称“空分设备集团”）位于简阳市简城街道，占地面积80余万平方米，建筑总面积超过30万平方米，是以低温技术为核心的国家高新技术企业集团。空分设备集团自1966年建

四川空分设备（集团）有限责任公司为神舟六号飞船提供低温槽车设备（市经科信局供图）

四川凯力威科技股份有限公司成品硫化车间（市经科信局供图）

厂以来，经营规模不断扩大，截至2021年年底拥有全资及控股子公司21个、参股企业7个，总资产超过50亿元，年销售收入30余亿元。空分设备集团下辖低温技术研究院、工程、低温装备、工业气体和通用机械五大板块，其中工程板块包括空气分离的成套设备和系统工程、天然气液化及多组分气体低温分离的成套设备和系统工程以及工程服务、安装调试；制造业板块包括板翅式换热器、低温液体储运设备、以透平膨胀机为主的低温机械、铝制塔器与各类钢制压力容器、气体压缩机、低温和特种阀门、低温液体气瓶、超级绝热低温输液管路以及LNG加注站、医用集中供氧装置和中心吸引装置等，装备制造基地分布在四川省、浙江省和广东省等省区；工业气体板块包括空气制品（氧气、氮气、氩气等）和天然气液化工厂生产基地及公司，分布在华北、华东、西北、华南等地区。2021年，空分设备集团在简阳市实现产值9.2亿元，主营业务收入14.3亿元，利润1.3亿元，产品出口1646.8万元。

【四川凯力威科技股份有限公司】 四川凯力威科技股份有限公司（以下简称“凯力威”）位于简阳市空天产业功能区南部社区，占地面积1000余亩，是中国西部全钢子午线汽车轮胎（包括全钢有内载重和轻载子午线轮胎、全钢无内载重和轻载子午线轮胎、全钢工程子午线轮胎三大产品板块）研发、制造和经营企业，有“凯力威”“合作者”“雷霆”等畅销品牌。凯力威引进国际先进工艺技术及制造、检测设备，聚集行业优秀营销、管理及技术人才，建立完善质量管理和营销、服务体系，取得ISO／TS16949质量管理体系认证、GB／T724001环境认证、GB／T28001职业健康安全认证，通过国家3C强制认证和美国DOT认证、美国SMARTWAY认证、欧盟ECE认证、欧盟环保和噪声认证，取得产品自营进出口权。2021年，凯力威在简阳市实现产值9.2亿元，主营业务收入8.4亿元，利润850万元，产品出口3.2亿元。

【四川港通医疗设备集团股份有限公司】 四川港通医疗设备集团股份有限公司（以下简称“港通公司”）是现代化医疗器械研发制造及医疗专业系统整体方案研究的企业，致力于解决医用气体供应及医疗感染问题，为医疗机构提供生命支持系统和生命支持区域，主营业务为医用气体装备及系统、医用洁净装备及系统研发、设计、制造、集成及运维服务。港通公司生产基地位于简阳市空天产业功能园区，拥有2.6万余平方米的现代化厂房及办公用房，拥有医疗专业工程和医疗器械行业准入资质，取得多项医疗器械产品注册证、备案证以及机电工程施工总承包、电子与智能化工程专业承包、建筑机电安装、建筑装修装饰、建筑装饰工程设计、压力管道设计、压力容器制造等许可证，核心产品、核心技术拥有国家发明专利、实用新型专利、外观专利及软件著作权60余项。港通公司先后被评为“中国气体行业领军企业”“全国医用气体优秀工程企业”“中国医用气体装备创新基地”“全国医用气体从业人员培训基地”“医用气体行业抗疫先进单位”“四川省行业小巨人企业”，港通公司技术中心被授予“四川省企业技术中心”称号，港通商标被评为“四川省著名商标”，医用中心供氧系统被列入“四川省地方名优产品推荐目录”。2021年，港通公司实现产值9.1亿元，主营业收入6.8亿元，利润7990万元。

【四川润尔科技有限公司】 四川润尔科技有限公司（以下简称“润尔科技”）位于简阳市平泉街道，于2018年8月17日成立，是上市公司四川国光农化股份有限公司的全资子公司。润尔科技经营范围包括农化产品应用技术研究和农业、园林、林业技术咨询、技术服务、技术推广，生产和销售植物生长调节剂、园林绿化养护品、农药（不含危化品）、防腐保鲜剂、肥料、化工产品、日化产品、塑料制品、机械设备、消毒产品（不含危化品），以及包装装潢印刷、会议服务、货物进出口业务（国家限定经营禁止进出口的商品除外）（依法须经批准的项目，经相关部门批准后方可开展经营）等。2021年，润尔科技实现产值8.4亿元，主营业务收入7.5亿元，利润1.4亿元，8月入选2021年四川省“专精特新”中小企业拟认定名单。

（蓝天翔）

建筑和房地产业

建筑业

【概况】 2021年，简阳市统计入库建筑业企业58家，建筑业总产值增长率13.4%；新开工房屋建筑项目37个，总建筑面积190.13万平方米，总造价43.17亿元；散装水泥使用率85%，预拌混凝土使用率100%，预拌砂浆使用率80%，新开工房屋建筑项目“禁现”检查率100%。简阳市妇幼保健计划生育服务中心综合住院大楼扩建工程等3个项目被评为成都市优质结构工程，简阳空港大道项目及简阳空港大道绿化工程项目等2个项目被评为成都市绿色标化工地，观音井路市政道路提质改造项目等4个项目被评为成都市安全文明工地。中国五冶（成都）建筑科技产业园成功申报2021年度第三批四川省级城乡建设发展专项资金420万元。

【建设工程审批备案】 市住建局围绕营商环境建设年，推进“放管服”改革，优化营商环境，推动工程建设项目审批制度改革提质增效。全市全年资质审批申请329件，受理328件，其中审批许可153件、审批不予许可175件；完成房屋建筑项目竣工验收备案22个，总建筑面积120.6万平方米，总造价26.17亿元。

【建设工程质量安全监管】 市住建局按照《成都市建设工程质量标准化监督管理规程（试行）》监督管理和四川省、成都市关于建设工程安全生产文明施工要求，对工地常态化监管；对全市80个在建项目进行质量安全文明施工监管，建筑面积1120万平方米，报建工程质量安全监督覆盖率100%，受监工程监督覆盖率100%；开展专项治理行动13次，全市住建领域无较大及以上质量安全事故；组织质量安全现场工作会2次，组织安全教育培训9次，培训5600人次。

【建设工程文明施工督查】 市住建局开展建筑工地现场巡查1400余次，开展智慧工地视频巡查2667次，发出限期整改通知书361份、停工整改通知书42份，移交处罚项目28个，扣减企业信用分22分；督促指

5月12日，市住建局开展建筑施工扬尘污染防治检查（市住建局供图）

导项目覆盖裸土16万余平方米、硬化场内施工道路1.8万余平方米、规范围挡3.2万余米。

【建筑绿色低碳发展】 市住建局联合简阳市8个部门出台《简阳市绿色建筑创建行动实施计划》。简阳市新建建筑通过竣工验收总建筑面积161.1万平方米，其中新建绿色建筑151.57万平方米，占比94%；新建建筑取得施工许可总建筑面积185.03万平方米，其中执行装配式建筑建设要求的146.92万平方米，占比79.4%；完成1个典型既有公共建筑能耗监测系统接入，完成1万平方米既有公共建筑节能改造；设计及竣工阶段执行建筑节能设计标准占比达100%。

（杨　磊　万　东　刘宝岭）

房地产业

【概况】 2021年，简阳市按照“稳地价、稳房价、稳预期”目标，房地产开发投资平稳增长，商品房销售面积和金额略有下降。全市房地产开发投资68.6亿元，比2020年增长12.1%；通过招拍挂方式出让商住用地4宗，总面积323.6亩，出让总价款20.5亿元；核发商品房预售许可证69个，批准预售面积138.95万平方米，比2020年增长-6.34%；商品房销售面积92.78万平方米，比2020年增长-25%；商品住房均价约9995.88元/平方米，比2020年增长6.28%；二手房成交面积28.8万平方米，比2020年增长-24.8%，交易资金监管金额16.5亿元；房地产收入90.8亿元，占简阳市全年GDP的6.2%。

【房地产业发展】 市住建局多渠道采集简阳市房地产开发企业信息，实行行业动态监管，规范房地产开发企业开发行为。简阳市城镇范围在建项目35个，办理商品房预售许可证69件，商品房批准预售总面积138.95万平方米，比2020年增长-6.37%，其中商品住房面积80.42万平方米（7785套），比2020年增长-31.18%。全市全年房地产开发投资68.6亿元，比2020年增长12.1%；新开工面积130.8万平方米，比2020年增长25.9%；商品房销售面积100.1万平方米，比2020年增长-13.5%；商品房销售额90.8亿元，比2020年增长22.2%；出具建设条件通知书44份。

表21　2021年简阳市房地产指标运行情况表

指标名称	单位	全年累计	同比增长
房地产开发投资	万元	686018	12.1%
商品房屋施工面积	平方米	5445952	18.9%
商品房新开工面积	平方米	1308238	25.9%
商品房屋竣工面积	平方米	749392	44.3%
商品房屋销售面积	平方米	1001279	-13.5%
其中：住宅	平方米	724173	-23.1%
商品房屋销售额	万元	908064	-22.2%
其中：住宅	万元	725730	-26.6%

【房地产市场】 简阳市全年商品房供应138.95万平方米，比2020年减少6.34%，其中住宅供应80.42万平方米、商业供应11.75万平方米、办公供应8.48万平方米、车位供应38.3万平方米；商品房成交92.78万平方米，比2020年减少25%，其中住宅成交66.85万平方米、商业成交8.91万平方米、办公成交4.65万平方米、车位成交12.37万平方米；二手房成交3236套、28.8万平方米，分别比2020年增长-20.1%、-24.8%；商品房库存100.43万平方米，比2020年增长59.9%。

2021年简阳市房地产市场基本情况表

表22　　单位：万平方米

类别	总量	住宅	比2020年增长	商业	比2020年增长	办公	比2020年增长	车位	比2020年增长
商品房供应	137.95	80.42	-31.02%	11.75	-30.88%	8.48	-21.12%	38.30	558.08%
商品房出售	92.78	66.85	-29.30%	8.91	-8.99%	4.65	-1.69%	12.37	-5.14%
商品房库存	100.43	59.90	29.29	7.79	30.70%	1.95	219.67%	28.31	1089.50%

（张　祚）

服务业

服务业运行与发展

【概况】 2021年，简阳市服务业增加值实现284.5亿元，列成都市第15位、近郊区第2位，增速8.9%，列成都市第9位、近郊区第5位；社会消费品零售总额实现395.3亿元，列成都市第8位、近郊区第1位，增速18.1%，列成都市第8位、近郊区第6位；限额以上批零住餐销售额（营业额）增长率33.7%，列成都市第4位、近郊区第2位；规模以上其他营利性服务业营业收入增长率50.8%，列成都市第8位、近郊区第6位；服务业固定资产投资增长率26%，列成都市第7位、近郊区第5位。全市服务业税收收入35.64亿元，占全市总税收的72.5%。

【服务业发展配套完善】 市商投局编制完成《简阳市“十四五”服务业发展规划（初稿）》，制定《简阳市现代服务业配套支持政策》《简阳市培育上规入库企业奖励办法（试行）》，出台《简阳市第二轮“散乱污”服务业专项整治工作方案（2021—2022年）》；贯彻“蓉易贷”普惠金融政策，摸排辖管行业企业融资需求，将130余家服务业企业纳入简阳市“蓉易贷”白名单。

【规模以上服务业企业发展】 简阳市有规模以上服务业企业24家，实现营业收入12亿元，其中3家企业营业收入过亿元。

【限额以上批零住餐企业发展】 简阳市有限额以上批零住餐企业42家，实现销售额（营业额）550.4亿元，其中10家企业销售额（营业额）过亿元，零售业企业唯品会（简阳）电子商务有限公司实现年销售额267.1亿元，批发业企业四川海之雁贸易有限公司实现年销售额104亿元，餐饮业企业简阳市海捞餐饮管理有限公司实现年销售额149.5亿元。

【服务业项目招引与建设】 市商投局梳理高能级企业信息300余条，全覆盖拜访重点目标企业，走访会见服务业企业106家，形成有效在谈重大服务业项目24个；开展服务业投资促进线下活动3场，2次登上成都市服务业招商引资光荣榜；邀请夏日（厦门）国际贸易有限公司等30余家日资及国内企业代表参加简阳市2021年投资推介暨乡情恳谈会；举办简阳市2021年投资推介会暨重大项目签约仪式，推送日方有意向企业60余家，搭建中日合作交流平台；跟踪推进成都市重点项目进度，完成成都市总部企业复审、资金申报以及2020年成都市总部企业认定。

（高孟如）

商　贸

【概况】 2021年，简阳市有专业商品交易市场3个、农贸市场27个、大中型商业综合体2个、特色商业街区7个，新型零售业态发展扩大，县域商业现代化水平提高。全市社会消费品零售总额实现395.3亿元，比2020年增长18.1%，增速在成都市排名第8位、近郊排名第6位。

【国际消费中心城市建设】 简阳市新签约支持国际消费中心城市消费场景项目1个（途虎养车西南总部），建跨境电商O2O线下体验店1家；引育品牌首店2个（瓦拉比、全球购），培育特色小店1个；完成特色商业街区打造7个，其中“鳌山坊”美食文化街区入选成都市优秀特色商业街区；举办促消费活动50余场次。简阳特色产品蒋卤鹅、廖世羊肉汤入驻成都天府国际机场T2航站楼销售。

【美食之都建设】 简阳市引进品牌餐饮企业1个（大富翁餐酒吧），培育限额以上餐饮企业1个（三合围炉）；举办“味美四川”川派餐饮汇·2021成都名菜遴选简阳名菜评选活动，入选四道名菜，其中简阳羊肉汤入选四川名菜；举办美食推广活动1场，建设重点美食载体1个（东方威尼斯），开展餐饮环境整治3次。

【消费场景打造】 简阳市围绕鳌山公园、天星公园和杨柳公园等，建设鳌山·归远庐、天府乐园、千禧园等品质民宿、餐饮娱乐消费场景；沿沱江生态发展轴天府绿道，布局滨江特色消费场景；引进壹酒玖肆、

鳌山·归远庐民宿（市文体旅局供图）

凡人精酿、大富翁酒吧、VR视觉体验馆等城市消费场景。全市累计建成公园（绿道）消费新场景30余处。

【社区商业发展】 简阳市推进社区商业示范性消费新场地——简州里休闲步行街建设；编制完成《简阳市中心城区农贸市场规划研究》，新开工建设农贸市场1个，改造标准化菜市1个并通过成都市验收（集鲜菜市），建成社区菜店30个、社区连锁店30个，新建成线上线下融合体验店2个，逐步形成“15分钟服务圈、10分钟生活圈、5分钟便民圈”的社区便民生活圈；举办社区商业供需对接活动暨简阳市商业发展座谈会1场，发布2021年简阳市社区商业发展机会清单，开展家政服务“进社区”活动5次。

【农村消费促进】 简阳市推动区域消费中心建设和便利店品牌连锁化发展，挖掘农村消费潜力，辐射农村群体；完善农村流通网络，促进工业品下行和农产品上行双向流通，解决农村网购消费“最后一公里”的问题；创新流通方式，提高城乡高效配送能力，编制农产品流通体系“十四五”规划，结合生活成本竞争力提升工程，提升农村地区快递收发便捷度；加快现代供应链创新发展，降低物流成本，激发农村群体消费热情。

表23　2021年简阳市专业市场情况表

序号	名称	面积（平方米）	地址	经营类型
1	e家天下·西部居家产品采购中心	15万	简阳市红星美凯龙（四川简阳商场）附近	以商业贸易、电子商务、生产物流为主导的“产城一体化”城市综合新区，是简阳城市的重点发展区域
2	亿联国际商贸城	60万	简阳市弘居国际·家具博览中心	一期亿联国际商贸城、二期亿联智慧商贸城、三期高尚社区亿联世家及四期亿联智慧物流总部基地

续表 23

序号	名称	面积（平方米）	地址	经营类型
3	大华国际	100 万	简阳市石桥镇成简快速路与雄州大道交叉口	一期商圈打造大华国际茶叶文化名城（含茶城、茶仓）和汽车商贸文化名城（含精品车 / 新能源车销售中心、二手车交易中心、汽车饰品及配件交易批发中心、汽车美容维修及配套服务、汽车娱乐及体验、汽车培训等），都已全面投入运营。二期商圈涵盖羊肉美食文化城、建材家居文化城、商务办公、民宿酒店等。力求打造出一个集购物、休闲、娱乐、文化、商务办公于一体的新城市商圈

表 24　　2021 年简阳市商业综合体情况表

序号	名称	面积（平方米）	地址
1	旭海时代广场	13 万	雄州大道 389 号
2	德盛商业广场	5 万	金融街 188 号

表 25　　2021 年简阳市大型超市情况表

序号	名称	面积（平方米）	地址
1	永辉超市	9000	雄州大道南段 389 号（旭海时代广场负一层）
2	百伦百货	4000	东城新区金融街 158 号
3	好友多超市	3688	政府街 121 号
4	米良送连锁超市	430	新民街 38~385 号
5	乐客优品超市	1200	简城正中街 141 号
6	永绘超市	1800	广场路汇强上城
7	天府一嘉超市	567	医院路 150 号
8	家家好超市	400	花园街 81 号
9	简阳长城购物中心	2500	南门大古井街沱江家园小区
10	呈祥粮油超市	900	简城镇新民街南段 387 号
11	有邻有我超市	380	东溪街道加州花园 9 号楼门市
12	赛购超市	1500	东溪街道加州花园 9 号楼门市右侧负 1 楼

（卿绍文）

电子商务

【概况】 2021 年，简阳市实现电子商务交易额 450 亿元，电子商务网络零售额 267 亿元，比 2020 年增长 13.1%，其中农产品网络零售额 21.3 亿元，中小企业电子商务普及率达 85%以上。简阳市以《简阳市推进电子商务进农村综合示范建设，助力全面推进乡村振兴》为主题的电子商务工作在《四川改革动态》（第 76 期）刊载；以“创新实施农村电商工程，推动乡村产业转型升级”为主题参加成都市对标创新工作评选，排名第 10 位。简阳市商投局获评成都市 2021 年电子商务创新发展工作先进单位。

（周　艳）

【电子商务服务体系构建】 简阳市优先在人员集中、交通条件好且具有特色农产品作支撑的乡镇（街道）、行政村建设电商服务站（点），建成乡镇村级电商服务点200余个，实现行政村基本通宽带，交通沿线和自然村通信信号基本覆盖，行政村光纤网络通达率100%，形成市、镇（街道）、村三级电子商务服务支撑体系；发挥国家级电子商务示范基地——西部电商物流产业功能区的影响力和聚集力，打造“1+7+N”（1个电子商务示范基地、7个农业园区直播基地、N个市级网红打卡地）农产品直播销售体系。

（卿绍文　周　艳）

【电子商务销售平台打造】 简阳市支持电商销售平台发展，本土培育壮大乐客电商、菜鸟易购等销售平台16个，开发“简阳好吃嘴”“友邻有我”等小程序22个，覆盖用户9000余万户，实现简阳电商“买全球、卖全球”，农产品电商销售额占全市农产品销售总额的24.5%。

【电子商务人才培训】 市商投局利用网易（简阳）联合创新中心平台、淘宝大学简阳培训基地、“乐客商学院”等培训机构，开展线上线下电子商务培训50余场，培训2500余人次；组织企业参加2021成都市移动电子商务年会、四川省创新创业大赛、互联网营销师直播大赛等活动，带领企业参加外出考察学习，畅通电商企业对外交流学习渠道，促进电商人才综合素质提升。

（周　艳）

【农村电子商务发展】 简阳市建成简阳市农产品展示平台，对外集中展示全市特色农产品、工艺品，开展农产品产销对接活动；建成“农产品大数据运营中心”，反馈全市农产品销售情况，推动农产品买卖双方高效率成交；打造“汇众农业云”，为500余家电商企业提供商城运营、支付交易、数据统计等服务；推进电商直播基地建设，塑造实体零售数字化转型和农特产品线上消费体验场景；探索“龙头企业+园区+农户”“企业+电商+农户”等农产品销售模式，深化与京东、天猫、淘宝等电商平台的战略合作，拓展销售渠道；打造“一村一品”农副产品销售服务平台，为农特产品进城、工业品下乡构建快速流通渠道。

【“品质川货”直播电商购物节系列活动（成都数字生活消费节）简阳分会场活动】 6月1日至7月31日，“品质川货”直播电商购物节系列活动（成都数字生活消费节）简阳分会场活动举行，包括“全民带货，为家乡味品牌代言”、“直播电商，为家乡货推广助力”、新媒体带货售卖培训活动、“川货出川　久品四川”上海行活动、“味美简州”特色产品缤纷荟、“原香简阳”区域公用品牌推介、“百村百业”资源推介、“四川扶贫”商标产品推介、旅游美食文化推介九大板块，释放消费潜力，激发消费增长动能，创响简阳特色产品品牌，实现“数字经济+实体经济”共赢。其中，“我

2月21日，成都—简阳农产品产销对接活动举行（市商投局供图）

7月，2021年成都·简阳招商合作暨川货出川主题推介会在上海市举行（市商投局供图）

为我家农特产品代言”直播带货活动销售农特产品5000余万元。

（卿绍文　周　艳）

供销合作

【概况】 2021年，市供销社实有直属及加盟企业11个，下属及归口管理基层社（含专业合作社改建基层社）48个、为农服务分中心22个、专业合作社184个、行业协会3个。全系统全年实现购进总额96570万元，其中农副产品购进额69981万元；农业生产资料经营额23278万元；销售总额111412万元；社办工业总产值63678万元，社办工业净产值17510万元；生活资料零售额8038万元；上缴税费44.19万元，实现纯利润160.01万元。

【基层供销社建设】 市供销社推进基层组织建设，增强基层组织经营管理能力，提高基层组织整体市场竞争力，启动培育镇金镇小湾村供销合作社、平泉街道胜华村供销合作社2个省级基层社示范社，改造提升平泉街道胜华蔬菜专业合作社、云龙镇农兴供销社2个薄弱基层供销社，新建平武镇高坡村、三星镇雷公庙村、平泉镇梓桐村3个农村综合服务社，培育9个星级农村综合服务社，组建施家镇兴隆村供销社、禾丰镇农云村供销社2个村级供销社。各层级有针对性开展服务，实现村级党组织强基、村集体经济壮大、农民收入增加和供销合作社发展的多赢格局。

【供销社农业社会化服务】 市供销社利用为农服务中心、镇（街道）22个为农服务分中心和184个村级综合服务社，为全市新型农业经营主体提供代办代账和农业技术等方面服务。简阳市供销合作社农业服务集团有限公司为277家经营主体开展代账报税，为465家提供工商注册、注销、行业协会年检、法人变更、项目编制等代办业务。简阳市维农智慧植保专业合作社在简阳范围内开展蔬菜种植耕、种、防、收4个环节的农业生产社会化服务，实施面积1.4万亩。小湾村供销合作社利用收割机、打土机、秸秆粉碎机等农机具实施农机服务，全年完成玉米、水稻机耕作业面积7000余亩，完成小麦、油菜机收作业面积5000余亩，完成秸秆粉碎作业面积5100余亩。简阳市供销社以联社领办成立的简阳市维农智慧植保专业合作社为轴心，带动周边农民加入，提供专业化统防统治服务，为石钟镇、平泉街道等镇（街道）开展藕、桃树、花椒等经济农作物无人机病虫害绿色防治，作业面积1.9万余亩，减轻劳动强度，降低农作物防治成本，增加农民收入，确保农产品质量安全。

【农药包装废弃物和废旧农膜回收处置】 市供销社利用项目资金，在江源镇、雷家镇、赤水街道等镇（街道），设立47个农药包装废弃物和废旧农膜回收点，每个回收点配置大型整理箱，将回收物按不同材质分类存放，并委托具有资质的农药包装废弃物处置企业集中处置，全年回收农药包装废弃物4498093个、废旧农膜32.95吨，无害化处置农药包装废弃物27.25吨，强化农药化肥面源污染治理，促进农村生态、农业生产环境改善。

【农资供应及服务】 市供销社系统农资经营2个配送中心、423个网点，全年组织供应化肥9.1万吨、农药1845吨，实现农资销售总额22523万元。各农资企业及经营站点开展送科学、送技术上门服务活动，发放科技资料16500份，开展技术培训228次，培训农村实用人才10196人次，131名科技人员常年开展农业科技咨询服务，为农民解答农业科技及农作物病虫害防治等疑难问题，提高农民种植技术能力，提升供销社为农服务质量。

（白　露）

粮油购销

【概况】 2021年，市发改局指导粮食购销企业开展以购代销、边购边销、薄利多销、加工转销、兑换促销、推陈储新等粮食促销活动，扩大优质畅销粮食品种销售比例。全市全年粮油收购72935.2吨，比2020年减少10.91%；粮油销售70249.6吨，比2020年减少

12.88%。随着简阳发展建设拓展和农村土地流转进程加快，本地粮食种植呈递减趋势，市场粮源依赖外来粮食增强，粮食购销量波动幅度趋于平缓。

【简阳市棉丰榨油厂有限公司】 简阳市棉丰榨油厂有限公司位于简城街道棉丰村七组，占地面积 20 亩，是于 1986 年兴办的民营企业。公司以“双低”油菜籽、棉籽为原料进行农产品加工，主要产品为菜籽油、菜籽粕，主要销往成都市、内江市、资阳市以及重庆市、云南省、广东省、广西壮族自治区等地。2021 年，公司生产菜籽粕 2 万吨、菜籽油 1000 吨，销售收入 5000 万元，利润 200 万元。

【简阳市江源面业有限公司】 简阳市江源面业有限公司位于江源镇江源村十组，占地面积 6000 余平方米；始建于 1984 年，由原集体企业“简阳市江源面粉厂”改制而来。公司于 2006 年通过“绿色食品发展中心”土壤、大气、水质的检测标准，是成都市“农业产业化重点龙头企业”，多次获成都市“重合同守信誉”企业、简阳市“诚信民营企业”及各级政府授予的“安全文明单位”“优秀企业”称号。公司通过 HACCP 质量认证体系，有“蜀江源”和“丰典”2 件注册商标和 4 件绿色食品使用标志，其中“丰典”牌获“资阳市知名商标”称号；有最新 800 型面条生产线 1 条，日产量 55 吨；有产品品种 20 余个，近 100 种规格，销往成都市、眉山市、乐山市、资阳市、内江市以及重庆市等地。2021 年，公司生产挂面 7200 吨，销售额 3500 万元，利润 85 万元；产值 3000 余万元，固定资产 1200 余万元。

（周　静）

烟草专卖

【概况】 2021 年，市烟草专卖局（分公司）聚焦行业“总量控制、稍紧平衡、增速合理、贵在持续”十六字方针、四川省烟草专卖局（公司）“强党建、守底线、重创新、提质效、增活力”十五字战略重点，深入贯彻落实成都市烟草专卖局（公司）“十四五”高质量发展规划，围绕“对标提质”主线，立足“三新一高”（新发展阶段、新发展理念、新发展格局、高质量发展），完成既定目标。

【卷烟销售】 市烟草专卖局（分公司）全年销售卷烟 27951 箱，年底存销比 0.6；实现销售收入 12.07 亿元，增幅 5.21%；单箱销售收入 4.31 万元，增幅 5.8%；销售宽窄系列卷烟 2816 箱，增幅 33.7%。

【营销体系构建】 市烟草专卖局（分公司）探索构建多种形式并存的零售终端布局目标和面向消费者现代营销体系，明确 3 类 17 项参考标准，“一对一”制定客户价值提升策略，“一户一档”落实具体措施，重点培养一批优质客户，激活片区市场整体活力和抗风险能力，实现粗放式扩张增量到内涵提质转变。

【烟草品牌培育】 市烟草专卖局（分公司）全年川烟份额达 42.5%；在成都市排名中，川烟份额排第二位，单箱、宽窄增幅均排第三位；获评年度“川烟培育工作先进单位”。

【烟草专卖管理】 市烟草专卖局（分公司）开展 4 个专项整治，查获违法案件 157 起，查扣违法卷烟 220 万支，涉案金额 185 万元，实现自查率 100%，其中 5 万元案件 10 起；移送公安机关案件 14 起，立案侦查 2 起，“1·25”销售假烟一类网络案件告破，3 名涉案人员均被追刑；清理摸排电子烟市场，32 户电子烟实体店建立台账；取缔校园周边无证户 5 户，保护未成年人身心健康；落实“放管服”，做好“加减法”，确保持证户数量总体稳定，全年净增长率 2.47%，低于成都市 6.5 个百分点。

（刘　震）

文化创意产业

【概况】 2021 年，简阳市按照成都市建设世界文创名城安排，推进文创项目建设，丰富产业载体，科学使用扶持资金，促进文创产业健康发展，实现文创产业增加值33.41亿元。

【文创载体建设】 简阳市挖掘文化资源，将文化元素融入文创空间（街区）打造，打造鳌山坊美食文化街、石桥中山街等文创街区3条，打造稻花香里、尤安村百鸣湾酒店等文创空间20个；扶持张氏古琴等非物质文化遗产建设展示园区，树立简阳文创产品品牌。

【文创重点项目打造】 简阳市重点文创项目主要包括“东来印象”、中国西南红酒奥特莱斯田园综合体、平武镇“乡愁小镇”，均正常推进建设。截至年底，“东来印象”基本完工，建成文创园区4万平方米；中国西南红酒奥特莱斯田园综合体项目完成葡萄、蓝莓、大豆等种植150余亩，完成样板区745亩流转土地备案；平武镇“乡愁小镇”项目完成项目总体策划规划、稳评及立项，规划方案已通过评审。

（谢　勇）

旅游业

【概况】 2021年，市文体旅局推进景区打造、旅游目的地培育、旅游品牌创建、旅游行业培训、涉旅企业服务等，旅游产业平稳、有序发展。全市全年接待游客696.8万人次，实现旅游总收入20.88亿元。

【旅游实体发展】 截至12月，简阳市有成都市AAA级林盘景区4个；农家乐、乡村酒店60余家，其中四川省星级农家乐、乡村酒店13家；旅行社（含分社、网点）28家，其中旅行社分社6家、旅行社服务网点22家；各类住宿业168家，其中四星级酒店1家、金树叶级绿色旅游饭店2家、银芙蓉级主题旅游客栈1家、成都智慧饭店2家、成都市SL五花级商旅酒店1家。

表26　　2021年简阳市旅游饭店一览表

序号	名称	等级	地址
1	新东南国际大酒店	四星级酒店	东城新区雄州大道北段888号
2	城市名人酒店	金树叶级绿色旅游饭店、成都智慧饭店	东城新区金融街158号
3	昕雅图酒店	金树叶级绿色旅游饭店、成都市SL五花级商旅酒店	简城街道建设西路西段
4	万福苑酒店	银芙蓉级主题旅游客栈	简城街道中心村二社
5	德润达酒店	成都智慧饭店	简城街道凤山路326号

表27　　2021年简阳市星级农家乐（乡村酒店）一览表

序号	名称	等级	地址
1	简城街道逸水源休闲山庄	四川省四星级农家乐	简城街道金光村1组
2	简城街道大石桥乡村酒店	四川省四星级乡村酒店	简城街道大石村1社
3	简城街道葫芦坝发家生态园	四川省四星级农家乐	简城街道大葫村8社
4	简城街道小魏农庄农家乐	四川省二星级农家乐	简城街道大葫村7组
5	简城街道玉龙山庄	四川省五星级乡村酒店	简城街道升阳村2社
6	江源镇炜烨农庄	四川省三星级农家乐	江源镇互竟村1组
7	江源镇方姐农家乐	四川省二星级农家乐	江源镇红台村9组
8	杨家镇绿光水岸农家乐	四川省四星级农家乐	杨家镇金星村
9	云龙镇云湖湾山庄	四川省三星级农家乐	云龙镇庄园村5组
10	云龙镇幸福居农家乐	四川省三星级农家乐	云龙镇爱民村2组
11	平泉街道悠然岛	四川省二星级农家乐	平泉街道石盘村3组
12	三星镇天元农庄	四川省三星级农家乐	三星镇六洞村8组
13	三星未来之星家庭农场	四川省三星级农家乐	三星镇宽沟村2组

【旅游品牌打造】 市文体旅局以融合发展为导向，实施“文旅+”“+文旅”战略，植入特色项目、营造多元场景，用设计点亮乡村、用美学升华生活，推动旅游品质提升，简阳市城市名人酒店、成都德润达酒店创建为成都市智慧酒店；评选出10道县级“天府旅游美食”，羊肉汤入选四川省级“天府旅游美食”，拍摄完成旅游美食专题宣传片。平泉街道荷桥村被评为第二批四川省级乡村旅游重点村，金色丙灵景区获评成都市“第四届乡村振兴‘十大案例’之十大乡村旅游目的地”，平武镇和乐尤安创建为成都市第四批AAA级林盘景区，绿光水岸生态农庄创建为成都市“新旅游·潮成都”主题旅游目的地，羊扬天下被评为2021“最成都·生活美学新场景”，简阳市文旅推介大使万婷获评成都市文旅金牌推介大使。

【旅游项目建设】 简阳市全年有重点旅游项目7个，其中成都市重点项目1个、简阳市重点项目6个，计划总投资126.8亿元，年度计划投资45.96亿元，完成投资46.5亿元。

东来印象 项目位于简阳市东城新区，占地面积450亩，是简阳市高标准规划建设的文化体育综合项目，建设内容包括“八馆五中心两园一家一大剧院”，即图书馆、文化馆、美术馆、博物馆、档案馆、方志馆、体育馆、游泳馆，广电中心、青少年活动中心、全民健身中心、国民体质监测中心、市民中心，体育公园、文创产业园，文艺之家和大剧院。项目于2018年2月开工，2021年主体竣工，其中大运会比赛场馆4号楼体育馆、5号楼游泳馆、6号楼全民健身中心投入使用。

西南国际旅游集散中心 项目位于简阳市高铁片区，总投资31亿元，规划总面积300亩，建筑面积62万平方米，建设旅游总部基地及休闲商业综合体、特色商业街等。项目于2018年6月开工，截至2021年年底一期智选假日、全季酒店建成，商业街完成建设；二期酒店主体封顶。

ACG时空动漫影视文化中心 项目位于简阳市石桥街道，总占地面积86.96亩，总投资16亿元，建设内容主要包括五星级酒店、动漫产业、游乐设施、商业综合体等。项目于2018年2月开工，截至2021年年底1号楼（酒店）主体结构封顶，2号楼（办公）完工，3号、5号、6号、7号、8号、9号、10号、11号楼开展主体结构施工。

家风荷乡 项目位于简阳市平泉街道北部，毗邻成都经济区环线高速公路出口，邻近渝蓉高速公路、国道318；围绕中华家风主题文化，借助巴蜀文化旅游走廊建设契机，立足自然、产业、文化基础，把中华传统文化如家风文化、汉服文化、宗祠文化等融入经营，引进打造家风学堂、家风食堂、家风文创园、乡村民宿等业态，将景区打造成集城乡融合发展、服务共享的中国巴蜀家风文化展示窗口、成都乡村振兴示范样板、国家AAAA级旅游景区。项目于2020年10月开工，截至2021年年底完成荷桥车站、小龙溪河、荷桥坝等景观节点打造，君子八院民宿项目主体建设基本完成。

【旅游宣传营销】 市文体旅局加大线上线下旅游宣传营销，塑造全域旅游形象，通过“文旅简阳”微信公众号发布推文50余篇；打造旅游美食IP，开发一批“简州印象”旅游商品；策划推出4条精品旅游线路等宣传推广活动。

【旅游市场监管】 市文体旅局组织开展旅游市场“不合理低价游”专项整治、重点旅游线路市场秩序综合整治、未经许可经营旅行社业务专项整治等，打击超范围经营、虚假宣传、零负团费、强迫消费、向不合格供应商订购产品和服务等严重扰乱旅游市场秩序的行为，排查旅行社分社、网点260余家次，出动执法人员800余人次，组织开展“不合理低价游”宣传12场次，制作并发放《谨防“虚假旅游宣传”、慎入“不合理低价游”陷阱》宣传单4000余份，持续有效治理旅游市场突出问题，营造旅游市场公平竞争环境；处理游客投诉，保障游客合法权益，全年受理旅游投诉50余件，办结率100%。全市未发生恶性旅游市场秩序案件。

【旅游安全监管】 市文体旅局加大对各星级饭店、星级农家乐、旅行社分社、服务网点等旅游从业单位疫情防控、安全生产的宣传、指导和监管，重点针对元旦、春节、五一、国庆假日以及暑期、汛期、冬季等特殊时段，开展旅游消防安全、交通安全、汛期安全、燃气安全等生产隐患大排查和安全专项检查；发挥部门

4月2日，射洪坝街道新合社区举办首届“黄花风铃木”赏花活动（市文体旅局供图）

联动作用，联合应急、市场监管、卫健等部门开展安全检查5次；召开安全培训工作会议2次，出动检查人员160余人次，检查旅游市场经营单位350余家次，抓好安全生产隐患整改和闭环管理；常态化开展疫情防控宣传指导，落实各类型旅游场所疫情防控要求及旅游团队“熔断”机制。全市未发生重大旅游安全生产事故。

【“一镇（街道）一活动”乡村旅游活动】 简阳市以“春季赏花、夏季消暑、秋季采果、冬季美食”主题为重点，开展多种类“一镇（街道）一活动”乡村旅游活动22场，并开展“一镇（街道）一活动”提质增效试点，带动周边农副产品销售，促进农民增收。禾丰镇连山村“中国桃花源”活动作为一季度提质增效试点项目，活动期间吸引周边游客1.2万人次，比2020年上涨500%；射洪坝街道东麓花溪“黄花风铃木”活动作为二季度提质增效试点项目，宣传覆盖人群100万人次，吸引《四川日报》、川观新闻、《成都日报》、锦观新闻、成都电视台等省市媒体采访报道。

【简阳第十八届羊肉美食文化旅游季系列活动】 12月19日，简阳第十八届羊肉美食文化旅游季系列活动启动。活动由成都市文化广电旅游局、成都市商务局指导，简阳市委、简阳市人民政府主办，简阳市文体旅局、简阳市文旅产业发展服务中心承办，以“冬至羊汤暖　幸福简阳味”为主题，邀请重庆市以及资阳市和遂宁市政企代表参加。活动借鉴《大话西游》制作创意倒计时视频5条在自媒体投放，制作“五新”简阳系列宣传片在成都电视台滚动播出，制作简阳第十八届羊肉美食文化旅游季定制视频在成都地标建筑国际金融城双子塔投放，以“双子塔亮灯”和“到简阳薅羊毛”为主题制作创意九宫格在社交媒体形成话题营销，“到简阳薅羊毛”活动联动简阳餐饮商家和酒店民宿提供霸王餐、优惠券及免费入住、打折卡等优惠，调动市民消费积极性。活动吸引50万人次访问，5万人次到简阳市，带动简阳市餐饮消费7000余万元、比2020年增长20%，食用羊3000余头，比2020年增长10%。活动吸引新华社、《人民日报》、中央广播电视台等央级媒体以及《四川日报》、《成都日报》、四川电视台、成都电视台等省市级关注报道，成都发布、“学习强国”、大众点评、马蜂窝、成都美食小分队等公众号、抖音博主近30个账号发布活动相关信息宣传，新闻发布超60条、电视台宣传片投放超200条、KOL（关键意见领袖）投放100位，在全网、全平台曝光近1000万次，微博话题池阅读量近2000万人次。

【旅游景区景点选介】 家风荷乡　位于平泉街道北部，占地面积4636亩，是简阳市2019年乡村振兴连片发展示范区之一，是成都市AAA级林盘景区。景区以家风文化和自然资源为基底，融入家风学堂、家风食堂、家风文创园、乡村民宿、现代农业、休闲农业等业态，塑造“推窗见田、开门见绿”的林盘聚落形态。

金色丙灵景区　位于禾丰镇南部，占地面积350亩，是成都市AAA级林盘景区。景区拥有黄金柚种植基地、鳜鱼养殖基地、川西林盘等特色资源，发展以“蜜柚种植为主导，林盘休闲旅游为特色”的生态观光农业，融入乡村民宿、现代农业、休闲农业、垂钓运动、林间露营等业态，每年定期举办黄金柚赏花节、黄金柚采摘节、鳜鱼垂钓比赛等赛事节庆活动，塑造“推窗见水、开门见绿”的林盘聚落形态，建设成为“与自然和谐共处、天人合一”的乡村林盘景区。

千佛桃源　位于云龙镇千佛村，是成都市AAA级林盘景区。景区种植胭脂脆桃1000余亩，集赏花旅游、观光采摘于一体，内有蜿蜒曲折的赏景步道、流水潺潺的荷花小溪以及隐于桃林深处的特色农家乐。春来桃花娇艳，灿如云霞；夏季艳如胭脂、鲜脆多汁的果子挂满枝头。桃源外有小巧古朴的千佛寺，徜徉其中可以享受别样的宁静。

和乐尤安　位于平武镇尤安村，是成都市AAA级林盘景区。景区以浅丘为依托，水塘为基底，茂林修竹，古树成林，具备“景美、宜居、文厚、业新”的特点，形成“小组团、微聚居、生态化”的川西林盘生态聚落；拥有保存完好的浅丘原生态柏树林盘以及200亩荷花及湿地、5000亩胭脂脆桃、1000亩柑橘，开展春赏花、夏采桃、秋垂钓、冬品鱼等旅游活动。

鳌山公园　位于东城新区东侧的鳌山、关山一带，北起玉皇顶，南至狮子桥，东临石钟柳林村，西接城市新区，南北长4000米，东西平均宽度600米，总面积3560亩。项目总投资8亿元，建设内容以园林景观工程为主，包括极限运动区、亲子拓展区、文化展示区、市民康体区、生态过渡区等功能区。

十里荷廊　位于平泉街道，种植荷花1000亩。登高望千亩荷塘，层次分明，荷叶翠绿，荷花星罗棋布。新打造的荷廊夜景，让景区在夜晚别有一番风味，形成夏赏荷花、冬品莲藕的乡村旅游景观。

圣德寺白塔　位于简城街道白塔园，始建于南宋庆元三年（1197年）夏，竣工于南宋嘉泰二年（1202年）秋，是全国重点文物保护单位。塔高37.9米，属砖石仿木结构、四周攒尖顶、十三级密檐式佛塔，共14层，各层均有形制多样、大小不一的壁龛、斗拱、藻井等，叠涩拱顶错落有致，回廊两壁尚存100余幅宋人佛像壁画，绘制技法娴熟，色彩艳丽。

悠然岛　位于平泉街道火连桥水库旁，是集生态农业、观光旅游、摄影艺术于一体的乡村旅游点。这里山形水岸层次分明，风景秀丽，清澈的湖泊，周围总是伴随着烟雾缭绕的气息，远山若隐若现。有些复古，有些意境，令人心神向往。

稻花香里　位于青龙镇联合村，坚持自然生态与农业创意相结合，突出稻虾、稻鱼主导产业，有特色产业示范种植、美食餐饮、休闲垂钓、儿童游乐、户外体验、竞技娱乐、亲子有机种养体验、佛系禅修、乡土民俗文化九大主题乐园和现代农业培训基地、户外拓展基地，是集农耕文化展示、艾茶制作、现代农业产业培训、种养体验于一体的旅游新业态。

沱江绿道G段　位于河东新区，北起石桥电站，南至文教卫生花园，全长2.96公里，是简阳市首先启动建设的区域级绿道。全段建设有体现石桥古镇码头文化的远航乐园、展现成都天府国际机场的航空文化主题园、体现山水城市特质的落水广场、体现沱江水文化的水舞广场并依托儿童乐园再现简阳糖厂历史记忆，建设有七人足球场、3个全民综合建设场地、3个商业休闲驿站，配套鳌山坊综合商圈，繁荣夜间经济，形成综合配套、生态宜居的绿色生活圈，夜游沱江、漫步绿道、寻味美食，成为新兴网红“打卡点”和旅游目的地。

羊扬天下　位于凤山路288号，是一个以弘扬简阳羊文化为核心，集火锅、羊肉汤锅、羊肉特色中餐、羊肉烧烤、羊肉小吃等美食和羊肉产品研发于一体的大型美食综合体；致力于传承和创新羊肉美食，以展示简阳城市名片“美食天堂”为己任，以呈现简阳羊肉美食特色、挖掘羊肉名菜、打造经典为目标，以羊肉主题餐厅的形式，一次性满足消费者所有需求。2021年，“羊扬天下”被评为“最成都·生活美学新场景”。

未来之星农场　位于三星镇雷公庙村，面积332亩，其中种植芍药182亩、种植水果蔬菜120亩、水产养殖30亩；主要从事鱼类养殖、花卉苗木种植以及水果、中药材、农副产品生产等，探索打造融合农业休闲观光旅游、农园体验、餐饮民宿等为一体的“农业+旅游+服务”的农旅互动新模式和市民休闲旅游的理想基地。

（朱　琳）

金融业

【概况】2021年，简阳市有中国人民银行分支机构1家，银行业金融机构15家，银行网点187个（59个位于成都东部新区）（含支行、营业所、分理处等），其中工商银行5个、农业银行16个（5个位于成都东部新区）、中国银行5个、建设银行6个（1个位于成都东部新区）、农业发展银行1个、邮政储蓄银行（含邮政代理网点）62个（20个位于成都东部新区）、简阳农村商业银行80个（29个位于成都东部新区）、资阳民生村镇银行3个（2个位于成都东部新区）、成都银行2个（1个位于成都东部新区）、遂宁银行2个（1个位于成都东部新区）、乐山市商业银行1个、成都农商银行1个、绵阳市商业银行1个、四川银行1个、浙江民泰商业银行1个。

【贷款和存款】 简阳市金融机构人民币贷款余额541.22亿元，比年初增加66.63亿元，增长14.04%；人民币存款余额906.48亿元，较年初增加84.07亿元，增长10.22%。从存款构成来看，个人存款余额700.79亿元，占存款余额的77.31%，比年初增加87.79亿元，占各项存款增加额的104.43%，个人存款是金融机构最主要的信贷资金来源。

【信用体系建设】 简阳市推进社会信用体系建设，在四川省县域金融生态环境评价结果中A组GDP200亿元以上的县（市、区）中排第20位。中国人民银行简阳市支行牵头开展信用户、信用村、信用镇（街道）重新评定，重新评定信用户146663户、信用村148个、信用镇（街道）12个；全辖有征信自助查询点4个、人工查询点1个，为企业和个人提供信用报告查询服务，提供企业征信查询报告1135份、个人征信报告29908份。

【支付结算】 中国人民银行简阳市支行贯彻落实“放管服”改革要求，推动取消企业账户许可，改善营商环境，全年开立结算账户530户，撤销218户，变更499户；加快农村支付环境建设，全辖有ATM机具416台、POS机2110台，网上银行用户1018132户，手机银行用户1081235户。

【国库经理】 中国人民银行简阳市支行各级预算收入入库47.34万笔、金额130.8亿元，其中本级预算收入37.11亿元；各类预算支出3.54万笔、金额131.29亿元；通过TIPS系统电子缴税入库业务47.13万笔，占比99%；开展减税降费，办理退库3.23万笔、金额4.93亿元。

（雷云春　易培川）

【保险和证券】 简阳市有保险机构26个、证券公司2家，全年保费收入150800万元，保险理赔37300万元；证券交易量471.09亿元，证券开户数38175户。

（雷云春　陈世禄）

邮政快递

【概况】 2021年，简阳市有11家邮政快递企业和1家平台公司，分别是邮政、韵达、圆通、中通、申通、百世汇通、顺丰、京东、德邦、优速、极兔速递和菜鸟驿站平台；覆盖全市有邮政、快递营业网点合计488个；有邮政快递企业从业人员800余人，邮政快递年揽件量949万件，年派件量4168.3万件。

【简阳邮政分公司】 简阳邮政分公司辖内邮政普遍服务营业场所113个，其中城区网点5个、农村支局所53个、邮政代办所（委代办网点）55个，按普遍服务规定开办包裹信件收寄、邮票销售、订阅配送报纸杂志业务，其中南街邮政支局开办国际及中国港澳台地区邮政业务；城区普邮6个段道，包裹投递23个，投递揽收车辆10台、三轮电瓶车32辆，保证市内及各乡镇报刊、邮件全程时限，城市当日妥投率99.9%，农村地区妥投率达95%以上，农村村邮站投递覆盖到所有乡镇和行政村，农村通邮率100%。2021年，简阳邮政分公司完成寄递类收入1663.34万元（含成都东部新区），比2020年增长29.01%；完成邮务类收入1280.74万元（含成都东部新区），比2020年增长18.04%。

【简阳神州快运有限责任公司】 简阳神州快运有限责任公司上海韵达货运有限公司（韵达快递简阳市一级加盟商）成立于2010年10月，经营国内快递（邮政企业专营业务除外）业务。公司仓库位于简阳市凯力威大道天发物流7号库，有员工70余人，自有营运车辆4台、电动三轮车40辆，简阳市自有营运网点6个，设立分拣场地1个，建立代办点44个，末端覆盖简阳市98%乡镇。2021年，公司收派件900万票（含成都东部新区），营业收入1000万元。

【简阳市中通速递有限公司】 简阳市中通速递有限公司成立于2010年，是上海中通快递股份有限公司的简阳签约加盟商，经营国内快递（邮政企业专营业务除外）业务，分拣中心位于简阳市凯力威大道天发物流园区内。公司有营业网点 83 个，其中简阳市城区网点 26 个、乡镇网点 57 个，从业人员 296 人，自有干线运输车辆 11 台、末端配送车辆 97 台，实现简阳市范围内城区、乡镇全覆盖配送。2021 年，公司收派件 815 万票（含成都东部新区），营业收入 1286 万元。

（方义竹）

中通快递简阳分拣中心（市交通局供图）

物　流

【概况】 2021 年，简阳市运营和启动建设的物流项目有大华国际、唯品会西南物流中心（二期）、成都东传化物流港、申通、中通、德盛仓储配送中心、天发物流配送中心，签约入驻的项目有天慧西部酒店用品、大港商业广场、天津亿联（简阳）国际商贸城等，加快推进东部区域“空铁公”多式联运物流港前期工作。全市有注册物流企业约 200 家，从事物流业务经营的企业 106 家，其中规模以上企业 6 家（唯品会西南物流中心、川橡天发物流公司、德盛物流公司、金利达物流公司、新雄州物流公司、雄州渣土运输公司）、小微型企业 100 家，全年总产值 8 亿元。

【川橡天发物流公司】 川橡天发物流公司位于简阳市工业园区凯力威大道海鑫次干道 106 号，占地面积 80 亩，建筑面积 3 万余平方米；2003 年 9 月 1 日由原四川轮胎橡胶（集团）股份有限公司汽车队整体改制成立，注册资金 1003 万元，是国家 AAAA 级物流企业。公司以汽车普通货物运输、仓储租赁为主，有物流仓库 10 个，员工 60 余人，运输车辆 180 余辆，联运和挂靠车辆 370 余辆；开展货物专用运输（集装箱、罐式、冷藏保鲜、搬家运输）、大型物件运输、国际货物运输代理，零售汽车配件、建材、化工产品（不含危险品）、橡胶制品，以及货运信息服务、机械加工、停车经营租赁等业务。2021 年，公司产值 8000 万元，比 2020 年增长 19.56%，创造利税 400 万元。

【四川省德盛物流有限公司】 四川省德盛物流有限公司位于简阳市凤山路 284 号，是一家集仓储装卸、公路货运、零担快递、物流信息咨询、电器家具送装于一体的综合性物流企业。公司自有车辆 20 辆，加盟车辆 180 余辆，仓储面积 6 万余平方米。2017 年，公司被中国物流与采购联合会评为国家物流协会 AAA 级物流企业。2020 年 4 月 1 日，公司在集团战略调整下将原德盛家电售后维修公司并入。德盛家电售后维修公司成立于 1993 年，是简阳市唯一一家占地面积最大、硬件设施最全、服务人员最多、服务项目最广的家电售后服务中心，集售前咨询设计、售中物流配送、售后安装调试、大型中央空调安装维护保养、日常维

川橡天发物流公司（市交通局供图）

四川省德盛物流有限公司（市交通局供图）

唯品会（中国）西南总部基地（市交通局供图）

护保养于一体。合并后，公司实现“送装一体”，提高送、装效率，提升客户体验。2021年，公司营业收入2051万元，创造利税20万元。

【四川省新雄州物流有限责任公司】 四川省新雄州物流有限责任公司位于简阳市简城街道建设西路，成立于2014年5月29日，主要从事普通货物运输。2020年，公司开始主营渣土运输，有渣土车辆186台，有员工及驾驶人员195人，所有车辆均在简阳市范围内从事渣土营运。2021年，公司营业额1200万元，创造利税10万元。

【唯品会（简阳）电子商务有限公司】 唯品会（简阳）电子商务有限公司成立于2012年，解决就业人数3000余人，被评为成都市重点电子商务企业。唯品会（中国）西部总部基地项目位于简阳市石桥大道皂角段201号，占地面积816.5亩，建筑面积574654.18平方米，总投资23亿元，建设唯品会西部物流中心、结算中心、咨询服务中心、研发中心。项目是四川省服务业“三百工程”重点项目，于2014年12月启动建设，2019年底全部建成并投入使用。2021年，公司实现销售额267.17亿元，税收3亿元。

【成都传化东中心物流港有限公司】 成都传化东中心物流港有限公司位于简阳市石桥大道皂角段268号，成立于2019年3月28日，注册资本金28000万元，是传化物流集团旗下全资子公司。公司成立项目筹备组和招商引资团队和服务中心。项目拟用地432亩，建筑面积24万平方米，其中物流企业总部集群中心于2021年3月开始建设。公司健全各项管理制度及财务体系，专项为客户提供业务咨询、财务服务、政策辅助等服务。2021年，公司自有产品销售收入634万元。公司实现销售收入17.5亿元，税收5965.79万元。

（李安莎）

通信和信息化

【概况】 2021年，简阳市推进光网建设和无线网络打造，夯实通信基础设施建设，光纤宽带网络接入能力普遍达到每秒1000兆比特，千兆网络入户占比达20%以上；优化提升4G通信网络，推进5G网络覆盖，城市建成区5G室外网络信号由连续覆盖向深度覆盖迈进，场镇主要街道5G室外网络信号实现连续覆盖；推广5G融合应用，推进四川港通医疗设备集团股份有限公司港通智造5G工业互联网平台建设项目、汇云（成都）科技有限公司互联网数据中心（IDC）、四川省天府云数据科技有限责任公司四川能投天府云数据产业基地建设项目（一期）加快建设，推进四川省简阳市川力机械制造有限责任公司、四川省杨森乳业股份有限公司、四川省简阳市兴华教学仪器设备有限公司两化融化管理体系贯标，推进工业化和信息化融合发展。

【电信通信】 中国电信股份有限公司简阳分公司新增网络建设投资2亿元，其中新建4G基站60个、4G室分1套，新建5G基站172个、5G室分3套，简阳市农村区域基本实现中心场镇主要街道5G信号覆盖；完成平武、禾丰等9个室外机柜建设，释放和规范机房内部空间；建设万兆PON（无源光纤网络）口3300个，实现28个场镇万兆网络能力覆盖；完成14个1500户以上OLT（光线路终端）双路由整治，“三同”（同缆同路由、不同缆同路由、单路由）隐患清理6个，提升简阳区域网络健壮性；新建光交接箱35个，新建二分箱1900余个，交付光网端口15408个，加厚光网覆盖；建设大运会相关管道26孔，完成场馆4G、5G室内分布系统、赛事系统网络及相应两个配套机房建设，为大运赛事开展提供网络保障。简阳区域光缆故障率从2020年的0.75%压降至0.51%，故障工单平均历时由2020年256分钟压降至220分钟，全程光衰达标率从94.66%提升至95.48%；OLT脱网率、本地网中继光缆故障发生率较2020年均大幅压降，网络品质不断提升。中国电信股份有限公司简阳分公司全年收入比2020年增幅8%以上。

【移动通信】 中国移动四川有限公司简阳分公司致力构建品质一流的5G网络，累计投资超过1.5亿元，开通5G基站超380个，实现主城区5G室外信号连续覆盖、重点场景全覆盖、乡镇及农村热点区域广覆盖；配合政府重点项目建设，投入拆迁资金超3500万元，处理传输迁改及隐患800余次，确保项目推进；完成简阳市庆祝中国共产党成立100周年、多地市联防森林防火演练、防汛演练、羊肉节、大运会场馆测试赛、连山村桃花节等重大项目活动应急通信保障；落实“百日净网”“断卡”行动，定期排查封堵系统漏洞，联合简阳市公安局、社区开展现场公益反诈宣传，健全“四位一体”（教育、防控、惩治、问责四位一体的整治要求）长效机制，斩断黑卡源头，筑牢网信安全防线；选派优秀驻村干部巩固拓展脱贫攻坚成果，助力三合镇石马井村成为成都市首个5G信号覆盖脱贫村；推进电信普遍服务试点，完成电信普遍服务工程任务；实施“双百工程”（行政村无线和有线全覆盖），推进行政村4G覆盖和行政村通宽带覆盖，全市行政村4G网络覆盖率超95%，获“四川省电信普遍服务助力脱贫攻坚成绩突出集体”称号。

【联通通信】 中国联合网络通信有限公司简阳分公司将“大链接、大计算、大数据、大应用、大安全”作为主责主业，围绕5G通信升级、家庭智能化、数字政府、新兴企业、乡村振兴、务工人群等市场，聚焦5G、存量、智慧家庭、电商、异业、校园、大客（“平台+应用+运营”）、商企、网络9项重点工作，打造专业化队伍，深化划小改革，推进数字化转型和发展；聚焦业党政军、产业园区、重点乡镇，参与数字化建设，加强生态圈巩固和扩张，提高整体集成能力；加大联通大数据、云计算等自研究产品植入，强化创新业务，提升赢利水平；加大网络光纤建设，新建端口12000线，接入能力全部达到1000兆比特每秒；优化汇聚机房布局，提升4G、5G网络覆盖，共享5G基站317个，建设4G900兆基站37个；新建传输骨干网络江源片区，打造江源片区全部OTN（光传送网）接入，实现大带宽。

（陈焕羽）

开放与合作

外事管理与对外交往

【概况】 2021年，市委外事办整合全市涉外力量，以建设成都东部区域中心城市为总目标，融入“一带一路”和“成渝地区双城经济圈”建设，服务“四向拓展、全域开放”战略大局，统筹做好“高质量发展攻坚年”各项工作，为抓好四件大事、实施幸福美好生活十大工程、建设社会主义新天府和可持续发展世界城市提供外事动能。

【对外交流】 简阳市全年开展对外交流活动20次，与匈牙利、日本等国家在临空经济、现代物流、电子商务、教育文化等方面交流，并就合作项目开展磋商；与国际大体联技术委员会就简阳东来印象场馆建设对接。9月5日，简阳临空经济产业园在第三届“空中丝绸之路”国际合作峰会亮相并被授予“空中丝绸之路国际合作联盟会员单位”称号。其间，“空中丝绸之路”国际合作联盟与简阳市人民政府签署“共建‘空中丝绸之路’（西南）产业示范基地战略合作框架协议”。

【大运会外事服务】 市委外事办储备同传交传译员，用于保障大运会礼宾接待；做好贵宾休息室及随行人员休息室家具采购布置，确定贵宾步行、车辆流线，为贵宾提供服务；配合成都大运会执委会外事联络部做好场馆内部参赛国与技术官员所在国国旗悬挂测试；与安保、交通及医疗协作，确保贵宾在简阳期间的疫情防控、医疗保障、安保工作。6月，简阳市举办全国青年跳水锦标赛暨第十四届全运会跳水资格赛和全国大中学生跳水比赛及成都市青少年柔道锦标赛。

【涉外疫情防控】 市委外事办学习和落实疫情防控期间邀请外国人来华政策及外事报备制度新要求，转发成都市关于涉外疫情防控文件，配合简阳市委社治委、简阳市卫健局等部门开展涉外疫情防控摸排，为全市疫情防控提供外事服务、翻译支持等。5月，简阳市委外事办配合简阳市委社治委、简阳市公安局等单位成功处置从云南省偷渡潜入简阳市青龙镇的缅甸籍“三非”（非法入境、非法居留、非法就业）人员。

【领事保护宣传】 市委外事办通过摆放宣传海报、发放“出国第一课”宣传资料等形式，配合国家安全宣传日向市民普及领事保护知识。

【外籍人士“家在成都”工程实施】 市委外事办组织辖区外籍人士开展主题活动2次，聚焦政务服务、生活服务、咨询服务，为外籍人士在简阳市就医、就学、就业、租房、投资、生活等提供信息咨询，提升简阳市外籍人士社区服务中心服务能力；组织在简阳市外籍人士接种新冠疫苗，在简阳市外籍人士接种新冠肺炎疫苗31人次。

（刘姝男）

投资促进

【概况】 2021年，简阳市实际到位内资79.75亿元，实际到位外资5.12亿元（其中外商直接投资0.14亿美元）；签约途虎养车西部总部、成都（简阳）宝能科创产业社区、天府国际航空教育科技产业园等项目34个，协议投资总额936.26亿元。成都市认定简阳市新签约引进重大项目8个，注册率87.5%，工业专精特新项目6个，生产性服务业项目4个。

【投资环境营造】 简阳市在做好疫情防控的情况下，抓住西博会、渝洽会、厦洽会等展会活动机遇，开展投促活动；制作发布宣传海报12次，通过人民网、中国经济网、华西都市网、《四川经济日报》、今日头条、澎湃新闻等主流媒体宣传投资环境100余次，提升简阳市知名度和美誉度。

表28　2021年简阳市签约项目一览表

序号	项目名称	协议类型	公司名称	项目基本情况	投资额（亿元）
1	成都天睿基金简阳市资本招商基金项目	框架协议	四川天睿博裕股权投资基金管理有限公司	简阳市与天睿基金合作组建规模10亿元的上市企业非公开发行股票招商引资基金，采取“投引结合”方式，由基金对辖外上市企业用于定向增发和可转债投资，以达到为简阳市引进优质上市企业相关产业落地的目的	10
2	简阳市人民政府 四川华西集团有限公司“绿色建筑科技产业园”项目	框架协议	四川华西集团有限公司	项目计划分两期建设，总投资30.1亿元。项目一期建设占地约115亩，计划投资12亿元（其中固定投资7亿元）；建设高性能（特种）砼智能制造生产基地（不含水泥熟料生产）；建立集“新型绿色建材、水泥基新材料、PC结构设计、PS结构设计”四大产业于一体的综合性研究院，力争成为国家重点实验室。项目二期建设占地约225亩，计划投资18.1亿元（其中固定投资8亿元）；建设装配式建筑智慧工厂，搭建以产业创新、产业转化和孵化为核心的高端建筑新材料创新孵化中心和开放式合作产业技术创新孵化中心	无（平台项目）
3	浙江悟净“企业招引+运营咨管”政企服务平台项目	投资协议	浙江自贸区悟净管理咨询有限公司	乙方帮助引入企业提供经营地址进行工商注册，对落户的企业统一管理并统一申请优惠政策；对于由乙方引入的知名企业和优质企业，在简阳市落户并有良好经济效益贡献的，应根据简阳市政策给予乙方对应奖励。合作期限内，由乙方注册的四川悟净管理咨询有限公司招引并完成企业注册数1500家以上（含个人独资及其他企业类型），其中限额（规模）以上企	无（平台项目）

续表 28

序号	项目名称	协议类型	公司名称	项目基本情况	投资额（亿元）
3	浙江悟净“企业招引＋运营咨管”政企服务平台项目	投资协议	浙江自贸区悟净管理咨询有限公司	业注册数不少于 100 户，已注册企业生产运营不低于 5 年。自协议签约之日起至 2021 年 12 月 31 日，实现经济贡献 1 亿元；自 2022 年 1 月 1 日起至协议有效期内，逐年按照 20% 递增	无（平台项目）
4	上海品然壹车科技项目	投资协议	上海品然商务服务有限公司	项目拟选址西部电商物流产业功能区，总投资 5 亿元，在简阳市设立公司总部；主营业务包括财产保险（含车险及车船税代收、非车险、意外险等）、汽修洗美、汽车及汽配销售、二手车销售等汽车后市场业务，在全国范围内为金融保险、商业零售、物流运输、游戏游乐、企业管理、互联网等行业企业提供直客销售平台。自项目公司注册成立之日起 30 日内开始运营，有效期 10 年；双方签约盖章之日起生效，协议期满后双方可另行协商签订合作协议	5
5	成都（简阳）宝能科创产业社区项目	投资协议	深圳市宝能投资集团有限公司	项目拟用地面积 700 亩，总投资 100 亿元。依托宝能集团产业优势，在简阳北建设一座产业科创新城，包括宝能城市商业综合体、宝能科创中心、5G 智慧公园、高端教育	100
6	途虎养车西部总部项目	投资协议	上海阑途信息技术有限公司	项目拟用地面积 200 亩，总投资 30 亿元，建设内容包括西部汽配件供应链运营中心、电子商务结算中心、客服中心、技术中心、研发中心等	30
7	中国西南红酒奥特莱斯·红酒小镇项目	投资协议	西昌通生农业科技有限公司	项目选址石钟镇胜锋村、前锋村等，计划投资 17 亿元，总规划面积 2600 亩，其中农业产业用地面积 1700 亩、林地面积 650 亩；总建设周期 2 年，建设婚庆庄园、风情酒庄、红酒主题民宿、红酒温泉酒店等设施，配套建设滨江绿道、健身设施、亲水平台等基础设施，主要发展葡萄种植园区	17
8	天府国际本草文旅（康养）小镇项目	投资协议	北京金源利丰资产管理有限公司	项目选址石钟镇，总投资 40 亿元，规划面积 6000 亩，总建设周期预计 5 年。项目将在中草药种植基地建成“四川省中医药健康旅游示范基地”，同时完成石钟旧场镇改造与拓展，打造简阳沱江文化旅游北门户并与大学城动静结合的面向全国、走向世界的天府国际本草文旅小镇，努力创建国家 AAAA 级景区	40

续表 28

序号	项目名称	协议类型	公司名称	项目基本情况	投资额（亿元）
9	四川省川土万亩青花椒现代农业园区项目	投资协议	广元川土食品有限公司	项目规划面积30000亩，开展青花椒种植和农业基础设施建设，每个镇配套建设气调库、烘干房，用于储藏或烘干青花椒	3
10	简阳市人民政府与深圳高灯计算机科技有限公司高灯经济产业园项目	投资协议	深圳高灯计算机科技有限公司	打造简阳市“云上简阳新经济产业园”，建设“云上简阳新经济产业园”基础平台，推动简阳市政务民生服务能力和服务水平，助力简阳市新经济产业生态和人才培养体系建设，打造简阳市“云上简阳新经济产业园”政务生态基地	无（平台项目）
11	简阳市人民政府与宏源汇富创业投资有限公司战略合作项目	框架协议	宏源汇富创业投资有限公司	乙方根据甲方实际需求，整合资源，为甲方国有企业提供融资咨询、顶层设计等服务，促进国有企业可持续发展及企业价值升级提档。包括国有企业融资服务、国有企业转型赋能、咨询顾问服务、交流通道服务等	无（平台项目）
12	天府国际航空教育科技产业园项目	投资协议	利狮控股集团有限公司	项目拟选址简阳临空经济产业园高铁片区，拟用地面积330亩，总投资38亿元（其中项目建设投资为人民币投资，航空设备采购、运营投资等为外汇投资）。以瑞士Aerolite培训能力为基础，以华夏航空培训中心为模板，建设涵盖运输航空全资质类航空培训基地，并以航空培训基地为依托，与简阳市相关部门合作，共同建立航空职业学院（高职类、单独建院或小混合制二级学院），打造西南地区规模最大的航空培训总部基地、航空科普基地	38
13	中国供销西南物流总部及结算中心项目	投资协议	供销普洛斯现代产业基金管理有限公司	项目拟选址简阳临空经济产业园，拟用地面积180亩，总投资10亿元，将打造集中央厨房、国际仓储式商业、冷链物流分拨等功能于一体的供销集团西南物流总部、结算中心	10
14	清华i-Space（简阳）中心项目	投资协议	水木深研（深圳）科技服务有限公司	共建“简阳—清华i-Space”创新创业孵化中心和“简阳—清华SIGS”研究生社会实践基地，提供专业化创新创业辅导，举办高规格创新创业大赛；推进产业项目招引，对接建立优质企业联系渠道，举办专题招商推介会；提供高新企业培育服务，提供规划咨询服务；共建党政企业人才继续教育培训基地，提供综合能力素质提升专题培训；筹建产业发展（引导）基金，组建招商引资咨询评审智库	无（平台项目）

续表 28

序号	项目名称	协议类型	公司名称	项目基本情况	投资额（亿元）
15	八戒（川东南）总部基地项目	投资协议	重庆猪八戒实业有限公司	项目拟选址简阳临空经济产业园高铁片区，拟用地面积 120 亩，总投资 20 亿元。项目赋能并服务以简阳市为中心，辐射周边 200 公里范围内的遂宁市、资阳市、眉山市等地超 10 万家中小企业，发挥其平台资源优势，引入“互联网 +”等类型的企业和人才，打造数字经济产业集聚区，建设“互联网 + 数字经济”新业态，助推简阳市地方产业高质量发展	20
16	卫智达简阳市新经济产业园项目	投资协议	四川卫智达科技有限公司	建设简阳市新经济产业园，围绕总部经济、智能制造、会展商务、智慧物流等优势产业，通过 5 年努力，打造具有区域影响力的现代服务业经济集聚区。力争到 2025 年，简阳市新经济产业园整体规模和竞争力居四川省前列，成为简阳市产业转型升级示范园，并力争成为国家或四川省级新经济产业示范基地	无（平台项目）
17	简阳市人民政府与慕华成志教育科技有限公司战略合作项目	框架协议	慕华成志教育科技有限公司	清华旗下基础教育优质教育资源合作，推广学习科学研究成果合作，学前教育方面合作，慕华成志美育项目合作，教育系统干部能力提升合作，合作成果转化推广	无（平台项目）
18	简阳市人民政府与康佳集团股份有限公司康佳简阳西南区域总部项目	框架协议	康佳集团股份有限公司	双方按照四川省、成都市及简阳市规划情况，拟在总部经济、创新中心、文旅康养等方面合作。康佳集团将在简阳市选址建设康佳西南区域总部、康佳创投全球创新中心、康佳 · 简阳文旅康养小镇等项目	无（平台项目）
19	简阳南粤科技产业园项目	框架协议	广州南粤基金集团有限公司	项目计划总投资 200 亿元，分二期建设，其中一期计划投资 60 亿元，一期建成运营后预计 10 年累计产值 600 亿元以上，10 年累计上缴税收 30 亿元；分科学城和科学园两个板块建设。项目以人工智能技术为引领，建设集研发、孵化、产业加速及各种场景应用于一体、相互赋能、产业链全生态融合发展的硬科技产业园	200
20	谷川联行招商引资服务项目	框架协议	谷川联行有限公司	乙方推荐符合功能区产业规划的企业注册到简阳市（或迁址变更到简阳市），包括但不限于电商（跨境电商）、5G 大数据、人工智能、新零售、数字经济与区块链、物联网、电竞游戏、媒体传播等产业	无（平台项目）
21	高灯新经济产业园项目	投资协议	深圳高灯计算机科技有限公司	项目总投资 1000 万元，拟投资建设中小企业财税服务中心等	0.1

续表 28

序号	项目名称	协议类型	公司名称	项目基本情况	投资额（亿元）
22	朗派供应链项目	投资协议	四川朗派供应链科技有限公司	该项目总投资约 1 亿元人民币，乙方拟在简阳市西部电商物流产业功能区落户成立总部企业，负责关联企业和建材行业的上下游物流、贸易的集成供应链管理结算和运营。	1
23	华攀产业链项目	投资协议	攀枝花公路桥梁工程有限公司　成都华攀工程有限公司	该项目总投资约 30 亿元人民币，主要投资为基建产业链服务企业，包括但不限于商贸公司、劳务公司、机械租赁公司、市政及公路工程建设等	30
24	四川冷链物流科技小镇项目	框架协议	四川发展（控股）有限责任公司	项目重点围绕冷链物流仓储、农副产品精深加工、保税仓储加工、农副产品数字化交易展等产业领域，建设子项目包括总部基地、农副产品精深加工区、冷冻冷藏区、保税仓储加工区、中央厨房及配送（航空食品）区、农副产品数字化交易区、国际会展区及综合配套区	380
25	智能遥感大数据项目	投资协议	四川四维电科科技有限公司	项目总投资 5 亿元，建设智能遥感大数据结算中心、研发中心。项目依托航天科技集团在航天科技领域的主导地位、四川省电子信息产业技术研究院（电子科技大学下属全国资省级平台）在空天信息领域人才和研发的生态优势，发挥弘智远大在人工智能图形图像的市场优势，主要提供人工智能卫星遥感应用技术服务，打造具备独有市场竞争优势的人工智能卫星遥感应用产品	5
26	集朴 HAVERICE 品牌电子商务中心项目	投资协议	集朴品牌管理（成都）有限公司	项目建设集朴 HAVERICE 品牌电子商务中心，立足简阳物流企业集中的优势，发展企业快时尚服饰线上产品销售、仓储物流管理等	0.5
27	航天光电设备、特种冷却系统研发生产基地项目	投资协议	成都精铖电子设备制造有限公司	项目建设军用加固机箱及附件、特种冷却系统、光机电设备及光电互联及传感设备	1.5
28	中日（简阳）跨境电商项目	投资协议	日本银河株式会社	项目总投资 1200 万美元，拟采取“飞地经济”的模式，在成都全球跨境电商服务资源中心建设中日跨境电商项目，主要建设跨境电商综合服务中心、人才培训中心、西南结算中心、供应链管理中心等，为跨境电商企业提供产业配套服务、人才培训、供应链金融等支持	0.76

续表 28

序号	项目名称	协议类型	公司名称	项目基本情况	投资额（亿元）
29	卫星互联网创新工厂及量产基地项目	投资协议	北京元航投资管理有限公司	项目建设卫星互联网创新工厂（包括卫星互联网创新技术试验星座、卫星 AIT 中心等）及量产基地（包括经创新工厂研发验证的卫星整星制造、微波通信载荷、电推进、高精度星敏感器及组合导航、星载计算机及数管等）	12
30	火工品自动化生产设备及锂电池研制项目	投资协议	成都拓源仲玛科技有限公司	项目建设火工品自动化生产设备、锂电池研发中心	0.15
31	卫星大数据应用及宇航电子研制中心项目	投资协议	珠海欧比特宇航科技股份有限公司	项目拟选址成都空天产业功能区东部社区，租用 3000 平方米标准厂房进行生产；计划总投资 2 亿元，其中固定资产投资 0.5 亿元。宇航电子研制生产基地租用标准厂房 2000 平方米，计划投资 0.5 亿元，其中固定资产投资 0.2 亿元；卫星大数据应用中心租用标准厂房 1000 平方米，计划投资 1.5 亿元，其中固定资产投资 0.3 亿元（包括卫星大数据计算资源、存储资源、网络资源、卫星地面接收站以及“简阳绿水青山一张图”展示系统等）	2
32	绿色建筑科技产业园项目	投资协议	拟以四川华西集团有限公司作为签约主体，并指定其全资子公司——四川华西绿舍建材有限公司投资建设	项目拟分两期建设，建设周期 30 个月。其中，一期投资 12 亿元，占地面积 115 亩，建设高性能（特种）砼智能制造生产基地，成立综合性研究院，力争成为国家重点实验室，建设周期 12 个月；二期投资 18.1 亿元，占地面积 225 亩，建设装配式建筑智慧工厂、高端建筑新材料和产业技术创新的孵化中心，建设周期 18 个月	30.1
33	乐华电商创业孵化项目	投资协议	乐华时代公司	项目拟投资 500 万元，以自建加并购的模式建设短视频运营团队，建立标准化内容生产机制，为娱乐、文旅、美食、“三农”等垂直细分领域的产品生产和销售提供定制化视频类营销服务；通过组建线下短视频矩阵团队，对经营性生产实体进行持续性数字化赋能，主要利用公司网红矩阵优势进行短视频及直播宣传	0.05
34	信之本总部经济招商引资平台项目	投资协议	信之本（重庆）企业管理有限公司	项目总投资 1000 万元，引入有限责任公司、个人独资、合伙企业、个体工商户等（包括但不限于物流、商贸、房地产等），并为其提供工商注册、集群托管、政策兑现、会计、审计及税务等共享服务。乙方利用自身资源为甲方引入新经济类型企业，打造企业总部结算中心	0.1

【招商促进行动】 市投促中心依托第三方公司，建立“过程+结果”全流程考核体系，基本建成“投促项目信息管理平台”，并完成线下培训1次；在深入调研简阳市已有产业基础及“成渝地区双城经济圈”产业生态环境的基础上，结合简阳市实际及周边区域产业发展竞合关系，制定《简阳主导产业发展研究报告》。

【项目招引攻坚行动】 8月11日，简阳市召开项目招引攻坚行动动员会暨业务培训会，启动项目招引攻坚行动，开始新一轮项目招引。简阳市形成重点城市优势产业清单、重点企业清单和集中驻点招商活动重点工作表“两单一表”，研究并完善简阳临空经济产业园（电商物流园）、成都空天产业功能区2个产业功能区“两图一表”；梳理符合简阳市产业生态圈的高能级500强企业和稳链补链目标企业，挖掘项目信息，开展目标企业投资战略分析，研究提出重点招引企业；挖掘重点城市企业投资信息，优化完善驻点招商网络体系；围绕北京市、上海市、广州市、深圳市等15个重点城市，派驻精干招商队伍，分成7个驻点招商队、5个工作组，实施驻点招商；自8月5日起每日更新集中驻点招商城市疫情及天气情况表，动态更新驻点城市疫情情况，实时变换项目对接方式，通过“线上+线下”相结合方式，开展目标企业拜访对接。简阳市在全国各级媒体上发布招商宣传信息83条，举行招商推介活动18场，拜访企业586家，形成有效在谈项目90个，实现到位内资28.73亿元、到位外资3.75亿元。

【简阳市2021年投资推介会暨重大项目签约仪式】 3月10日，简阳市2021年投资推介会暨重大项目签约仪式在成都市举行。活动以“新简阳·新优势·新场景”为主题，由简阳市委、简阳市政府主办，简阳市投资促进服务中心承办。活动中，简阳市面向全球发布简阳市2021年产业机会清单，包含24条产业项目类清单、4条载体类清单和6条企业类清单，涉及项目建设、人才引进、企业协作、科研创新等内容；集中签约重大项目20个，涉及协议投资252亿元，其中现代服务业项目17个、协议金额243亿元，农业项目3个、协议金额9亿元。

8月11日，简阳市深入开展项目招引攻坚行动动员会召开（市投促中心供图）

【成都天府国际机场临空经济投资促进推介会】 8月13日，成都天府国际机场临空经济投资促进推介会在成都东部新区举行。推介会由成都市政府主办，成都东部新区管委会、简阳市政府承办，邀请资阳市、眉山市参与。推介会上，天府国际航空经济区释放投资机会40个，项目涉及临空商务、航空总部、保税物流、保税加工、航空智造等领域。成都东部新区推介天府国际航空经济区投资机会清单，介绍“一轴两翼”引领的“港、人、城、产”融合发展模式、产业承载空间和投资机会；简阳市推介临空TOD综合开发项目、临空高科技智能制造产业基地项目、临空特色商业街区项目、临空经济总部基地项目、跨境电商西部总部基地项目、简阳天府农业科创园项目等重点项目8个，涵盖临空制造、临空总部、商务商贸等领域。

（邓　燕）

对外经济贸易

【概况】 2021年，简阳市实现外贸进出口额8.4亿元，其中四川凯力威科技股份有限公司进出口额2.51亿元，占全市进出口额的29.88%；四川空分设备（集团）有限公司进出口额4.6亿元，占全市进出口额的54.72%。两家外贸进出口企业为全市外贸进出口的快速增长起到重要支撑作用。

【外贸主体培育】 简阳市有进出口实绩的企业20家，新增四川华雅宏远进出口贸易有限公司、简阳市凯泰力翔机械设备有限公司、简阳绿杉新能源设备有限公司、四川智精泰博低温设备有限公司4家外贸实绩企业；新增对外贸易经营者备案企业25家。

【国际市场拓展】 简阳市采取“走出去”与“请进来”相结合的办法，组织企业参加线上线下中国进出口商品交易会、第四届中国国际进口博览会等境内交易会，帮助企业开拓国际市场，结识新客户。

【小微企业出口信用投保】 简阳市继续由市商投局代表全市适保范围内的出口企业与四川信保签订出口信用保险合同，简阳市财政统一支付保费2.62万元，为简阳市小微出口企业更好开拓国际市场、防范和化解出口收汇风险、获取贸易融资、提升国际竞争力提供保障。

（张光亮）

区域合作

【概况】 2021年，简阳市贯彻党中央成渝地区双城经济圈建设和四川省委“一干多支、五区协同”的重大战略部署，融入成德眉资同城化暨成都都市圈发展建设，推进与东部新区协同一体化发展，与雁江、乐至等毗邻地区融合发展，加快建设成都东部区域中心城市。

【成渝相向发展】 简阳市融入成渝地区双城经济圈建设，协同推进成渝中线高铁、成自宜高铁、成渝高速扩容等大通道建设，与重庆市璧山区建立友好城市合作关系，互派干部挂职锻炼；与重庆市璧山区、铜梁区、长寿区等签订合作协议13份，涉及政务服务、卫生健康、产业发展、人力资源等领域。

【成德眉资同城化发展】 简阳市组织建立简阳—雁江—乐至融合发展联席会议制度，按照简阳市、资阳市雁江区、资阳市乐至县顺序实行年度轮值；完成党政代表团对资阳市雁江区、乐至县考察调研，推动成资同城化发展；与德阳市绵竹市签订政府间战略合作协议，与德阳市广汉市、眉山市仁寿县、资阳市雁江区、资阳市乐至县等签订合作协议25份，涉及应急救援、政务服务、教育、生态环保等领域。

【东简一体化发展】 简阳市在战略规划中确定“与东部新区一体化发展，形成‘东简共同体’，共同打造成都东部区域中心城市”的总体定位，与成都东部新区共建成资临空经济产业带，共同申报国家级临空经济示范区，共同承办天府国际机场临空经济投资促进推介会；共同抓好新冠疫情防控，成立应急预备队，协助完成核酸检测、集中隔离等；签订《产业联合招商引资战略合作协议》《沱江流域联防联控联治合作框架协议》。

【交界地带融合发展】 简阳市组织成立简雁乐农旅融合发展示范区领导小组，抽调各成员单位业务骨干组成工作专班，常态化召开交界融合发展研讨会；落实“清单制+责任制”，确定年度工作任务；编制《简阳—雁江—乐至交界地带融合发展规划》；在示范区内布局交通基础设施、农旅产业等重点项目18个，推动交界地带农旅融合发展；在成（都）德（阳）眉（山）资（阳）交界地带融合发展首批精品示范点建设评审中获第三名。

【飞地园区建设】 简阳市推进成都·大凉山农特产品加工贸易园区规划建设，初步完成园区总规、产规、城市设计等“多规合一”规划编制；与凉山州相关部门对接优惠政策平移，探索共建园区、飞地经济等利益共享模式等政策措施，具体涉及土地政策、留存电量使用、财税利益征收与返还等方面，构建园区科学运行体制和利益共享机制。

（李　琴）

综合监督管理

经济体制改革

【概况】 2021年，市发改局落实简阳市委决策部署，推进全面创新改革，突破制约创新的经济体制机制障碍，推进创新驱动引领高质量发展，推动全市经济体制改革取得成效，被成都市委、市政府表彰为成都建设全面体现新发展理念的城市改革创新奖先进集体。

【经济体制改革】 市发改局推动经验复制推广，印发《关于做好上海市新“浦东经验”51条经验复制推广工作的通知》，复制推广上海市新“浦东经验”51条8项24条；推动供给侧结构性改革，梳理总结供给侧结构性改革典型案例和特色亮点，形成突破性、可复制、可推广典型案例12项；推进要素市场化改革，总结形成要素化市场改革要点9项，原创“创新实践金融科技赋能小微企业融资担保服务模式”纳入成都市要素市场化配置综合改革试点。

【公共服务制度改革】 市发改局推进基本公共服务清单标准管理和动态调整制度改革，探索建立与基本公共服务动态调整相适应的后评价体系，评价全市基本公共服务发展成效，87项指标达标78项，达标率89.66%。《简阳市“四个驱动”助力县域经济跻身全国百强县》改革案例被四川省委全面深化改革委员会办公室采用，编入《四川改革动态》第101期（总第871期）并上报中央改革办，在四川省推广。

（施凤刚）

经济结构调整

【概况】 2021年，简阳市坚持产业立市夯基石，农业经济稳定有序，工业提质转型发展，商贸服务蓬勃繁荣，产业结构调整稳步推进，第一产业实现增加值60.23亿元，比2020年增长4.7%，第二产业实现增加值124.31亿元，比2020年增长7.4%，第三产业实现增加值284.54亿元，比2020年增长8.9%，三次产业结构由2020年的15.4∶26.4∶58.2优化调整为2021年的12.8∶26.5∶60.7。

【主导产业升级提能】 简阳市开展驻点招引攻坚行动，新签约成都简阳宝能科创产业社区等项目25个，总投资957亿元；实施项目促建行动，针对前期、开工、续建、竣工四个批次项目推进明确重点任务9项，健全“专人+专班”服务机制，实施重点项目357个，完成投资385.6亿元；实施用地保障行动，近5年已获取用地

星河动力（北京）空间科技有限公司工作人员正在作业（市经科信局供图）

批文供地率65%，出让经营性用地面积323.6亩，实现土地收入27.7亿元；组建基金参与项目建设，完成总规模20.1亿元的成都新经济产业股权投资基金、国际合作（四川）投资基金组建，其中成都新经济产业基金投资5000万元，定向用于星河动力“新一代商业运载火箭创新研发生产基地”项目。

【产业承载能力提升】 简阳市突出规划引领作用，优化完善产业功能区规划，完成简阳临空经济产业园总体规划和成都空天产业功能区东部社区城市总规、13.7平方公里控规、城市设计编制；加快建设生产性服务配套，以主导产业行业特点、入驻（租赁）企业需求为导向，盘活存量低效厂房、新建标准厂房100万平方米，新增商品房配建人才公寓0.8万平方米；推进各产业功能区1平方公里核心起步区和高品质科创空间规划建设，传化智联成都东中心、五冶建筑科技产业园、简州大道工程等14个续建省市重点项目多投快建；推动产业功能区“放权赋能”，推进“区镇（街道）合一”改革，完善“吹哨报到”制度，实现功能区内企业办事不出功能区。

【发展活力释放】 简阳市加大新经济企业梯度培育力度，新增新经济企业1157户，9家企业完成梯度培育库入库申报，其中5家获批进入成都市新经济企业梯度培育库；新增高新技术企业8家，高新技术产业主营业务收入55亿元，技术合同成交额1亿元，四川空分设备（集团）有限责任公司成功创建四川省级工程技术研究中心；融入“成渝地区双城经济圈”建设，与成都东部新区、资阳临空经济区等共建成资临空经济产业带，与重庆市璧山区建立友好城市关系，与重庆市铜梁区达成友好城市合作意向。简阳临空经济产业园首次亮相第三届“空中丝绸之路”国际合作峰会，与“空中丝绸之路”国际合作联盟签署《共建“空中丝绸之路”（西南）产业示范基地战略合作框架协议》。

（田　茜）

宏观经济管理

【概况】 2021年，市发改局紧扣“六稳”“六保”任务，实施幸福美好生活十大工程，坚持“戴着口罩抓发展”，整体实力稳中有增、发展动力不断增强、营商环境持续培优、城市更加宜居宜业、民生需求充分回应，为庆祝中国共产党成立100周年营造良好氛围，为加快建设区域中心城市和“五个新简阳”奠定基础，实现“十四五”良好开局。简阳市全年实现地区生产总值469.1亿元（不含成都东部新区），比2020年增长7.9%；规模以上工业增加值比2020年增长8.1%；全社会固定资产投资总额358.7亿元，比2020年增长21.9%；社会消费品零售总额395.3亿元，比2020年增长18.1%；一般公共预算收入31.7亿元，比2020年增长12.1%；城镇居民人均可支配收入43290元，比2020年增长8.9%；农村居民人均可支配收入21706元，比2020年增长10.5%。简阳市跻身全国县域经济百强。

【主导产业发展】 简阳市新增市场主体1万余户，引进重大产业化项目20个、总投资303.8亿元，培育规模以上企业135户，实现产值1135.5亿元，6类500强企业10户，“2＋2＋1”（智能制造装备和航天装备、新电商经济和现代物流、农产品精深加工）主导产业体系加快形成；粮食播种面积117.6万亩、产量39.1万吨，畜牧业产值比2020年增长25%；建成高标准农田49.5万亩，高标准农田占耕地比提升至50.8%；现代农业产业园区累计完成投资43.6亿元，发展产业34.5万亩；工业用电比2020年增长34.8%，工业入库税金比2020年增长9.4%，规模以上工业19个行业大类中，17个行业产值呈正增长，增长面89.5%；举办临空专

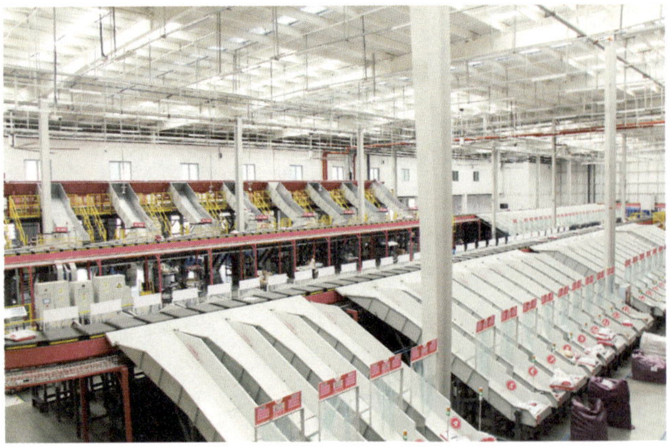
唯品会8号库自动包裹分拣机（市发改局供图）

场推介活动6次，招引宝能科创产业社区、途虎养车西部总部等项目10个，形成以唯品会、途虎养车为代表的电商产业集群，以中通、申通、韵达为代表的物流产业集群，简阳市电商物流园获评国家电子商务示范基地；社会消费品零售总额385亿元，比2020年增长11%。

【改革创新深化】 简阳市加快企业扶持激励制度改革，加大新经济企业梯度培育力度，新增新经济企业1157户；提高企业自主创新能力，搭建创新平台，加快3个高品质科创空间建设，简阳网易联合创新中心成功申报四川省众创空间，筑梦空间成功申报成都市级创业苗圃；组织建立简阳—雁江—乐至融合发展联席会议制度，成立简雁乐农旅融合发展示范区领导小组，完成《简阳—雁江—乐至交界地带融合发展规划》，在示范区布局重点项目18个，总投资62亿元。

【营商环境优化】 简阳市实施招大引强行动，发布投资机会清单100个，举办推介活动18场，新签约成都简阳宝能科创产业社区等项目25个，总投资957亿元，其中30亿元以上项目3个、“专精特新”项目5个、先进生产性服务业项目4个；组建总规模20.1亿元的成都新经济产业股权投资基金、国际合作（四川）投资基金；实施稳定公平可及营商环境提升工程，推进3.0政策落地落实；深化“最多跑一次”改革，实现依申请类政务服务事项“马上办”65.3%、“一次办”100%、“网上办”100%、“全程网办”98.5%、“一窗受理”96.5%，50个“一件事”集成服务，承诺时限较法定时限压减85.1%。

【公园城市建设】 简阳市实施绿道项目12个，建成观音井绿道、十里荷花林盘绿道等40.3公里，天星公园建成开放；改造老旧小区4处、棚户区100户，启动放生坝片区和白塔状元文化街区2个城市更新项目，城市建成区面积41平方公里；推进绿色施工，住建领域项目全部接入智慧工地系统；完成阳化河流域范围内19段黑臭河渠整治、绛溪河流域水环境综合治理，沱江流域市控及以上断面水质优良比例达80%，“千吨万人”乡镇集中式饮用水水源地水质达标率100%；一般工业固体废弃物处理率均在99%以上，工业危废和医疗废物无害化处理率100%，受污染耕地安全利用率和污染地块安全利用率均达94%。

【民生福祉】 简阳市全面实施幸福美好生活十大工程，公办园在幼儿园占比超过50%，普惠性幼儿园覆盖率84.4%；义务教育均衡发展，有序推进“双减”工作；市人民医院整体水平达到成都市级三甲医院前五，市妇幼保健院建成三级乙等妇幼保健院，市疾病预防控制中心按照三级疾控机构标准迁建至东城新区；打造基层综合性文化服务中心示范点2个、示范性社区运动场5个，创作文艺精品100余件，举办文体惠民活动近1万场；城镇新增就业4230人，城乡人均存款余额6.7万元；新建日照中心5个，改造护理型床位410张、适老化床位355张，家庭适老化改造1200户，享受长期照护保险待遇3228人；发放低保、特困、临时救助等救助资金2.1亿元；城乡居民基本医疗保险参保率稳固在98%以上，城乡居民基本医疗保险参保总人数64.5万人，城镇职工医疗保险参保19.4万人。

（田　茜）

固定资产投资管理

【概况】 2021年，市发改局坚持以项目为支撑，加快项目建设，做好全市固定资产投资管理，推动投资稳步增长。简阳市全社会固定资产投资增幅21.9%，列成都市第一位。

【项目资金争取】 简阳市有沱江干流简阳城区防洪工

程Ⅰ段（一期）、成都市科禾环保科技有限公司成都市简阳危废处置项目（含简阳市医疗废物处置）2个项目争取到中央预算内资金6908万元。简阳市人民医院完善三甲功能项目、简阳市农村生活污水治理工程、简阳市高标准农田提升项目3个项目共发行地方政府专项债券5.6亿元。

（李柏颐）

【企业固定资产投资备案】 市发改局落实企业投资自主权，集中开展项目备案，为项目单位提供“一站式”受理、“全流程”指导、“常态化”服务，推进企业投资项目“即来即办”，实现审批不过夜，全年受理企业固定资产投资项目备案162个，总投资273.74亿元。

（孙逸文）

重点项目管理

【概况】 2021年，市发改局坚持以项目为中心组织经济工作，51个成都市级以上重点项目完成投资153.7亿元，8个四川省重点项目完成投资36.4亿元。

【项目策划包装】 市发改局编制简阳市重点项目373个，总投资3659.9亿元；围绕“幸福美好生活十大工程”，滚动实施项目221个，计划总投资894.07亿元；纳入成（都）德（阳）眉（山）资（阳）“三区三带”（国际铁路港经开区、天府新区、成都东部新区和成德临港经济产业带、成眉高新技术产业带、成资临空经济产业带）产业带建设项目18个，总投资445.6亿元。

【项目要素保障】 市发改局发展产业投资基金、多层次资本市场，构建投融资服务体系，完善项目融资对接机制，多角度保障重点项目资金需求；围绕智能制造、航空航天装备、电商物流等主导产业和重点项目，吸引集聚高层次创新型人才和急需紧缺专业人才，为重点项目推进提供人才支撑；向上争取，为赛欧东进双创产业园、红酒奥特莱斯田园综合体、天府云数据产业基地（一、二期）、临空经济创新创业高地产业集聚区及配套设施4个项目争取到前期工作经费210万元。

【项目推进机制健全】 市发改局建立通报提示机制，定期通报省市重点项目投资完成、形象进度等情况，全年形成通报8期，发送工作提示80余次；坚持每月召开重点项目预警会，预警存在滞后风险的重点项目，确保全市重点项目按计划推动；强化重点项目调度，每月组织召开重点项目调度会，协调解决项目推进中存在的困难问题，保障项目有序推进；制定《简阳市2021年项目促建行动实施方案》，推动重点项目加快建设。

（李　智）

民营经济发展促进

【概况】 2021年，简阳市完成民营经济增加值230.52亿元，增加值增速5.4%，占全市GDP的49.1%；新增民营市场主体9406户，总数54276户，较年初增加20.44%，其中新增个体工商户5613户、新增企业3723户（新增专合社61户）；化解欠薪项目15个，处理劳动维权信访件841件；协调处理欠薪案件75件，涉及631人、933.89万元。全市行政部门（单位）、国有平台公司兑付民营企业和中小企业合同账款1544笔，拨付资金22.74亿元，均按照合同约定将账款拨付到企业，保持零拖欠账款。

（江建乔　蔡华明）

【民营企业培育】 简阳市培育新增规模以上工业企业11户；有主营业务收入在10亿元以上的企业11户，主营业务收入470.18亿元，税收过千万的民营企业达到73户。7户企业纳入国家、四川省级“专精特新”行业小巨人名单，其中国家级“专精特新”企业1户。52户中小企业纳入成都市中小企业成长工程培育企业名单，其中拟上规14户、成长型26户、小巨人12户。

（陈明夏）

【民营企业服务】 市市场监管局按照“有求必应，无事不扰”的要求，加强服务能力建设，走访民营企业，把优化提升服务体验贯穿改革始终；树立“监管即是服务”理念，在民营企业事中事后监管上，坚持“先服

4月16日，简阳市“政企联连看”沙龙活动暨“政企携手 筑梦东进”主题活动会举行（市经科信局供图）

务、后执法，先宣传、后检查，先教育、后处罚”原则，对民营企业的轻微违法行为，采取行政指导、行政约谈、责令改正等柔性措施，优化营商环境。

（李丽薇）

【招标投标监管】 简阳市各部门（单位）、镇（街道）清理招标投标规范性文件，未发现存在排斥、限制不同区域、不同所有制投标单位的政策。简阳市发改局建立招标人主体责任清单，印发《关于进一步强化招标人主体责任的通知》；落实工程建设项目开标评标现场监督，全年现场监督74场次。

（孙逸文）

【企业服务活动】 市经科信局组织开展社会化服务活动，满足中小企业发展需求，举办“金融雄州行”系列辖内产融对接活动3场；开展各种金融对接专题活动16场次，惠及企业300余户，新建“蓉易贷”服务中心18个；实现“蓉易贷”投放4.43亿元，较年初增长4.2亿元，其中向白名单企业投放65户、1.25亿元，“壮大贷”为7户企业投放贷款1.3亿元，全年累计向10283户企业投放担保贷款10.03亿元。

（陈明夏）

新经济发展

【概况】 2021年，简阳市新注册新经济企业数1157户，比2020年增长39%；新经济企业获得风险投资件数1件，金额5000万元；新经济梯度培育企业数入库5户，比2020年增长33.33%；新增注册落地新经济500强企业2户；城市机会清单完成成都发布84条，对接成功8条。成都市新经济“双千”发布会发布简阳市新场景63个、新产品55个。

【新经济发展体系构建】 市经科信局加强行业赛道培育，强化顶层设计，谋划全市新经济发展方向和路径；坚持把发展新经济作为创新驱动发展的突破口，为新经济发展提能加速；推动智能制造、航天装备、智慧物流、新电商经济、大数据、数字文旅等新经济赛道产业发展，提升城市产业能级；重点培育智能制造、航天装备产业链，构建完善电商物流企业群落，促建大数据基础设施，扩大新电商规模。

【新经济应用场景供给】 市经科信局推进场景营城理念，制定《简阳市场景营城三年行动方案（2021—2023年）》《“场景营城产品赋能”简阳市2021年新经济“双百”发布会实施计划》，以场景营城理念加快新技术、新模式、新业态融合创新与城市发展相契合，构建智能生产、智慧生活、智慧治理、智慧生态等多元化应用场景建设；支持硬核技术攻关催生新场景，推动南格尔“未来场景实验室”项目实施完成，鼓励南格尔公司申报“创新应用实验室”；借助成都市“双千”发布会，对外发布简阳市63个新场景、55个新产品，同时在成都市“城市机会清单发布厅”发布机会清单84条，对接成功8个，拓展推广力度，为企业提供更多机遇。

（陈志华）

【新经济企业培育与服务】 市经科信局开展新经济企业梯度培育，搭建新经济重点企业培育库，提供项目落地一站式保障服务；探索构建简阳市“种子企业—瞪羚企业—独角兽企业—龙头企业”四梯度新经济企业招引体系，精准招引新经济企业。市市场监管局改进和优化新经济企业服务机制，为新经济企业提供优质高效便捷的服务，为新经济重点企业开辟“绿色通道”，激发新经济市场活力和社会创造力。

（陈志华　李丽薇）

【新经济项目招引】 市经科信局加强重点项目跟踪管

理，健全招商综合评价体系，参与“场景营城产品赋能‘双千’发布会”，打造“线上线下”相结合的新经济场景招商推介平台，持续以新场景吸引企业；开展杭州（宁波）重点地域驻点招商与重大项目招引，梳理新经济企业80余户，走访54户，形成重点在谈项目5个。

（陈志华）

【新经济市场监管】 市市场监管局建立“用数据决策、用数据管理”的监管模式，利用大数据等先进技术整合融合监管资源，对新经济市场主体数据动态监测和评估；通过实行包容审慎监管、推行“双随机、一公开”监管、推进信用监管体系建设等措施，保护经营者合法权益，为新经济市场主体发展营造公平竞争环境，促进新经济市场主体高质量发展。

（李丽薇）

【新经济创新要素资源汇集】 市经科信局组建四川省知识产权运营股权投资基金、国际合作投资基金、新经济产业股权投资基金、成都东进产业基金4支股权投资基金，筹建基金总规模41.5亿元，其中成都新经济产业股权投资基金，完成星河动力项目5000万元投资；配合开展“东进英才”“风筝行动”等人才工程，开展西南大学“校园行”2021年教育系统人才校招活动、“就业援助月暨春风行动”“民营企业招聘月”及网络直播带岗招聘会等活动51场，提供就业岗位36234个，达成就业意向10505人；举办“区块链”“电子商务与人才发展”“管理者觉醒与5G时代品牌精准营销定位”等专题培训班，提升人才创业就业技能。

（陈志华）

市场监督管理

【概况】 2021年，市市场监管局落实四川省委十一届八次全会、成都市委十三届八次全会暨市委经济工作会议以及简阳市委十五届十四次全会暨市委经济工作会议、简阳市委十五届十五次全会和简阳市十六次党代会精神，围绕“建设区域中心城市，打造‘五个新简阳’”目标，立足实际、守正创新。

【动产抵押登记】 按照《中国人民银行　国家市场监督管理总局公告》规定，自1月1日起，动产抵押登记业务由中国人民银行征信中心承担，市场监管局不再提供动产抵押登记业务服务，仅对过渡期内（2021年1月1日至2022年12月31日止）未补录的登记信息提供查询服务。市市场监管局做好动产抵押登记服务机构变更期间相关工作。

【市场监管行政执法】 市市场监管局针对重难点领域开展专项整治，组织开展“春雷行动2021”、民生领域案件查办铁拳行动、美容行业专项整治、维护老年人消费权益、网络市场监管（网剑）等专项行动，立案482件，作出行政处罚487件，其中大要、重大案件73件，处罚没款235.78万元，案件移送简阳市公安机关6件，申请法院强制执行1件，开展行政复议3件，听证1件。

【市场秩序监管】 市市场监管局组织开展“长江禁捕　打非断链”行动、无证无照经营综合治理、“散乱污”工业企业清理整治、春季犬只整治、“安全生产月”活动等市场专项整治行动，查处扰乱市场秩序的经营行为；以元旦、春节、五一、端午等节日为重点，加大大型商超、批发企业、集贸市场等涉及面广、涉众面大的经营场所检查力度，强化食品、药品、化妆品、家用电器等与节日密切相关商品的专项整治，打击销售假冒伪劣商品的违法行为；开展市场秩序专项整治5次，出动执法人员800人次、车辆320辆次，检查经营户2000余户次，发放宣传资料7000余份。

【合同监管】 市市场监管局做好“守合同重信用”工作开展，24户成都市级“守重”企业、4户四川省级“守重”企业通过评审，24户企业获2021年度成都市级“守合同重信用”企业称号；持续开展重点行业格式条款监管，针对教育培训、房屋租赁、房地产销售、商业预付卡重点行业，通过检查格式条款提供方使用的合同文本、补充协议、服务协议、宣传手册、网站、店堂告示等，发现、查处利用格式条款免除或者减轻提供方责任、加重对方责任、排除对方权利的行为，检查重点企业43户次（其中约谈企业12户、责令改正3户），纠正涉嫌违法违规格式条款4条。

【信用监管】 市市场监管局落实市场主体失信联合惩戒，强化企业信用约束；加强经营异常名录管理，2409户市场主体被列入经营异常名录（标记为经营异常状态）；构建以“双随机、一公开”为基本手段的新型市场监管机制，2020年度年报工作获成都市市场监管局表扬为先进单位。

【广告监管】 市市场监管局组织开展护苗助老、房地产、医疗、校外培训等广告专项检查，采取日常巡查、专项检查、上门服务、发布信息等方式，宣传广告管理法律法规；综合运用行政约谈、情况通报等方式，实施广告领域包容审慎监管，查处广告案件14件，处罚没款9.72万元。

【质量安全监管】 市市场监管局编制2021年度质量监管方案，监督指导四川鑫德嘉伟医疗器械有限公司口罩生产；开展烟花爆竹、成品油及车用尿素、油漆、涂料、胶黏剂、煤炭（蜂窝煤）、油烟净化设备监督检查；推进“限塑令”专项整治，开展流通领域产品专项监督抽检。

【计量监管】 市市场监管局开展重大节日市场计量监督检查，元旦、春节、五一期间加大贸易结算、环境监测、安全防护3个领域计量监督检查力度，并根据“随机抽查执法检查对象、随机抽取执法检查人员”原则，组织实施节日市场计量专项监督随机抽查；检定食品生产、建筑建材、餐饮行业、超市、化工、加工制造、医院、加油机等630余家企业单位计量器具，检定计量器具55772台（件）。

【标准化管理】 市市场监管局开展标准实施情况监督检查，引导企业标准自我声明公开，指导、帮助17家企业制定标准92个并在平台上公示；鼓励企业参与2021年“百城千业万企”对标达标提升专项行动，配合四川省、成都市市场监管局整改2021年度“双随机、一公开”3个标准抽查不符合标准；办理商品条码52家，其中新注册13家、续展39家。

【认证认可监管】 市市场监管局按期开展机动车检验机构督导检查，督促各车检机构按照资质认定管理办法落实主体责任，杜绝虚假检测行为；开展消防产品强制性认证、电动自行车安全、化学实验室安全、货车非法改装、打击网售检验检测报告违法行为等专项整治；配合成都市市场监管局对简阳市1家机动车检测机构、1家环境检测机构、1家有机产品企业进行“双随机”检查。

【网络商品交易监管】 市市场监管局推进2021“网剑行动”，开展直播带货整治、涉网专项行动，强化电子商务平台监管；开展长江禁捕、野生动物、特供专供等电商平台（网站）专项整治行动，加强重大节日期间网络市场监管；网上检查网站、网店702个次，实地检查网站、网店经营者52个次；删除违法商品信息29条，责令整改网站11个，走访、约谈平台5次；办理涉网案件35件，处罚没款28.76万元。

【特种设备安全监管】 市市场监管局形成专项检查和不定期督查相结合的安全生产大检查和隐患排查治理机制，确保全市特种设备安全；开展电梯、叉车安全专项检查，开展重点工程施工场所[两工地（指房屋建筑工地、市政工程工地）除外]起重机械（含冶金）排查整治；开展锅炉压力容器（含气瓶充装）、快开式压力容器安全大检查，推动落实燃气管道法定检验;加强疫情防控期间特种设备安全监管，加强节假日、两会、七一建党、高中考、夏季汛期、国庆等重要时段或会议期间特种设备安全监察；强化大型游乐设施专项整治，开展特种设备和目录外游乐设施三年专项整治行动；开展特种设备“排险除患”，开展2021岁末年初特种设备专项整治等。市市场监管局全年出动检查人员2260人次、车辆690辆次，检查特种设备生产使用维保单位592家次；编辑特种设备安全信息简报22期，发放特种设备安全宣传资料6000余份；办理特种设备违法案件7件；开展特种设备培训3场，培训360余人次。

【食品安全监管】 市市场监管局组织开展“春雷行动2021”、乳制品质量安全提升行动、大米质量安全专项排查整治、猪肉及其产品质量安全整治、肉制品专

3月19日，简阳市2021年第一次食品安全风险研判会议召开（市市场监管局供图）

项行动、保健食品行业专项清理整治、砖茶专项整治、疫情防控期间安全生产经营综合整治、节假日食品安全专项检查等专项整治，通过检查排除食品安全隐患100余处；强化农村地区及校园周边食品安全监管，开展餐饮质量安全提升行动、餐饮服务单位风险评级；加强小作坊监督检查，加强非洲猪瘟防控；做好食品安全风险防控指数评价，完成成都市下达的食品安全监督抽检任务770批次；组织开展冷链食品应急演练、大运会食品安全突发事件应急演练、学校食品突发事件应急演练，完成2021年“相约幸福成都”跳水项目赛事食品安全保障；做好国家食品安全示范城市创建迎检，推进创建氛围营造、现场点位打造等，提高创建满意度和知晓率；开展培训20余场，培训食品从业者3000余人次。

【食品经营监管】 市市场监管局建立并完善分级分类的监管模式，全市食品销售单位4391家、食品生产企业73家，全部完成风险分级评定，评定率100%；检查食品销售单位8785家次、食品生产企业491家次、集贸市场327家次，发现问题458个，各问题单位均完成整改；建立冷链食品疫情防控长效机制，排查全市涉及冷链食品的市场、超市、冷库等重点场所，督促落实库长责任制，加强进口冷链食品经营监管。

【餐饮服务监管】 市市场监管局开展大中型餐饮单位食品安全培训、学校食堂管理员培训、乡厨培训、火锅行业系列警示培训、“相约幸福成都”系列赛事食品安全培训等培训20余场，培训餐饮从业者2000余人次；开展校园食品安全守护行动，成立校园食品安全守护行动工作小组，联合市教育局监督检查学校食堂和为学校供餐的集体用餐配送单位，督促学校落实食品安全主体责任，严防严管严控校园食品安全风险，遏制发生群体性重大食品安全事故；做好餐饮服务风险分级管理，开展网络餐饮服务规范提升行动、食品经营安全风险隐患排查、打击农村假冒伪劣食品专项行动。

【药品监管】 市市场监管局开展“春雷行动2021”疫情防控用药械质量安全、疫苗、含兴奋剂药品等专项整治行动，检查药品、医疗器械生产企业安全生产管理制度和隐患排查管理制度建立和执行情况；强化远程药学服务和特殊药品监管，推进远程药学服务建设，全市达到376家，民生工程含麻复方制剂“互联网+智慧监管”试点药店完成115家，定期对简阳市药品维持治疗中心开展美沙酮检查；召开动员部署会，要求药品、医疗器械生产企业落实企业主体责任；开展零售药店常态化疫情防控，开展药械法律法规知识宣贯培训。全年出动检查人员2531人次，检查药品经营使用单位6181家次，责令整改57家。

【医疗器械监管】 市市场监管局部署开展“春雷行动2021”之疫情防控用药械质量安全、疫情防控医疗器械质量安全、医疗器械质量安全风险隐患排查治理、避孕套、装饰性平光隐形眼镜（美瞳）等专项整治行动，出动检查人员1381人次，检查医疗器械生产经营使用单位1265家次，责令整改27家。

【化妆品监管】 市市场监管局加强日常监管，督促化妆品经营使用单位规范经营；牵头开展儿童化妆品、化妆品“线上净网线下清源”专项整治，清查市场监管总局公布的不合格化妆品；牵头开展化妆品抽验，检查化妆品经营使用单位351家次。

【不良反应检测】 市市场监管局开展医疗机构监测人员现场指导培训11次，评价上报药品不良反应940例、医疗器械不良事件327例、化妆品不良反应90例。

【消费者权益保护】 市市场监管局制定处理投诉举报制度，建立并规范“3·15”消费维权服务站点；开展“3·15”“守护安全 畅通消费”等消费维权宣传活动10余次，发布食品、网络消费投诉等热点问题消费提示、警示95期；受理消费者投诉举报，通过全国“12315”平台、成都市市长公开电话、简阳市百姓需求“一号通”便民服务等平台接收处理公众反映的投诉、举报、咨询和建议4638件，其中消费争议投诉3926件、违法线索举报650件、咨询54件、建议8件，办结率99.55%，挽回群众经济损失215万元，群众满意率92%。

（罗 丽）

物价管理

【概况】 2021年，简阳市物价工作着力于经济发展新时期凸显的价格新矛盾，跟进人民幸福生活成本竞争力提升工程，坚持以“回应社会关切，保供稳价，推进价格供给侧改革，优化营商环境，激发市场活力”为重点，做好重要民生商品和服务保供稳价，落实价格调控措施，保持价格基本平稳，确保社会稳定；价格监管工作围绕服务高标准市场体系建设，强化价格监管基础工作、服务构建新发展格局，强化重点领域价格监管、服务优化营商环境，强化涉企收费治理。

【物价管理】 市发改局制定元旦、春节、两会期间民生领域保供稳价方案，细化举措协同联动，确保在市场价格异常波动或突发紧急情况时，从容应对，稳定市场预期，保障人民生活基本需要，维护社会稳定；落实低收入群体燃气补贴，惠及民生；清理规范供水、供电、供气等行业收费，规范价格收费行为，提升服务水平，改善营商环境；发挥价格调控职能，做好涉及停车收费、教育、供水价格等价格制定；开展完成养老殡葬服务、城镇供水价格和农村安全饮水工程供水价格、住宅小区停车和物业服务收费等8项价格专题调研，为上级决策提供依据；处理回复价格咨询、投诉、举报27件，办理人大、政协提案3件，回复率100%。

【价格监管】 简阳市市场监管局开展“春雷行动2021”保供稳价执法行动，发挥价格监管促发展、促消费、保民生、保稳定的重要作用；以转供电、“双节”期间价格监督检查为重点，加大价格违法行为查处力度，对利用使人误解的标价方式进行价格欺诈行为罚款5万元，对不符合转供电环节加价收取电费行为罚款23.65万元；开展“治理涉企收费 减轻企业负担”专项行动，利用专项整治和日常监管治理涉企收费，检查中介机构105户、行业协会商会19个、公用事业单位17家，并加强与市民政局、市发改局联动，加大行业协会商会检查力度；开展元旦、春节、“五一”、“十一”等重点节日保供稳价；处理涉及价格收费方面投诉，处理价格相关投诉举报348件；开展重点商品价格监测，关注消费量大的粮油肉禽蛋菜奶等民生商品和防疫用品市场价格；立案查处价格违法案件3件，罚没款28.65万元。

（陈兴国 谭先根）

粮食和物资储备管理

【概况】 2021年，市发改局落实国家粮食安全新战略，按照中央、四川省、成都市对粮食工作的安排部署，适应新常态，应对新挑战，狠抓仓储规范化管理和安全生产，确保储备粮数量真实、质量良好、储存安全；做好粮油与应急物资储备，探索建立健全救灾应急物资储备管理制度，提升全市应急物资保障能力和工作水平，确保发生突发事件后粮油与应急救灾物资在政策规定的范围内有效供给。

【粮油储备】 简阳市储备政策性粮油5.2万吨，其中储备小麦3.08万吨（省级储备0.7万吨、县级储备2.38万吨），储备稻谷4632吨（省级储备4068吨、代成都高新区储备564吨），储备县级小包装大米0.47万吨（县级储备0.3万吨、代成都高新区储备0.17万吨），储备散装菜油10620吨（省级储备650万吨、成都市级储备5000吨、县级储备4970吨），储备小包装菜油1220吨。

【应急物资储备】 简阳市完成2021年应急救灾物资采购，储备应急救灾物资55个品种35403件，主要储存于简阳国家粮食储备库；按照指令紧急采购一批抗疫物资，并按照要求发放相关镇（街道），做好抗击疫情物资保障。

【粮食执法】 市发改局推行“双随机、一公开”监管，建立粮食企业信用监管制度体系；完成全国粮食流通“亮剑2021”专项行动执法、2021年夏季粮油收购监督检查、2021年秋粮收购监督检查、粮食购销领域腐败问题专项整治等；每月同简阳市财政局、中国农业发展银行简阳市支行检查简阳国家粮食储备库、简阳市粮友购销公司粮油食品安全情况，确保全市政策性库存粮油安全。全年出动检查人员92人次，检查经营企业28个次，无现场处罚及罚款，未出现重特大粮油储存、食品安全和安全生产事故。

（梁 勇）

安全生产监督管理

【概况】 2021年，市应急局树立“人民至上、生命至上”理念，持续开展安全生产专项整治三年行动；防范化解安全风险，完善应急指挥和防灾减灾救灾体系；加强基层应急救援队伍建设，提升应急救援能力，有效应对各类自然灾害、生产安全突发事件。全市生产安全事故起数和死亡人数呈下降趋势，未发生森林火灾及因灾亡人事故。

【安全生产责任落实】 市应急局推行安全生产清单制管理，按照“突出重点、抓住关键、简明扼要、操作性强、科学管用”原则，制定完善各镇（街道）、市安委会各成员单位和各生产经营单位安全生产清单；健全完善市、镇（街道）、村（社区）三级齐抓共管安全生产责任体系，将安全生产责任落实到各级领导干部、安全生产一线监管人员；完善联动机制，消除监管盲区，形成监管合力，推动《地方党政领导干部安全生产责任制规定》落到实处；完善安全生产考核制度，发挥“两书一函”（约谈通知书、督促限期整改通知书、提醒敦促函）作用，市安办约谈行业部门2个、企业1家。

【安全生产专项整治三年行动】 市应急局按照成都市、简阳市开展安全生产专项整治三年行动的统一部署，制发《简阳市安全生产专项整治三年行动“集中攻坚年”实施方案》，聚焦危险化学品、城乡消防、交通运输、城市建设、工矿商贸、特种设备、产业功能区、危险废物、农村安全等重点行业领域开展隐患排查整治集中攻坚行动，累计检查企业（单位）33269家次，排查整改隐患18337处，整改率100%。

【智慧韧性安全城市建设】 市应急局整合雪亮工程、应急系统、智慧城管等9个业务系统，提升城市信息化水平；在3个人员密集场所及重点区域安装地震预警终端，地震监测预警信息覆盖率达65%以上；启动简阳市第一次全国自然灾害综合风险普查；推进蛛网工程建设，完成东来印象消防站及186个微型消防站建设，督促指导辖区144家单位完成消防车通道划线。

【城市安全风险辨识与评估】 市应急局在全市化工及危险化学品、人员密集场所、建筑施工、垃圾处理设施、规模以上工业企业、“两客一危”（从事旅游的包车、三类以上班线客车和运输危险化学品、烟花爆竹、民用爆炸物品的道路专用车辆）企业、非煤矿山、烟花爆竹储存、民用爆破器材使用及运输、发电企业10个重点行业领域和石油天然气长输管线及城镇燃气、电网运营、供排水、道路交通4条城市生命线工程开展城市安全风险评估，形成城市安全风险清单，绘制“红、橙、黄、蓝”四色等级城市安全风险电子地图，提高城市安全风险精准化管控水平；在工贸、危化、建筑施工、交通运输、教育、宗教场所、养老机构、人员密集场所等10个重点领域开展示范单位指导服务，引领推动各行业领域城市安全风险辨识与评估。544家重点行业领域企事业单位完成城市风险信息管理系统填报，上报风险源17463处，诊断分级360家、公共风险源2177个。

【安全监管执法】 市应急局落实中央关于深化应急管理综合行政执法改革要求，增加市安监执法大队编制17名，充实安全监管执法力量；对高危行业领域重点企业开展全覆盖执法检查，购买专家服务，提升执法检查专业水平；按照“铁心布置、铁面检查、铁腕执法”要求，以铁的作风开展“创安2021”专项执法行动，出动安监执法人员360人次，检查企业152家次，查处安全生产违法行为74起，处罚款185.9万元；按照“四不放过”原则，调查事故12起，处罚款458万元，移交司法机关追责1人。

【森林防灭火体系构建】 市应急局构建全新指挥部工作体系，编制《简阳市森林草原防灭火指挥部工作规则（试行）》《简阳市森林草原防灭火指挥部内部工作运行机制（试行）》，构建“一办六组”（市森防指办公室和火灾风险隐患排查整治组、违规野外用火管控及火案查处组、林区输配电设施火灾隐患排查整治组、小火打早打了组、火灾科学扑救组、信息综合组）指挥体系格局，健全森林火灾应急机制；以野外火源管控、责任制落实、森林防灭火常态化防范等为重点，统筹修订森林火灾应急预案；建立市、镇（街道）、村（社区）三级常态化督查制度，掌握各镇（街道）、指挥部各成员单位森林防火工作开展情况；推动落实森林草原防灭火群防群治末端发力机制，依托四川森防信息管理系统，带动市、镇（街道）、村（社区）三级发力，建立森林防灭火市包保镇（街道）、镇（街道）包保村（组）、村（组）包保户的“层层包保”体系。

【森林防灭火防控】 市应急局落实分区分级精准防控，全市有森林防火任务的22个镇（街道）根据森林面积、救援力量、基础设施、与周边区（市）县森林交界等客观条件划分高、中、低三类风险区，有森林防火高风险区5个、中风险区12个、低风险区5个，针对不同风险等级区域，制定分级防控措施。

开展安全生产执法检查（市应急局供图）

【森林防灭火能力提升】 市应急局完成《森林火灾预防与扑救能力建设规划》和《森林火灾防控能力提升三年行动方案》编制；组建22支镇（街道）级半专业扑火队400余人和271支村级义务扑火队5000余人；强化森林防火宣传，出动宣传人员1万余人次、流动宣传车3400余辆次，发放宣传资料4.3万余份，开展入户宣传10万户，设置防火标识标牌2300余个，张贴悬挂标语横幅1万余幅，设置LED滚屏200余块，提升群众森林防火意识。

【安全生产宣传教育】 市应急局分行业领域全覆盖开展安全生产教育培训，提高企业法人和安全管理人员安全生产法律法规和抢险救援意识，培训人员3000余人次；组织开展安全生产“五进”和新修改《中华人民共和国安全生产法》宣贯活动，让安全生产法律法规、安全常识、隐患排查走进企业、农村、社区、学校和家庭；组织“安全生产宣传月”活动，宣传安全生产方针政策、法律法规、应急知识、防灾减灾救灾常识等内容，并组织专业人员现场解答群众的咨询和疑问，提高群众安全生产意识。

（谢元洪　刘　恺）

国有资产监督管理

【概况】 2021年，市国金局围绕全市中心工作，以“两降两提”（降负债、降成本、提效益、提能力）为改革主线，以“三个有利于”（有利于发展社会主义社会生产力、有利于增强社会主义国家的综合国力、有利于提高人民的生活水平）为改革方向，统筹做好疫情防控和社会经济发展，探索国有资产监管有效途径，推进市属国有企业转型赋能，为全市重点项目、产业发展和公共服务等领域提供要素支撑。截至12月，全市国有企业资产总额1314.92亿元，资产负债率61.66%，投资项目186个，实现营业收入17.25亿元，利润总额2.49亿元。

【国资经营预算】 市国金局配合简阳市财政局完成2021年国有资本经营预算，向企业下达2022年度国有资本经营预算指标。2022年国有资本经营收入预算安排1035万元，2022年国有资本经营支出预算安排国有企业资本金注入支出717万元。

【国有企业改革】 市国金局制定《简阳市国有企业经理层成员任期制和契约化管理工作推进方案》，对18家二、三级国有企业33名经理层成员实行任期制和契约化管理，建立市场化薪酬体系，健全现代企业制度，激发企业经营活力。

【国企监管制度完善】 市国金局制定《关于健全简阳市国有资产管理委员会“三重一大”事项决策机制的意见》《简阳市市属国有企业资产招商管理办法》《简阳市市属国有企业采购管理办法》《简阳市市属国有企业转型赋能集中攻坚大会战工作方案》《简阳市市属国有高层次企业人才引进公开招聘办法》等规章制度，从决策管理、资产管理、转型发展等方面加强市属国有企业监督管理，促进市属国有企业合规经营，健康发展。

（胡小聪）

【四川雄州实业有限责任公司】 四川雄州实业有限责任公司是经简阳市人民政府批准于2012年2月15日成立的国有独资公司，注册资本10.1亿元，实收资本10.1亿元。公司下属子公司1个、控股公司1个、合资公司6个、合作企业3个，主要承担简阳市城市规划建设区内基础设施、保障性住房、棚户区改造等城建类项目。2021年，公司完成投资41.24亿元，经营收入2.85亿元，利润总额3976万元，上缴税款2.72亿元，实施项目54个（其中完工项目9个、在建项目23个、开展前期工作项目22个）。公司承建的城市夜景亮化三期（二标段）项目打造以龙王山、鳌山为亮点的网红打卡点和整体的沱江临河景观面，助力简阳市“一轴、两岸、两线、两山、五桥、多节点”的夜景亮化建设；老旧院落改造，改造人居环境，提升城市形象；简阳市疾病预防控制中心重建项目、群众接待中心及东城派出所建设项目等9个项目竣工投用。公司资产总额311.19亿元，企业信用评级AA级。

（陈佳琪）

【四川龙阳天府新区建设投资有限公司】 四川龙阳天府新区建设投资有限公司是经简阳市人民政府批准于2012年5月30日成立的国有独资企业，注册资本18亿元，实收资本10亿元。2014年，根据简阳市委、市政府安排，将简阳两湖一山公司、三岔天湖公司、四川名湖公司、五龙旅游公司整合合并为现有公司，合并后注册资本23.1亿元，实收资本15.1亿元。公司承担简阳市文化、教育、卫生、政法类基础设施及服务（物流）园区建设和重点卫星城镇开发等任务，实行自主经营、独立核算、自负盈亏、自我发展、自我约束的经营管理机制。公司主要负责项目有东来印象（简阳市文化体育中心）项目、简阳市石桥中心卫生院新建项目、简阳市凤栖苑人才公寓项目。东来印象（简阳市文化体育中心）项目位于简阳市东城新区，建设内容包括图书馆、文化馆、美术馆、艺术家之家、博物馆、档案馆、地方志馆、广电中心、青少年活动中心、文创产业园、大剧院、体育馆、游泳馆、全民健身中心和国民体质监测中心、体育公园，其中体育馆和游泳馆作为2022年大运会赛事场馆，总建筑面积419939平方米。简阳市石桥中心卫生院新建项目位于石桥镇，总建筑面积9500平方米，其中地上面积8000平方米、地下停车场1500平方米，包括建筑安装、给排水、强弱电、消防等工程以及土地平整、围墙、绿化、供配电等配套建设工程。简阳市凤栖苑人才公寓项目位于射洪坝街道水东村，总建筑面积187484.94平方米，总用地面积77.28亩，建设人才公寓。2021年，公司实现经营收入2.91亿元，上缴税收0.55亿元，利润总额0.56亿元，资产负债率60.27%；全年推动25个项目加快建设，完工6个，完成年度投资41.64亿元。

（汤韦迪）

【简阳市现代工业投资发展有限公司】 简阳市现代工业投资发展有限公司成立于2008年8月，是简阳市国有独资公司，注册资本10亿元，2017年主体信用评级AA；下属简阳市新天地建筑工程有限公司、简阳市空天产业投资发展有限公司2家全资子公司，入股国有控股公司2个、对外投资组建项目公司9个。公司聚焦工业主战场，投身成都空天产业功能区基础设施，推进项目建设，完成5万平方米配套住房主体建设、

10 万平方米标准厂房主体建设，开放 8.7 公里市政道路通行和 8.5 万平方米市政景观；持续做实多元化布局加快转型升级，参与城市有机更新改造，探索提升同类企业信用评级、优化企业资源配置、参与简阳市基金组建等新举措，开拓转型做实新局面。2021 年，公司资产总额 195.47 亿元，资产负债率 47.41%。

（罗　燕）

【简阳市水务投资发展有限公司】 简阳市水务投资发展有限公司成立于 2010 年 8 月，是简阳市国有资产管理委员会、中国农发重点建设基金有限公司共同出资设立的国有控股企业，注册资本 11.57 亿元。公司下辖简阳市兴盛源管道工程有限公司、简阳市兴东和建材有限公司、简阳市兴睿胜砂石有限公司、简阳市兴东来建筑有限公司、简阳市贾家镇自来水厂5 家全资子公司，主要开展城乡供水、污水处理、水利工程建设、江河防洪整治、砂石开采及销售、自来水经营、建材经营以及市政管网建设、维护、维修、管理等业务。2021 年，公司聚焦涉水民生主业，推进简阳市农村生活污水治理工程、简阳市黑臭河渠综合治理工程及简阳市城乡居民饮水三年巩固提升工程等民生工程；加快落实转型赋能，拓展土地整理、砂石经营、原水及自来水运营等业务，初步形成涉水业务为主，土地整理、安置还房及城市基础设施建设等多业务协同发展的产业布局和发展模式。2021 年公司实现投资 40.05 亿元，实现营业收入 1.42 亿元，总资产规模 145.14 亿元。

（骆　楷）

【四川阳安交通投资有限公司】 四川阳安交通投资有限公司是经简阳市人民政府批准于 2013 年 1 月成立的国有独资公司，注册资本 10 亿元，企业信用评级 AA 级；下辖四川阳安东进建材有限公司、四川盛庆发建筑有限公司、简阳市阳安汽车服务有限公司、简阳市阳安能源投资有限公司、四川林源绿化有限公司和四川临空房地产开发有限公司 6 家独资子公司，主要经营交通基础设施投融资、建设、经营和管理，市政道路、园林景观、水利、房地产、土地等投资开发和管理，建材销售、汽车租赁等业务。2021 年，公司参与简阳市区域路网建设，开展前期工作项目 8 个，实施建设项目 11 个，有序实施县道、乡道、村组道路等项目，完成固定资产投资 26.7 亿元；坚持“科学统筹、盘活资源、商业逻辑、做强做优”原则，布局实体经营发展项目，搭建建筑施工、建材市场、物流运输与交通能源四大实体业务供应链条，其中东进建材、盛庆发建筑、阳安能源加快市场化转型。截至年底，公司资产总额 170.13 亿元，净资产 69.91 亿元，实现营业收入 4.79 亿元，利润总额 6176.32 万元，上缴税款 2033 万元。

（西顺平）

【简阳市汇众农业投资发展有限公司】 简阳市汇众农业投资发展有限公司成立于 2016 年 9 月 27 日，注册资本 10 亿元；有全资子公司 5 个、合资子公司 10 个，经营涵盖农业项目投资、农业产业发展、新农村建设、农业园区建设、种子和化肥农资产品销售、林业项目投资、苗木生产及销售、农副产品生产及销售等，负责农产品区域公用品牌打造、农业机械化等服务体系建设、农业新技术示范推广，搭建都市现代农业发展平台及村集体经济、农民共富平台，引领各类资金投向“三农”，实现国有资产保值增值。2021 年，公司推进简阳市石钟镇幸福美好前锋村、天府智慧林场建设、家风荷乡旅游景区建设、天府农业科创园、简阳现代高效农业产业园、汇众同方·智慧扶贫产业园、平泉幸福美丽新村建设、平泉大耳羊一级扩繁场、冷链物流中心建设等 39 个项目；以“投资现代农业，助推共同富裕”为使命，以“智慧汇众、服务汇众、国际汇众”为愿景，以“创新、高效、共富”为核心价值观，搭建都市现代农业发展平台及村集体经济、农民共富平台，引领各类资金投向“三农”，实现国有资产保值增值，加快形成农业农村新优势。2021 年，公司完成投资 31.5 亿元，总资产 89.30 亿元，资产负债率 64.69%。

（孙　瑾）

【简阳市雄州建设工程质量检测有限公司】 简阳市雄州建设工程质量检测有限公司成立于 2015 年 5 月，注册资本 200 万元，是简阳市国有独资企业，是经四川省技术监督局计量认证和四川省建设厅资质认可的第三方公正性质量检验机构。公司主要承担简阳市辖区内建设工程进场原材料及半成品、工程结构类的检测业务，具体检测涵盖钢筋原材力学性能、钢筋焊接力学性能、水泥、砂分析、石分析、石抗压、砖材抗压、混凝土抗压、混凝土配合比、砂浆抗压、砂浆配合比、混凝土回弹、植筋承载力等参数。2021年，公司按照“科学统筹、做强做优”的原则，参与市场化竞争实体经营，为东来印象、天星公园、简阳市新建射洪坝第四幼儿园、简阳市石钟镇卫生院等建设项目提供检测服务；加强人才队伍建设，11人取得助理工程师职称，1人取得工程师职称。年末，公司办公场地由五友路59号整体搬迁至雄州大道南段586号，完成实验室规划落地，购置先进检测设备，增加检测参数60余项。公司全年实现营业收入241.94万元，资产总额604.02万元，资产负债率7.03%；所有者权益总额561.56万元，比2020年减少171.03万元。

（田　锋）

金融监管

【概况】 截至2021年12月，简阳市金融机构人民币存款余额906.48亿元，比年初增加84.07亿元。从存款结构来看，住户存款余额700.79亿元，比年初增加87.80亿元，其中活期存款增加8.13亿元；非金融企业存款余额119.70亿元，比年初增加12.60亿元，其中活期存款减少5.70亿元。简阳市金融机构人民币贷款余额541.22亿元，比年初增加66.63亿元。从贷款结构来看，月末住户贷款余额220.75亿元，比年初增加28.51亿元，其中短期贷款增加10.62亿元、中长期贷款增加17.89亿元；非金融企业及机关团体贷款余额313.37亿元，票据融资减少2.80亿元；非银行业金融机构贷款余额7.10亿元。简阳市金融机构外汇存款余额折合人民币9849.01万元，金融机构外汇贷款余额折合人民币22.17万元。

【金融营商环境建设】 市国金局加强“农贷通”“天府信用通”等线上融资对接功能，开展“金融雄州行”线下系列产融对接活动，推动金融资源与企业融资需求精准对接，各线上融资平台新增融资20.68亿元，举办大型融资对接活动9场，参与企业350余户；制发《关于加快推动企业上市培育工作的实施意见》，召开简阳市金融工作领导小组工作会2次，专题研究全市上市及拟上市公司需解决的问题，推动四川港通医疗设备集团股份有限公司在深交所创业板报会成功；为辖内企业争取成都市、简阳市两级资本市场奖补资金366万元，辖内企业年度新增直接融资44.17亿元；扩充简阳市中小企业融资担保有限公司注册资本至6亿元，支持简阳市中小企业融资担保有限公司创造性利用“网商贷”项目提升服务产业发展能力，简阳市中小企业融资担保有限公司与辖内外10家银行机构建立银担合作关系，为12315户企业提供资金支持22.21亿元（含融资担保21.07亿元、委托贷款1.14亿元），其中“网商贷”项目新增担保贷款58367笔12.4亿元，受到成都市发改委发布推介，并获2021年成都市优化营商环境建设优秀案例；用活乡村振兴风险保障金，设立200万元家庭农场风险资金池，综合运用多级风险模式，加强与四川省农业融资担保有限公司及准入银行合作，降低融资门槛和成本，提高农业主体信贷获得便利度。简阳市“银政担”合作项目累计实现信贷投放73笔5164.6万元，比2020年增长39.21%。7月，简阳市国金局金融营商环境建设相关经验做法被《四川经济日报》以《神鸟展翅跃长空　营商有“度”看简阳》为题报道。

【金融服务体系完善】 市国金局出台《简阳市提升企业获得信贷便利度实施细则》《简阳市优化企业开户专项实施方案》等专项方案，提升企业账户服务实效，推动账户开户、注销、变更等办理时间由2个工作日压缩至1个工作日之内；深化银政合作，推动6家银行加入“一窗通”平台，建立服务网点10个，协调推动12家辖内银行机构接入“银政通”平台；印发《简阳市推行“蓉易贷”进一步完善普惠金融服务体系工作方案》及配套子方案，完善“蓉易贷”工作机制，推进政策宣传、企业入库、信贷投放等，着力打造一站式“蓉易贷”服务平台，年度推荐254户优质企业进入“蓉易贷”白名单库，新建“蓉易贷”服务中心18个，覆盖全市各产业功能区及重点镇（街道），实现“蓉易贷”投放5.61亿元，较年初增长5.35亿元，其中向83户白名单企业投放1.98亿元。

【金融风险防范】 市国金局整合工作领导小组，成立简阳市防范金融风险领导小组，改变“简阳市打击和处置非法集资工作领导小组、互联网金融风险专项整治工作领导小组、网贷风险应对工作领导小组”三驾马车分工负责的格局，加强工作统筹协调力度；建立金融风险定期摸排、部门联合整治机制，出台金融风险摸排方案，成立联合工作组，开展全行业金融风险摸排整治，做到“早发现、早化解”，6月15日31家成员单位、金融机构开展集中宣传活动，提升群众风险防范意识；会同市公安局、市市场监管局、中国人民银行简阳市支行等部门，检查涉嫌从事非法金融活动的机构19家，查实涉嫌从事非法金融活动的机构3家，详细了解3家机构吸收资金金额、流向、涉及人数、项目情况、还款来源等，基本掌握3家机构涉嫌非法吸收公众存款行为的情况，并移交问题线索，由各部门根据职能职责开展行政处置、刑事打击、督促清退、账户监测、人员管控等。

（唐大力）

【金融机构监管】 中国人民银行简阳市支行对建设银行简阳支行、中国银行简阳支行、简阳农商银行、邮政储蓄银行简阳支行、成都农商银行简阳支行5家银行开展征信走访巡查，对全辖14家银行机构44个营业网点开展人民币走访巡查，对四川银行、浙江民泰银行、简阳农商银行、遂宁银行、中金财富证券、中国人寿保险6家金融机构开展反洗钱走访巡查，反洗钱及反电诈工作取得明显成效；对全市15家银行业金融机构全部纳入综合评价范围，确定2021年度各银行业金融机构最终评价结果，中国银行简阳支行、工商银行简阳支行、邮政储蓄银行简阳支行、绵阳市商业银行简阳支行、成都银行简阳支行、建设银行简阳支行6家金融机构为A等。

【金融服务】 中国人民银行简阳市支行落实稳健货币信贷政策，持续做好金融支持稳企业保就业，开展提升企业获得信贷便利度试点，探索推动绿色金融，推动金融支持脱贫攻坚与乡村振兴有效衔接；强化征信融资平台运用，深化信用体系建设；夯实国库业务，打造国库惠民服务平台。

（雷云春　陈世禄）

财　政

【概况】 2021年，市财政局执行简阳市第十七届人民代表大会常务委员会第五十五次会议批准的调整预算，全市和市级预算执行情况良好。全市地方一般公共预算收入完成337150万元，完成预算的100%，比2020年增加36424万元，增长12.11%；一般公共预算支出完成680097万元，完成预算的92.75%，比2020年减少27479万元，下降3.88%；政府性基金收入完成406576万元，完成预算的100%，比2020年增加57565万元，增长16.49%；政府性基金支出完成425750万元，完成预算的86.08%，比2020年减少30970万元，下降6.78%。

【财政收入】 简阳市全年实现财政总收入967867万元，较2020年增加98777万元，增长11.37%，其中一般公共预算收入完成560124万元，增加41142万元，增长7.93%，包括中央级收入168566万元，较2020年增加3474万元，增长2.1%；省级收入52728

表29　2021年简阳市（不含成都东部新区）财政收支情况表

序号	项目名称	金额（万元）
1	地方一般公共预算收入	337150
2	税收收入	224049
3	非税收入	113101
4	政府性基金预算收入	406576
5	一般公共预算收支	680097
6	公共安全支出	35471
7	教育支出	125426
8	科学技术支出	1787
9	文化旅游体育与传媒支出	15915
10	社会保障和就业支出	110556
11	卫生健康支出	65515
12	节能环保支出	11632
13	城乡社区支出	31907
14	政府性基金预算支出	425750

万元，较2020年减少315万元，下降0.59%；地市级收入1680万元，较2020年增加1559万元，增长1288.43%，主要是新增水土保持费1635万元；县级收入337150万元，较2020年增加36424万元，增长12.11%。全市全口径税收收入完成442756万元，较2020年增加27790万元，增长6.7%，其中中央级167560万元，较2020年增加3196万元，增长1.94%；省级51217万元，较2020年减少496万元，下降1%；地市级-70万元，较2020年减少70万元，主要是增值税留抵退税调库；县级224049万元，较2020年增加25160万元，增长12.65%。全口径非税收入完成117368万元，较2020年增加13352万元，增长12.84%，其中中央级1006万元，较2020年增加278万元，增长38.19%；省级1511万元，较2020年增加181万元，增长13.61%；地市级1750万元，较2020年增加1629万元；县级11301万元，较2020年增加11264万元，增长11.06%。全市地方一般公共预算收入337150万元，总量在成都市各区（市）县中排第17位，增幅排第7位。税收收入占比66.45%，较2020年提升0.31个百分点。全市全口径政府性基金预算收入完成406746万元，较2020年增加57605万元，增加16.5%，其中省级170万元，较2020年增加39万元，增长29.77%；县级政府性基金预算收入406576万元，较2020年增加57566万元，增加16.49%。

【财政支出】 简阳市全年实现一般公共预算支出680097万元，占调整预算的92.75%，预算执行进度较2020年提升0.5个百分点，比2020年减少27479万元，下降3.88%；实现政府性基金预算支出425750万元，占调整预算的86.08%，预算执行进度较2020年下降7.71个百分点，比2020年减少30970万元，下降6.78%。

【财源建设】 市财政局强化协税护税，确保各项收入及时、足额入库；加强对四川省、成都市财政部门汇报工作，争取上级支持；深挖财政收入潜力，多角度深研税收政策，在“聚合力、引产业、培财源”三个方面重点发力，把握财政收入新增长点。全年实现地方一般公共预算收入337150万元，其中税收完成224049万元，较2020年增长12.65%。

【财政收入征管】 市财政局树立全市收入“一盘棋”的组织收入任务观，按照收入统筹要求，落地、落实各项组织收入措施，确保执行到位；加强汇报沟通力度，向简阳市委、市政府汇报收入情况，与税收部门保持沟通和协作，争取税收收入预算目标更加科学、符合客观税源实际，争取税收入库更加精准；加强收入形势研判，深化税源调研，结合历史数据，关注经济走势，掌握经济税源情况，多维度开展税收分析，总结税收收入规律，科学、精准预测收入；强化重点税源管理辅导，用好大数据掌握大企业、大税源发展变化，将重点税源监控质效体现到组织收入中，增强组织收入前瞻性、主动性；强化税收入库，追缴往年欠税；加快清理盘活国有闲置、低效资产处置，增加非税收入。

【财政支出管理】 市财政局通过财政直达资金动态监控系统管好用好直达资金，健全“建立台账、定期研究、全过程跟踪管理”机制，助力“六保”“六稳”落地落实。全年直达资金56647万元，截至12月31日，实现支出56506万元，支付进度为99.75%，主要用于促进教育高质量发展、保障住房安全及交通环境、保障基本民生、保障就业、保障市场主体和困难群众等领域。

【财政改革】 市财政局加快建立全方位、全过程、全覆盖的预算绩效管理体系，推动绩效管理实施对象从项目（政策）预算向部门预算拓展，实施部门整体绩效目标编制；推进预算管理一体化系统建设，实施项目全生命周期管理，使用预算管理一体化系统编制2022年年初预算，提高预算管理规范化、科学化、标准化水平；开展财政国库集中支付标准化建设，规范预算单位支出及现金管理，依托预算管理一体化平台实施电子支付改革；推进权责发生制编制政府综合财务报告，通过财务报告编制软件在全市66个市级一级预算单位、322个市级二级预算单位、7个街道办和15个镇编制部门财务报告的基础上，汇总财政层面的收支及资产负债情况，编制简阳市2020年度政府综合财务报告。

【财政绩效管理】 市财政局按照“保运转、保民生、保重点、优结构”的总体要求，优化支出结构，严格支出保障序列，确保“三保”支出足额保障，不留缺口；树立政府“过紧日子”思想，按照“有保有压”的原则，压缩非刚性、非重点等一般性支出，厉行节约办一切事业，从严控制一般性支出；从严控制“三公”经费支出，全年“三公”经费支出预算比2020年下降13.08%；强化预算约束，严格预算执行，开展预算执行中期评估，2021年无法实施项目或完工项目结余资金收回财政统筹安排，通过评估收回项目资金10594.32万元；完成事后绩效重点评价项目（政策）39个、部门整体21个，涉及资金366357万元。

【财政监督】 市财政局全年开展监督检查6批次，重点关注严肃财经纪律、部门（单位）财务管理、会计信息质量等内容，检查发现内部控制管理、会计基础工作、会计核算等方面存在问题金额1226.10万元，按照堵漏洞补短板要求，督促相关部门（单位）整改落实，以查促管，建立健全管理机制，保障财政资金安全运行；开展地方预决算数据公开检查，推进预决算公开，为建立健全公开透明的预算制度提供保障。

【乡村振兴财政保障】 市财政局强化乡村振兴预算保障，市级一般公共预算安排乡村振兴投入资金42770万元，占总支出的8.5%，全年实现乡村振兴支出141037万元，占一般公共预算支出20.74%；拓宽乡村振兴资金保障渠道，安排土地出让收入15664万元用于农业农村发展，占土地出让收入的4.33%；巩固拓展脱贫攻坚成果同乡村振兴衔接，安排各级财政专项资金12653万元，其中用于基础设施建设资金1916万元，支持产业发展资金9076万元；安排农业产业发展资金6462万元，安排高标准农田建设资金12360万元，建成高标准农田4.12万亩；安排农村人居环境整治提升行动资金7933万元，用于城乡清扫保洁、川西林盘保护修复、农业面源污染防治攻坚等方面，推动建设美丽宜居乡村；完善农村金融服务，组建规模1850万元的乡村振兴农业产业发展贷款风险补偿金，创新建立线上线下相结合的农村金融平台“农贷通”，打通农村金融服务“最后一公里”。

（江建乔　蔡华明　陈丽萍　陈奕名　樊利娟）

税　务

【概况】 2021年，市税务局在简阳市委、市政府安排部署下，打造“四个窗口”（忠诚奋进之窗、财源兴旺之窗、创新发展之窗、精诚共治之窗），创响“三张名片”（组织收入标兵、征管质效精兵、营商环境尖兵），实现“十四五”开局之年简阳市税收事业起步稳、开篇新、成效显，为简阳市高质量建设成都东部区域中心城市做出税务贡献。

【税费收入】 市税务局全年组织入库总收入842535万元，比2020年增收247918万元，增长41.69%。剔除成都东部新区（原属龙泉驿区、成都高新区管辖企业和贾家街道管辖企业）后，税收收入438334万元，比2020年增收15516万元，增长3.67%。非税收入（含成都东部新区）19503万元，比2020年增收6781万元，增长53.30%。社会保险费收入（含东部新区）331699万元，比2020年增收172229万元，增长108.51%。非税收入（不包括成都东部新区）17286万元，比2020年增收4564万元，增长35.87%。社会保险费收入（不包括成都东部新区）287982万元，比2020年增收128905万元，增长81.03%。其中，县级收入223716万元，比2020年增收24264万元，增长12.17%。

【财源建设】 市税务局延展税务职能，协助简阳市委、市政府成立简阳市财源建设领导小组及税费共治领导小组，助推财源建设工作领导小组办公室与税费共治领导小组办公室实体化运行，共同承担财源建设及税费共治职责职能；创新市财政局、市税务局、市行政审批局专责机构合署办公机制，打造部门合作“示范窗”；制定《推动财源建设高质量发展实施方案》，整合专业骨干人才组建专家论证团队，围绕建筑安装、房地产、西部电商物流园区、综合保税区等课题形成经济分析报告16篇；对接意向入驻企业12家，其中7户进入实质性洽谈阶段，深圳高灯科技、朗派供应链、永成壹车科技、华攀产业链4家企业签约落地。

表 30　　2021 年简阳市骨干税源企业税收情况表

序号	企业名称	全口径税收（万元）
1	唯品会（简阳）电子商务有限公司	30029
2	四川简阳农村商业银行股份有限公司	20000
3	四川省诚卓房地产开发有限公司	15130
4	四川省简阳市红塔房地产开发公司	14543
5	四川海之雁贸易有限公司	12012
6	四川万安三峰置业有限公司	9527
7	简阳市海捞餐饮管理有限公司	9221
8	四川雄州实业有限责任公司	8530
9	四川省精华房地产开发有限公司	7403
10	简阳天慧置业有限公司	6844
11	简阳荣盛均益投资开发有限公司	6322
12	成都晖江置业有限公司	6017
13	颐海（成都）食品有限公司	5059
14	简阳中恒合置业有限公司	4490
15	四川龙阳天府新区建设投资有限公司	4186
16	四川空分设备（集团）有限责任公司	4136
17	简阳攸住房地产开发有限责任公司	4129
18	四川通汇建筑工程有限公司	3868
19	简阳嘉欣瑞恒投资开发有限公司	3811
20	成都碧贤置业有限公司	3635
21	四川南格尔生物科技有限公司	3589
22	四川润尔科技有限公司	3331
23	成都招商简新房地产开发有限公司	3146
24	四川利东农牧股份有限公司	3046
25	四川简阳能投建工发展有限公司	3029
26	简阳亿联置业发展有限公司	3024
27	简阳嘉美印铁制罐有限公司	2647
28	中国人民财产保险股份有限公司简阳支公司	2486
29	四川德源房地产开发有限公司	2389
30	成都中弘信置业有限公司	2288
31	四川川空低温设备有限公司	2232
32	简阳发展（控股）有限公司	2168
33	成都兴赫房地产开发有限公司	2126
34	四川阳安交通投资有限公司	2126
35	四川新派餐饮管理有限公司	2093
36	简阳港华燃气有限公司	2067
37	四川港通医疗设备集团股份有限公司	2039
38	简阳市鸿琛建设工程有限公司	2010
39	四川雄洲建设集团有限公司	2001

续表 30

序号	企业名称	全口径税收（万元）
40	简阳合煦房地产开发有限公司	1835
41	四川华冠食品有限公司	1824
42	成都和谦房地产开发有限公司	1769
43	简阳蜀弘实业有限责任公司	1757
44	中国五冶集团有限公司简阳分公司	1746
45	四川唯品会物流有限公司	1737
46	四川天成置业有限责任公司简阳分公司	1690
47	简阳市金丰建材有限公司	1679
48	简阳市水务投资发展有限公司	1673
49	成都交投建筑工业化有限公司	1666
50	成都市俊杰建设有限公司	1638
51	中国农业银行股份有限公司简阳市支行	1637
52	四川国光农资有限公司	1601
53	中国太平洋财产保险股份有限公司简阳支公司	1488
54	成都中弘景置业有限公司	1486
55	简阳市静海投资有限公司	1423
56	简阳市喜和悦房地产开发有限责任公司	1314
57	四川众生跃劳务有限公司简阳分公司	1305
58	简阳市君晟睿混凝土有限公司	1255
59	中国工商银行股份有限公司简阳支行	1240
60	简阳海天水务有限公司	1198
61	四川信德药业有限公司	1172
62	简阳市新东南酒店投资管理有限公司	1148
63	国网四川省电力公司简阳市供电分公司	1115
64	四川众达鑫建设工程有限公司	1112
65	中国建设银行股份有限公司简阳支行	1100
66	四川省第一建筑工程有限公司	1099
67	中国平安财产保险股份有限公司四川分公司简阳营销服务部	1085
68	四川金地城房地产开发有限公司	1065
69	简阳市宏洋房地产有限公司	1059
70	四川香榕源食品有限公司	1056
71	简阳晨珲贸易有限公司	1052
72	中国华西企业股份有限公司	997
73	简阳市实业建筑工程有限公司	974
74	成都银行股份有限公司成都简阳支行	960
75	四川精华建设有限公司	935
76	四川派安建材有限公司	922
77	四川凯力威科技股份有限公司	922
78	成都高投置业有限公司	871

续表 30

序号	企业名称	全口径税收(万元)
79	简阳智诚实业有限公司	814
80	四川顺泰源机械设备租赁有限公司	795
81	简阳市恒益商混有限公司	782
82	四川国光园林科技有限公司	754
83	四川辅正药业股份有限公司	728
84	简阳市佳昊商品混凝土有限责任公司	720
85	四川新开元制药有限公司	718
86	简阳市石桥镇建强建材有限公司	715
87	成都凯安置业有限公司	708
88	四川东亚建筑工程有限公司简阳分公司	696
89	成都成希废旧物资回收有限公司	678
90	四川海底捞餐饮股份有限公司	661
91	四川恒枫建筑工程有限公司	653
92	中国银行股份有限公司简阳支行	614
93	简阳市虹都房地产开发有限公司	603
94	简阳市汇众农业投资发展有限公司	602
95	成都农村商业银行股份有限公司简阳支行	588
96	四川一州劳务有限责任公司	588
97	四川简阳海特有限公司	580
98	遂宁银行股份有限公司成都简阳支行	574
99	四川松源建筑工程有限公司	570
100	简阳市金控投资有限公司	531
101	四川空分低温工程安装有限公司	528
102	简阳市顺源典当有限责任公司	518
合计		294050

说明：骨干税源企业全口径税收不含企业代缴个人所得税

【减税降费政策落实】 市税务局推动减税降费政策落地落实，新增减税降费 2.92 亿元；增值税增量留抵退税惠及纳税人 51 户，退税金额 4.05 亿元；研发费用加计扣除政策惠及纳税人 40 户，享受金额 1.72 亿元；西部大开发所得税优惠政策惠及纳税人 37 户，减免税额 1.3 亿元；个体工商户复工复产征收率降低政策惠及纳税人 4201 户，减免税额 6777.09 万元；小微企业所得税优惠政策惠及纳税人 1293 户，减免税额 6618.38 万元；为 200 户制造业中小微企业办理缓缴税款 1845.66 万元；公共交通运输服务等免征增值税政策惠及纳税人 131 户，免税金额 325.04 万元；房产税、城镇土地使用税减免政策惠及 19 户，免税金额 326.06 万元。

【税收征管体制改革】 市税务局贯彻中共中央办公厅、国务院办公厅印发的《关于进一步深化税收征管改革的意见》，推进税费征管方式转型升级；将原 12 个属地税务分局收缩为 8 个，简阳市域内 4 个属地分局逐步迁移到三大园区，布局打造智能化办税缴费服务"微厅"，实现税费业务"一站式"办结；将原 3 个专业化税费管理部门增加为 8 个，实现管户制向管事制平稳过渡；组建征管税政、风险信息、纳服一分局、法制督审 4 个团队，形成"全流程、全链条、全环节"业务规范指引；实施包容审慎柔性执法，落实"税务行政处罚'首违不罚'事项清单"制度，创新行政执法方式，有效运用说服教育、提示提醒等非强制性执法方式，做到宽严相济、法理相融。

【税收营商环境优化】 市税务局对标沿海发达地区，制定针对重点纳税人的“领航计划”和普惠纳税人的“扬帆计划”，实施“便民办税春风行动”提档升级，在纳税人满意度调查中列成都市第2名，受四川省税务局发文通报表扬；构建“办税服务厅+‘12366’热线+征纳互动平台+税费服务支持中心”四位一体的税费服务新体系，推进“网上申领、发票包邮”便民举措；深化税邮、税银合作，建立社会化便民税费服务网点；统筹推进纳税人学堂“综合体”建设，通过“订单式”征集需求，实现税费培训多场景切换、多渠道推广、多范围应用；创新合并申报，简化“零申报”资料报送，简化退抵税费、发票领用流程，扩围“承诺制”容缺事项办理清单；邀请企业财税人员化身“360税收体验官”，体验“一窗式”办税、“一站式”服务，为税费服务“体检”；打造“税务蓝+志愿红”税收志愿者服务项目，开展现场咨询辅导等志愿活动；联合简阳市工商联、简阳农商行开展“春雨润苗”行动，助力小微企业行稳致远。

（褚 蒙）

审 计

【概况】 2021年，市审计局完成审计项目121个（含投资审计监督项目），查出主要问题金额68.62亿元；向有关部门移送问题线索3件，促进被审计单位制定整改措施146项，建立健全规章制度19个，向简阳市委、市政府主要领导报送审计专报10篇，获成都市审计系统优秀项目、简阳市目标考核先进单位等7项优秀表彰，4人通过中级审计师职称考试、1人通过高级审计师职称考试。

【重大政策措施落实情况跟踪审计】 市审计局聚焦党中央重大决策部署和简阳市委、市政府重点工作，总结反映好经验好做法，提出政策建议；配合成都市审计局开展2020年产业功能区工作情况专项审计调查及产业功能区标准化厂房建设重大政策落实情况跟踪审计，并统筹开展简阳市新增债券资金使用情况专项审计调查、简阳市土地拆迁成本专项审计调查及公共工程造价控制（合同、变更管理）专项审计等项目。

【财政预算执行审计】 市审计局开展2020年省市县三级联动财政审计，通过大数据审计方式开展2020年度市级预算执行和其他财政收支情况审计及对简阳市67个市级部门（单位）2020年度预算执行情况全覆盖审计，对2个镇（街道）2019—2020年度财政决算和其他财政收支情况审计，审计发现预算编制不够细化完整、执行不够严格等非金额计量问题45个、金额计量问题71个，提出审计建议20条，推动各单位完善预算安排与执行进度、项目评审、绩效管理、审计监督挂钩制度，提高财政资源配置的科学性和有效性。

【领导干部经济责任审计】 市审计局组织对11名市管领导干部开展经济责任审计，提交审计报告和审计结果报告22篇，查出领导干部负领导责任的非金额问题44个，促进制定或完善管理制度12个，提出并采纳审计建议43条，促进权力规范运行和责任落实。

【国有企业专项审计】 市审计局加大国企审计监督力度，开展四川龙阳公司2019—2020年资产、负债及损益情况审计，开展四川龙阳公司董事长任期经济责任审计以及四川雄州公司原总经理离任经济责任审计，审计过程中关注国企经营管理等，发现未严格执行“三重一大”决策程序、未制定企业发展战略规划等问题39个，提出审计建议15条，促进企业加强规范管理。

【民生保障专项审计】 市审计局制定《关于审计工作服务“幸福美好生活十大工程”的实施意见》，以群众急难愁盼为重点，按照上级审计机关安排，抽调11人配合成都市审计局开展困难群众救助资金审计与乡村振兴暨高标准农田建设管理和使用情况审计等民生资金审计项目，组织开展简阳市镇（街道）污水处理厂管理运营情况、简阳市粮食购销系统等6个项目审计调查，推动兜牢民生底线，优化环境资源供给，提高资金使用绩效。

【重大项目跟踪审计】 市审计局对“东进”区域基础设施骨架工程、简阳市东来印象工程、简阳市空天产业功能区项目、简阳空港大道项目及景观绿化工程等

6个重点项目审批程序履行等8个方面开展跟踪审计，对背街小巷市政设施环境综合整治项目、云龙中心卫生院建设项目等8个工程项目围绕造价结算真实性、合法性、合规性等开展工程价款结算审计及复核审计，对云龙镇阳明片2018年高标准农田建设项目等5个项目围绕工程建设全过程程序履行开展工程竣工财务决算审计，发现问题73个，提出审计建议56条，提升促进项目投资绩效。

【内部审计】 市审计局将政府审计与内部审计相结合，利用内部审计资源，指导市卫健局、市教育局编制2021—2025年内部审计规划，5年内实现卫健系统和教育系统审计全覆盖。

（晋 姣）

统 计

【概况】 2021年，市统计局服务国家战略全局和全省、全市发展大局，统筹推进疫情防控和统计工作，把握推动经济高质量发展要求，推进统计现代化改革，强化经济形势研判，提高统计数据质量，各项工作取得新成效。

【统计监测】 市统计局围绕经济高质量发展要求研判经济运行态势，强化实时动态预警提醒；做好成渝地区双城经济圈建设、成德眉资同城化发展等统计监测，完善县域经济高质量发展、乡村振兴、成都东部区域中心城市建设、产业功能区发展等重点领域统计监测；统筹做好疫情防控和统计调查，为建设成都东部区域中心城市和“五个新简阳”提供统计保障。

【统计监管】 市统计局加强数据质量管理，强化源头数据质量管控和联网直报平台监管，对工业、建筑业、服务业联网直报企业开展点对点数据质量监测1110余次，全覆盖实地核查22个镇（街道）农业统计报表填报质量情况，全覆盖现场核实市辖区域内303户在库或拟入库“四上”企业（单位）基本情况；发挥统计监督职能，提升统计督察效能，提高数据治理能力，加大统计执法检查力度，制订并印发《关于2021年度简阳市统计执法检查工作计划》，以“双随机、一公开”抽查、重点抽查及执法检查等方式开展统计执法检查17次，涵盖工业、投资、服务业等15户企业，给予2户企业责令整改处罚，并严格执行“双公示”制度。

【统计服务】 市统计局研判月度、季度、年度经济运行分析情况，总结经济发展中的特点亮点，分专业、分领域、分区域找准经济运行中存在的结构性矛盾和潜在问题，抓好疫情防控常态化背景下经济运行分析，综合采用发展现状、同比增速、两年平均增速等指标客观反映经济恢复进程，分析研判疫情对经济的影响，为党委政府决策提供有效参考，撰写统计专报6篇、各行业运行情况分析60余篇、经济运行形势分析报告11篇；加大经济运行调度力度，在简阳市委、市政府重大会议汇报经济运行情况12次；紧扣民生关切开展数据发布及解读，做好《简阳市统计公报》《简阳市经济工作手册》《简阳统计月报》等统计产品，服务简阳经济新发展。

（崔潇逸）

国家统计调查

【概况】 2021年，国家统计局简阳调查队（以下简称简阳调查队）谋划“十四五”时期统计改革重点任务，强化统计改革环境研判，明确新时期新形势统计调查发展新任务；根据国家统计局四川调查总队印发《2021年重点工作任务清单》修订完善《简阳队行政管理制度汇编》，更新、完善和细化《国家统计局简阳调查队财务管理制度》等制度，规范统计调查业务管理，提升工作科学化、制度化、规范化水平；利用统计开放日，结合劳动力调查下乡宣传统计法律法规，同时开展“党建+劳动力调查”双融共促活动，制作党建引领劳动力调查宣传展示，引起基层群众的关注和兴趣。

【农业调查管理】 简阳调查队打造“国调微讲堂”和农业培训班，提升业务理解，加强业务培训，主要畜禽监测调查反复培训“主要监测台账”“调查方案制度”，建立“调查信息宝典”、“调查两书两证”等；加强数据审核，除人工审核、程序审核外，加强对数据和趋势的审核判断，粮食产量对地遥感调查专业由农业农村科牵头与相关部门、调查网点召开联席会议，判断大小春生产形势；召开专题数据审核会，确保原始数据上报无误。

【住户调查管理】 简阳调查队根据四川调查总队基础工作检查的方案要求，开展基础工作检查；加强制度建设，加强网点建设和管理，夯实数据质量；创新工作模式，打造多维度工作模板，为基层基础工作制定规范化操作标准，夯实住户调查专业数据质量。

【社会调查管理】 简阳调查队贯彻落实上级会议文件精神，完成劳动力调查“扩样增量”；与相关部门在劳动力调查组织、人财保障等方面建立合作协调机制；规范劳动力调查规程，制定相关制度;立足普法、培训、交流和严审四大基本点开展工价调查，接受成都调查队“双随机”执法检查；召开采购经理调查年报暨业务培训会，宣讲统计法律法规，创新整理制作报表流程和台账模板。

【统计调查人员培训】 简阳调查队加强基层统计人员业务能力，提升源头统计数据质量，组织对乡镇和企业统计人员进行统计及相关知识、技能培训，主要包括讲解国家统计法律、法规对统计人员职责、义务的限定，讲解住户调查、价格调查、农业调查、企业调查等统计调查项目知识，讲解统计报表各项要求、报表平台操作方式，讲解国家统计局、四川调查总队、成都调查队下发的统计调查要求及调查方式方法。简阳调查队干部、专业骨干参加国家统计局、四川调查总队、成都调查队业务培训 20 余次，开展乡镇统计员、辅调员集中培训 23 次。

【统计调查信息分析】 简阳调查队根据四川调查总队、成都调查队信息任务安排，制定简阳调查队 2021 年信息任务分解表，将信息撰写任务明确到科室、具体到人员，全年上报被采用的工作信息 86 篇，其中经济信息 17 篇、进度分析 10 篇、专题调研（含约稿、新媒体）29 篇。

【统计调查宣传教育】 简阳调查队推进新时代统计法治建设，开展“12·8”《中华人民共和国统计法》颁布纪念日法治宣传活动，弘扬“为民调查、崇法唯实”的新时代国家调查精神，讲好统计调查故事，厚植统计调查文化，展现统计调查形象。

（闫　毅）

知识产权保护

【概况】 2021 年，简阳市按照时间节点推进国家知识产权强县工程试点县创建。截至 12 月，简阳市商标总数 7556 件，其中驰名商标 7 件；有效发明专利 204 件，高价值专利 47 件，地理标志产品 1 件（简阳羊肉），农产品地理标志产品 1 件（简阳晚白桃），地理标志商标 2 件（简阳羊肉汤、简阳晚白桃）。

【知识产权行政执法】 市市场监管局推进知识产权行政执法体系建设，提升知识产权执法效能，查处商标、专利、地理标志侵权假冒违法行为，保护权利人和消费者合法权益，营造良好创新环境和营商环境；开展知识产权执法“春雷行动”，出动执法人员 844 人次、车辆 317 辆次，检查企业和经营户 1606 户，办结知识产权侵权案件 32 件，罚没款 2.6 万元，其中侵犯驰名商标剑南春商标专用权案件 1 件，侵犯驰名商标南孚电池商标专用权案件 6 件，侵犯驰名商标立邦漆商标专用权案件 7 件。

【专利管理与保护】 市市场监管局开展 2021 年非正常专利申请专项整治行动，加强非正常专利申请监管，通过成都市市场监督管理局提供的 79 件非正常申请专利线索，联系到代理公司和本人均撤回，79 件非正常申请专利均未给予资助；打击无资质专利代理行为、代理非正常专利申请行为、专利代理“挂证”行为以及变造法律文件、印章、签名行为，以不正当手段招徕商标代理业务行为，以不正当手段扰乱商标代理市场秩序行为，恶意抢注、囤积商标等违法行为。

（张　扬）

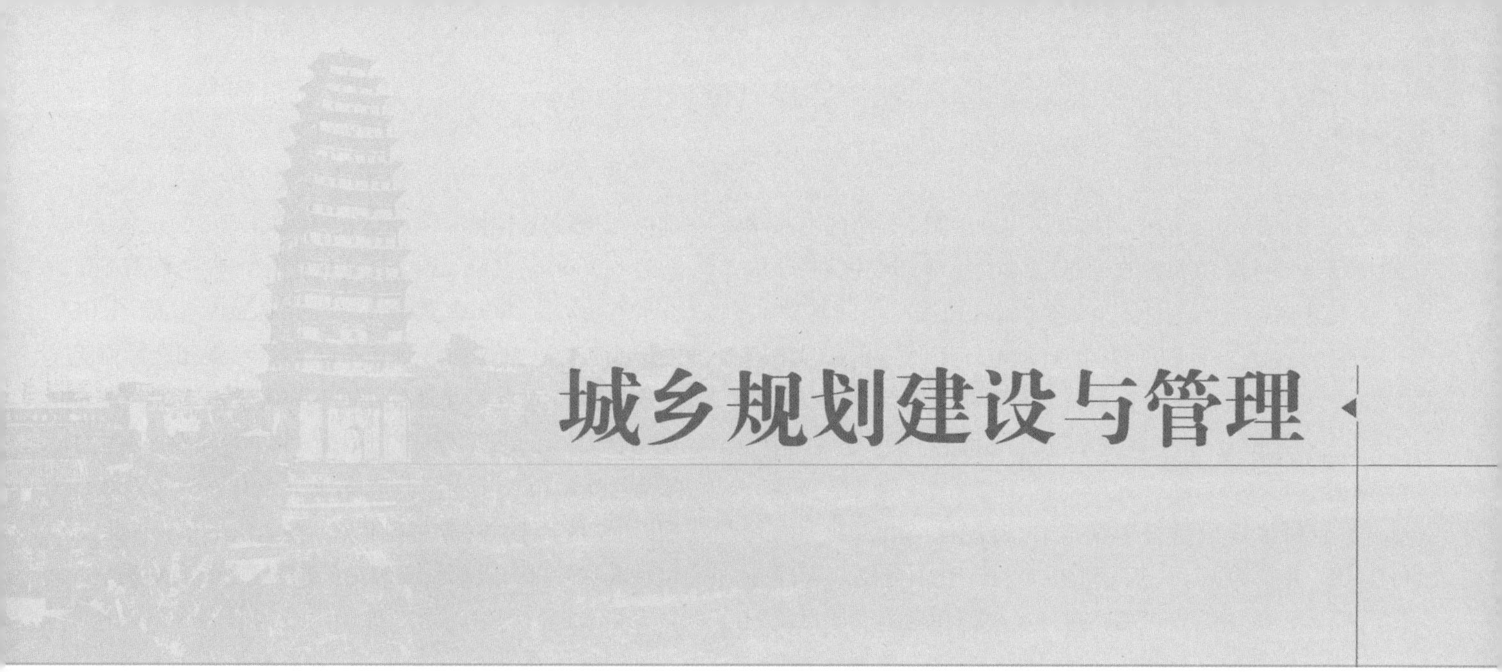

城乡规划建设与管理

城乡规划

【概况】 2021年，市规自局构建以国土空间规划为统领，以详细规划、专项规划为支撑的国土空间规划体系并监督实施，让规划真正落实到建设中；围绕“产业兴旺、生态宜居、乡风文明、治理有效、生活富裕”总体目标，构建城乡融合单元，形成主体功能明确、区块有机联动、资源配置优化、整体效能提升的城乡发展格局；建立健全规划建设管理事前会商、事中监督、事后核验全流程服务和督查，推动规划建设管理正规化、制度化。

【国土空间规划编制】 市规自局以新发展理念为引领，坚持“多规合一”，编制完成市、镇、村三级国土空间规划，同步编制完善各领域专项规划；开展国土空间规划现状基数转换、永久基本农田核实整改补足和城镇开发边界划定，组织开展“三区三线”试划，组织开展简阳市国土空间规划城市体检评估。

【城市规划编制】 市规自局完成战略规划编制，并向简阳市委常委会（扩大）会议作专题汇报；根据国土空间总体规划初步成果，推进各片区控规，东城新区、放生坝片区、高铁新城片区控规取得批复，电商物流产业园控规经规委会审查通过，空天东部社区、旧城片区（华西—西峰社区）、旧城核心片区、空天南部社区、临空起步区控规编制有序推进；完善城市风貌管控机制，做好门户枢纽、滨水地区等重点地段城市设计，完成高铁片区和放生坝片区城市设计编制。

【乡村规划编制】 市规自局编制《简阳市乡村发展规划战略研究》《简阳市乡村规划建设形态控制导则》《简阳市家庭农场规划建设技术导则》，做好乡村发展总体设计和阶段性谋划，逐步搭建农村全类建设项目规划建设导则网络；打造幸福美好前锋村项目、天府农业科创园项目、荷桥村“多规合一”四川省乡村规划建设试点等具有示范引领作用的乡村振兴典范，形成农业农村新优势，加快构建一核引领、多点支撑的城镇发展体系。

【乡村规划体系完善】 市规自局坚持地缘相亲、资源相似、业缘相近、治理有效、多规协调五大划分原则，围绕发展动能、人口趋势、设施配套、山水条件、资源禀赋、空间条件、产业发展、调查研究八个维度，开展系统分析和科学研判，完成城乡融合发展片区划分方案，将全市划分为简城联动协调发展片区、禾丰数字乡村片区、三星高品质粮经片区、雷家临空都市农业片区4个城乡融合发展片区和46个村级片区，构建"1+3+46"的镇村体系；启动编制《金简仁快速路沿线乡村振兴示范带规划》《乡村振兴环线规划》《施家城乡融合单元总体策划》《施家镇国土空间规划》，突出金简仁沿线、乡村振兴示范环线、简雁乐农旅融合发展示范区三个重点区域，将相关项目、政策向重点区域倾斜，打造具有示范引领作用的乡村振兴典范。

【乡村建设项目规划管理】 市规自局以深化"放管服"改革为抓手，探索形成乡村建设项目规划管理新模式，编制完成《关于进一步规范乡村建设项目规划建设管理的实施办法》；编制完成《关于开展优秀乡村建设项目规划设计方案评选活动的工作方案》，制定优秀乡村建设项目规划设计方案评选细则以及评分标准，针对全市域内田园综合体、川西林盘、家庭农场、乡村酒店、乡村民宿等政府投资外的乡村建设项目规划设计方案开展评选活动。

【项目用地规划管理】 市规自局为确保简阳市2021年、2022年急需的民生项目、重大产业项目和重大基础设施建设项目落地，编制国土空间规划近期实施方案，将88个批次项目（总用地9501.79亩）纳入《简阳市国土空间规划近期实施方案》，将126个圈外单独选址项目纳入《简阳市国土空间规划近期实施方案》重点项目清单，作为后期单选项目报批的规划依据；为挂钩项目预留空间，在《简阳市国土空间规划近期实施方案》中上报使用流量指标项目30个，共13725.68亩，其中大挂项目6192.04亩、小挂项目7533.64亩。《简阳市国土空间规划近期实施方案》于4月上报成都市规划和自然资源局与四川省自然资源厅，9月28日取得四川省政府批复。市规自局争取简阳市绿色环保资源再利用项目、简阳市平泉园区配套住房和人才公寓项目、四川能投天府云数据产业基地一期项目等72个项目共4850.03亩新增建设用地规划指标，并取得72个项目的新增建设用地预支规模确认函和规划指标落实方案；做好建设用地报批相关工作，拟定《简阳市土地征收成片开发方案》（高铁片区等8个、未来医学城等9个）并取得批复，常态化做好用地预审和规划选址意见工作，出具项目用地审查意见和用地情况说明38个；做好土地基础要素保障服务，出具拟用地范围图37个、红线图47个，确保土地供应上市。

（汤云飞）

【规划展示】 简阳市规划馆全年接待参观团队800余批次，接待人数6万人次以上；为庆祝中国共产党成立100周年，增设200平方米的"奋斗百年路·启航新征程"简阳市庆祝中国共产党成立100周年综合主题展，自7月1日建成开放至年底，接待团队约400批次，接待人数超3万人次，成为简阳市最"热"的党史学习教育打卡地，同时新增二维码语音扫码讲解，提升面向不同群体参观需求的多元化服务能力，并先后3次优化更改展陈内容，确保布展内容与时俱进、服务发展；开展"我和规划馆的故事"主题征文、"金牛贺岁·欢乐祥瑞"春节系列活动、"2021爱成都·迎大运"文明生活垃圾分类活动、世界读书日"颂百年风华、传红色基因——党在我心中"亲子阅读会、"粽"享浓情·端午游园活动、"永远跟党走·浓情满中秋"——我们的节日文艺志愿服务活动等活动；举办"我为简阳代言"青春讲解员培训、"我来讲党史"小小志愿者培训等志愿讲解员培训活动，储备志愿力量；策划推出"讲简阳·人文撷英"（第一季）线上短视频节目、"贤"话节气栏目、庆祝中国共产党成立100周年《红船，从南湖起航》诗朗诵，让传统节气有声有情；开展"志愿服务活动"，到平泉街道荷桥村、射洪坝街道、简阳中学、网易联合创新中心、宏缘镇大堰村开展历史人文、党史和城市规划宣讲，扩大宣传覆盖面、影响力。简阳市规划馆成功创建成都市家庭教育示范基地。

（郑　晓）

城乡建设

【概况】 2021年，简阳市聚焦建设成都东部区域中心城市、打造"五个新简阳"的奋斗目标，抢抓成渝地区双城经济圈建设、成都"东进"战略、成德眉资同城化发展等时代机遇，着力构建中心城区"一心两翼、两轴四区"城市空间布局。截至12月，简阳市城市建成区面积41平方公里，道路长度322.51公里，路网密度7.87公里/平方公里。

【城建项目建设】 简阳市以重点项目为抓手，推进基础设施建设，实施城建类重点项目104个（总投资1009亿元），完成投资135亿元，比2020年增长8.9%。东西城市轴线东段（简阳段）、321国道改建等37个项目加快推进，天星南一路、雄州大桥桥头内河两侧景观绿化工程等9个项目开工建设，高铁核心区主干道、观音井道路等19个项目全面完工。简阳市城建项目投资位列成都市各区（市）县第二位。

【公共服务设施建设】 简阳市深入开展基本公共服务设施三年攻坚计划，推动8大类18项公共服务设施建设，25处新建公服项目完工21处，东来印象大运会场馆全部竣工并举办“相约幸福成都”2021年全国青年跳水锦标赛暨全运会跳水资格赛、2021年成都市青少年柔道锦标赛。

【轨道交通建设】 简阳市提前开展成都轨道交通18号线临江站至简阳南站段工程方案研究，线站位方案及敷设方式基本稳定；推进成都轨道交通18号线三期临江停车场工程建设。

【断头路建设】 简阳市全年实施“断头路”1条，为城南工业园五号信箱后半段道路工程。项目于2020年4月开工建设，2021年年底建成通车。

【TOD综合开发】 简阳市与成都轨道集团达成一致意见，简阳南站轨道交通场站综合开发总占地面积2314亩，其中未利用地面积1981亩。成都轨道集团初步完成简阳南站TOD综合开发一体化城市设计方案。

（毛　睿　韩　勇）

公园城市建设

【概况】 2021年，简阳市将生态建设作为发展重点，依托“六山一坝一江一河”（六山指虎山、鳌山、余家大山、棋盘山、龙王山、庙子山，一坝指葫芦坝，一江指沱江，一河指绛溪河）山水资源禀赋，打造宜业宜居城市环境。全市累计建成绿道207.8公里，新建“小游园、微绿地”2个，荷桥村郊野型公园城市示范片区全面建成，人均公园绿地面积15.9平方米。

【公园体系建设】 简阳市加快推进“城市级、片区级、新镇级、社区级”四级公园体系建设，建成东来印象南侧景观绿化工程、射洪坝第一小学（简车校区）南侧绿化工程2个“小游园、微绿地”，天星公园投用，实现城市闲置空间增绿提效。

【天府绿道建设】 简阳市围绕“山水城”三大资源优势，通过功能织补、景观提升、设施完善及区域联动等方式，推动城区“三环一带”（三环指文化环、公园环、运动环，一带指文旅产业带）城区绿道体系建设，建成观音井绿道、十里荷花林盘绿道等绿道40.3公里，全市累计建成绿道207.8公里。

【公园城市示范片区建设】 简阳市围绕“人城境业”四大维度，加快荷桥村、沱江两岸、东麓花溪等公园城市示范片区培育进程，深度挖掘绿色生态消费资源，有机植入公共服务、商业、游憩等功能，建成荷桥村郊野型公园城市示范片区，为简阳市公园城市建设提供可参阅模板。

（刘文龙）

交通基础设施建设

【概况】 2021年，简阳市策划包装交通重点项目47个，总投资888亿元。截至12月，简阳市铁路运营里程60公里（不含成都东部新区，下同），通航里程92公里（沱江86公里、绛溪河6公里）；除高速公路外，普通公路网总里程2468.8公里，其中普通国道95.9里、普通省道55.3公里、县道232.6公里、乡道711.9公里、村道1373.1公里。

【综合交通运输布局规划】 市交通局把握成渝地区双城经济圈、成德眉资同城化发展，对接四川省、成都市规划，加快完善“1空7高14轨22快”综合交通网络规划体系；加强基础设施建设，改善运输服务，服

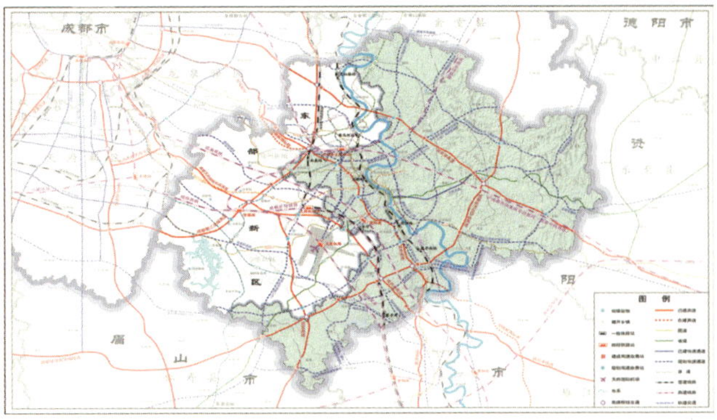

简阳市综合交通运输布局规划示意图（市交通局供图）

简州大道简州大桥（市交通局供图）

务产业功能区，加快东部新城基础设施建设，着力构建多元立体、互联互通、无缝衔接、安全快捷、绿色智能的现代综合交通运输体系。

（李乐铮）

【与成都天府国际机场交通连接】 6月27日，简州大道主线实现与成都天府国际机场同步投用，简阳城区至成都天府国际机场航站楼大巴专线和至天府机场北地铁站K1、K2快速公交专线开通，实现简阳城区与成都天府国际机场及成都地铁18号线无缝接驳。市交通局对接明确简阳出租车在机场航站楼运营方式；优化完善与成都东部新区连接的路网规划，紧密与成都天府国际机场、成都东部新区枢纽站的联系；推动接入机场公共交通规划建设。迎宾大道延长线与机场高速互通立交项目纳入天府国际机场高速变更，签订三方合作协议，委托建设协议通过简阳市委常委会。

【骨干路网规划建设】 市交通局推进简阳市“十四五”综合交通运输发展规划和现代物流业发展规划编制，完成简阳市农村公路网专项规划编制；推进重点项目建设，完成固定资产投资90亿元；成自铁路简阳境内建设用地全部交付使用，协调配合简阳市规自局开展用地组卷报征；配合完成沪渝蓉高铁重庆至成都段立项批复，基本完成成渝客专征地拆迁费用决算审价及二次报征相关工作；配合简阳市住建局完成简阳南站TOD综合开发方案策划相关工作。

【东进快速路建设】 简阳市东进快速路建设完成交地10209亩，拆迁房屋1038户。金简仁互通纳入成渝高速扩容工程实施，成金简快速路开工建设，成龙简快速路、成资快速路（简阳新建段）、金简仁快速路（7标、11标、12标、13标）、成都天府国际机场供油工程铁路卸油站进场道路工程完成交工验收。12月31日，金简仁北段开始试运行。

【“四好”农村路建设】 截至12月，简阳市完成2019年村组道路硬化项目（699公里）路基建设380公里、路面建设20公里，完成2020年村组道路硬化项目（一期）路基建设99.2公里、路面建设28公里，完成2020年村组道路硬化项目（二期）（295公里）路基

金简仁快速路（市交通局供图）

平泉街道荷桥村到禾丰连接线（市交通局供图）

建设80公里，完成2020年乡道提升改造项目放高路、云大路、养资路建设，完成2021年撤并建制村通畅项目。成都第三绕城高速公路雷家乡出口至望水乡连接道路项目完工，万罗路建成通车。简阳市路面技术状况指数（PQI）中等及以上农村公路占比高于75%。

【桥梁建设】 简阳市完成2018年旧危桥改造工程、2019年旧危桥改造工程二期、成龙简快速路等105公里、13座桥交工验收，完成2016年农村公路改善提升工程、武侯区对口帮扶简阳市同合乡秀阳桥项目等117公里、12座桥竣工验收。

【交通项目质量监管】 市交通局执行《成都市地方公路技术导则》和简阳市交通局发布的《组道设计技术导则》与负面清单，坚持和强化“政府监督、专业抽检、社会监理、施工自检、群众参与”的农村公路工程质量管理机制，严把设计、审批、开工、公示、技术交底、原材料质量、施工工艺、项目验收8个重要关口，提升工程质量把控能力；每个项目明确至少2名质量监督责任人，强化日常考核和责任追究；严格监督程序，加强日常监督巡查，重视基础、路面结构、构筑物等重要部位监督检查，提高监督质量和水平；对全市18个农村公路项目、市域快速路项目、桥梁项目和快速路服务区项目，定期不定期质量安全检查200余次，建立质量安全隐患检查台账和整治动态台账，查出一般质量安全隐患40余处，现场或者在规定期限内整改完成。

【交通项目工地环保检查】 市交通局对项目工地环保检查200余次，并填写工地环保检查台账；对市域内8家沥青混凝土拌和站、5家水稳拌和站检查80余次并建立台账，对检查中存在的问题要求立即整改。

（王　涛　王树义　白　雪）

交通运输管理

【概况】 2021年，简阳市有道路客运企业4家，营运线路136条，营运客车415辆，其中农村客运车辆220辆、三类班线以上及旅游客车195辆；客运站6个，其中一级站1个（城东客运站）、二级站1个（西门车站）、四级及以下车站4个；出租车经营企业5家，有出租车272辆；公交车企业1家，线路44条，其中学生定制公交4条、镇内微循环公交9条，有公交车400辆；货运企业51家，有货运车辆2600余辆，其中危货企业2家，危货车辆53辆；维修企业156家，其中一类4家、二类28家；驾校6家，备案训练场8处，教练车232辆；水上航道84公里，渡口7个，渡船7艘；公路里程281公里，其中国道73公里、县道168公里。

【公共交通执法】 简阳市交通运输综合行政执法大队结合非法营运百日攻坚，打击非法营运车辆，安排执法人员在客运站、火车站及周边镇（街道）宣传政策法规并打击非法营运车辆，出动执法人员80余人次，查处非法营运车辆5辆，处罚款5万元；配合简阳市全国文明城市创建，针对全市400辆公交车、272辆出租车内外清洁卫生、服务证摆放、车贴广告、LED顶灯、行业提示语、禁烟标志等逐一检查整改，检查整改服务证摆放不规范车辆70余辆、清洁卫生不达标车辆20余辆，更换行业提示语272张，更新出租车座套272套；做好出租、公交疫情防控，做好高铁南站进出站人员扫码、亮码、测体温。

【道路客运执法】 市交通局坚持把对各客运企业的安全生产检查放在重要位置，由领导带队，采取“四不两直”（不发通知、不打招呼、不听汇报、不用陪同接待，直奔基层、直插现场）方式，重点检查客运企业安全管理制度落实情况以及负责人履职记录、应急预案、消防隐患排查、汛期准备和各专项治理活动落实开展情况，同时开展路检路查，检查车辆实际运行情况；做好节假日及中高考运输保障，节前对客运企业、客运站全覆盖安全检查26次；召开节假日期间安全专题部署会，有效防范道路运输事故。为确保“两考”运输，简阳市交通运输综合行政执法大队召开“两考”专题会议，制定“两考”工作方案，对4家客运企业考前安全督查6次；成立两个小组，组织车辆30辆，分别到成都东部新区贾家街道、简阳市三星镇进行高考运输保障，运输学生620人次；对因天气原因导致

“两考”运输车辆检查（市交通局供图）

道路无法通行的中考运输车辆，出动执法车1辆次、人员3人次，带队将中考运输车辆护送至目的地，完成2021年“两考”运输安全任务。

【道路货运执法】 简阳市交通运输综合行政执法大队检查货运企业84家次，对1家企业开具停业整顿的行政处罚；按照新《中华人民共和国安全生产法》要求，监督重点运输企业完善安全生产应急预案，督促安全生产标准化建设已过期的企业重新申报；每月均组织召开行业安全例会，通报各企业营运情况、违法处理情况；督促各企业参加“两员”（道路运输企业主要负责人和安全生产管理人员）考试，全市道路货运

工作人员在平泉超限检测站检查货车车辆（市交通局供图）

企业管理人员通过135人；每日抽查车辆动态监控报警信息，共800余条，核实分神驾驶、超速等违法行为，同时核实其他部门抄告信息，记分处罚违法驾驶员30人次。全市危险货物运输企业被通报次数大幅下降。简阳市交通运输综合行政执法大队派出执法人员7人次参与简阳市综合行政执法局牵头的扬尘治理，主要检查渣土运输车辆；派出执法人员6人次驻平泉超限超载检测站开展治超工作，检测货运车辆4.5万余辆次，与公安交警流动检查中查处超限超载、违法改装运输车辆27辆次，均由公安交警记分罚款，交通执法部门监督卸载，行政处罚超限车辆货运源头企业3家；以交通运输部《客运场站和交通运输工具新冠肺炎疫情分区分级防控指南》为指导，管理相关从业人员及运输工具，每日与市场监管、公安交警、卫健部门联合开展冷链运输检查，未发现异常情况。

【维修驾培执法】 简阳市交通运输综合行政执法大队加强日常监管，开展营运车辆二级维护专项治理，严格按规范维修作业，确保车辆技术状况良好；规范M站管理，确保规范运行；开展汽修行业环境保护，落实重污染天气管控措施，VOCs（挥发性有机物）设施运行正常，危险废物规范管理；加大执法力度，重点打击非法拼装、改装、买卖虚开合格证等违法行为；督促汽车维修企业建成汽车维修电子健康档案系统并实现与成都市级平台数据对接；完成中央环保督察。简阳市交通运输综合行政执法大队抓好计时培训系统相关工作，所有教练车均安装计时培训设备并正常使用；规范教学行为，整顿驾驶培训教练员“吃拿卡要”行为，提高教练素质，提升驾驶培训服务质量；强化驾培机构日常监督管理和业务指导，严把教练员从业资格证准入关，指导开展教练员岗位培训和“廉洁从教、文明从教”培训；办理网约车资格证，全年受理网约车驾驶员资质申请2560人，审核1823人，合格1601人。

【公路路政执法】 简阳市交通运输综合行政执法大队全年出动巡查车辆204辆次、人员839人次，巡查1.48万余公里；查处公路用地及公路建筑控制区违规施工作业27次，整治路面污染行为13起，查处违规占用公路堆放物品9次，查处违规占用公路及公路用地摆

开展公路用地及公路建控区违规施工作业查处工作（市交通局供图）

摊设点12次，公路排危18次；查处非法打围5次，查处非法开设道口2次，查处未遮盖篷布货车3辆，清理拆除广告牌3处；规范道路沿线洗车场所，严禁将水排放到路面；对非法占用公路养护作业行政处罚1次，办结行政赔（补）偿案件11件。

【海事航务执法】 简阳市交通运输综合行政执法大队全年巡航时间165小时，巡航里程311公里，巡航检查水域通航情况、船舶情况、船员情况；成立安全检查小组对辖区客渡船、码头、重点水域拉网式排查，对船舶适航、船员适任、船员配载、救生衣使用、客渡船签单发航、船舶防污、乡镇船舶管理、三品违禁等实地检查；加强重点船舶和重点水域监督检查，汇总梳理排查清单，排查隐患并限期整改；要求节假日、赶集日，各有船单位、乡镇政府及船管站充实安检人员到渡口、码头开展现场监控和秩序维护并针对恶劣气象（水文）、设备故障、客流增加、应急事件等做好相关预案；严禁船舶无证航行、非客船载客、超载运输、客货混装、冒雾冒黑航行、超范围（线路）航行等危险航行行为，严禁携带“三品”（易燃品、易爆品、危险品）上船；对存在安全隐患的船舶一律停航整改，确保水上交通安全。简阳市交通运输综合行政执法大队对辖区重点渡口、码头实行现场监管，出动安检组121个、安检人员317人次，检查船舶133艘次，发放整改通知书4份，消除安全隐患16起；开展水上交通安全生产整治，成立汛期专项检查小组，检查辖区渡口及重点水域，主汛期加强水上巡查力度，出动检查组31个、安检人员112人次，检查船舶100余艘次，查处并整改安全隐患11起；春节期间按照“视频24小时实时监控，重点码头派员值守，重点水域巡航巡查”等方式，出动现场执勤人员41人次，发放宣传资料300余份，投放渡运船舶8艘次370客位，总运量1.44万人次，无水上交通事故、无旅客滞留、无群众投诉；春节期间以春运安全保障为重点推进疫情防控，通过“宣传、培训、检查、督促、整改”多形式开展工作，并以渡口码头、客渡船、重点航段为重点开展安全检查，深化“安全大检查”“水上疫控”“涉渔禁捕”等专项行动，制定工作计划，召开疫情防控和安全工作部署会，组织船员安全教育培训，完善渡口防疫设施；召集成都东部新区、简阳市辖区船员及水上漂流项目从业人员召开持证船员安全教育培训会，从船员职业道德及心理健康教育、水上交通安全生产警示教育等8个方面培训，提高船员任职能力和安全责任意识，提升船员安全操作、应急应变和突发事件处置能力。简阳市全年完成水上客运量1.21万人次，客运周转量3万人公里。

【交通运输安全生产与应急管理】 市交通局组织安全生产专项行动9个，举办2021年成都百万职工技能大赛安康杯交通运输安全专项整治三年行动竞赛活动；首次实施安全生产网格化管理，1人被评为简阳市森林防火先进个人；完成农村公路自然灾害灾情现场勘查、经济损失核查，代拟应急抢险预案5个；开展自然灾害综合风险公路承灾体普查，完成勘察普通国省道253.58公里、县道410.96公里、农村公路2072.74公里、桥梁239座、下穿隧道4座。

（袁　杰）

公路管护

【概况】 2021年，简阳市公路管护由市交通局3家下属全额拨款公益一类事业单位负责。简阳市公路养护一段负责境内318国道、321国道等国省干线公路养护，总里程62.94公里，其中318国道51.66公里、321国道11.28公里，全部为沥青混凝土路面，桥梁12座，涵洞152道；简阳市公路养护二段负责境内7条县道公路养护，总里程136.73公里，其中水泥混凝土路面40.35公里、沥青混凝土路面96.38公里，桥梁15座；

简阳市快速通道管理所管养道路64.57公里，其中成简快速通道3.7公里、成简快速通道延长线0.9公里、成资快速（简阳段）10公里、金简仁快速路北段16公里、金简仁快速路南段5.8公里、成龙简快速3.18公里以及成都都市圈环线高速平泉、杨家、芦葭、雷家连接线4公里和运营监管交通类PPP道路（双C项目、成安渝石钟线、成安渝禾丰线）20.99公里，桥梁6座。

【国道养护】 简阳市公路养护一段实施养护作业机械化，购置扫地车、洒水车、铣刨机、装载机、洗扫车等机械，用于公路养护作业，提高养护作业效率；常态化道路管养清扫公路18127公里，清理边沟670公里，人工热沥青灌缝27802米，处理路基595立方米，修复破损路面坑槽23470平方米，清理边坡堆积物560立方米，疏通涵洞、清理涵洞340座次，边坡主动防护网挂网3580平方米，12月粉刷行道树、护面墙、公里桩等；开展安全生产检查70次，排查出一般安全隐患49处，整改消除一般安全隐患49处，完成其他部门来函告知的安全隐患专项整改18件；更换波形护栏392米，更换爆闪灯44盏，新增标牌57套，增补热熔普通标线1300平方米、热熔振荡标线800平方米，行道树断尖50公里；筹措资金对经常出现垮塌病害的321国道主动防护挂网2935平方米；修补坑凼，修复318国道路面23942平方米。

【县道养护】 简阳市公路养护二段围绕公路大气污染防治和养护质量提升清理水沟48.21公里，疏通涵洞15处，水沟修复和埋管520米，沟底硬化2560.3米，喷洒除草剂护路54.1公里，砍伐枯树4棵、倒伏树和竹子203根；完成安装标志标牌50个，清除非交通标志4个，清理遮挡标牌30处、里程公里桩7处，更换和修复波形护栏364米，施划标线671平方米，安全隐患整治29处，边坡整治27处，清理塌方59.1立方米，联合检查68次，出动检查人员289人次，完成总投资700万元的县道安保设施及边坡整治工程前期规划；做好环保扬尘治理，出动巡查车辆198辆次、巡查人员66人次，出动保洁人员22140人次，保洁路面25580公里，洒水降尘5422.2万平方米，冲洗护栏12266米，清洗标志标牌61个，投入洒水车租赁费27万元；围绕“我为群众办实事”主题，为成都天府国际机场场外及县道道路交通保障提供支持，推进简三路棉丰段道路绕行工程建设，完成维修破损路面2万平方米，整治隐患高边坡2200平方米，总投资4281.78万元；完成简三路紧急修补、新猫路紧急修补、金简沿线紧急修补、简仁路紧急修补、2021年简仁路和螺简路边坡整治、简三路通力修理厂至棉丰榨油厂段路面修补，完成2021年简三路、简仁路、螺简路中修和螺简路标线施划，加强管养道路早期病害预防性养护；增设五合乡龙潭村村组道路标志标牌，黑化石桥街道杨柳社区进出道路，完成平泉街道办协议村增设错车道工程。

【快速通道管养】 简阳市快速通道管理所管养道路全年投资养护管护经费850万元，维修全线路灯300余盏，维修沱四桥电缆750米，维修简阳北LED显示板6次，施划道路标识标线720平方米，处治道路病害1800平方米，新设标牌23处，增设移动不醒目标志标牌22处，养护绿化面积1.4万平方米，出动洒水车

金简路扬尘治理（市交通局供图）

快速通道营造春节氛围（市交通局供图）

900余辆次，用水1.44万余吨，水沟清淤200米，储备锥形桶400个、防撞桶240个、水马600个、雨衣30套等3.5万元应急物资；投资38.2万元，重点推进完成天星路与回龙大道平交路口交通信号灯项目，投资39万元，完成回龙大道亿联商贸城主入口交通信号灯项目，投资44.88万元，完成回龙大道和渝蓉高速石钟连接线交通信号灯联网联控项目，投资60万元，完成成简延长线接G318国道便道病害处治项目，投资49.4万元，完成国庆节和庆祝中国共产党成立100周年氛围营造项目。

（付　森　陈碧秀　朱丽苹）

城市综合管理

【概况】 2021年，市综合执法局聚焦“高质量建设成都东部区域中心城市，高水平创造新时代幸福美好生活”奋斗目标，履行综合执法和城市管理职能职责，围绕中心，服务大局，完成简阳市委、市政府交办的各项任务。简阳市综合执法局在成都东部新区林栖公园打造参展作品“大道至简，花舞朝阳”，获花漾蓉城花展最佳效果金奖；参加成都市城乡环境综合治理工作领导小组办公室组织的“最美街道、最差街道”评选，东滨路中段被评为“最美街道”；在成都城管委组织的“两美一佳”（最美环卫工人、最美环卫公厕、最佳环卫公厕服务明星）和“环卫管理创新奖”评选中，获城市管理部门（简阳市综合执法局）和环卫企业（左岸公司）环卫管理创新示范奖，表彰最美环卫工人4名、最美环卫公厕2座、最佳环卫公厕服务明星2名。在成都市组织的“星级公厕”评选中，简阳市有3座公厕被评为二星级，1座公厕被评为一星级。简阳市综合执法局综合行政执法大队直属一中队获评成都市城管综合行政执法中队规范化建设市级优秀达标中队。

【城市管理综合执法】 市综合执法局开展市容秩序专项整治，劝离游商9.61万余起，规范坐商出店经营3.1万余起，规范非机动车停放9.26万余起；开展广告招牌治理，拆除违法户外广告招牌149处，清理软体广告1608幅；针对无证夜间施工噪声扰民开展覆盖式、不间断执法检查，办理无证夜间施工案件17件，共处罚款39.42万元；开展水生态环境综合治理，抓好“源头”管理，强化乱倒污水整治，开展机动车清洗站和涉水执法检查212次；组织开展四川省委第四巡视组巡视简阳市反馈意见整改，牵头负责四川省委第四巡视组巡视简阳反馈意见涉及规划执行和存量违建方面整改，召开四川省委第四巡视组反馈意见整改工作会10余次，完成违建排查924户，下达责改552份，立案查处254户，结案122户，拆违面积68136平方米；开展扬尘治理，处罚违法案件167起，共处罚款1696150元；开展餐饮业油烟污染治理，以中央环保督察为契机，以案促改，加强查处造成油烟污染的餐饮店；推进执法力量下沉，完善执法力量下沉工作方案，采取“1＋3＋N”［一个城市建成区、三个重点镇、N个市域内其他镇（街道）］的下沉模式，明确下沉执法机构职能职责，推动“机构、人员、管理”三要素下沉，实现一支队伍统管；因机构改革，水政监察大队划转至简阳市综合执法局，清理部门行政权力，理顺水务执法事项清单。

【环卫作业】 市综合执法局提升机械化作业率，城区以机械和人工清扫、保洁相结合的方式，清扫保洁率100%，机械化作业率71%；完成农村场镇环卫作业市场化服务招标，农村场镇环卫作业质量明显提升；夯实“厕所革命”，新建6座、改造6座环卫公厕和新建6座环卫工人休息房；专项治理“牛皮癣”小广告，清理非法张贴书写广告8万余处；推进环卫设施建设，建成投入使用正规垃圾收集房192座、垃圾收集站4座，完成垃圾池、点改造441个等;推进生活垃圾分类，居民小区和农村集中居住区分类覆盖率100%，居民分类覆盖率100%，回收利用率41%，建成标准化有害垃圾暂存设施和具备厨余垃圾处理功能的分类转运设施各1个，建成园林垃圾收集处置站1个和标准化大件垃圾拆件设施1座；深化城乡环境治理，推进铁路沿线环境整治提升，完成江源和赤水等风貌提升打造。

【市政园林管理】 市综合执法局创新车行道零星坑凼填补方式，维修道路39478平方米；因地制宜拓宽道路，拓宽雄州大道中医院外人行道；对利民桥、健康桥、旱一桥等桥梁提高加固防护栏、加装防抛网及人行栏杆扶手，维修（含增设）护栏 2786 米，新增人行梯步扶手 135 米；在城市主次干道及部分公园新增城市家具，新增座椅 287 个；组织开展 2021 年城市桥梁应急抢险演练，完成井盖治理 352 座；开展占道施工作业专项整治，发现并整改不规范打围行为 180 余起；常态落实照明保障，推进实施 2021 年春节临时亮化项目，维修（更换）主次干道路灯 1238 盏次，维修（更换）背街小巷路灯 248 盏次，维修庭院灯 3399 盏次；优化提升城市环境品质，完成城市环境品质提升项目 17 个，计划投资 77.22 亿元，投资完成率 98.67%；推动“两拆一增”，完成点位 20 个；开展背街小巷治理，完成 6 条街巷（示范街 1 条）品质提升；实施鳌山公园 A 区侧门出入口整治修复，提升公园出入口景观品质；创建市级园林式居住小区 2 个、区级园林式居住小区 5 个，建设公园城市示范街区 2 个。

【数字化城市管理】 市综合执法局数字化中心全年受理案件 67541 件（其中监督员巡查上报 59709 件、视频监控上报 7832 件），有效上报率 99.84%，自行处置 21571 件，立案 67541 件，派遣 67541 件，派遣准确率 100%，专业部门处置 66580 件，处置率 98.57%，核查 18863 件，按时核查率 99.87%，结案 66580 件，结案率 98.57%；保障重大活动开展，涉及春运、春节期间保障、清明节期间对重点问题加强监管、校园周边市容秩序问题监管、清明节期间对重点问题加强监管、中高考期间校园周边市容秩序保障、汛期相关工作、对环保类问题重点监管、河道水生态治理城市管理问题重点监管、“中元节”期间祭祀活动相关问题监管、中秋节和国庆节期间重点保障区域监管等。

（方　莹）

智慧城市建设

【概况】 2020 年 12 月 30 日，简阳市网格化服务中心更名为简阳市智慧城市治理中心，挂简阳市网格化服务中心牌子。2021 年，市智慧治理中心推进智慧城市建设，纵深推进网格化工作，开展党史学习教育，将“我为群众办实事”实践活动落到实处。

【智慧城市顶层设计】 市智慧治理中心按照《智慧城市顶层设计指南》和《成都市智慧城市建设 2021 年工作计划》，结合先进地区智慧城市建设案例，梳理全市智慧城市建设主要系统和重点项目，初步完成简阳市智慧城市顶层设计方案，并征求行业专家意见修改完善。

【智慧治理中心平台建设】 市智慧治理中心平台（IOC）陆续接入简阳市委政法委、市应急局、市统计局、市综合执法局、市行政审批局、市智慧城市治理中心、市住建局、市卫健局 8 个单位的雪亮工程、应急指挥、智慧城管、智慧工地等 11 个业务系统，特别是在疫情防控期间，成为疫情防控应急指挥中心，召开疫情调度会 232 次，为简阳市疫情防控应急指挥调度发挥积极作用，初步具备“城市大脑”基础功能。

【智慧城市建设交流学习】 市智慧治理中心于 7 月开始逐步接手智慧城市建设，截至 12 月召集东进公司、新华三集团及相关部门召开工作交流会 30 余次，系统梳理简阳市智慧城市建设现状和面临问题，明确发展思路和发展目标；采取“走出去”和“请进来”相结合的方式，固定每周五为“智慧城市业务培训日”，邀请行业专家授课，系统学习智慧城市建设理论知识、政策文件和典型案例，并到成都市大数据中心、成都高新区、成华区、郫都区，学经验、找差距、想对策、促发展。

【智慧城市建设数据整理】 市智慧治理中心于 10 月完成市发改局、市经科信局、市公安局、市卫健局等 22 个部门 120 余个科室数据摸底调研，并建立统一的数据资源目录，为深化数据汇聚共享，建立全市统一的公共数据共享交换平台，推进政务部门和公共企事业单位数据资源集中向社会开放奠定基础。

【智慧城市应用场景建设】 市智慧治理中心拓展智慧城市应用场景，会同市卫健局选取万福苑和安舍酒店 2 个隔离点位作为“试点”，将视频资源接入 IOC，拟通过智能算法赋能实现隔离场所科学化、智能化管理；会同简阳市委政法委、市委社治委和市公安局等单位，探索依托交通信号等视频资源和电子门禁等物联网感知设备，推进智慧交通、智慧防疫、“四类”重点人群管控等智慧应用场景建设。

【网格化管理推进】 市智慧治理中心健全制度机制，建立完善网格员AB岗设置、网格驿站、末位淘汰管理办法、网格长管理、专职网格员月考核和日常层级管理办法等制度；划分网格，全市动态设置网格896个，配备专兼职网格员896名；构建市级部门、镇（街道）、村（社区）和网格的三级平台四级服务管理体系，全年受理事件112437件，结案112352件，办结率99.92%；完善网格力量整合，先后将公安、人社、环保、城管等13个部门32项涉民生职责叠加到网格，厘清专职网格员开展网格化服务管理职责边界；采取集中培训、分片培训等多样培训方式，联合环保、公安、应急等市级部门到镇（街道）开展业务培训29次，培训3000余人次。

【“我为群众办实事”实践活动】 市智慧治理中心发挥网格员基层社会治理“耳目”和网格三级平台四级服务管理体系的作用，利用“网格E家”覆盖全市群众、点对点发送信息的优势，创新提出主动服务理念，发扬“跨半步”精神，解决“老人走失”“失物认领”等群众“急难愁盼”问题96个。

（付　英　郑扬春　杨晓丽）

房屋征收补偿

【概况】 2021年，市征补中心执行《国有土地房屋征收与补偿条例》规定，根据简阳市委、市政府确定的目标，突出重点，加大项目征收补偿、安置房建设进度，完成各项目标任务。

【房屋征收】 市征补中心开展已启动项目协议签订扫尾，化解征收中的矛盾纠纷和群众上访等工作，全年7个项目签订征收补偿协议820户，面积5.7万平方米，其中城北片区棚户区改造二期321国道（铜观音—龙门市场）改造项目签约1户营业用房，面积155平方米；建设路棚户区改造项目签约1户营业用房、1户住房，

简阳市C6安置房（市征补中心供图）

面积120平方米；天虎工具棚改项目因容积率调整，安置房位置发生变化，签订房屋补充协议649户，面积3.7万平方米；西内环项目签订2户企业协议，建筑面积4400平方米；石龙路项目签订协议2户，建筑面积80平方米；禾丰连接线项目红塔高级中学教师住宅楼签订协议18户，建筑面积1026平方米；东溪场镇4号地块一标段签约征收96户、房屋建筑面积9824平方米，二标段完成签约征收50户、房屋建筑面积4400平方米。东溪放生坝一级土地整理项目大宗公司、派安商混、长生技校和东溪场镇4号地块等项目开展房屋模拟搬迁前期工作。市征补中心配合完成简城白塔状元文化街和东溪放生坝城市有机更新立项等前期工作。

【房屋安置】 简阳市有农房安置还房项目41个，占地面积3258.42亩，建筑面积625.64万平方米，其中拟建项目19个，占地面积2069.02亩，规划建筑面积369.83万平方米，总投资104.55亿元；在建项目5个，占地面积460.1亩，规划建筑面积132.79万平方米，总投资53.42亿元；建成项目17个，占地面积729.3亩，建筑面积123.02万平方米，投资37.43亿元。简阳市全年完成3个项目分配，分配住房2805套，面积26.3万平方米，涉及1811户，完成安置3807人。

（蒋山杉）

房地产与物业管理

【概况】 2021年，市住建局按照房地产市场调控要求，推动房地产遗留问题化解，持续整治房地产市场秩序，

建立健全房地产市场监测体系，促进房地产市场平稳健康发展；以建设高品质和谐宜居生活小区为导向，规范物业活动，完善物业管理体系，多措并举开展强化物业小区管理提升行动；助力简阳市创建全国文明城市，配合开展疫情防控，组织参与垃圾分类、安全生产大检查、防汛检查、节水型小区创建、物业小区党组织建设等工作，促使物业企业主动作为，达到制度健全、权责清晰、管理规范、竞争有序的目标，提升人民群众获得感、幸福感和安全感。

【房地产管理】 11月18日，市住建局等8个单位联合印发《关于印发〈简阳市持续整治房地产市场秩序实施方案〉的通知》，明确各部门监管职责和信息报送机制。简阳市住建局落实商品房预售款监管规定，强化项目监测预警，执行新监管办法的项目25个，签订预售款三方监管协议48份，约谈因不规范行为的企业4家，约谈预售款监管承办银行2家，通报扣减企业信用分1家；有四川省委巡视组“三张清单”（责任清单、问题清单、整改清单）交办的办证遗留问题项目9个，成功化解7个，剩余2个有序推进。

（张　祚　杨　丽）

【物业管理】 简阳市全年物业管理项目总数170个，完成物业服务企业（项目）建筑区划备案18件、物业服务合同备案23件、招投标备案17件。市住建局办理使用维修资金备案72件，涉及使用金额300万元；组建“市级部门（单位）+属地镇（街道）”联席会议制度，对物业管理矛盾纠纷和难点定期、不定期会商、研判，共同协调解决物业小区存在的问题，联动强化物业服务活动监管；开展党建引领，探索建立“党建引领、行业主管、基层主抓”的物业管理模式，加大物业行业党建力度，引领全市9家物业企业成立党组织，2家物业企业完成“两新”党组织建设、1家物业企业完成非公有制星级党组织建设，同时成立简阳市物业行业党组织，发挥党组织领导核心作用；建立智慧社区、智慧物业等“互联网+”管理模式，全市60余个物业企业录入智慧平台；建立线上线下后台、员工端、业主端三端联合运作管理，减少三方述求和意见交换时间，提高小区物业管理效率；排查小区矛盾纠纷、社区消防和设备安全、社区生活环境、社会治安等风险隐患，在28个物业小区开展节水型小区创建；完成全市物业小区全面覆盖四分类垃圾桶，建立垃圾分类示范小区41个；联合简阳市物业管理协会成立检查小组5个，对全市物业小区全覆盖疫情防控、创文、防汛、安全生产大检查，发现问题288项，整改问题288项；开展物业管理学习交流、业主座谈会7次，邀请物业专家现场答疑支招4次，提升物业服务水平，并指导物业行业协会组织69家物业服务企业管理人员分工种开展定期培训和专业培训20余次，培训人数2500余人次；借助“成都市智慧物业管理服务系统”，清理、核实、统计全市170个物管小区设施设备、从业人员信息及维修资金缴存情况。

（张　祚）

应急救援管理

【概况】 2021年，市应急局探索多元化、多灾种应急救援模式，完成基层应急队伍建设，提升基层应急救援能力；指导开展应急预案编制和修订，加强预案演练，构建完善应急预案体系，加强应急保障能力。

【应急预案体系建设】 市应急局学习贯彻习近平总书记关于应急管理、安全生产、防灾减灾救灾重要论述精神，完善各级各类突发事件总体应急预案、专项应急预案、部门应急预案等，做好应急预案衔接，构建完善的全市应急预案体系，完成简阳市总体应急预案、简阳市应急委18个指挥部专项预案本级备案修订及备案、35个市级部门预案编制和修订，22个镇（街道）综合预案完成上报，行业企业（单位）预案备案50个。

【应急救援队伍建设】 市应急局组建成都市级简阳尖刀队，完成22个镇（街道）综合应急救援队建设和291个村（社区）应急分队建设，基本形成“统一领导、协调有序、专兼结合、优势互补、处置快速、保障有力”的镇（街道）应急救援队伍体系，应急救援能力有效提升。

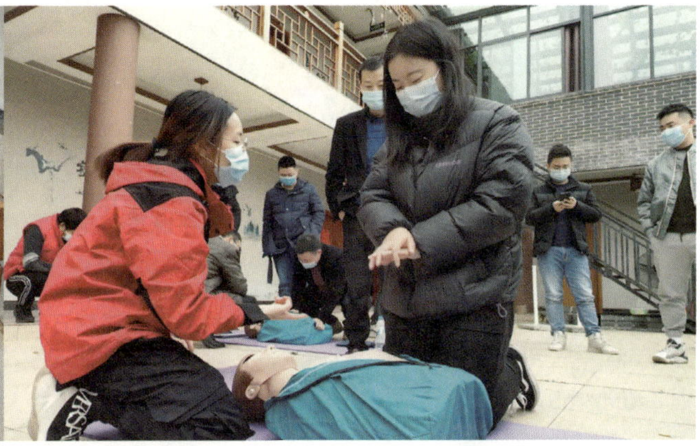

开展基层应急救援队伍培训（市应急局供图）

【应急救援培训和演练】 市应急局全年组织镇（街道）基层综合应急救援队和成都市级简阳尖刀队队员开展5批次700余人次应急救援技能共训共练，提升基层应急救援能力。市应急局指导各部门、镇（街道）开展专项预案演练3302场，提升处置突发事件应急能力。

【应急救援区域合作】 简阳市按照《成德眉资同城化暨成都都市圈公共服务共建共享三年实施方案（2020—2022年）》要求，与金堂县、龙泉驿区、青白江区、德阳市广汉市、眉山市仁寿县、四川天府新区眉山管委会、资阳市乐至县、资阳市雁江区签订自然灾害应急救援区域联动协议，推进成（都）德（阳）眉（山）资（阳）公共服务共建共享，推动应急管理一体化空间布局，协同提升公共安全保障和风险应对能力，加快构建资源与服务共享共融的应急救援联动体系；按照成都市统一安排，组织应急救援队伍参加在金堂组织的水域救援共训共练活动1场。

（张　勇）

交通安全管理

【概况】 2021年，市公安局查处道路交通违法行为17.77万余起；办理机动车业务71383笔、非机动车上户663笔、驾驶证业务62004笔、交通违法业务86097笔；注销登记车辆7172辆，转移登记车辆14445辆；完成辖区1605台老旧车和3台营转非大客车注销。

【交通安全设施建设】 市公安局新增交通标志426套，拆除标志牌253套；安装隔离柱212根、中央隔离护栏3137米、行人过街护栏6套，更换防撞桶194个；施划标线32718.4平方米，清除标线15645.6平方米；更换安装路名牌19套，安装爆闪灯9套、人行灯遮阳罩6套，维护更换井盖110处；安装移动式信号灯6套、禁止行人翻越护栏提示牌23块。

【交通安全信息化建设】 市公安局全年电子警察审核录入55125条，视频巡查巡检1570次，布控逾期未检验达到报废标准车辆527辆。

（段贤辉）

消防安全管理

【概况】 2021年，简阳市消防救援大队坚持“稳中求进、固本强基、全面提升、创新引领”的基调，推进火灾防控体系、应急救援能力和队伍建设提升，守住队伍管理和消防安全形势底线，加快推进全市消防救援事业高质量发展，为经济发展和社会稳定创造良好消防环境。

【消防队伍建设】 简阳市消防救援大队牵头编制《简阳市消防安全工作职责任务清单》，细化明确工作职责，完善消防责任体系；从队伍正规化建设入手，狠抓“四个秩序”（规范战备秩序、规范训练秩序、规范工作秩序、规范生活秩序）落实，推进全员岗位大练兵，强化重大时期消防安全保卫，用实际行动保卫人民生命财产安全；开展水上救援和高空绳索救援培训，提高队伍综合应急救援作战能力。全市全年消防队伍接处警 1506 起，出动消防车 1965 辆次、消防人员 9731 人次，抢救和疏散被困群众 56 人，现场抢救和保护财产价值 69.1 万元。

【消防基础建设】 简阳市消防救援大队紧盯城中村城南消防安全，联合市级部门加强隐患治理，关注老弱病残群体，安装感烟探测报警器 1100 具，配置灭火器 100 具，提升城中村初期火灾扑救能力；实施打通消防生命通道工程，组织摸排全市 240 余栋高层建筑，督促指导辖区 144 家单位完成消防车通道划线；完成旭海时代大型商业综合体达标建设，36 家文博单位和宗教活动场所实现“三定三禁”（“三定”即确定消防安全责任人、管理人、定期组织开展防火巡查检查、定期组织开展消防安全培训和灭火演练，“三禁”即严禁违规用火用电用气、严禁违规开展经营性活动、严禁违规存放使用易燃易爆物品）消防安全管理，60% 居民住宅区电动自行车实现集中管理；在成都市率先实行 106 所学校消防安全副校长配置全覆盖。

【消防执法检查】 简阳市消防救援大队全年检查单位 1349 家，发现火灾隐患或违法行为 1853 处，督促整改火灾隐患或违法行为 1876 处，下发责令改正通知书 1137 份，下发行政处罚决定书 50 份、临时查封决定书 7 份，责令“三停”（停产停业、停止使用、停止施工）单位、场所 5 家，罚款 133974 元；下发公众聚集场所投入使用、营业前消防安全检查意见书 64 份。

【消防安全宣传】 简阳市消防救援大队发动各队站消防员、镇（街道）及村（社区）工作人员、网格员、志愿者等力量，在宣传栏、社会信息公开栏等宣传阵地张贴消防安全宣传海报，走街入户向群众发放消防宣传单；邀请各类群体走进营区体验，组织开展队站开放活动；利用电视、广播、报刊、门户网站等，在省、市、县三级媒体推送抢险救援、工作动态等新闻；利用抖音、微博、微信等新媒体平台，发布消防安全知识、法律法规、队伍动态、工作动态等信息；利用移动平台终端，发送点对点消防安全提示短信，提升全民消防安全素质。

（张　勇）

防灾减灾管理

【概况】 2021 年，市应急局以保障人民群众生命财产安全为出发点和落脚点，坚持“预防为主、综合减灾”的方针，开展地震地质灾害防治、灾害信息报送、自然灾害信息员队伍建设、社区综合减灾标准化建设、全国第一次自然灾害综合风险普查等工作，有效应对各类突发自然灾害，无因灾亡人事件。

【自然灾害信息报送管理】 市应急局根据《应急管理部办公厅关于推进灾害隐患信息报送工作的通知》要求，建立健全县级应急管理部门和镇（街道）灾害风险隐患信息报送队伍；更新国家自然灾害灾情管理新系统数据 2 次，更新全国应急信息员数据库系统 1 次。

【防灾减灾项目建设】 市应急局在云龙镇云龙社区、云峰社区等 10 个村（社区）开展“全国综合减灾示范社区”建设项目，利用中央补助资金 186 万元重点支持基层备灾能力建设，为多灾易灾及交通偏远镇配备必要的应急救援物资；推进全国第一次自然灾害综合风险普查项目，建立简阳自然灾害相关信息系统；配合四川省地震局在简阳市妇幼保健院、简阳市消防救援大队、简阳市禾丰专职消防队 3 个人员密集重点区域安装地震预警终端 3 套，实现设置区域在突发性大震已发生、尚未形成严重灾害之前提前几秒至数十秒得到震时预警，有利于设防地区采取措施减小损失。

【防灾减灾宣传培训】 市应急局组织全市自然灾害信息员开展培训 3 场次，提升灾害信息员业务能力，提高灾害应急管理水平；在全市范围内开展以“防范化解灾害风险，筑牢安全发展基础”为主题的全国减灾日、以“构建灾害风险适应性和抗灾力”为主题的国

表 31　　简阳市Ⅱ类避难场所相关情况表

序号	名称	等级	详细地址	建成时间
1	简阳市体育中心应急避难场所	Ⅱ类	简阳市射洪坝街道中山路	2013 年 8 月
2	简阳市人民公园应急避难场所	Ⅱ类	简阳市简城街道安象街	2017 年 11 月
3	简阳市御景湾广场避难场所	Ⅱ类	简阳市射洪坝街道东滨路	2017 年 11 月
4	简阳市解放变电站避难场所	Ⅱ类	简阳市射洪坝街道鳌山路	2019 年 1 月
5	简阳市明德小学避难场所	Ⅱ类	简阳市射洪坝街道园艺村十一组	2019 年 6 月

际减灾日宣传活动，宣传防灾减灾及自救知识，提升公共意识。

（张　勇）

地灾防治

【概况】 2021 年，市规自局从机制体制、避险搬迁、工程治理、群专结合、宣传培训、避险演练等重点工作出发，开展地质灾害防治组织、协调、监督和指导，确保人民群众生命财产安全。简阳市全年未发生因地质灾害造成人员伤亡事件。

【地质灾害防治体制机制完善】 市规自局修订完成《简阳市突发地质灾害应急预案》，编制《简阳市 2021 年度地质灾害防治工作方案》，签订 2021 年地质灾害防治工作目标责任书，完善地质灾害气象风险预警会商、“三单一书”（提示单、交办单、催办单、责任指令书或整改情况回执书）和“两书一函”（约谈通知书、整改通知书和提醒敦促函）制度。

【地质灾害预警】 简阳市地质灾害指挥部汛期发布地质灾害气象风险提示 119 次，发送短信 15260 余条，其中三级预警 6 次，转移群众 226 户 707 人。

【地质灾害风险调查与避险】 市规自局完成简阳市地质灾害风险调查评价，拟划定地质灾害中风险区（简阳市暂未划定高风险区域）与简阳市城区开发区无重叠情况；落实常态化抽查检查、坚持主动转移原则等举措，组织指导镇（街道）开展主动避险。

【地质灾害宣传培训与应急演练】 市规自局对基层干部群众、学校、在建工地、受威胁群众等八个领域重点人群开展宣传培训 10 场次，宣传人数 2986 人次，参训人数 1328 人次，发放资料 3200 余份。各镇（街道）开展地质灾害应急演练 71 场次，参加人数 2382 人次，提升全民识灾防灾能力。

【地质灾害全域综合整治三年行动】 成都市地质灾害全域综合整治三年行动计划下达简阳市约束性指标为 2023 年底前应消除地灾隐患点数量 31 处，减少受威胁人数 208 人。简阳市 2021 年入库地质灾害隐患点 35 处，威胁农户 188 户 652 人，完成“双减”中的“减人”指标（实际减少 588 人），结合风险调查评价单位调查情况（建议销号 5 处），基本完成“减点”指标（实际减少 28 处）。

（陈　微）

教育·科技

教育体制改革

【概况】 2021年,市教育局推动成(都)德(阳)眉(山)资(阳)同城化发展决策成势见效，落实立德树人根本任务，优化学校校点布局，稳步推进教育体制改革，激发教育活力，教育事业社会满意度逐渐提高。

【校点布局调整】 市教育局把学校校点布局优化调整作为城乡教育一体化发展的先手棋，构建“市级领导牵头抓总—市教育局专班推进—各镇(街道)全程参与”的领导体系，顺向调整、均衡配置城乡教育资源，完成简阳市“空心学校”撤并，公办建制幼儿园由15所增加至25所，办园点位由32个增加至40个；义务教育学校由82所撤并为70所，村小教学点由17个撤并为5个。简阳市推进基础教育更加公平更高质量发展经验做法先后被四川省深改委办公室、成都市幸福美好生活十大工程推进领导小组办公室收录为典型案例，并在四川省县(市、区)教育局长培训班、成都市2021年教育设施规划建设培训会上作经验交流。

【“双减”政策落实】 简阳市贯彻落实“双减”政策要求，制发《简阳市进一步规范普通中小学校办学行为的指导意见》《简阳市教育局关于做好“双减”工作的通知》，出台作业管理办法，强化作业管理，实施质量提升计划，100%学校实现作业校内公示、不给家长布置作业或要求家长批改作业，对学校减负提质各项措施和成效表示满意的家长达98.5%，其中七成以上家长表示非常满意；在成都市率先将校外培训机构纳入督学视导，坚持常态化监管，查处培训机构违规办学行为；压减学科类机构，义务教育段学科类培训机构由70家减少到7家，压减率90%，其做法被四川省教育厅纳入“双减”工作典型案例推广学习；建立校外培训风险防控联络机制，妥善处置集体退费舆情隐患，推进资金全额监管，有效化解退费难问题。

【教育督导创新】 简阳市推进教育督导体制机制改革，采用“八+N”(以八个经常性督导事项为主，结合具体情况开展专项督导)模式为责任督学赋责赋能，缩减“三评一查”(项目评审、教育评估、人才评价和检查事项)，并将“三评一查”、专项督导纳入责任督学经常性督导，减轻基层学校负担；关注“双减”“五项管理”等热点难点，对校外培训机构实施挂牌督导，简阳市做法得到成都市教育局和四川省教育厅通报表扬；制定教育督导通报、整改、问责等八项制度，为教育督导问责提供制度保障；修订完善《简阳市教育质量综合评价办法》，指导学校建立教师和学生评价制度，构建相对完整的教育评价体系；创新开展幼儿发展水平监测，制定《简阳市幼儿发展水平评价细则》，研发监测工具，在成都市率先开展县域幼儿发展水平监测；建成并启用简阳市教育督导信息化管理平台，实现教育督导管理信息化、督导监管远程化；建成教育“三化”（教育现代化、均衡化、国际化）监测预警平台，提升服务教育“三化”能力。

【教学评估体系完善】 简阳市结合“双减”政策，根据各学段学生学习特点和实际情况，以学生全面发展为总基调，遵从教育发展规律，突出评估的诊断和引领作用，完善义务教育阶段教学质量评估办法，修改完善《简阳市初中教学质量评估方案》《简阳市小学教学质量评价实施方案》，注重学生学习兴趣维护、学习习惯养成、学科素养培养，保障减负不减质、减负不减效。

【区域教育联盟发展】 市教育局构建“强校引领—集团发展”的办学模式，组建教育联盟35个，推进联盟结对、领办托管和名校集团建设，62所学校参与成都市区域教育联盟共同体，占简阳市学校总数的60%；参与成都市内联盟共同体活动130余次、教师交流600余人次，开展学生交流人数5万余人次；举办双城古道教育协同发展联盟首届年会，成都、德阳、眉山、资阳和双城古道教育联盟开展交流活动15次，教师互访150余人次。四川成都天府新区、锦江区、武侯区选派优秀管理团队进驻简阳市，对镇金小学、三星小学、平泉初级中学3所学校开展第二批次托管。

【教育国际化发展】 市教育局于4月组织学校教师代表30人参加简阳市教育国际化异地研修培训，5月组织各级各类学校（园）教师代表169人参加简阳市教育国际化本地研修培训，6月采取“线上线下融合”的形式组织简阳市区域教育联盟学校200余人参加区域教育联盟学校国际理解教育专题培训会；参与成都市2021年国际理解教育课堂教学设计评选活动，2个课例获一等奖，其中1个课例入选《成都市中外人文交流课程教学设计优秀案例专辑》。简阳市全年2名教师入选成都市首批国际理解教育种子教师。

【雄州教育论坛】 市教育局全年举办4期雄州教育论坛，40人现场交流，38人书面交流，邀请双城古道教育协同发展联盟、成德眉资教育同城化发展等区域协同发展联盟单位参加，双城古道教育协同发展联盟10余名专家领导现场讲课。论坛活动被成都市推动双城建设办公室采用，在腾讯网、网易网、简阳网、简阳教育微信公众号等媒体、网站报道10余次。

（杨秀平）

教育管理

【概况】 2021年，市教育系统聚焦“师德师风建设年”主题，以庆祝中国共产党成立100周年活动为契机，探索教育发展新路径，办好家门口好学校，基本形成“发展均衡、优质高效、充满活力、人民满意”的教育发展新格局。简阳市师生获国家、省级、市级奖项56类365人次。

【依法治校】 市教育局以“法律进学校”为重要抓手，以开学第一课、宪法演讲、模拟法庭、法治课（微课）、校园法治电视台节目、“12·4”宪法宣传周等活动为载体，开展师生法治宣传教育；为简阳市中、小学校（园）配备法治副校长101人，实现学校法治副校长全覆盖；举办预防校园欺凌、禁毒、预防性侵等主题教育300余场次；在成都市第七届法治课（微课）、模拟法庭、校园法治电视台节目竞赛活动中，多所学校及个人获奖，简阳市教育局、石桥中学获优秀组织奖；在成都市第六届“学宪法　讲宪法”活动中，简阳市教育局获最佳组织奖。

【教师队伍建设】 简阳市中小学校（园）以教育联盟为牵引，采取联盟内自主交流与学区间统筹安排相结合的方式，开展教师干部交流，推进“县管校聘”用人机制改革发展，全年交流干部教师263人，达到符合交流条件教师总数的14.61%，其中骨干教师交流57人，占21.67%。市教育局抓好教师公招和进城考调，公开招聘编内教师142名，进城考调44名；引进高层次教育人才42名，本土新培育人才8名；分批分类分级组织简阳市中小学校（园）校（园）长、部分中层干部和

2021 年简阳市专任教师学历、职称情况表

表 32　　单位：人

	学历					职称			
	研究生	本科	专科	高中（中专中师）	高中及以下	高级	中级	初级	未评
合计	247	5052	1422	132	2	1281	2311	2045	1218
幼儿园	0	278	322	59	2	34	93	143	391
小学	31	1530	823	68	0	364	969	899	220
初中	88	2032	227	0	0	496	794	777	280
普高	111	933	23	2	0	302	368	187	212
职高	9	249	20	3	0	73	72	30	106
特校	8	30	7	0	0	12	15	9	9

学科教师参加专业培训，举办 40 个班次，培训 3000 余人次；组织中职教师参加骨干教师培训、学科带头人培训、班主任培训等 850 人次；通过资格考试，增加“双师型”教师比例，新增“双师型”教师 7 人；派遣 78 名专业教师到企业培训、挂职锻炼，提高“双师型”教师实践教学能力；完成 133 名新入职教师职称认定，落实职称、岗位向农村学校教师倾斜政策，40 人通过农村工作满 30 年不受名额限制评定中、高级职称，66 人享受不受结构比例限制晋升岗位；创建成都市名校长工作室 2 个、名师工作室 2 个，组建简阳市级名师、名校（园）长工作室 26 个；组织第 37 个教师节庆祝活动，开展“为教师亮点”公益活动，639 名干部教师获简阳市委、市政府表扬，640 名干部教师获简阳市教育局表扬，21 人次被成都市级及以上表扬。

【招生考试】 市教育局开展数据摸底，先后召开协调会、征求意见会、人大政协及家长代表听证会，制发招生工作指导意见和实施办法，按照招生方案组织适龄儿童少年登记入学和资料复核，统筹把关审核特殊人群子女入学资料，保障中小学（幼儿园）有序入学；制发《“我为群众办实事”城区中小学、幼儿园招生入学政策宣传活动方案》，召开简阳市 2022 年城区招生政策宣传培训会，通过网络平台+社区窗口等多渠道、多形式宣传招生政策，确保招生政策公开透明；完成 2021 年高中阶段招生计划编制，普高招生计划 8150 人（其中简阳市 6000 人），较 2020 年增加 1800 人（其中简阳市 1450 人）；组织初三毕业生综合素质评价、生物地理成绩核实、毕业会考等系列中考相关工作，制发《简阳市 2020 年高中阶段招生工作意见》和指标到校生、艺体招生等配套文件，2021 年普通高中招生 5983 人，实际报到 5946 人，报到率 99.38%。简阳市 7805 名考生报名参加高考，设 3 个考点、169 个考场、6 个备用考场、13 个发热备用考场，参与考试工作人员 899 人，6969 名考生被录取，录取率 89.29%；中考报名 16956 人，设 11 个考点、528 个普通考场、11 个备用考场、33 个备用考场，参与考试工作人员 1924 人，简阳市高中阶段教育学校录取人数 11859 人；成人高考报名人数 1911 人，设 2 个考点、65 个考场，每个考点设置 2 个备用考场、3 个发热备用考场；组织四川省书法水平测试，报名数 1416 人，设 2 个考点 74 个考场。简阳市职教高考升学人数 81 人，其中本科上线 14 人，录取 11 人，升入高职院校 70 人；对口单招高考录取 912 人，其中国家级示范、省级示范院校录取 308 人，占录取总人数的 34%。

【德育教育】 简阳市结合党史学习教育，组织全市 82 所学校 7 万余名学生开展“看爱国影片　迎建党百年”主题观影活动，组织 4 万余名中小学生开展红色研学教育实践活动，深化爱国主义教育；开展“优秀少先队员”“优秀少先队集体”榜样选树活动，78 名少先队员、35 名少先队辅导员、37 个少先队集体获得表彰，并遴选 4 名辅导员参加成都市级赛事活动；加强心理危机干预和心理疏导，对 73842 名中小学生开展心理健康状况抽样调查和学生心理健康筛查，建立中小学心理健康大数据平台；开展 2021 年班主任技能大赛，组织 100 名中小学校德育干部开展专题培训，评选出成都市优秀班主任 17 名和优秀德育工作者 7 名；遴选 1 名心理健康教师参加成都市心理辅导员 A

证资格培训，开展“成都市学校心理辅导员”B（C）级资格培训，B证培训112人、C证培训120人。

【劳动教育】 市教育局构建劳动教育生态圈，强化综合实践育人模式，新市小学、云龙小学创建为成都市劳动教育试点学校，通过试点学校示范引领，强化劳动教育过程性指导；结合五一劳动月、寒暑假创新开展系列主题劳动教育，开启学科融合发展路径，探索拓展劳动教育路径；举办2021年简阳市中小学劳动教育培训会。简阳市义务教育阶段学校按照《四川省义务教育课程计划表（2021年修订）》要求，坚持每周1节劳动课、1节综合实践活动课，确保劳动教育课程、科室落地落实。

【体艺活动】 市教育局坚持“五育”并举发展理念，举办简阳市中小学生运动会，比赛场次500余场，参与学生7万余人次；在成都市青少年学生运动会等系列赛事获一等奖16个、金牌16枚，700余名学生获奖，其中在田径高中组比赛中简阳市7人次达国家二级运动员水平，1人破成都市田径纪录；举办“永远跟党走　阳光下成长”第十届中小学生艺术节展演活动，3万余人次观看直播，1万余人次参观展览；举办简阳市第37届青少年科技创新大赛，328个作品参赛，评出一等奖104个、二等奖130个、三等奖224个；职工合唱团参加成都市庆祝中国共产党成立100周年群众歌咏比赛获一等奖。

【教育教研】 简阳市各学段开展论坛、沙龙、专题研讨等学科特色教学研讨活动16次，提供研究课32节，专题讲座16堂，参会教师4800余人次。市教育局开展学科教材培训活动78次，提供公开课、示范课138节，专题讲座154堂，参会教师1.5万余人次；开展教师技能大赛、优质课竞赛、作业设计大赛、应知应会知识大赛等教学展评活动19次，参赛教师264人次，观摩人数1700余人次；修改完善《简阳市教育科研管理制度汇编》，国家级课题立项2项、四川省级课题立项5项、成都市级课题立项8项、简阳市级课题立项20项、简阳市微型课题立项204项，5项四川省级、7项成都市级、118项简阳市级课题开题，1项四川省级、3项成都市级、26项简阳市级课题结题；在研课题阶段评审获四川省三等奖3项并获成都市一等奖2项、二等奖4项、三等奖4项，获全国第六届教育科研成果奖二等奖1项、三等奖1项，获成都市教育科研教学成果奖二等奖1项、三等奖1项。

【教育资助】 简阳市落实国家资助政策，结合学生资助政策多元、学段多元、对象多元的区域特点，建立家庭经济困难学生认定机制，提升教育资助管理水平，确保家庭经济困难适龄儿童、少年顺利完成学业。全市全年发放学生资助资金4238.36万元，资助学生69521人次，其中原建档立卡贫困家庭中职学生享受生活补助49.5万元、原建档立卡贫困家庭本专科学生享受生活费和学费补助169.2万元、义教专项补贴525万元。

【教育扶贫】 市教育局持续开展“三区”人才支持计划教师专项计划和支援阿坝州，选派10名骨干教师到

6月20日，简阳市教师合唱团参加成都市庆祝中国共产党成立100周年群众歌咏荟演（市教育局供图）

6月25日，简阳市第十届中小学生艺术节举行（市教育局供图）

阿坝州黑水县开展驻点支教，4名教师到民族地区开展支教，落实支教帮扶津补贴95万余元；将脱贫攻坚与乡村振兴相结合，选派6名驻村干部参与乡村振兴驻村帮扶，做好驻村干部后勤保障；从控辍保学、学生资助、提升办学条件等方面推进乡村振兴战略和脱贫攻坚有效衔接，做好脱贫攻坚后常态化风险排查。

【教育经费保障】 简阳市国家财政性教育经费总投入155466万元，比2021年增长0.34%，其中一般公共预算安排教育经费155463万元（教育事业费115598万元、基本建设费2092万元、教育附加费7346万元、其他一般公共预算安排教育经费30427万元），比2021年增长0.55%；政府性基金预算安排教育经费3万元，比2021年减少99.07%。简阳市教育局对18个单位专项审计和校（园）长离任（任中）经济责任审计，确保学校经费管理规范、严格。

【学校项目建设】 简阳市编制《简阳市"十四五"教育事业发展规划》，推动教育更高质量、更有效率、更加公平、更可持续发展；推进高品质服务倍增工程，阳安中学迁建项目于8月投入使用，20所城乡公办幼儿园建设项目全面建成。

【教育信息化发展】 市教育局投入资金3870万元用于校点布局调整和学校教育装备采购，为简阳教育现代化增添保障；深入开展线上线下混合式教学探索，增长教师和学生网络学习空间应用，扩大四川云教、成都数字学校、简阳雄州教学云平台使用，55所学校达到四川省数字校园标准；创立简阳市青少年人工智能教育协会，成立人工智能名师工作室，组建研修共同体，举办第三届人工智能挑战赛和人工智能教师晒课活动，参与师生1360人次。简阳市教育城域网实现全覆盖，接入互联网带宽提升56%，50所学校局域网实现千兆到桌面，25所学校开展5G无线接入；引进建设清华大学优质教育资源项目，简阳市教育信息化加快脚步迈向2.0时代。

【教育后勤保障】 简阳市持续实施农村义务教育学生营养改善计划，投入膳食补助资金2535.16万元，从业人员工资1013.1万元，惠及简阳市63所农村义务教育学校，受益学生4.16万余人，被成都市教育局评为学生营养改善计划工作"优秀单位"；202个学校食堂均实现明厨亮灶，"互联网+明厨亮灶"覆盖率达99%；培训学校食品安全管理人员和食品从业人员3500余人次；聘请46名市场监督执法人员担任公民办学校、幼儿园食品安全辅导员，配备率100%；投入资金148万元新（改）建2所幼儿园食堂，投入资金493.13万元新（改）扩建厕所3651.4平方米，新增绿化面积22688平方米。13所中小学校（园）创建为简阳市节水型学校，12所中小学校（园）创建为成都市节水型学校。

【平安校园建设】 市教育局出台《加强学校安全风险防控体系建设工作方案》等管理制度和预案，建立市教育局领导、机关科室对口联系学校安全制度；把学习传达上级指示批示和各级安全工作要求作为市教育局党组会、安全例会固定议程，线上线下多形式常态开展安全课程教育、专题教育活动，印发公开信（告知书）、《安全预警快报》，推送安全知识、典型案例、安全提醒、极端水利气象预警信息；会同相关单位综合整治校园及周边地质、交通、食品、卫生等环境，开展社会风险专项调研，动态评估学校城市风险，持续排查校园安全12大项298小项风险照单；严格校车驾驶员、保安人员准入制度，做好全市教育系统庆祝中国共产党成立100周年等重大活动、重点时段、重要节点安全维稳；对校车实施远程实时监控并在节假日期间统一封停，审核各类涉校租车，建立校内校外涉生死亡事件处置机制；组织开展或参加应急处置和提升舆情应对能力、消防控制室管理、燃气和校园安保等专题培训，在定期开展疏散演练基础上，组织全市性反恐防暴、防空警报试鸣及疏散演练；打好"安全管理标准化建设"收官战和"安全防范建设三年行动计划"攻坚战，全市学校按期完成校园封闭化管理、护学岗建设、专职保安配备、校门防冲撞设施建设、一键式报警和视频监控安装并与公安机关联网运行"6个100%"建设。简阳市学校"成都市安全教育平台"各项活动完成率名列成都市前茅，参加四川省"森林草原防火"征文、手抄报活动、安全典型征集等获奖31人次，1所学校被成都市委政法委评为"基层平安创建合格单位"，2所学校被成都市人防办评为“人防警报管理先进设台单位”。简阳市教育局被成都市政府安委办评为“安全生产月活动先进单位”。

（杨秀平）

基础教育

【概况】 2021年，简阳市有中小学校（园）208所，其中幼儿园132所，单设小学17所，单设初中11所，九年义务教育学校42所（公办41所、民办1所），特殊教育学校1所，普通高中5所；有中等职业学校3所（公办1所、民办2所），教师进修学校1所（未纳入总数）。全市公民办在校（园）学生106991人（不含职高），公办学校（园）在编教职工6104名。

【学前教育】 简阳市新增公办园7所，认定普惠性民办园62所，公办园在园幼儿占比达50.38%，普惠性幼儿园覆盖率达84.40%；开展幼儿园等级评定，新市幼儿园、射洪坝第二幼儿园创建为成都市一级示范园；在政府网站开设“学前教育砥砺十年”活动专栏，宣传全市学前教育改革发展十年成就；挖掘学前教育普及普惠发展、凝练科学保教的经历、故事，组织开展

表33　　2021年简阳市各级各类学校（含民办）基本情况表

		学校（所）	毕业生（人）	招生（人）	在校学生（人）	教职工（人）	专任教师（人）
总计		255	30987	29273	113179	9319	7632
幼儿园		132	5691	5667	19503	2531	1235
小学	合计	59	8856	6055	41652	1310	1280
	单设小学	17	4939	3667	22986	1310	1280
	学校	42	3917	2388	18666	—	—
初中	合计	55	10993	9022	30895	3449	3203
	初级中学	11	2799	2557	9033	716	705
	学校	42	6616	5032	16965	2733	2498
	普通高中（完全中学）	2（未建制）	1578	1433	4897	—	—
普通高中		5	3909	5967	14788	1587	1531
职业学校		3	1512	2539	6188	395	338
特殊教育学校		1	26	23	153	47	45

说明：小学、初中项中“学校”是指九年义务教育学校（小学+初中），共42所；5所普通高中包含2所未建制普通高中（完全中学）

2021年简阳市学校（含民办）校舍情况表

表34　　单位：平方米

	占地面积	校舍建筑面积	教学及辅助用房	行政办公用房	生活用房	其他用房
合计	3219146.3	1668139.7	870342.13	111191.17	658029.49	28576.91
幼儿园	251383	186064.7	140605.13	14433.17	17062.49	13963.91
小学	607959	288309	150763	22022	110890	4634
初中	307780	125953	65788	7941	51310	914
学校	1301183	643952	288125	37584	313860	4383
普高	611820	336533	177645	23091	131115	4682
职高	133693.3	81521	43720	5742	32059	0
特校	5328	5807	3696	378	1733	0

学前教育科研成果展示活动、幼儿园教职工技能比赛，总结推广优秀案例；制定《简阳市幼儿园课程建设与管理工作实施方案》，探索幼儿园课程体系建设，着力“普惠性民办幼儿园课程规范”课题研究；落实“双减”要求，推进幼儿园和小学实施入学准备教育和入学适应教育，促进学前教育普及普惠发展。

【义务教育】 简阳市义务教育入学率100%；实施“文化知识成绩+基本素质检测”的教学质量评价方式，探索多元化教学质量评价方式，促进学生全面发展；通过“老校+新校”“强校+弱校”“创建+培育”的发展体系，落实“一校一团队”“一月一视导”“一校一基地”的管理方式，提高学校教育教学质量、办学活力；深化中小学课后服务管理，设计学生喜欢、教师善教的课后服务课程体系，探索课后服务“选课走班”制，实现义务教育学校全覆盖、有需求的学生全覆盖，学生参加率97.3%，教师参与课后服务率98.2%。简阳市实验中学、射洪坝解放学校、简城城南学校、简阳市实验小学、禾丰小学、青龙小学6所学校创建为成都市“新优质学校”。

【高中教育】 简阳市统筹推进高（初）中综合素质评价试点，落实成都市综合素质评价记录管理系统使用，不断整改完善；深化普职融通育人模式改革，总结普职融通育人模式改革试点经验，建立人才培养新模式；扩大普职融通实验班招生规模，普职融通实验班15人转入普高就读，高2018级普职融通实验班转入石桥中学的学生3人本科上线。简阳中学获评成都市“国防教育”办学特色突出学校，阳安中学获评成都市进步最快学校，简阳市普通高中教育教学质量评估连续五年获评成都市优秀等级。

【特殊教育】 简阳市义务教育适龄残疾儿童入学率98.22%；组织100余名普通学校资源教师、随班就读班主任接受成都市特殊教育线上培训，提升普通学校24间特殊教育资源教室康复设备。简阳市在成都市第二期特殊教育提升计划督导评估中，以90.5分的综合得分在成都市区（市）县中列第11位，获“成都市特殊教育工作突出单位”称号，并在成都市二期特殊教育提升计划实施总结大会上交流发言。

【职业教育】 简阳市宣传2021年全国职业教育大会精神，建立健全简阳市职业教育联席会议制度；完成简阳市内中职招生3528人，比2020年增长6%；建成“1+X”证书（学历证书+若干职业技能等级证书）考核站点2个，完成“1+X”证书师资培训18次，培训学生220人次以上，获证率75%；新增“双师型”教师7人，新增专业6个，师生获奖56类365人次；以四川省“空、小、散、弱”专项清理为契机，对2所民办中等职业学校实行“一校一策”统筹整改；开展2期免费就业技能培训，完成普通话水平测试1700人次。简阳市高级职业中学通过四川省级示范校建设中期验收，创建为成都市特色职业院校。

（杨秀平）

【卫生职业教育】 简阳市中等卫生职业学校（简阳市卫生技术培训中心）承担简阳市医疗卫生人才继续教育，全年培训卫生技术人才300余人次；成立志愿服务队，到学校、街道宣传禁毒、无偿献血等；到农村帮扶脱贫户介绍医保政策，到社区、医学留观点配合抗击新冠肺炎疫情，发放宣传单1000余份；与四川省川北医学院成人继续教育学院联合办学，开设护理、临床专业的专科、本科学历教育，2021年通过成人高考报考的上线人数140余人，连续8年被川北医学院评为优秀教学点。

（蒋　婕）

社会教育

【概况】 2021年，简阳市教育系统聚焦幸福美好生活十大工程，把社会教育作为民生工程实施，以营建全龄友好包容社会体系为主，统筹推进各方面教育资源良性发展，十五分钟学习生活圈粗具雏形，全民终身学习氛围日渐浓厚，学习型社会建设推进有力。

【社区（终身）教育】 简阳市在市民中开展党史宣传等系列宣讲活动，组织开展“市民演讲赛”“摄影比赛”“红色游学”等主题活动和献礼中国共产党成立100周年系列活动；开展形式多样的“最成都·市民课堂”，规范市民课堂教育教学管理，提高服务品质，服务成都市“大运会”，探索党建引领下社区教育服务社区治理路径；开展第六届“能者为师——共建幸福美好生活，寻找社区好老师”活动，遴选社区好教师，充实社区教育师资力量；开展老年教育学校标准化建设，完成老年教育学校标准化建设全域覆盖率30%年度目标；开展2021年成都市社区教育相关评选，选送优秀继续教育学院1个、百姓学习之星1名、先进社区教育工作者2名、最美志愿者3名参加成都市教育局评选，均获奖或被授予称号，简阳市成人教育中心获评成都市优秀继续教育学院；开展保健调理师职业技能培训（初级班）和疼痛亚健康调理职业技能培训（中级班），加强重点群体就业援助，拓展重点群体就业渠道。

【继续教育】 简阳市有国家高等教育自学考试审核确认注册新生502人，毕业19人，设考点1个，组考2次，组考4601人次、9857科次，336个考场；中小学教师资格考试（笔试）设考点1个，组考2次，组考11812人次，395个考场；全国大学英语四、六级考试设考点1个，保考1次，四级考试1486人次、六级考试88人次；全国计算机等级考试设考点1个，保考1次，236人次参考，组考247科次。简阳市实现全年组考保考零失误。成都广播电视大学简阳分校开放教育注册新生439人，毕业476人，获成都开放大学表彰优秀办学单位二等奖。

【民办教育】 市教育局强化民办学校（园）监管，规范办学行为，审核认定62所普惠性民办幼儿园，对77所民办幼儿园开展分类登记并向社会公示，对28所民办幼儿园开展等级评定;强化安全管理，开展应急演练，完善全市民办幼儿园“三防”（人防、物防、技防）建设。

【校外培训教育】 市教育局打造具有简阳特色的优质校外教育实践基地，构建利于青少年健康成长的校外教育环境，开展系列教育实践活动，全年服务学生、家长33460人次；以传统节日、重大纪念活动、重大事件等为契机，聚焦特殊群体，关注留守儿童，在青少年中组织开展天府文化研学、心理健康教育系列活动19次，服务青少年3240人次；在射洪一小、水东小学和普安小学开展流动少年宫送教下乡活动，开课56次，服务师生5000余人次；开设春、夏、秋三季公益兴趣特长培训班81个，开课1054节，服务青少年15560人次；2021年疫情防控期间制作发布公益课程、微视频、家庭教育文章18期；组织科学普及系列活动8场，服务青少年9660余人次。

（杨秀平）

【农业广播电视教育】 四川省农业广播电视学校简阳市分校于1984年4月由简阳市人民政府批准成立，2004年经简阳市编办同意增挂“简阳市农民科技教育培训中心”牌子，后被简阳市政府授予“农村实用人才培训基地”“劳务开发培训基地”称号，被四川省农业农村厅授予“2008年中职教育十佳先进集体”称号，在2009年组织的全国县级农广校办学水平评估中被评为A级校。学校是简阳市唯一一所涉及农机、农艺、农技及学历教育培训的公益一类事业单位。2021年，学校中职学历教育在校生328人，大专、本科在校生136人；开展高素质农民培训3期，培训283人次；开展拖拉机驾驶员培训34人次；开展农民技术培训、产业技术扶贫培训、冬春农民技术大培训等培训30期次，培训农民2000人次。

（钟　波）

示范学校建设

【概况】 2021年，简阳市以建设更多家门口的好学校为目标，优化校点布局调整，挖掘办学内生动力，让学生有好学上、能上好学，加快推进教育高质量发展，提升群众对教育的获得感和满意度，促进学生健康正向成长。

【新优质学校创建】 市教育局通过雄州教育论坛、区域教育联盟等活动载体，借力教育两项改革（推进乡镇行政区划和村级建制调整改革），以创建成都市“新优质学校”为依托，挖掘学校办学内涵、特色亮点，激发学校内生动力，培建成教育理念先进、办学特色鲜明、育人模式科学、办学成效明显的“家门口的好学校”。简阳市实验中学、简阳市实验小学、射洪坝解放学校、简城城南学校、禾丰小学、青龙小学被认定为第六批成都市“新优质学校”。射洪坝第一初级中学、石桥初级中学、东溪初级中学创建成都市“初中强校工程”基础进一步夯实。

【等级幼儿园创建】 简阳市制定《简阳市幼儿园课程建设与管理工作实施方案》，以学前教育科研成果展示活动、幼儿教职工技能比赛、教育科研经验推广为抓手，探索幼儿园课程体系建设，推进幼儿园和小学实施入学准备教育和入学适应教育，促进学前教育普及普惠发展，成功创建成都市一级园 2 所，实现高品质幼儿园翻番；开展简阳市幼儿园等级评定，评出成都市二级园 13 所、成都市三级园 7 所。117 所幼儿园及公办园分园中，成都市一级园 4 所、成都市二级园 68 所、成都市三级园 24 所，一级园以上高品质幼儿园占 3.4%，二级以上优质园占 61.54%。

【省级示范学校创建】 9 月，简阳市阳安中学新校区投用，办学条件得到进一步改善。阳安中学通过“青蓝结对”工程、“121”教学模式等举措，深化管理提质增效，先后获评“四川省文明单位”“成都市普通高中教育教学工作优秀学校”“成都市普通高中教育教学进步最快学校”“简阳市家门口的好学校”，为通过四川省二级示范性普通高中建设奠定基础。简阳市高级职业中学按照“健全机制—完善规划—优化结构—拓宽路径—强化素能”发展思路，结合简阳市城市产业结构布局，完善专业动态调整机制，为地方经济服务的功能定位进一步彰显，“4454”教师培养模式日趋成熟，6 月 23 日接受四川省教育厅示范性中等职业学校中期评估验收，督导验收 B 级达标。

【体育特色学校创建】 简阳市坚持健康第一的教育理念，推动青少年文化学习和体育锻炼协调发展，落实学生每天校内、校外各 1 个小时体育活动时间；按照简阳市创建体育特色学校五年行动规划，推荐 9 所学校创建成都市阳光体育示范学校。简阳市有阳光体育示范学校 14 所，全国校园足球特色学校（园）9 所，全国足球特色示范园 2 所，四川省校园足球示范学校 3 所，简阳市足球特色学校 12 所，简阳市体育特色项目建设学校 55 所，简阳市赛艇、皮划艇人才输送基地学校 7 所。

【艺术特色学校创建】 简阳市以社会主义核心价值观为引领，推进以美育人、以美化人、以美培元的美育教育理念，把美育纳入各级各类学校人才培养全过程，贯穿学校教育各学段，制定《简阳市教育局创建艺术教育特色学校五年行动规划》，已创建四川省艺术教育特色学校 2 所（简阳中学、简阳市实验小学）、成都市艺术教育特色学校 12 所（简城第一小学、平泉小学、射洪坝第一小学、城北小学、云龙小学、简城第三小学、新市小学、简阳市实验中学、禾丰小学、简阳通材实验学校、简阳市高级职业中学、普安小学）、简阳市艺术特色项目学校达标 33 所。

（杨秀平）

【简阳中学】 简阳中学有教学班 135 个，在校学生 7269 人，教职工 532 人。学校利用“智学网”教学平台，构建以学生为中心的教学模式，通过大数据对学生进行过程性分析、发展性评价，形成班级及学生学情报告；注重优质示范引领，完善教学评价机制，完成学年课程；加强督导督查，持续督查整治开天窗、课堂睡觉、课堂无序等情况；利用未成年人心理成长中心，开展班级心理活动 14 场（涵盖高初中全段）；落实教研措施，开展教研活动 700 余次，各级各类课题在研 74 项，新申报 29 项，新立项 19 项，新开题 15 项，获奖 115 人次，23 项教育研究成果与项目获成都市及以上奖励，50 人次开展简阳市级及以上专题讲座，发表国家级和省级论文 70 篇，235 篇论文获县级及以上表彰。学校外派教师 360 余人次参加省内各级各类学习培训，30 名教师到北京市、广州市、重庆市等地交流学习，400 余名教师参加专门的素能提升培训。学校在各级各类赛课中，获省级表彰 10 人次、地市级表彰 51 人次、区县级表彰 147 人次。学校 2021 年参考人数应届 1096 人，往届 27 人，文考一本硬上线 755 人，本科硬上线 1092 人，其中理科 600 分以上 151 人，理科最高分 699 分，文科最高 623 分，多名学生被清华大学、伦敦艺术大学、俄罗斯圣彼得堡大学、澳洲国立大学等国内外一流大学录取。学校成为简阳市“拔尖创新人才培养基地校”，200 余人次获省级以上奖励，120余名教师被评为“优秀指导老师”。学校获评“成都市办学特色突出学校”“成都市文明校园”“全国教育系统先进集体”“全国示范家长学校”“四川省示范家长学校”“全国‘七五’普法全国先进集体”，成为海军潜艇学院、清华大学、四川大学、电子科技大学等名校优质生源基地，并连续五年获评“成都市普通高中教育教学优秀学校”。

（王彦博）

【阳安中学】 阳安中学有班级80个，在校学生4100余人，在编教职工263人。学校持续开展“青蓝结对”工程，落实“结对帮扶”措施，按程序推荐四川省特级教师、成都市和简阳市名优教师以及递进培养干部38人次，组织参加上级专业培训145人次，有四川省特级教师11人、正高级教师2人、副高级教师72人，四川省级名师优师16人，成都市级名师优师60人，简阳市名师工作室领衔人4人；继续推行“121”（将一堂课分为前、中、后三个时段，时间安排大致为10分钟、20分钟、10分钟）教学模式，打造高效课堂，召开教研组备课组长会10余次，开展教研组、备课组活动28次，开展示范课、公开课、合格课168节次，教师获各级表彰380人次，其中国家级7人次、四川省级7人次、成都市级14人次；组织召开班主任工作例会18次，召开主题班团会20次，出版《德育阳安》5期、《心理健康教育》6期；开展学雷锋、劳动节、建党节等重要节日教育活动8次，开展“颂歌献给党”百米长卷现场绘画活动，开展“校园3V3篮球比赛”“校园十佳歌手”等艺术体育活动4次，举行第37个“教师节”庆祝活动，举行高2018级学生成人典礼，举办首届“气候变化研讨”活动；开展心理健康教育讲座3次，召开学生心理健康成长家校座谈会1次，打造高品质心理健康成长中心。学校2021年高考文考本科硬上线787人，一本上线227人，本科上线率85.5%，被成都市教育局评为“高考进步最快学校”并做现场交流。学校出版《阳中教育科研》3期、《校本研修》1期，举行第27届学术交流会，组织参加各级教研学习100余人次；申报简阳市规划课题5项、简阳市微型课题25项，2项简阳市课题结题，1项省级课题获阶段评审三等奖，1项国家级子课题结题并获成都市教学成果三等奖，2项成都市级课题获阶段评审二、三等奖，1项成都市专项课题结题并获二等奖，2项小课题在成都市获二、三等奖，教师在省级刊物发表文章28篇、在县级及以上交流获奖文章93篇。学校先后获“四川省文明单位”“成都市普通高中教育教学工作优秀学校”“简阳市家门口的好学校”等表彰32项，教师获各级各类表彰和奖励1546人次，学生获上级表彰和奖励210人次。

（鄢易胜）

【简阳市高级职业中学】 简阳市高级职业中学有教学班94个，在校学生4600人，教职工358人（在编175人）。学校按照“健全机制—完善规划—优化结构—拓宽路径—强化素能”思路，构建形成“4454”（名优教师层、骨干教师层、合格教师层、新进教师层4个层次，管理干部、专任教师、双师型教师、兼职教师4个类别，大师专家引领、高校研修、企业实践、校本研修、赛场竞技5种途径，管理能力、研究能力、教学能力、技术能力4个提升）教师队伍分层分类培养模式，教师获简阳市级以上个人表彰123类、集体表彰20余类，获四川省级以上表彰14类676人次；开展“双培养”“青蓝”“师带徒”工程，培养四川省级职教专家4人、成都市名校长工作室领衔人1人、成都市技能大师领衔人3人、简阳市名师工作室领衔人5人、中小学特级教师2人、正高级教师2人、高级教师66人、中级教师71人、“双师型”教师67人，市（州）级以上专业学科教师3人，四川省特级教师1人，引进高层次人才2人；成功创建简阳市级以上名师工作室5个，分别为成都市汪在文名校长（园）工作室、成都市刘海燕名师工作室、简阳市汪在文名师工作室、简阳市夏耘名师工作室、简阳市付安琪名班主任工作室。教师参加成都百万职工技能大赛获金奖1个、铜奖4个，学校被评为成都百万职工技能大赛“优秀组织单位”。学校构建“匠心培育+文化技能双核驱动”的学生综合素质评价体系和“协同育人”的课程思政育人体系，实现思政课程和课程思政同向同行，发挥课堂主渠道、主阵地作用，加强“思政课程”建设；落实《中学生德育大纲》，确立“正心明势、优术践行”的德育理念；建立心理健康辅导室，持心理咨询C证教师79人、B证教师11人，专职心理咨询教师1人。学校发挥职业教育资源优势，承担企业新型技能人才培养培训、乡村振兴技能脱贫培训、政企事单位员工素质提升培养等；校企合作覆盖专业数7个，签订合作协议的企业数10个，合作企业参与教学的专业数6个，合作企业参与的教学教师数10人，合作企业参与教学课时数188节；有校外教师培训基地数5个、校外实践教学基地数11个，专任教师企业实习实践52人次，企业接收顶岗实习学生比例100%，企业接收学生就业比例85%，录取应届毕业生比例29%。学校2021年920人参加对口单招考试，录取912人（其中国家级示范、省级示范院校录取308人），单招升学率99%；就业（含升学）1124人，毕业生专业对口就业率86.9%，毕业生初次就业率100%。学校师生获奖115类635人次，接待兄弟学校考察600余人次，接待上级现场会17场、培训会15场；开展社会培训1.8万人次、技能鉴定900人次，开展乡村振兴培训项目16项1301人次；组织学生参加社会志愿服务4500人次。

（彭长春）

科　技

【概况】 2021年，简阳市科技工作贯彻落实创新驱动发展战略、成渝地区双城经济圈建设决策部署，融入“双循环”、唱好“双城记”、走好“东进路”，推动科技创新赋能经济社会发展。

【创新创业】 简阳市深化“创业天府”行动计划，组织企业和行业主管部门开展“菁蓉汇”“校企双进”等系列活动29场，举办2022“蓉漂杯”高层次人才创新创业大赛暨简阳市第三届创新创业大赛。简阳网易联合创新中心被认定为四川省级众创空间，筑梦空间创业孵化园创建成都市级众创空间，2家创新载体入驻初创企业及创新团队80家。

8月30日，2022“蓉漂杯”高层次人才创新创业大赛暨简阳市第三届创新创业大赛举行（市经科信局供图）

【校院企地融合发展】 简阳市推进校院企地与产业功能区融合发展，鼓励龙头企业联合高校院强化创新合作，探索建立“企业出题、政府立题、协同破题”机制，促进企业与高校院所、科技社团开展联合技术攻关，共同实施产业集群协同创新；推动产学研、“农—科—教”协同，开展“校企双进”活动，搭建高校院所与企业对接平台，夯实校院企地融合发展基础，全年开展“校企双进”活动29场，推动校企合作项目13个，推动形成“高校科技+园区产业”融合驱动多赢发展共同体。

【企业创新平台建设】 简阳市建立以企业为主体、市场为导向、产学研用结合的科技创新体系，发挥企业在技术创新决策、研发投入、科研组织和成果转化的主体作用，鼓励和引导企业整合技术资源建立研发中心，创建产学研联合实验室、工程技术研究中心、企业技术中心等创新平台。四川空分设备（集团）有限责任公司“四川省气体分离与液化低温工程技术研究中心”被认定为四川省工程技术研究中心，四川润尔科技有限公司技术中心被认定为四川省级企业技术中心。

表35　　2021年简阳市各级企业技术中心情况表

序号	企业名称	企业技术中心名称	中心级别
1	四川辅正药业股份有限公司	四川辅正药业股份有限公司技术中心	省级
2	四川天虎工具有限责任公司	四川天虎工具有限责任公司技术中心	省级
3	四川凯力威科技股份有限公司	四川凯力威科技股份有限公司技术中心	省级
4	四川杨森乳业股份有限公司	四川杨森乳业股份有限公司技术中心	省级

续表 35

序号	企业名称	企业技术中心名称	中心级别
5	四川空分设备（集团）有限责任公司	四川空分设备（集团）有限责任公司技术中心	省级
6	四川港通医疗设备集团股份有限公司	四川港通医疗设备集团股份有限公司技术中心	省级
7	四川国光农化股份有限公司	四川国光农化股份有限公司技术中心	省级
8	四川简阳海特有限公司	四川简阳海特有限公司技术中心	省级
9	四川大川压缩机有限责任公司	四川大川压缩机有限责任公司技术中心	省级
10	四川省简阳空冷器制造有限公司	四川省简阳空冷器制造有限公司技术中心	省级
11	四川润尔科技有限公司	四川润尔科技有限公司技术中心	省级
12	四川南格尔生物科技有限公司	四川南格尔生物科技有限公司技术中心	市级

【科技型企业培育】 简阳市实施高新技术培育工程，促进企业科技转型发展；引导和鼓励企业实施自主创新与技术成果转化，形成企业核心自主知识产权，建设科技型中小企业和国家高新技术企业。简阳市全年培育埃欧体科技等科技型中小企业10家，中冶交投善筑、埃欧体科技等12家企业通过国家高新技术企业认定。

【科技项目立项】 简阳市全年获四川省级科技项目立项2个，获批资金58.5万元；获成都市级科技项目立项5个，获批资金99.29万元；立项简阳市级科技计划项目30个，立项资金106万元。

表 36　　2021 年简阳市获四川省级科技计划项目一览表

序号	项目类别	承担单位	项目名称	下达资金（万元）
1	重点研发计划项目	四川空分设备（集团）有限责任公司	大型 LNG 装置绕管式换热器关键技术研究	50
2	重点研发计划项目	四川南格尔生物科技有限公司	研发投入补助	8.5
	合计			58.5

表 37　　2021 年简阳市获成都市级科技计划项目一览表

序号	项目类别	承担单位	项目名称	下达资金（万元）
1	研发准备金制度财政奖补资金项目	四川泰博流体科技有限公司	研发准备金制度财政奖补资金项目	3.35
2	研发准备金制度财政奖补资金项目	成都尚绿再生能源科技有限公司	研发准备金制度财政奖补资金项目	8.11
3	研发准备金制度财政奖补资金项目	四川港通医疗设备集团股份有限公司	研发准备金制度财政奖补资金项目	7.83
4	双创生态建设	四川鼎正优创孵化器管理有限公司	简阳市筑梦空间创业孵化园	30
5	产业技术创新研发	四川南格尔生物科技有限公司	基于物联网的智能血浆采集系统	50
	合计			99.29

表 38　　2021 年简阳市科技计划项目一览表

序号	项目名称	承担单位	所属类别	立项金额（万元）
1	粒化高炉矿渣微粉项目研发	四川双实建筑新材料有限公司	科技型中小企业科技创新类	5
2	含腐殖酸水溶肥料研究生产与示范	简阳市田田圈现代农业发展有限公司	科技型中小企业科技创新类	5

续表 38

序号	项目名称	承担单位	所属类别	立项金额（万元）
3	非标住宿业精细化运营系统（民宿掌柜）项目	成都埃欧体科技有限公司	科技型中小企业科技创新类	5
4	适用于液氨、液化天然气等超低温工况的特处阀门的研发与制造	四川省简阳市川力机械制造有限责任公司	科技型中小企业科技创新类	5
5	基于降噪的高效空冷器的研发与制造	四川五环石化装备有限公司	科技型中小企业科技创新类	5
6	可调节压力的低温高压安全阀门的研发与制造	四川兰天低温技术开发有限公司	科技型中小企业科技创新类	5
7	基于智能控制系统的全自动包装机的设计与开发	四川成创智能科技有限公司	科技型中小企业科技创新类	5
8	基于 PLC 控制的天然气增压透平膨胀机组的设计与制造	四川泰博流体科技有限公司	科技型中小企业科技创新类	5
9	红梨品种引进及省力化栽培模式应用	四川省诚佑农业开发有限公司	农业产业类	3
10	圆形帆布桶集约化养殖泥鳅技术研究	简阳市大众养殖有限责任公司	农业产业类	3
11	“菌菜轮作”轻简化栽培模式示范应用	简阳市石钟镇火烧庙村股份经济合作联合社	农业产业类	3
12	桃新品种优质丰产栽培技术示范	成都一口吖吖农业有限公司	农业产业类	3
13	优质常规稻品种种植技术引进及推广	简阳市惠民生态农业产业化科技专业合作社	农业产业类	3
14	简州大耳羊种群扩繁与性能测定研究	简阳市林沣牧业有限责任公司	农业产业类	3
15	简州大耳羊优质种羊扩繁培育与应用	四川天地羊生物工程有限责任公司	农业产业类	3
16	玻璃钢—池塘循环水养殖新模式示范	简阳市永雄养殖专业合作社	农业产业类	3
17	辣椒—大球盖菇生态轮作	成都海晟隆农业发展有限公司	农业产业类	3
18	晚熟柑橘绿色高效栽培技术示范推广	四川和美致远农业科技有限公司	农业产业类	3
19	川香黑猪新品种与生产关键技术示范推广	简阳市健硕农牧发展有限公司	农业产业类	3
20	新品种草莓种植的示范推广	简阳市绿光水岸渔业专业合作社	农业产业类	3
21	智慧农业用于苗木培育	四川省简阳市通财林业有限公司	农业产业类	3
22	柑橘园土壤改良提质增产	简阳市聚光种植专业合作社	农业产业类	3

续表 38

序号	项目名称	承担单位	所属类别	立项金额（万元）
23	鱼菜共生系统培育大口黑鲈鱼苗种技术研究	简阳市仁鑫现代农业有限责任公司	农业产业类	3
24	红心猕猴桃品种改良升级技术示范推广	简阳市祥云飞种植专业合作社	农业产业类	3
25	无土栽培活体蔬菜项目	简阳市高粱湾生态农牧有限公司	农业产业类	3
26	简阳市石钟川丰生态种植园	简阳市川丰农林开发有限公司	农业产业类	3
27	绿色种植养殖与生态循环	简阳市福盛农业有限公司	农业产业类	3
28	无抗养殖生猪与绿色种植水果循环综合利用技术推广	简阳市禾丰镇辉明家庭农场	农业产业类	3
29	林下经济循环养殖示范推广	简阳市春芮家庭农场	农业产业类	3
30	脉冲振荡肺功能（IOS）与IL-6检测在儿童哮喘诊治中的价值	简阳市人民医院	民生公益类	3
	合计			106

（张泽波）

【2022“蓉漂杯”高层次人才创新创业大赛暨第三届创新创业大赛】 8月30日，2022“蓉漂杯”高层次人才创新创业大赛暨第三届创新创业大赛在简阳市规划馆举行。比赛由简阳市政府主办，简阳市委组织部、简阳市经科信局承办，来自浅葱创投、北京星火动力、智元汇投资等20余家成都市、简阳市投资机构和创新创业载体代表参加。10家创新创业优势项目参加比赛，评选出一、二、三等奖6名和优秀奖4名。参加比赛的德能森科技、智能创仕科技项目与四川悟净企业管理咨询有限公司现场签约。

（陈明夏）

卫生健康

医疗管理

【概况】 2021年，简阳市有医疗机构575家，其中县级医疗机构3家、社区卫生服务中心9家、乡镇（中心）卫生院16家、民营医疗机构10家、诊所201家、村卫生室303家、其他机构33家，有执业注册医师2635名。全市有三级甲等综合医院1家、三级甲等中医医院1家、三级乙等妇幼保健院1家、二级甲等综合医院1家、二级乙等综合医院1家、二级乙等妇产科医院1家，医疗机构等级建设日臻完善。简阳市医疗管理工作坚持一手抓紧抓牢新冠肺炎医疗救治，一手抓实抓细医疗服务体系建设，以深化医药卫生体制改革、提升医疗服务质量、推进医院高质量发展、促进中医传承创新发展、创新健康扶贫模式、开展卫生健康行业领域专项整治、开展对口支援、落实医疗保障、妥善处置医疗纠纷、加强无偿献血等工作为重点，为保障简阳市打赢新冠肺炎疫情防控阻击战、恢复城市生机活力贡献力量。

（罗晓峰）

【医药卫生体制改革】 简阳市贯彻落实四川省成都市深化医药卫生体制改革部署，4月所有基层医疗机构医共体全覆盖，全年医共体内上转6558人次、下转3730人次，远程会诊952例、远程会诊占院外会诊比例99%，影像诊断19246份，心电诊断3894份，消毒供应消毒包3669个。简阳市家庭医生签约31.55余万人，覆盖率达46.99%以上，重点人群签约率达90.68%以上；完善老年医疗卫生服务体系，二级及以上综合医院开设老年病科率100%，为老年人提供挂号、绿色就医通道的医疗机构率100%，65周岁以上居家老年人家庭医生签约覆盖率80%、健康管理率70%；建成运营社区日间照料中心102个，覆盖所有城市社区和70%农村社区。

（魏　瑞）

【医疗服务体系完善】 市卫健局健全医疗质量控制体系，落实临床专科质量控制标准和病案管理质量控制要求，参照成都市质控中心专业分类，全市包括中医质控分中心在内共成立57个质控分中心，各质控分中心按照强化医疗质量管理意识、加强质量管理、规范诊疗行为、加强重点部门和重点环节管理力度等，提升医疗质量管理水平；推进“三大中心”建设，简阳市人民医院完成胸痛中心、卒中中心建设并申请国家级验收，推进创伤中心建设；加强院前急救与院内急诊有效衔接，提升重大急性疾病医疗救治质量和效率，降低致死率、致残率；推进三级公立医院绩效考核，简阳市人民医院在2021年国家卫健委公布的三级公立医院绩效考核排名中，从2018年第444位上升到2019年第326位，居四川省县级医院之首，在四川省三级综合公立医院中排名第25位，在成都市三级综合公立医院中排名第4位；做好药事管理，督促各级医疗机构药事管理开展；加强护理人力资源配置，持续实施优质护理服务，二级以上医院优质护理服务病房开展率达70%以上，并在门诊、急诊、手术室等部门开展优质护理服务；继续推行分时段预约诊疗，简阳市所有二级以上医院均建立预约诊疗制度，提供门诊分时段预约、住院预约和择期手术预约，其中门诊分时段预约精确到30分钟，同时简阳市人民医院、简阳市中医医院提供检查检验集中预约、门诊治疗预约服务。截至年底，简阳市三级医院门诊预约诊疗率达70%，二级医院达50%，基层医疗机构达20%。简阳市三级医疗机构开展日间手术并按要求做好备案。

【中医传承创新发展】 市卫健局加强名医馆、中医馆、中医角“两馆一角”建设，推动中医药融入“15分钟健康服务圈”，建成“示范中医馆”5个、“规范化中医角”100个，提档升级“示范中医馆”2个、“规范化中医角”5个，100%的社区卫生服务中心、镇（中心）卫生院均设置中医科、中药房，满足老百姓中医药服务的便捷性和可及性；发挥中医药在健康扶贫中的优势，组织名中医到贫困村免费义诊、康复、保健，普及“治未病”知识，建立健康档案，定期回访，动态掌握贫困户健康状况；为所有贫困户签订家庭医生签约服务协议，为需要救治的贫困患者开通中医绿色通道，免费接送行动不便的住院患者，开通健康扶贫专线，提供远程会诊、咨询及急救服务，全年义诊、巡诊救治病人7032人次，提供免费健康体检服务29566人次、大病集中救治9694人次、家庭医生签约59517人次，发放宣传资料6852份，贫困患者中医药治疗率100%，实现“未病先防、已病施治、病后调理”的三级防控目标。简阳市中医医院与25家基层医疗机构签订对口帮扶协议，对口支援甘孜州甘孜县中藏医院和广安市武胜县中医医院等边远贫困山区医院，建设中医重点专科，开展中医适宜技术，实现“一院一专科”，下派专家1700人次，接收进修1100人次，远程会诊人次385人次。

【健康扶贫工程实施】 市卫健局按照“四个不脱”（不脱政策、不脱责任、不脱帮扶、不脱监管）要求，出台《简阳市巩固拓展健康扶贫成果同乡村振兴有效衔接实施方案》《防止返贫致贫风险预警监测工作方案》，再次明确贫困人口医疗报销比例，贫困患者县域内住院政策范围内费用报销95%、门诊报销90%，确保贫困患者就医自付费用不超过总费用10%；对贫困患者在县域内住院实行“先诊疗后付费”，免缴住院押金，出院实行“一站式”结算系统自动识别并即时结算的便民措施，减轻贫困患者就医负担；落实医疗费用报销，全年脱贫人口住院就诊15039人次，报销费用7267.42万元，门诊就诊261296人次，报销费用4075.1万元，贫困患者住院、门诊医疗费用个人自付控制在10%以内，减轻贫困户医疗费用支出；落实卫生扶贫基金救助政策，救助贫困患者924人次，使用卫生扶贫救助基金303.69万元。

（罗晓峰）

【医院项目建设】 简阳市推进市人民医院完善三甲功能，推进市中医医院康复治疗中心、4家乡镇卫生院、智慧生命谷、成都成简骨科医院项目建设，市妇幼保健院综合住院大楼、市精神病医院迁建项目主体完工，13家乡镇卫生院基础设施提升改造完工。

（谢庆伟）

【卫健领域突出问题专项整治】 简阳市于4月底按照成都市卫生健康委员会、成都市市场监督管理局、成都市医疗保障局《关于进一步做好不合理医疗检查专项治疗工作的通知》要求，启动为期11个月的全市卫生健康行业领域突出问题专项整治；成立简阳市卫生

改建后的三星中心卫生院（2021年）（市卫健局供图）

健康行业领域突出问题集中整治工作组，统筹推进专项整治线索摸排、调查、核实和处理，制定《简阳市卫生健康行业领域不合理医疗检查专项治理工作方案》；4月30日起各单位结合日常管理和医疗质量管理，以处方（医嘱）点评为重点，开展自查自纠和线索摸排，结合简阳市卫生健康行政执法大队监督检查及医保日常检查等多渠道摸排，发现超适应证检查586次、违规重复检查517人次、不合理检查1559人次、不合理用药5347人次、不合理使用耗材356人次、合计抽查8365人次，发现超适应证检查线索147条、违规重复检查线索110条、不合理组合检查线索97条、不合理用药线索260条、不合理使用耗材线索56条，涉及金额4.23万元，扣罚绩效3.06万元。

【医疗对口支援】 市卫健局派出80人次参加对口支援。简阳市人民医院支援达州市大竹县人民医院、阿坝州茂县人民医院，简阳市中医医院支援甘孜州甘孜县中藏医院、广安市武胜县中医医院，简阳市妇幼保健院支援广元市朝天区保健院、昭化区保健院。简阳市卫健局向贫困地区派出的支援人员13人于1月4日前全部到位且轮换岗位，县域内薄弱地区对口支援下派109人且同期到位。

（罗晓峰）

【医疗区域合作】 市卫健局组织卫健系统部分医疗卫生健康单位分别与重庆市铜梁区、璧山区卫健委及下属医疗卫生健康单位签订区域合作协议，包括《重庆市铜梁区与成都市简阳市卫生健康检验结果互认合作协议（2021—2022年）》《重庆市铜梁区人民医院与简阳市人民医院合作协议书》《重庆市铜梁区中医院与简阳市中医医院合作协议书》《重庆市铜梁区疾控中心简阳市疾控中心促进疾控事业发展合作框架协议》《重庆市璧山区与四川省简阳市卫生健康检验结果互认合作协议（2021—2022年）》《简阳市人民医院与重庆市璧山区人民医院合作协议书》《璧山区疾控中心简阳市疾控中心促进疾病联防联控事业发展》《借力双城经济圈建设助推妇幼学科共建成都市简阳市妇幼保健院重庆市璧山区妇幼保健院合作框架协议》《重庆市璧山区中医院与简阳市中医医院战略合作协议书》，初步实现市级医疗卫生健康单位间检查检验结果互认、跨

7月15日，重庆市铜梁区与简阳市卫健系统区域合作签约仪式举行（市卫健局供图）

区域专科联盟和双向会诊。

（姜雨薇）

【医疗保障】 市卫健局牵头制定《成都市第31届世界大学生夏季运动会（简阳赛区）医疗卫生保障工作实施方案》，成立医疗卫生保障工作领导小组；确定跳水和柔道两个比赛项目医疗保障点位，派出1人专职从事大运会赛区委员会工作，派出4人专职从事大运会场馆中心组工作；完成相约幸福成都系列赛事医疗保障，受到运动员、赛事官员一致好评；派出医生460余人次、护士455人次、救护车96台次，完成简阳市委、市政府重要会议、中高考等医疗保障270次。

【涉医信访处置】 市卫健局全年接到涉医信访投诉149件，较2020年下降20.7%，其中网络信访129件、电话来访20件，均得到妥善处理。从受理内容来看，群众反映的问题主要集中在服务态度、医疗争议、医疗质量、费用争议四个方面，其中服务态度65件，占43.6%；医疗争议22件，占14.8%；医疗质量30件，占20.1%；费用争议32件，占21.5%。

【无偿献血】 简阳市全年参加无偿献血12164人次，完成献血总量4128770毫升、20643.85个单位，其中献全血总量2473270毫升（12366.35单位），单采血小板8277.5个单位。全市未发现非法采供血的现象，未发生血液安全事故，继续保持无偿献血100%、自愿无偿献血占临床用血比例100%的“双百”目标。

（罗晓峰）

公共卫生与疫病防治

【概况】 2021年，简阳市有预防接种门诊37家（不含市妇幼保健院、宜百家门诊），其中AAA接种门诊9家、AA接种门诊28家；有犬伤门诊12家、产科门诊5家、建成数字化接种门诊1家，各预防接种门诊均开设信息化预约接种服务。简阳市设立全民健康生活方式行动宣传点217个，发放宣传资料16222份，发放支持工具及相关物品1169份，开展讲座51场，咨询义诊6569人次，宣传惠及群众1.1万余人次；开展禽类环境禽流感病毒污染状况环境监测、职业暴露人群监测、霍乱弧菌监测等，采集样本近300份，均为阴性。简阳市传染病报告卡审卡及时率100%，重卡率0%。

【传染病防治】 简阳市全年无甲类传染病报告，乙类传染病发病数1083例，比2020年下降1.01%，丙类传染病发病数2269例，比2020年增长55.41%；成功处置流感聚集性暴发疫情1起、发热聚集性疫情2起、水痘聚集性疫情5起、流感聚集性疫情58起、学校结核病疫情17起；发现结核病患者242人，成功治疗率94.97%，规范管理率95.61%。

【艾滋病防治】 简阳市艾滋病在治患者治疗覆盖率97%，病载检测率98.08%，病毒抑制率98.67%，CD4检测率97.13%，配偶检测率95.58%；完成HIV（艾滋病病毒）检测338116人次，全人群检测率50.37%，各基层医疗机构检测154315人次，占常住人口的22.99%。

【地方病与慢病防治】 简阳市血防查螺任务完成率104.96%，并完成2020年度碘缺乏病、克山病监测项目等工作。全市62所学校三年级学生6852人，口腔健康检查率98.18%，窝沟封闭率47.99%。

【免疫规划】 简阳市报告接种率、规范化接种率均达到上级考核指标要求，其中报告国家免疫规划疫苗接种率94.62%，新生儿乙肝疫苗首针及时接种率97.89%。

【水质监测】 简阳市完成2021年“水十条”管网末梢水水质监测和结果公示，检测水样96件，合格率100%；承担成都东部新区第一、二季度“水十条”管网末梢水水质监测，采集并检测水样40件，合格率100%。

（于硕勋）

新冠肺炎疫情防控

【概况】 2021年，简阳市落地落实中央、四川省、成都市疫情防控要求，制发《进一步加强来返简人员排查管控的通知》等制度规范;加强冷链食品、交通口岸、特殊重点机构等领域疫情防控，组建4支专业督查队伍，开展全覆盖、高频次、滚动式巡回督导检查，巩固疫情防控十项基础工作“大体检”成果；成功应对成都市7月27日和11月2日发生的本土疫情，全年无新冠肺炎确诊病例。

（何　兴　李云霄）

【疫情防控体制机制完善】 简阳市动态调整新型冠状病毒肺炎疫情工作领导小组及简阳市应对新型冠状病毒肺炎疫情应急指挥部组成人员，由简阳市委、市政府主要领导担任领导小组组长，市政府主要领导担任指挥长，领导小组和指挥部合署办公，统一下设综合协调、综合信息、监督督查、医疗救治、专业疫情防控、核酸检测、流调溯源、信息收发与排查（区域信息协查专班）、社区疫情防控、农村工作、行业疫情防控（经济社会秩序恢复）、机场工作、交通运输、市场监管、物资保障、信访工作、宣传舆情、疫苗接种18个工作组，全年召开领导小组会议3次、指挥部会议16次、专题会3次、调度会213次；结合四川省新冠肺炎疫情防控指南，印发简阳市职能职责分工方案，将“五有一网格”措施、疫情多点监测、人员流动管理服务等15项工作任务分解到各部门（单位）和镇（街道），形成22个镇（街道）防疫网格责任清单，

11月6日，简阳市常态化疫情防控工作专题会召开（市政府办供图）

定人、定点、定责开展疫情防控；制发《简阳市疫情防控应急调度值班值守工作方案》，建立指挥部定期开展疫情防控调度制度。

（李云霄）

【疫情防控宣传与舆情监测】 简阳市通过“健康简阳”官方微信、宣传横幅、微博、广播、LED等方式，发布涉疫信息439条，宣传科普疫情防控知识1360条；印发通告、工作指南等宣传资料21707份，提升群众疫情防控意识和能力；宣传个人防护知识，提倡在人群聚集的室内或封闭的场所规范佩戴口罩，推广公筷分餐制，保持公共场所“一米线”社交距离，养成良好卫生习惯；加强疫苗接种和免费接种政策宣传。

（李云霄 文 成 王 静）

【社区疫情防控】 简阳市完善“平战结合”的社区疫情响应机制，应对7月下旬和11月初成都市发生的输入性新冠肺炎疫情，启动11个部门横向联动、五级纵向贯通的社区疫情防控指挥体系，313支社区疫情防控应急队伍、7657名专（兼）职疫情防控应急队员激活参与；落实“人防+技防”闭环管理措施，排查重点地区来（返）简阳人员4429名，做好4221名居家隔离医学观察人员、4056名居家健康监测人员服务管理；提升社区应急实战能力，优化镇（街道）、村（社区）两级社区疫情防控队伍建设和响应，常态化开展社区疫情防控应急演练，镇（街道）、村（社区）应急演练全覆盖；加快信息技术运用，上线“社智在线”到访登记系统，实现新来（返）简阳人员和小区外来人员线上申报登记，录入人员信息98万余条，覆盖小区（院落）3780个；制定大规模核酸检测组织动员方案，细化291个村（社区）638个点位，落实点长、安保、引导等人员责任，做好27类非医用物资准备；创新“3+1”管理清单，11月初成都市发生疫情，在成都市确定密接（次密）人员清单、在管人员清单、24小时核酸采样清单后，创新密接（次密）后续管理清单，确保密接（次密）解除后闭环纳入社区管理，不漏一人一户。

（黄 佳）

【农村疫情防控】 简阳市疫情防控指挥部农村工作组开展农村地区常态化疫情防控，制定工作预案，每天进行返乡农民工和学生信息调度，确保在外务工人员和学生底数清；根据简阳市疫情防控指挥部公布的中高风险地区名单，排查中高风险地区来（返）简阳人员，全市2699个村民小组，每个小组配备1名网格员，每个村配备1名网格员，网格员走访排查辖区重点人员，摸排返乡人员2534人，其中返乡农民工970人；把疫情防控与暖冬旅途、走访慰问、根治欠薪、证照办理和就业专场招聘等农民工服务保障五件实事相结合，走访慰问返乡农民工229人次，电话慰问未返乡农民工608人次，发放慰问品1.65万元，为85名农民工提供欠薪维权，兑付工资256.327万元，为15名农民工办理证照，举办网络招聘会7场，提供岗位5700个，达成就业意向209人；对乡镇卫生院、养老院、客运车站、超市、餐馆、龙头企业、专合社等人员密集且流动大的重点场所，落实佩戴口罩、测温、亮健康码和扫场所码通行，查验新冠病毒疫苗接种信息等措施；对茶馆、餐馆等密闭场所加强室内通风和消杀，对公共场所清洁、消毒，对养殖场、养殖大户在做好人员摸排管控的同时做好动物疫病防控和养殖区域环境消杀；通过农村大喇叭、广播、宣传车等方式开展宣传活动9974场次，印发疫情防控指南、宣传画、宣传册、明白卡等宣传资料154614份（册）；坚持疫情防控和农业生产两手抓、两手硬，确保农村疫情防控和农业生产两不误、两促进；做好常态化和应急情况下农产品生产保供，研究制定农产品稳价保供应急预案，聚焦生产、流通、供应等关键环节，确保农产品“产得出、运得走、供得上”，所有农业产业化龙头企业生产经营状况良好，未出现农资购买困难、农产品滞销的情况，农产品市场整体供应充足；开展农村人居环境整治，发动群众85441人次，开展农村“脏乱差”治理9053次，清理生活垃圾5912吨、清扫厕屋便池83259座、清理水源水体270857米、清理畜禽粪污3393吨、清理农业生产废弃物764吨；常态化开展农村地区疫情防控督导，派出714人次，督查点位1355个，发现问题点位580个，整改点位580个。

（文　成）

【学校疫情防控】 市教育局与属地政府、医疗卫生单位等组建联防联控网络，配齐215所学校（点）健康副校长，开展联合督查9次，组织防控专场培训6场，培训2000余人次，全覆盖开展开学疫情防控演练、学校师生核酸检测模拟演练；落实疫情防控“十个到位”（人员摸排、联动机制、物资储备、隐患排查、卫生整治、食堂管理、教学用书、师资调配、人员培训、防控演练到位）、“三个100%”（学校按要求自查100%、乡镇教育督管办对学校复学核验评估100%、学校应急演练100%），紧盯“五个重点”（居家、返程、返校等重点时段，校门、食堂、教室、宿舍、图书馆等重点场所）环节，发挥“两案九制”（疫情防控工作方案、新冠肺炎疫情应急处置预案和传染病疫情及突发公共卫生事件报告制度、师生晨午检制度、学生因病缺课登记追踪制度、复课证明查验制度、学生健康管理制度、应急接种制度、传染病防控健康教育制度、通风消毒制度、环境卫生检查通报制度）在疫情防控中的指导作用，确保中小学校（园）正常的教育教学秩序；强化健康教育管理，民办学校（园）与公办中小学校（园）疫情防控实行一体化管理、常态化防控；推进疫苗接种，在职教职工及12岁以上学生疫苗接种率均达100%，推动疫苗加强针、3～11岁学生疫苗接种；开展疫情防控期间学生心理健康关护行动，启动线上教育教学保障。

（杨秀平）

【机场疫情防控】 简阳市从市卫健局、市公安局、市交通局、市文体旅局、市疾控中心、市人民医院、市中医院、市妇幼保健院抽调63人，成立3支成都天府国际机场简阳市新冠肺炎疫情应急预备队，并制发简阳市《搭乘境内航班经天府国际机场离返蓉异常人员管控工作流程》，做好成都天府国际机场接机任务准备；做好成都天府国际机场异常症状人员定点筛查和集中留观人员隔离服务，排查人员238名，核酸检测结果均为阴性，服务集中隔离人员107名。

（李云霄　于硕勋）

【交通运输领域疫情防控】 市交通局牵头编制《简阳市交通封控及保障方案》《简阳市大规模人员转运工作方案》；规范简阳市客运站点、高铁南站疫情防控卡点常态化疫情防控及应急处置流程，客运站查验进站旅客2769443人，高铁南站查验进出站旅客1063826人，应急处置中高风险地区到简阳旅客（红黄码）63人、发热人员17人、境外人员1人；转运境外人员29次，出动车辆109台次、人员227人次；完成疫情防控应急运输78次，出动车辆107台次、人员247人次，转运医务人员2859人。市交通局成立“1＋8＋22”［主要领导牵头组建总督导检查组1个，局领导牵头组建督导组8个，各业务科室（单位）牵头组建检查组22个］督导检查领导小组，对全市公交、客运、出租汽车、冷链运输企业、寄递物流、在建工地实现走访督导全覆盖；要求公交、客运、出租汽车、网约车、共享单车等落实车辆消毒，驾乘人员佩戴口罩等防疫措施；组织公交、客运、出租汽车、快递小哥等一线人员，通过分时、分段、分行业、分公司开展核酸检测，组织行业从业人员应急全员核酸检测2次。简阳市首次使用智能消毒机器人消杀客运站公共区域。

（袁　杰）

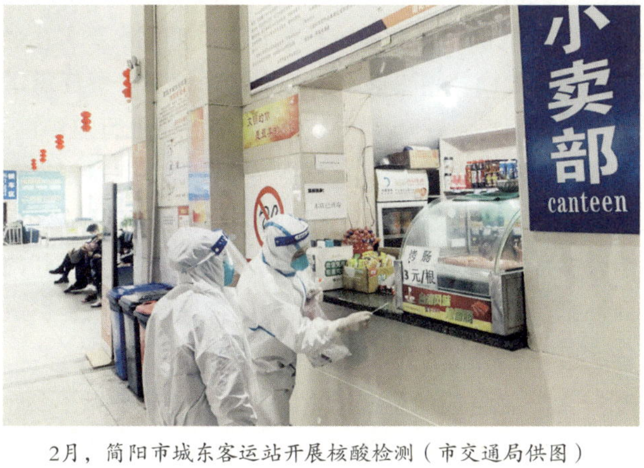

2月，简阳市城东客运站开展核酸检测（市交通局供图）

11月10日，简阳市住建局组织对东来印象、兴唐府等重点工地开展免费核酸检测（市住建局供图）

【住建领域疫情防控】 市住建局在住建行业落实以亮码、测温、消杀和风险地区人员排查为主的疫情防控措施，同时采取“督、导、问、研”方式，全覆盖走访企业，为企业项目提供指导和帮助；出动2100人次督查建筑工地、房地产销售场所、物业小区疫情防控，其中对东来印象、兴唐府等重点工程开展免费核酸检测2次、免费核酸检测8600余人次；检查房地产销售场所疫情防控389个次；约谈物业服务企业21个，对16家物业服务企业进行顶格信用扣分并在行业内通报；对发现疫情防控不力的企业责令整改，对整改不力的企业采取约谈、行业通报和信用扣分等方式，督促企业常态化开展疫情防控。

（万　东　张　祚　邓泽雄）

【商贸领域疫情防控】 市商投局对镇（街道）实行分片包干，督促指导商超、餐饮、外卖和简城街道、射洪坝街道、东溪街道茶楼经营单位加强场所消杀，落实测温、亮码、戴口罩、扫码进场等常态化防控措施；落实落细成都市商贸领域疫情防控“四制”要求，督促限额以上商贸领域企业实行疫情防控主体责任承诺制，督促旭海、百伦、好又多等大型商超推行巡场制，督促米良送、永绘、家家好等连锁超市推行店长制，各镇（街道）督促社区小店推行网格制；继续做好部门、镇（街道）联防联控，对拒不履行防控主体责任的商家，会同住建、综合执法、市场监管等部门对其约谈、依法查处，探索使用小区、院落微信群通报拒不落实疫情常态化防控的商家；每周定时对美团、饿了么外卖从业人员以及大型商超从业人员、工作环境核酸抽样检测，每天对商超进口冷链食品从业人员全覆盖核酸检测，每周对3家酒吧从业人员核酸抽样检测，均未发现阳性案例。

（高孟如　卿绍文）

【文旅市场疫情防控】 市文体旅局通过集中培训、上门服务、微信转发等方式，向星级酒店、旅游饭店、网吧、娱乐场所等文旅市场经营单位宣传疫情防控最新信息；成立由主要领导任组长，5名分管领导为副组长的5个专项督查小组，按照简阳市文化体育和旅游局文化体育旅游市场疫情防控工作督查责任分工表，对37家网吧、35家娱乐场所、4家高危体育经营场所、7家星级酒店、旅游饭店、9家星级农家乐开展“一对一”全覆盖排查，督促做好测温、亮码、扫场所码、实名登记、佩戴口罩、场所消杀、食品管控等疫情防控措施，出动检查人员1.4万余人次，检查文旅市场经营单位2万余家次，现场整改问题5000余个；与公安部门保持信息畅通，动态跟踪酒店入住人员，实时掌握客人信息。

（陶思宇　朱　琳）

【市场疫情防控监管】 简阳市疫情防控指挥部市场监管组制发《市场监管组2021年新冠肺炎疫情防控总体工作方案》《简阳市冷库冷链食品疫情防控管理方案》《简阳市进口冷链食品集中监管仓管理方案》《简阳市进口高风险非冷链集装箱及货物检测和预防性消毒工作方案》《关于进一步加强药品零售企业疫情防控工作的实施方案》《加强坝坝宴管理工作方案》《切实加强当前农贸市场疫情防控工作方案》等文件，强化安排部署；继续实行全市范围农（集）贸市场内暂停活禽交易和宰杀、野生动物交易，销售禽类制品必须具有检验检疫票证；督促指导农贸市场落实测温、扫场所码、佩戴口罩，随时保洁、垃圾日清日结、一日一清洗消毒、病媒生物防治，工作人员健康监测，防疫物资储备等常态化疫情防控措施；排查清理冷链食品环节，对进口冷链食品实行“三专、四责、五证、六要素”（“三专”是指进口冷链食品实行专用通道、专区存放、专区销售，“四责”是指进口冷链食品疫情防控工作的属地管理责任、部门监管责任、企业主体责任、个人防护责任，“五证”是指进口冷链食品入境货物检验检疫证明、核酸检测阴性报告、消毒证明、成都市辖区内进口冷链食品集中监管仓出仓证明、“川冷链”平台追溯信息，“六要素”是指资质合法、设施正常、定期消毒、台账齐全、标识清晰、应急准备充分）管理；落实冷库库长责任制，制作统一的“简阳市库长责任制信息公示牌”，落实具体责任人进行管控，严防新冠病毒通过冷库贮存环节输入风险；排查清理冷库，摸清底数，实行台账化管理；对药店实行“三问三登记”“四类药品实名登记”“风险人员上报”等管控措施，发挥药店“哨卡”作用；调查处置涉疫投诉举报，查处涉疫违法违规行为，保持物价平稳、稳定市场经营秩序；组织开展全市冷链食品新冠肺炎疫情应急处置双盲演练，提高应急反应能力和处置水平；完成3起外地到简阳市涉疫食品应急处置，均未造成疫情外溢。

（詹　喆）

【医疗机构与集中隔离场所管理】　简阳市对各级各类医疗机构严格执行院感防控制度，落实预检分诊和首诊负责制，规范设置“三区两通道”（隔离区、工作准备区、缓冲区，工作人员通道、隔离人员通道），规范发热、呼吸道症状等患者接诊、筛查、留观、转诊流程；按照《成都市集中隔离场所管理细则》规范设置隔离酒店内部设施，加强工作人员专业培训，落实居住要求、接触要求、消毒要求、健康监测要求、垃圾处理要求、工作人员防护要求，杜绝隔离场所交叉感染、外溢感染。

【信息化防疫推进】　简阳市在全市医疗机构、监所、民政服务机构、校园等重点社会服务管理场所，农贸市场、商场超市、餐饮等重点商贸场所，会展、旅游、文化娱乐、体育、酒店等重点服务业场所，场站码头、公园等重点公共场所及社区、小区等其他场所推广应用“四川天府健康通”场所码，落实人员入场扫码，收集人员信息，方便风险人员排查；应用智慧蓉城疫情防控平台，建立全流程全环节全主体数字化闭环管理体系，提升信息化、规范化、标准化防控能力。简阳市全年收到信息化平台推送成都市来（返）蓉风险人员数据13472条，排查风险人员13472人，在简人员落实管控421人。

（李云霄）

【疫情防控流调溯源】　简阳市由市卫健局牵头，市公安局、市交通局、市商投局、市市场监管局、市网络理政办、市疾控中心共同协作，建立流调溯源专班，按照“2＋4＋24”（2小时到现场，4小时完成流行病学核心调查，24小时搞清所有传播链条）的目标要求，推进流调溯源。12月13日，市卫健局牵头拟制《简阳市应对新型冠状病毒肺炎应急指挥部办公室关于完善简阳市流调溯源专班的通知》，明确卫健、公安、社治、市场监管、行政审批等市级部门（单位）和各镇（街道）职能职责，组建3支共135人的流调溯源队伍，根据疫情形势分批次、分梯次开展流调溯源。全年累计协查密接29人，次密403人；累计管控密接16人，次密323人。

（李云霄　于硕勋）

【核酸检测】　简阳市常备核酸采样点位48个（县级3个、乡镇35个、民营10个），满足日常愿检尽检和应检尽检需要；坚持人、物、环境同查，做好重点人群、重点场所、物品和环境监测；对养老福利机构、监管场所、医院、人员密集型场所（如生产车间、商场超市、培训机构、酒店）、托幼机构、学校、机关、企事业单位等重点机构从业人员每日开展健康监测，提高隔离场所、定点医院、冷链相关企业等高风险岗位人员核酸检测频次；制发《简阳市大规模人群快速核酸检测工作方案》，成立市—镇（街道）—村（社区）三级大规模人群快速核酸检测工作指挥体系，推进大规模人群核酸检测筹备；建立核酸检测调度专班，调配检测力量，确保核酸检测安全高效有序进行；组织市级部门、22个镇（街道）模拟新冠肺炎本土疫情，分县、乡、村三级开展应急疫情处置“双盲”演练，提升应对新冠肺炎疫情的应急响应能力；组建常备核酸采集队伍3支300人，应对外出支援大规模核酸检测；配备核酸采集点位638个，医务人员2282人，检测机构5个，核酸检测资质人员111人，单日最大核酸检测能力3.2万人份；推进核酸检测基地建设，建成以简阳市人民医院为龙头，简阳市中医医院、简阳市妇幼保健院、禾丰中心卫生院、简阳空分医院等具备核酸检测资质的医疗机构参与，签约8所第三方检测机构为补充的核酸检测体系，全市医疗机构113人取得PCR资质。简阳市全年核酸检测人员33332人次，其中养老机构养老人员775人次、养老机构工作人员742人次、监管场所人员11249人次、中小学幼托机构学生4007人次、中小学幼托机构老师2223人次、农贸市场人员1112人次、外卖和邮政人员1167人次、疾控人员2468人次、基层人员1943人次、交通人员2208人次、隔离点工作人员及其家属2874人次、基层医疗机构工作人员598人次、进口冷链食品销售和加工工作人员916人次、进口冷链食品承运企业一线人员36人次、市场监管局一线工作人员1014人次；检测环境样14693份，其中中小学校和托幼机构外环境426份、农贸环境11242份、集中管理仓1244份、隔离点环境752份、隔离点周边环境972份、大型污水40份、车辆17份。

（李云霄　于硕勋　罗晓峰）

【医疗救治】 简阳市4所二级以上综合医院全部规范设立发热门诊，基层医疗机构建立15个发热诊室、29个发热哨点，所有村卫生室、诊所均建立发热探头。简阳市定点医院（简阳市人民医院）按照要求完成院区升级改造，储备床位720张，重症监护床位达到总床位的10%，加强通道、通风、污水污物等设施改造，符合新冠肺炎疫情救治和院感防控需求；各医疗机构按照30天满负荷运转需求，提前储备防护物资，配足急救、抢救等仪器设备，做好医用耗材、药品、防护装备等储备；简阳市中医医院、简阳市妇幼保健院、禾丰中心卫生院、云龙中心卫生院、镇金中心卫生院、红十字平泉中心卫生院做好人力调配，选派医务人员组建新冠救治医疗团队支援简阳市人民医院，完成执业医师440人、护理人员1050人的人员配备。简阳市人民医院全年发热门诊诊治患者26921人次，隔离留观筛查5479人次；简阳市中医医院全年接诊处置发热病人11387人次。

（罗晓峰　张　旭　刘小双）

【新冠疫苗接种】 简阳市卫健局于3月30日牵头拟制《简阳市新冠病毒疫苗接种工作方案》，成立简阳市新冠病毒疫苗接种工作领导小组，设置常规接种点26个，动态设置流动接种点，同时牵头拟制《关于充分做好新冠病毒疫苗接种相关工作的通知》，明确各镇（街道）任务分工；8月1日会同市教育局印发《简阳市12～17周岁在校学生新冠病毒疫苗接种工作方案》，推进学生新冠病毒疫苗接种；联系包片卫生健康单位，督促其落实符合接种条件人员“应接尽接”，并规范开展疫苗存储、运送、管理和接种服务。截至12月31日，简阳市接种新冠病毒疫苗1469996剂（第一剂650788剂、第二剂629154剂、第三剂190054剂）。

（于硕勋）

【疫情防控物资保障】 简阳市成立市应对新型冠状病毒肺炎疫情应急指挥部生活物资保障领导小组，制定《简阳市应对大规模疫情生活物资保供实施预案》，统筹做好疫情防控期间生活必需品物资供应保障；坚持每天监测3家大型超市、11家保供企业的大米、面粉、白糖、食用油等生活必需品商业库存量，协调重点企业按应急情况下市民使用3～5天进行商业储备，开拓多元供应链渠道，确保生活必需品市场供应充足、价格稳定。简阳市应急局统筹非医用防疫物资需求，制定防疫物资调拨方案并实施调拨，根据全市防疫物资基本情况向市应对新型冠状病毒感染肺炎疫情应急指挥部提出采购储备、管理、使用建议。

（高孟如　卿绍文　冯　琦）

【疫情防控医疗保障】 简阳市医保局落实疫情防控医保政策，调整异地就医政策，调整医保支付方式，更新医保目录，扩大个人账户资金范围，拨付核酸检测费用及疫苗注射费用，最大限度为群众、医疗机构和企业提供保障；组织开展疫情防控期间定点医药机构价格监测，确保疫情防治医疗价格体系平稳有序。

（张霖杰）

国务院联防联控机制综合组到简阳市人民医院督查疫情防控工作（市卫健局供图）

【疫情防控督查】 简阳市委督查室、市政府督查室、市疫情防控指挥部办公室、市卫健局等部门协同联动，对外来人员及物资管控、人员密集场所常态化防控措施落实、疫苗接种、医疗机构防疫措施落实、核酸检测能力建设等防疫工作，常态化防控期间每周开展督查，成都市疫情防控期间每日督查，全年制发新冠肺炎疫情工作督查专报117期，通报（交办）并督促整改问题1600个。

（李云霄）

社区（基层）卫生

【概况】 2021年，市卫健局着力从优化基层卫生资源配置、改善服务管理、争取政策保障等方面探索和实践；在做实做细基本公共卫生服务项目和家庭医生签约基础上，开展国家“优质服务基层行”活动，提升基层医疗卫生机构服务能力。简阳市禾丰中心卫生院被四川省卫生健康委员会确定为2021年四川省县域医疗卫生次中心首批试点单位之一。

【基本公共卫生服务】 简阳市有承担国家基本公共卫生服务项目的镇（中心）卫生院16家、社区卫生服务中心9家、村卫生室303家，村卫生室从业人员688人；建立健康档案64.12万份，健康档案建档率95.52%；儿童健康管理3.81万人，产妇健康管理0.39万人，老年人健康管理6.65万人，高血压患者管理4.26万人，糖尿病患者管理1.68万人，严重精神障碍患者规范管理率97.07%；0～6岁儿童预防接种建证（卡）率100%，65岁以上老年人和0～36月儿童中医药健康管理服务率分别为80%和81.84%。

【家庭医生签约服务】 简阳市组建家庭医生团队175个，累计服务31.68万人，覆盖老年人、孕产妇、儿童、残疾人、计生特殊家庭和贫困人口等重点人群，重点服务高血压、糖尿病、结核病等慢性疾病和严重精神障碍患者，重点人群签约19.24万人，签约率88.26%。5月19日（世界家庭医生日），简阳市各医疗卫生单位通过广播、电视、“蓉家医”App、线上健康讲座、LED、宣传海报、宣传画册、微信、QQ、短信等形式发放宣传资料和折页2600余份，悬挂宣传横幅30余条，张贴宣传海报80余张，宣传家庭医生签约服务内容、方式和意义，提供健康咨询1200余人次，引导居民签约续约。

【基层医疗服务能力提升】 市卫健局通过国家“优质服务基层行”，优化基层医疗机构服务流程，改进基层医疗质量，增强居民获得感。截至12月，禾丰中心卫生院、云龙中心卫生院、三星中心卫生院、镇金中心卫生院达到推荐标准，红十字平泉中心卫生院、赤水街道社区卫生服务中心、雷家镇卫生院达到基本标准。市卫健局联合市财政局、市人社局、市医保局印发《简阳市县域医疗次中心设置规划（2021—2025年）》，明确禾丰中心卫生院、镇金中心卫生院、三星中心卫生院为简阳市县域医疗次中心建设机构，建设完成后将发挥辐射带动作用，承担片区医疗救治、急救、公卫、培训、技术指导五大职能，为辖区群众提供高效、优质的医疗卫生服务，满足基层群众就医需求。

【乡村卫生服务一体化管理】 市卫健局巩固筑牢乡村卫生网底，会同市财政局、市人社局、市行政审批局、市医保局研究制定《乡村卫生服务一体化管理实施方案》。全市50%村卫生室启动实施乡村卫生服务一体化管理。石钟镇卫生院村卫生室运行管理规范有序，村医收入明显增长，乡村卫生服务一体化管理取得初步成效。

（李　琴）

计划生育与家庭服务

【概况】 2021年，市卫健局以优化生育政策、促进人口长期均衡发展为主线，开展计划生育服务，组织实施计划生育特殊家庭和独生子女意外伤害保险，承办四川省计划生育协会“5·29”大型宣传服务活动，完成国家级暖心家园项目试点，完成“全国第五次老年人生活状况抽样调查”，获评成都市2021年“计划生育特护保险、计划生育家庭综合保险”工作先进单位和“计划生育家庭综合保险”工作创新单位。

【生育关怀行动】 市卫健局开展计划生育特殊家庭特别关爱行动，实施“五大计划”（救助、安居、康复、就学、再生育扶助）发放关怀扶助资金331.64万元；实施计划生育特殊家庭意外伤害保险项目惠及8922人次，保险费用34.01万元，实现简阳市计划生育家庭保险全覆盖、零遗漏，保险理赔7.22万元。简阳市计划生育特殊家庭住院护理保险参保1633人次，保费32.66万元，理赔38.36万元。

【计划生育奖励扶助】 简阳市全年确认计划生育家庭奖励扶助对象31320人、特别扶助1633人、手术并发症92人、独生子女父母奖励17878人，发放资金4711.21万元。

【人口监测与家庭发展】 市卫健局以全面三孩政策实施为契机，以增进家庭和谐幸福为主线，围绕卫生健康中心工作，推动计划生育由管理向服务转变。简阳市2021年期初总人口93.37万人，期末总人口97.32万人，出生人口5541人，死亡人口6584人，育龄妇女23.28万人，人口自然增长率-1.09‰。

【托育服务】 市卫健局完成托育服务机构备案4家（简阳市爱蒙宝贝托育服务有限公司、简阳市奇卡托育服务有限公司东城华府店、简阳市博文托育服务有限公司、成都市早安家托育服务有限公司）；完成成都市主办的托育服务机构专项业务培训，考试合格率100%；开办托育服务进社区活动3次，通过线上线下多形式宣传，逐步改变育儿理念，加强群众科学育儿认知，获得群众对3岁以下婴幼儿入托认可。

（周晓梅）

健康促进

【概况】 2021年，简阳市开展“五大常态专项行动”和“一月一主题活动”等爱国卫生运动；利用集中宣传、走村入户、进学校、进医院、进机关等方式，通过发放宣传资料、现场咨询等形式，开展健康教育及控烟宣传，宣传健康生活方式，制作健康教育宣传栏500余个，发放控烟知识宣传折页2万余份。简阳市成功创建国家卫生城市，创建四川省级卫生镇9个、卫生村（社区）37个、卫生单位17个，成都市级无烟单位12个、健康单位4个、健康社区2个、健康街道1个、健康家庭100户，成都市级病媒生物防制示范乡镇1个、居民小区4个、农贸市场1个、餐饮店5个、酒店2个、医院1个。

【健康教育及控烟宣传】 市卫健局在全市开展“健康城市建设、健康素养66条”等健康知识巡讲，12月简城街道代表简阳市参加成都市“文明健康　幸福蓉城”知识竞赛获三等奖；开展第33个世界无烟日等主题活动，张贴宣传海报3000余份，覆盖10万余人次，普及健康生活方式。

（彭　昆）

【妇幼健康服务和管理】 简阳市推进宫颈癌综合防控，免费宫颈癌检查11722人、乳腺癌检查2045人，适龄女孩接种HPV疫苗9525人；为2702对新婚夫妇提供免费婚前检查，为3608人提供孕前优生健康检查；孕产妇系统管理率96.19%，孕早期检查率96.78%，住院分娩率100%，产后访视率98.48%。全市机构活产数5383人，新生儿听力筛查率99.02%，耳聋基因筛查率96.8%，新生儿疾病筛查率99.78%，先心病筛查率100.13%。

（梁　燕）

【老龄健康服务和管理】 简阳市提高老年人健康服务和管理水平，65岁及以上老年人健康管理率83.52%，中医药健康管理服务率78.42%，老年人家庭医生签约服务率86%；畅通老年人就医绿色通道，2家二级及以上综合医院（简阳市人民医院、简阳空分医院）均开设老年病科，各医疗机构均在入口处增设“无健康码通道”，方便老年人凭替代措施进入，建立老年人等特定人群挂号、就医“绿色通道”，在挂号、缴费、取药等环节保留人工服务窗口并实行老年人优先；按照《成都市开展老年友善医疗机构创建工作方

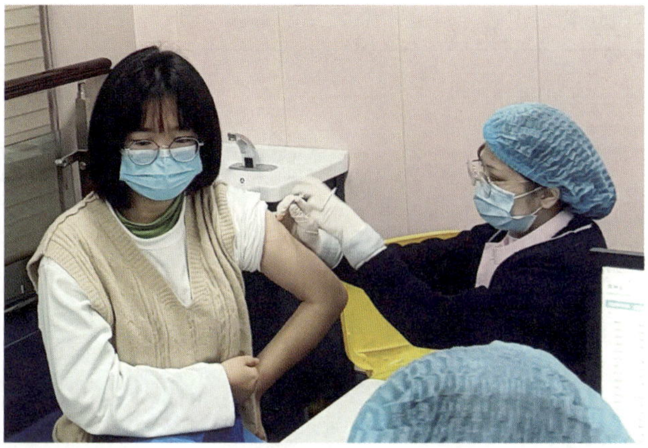

12月10日，成都市宫颈癌综合防控试点项目启动，简阳市为适龄女孩接种HPV疫苗（市卫健局供图）

案》要求，创建老年友善医疗机构25家；实施老年健康与医养结合服务项目，基层医疗卫生机构结合基本公共卫生服务，为辖区65岁以上老年人提供2次医养结合服务，为65岁以上失能老年人提供健康评估及健康服务，满足多层次、多样化健康养老需求；组织5家医养结合机构开展医养结合机构服务质量提升行动，在全市范围内开展医养结合机构医疗卫生服务质量检查，排查梳理存在问题，督促整改落实，推动医养结合机构医疗卫生服务质量提升，规范推进医养结合机构有序发展。简阳市常住65岁以上老年人口77058人，全年为39539人提供医养结合服务，65岁及以上老年人医养结合服务率51.31%；为2659人提供健康服务，65岁及以上失能老年人健康服务率43.13%。

（夏东庆）

简阳市人民医院

【概况】 简阳市人民医院是一所集医疗、教学、科研、急救、预防保健、康复于一体的三级甲等综合医院，是国家卫健委首批达到县级医院综合服务能力推荐标准的县级医院，是西南医科大学、成都医学院非直属附属医院和临床医学硕士专业学位研究生联合培养基地，四川省护理职业学院、雅安职业技术学院、甘孜州卫生学校、内江医科学校实习基地。医院设临床科室40个、医技科室9个，有编制床位1600张。2021年，简阳市人民医院围绕建设成都东部区域中心医院目标，以医防协同、队伍建设、学科建设、优质服务、精细管理、高效保障等为抓手，推进医院高质量发展。截至年底，医院在岗职工2281人，高级职称305人，博士11人，硕士1636人；有西南医科大学硕士生导师2人，成都医学院硕士生导师5人；有享受国务院政府特殊津贴专家1人，四川省名中医1人，四川省有突出贡献优秀专家1人，四川省卫健委有突出贡献中青年专家2人，四川省卫健委学术技术带头人3人，四川省卫健委学术技术带头人后备人选1人，天府名医1人；有四川省甲级重点专科4个（心外科、肿瘤科、消化内科、肾内科），成都市院士（专家）创新工作站1个（消化内科），成都市重点专科7个（骨科、麻醉科、眼科、放射科、儿科、泌尿外科、急救医学部）；立项建设成都市重点学科1个（肝胆外科）、重点专科3个（护理学、风湿免疫科、实验医学科）；有国家级住院医师规范化培训专业基地18个，其中儿科专业基地是国家级重点专业基地。医院在2021年国家卫健委公布的三级公立医院绩效考核排名中，在国家监测指标评分675.7分，在全国1183家综合三级医院排名第326位，较2020年上升118位；在第三方机构公布的2020年全国县级医院排名中居第19位，连续11年保持西部第一位；在四川省县级医院中排第一位。

【医联体与医共体建设】 简阳市人民医院推动医联体建设，有医联体成员单位15家，指导成员单位开展优质服务基层行创建和家庭医生签约服务，组织专家培训、指导、考核等；成为四川大学华西第二医院区域联盟医院，在远程医疗、学科建设、科研教学、医学检验、产前诊断检测、医学影像检查以及病理检查等方面展开深层次合作；探索医共体建设，加强与禾丰分院、城北分院、东溪分院、太平桥分院上下联动，助力分院建设。

【医院人才队伍建设】 简阳市人民医院全年引进高层次人才32名，其中博士3名、紧缺专业硕士29名；新增柔性引进专家2名，共12名；强化本土人才培养，选拔47人报读在职研究生（博士6人、硕士41人），有在读研究生40人（博士3人、硕士37人），重症医学科主任医师吴永红取得四川大学内科学博士学位，

表 39　　2021 年简阳市人民医院运营情况表

项目	2021 年	2020 年	比 2020 年增长
门急诊（人次）	1466309	1313457	11.64%
体检（人次）	60849	55219	10.2%
出院（人次）	68850	65174	5.64%
平均住院日（天）	7.74	7.81	-0.07%
手术（台次）	25376	23148	9.63%
三、四级手术（台次）	14665	12086	21.34%
三、四级手术占比（%）	57.79	52.21	5.58%
总资产（亿元）	—	—	0.77%
总收入（亿元）	—	—	17.59%
业务收入（亿元）	—	—	17.13%

麻醉手术部主治医师翁艳取得四川大学麻醉学硕士学位，核医学科主治医师钟彝璞取得西南医科大学影像医学与核医学硕士学位；推荐 5 人申报四川省卫生高级职称评审专家，2 人申报 2021 年“天府青城计划”专家，7 人参加成都平原经济区卫生人才专家遴选，3 人参加四川省卫生健康委领军人才评选，1 人参加四川省临床技能名师评选，1 人参加四川省基层卫生拔尖人才评选，1 人获评“简阳工匠”。

【医院教学培训】 简阳市人民医院全年举办成都市级继续教育项目 7 项、四川省级继续教育项目 8 项，3200 余人次参培；举办院级学术会议 50 次，3.7 万余人次参培；录制线上培训视频 193 次，总时长 8725 分钟，培训 7.5 万余人次；派出 103 人次外出进修，包含医疗 32 人次、护理 51 人次、医技 20 人次；派出 993 人次外出短期学习和参加学术会议；开展卫生技术人员“三基”（基本知识、基本理论、基本技能）理论及技能考试和法律法规考试，合格率均为 100%；技能中心开展培训 213 次，培训人数 5452 人次；招收住院医师规范化培训学员 103 名，共有在培住培学员 291 名；招收护士规范化培训学员 100 名，共有在培护培学员 158 名；接收本科理论班学员 50 名，共有学员 89 名，开展教学 662 学时；接收进修生 58 名、实习生 295 名。医院协助中国医师协会举办“2021 年住培管理师资培训班”，完成四川省住院医师规范化培训儿科专业结业临床实践能力考核和 2020—2021 年四川省全科医生转岗培训结业考核；实施基层卫生人员能力提升培训、乡村骨干医生培训、临床业务骨干培训等项目，与成都医学院附属医院儿科基地、全科基地结成教学联盟。

【医院科研】 简阳市人民医院组织科研课题申报，各科室共申报科研课题 35 项，获成都市级科研课题立项 10 项，获四川省卫生经济科研成果一等奖 1 项、四川省医学科技三等奖 2 项；举办科研培训会 2 次、科研学术沙龙 2 次，加强各学科间科研学术合作与交流；确定新技术建设项目 82 项，强化新技术项目安全、质量、疗效、费用等全程追踪管理与评价；专业技术人员在各类期刊发表学术论文 227 篇，其中北大中文核心期刊 8 篇、中国科技核心期刊 23 篇、SCI 论文 20 篇；取得实用新型专利 54 项。

【医院对口支援】 简阳市人民医院推进对口支援，选派 9 名业务骨干到达州市大竹县和阿坝州茂县人民医院开展对口支援，38 名专业技术人员到简阳市和资阳市乐至县 7 家基层医院开展对口支援，11 名专业技术人员到简阳市 5 家基层医院开展驻点帮扶。

【医院对外宣传】 简阳市人民医院强化阵地建设，运营医院微信公众号、门户网站、医院内刊、电视专栏，加强科室微信公众号日常监督，全年《简医风采》出版 9 期，刊发文章 300 余篇；《简医之窗》电视节目制作 10 期，刊发新闻 60 余条；“掌上简医”微信订阅号和“简阳市人民医院”微信服务号发布消息 178 期 1131

条，总阅读量超过104万人次，粉丝量突破32万人；官方微博发布消息263条，总阅读量超过32万人次；在中国新闻网、中国网、《成都日报》、简阳电视台等中央、省市级媒体发表稿件230余篇。

（张　旭）

简阳市中医医院

【概况】 简阳市中医医院是一所集医疗、教学、科研、预防、保健、康复为一体的国家三级甲等中医医院，是国家中医住院医师规范化培训基地（四川省第二中医医院）协同单位，是四川省第一批老年友善机构。医院组建有医共体挂牌分院4个、医联体单位6个；有一级临床科室22个、医技科室9个，编制床位950张，开放床位1100张；有四川省名中医3人，四川省基层卫生拔尖人才、四川省中青年拔尖中医师、四川省首届“新时代健康卫士”、成都市学科技术带头人、成都市天府名中医等30余人；有四川省级中医重点专科3个（针灸科、骨伤科、皮肤科），成都市中医重点专科建设单位2个（老年病科、肛肠科），四川省名中医传承工作室1个，成都天府名中医传承工作室1个，挂靠简阳市中医质控分中心7个；获得批文的院内制剂有12个剂型16个品种21种规格。2021年，简阳市中医医院举办省市级继续教育项目2个，申报省级中医药科研课题立项2个，柔性引进四川大学华西医院中医科专家1名和胰腺外科专家1名；新开展医学技术16项，拓展口腔科、医学美容科、介入科等业务，医院收入结构进入可持续发展的良性循环。

【医院医疗服务改善】 简阳市中医医院推进医疗服务模式创新，集合呼吸、胸外、肿瘤、影像、护理多学科开设肺结节MDT门诊，为患者提供全程、全方位的“一站式”诊疗服务。

表40　2021年简阳市中医医院运营情况表

项目	2021年	比2020年增长
门诊（万人次）	38.36	8.82%
出院（万人次）	2.61	-2.61%
医疗业务收入（亿元）	—	13.3%
门诊收入（亿元）	—	32.75%
住院收入（亿元）	—	7.88%
中药收入（饮片、颗粒、院内制剂）（万元）	—	17.25%
医疗服务收入（亿元）	—	20.98%
平均住院日（天）	10.20	-6.42%

【医院医学技术创新】 简阳市中医医院推进医学技术创新，新开展医学技术16项；在新区开设口腔科、改建骨科二病区，老区建设内六科；通过“爱婴医院”复审。

【医院人才队伍建设】 简阳市中医医院提升护理队伍整体服务能力，举办成都市及四川省级中医药继续教育项目2项，在四川省医院协会县级医院医疗护理质量管理PDCA大赛获一等奖，在四川省中医医疗机构第五届护理品管圈竞赛获三等奖；组织各级各类培训50余次，外出上级医院进修短训59人次，举行学术讲座2次，参加国家级、省级学术交流会等60余人次，发表国家级、省级、市级论文42篇；对外招聘研究生18名。

【智慧医院建设】 简阳市中医医院强化信息技术支撑，取得互联网医院资质，并在智慧医院能力提升工程中完成信息化第一阶段建设。

（刘小双）

文化·体育

文化事业

【概况】 2021年，市文体旅局聚焦群众关切，找差距、补短板、强弱项、提效益，各项工作有序有效务实推进，获简阳市级以上表扬22次，得到简阳市委、市政府主要领导肯定性批示1次。1月，市文体旅局获“十三五”全省广播电视脱贫攻坚先进集体、四川省文明单位称号。8月，简阳市凭借农民画项目被四川省文化和旅游厅命名为“四川省民间文化艺术之乡”。9月，简阳市水校获评“2017—2020年度全国群众体育先进单位”。11月，简阳市文化馆获评国家一级馆。

【文艺创作交流】 市文体旅局组织开展简阳市第六届周克芹文艺创作奖评选活动，评出获奖作品10件；选送节目《二娃回乡》参加“文艺繁星计划——成都市首届戏剧小品、曲艺原创作品大赛”决赛并获二等奖；策划“农民画绘党史”专题活动，创作50余幅以展现党的光辉历程为主题的农民画在广场、学校、社区等地巡展；选送的农民画作品入展中央宣传部、文化和旅游部等单位举办的“新生活·新风尚·新年画”——我们的小康生活主题美术创作征集展示活动。简阳市文化馆音乐干部华北英创作三首交响乐歌曲《古蜀国》《丝绸路》《展翅飞》，献礼中国共产党成立100周年。

【文物保护与考古发掘】 简阳市登记有不可移动文物356处，其中全国重点文物保护单位1处、四川省级文物保护单位5处、成都市级文物保护单位1处、县级文物保护单位12处；登记馆藏文物1048件(套)，其中一级文物1件、二级文物7件、三级文物226件。简阳市文管所受成都市文物考古队委托，完成文物勘探项目25个，总面积2400余亩，其中5个项目发现墓葬。

表41　　2021年简阳市不可移动文物(部分)情况表

序号	名称	时期	类别	位置
1	渡口所遗址	汉	古遗址	简城街道安象街公园老渡口，简城镇北500米处
2	圣德寺白塔	宋	古建筑	简城街道白塔社区1组
3	韦南康纪功碑	唐	石窟寺及石刻	简城街道公园街人民公园内
4	陕西会馆(石桥关帝庙)	清	古建筑	石桥街道陕西街，镇政府西北350米处

续表41

序号	名称	时期	类别	位置
5	下栅子城门	清	古建筑	石桥街道江西街，镇政府南 350 米处
6	赤水桥	清	古建筑	赤水街道万家坝村 3 组，村委会东北 200 米处
7	章家祠堂	清	古建筑	石桥街道和平街 55 号
8	石桥井	清	古建筑	石桥街道大街 101 号，石桥政府西方 250 米处
9	吴家大院	清	古建筑	石桥街道沱江村 1、2 组，村委会东南 1000 米处
10	鳌山摩崖造像	宋	石窟寺及石刻	石桥街道射洪村 10 组西面山，村委会东北 250 米处
11	花花桥	清	古建筑	杨家镇垣坝村 7 组，村委会南 300 米处
12	孝子山石刻	清	石窟寺及石刻	杨家镇新建村 3 组，孝子山公墓东南 200 米处
13	石裕嘴摩崖造像	宋	石窟寺及石刻	杨家镇长安村 6 组石裕嘴，村委会东 1000 米处
14	孝子山革命烈士陵园	近现代	近现代重要史迹及代表性建筑	杨家镇新建村 7 组孝子山，村委会东南 100 米处
15	双河村碉楼	清	古建筑	东溪街道双河村 6 组
16	傅家祠堂	清	古建筑	射洪坝街道凤凰村 9 组，村委会东 500 米处
17	狮子桥	清	古建筑	东溪街道园艺场村 3 组，村委会南 200 米处
18	王家祠堂	清	古建筑	东溪街道尖山村 3 组，镇政府西北 4000 米处
19	邱南火宅	清	古建筑	东溪街道双河村 4 组，村委会西北 500 米处
20	奎星阁摩崖造像	宋	石窟寺及石刻	东溪街道奎星村 3 组，村委会西南 150 米处
21	牛王山摩崖造像	唐	石窟寺及石刻	东溪街道园艺场村 10 组牛王山腰，村委会东北 350 米处
22	东溪征粮烈士纪念碑	近现代	近现代重要史迹及代表性建筑	杨家镇新建村 7 组孝子山，村委会东南 100 米处
23	李八村摩崖造像	宋	石窟寺及石刻	东溪街道李八村 2 组，村委会西北 2000 米处
24	轿顶山摩崖造像	宋	石窟寺及石刻	石钟镇长沟村 1 组，镇政府南 200 米处
25	何庆国宅	清	古建筑	石钟镇狮子桥村 1 组，村委会西南 1000 米处
26	古佛桥碑	清	石窟寺及石刻	石钟镇古佛庵村 8 组，古佛桥西 20 米处
27	梭草坡川主庙功德碑	清	石窟寺及石刻	石钟镇狮子桥村 3 组，村委会南 200 米处
28	平窝乡革命烈士纪念碑	近现代	近现代重要史迹及代表性建筑	石钟镇狮子桥村 3 组，村委会东北 100 米处
29	利济桥	清	古建筑	平泉街道龙泉寺社区，镇政府东 200 米处
30	龙泉寺五皇庙	清	古建筑	平泉街道龙泉寺社区，镇政府东 250 米处，沱江西岸边
31	樊家碉楼	清	古建筑	平泉街道梓桐村 7 组樊光廷宅地，村委会西北 10 米处
32	张家中院子	清	古建筑	平泉街道三堰村 8 组，村委会东南 600 米处
33	张家下院子	清	古建筑	平泉街道三堰村 7 组，村委会东南 1000 米处
34	何家大院	清	古建筑	平泉街道三堰村 6 组，村委会东南 1800 米处
35	群乐摩崖造像	宋	石窟寺及石刻	平泉街道群乐村 9 组油房沟，村委会西 1500 米处
36	华家祠	清	古建筑	平泉街道龙王村 7 组，村委会东 800 米处
37	踏水桥	清	古建筑	施家镇三合村 4 组环溪上

续表41

序号	名称	时期	类别	位置
38	李兴财宅	清	古建筑	施家镇兴隆村7组新庙子沟东北面
39	王家坝秦氏宅	清	古建筑	施家镇清平村9组王家坝西南面
40	长岭山摩崖造像	唐	石窟寺及石刻	施家镇天才村8组，村委会东北1500米处
41	一心寨遗址	清	古遗址	禾丰镇牛心山村6组，村委会南500米处
42	禾丰字库塔	清	古建筑	禾丰镇青栩村5组，镇政府东南300米处
43	老观音摩崖造像	清	石窟寺及石刻	三合镇金明村10组，村委会西2000米处
44	红庙村桥	清	古建筑	平武镇红庙村5组，村委会北1200米处
45	木桥村桥	清	古建筑	平武镇木桥村4组，村委会西北1000米处
46	三佛寺摩崖造像	宋	石窟寺及石刻	平武镇三佛村8组，三佛村小学西南2000米处
47	普安红字库塔	清	古建筑	禾丰镇密陶村7组
48	阳明镇遗址	唐—宋	古遗址	云龙镇阳明村5组，村委会西1000米处
49	云龙千佛寺	清	古建筑	云龙镇千佛村5组千佛山脚
50	佛崖庙摩崖造像	唐	石窟寺及石刻	云龙镇爱民村3组，村委会西北1000米处
51	西崖寺摩崖造像	唐	石窟寺及石刻	云龙镇西崖村3组，村委会西1000米处
52	金马红白塔	明	古建筑	云龙镇红坝村1组，沱江支流环溪边
53	蒋家大院	清	古建筑	云龙镇全胜村8组，村委会北1200米处
54	金简桥功德碑	清	石窟寺及石刻	云龙镇方井村1组，村委会西3000米处
55	五瘟庙碑刻	明	石窟寺及石刻	施家镇新安村8组，村委会东北2500米处
56	五块石摩崖造像	清	石窟寺及石刻	施家镇新安村9组，村委会南2500米处
57	胡岩扁摩崖造像	宋	石窟寺及石刻	施家镇新安村10组，村委会东南300米处
58	金鼓坡摩崖造像	宋	石窟寺及石刻	施家镇永福村1组，村委会东南800米处
59	涌泉川黔宫	清	古建筑	涌泉镇泉井街64号，镇政府西南50米处
60	洞子坡摩崖造像	宋	石窟寺及石刻	涌泉镇崇心村8组，村委会西600米处
61	困龙山摩崖造像	宋	石窟寺及石刻	涌泉镇骑龙村2组，村委会北500米处
62	猪儿坡摩崖造像	清	石窟寺及石刻	涌泉镇骑龙村5组，村委会西南300米处
63	老竹林摩崖造像	清	石窟寺及石刻	涌泉镇同德村9组，村委会东200米处
64	蟠龙村恐龙化石点	侏罗纪晚期	其他	三星镇蟠龙村10组，村委会东北1500米处
65	利济桥	清	古建筑	三星镇利济社区12号，镇政府西北1000米处
66	乐善桥功德碑	清	石窟寺及石刻	三星镇六洞村1组中麻石桥
67	逍遥洞正殿	清	古建筑	踏水镇中合村5组，距村委会150米处
68	观音堂摩崖造像	清	石窟寺及石刻	踏水镇大兴村3组，村委会东北100米处
69	店子山摩崖造像	唐	石窟寺及石刻	踏水镇店子村9组，村委会东1500米处
70	鞋底寨寨址	明	古遗址	青龙镇白庙村9组，村委会西北500米处
71	赖卯寺摩崖造像	唐	石窟寺及石时刻	青龙镇白庙村14组，村委会西北500米处
72	马家花园修路碑	清	石窟寺及石时刻	青龙镇银洞村2组，村委会东北300米处

续表41

序号	名称	时期	类别	位置
73	接庆桥	清	古建筑	三星镇桐麻岭村8组，村委会西北1500米处
74	黄氏宅	清	古建筑	赤水街道麻石桥村4组，村委会北400米处
75	林龛寺	清	古建筑	镇金镇正金村10组，村东1000米处
76	王家湾桥	清	古建筑	镇金镇小湾村14组王家湾
77	红光桥	清	古建筑	镇金镇凉水井村7组，村北250米处
78	李家祠堂	清	古建筑	雷家镇石岩村5组，村委会西1500米处
79	黑水寺禅房	清	古建筑	雷家镇黑水寺村6组，村委会东南2000米处
80	五凤山摩崖造像	宋	石窟寺及石刻	雷家镇黑水寺村6组，村委会东南2000米处
81	申公祠堂	清	古建筑	雷家镇碑湾村8组，村委会北500米处
82	龙望沱摩崖造像	唐	石窟寺及石刻	雷家镇碑湾村4组，村委会东北1000米处
83	大石包摩崖造像	宋	石窟寺及石刻	江源镇丰产村7组，村委会东南500米处
84	江家沟民居	清	古建筑	江源镇双井村6组，村委会东北800米处
85	曹家扁摩崖造像	宋	石窟寺及石刻	江源镇芦蒿村7组，村委会北1500米处
86	半边寺摩崖造像	南宋	石窟寺及石刻	江源镇红台村4组，村委会东2500米处

表42　　2021年简阳市非物质文化遗产代表性项目（部分）情况表

序号	名称	编号	所在地	保护单位	县级代表性传承人	入选成都市级名录批次	成都市级名录中对应的项目类别
1	黑水寺故事	Ⅰ-1	雷家镇	简阳市文化馆	汪群华	五	民间文学
2	张氏古琴制作技艺	Ⅷ-2	江源镇	简阳市文化馆	张　勇	五	传统技艺
3	石桥挂面制作技艺	Ⅷ-3	石桥街道	简阳市文化馆	聂本廉	五	传统技艺
4	九莲灯	Ⅹ-1	石桥街道	简阳市文化馆	李　良	五	民俗
5	张氏土陶制作技艺	Ⅷ-4	射洪坝街道	简阳市文化馆	张吉忠	五	传统技艺
6	简阳羊肉汤传统制作技艺	Ⅷ-1	—	简阳市文化馆	赖天春 马　魁 雷菊花	五	传统技艺
7	六神曲	Ⅸ-1	镇金镇	辅正药业	孙继林	六	传统医药
8	李氏华安堂膏药	Ⅸ-2	平泉街道	简阳市文化馆	李晓勤	六	传统医药
9	云龙水酥制作技艺	Ⅷ-5	云龙镇	简阳市文化馆	—	七	传统技艺

（魏光焰　王　颖　周虹廷　胡雯雯）

【非物质文化遗产保护】 简阳市有非物质文化遗产代表性项目15个，其中成都市级非物质文化遗产代表性项目9个、简阳市级非物质文化遗产代表性项目6个，成都市级非物质文化遗产代表性传承人2人、简阳市级非物质文化遗产代表性传承人13人；开展2021年“非遗在社区”活动22场，参与群众1万人次。

【历史建筑保护】 简阳市申报石桥玄天观祭祀堂进入《成都市历史建筑保护名录》，修缮完成历史建筑“石桥戢家茶铺”。

（张　祚　杨　丽　陈秋里　胡　超　邓泽雄）

【公共文化服务】 市文体旅局完成赤水街道、平泉街道、杨家镇、云龙镇、镇金镇5个示范性文化站和射洪坝街道新合社区、新市街道飞马社区、赤水街道福民坝村等19个示范性村（社区）文化活动室服务环境升级改造，打造平泉街道太阳村、云龙镇千佛社区2个基层综合性文化服务中心示范点；在赤水街道、平泉街道、杨家镇等11个镇（街道）文化站启动公共文化服务社会化运营试点，聘请专业化社会服务组织担任"文化管家"，形成政府、市场、社会三方共同参与的新模式；依托简阳市民艺术学校总校和简阳市文化馆开展春季公益培训132场次、冬季公益培训46场次，培训人数9700余人次。

【群众文化活动】 简阳市全年开展文化活动10552场，其中演出活动3650场、阅读活动1281场、教育培训3095场、公益讲座855场等，参与群众89.55万人次；参加"成渝地·巴蜀情"——"成渝德眉资"文旅交流联动暨2021"成都文化四季风·音乐消夏"少儿才艺大赛，3人获评"十佳"、4人获评"十优"、4人获"艺术新苗奖"。

（魏光焰　王　颖　周虹廷　胡雯雯）

融媒体发展

【概况】 2021年，市融媒体中心投身成都市区（市）县融媒改革，加快转型升级，转变新闻采编、传播理念方式，推动新时代新闻宣传事业发展，推进融合媒体工作，为庆祝中国共产党成立100周年、建设成都东部区域中心城市、打造"五个新简阳"做出贡献。

【融媒体矩阵建设】 市融媒体中心建立全媒体矩阵，整合采、编、录制、播放等流程，实现一次采集、多种生成，通过"简阳发布"微信、微博、抖音、头条，"简阳电视台"微信、微博，"i简阳"App等新媒体平台发散传播，提高覆盖面和阅读量，在四川县级综合传播力指数影响力持续上升，多月成为最受央媒、省媒关注媒体。市融媒体中心新媒体粉丝数超过20万人，发稿3万余条，总阅读量突破1.2亿人次，点赞110余万人次。

【主流舆论新兴网络阵地建设】 市融媒体中心做强网络主流舆论，占领新兴传播阵地；做好融合文章，发挥新媒体便捷、快速等特点，及时发布内容，回应群众关切，创作系列群众喜闻乐见的作品。"简阳发布"全年推送微信公众号350期，编发文章1750余条，用户数85803人，总阅读量360余万人次；"简阳发布"微博发布9167条，粉丝3.8万余人，阅读总量11630万人次；"i简阳"App推送稿件10644条，阅读量294.9万人次；"简阳电视台头条号"发布文章1800余条，单条最高阅读量76万人次。简阳市融媒体中心抓住短视频风口，建立"简阳发布"微信视频号、抖音号、快手号等短视频号，定期发布原创短视频，形成影响力广泛、传播率高的短视频宣传矩阵，全年发布视频462期，总阅读量480万余人次。

【新闻内容建设与对外宣传】 市融媒体中心围绕简阳市委、市政府中心工作，策划新闻选题，选准报道方式，宣传报道简阳市经济社会发展新思路、新举措、新典型、新成效，在全媒体平台开设10余个专栏，其中围绕中国共产党成立100周年、党史学习教育、"我为群众办实事"等系列活动，播出接地气、有温度、有热度的新闻宣传报道400余篇；坚持"讲好故事，拍出精品"原则，针对重点选题，统筹组织选题规划，结合庆祝中国共产党成立100周年，加强以党史学习教育为主线的系列节目创作，完成党史文献纪录片《百年印记——让档案讲述》；完成简阳市脱贫攻坚专题汇报片，全景式展现简阳市脱贫攻坚历程，实现艺术性、新闻性和纪实性统一；聚焦简阳市委决策部署和重点宣传任务，修改并完成2021简阳城市形象宣传片多个版本；结合简阳市委政法委和市残联相关工作，完成《深耕教育整顿　锻造政法铁军》和《桃园梦》专题片；坚持"创作短视频，传播正能量"原则，创作短视频近30条，包括简阳市委和市政府春节拜年短片、3期最美街道评选、巾帼妇女风采《我的2021》、青少年才艺《牛气冲天》系列短视频11条以及食品快检宣传短视频《舌尖上的安全小卫士》、成都社区文明实践活动周"十大感动人物"短片；在人民号、央视频、神鸟知讯、看度新闻等新媒体平台刊播消息500余条，用稿量稳居成都市各区（市）县前列。

表 43　　2021 年简阳市影院情况表

影城编码	许可证号	电影放映单位	地　址	银幕（张）	座位（座）	所属院线	放映场次（场）	从业人员（人）	核验结论
51083251	510185004	成都市鑫晨时代文化传媒有限公司（大地开元影城）	简城街道新民街 121 号王府景熙园 B 座二层、三层	5	623	广东大地电影院线	4576	8	核准
51083201	510185003	简阳德胜影业有限公司	简城街道东城新区中心广场德胜商业广场 9 楼	5	595	四川太平洋电影院线	4662	17	核准
51088211	510185002	成都万达国际电影城有限公司简阳旭海广场店	河东新区雄州大道南段 389 号旭海时代广场 B-4-15 号	7	1092	万达院线	6233	10	核准

【新闻人才队伍建设】 市融媒体中心用好成都“人才新政 2.0 版”，引进复合型专业技术人才 1 名；选派业务骨干 2 名到成都电视台跟班学习，选派新闻从业人员 50 余人次参加四川省、成都市组织的县级融媒体中心从业人员专业能力培训及各类培训；邀请成都电视台专家开展点对点培训，提升新进一线新闻宣传人员综合素能；加强部门内部“传帮带”引领作用，加强后续人才培养；注重实践出真知，通过看片会、学习会提升队伍专业水平，拓宽途径培训，自主培养岗位人才。

（樊九思）

广播电影电视

【概况】 2021 年，市文体旅局以全国广播电视公共服务现场会为抓手，以推进广电网络基础设施三年提升行动为重点，改善广电网络基础设施，提升广播电视服务水平。简阳市新增电视用户 2300 户，总用户 28.83 万户，广电产业收入 6600 万元。

【广电宣传】 简阳市全年安全播出《简阳新闻》290 期、《一周综述》48 期，共 2196 条，其中时政要闻 1030 条、时事新闻 360 条、主题报道 120 条、民生新闻 409 条，有 38 条新闻消息在四川电视台、《成视新闻》播出。市文体旅局结合中国共产党成立 100 周年党史学习教育宣传契机，完成反映简阳市建设东灌工程短视频《洞穿龙泉山》。

【广电网络建设】 简阳市新建 4 个镇（街道）、52 个行政村应急广播播控系统，新安装 2050 组应急广播终端，完成 26 个行政村有线电视网络数字化、双向化、智能化改造，获评四川省智慧广电创建示范区和应急广播试点县。

【电影放映】 简阳市全年放映公益电影 5050 场，观看群众 18 万人次；有城市影院 3 家，有银幕 17 张、座位 2310 座，年度票房收入 1900 余万元。

（鄢继之　周　琴）

文化体育设施

【概况】 2021 年，市文体旅局把推进公共文化设施建设作为文化建设重要任务，坚持以保障群众文化权益为着力点，以重点工程建设为抓手，以文化基础设施为载体，以公共文化服务为核心，加大建设力度，简阳市文化体育中心（东来印象项目）等文化体育设施竣工和投入使用，文化馆、图书馆、文管所等文化体育设施有序开放，公共文化体育服务公益性、均等性、基本性、便利性日趋完善。

【简阳市文化馆】 简阳市文化馆位于简城街道公园街35号，面积4100平方米，有培训室13间、排练厅4间、琴房5间以及电子阅览室、多功能厅、展览厅、非遗陈列室等功能用房，设数字化体验区、舞蹈排练厅、音乐培训室、书法美术室、展览厅，是国家一级文化馆。2021年，简阳市文化馆推进文化馆总分馆制建设，完成镇(街道)分馆建设27个、社会分馆建设3个、直属分馆建设1个，新建1个简阳市农民画艺术分馆，完成22个镇(街道)分馆的291个村(社区)服务点挂牌，实现镇(街道)全覆盖。简阳市文化馆获四川省文化馆颁发的2020年考级活动优秀组织奖，馆办艺术团体在各级展演中获多个称号。20幅农民画代表四川省参加天津市、重庆市、贵州省、云南省、广西壮族自治区、四川省巡展。

【简阳市图书馆】 简阳市图书馆位于简城街道政府街124号，建筑面积3955平方米，是四川省全民阅读先进单位、成都市青少年社会实践教育基地。2021年，简阳市图书馆有藏书39万册、件，完成简阳市22个镇(街道)分馆建设，身份证和社保卡在成都市22个区(市)县通借通还；接待读者25.45万人次，外借图书17.37万册次，简阳市图书馆官微访问4.1万次；开展线上线下阅读活动142场次，参与活动人数3.2万人次；6月承办成都市教育科学研究院组织的“2021成都市教师读书活动现场交流会‘悦读·悦信’”，同月获四川省图书馆授予的2021年川渝地区“图书馆杯”全民英语口语大赛暨第四届“图书馆杯”四川全民英语口语大赛优秀组织单位奖，11月获四川省图书馆、四川省古籍保护中心颁发的“四川省古籍保护示范单位”称号。

6月10日，成都市庆祝中国共产党成立100周年群众歌咏评比展演活动简阳市初赛在简阳市文化艺术中心举行（市文体旅局供图）

【简阳市文管所】 简阳市文管所位于简城街道白塔社区白塔园内，陈列室面积80平方米。2021年，简阳市文管所配合成都市考古队开展成自高铁、成渝高铁(中线)、金简仁快速路、金简黄快速路、成简快速新线、东西轴线及其他重点项目文物调查和发掘，发掘点位11处，出土文物(标本)300余件、套，调查勘探25宗地块文物，总面积2400余亩，其中5宗地块发现墓葬并进行发掘；免费向公众开放文物陈列室，全市各级文物保护单位共接待游客3万余人次。

【简阳市文化艺术中心】 简阳市文化艺术中心位于简城街道广场路381~385号，艺术中心大楼共四层，第一层面积6000平方米，由市文化艺术中心管理，其余三层归国资办管理。简阳市文化艺术中心完成简阳市第三届少儿主持大赛，接待成都市“熊猫餐厅”公益性演出5场次，承接简阳市庆祝中国共产党成立100周年群众歌咏比赛、简阳市广场舞大赛等公益性活动10场次；开展送戏曲进乡村(社区)演出活动10场次，观看群众近1万人次。

【简阳市文化体育中心】 简阳市文化体育中心(“东来印象”)位于河东新城观印鳌阁路，是成都市“东进”的标志性工程和简阳市“十大行动计划”龙头项目，是简阳市高标准规划建设的文化体育综合项目，是公共文化服务工程、全民健身工程、文创产业工程。项目以建设“城市客厅”“城市书房”“城市健身房”为目标，按照“人文公园”“艺术公园”“运动公园”理念，打造“东进”区域最大文创中心；总用地面积450亩，总投资31.8亿元，规划总建筑面积41.6万平方米。其中，体育馆、游泳馆作为成都市第31届大学生运动会柔道和跳水比赛场馆已竣工，体育工艺整改完成。2021年5—7月，简阳市文化体育中心举办全国青年跳水锦标赛、四川省第三届全民健身运动会太极拳比赛等重大赛事活动。

（鄢继之　魏光焰　王　颖　刘志阳　周虹廷　胡雯雯）

新闻出版与文化市场监管

【概况】 2021 年，简阳市有出版物发行单位 76 家（其中网络发行单位 8 家），较 2020 年增加 4 家，从业人员 1699 人，实现营业收入 6044.96 万元，利润 813.48 万元；有印刷复制企业 24 家，从业人员 711 人，实现营业总收入 64293.35 万元，利润 8061.29 万元，缴纳税费 265.63 元；有文化市场经营单位 89 家，其中网吧 37 家、歌舞娱乐场所 34 家、游艺娱乐场所 1 家、营业性演出团体 17 家，文化市场总体平安有序。

【新闻出版管理】 简阳市“扫黄打非”工作围绕庆祝中国共产党成立 100 周年主线，开展“正道”“新风”“清风”集中行动；查办“扫黄打非”案件 11 起，其中刑案 2 起，处置违禁歌曲 30 首次，收缴非法物品 3100 余件；承办四川省暨成都市 2021 年非法出版物集中销毁活动，销毁非法出版物近 10 万册；首次承办并告破四川省“扫黄打非”办挂牌督办案件暨简阳市首例通过互联网传播淫秽物品案，1 起案件被评为“成都市‘扫黄打非’十大案件”，简阳市委宣传部被评为成都市先进集体；新增出版物零售单位 8 家，补充更新农家书屋出版物 1.86 万册；在中央宣传部、农业农村部、国家乡村振兴局组织的 2021“新时代乡村阅读季”之“我爱阅读 100 天”活动中，成为成都市唯一进入“全国百强”的区（市）县，简阳市委宣传部获“百年光辉历程 · 全面建成小康”青少年爱国主义读书教育活动组织优秀奖。2 个家庭被评为成都市“书香家庭”，2 个村被评为成都市“书香之村”。

【文化市场管理】 市文体旅局组织培训镇（街道）协管监督员 100 余人次，免费向文化旅游经营单位发放法规宣传、疫情防控宣传等资料 1.2 万份，各文化旅游经营单位负责人签订 2021 年安全生产目标责任书、2021 年诚信守法经营承诺书 300 余份；办结行政处罚案件 20 件，罚款 0.8 万元。

【文化市场执法】 市文体旅局以新冠疫情常态化防控、安全监管、“扫黄打非”、噪声扰民等为重点，开展执法检查 5662 人次，检查经营单位 2288 家次，查办投诉举报 22 件；收缴非法出版物 5046 册（盘）、非法安装卫星电视广播地面接收设施（小锅盖）102 套，取缔无证经营书报刊（音像）游商地摊 22 个，制止非法演出 18 场次。

（邹　磊　陶思宇）

档案管理

【概况】 2021 年，简阳市有 1 个国家综合档案馆。市档案馆建筑面积 3900 平方米，有 7 个库房，安装密集架 830 立方米，可容纳档案 30 余万卷（盒）；馆藏档案全宗 260 个，档案 138093 卷 584553 件，资料 5300 册，实物档案 844 件。简阳市档案馆抓好档案保管利用、信息数字化建设和展览编研，各类档案事务取得成效；接待查阅人员 5500 余人次，提供利用档案 2400 余卷 3800 余件，复制抄录 1.5 万页，利用资料 15 人次，提供资料 50 余册，复制抄录资料 20 余页，办理省内异地查档 87 次。

【档案接收与征集】 市档案馆逐份清点并接收多种类、大数量的档案，包括成都东部新区 6 个镇（街道）文书档案 1866 盒 4.83 万件，新冠疫情防控档案 135 盒 3881 件，脱贫攻坚档案 1000 余盒 2.8 万件；面向全社会征集到记录简阳社会发展的照片档案 300 余张，组织采集到记录简阳发展风貌、文物古迹、山川、河流、工业、农业等方面照片 400 余张。

【档案数字化建设】 市档案馆对馆藏简阳市 2018—2020 年婚姻档案数字化扫描，完成婚姻档案 60811 件 636451 页；针对性验收部分数字化成果，包括前期数字化处理的馆藏部分文书档案、2000 年后婚姻档案 700 万余页数据、各镇（街道）与相关单位脱贫攻坚电子目录及档案；改造升级查档系统中的 OAIS 浏览和上传功能，实现更加方便快捷的数字化查档服务。

【档案安全管理】 市档案馆保障实体档案安全，将库房安全检查纳入日常督查内容，做好库房温控、除湿检查维护，保证各项设施安全运转；检查档案库房门窗、墙体、用电线路，杜绝渗水、漏雨、线路老化等安全隐患；安排专人配合网信办网络安全现场检查组人员开展网络安全检查，检查查档系统内网和机房环境等重要节点，强化机房建设和管理，做到出入有登记、操作有备案，保障馆内网络运行根基；完成机房安全设备部署，确保内网用户访问，保证档案系统使用专网，与互联网隔离，保障档案信息安全。

6月9日，简阳市档案馆在简阳市爱国主义教育基地开展“回首百年风华　彰显档案力量”活动（市档案馆供图）

【档案利用与编研】 市档案馆编撰、出版简阳影像档案图集——《斗转鞞移》。简阳市档案馆将征集到的600余张照片，通过整理、归档，形成照片档案，再挖掘和筛选，将其中100余张照片编辑成册，于6月由成都时代出版社出版发行。《斗转鞞移》反映20世纪70年代至2020年简阳沱江人居环境、农业、商业、社会、人文等风貌，再现历史图景，反映简阳人民艰苦奋斗、开拓创新的精神；印刷500本，赠送给部分单位，并在简阳市爱国主义教育基地展出，被成都市档案馆、成都市委党校列为展厅陈列书籍。

【档案宣传教育】 市档案馆在石桥街道、简阳中学、三合镇打造爱国主义教育展厅，以古镇文化、简州名人、脱贫攻坚为切入点，发挥档案资源及宣传优势，展现简阳发展变化历程；撰写档案信息，推广档案成果，10余篇信息被国家级、省级、市级宣传刊物或媒体采用，其中5篇被中国档案网采用、4篇被中国档案资讯网采用、2篇被四川省档案网采用、3篇被成都市档案网采用。

【《百年印记——让档案讲述》视频拍摄】 市档案馆发挥馆藏文书档案、声像档案、实物档案资源优势以及档案独特史志价值，运用档案中的史料、图片、影像，拍摄专题视频《百年印记——让档案讲述》，献礼中国共产党成立100周年。视频以市档案馆馆藏档案为基础，结合沙画、漫画主动化等表现形式，实体拍摄抗日战争时期简阳青年手写爱国诗、《简阳县第六届各界人民代表会议关于抗美援朝的决议——争取增产捐献战斗机两架而奋斗，做好宣传优属工作》等文书档案，中共简阳县第一次、第二次、第三次党代会合影等照片档案，《中国共产党简阳历史》《简阳县志》等书刊资料，生动展现中国共产党带领下简阳百年光辉历程、伟大成就和宝贵经验。视频在成都档案微信公众号、简阳发布、“i简阳”等线上平台推广，在简阳中学、各镇（街道）、企业、公共场所等线下平台播放，激励和动员全市党员干部满怀信心、奋斗前进。

《百年印记——让档案讲述》视频截图（市档案馆供图）

【“回首百年风华，彰显档案力量”活动】 6月9日，市档案馆在简阳市爱国主义教育基地开展“回首百年风华，彰显档案力量”活动，制作数十个展板再现中国共产党奋斗史，讲述简阳人民在百废待兴的历史背景下种植棉花以及抗战时期简阳捐献物资购置飞机等故事，让群众在档案中重温抗战救国的历程，感受中国共产党带领中华儿女英勇斗争、艰苦奋斗、敢为人先的伟大精神。

【“不忘初心，铭记简州”珍贵档案捐赠仪式】 6月9日，市档案馆在简阳市爱国主义教育基地举行“不忘初心，铭记简州”珍贵档案捐赠仪式。仪式邀请到2019年全国离退休干部先进个人、简阳市退休干部施劲松及档案馆干部职工参加。施劲松将2019年全国离退休干部先进集体和先进个人表彰大会上与习近平总书记的合影以及获得的由中央组织部颁发的全国离退休干部先进个人荣誉证书与《闪亮的初心》等档案资料捐赠给简阳市档案馆。

（汪沐子）

地方志

【概况】 2021年，市地志办开展百年党史学习教育，抓实地方志法律法规学习宣传及业务指导；贯彻落实成都市《关于新时代进一步加强全市地方志工作的意见》，做好市志资料收集整理、地方综合年鉴编纂、旧志保护整理、地方志资料年报等工作；推进简阳市方志馆建设、"三个一"（名镇志、名村志、成都风土人文丛书）工作及地情资料收集等，拓宽地方志服务经济社会发展范围，发挥存史、育人、资政功能。

【志书编纂】 市地志办落实国务院《地方志工作条例》《四川省地方志工作条例》，抓好市志续志资料收集、整理，为第三轮《简阳市志》续修奠定基础；落实成都市地方志编纂委员会办公室资料年报要求，编制《简阳市地方志资料年报（2020年）》；指导部门（单位）志书编修，《简阳市畜牧业志》形成初稿。

【年鉴编纂】 市地志办根据简阳市工作实际和特色情况，优化调整编写大纲，指导各镇（街道）、部门（单位）开展资料收集，组织力量编纂，12月完成《简阳年鉴（2021）》出版。《简阳年鉴（2021）》设置特载、专记、大事记、综述、文存及中国共产党简阳市委员会、简阳市人民代表大会、简阳市人民政府、政协简阳市委员会等类目30个，记述2020年简阳市政治、经济、社会、文化、生态发展情况，客观反映简阳市在践行公园城市理念、加快建设宜业宜居山水公园城市方面开展的各项工作以及新成就、新经验与新问题。市地志办指导相关镇（街道）、部门（单位）做好资料收集、报送，完成《四川年鉴》《成都年鉴》2021卷简阳部分组稿。

【旧志保护整理】 市地志办按照《简阳市旧志保护整理工作方案》，推进旧志点校整理，在完成清乾隆《简州志》、清咸丰《重修简州志》、清光绪《简州续志》整理出书的基础上，完成民国《简阳县志》第1～16卷内部出版。

【《简阳市脱贫攻坚志》编纂】 市地志办按照简阳市委、市政府工作部署，聚焦脱贫攻坚全面胜利，与原简阳市脱贫攻坚领导小组办公室协作，梳理简阳市打赢脱贫攻坚战的奋进历程，总结脱贫攻坚经验教训，编纂《简阳市脱贫攻坚志》，助力脱贫攻坚与乡村振兴有效衔接。截至12月，《简阳市脱贫攻坚志》完成分编合稿。

【"三个一"工作推进】 市地志办落实成都市地方志系统"三个一"工作部署，组织干部职工学习《成都市地方志编纂委员会办公室关于进一步做好名镇（街道）志、名村（社区）志和成都风土人文丛书编纂工作的通知》要求，研究制定《简阳市"三个一"工作方案》并经简阳市人民政府审批，在编纂《贾家镇志》的基础上，开展《平泉街道志》《尤安村志》《简阳地名拾闻》编纂。截至12月，平泉街道及平武镇尤安村实地调研及编纂对接完成，成都风土人文丛书完成编辑部组建并启动编纂。

【志鉴数字化建设】 市地志办学习借鉴成都市、金牛区、成华区等地方志办公室数字化经验，完成《简阳年鉴》2003—2016卷数字化，为铺开简阳市地方志资料数字化、信息化探索经验。

（杜景余）

体　育

【概况】 2021年，市文体旅局以承办大运会大型赛事为契机，以建设体育场地设施为抓手，发挥大型体育赛事效能，构建全民健身公共服务体系，助力建设世界赛事名城。

【体育设施建设】 简阳市完善体育基础设施，提高体育设施覆盖率，新建全民健身路径62条、新扩建体育场地7片，8个镇（街道）全民健身中心投入使用，公共体育场馆免费对外开放10.5万人次，城市社区15分钟健身圈逐步建成。

【健身指导服务】 市文体旅局聚力打造全民健身服务站点，创新开展2021年村（社区）级科学健身指导服务，覆盖全市22个镇（街道）291个村（社区），派出教练员106名，开展指导服务582天，时长3492时，参训人数50028人次。

【群众体育】 简阳市调动市民参与体育运动的积极性，举办四川省第三届全民健身运动会太极拳比赛、“爱成都·迎大运”全民健身系列赛事、简阳市第二届社区运动节、天府绿道健身系列活动；开展线上线下各级各类全民健身赛事活动500余场次，惠及50万人次；开展各级各类培训、讲座8次，培养三级社会体育指导员155名，培训体育教师（教练员）513人次；监测国民体质数据5300份，抽样国家体育锻炼达标测试120人次。

【竞技体育】 简阳市运动员参加第十四届全国运动会获女子赛艇4人单桨第八名、8人单桨第六名，获男子赛艇4人单桨和8人单桨第七名、双人双桨第八名；参加四川省青少年赛艇、皮划艇锦标赛获2金3银，参加“爱成都·迎大运”2021成都市青少年（学生）运动会赛艇（皮划艇）比赛获11枚金牌、4枚银牌、3枚铜牌。5月，简阳市水校与眉山代表队、四川省赛艇二队共同组队参加19岁以下1000公里（四机联动）项目，打破英国人创造的世界纪录，将世界纪录提高近2小时。9月，简阳市女子龙舟队代表四川省参加中华人民共和国第十四届运动会群众龙舟决赛，取得12人龙舟混合组200米直道赛第五名、1000米第七名，12人龙舟女子组1000米直道赛第六名、100米第八名的成绩。

6月24—26日，“相约幸福成都”2021年成都市青少年柔道锦标赛在简阳市文化体育中心举行（市文体旅局供图）

【体育彩票发行】 简阳市不断完善体育彩票产品结构，提升运营能力，有体育彩票销售站91个（含行业便利渠道），实现体育彩票销售额1.08亿元，销售工作安全平稳运行。

【“相约幸福成都”系列赛事】 5月29日至6月3日、6月24—26日，“相约幸福成都”2021年全国青年跳水锦标赛暨全运会跳水项目资格赛，全国大、中学生跳水比赛和“相约幸福成都”成都市青少年柔道锦标赛分别在简阳市文化体育中心举行。成都大运会简阳赛区委员会按照“绿色、节俭、必须”原则和“目标不变、力度不减、注重质量、提高效率”总体要求，开展成都大运会赛前实战测试，完成各项任务，受到国家体育总局游泳项目管理中心肯定性批示。

【四川省第三十四届老年门球比赛】 4月21日，由四川省老年人体育协会、四川省门球协会主办的四川省第三十四届老年门球比赛在简阳市举行，来自全省各市（州）老体协（门协）和省级机关体协、“四川省门球之乡”的78支代表队参加。赛事秉承“加深友谊、团结鼓劲、互相学习”的运动宗旨，全过程全方位做好各项服务，完成各项任务。

【“川体集团杯”四川省第三届全民健身运动会暨“我要上全运”社区运动会太极拳比赛】 7月2—5日，由四川省体育局、四川省体育总会主办的“川体集团杯”四川省第三届全民健身运动会暨“我要上全运”社区运动会太极拳比赛在简阳市东来印象举行，来自全省各县（市、区）和县处级以下的街道、乡镇、村（社区）、企事业单位共27支代表队353名运动员、领队、教练员参加。赛事各保障工作组凝心聚力，完成各项工作，受到主承办单位相关领导、各参赛团队对赛事组织、后勤保障、交通安保、疫情防控等方面高度评价。

（刘志阳　张小凤）

生态建设

国土资源管理

【概况】 2021年，市规自局围绕打造成都东部区域中心城市定位的要素支撑及“十四五”期间简阳市“一心两链”产业布局等，以产出为导向配置土地资源，服务重大项目落地；以土地综合整治为抓手，以内部挖潜为重点，以节约集约为根本，破解建设用地难题，缓解建设用地供需矛盾；坚持资源保护、生态为民、生态惠民、生态利民，围绕幸福美好生活十大工程，建设践行新发展理念的公园城市示范区；依托航空走廊大地景观打造、国省走廊绿化、低质低效林改造等开展国土绿化行动，厚植绿色生态本底；组织林业系统和乡镇林业工作员代表简阳市参加四川省森林草原防灭火知识竞赛获二等奖，规划美丽乡村荷桥村获2021年中国美丽休闲乡村；化解不动产登记遗留问题项目27个，得到成都市、简阳市领导赞扬。

【项目用地保障】 市规自局上报申请简阳市绿色环保资源再利用项目、简阳市平泉园区配套住房和人才公寓项目等39个项目2598.26亩的新增建设用地规划指标，取得预支规模确认函和规划指标落实方案；编制《简阳市国土空间规划近期实施方案》，将88个批次项目、30个流量指标项目纳入其中并获批，保障重大项目落地；拟订《简阳市土地征收成片开发方案》，常态化做好用地预审、规划选址意见及土地基础要素保障服务。

【土地组卷报批】 市规自局组卷上报审查19个批次、13个单独选址共88个项目11416.65亩，其中获批2个批次361.77亩，上报四川省级审查17个批次、11个单独选址10553.83亩，上报成都市级审查2个单独选址501.06亩。

【土地储备】 市规自局对9宗（811亩）国有建设用地依法按程序收回（收购），为按照城市控规配置土地夯实基础；督导储备地块15个，面积220亩；分类整治发现问题地块，治理储备地块20宗360亩。

【土地供应】 市规自局通过招拍挂、协议出让、划拨等方式供应土地29宗10323亩，土地价款27.57亿元；划转出及改变土地使用条件400宗，补缴价款0.6亿元。

【项目征地】 市规自局全年完成1670.51亩土地的征收补偿安置，兑付三项补偿费5522.04万元，征地安置670人；推进40余个项目农房拆迁，拆（搬）迁农房2787户，安置人口9889人，支出拆迁补偿资金6.62亿元。

【地籍管理】 市规自局开展简阳市地下管线普查与更新、1∶500数字系列测绘产品生产与更新、简阳市耕地动态监测，完成简阳市2020年度国土变更调查。41个工程建设项目按“多测合一”要求完成合同签订、线上委托，相关预测成果通过审核并入库。

【测绘管理】 市规自局完成报征勘测定界、征地勘测定界、收储勘测定界2.2万余亩，完成不动产权属调查260余宗，完成“多测合一”线上线下审核47个项目、143份报告，完成竣工核查叠加图50余宗，配合完成200余宗地坐标转换、查询搜索图纸800余张、核实权属界线30余宗；协助简阳市跑步爱好者协会测量长跑赛道，参与测绘法宣传日活动等。

【用地监管】 市规自局通过开发建设的方式完成存量低效工业用地盘活1宗，面积37亩；通过收回、开工的方式处置“增存挂钩”闲置土地5宗，面积161亩；动态更新2003年至2021年12月供而未用土地34宗1937.45亩，并逐一制定整改措施。

【土地整治】 市规自局推进增减挂钩项目29个，农民集中建房整理项目37个;完成5个农用地整理项目验收，新增耕地面积3934.43亩；完成固定资产投资1.73亿元。

【土地执法监察】 市规自局全年开展动态巡查285次，下发责令停止违法行为通知书180宗，查处违法案件48起；与各单位配合，拆除复耕2020年度卫片问题图斑1145.9亩（含拆迁推平场），推进卫片工作整改。

【耕地保护】 市规自局制定《关于坚决制止耕地“非农化”行为问题整治整改工作方案》，开展清理排查及整治整改；结合“三区三线”划定，清理排查全市划定不实的永久基本农田，按照自然资源部要求开展补足；开展乱占耕地建房整治，通过传单、LED屏、音频等方式宣传5万余次，开展五轮调研核查，核查调研图斑1146个并逐步开展整改消除，迎接自然资源部开展1次8个新增问题线索抽查，核实发现新增农村乱占耕地建房问题图斑8个，移交相关线索7个。

【土地保护宣传】 市规自局加大宣传力度，通过QQ群、门户网站、微信群，利用“6·25”全国土地日等活动宣传新修订的《中华人民共和国土地管理法》《中华人民共和国土地管理法实施条例》等法律法规，提高群众土地保护法律意识。

6月25日，简阳市规自局开展“6·25”全国土地日宣传活动（市规自局供图）

【不动产登记服务】 市规自局逐步推广“交房即交证”“交地即交证”改革举措，实现房屋交付、土地移交与不动产权证书发放同步；开通绿色通道，开通“一窗受理”“企业专窗”“水电气讯联动办理”窗口，推行登记流程“全程网办”；将9个楼盘办证历史遗留问题纳入“我为群众办实事”行动，完成5个项目房屋首次登记，推进其余4个项目，提升群众满意度。

（陈　微）

矿产资源管理

【概况】 2021年，市规自局以加强矿产资源日常监管、保护和合理利用矿产资源、保护采矿权人的合法权益为工作重点，按照《中华人民共和国矿产资源法》《矿产资源开采登记管理办法》等相关法律法规，开展全市非煤矿山延续登记、矿业权公示和实地核查，确保简阳市矿产经济持续健康发展。

【矿山储量动态检测】 简阳市18座非煤矿山企业按照《四川省自然资源厅关于印发〈四川省矿产资源储量统计及统计质量监控工作指南〉的通知》《成都市规划和自然资源局关于开展2021年矿山储量动态检测工作的通知》要求，在规定时限内完成2021年矿山储量动态检测和矿产资源储量统计。

【矿业权人勘查开采信息公示】 简阳市18家非煤矿山企业按照《四川省自然资源厅办公室关于做好2021年全省矿业权人勘查开采信息公示工作的通知》《成都市规划和自然资源局关于做好2021年矿业权人勘查开采信息公示底数清理工作的通知》要求，在规定时限内完成矿业权人勘查开采信息公示。

【矿业权管理】 市规自局对照成都市下发的矿业权专项清理采矿权底数，清理全市矿业权，并按照《自然资源部办公厅关于政策性关闭矿山采矿许可证注销有关工作的函》注销简阳市碑垭页岩矿山等9个失效矿业权；办结采矿权延续登记事项18件，限时办结率100%，群众满意率100%。

【矿山安全生产监管】 市规自局根据《四川省自然资源厅关于加强全省矿产资源领域安全生产监管工作的通知》要求，做好自然资源领域安全生产监管，开展非煤矿山实地核查、储量动态检测、动态巡查等，发现18座矿山不同程度存在矿产资源领域安全生产风险隐患，要求矿山企业按照开发利用方案限期整改。

（陈　微）

水资源管理

【概况】 2021年，简阳市水资源总量3.89亿立方米，地表水资源3.28亿立方米（都江堰引水量1.14亿立方米），其中沱西地区1.45亿立方米、沱东地区1.83亿立方米。简阳市大部分为“红层”分布区，地下水资源贫乏，总量0.61亿立方米。

【取用水管理】 简阳市全年取用水总量1.53亿立方米，万元国内生产总值用水量33.4立方米，万元工业增加值用水量7.53立方米，农田灌溉水有效利用系数0.56，水功能区达标率100%；审批取水户7户，取水许可完成电子证照转换，年末取水许可电子证照356个，7个重点取水户实现取用水在线监测，7座水电站全部实现生态流量在线监控。

【毗河供水工程建设】 毗河供水工程是解决简阳市沱东城乡生产、生活供水瓶颈的关键工程，是国家级重点水利项目。项目于2015年启动实施一期建设，截至2021年年底完成施工投资58893.69万元，占总投资的97.92%。简阳市境内11.60公里总干渠完成建设，并完成通水仪式。简资分干渠完成15.14公里，占总长度100%；石钟支渠完成8.41公里，占总长度的100%；简阳支渠完成8.44公里，占总长度的94.20%。

【自来水厂建设】 简阳市城区第二自来水厂总规模9.8万吨/天，分两期建设（一期、二期工程供水规模均为4.9万吨/天），一期建成供水，二期将于2022年1月开始试运行。简阳市河东自来水厂近期供水规模4.9万吨/天，中期供水规模9.8万吨/天，远期供水规模25万吨/天，其中近期工程于2021年7月开始试运行。

【石庙水库建设】 石庙水库是纳入全国抗旱水源工程的新建小（二）型水库，设计总库容68.6万立方米，最大坝高24.9米，概算总投资4427万元。项目于2016年7月开工，2021年1月完成完工验收。

【节水型社会建设】 简阳市贯彻落实新时期节水优先方针，实施最严格水资源管理制度，加快实现从供水管理向需水管理转变，从粗放用水方式向高效用水方式转变，从过度开发水资源向主动节约保护水资源转变，推进县域节水型社会达标建设，创建四川省级节水型企业2个、四川省级水利行业节水型机关1个、成都市级节水型学校4个、成都市级节水型小区1个、区县级节水型学校116个、区县级节水型机关单位50个、区县级节水型事业单位14个、区县级节水型医院1个、区县级节水型居民小区26个。

【节水宣传】 市水务局借助纪念第二十九届世界水日、第三十四届中国水周，围绕“深入贯彻新发展理念，推进水资源集约安全利用”宣传主题，采用发布公益广告、张贴宣传画、发放宣传资料、设点集中宣传等形式开展宣传活动，设置节水宣传公益广告视频2个、张贴宣传画100套、发送宣传公益短信4.56万余条、发放节水宣传资料6200余份，提高居民节水意识，养成良好用水习惯。

（蒋　军）

动植物资源管理

【概况】 2021年，简阳市林业系统围绕习近平总书记“绿水青山就是金山银山”绿色发展理念，强化动植物资源保护与管理，保障动植物资源安全，推进各项林业工作。简阳市管辖区域［22个镇（街道）］新增森林面积5500亩，净增森林面积4435亩，森林面积达62.55万亩，林地保有量36.18万亩；新增森林蓄积7.5万立方米，净增森林蓄积3.98万立方米，森林蓄积量达205.3万立方米，森林覆盖率30.98%，林木绿化率30.99%；自然保护区面积1.28万亩，湿地面积11.02万亩；完成245株古树名木挂牌。简阳市管辖区域［22个镇（街道）］森林面积达62.61万亩，林地保有量42.87万亩；森林蓄积量达205.22万立方米，森林覆盖率31.09%，林木绿化率31.61%；自然保护区面积1500亩；完成古树名木挂牌245株；野生动物资源丰富，鸟类有春燕、白鹭、鱼翠、画眉、麻雀、布谷鸟、啄木鸟、黄莺、鹰、猫头鹰等30余种，兽类有狐狸、野猫、黄鼠狼、水獭、野兔等13种，蛇类有乌梢蛇、菜花蛇等10余种以及蛙类等两栖动物。

【野生动物保护宣传】 市规自局通过开展“爱鸟周”及《国家重点保护野生动物名录》宣传活动，向各镇（街道）及市民发放“爱鸟周”宣传画报、《成都鸟类保护简明指南》、野生动物保护重要法条宣传资料2000余份、告知书500余份；开展现场宣传活动5次，巡回展出展板4块，签订人工繁育鸟类义务委托代养协议28份。

【野生动物保护执法检查】 市规自局以开展“清风行动”为契机，加强野生动物保护执法检查，开展专项检查10余次、不定时巡查20余次，查处非法猎捕蟾蜍案件1起；通过“野保助手”App，实现野生动物驯养繁殖场所全覆盖实时动态监管，简阳市野生动物驯繁场所全年繁殖猕猴33只、藏酋猴6只、黑熊17头；经四川省林草局批准出售黑熊17头、引进黑熊6头；指导利用单位“中国野生动物管理专用标识”（乌梢蛇）申报审批2批次；会同镇（街道）对死亡野生动物无害化处置和新生动物（黑熊和猴）现场监管和核实，救助野生动物16只。

【林业有害生物防治】 市规自局开展主要森林病虫害预测预报和防治，发布《森保情报》4期，编制《简阳市2021年林业有害生物防治实施方案》《简阳市2021年松材线虫病预防实施方案》《简阳市林业有害生物监测预警网格化管理工作实施方案》。简阳市全年发生林业有害生物9.43万亩，比2020年下降6%，其中病害0.803万亩（核桃黑斑病0.8万亩、菟丝子害30亩）、虫害8.63万亩（蜀柏毒蛾4.93万亩）；林业有害生物防治总面积9.43万亩，其中无公害防治9.43万亩（生物措施3.23万亩、人工措施6.2万亩）。市规自局开展松材线虫病、锈色棕榈象、菟丝子、红火蚁监测防控和松材线虫病春秋两季普查，松树枯死率为零，无松材线虫病发生；指导园林部门防治锈色棕榈象6株、防治菟丝子害林木200株；开展红火蚁普查，在3个镇（街道）发现红火蚁危害观花基地和道路绿化带草坪，发生面积800余亩，配合市农业农村局、市交通局开展扑灭。简阳市无公害防治率100%，种苗产地检疫率100%，成灾率0%，测报准确率99.9%。

【森林草原防灭火】 市规自局开展森林草原防灭火专项整治，在雄州广场组织开展森林防火宣传2次、发放宣传资料10万余份，开展下乡巡查检查40余次，举办2021年度、2022年度森林防灭火半专业扑火队

12月20—24日，简阳市2021年度森林防灭火半专业扑火队伍建设专项培训举行（市规自局供图）

伍建设专项培训2场，指导镇（街道）开展森林火灾应急演练22次，迎接上级森林防火检查6次。简阳市全年接到森林火警73起，经核实属林地火情15起，未发生较大级别以上森林草原火灾。

（陈 微）

林业生态建设与管理

【概况】 2021年，简阳市林业系统深入践行习近平生态文明思想，推进森林资源管理、生态保护修复、生态富民产业、重点领域改革等，生态产业实现收入12.21亿元，林业实现产值28.3亿元；实施"全域增绿"春季、秋季战役行动，城市建成区新增绿地面积2325亩，完成投资572万元，其中中央财政资金286万元、地方财政资金286万元；监测四川省级林业产业化重点龙头企业4家，林业科技培训160人次；完成世界银行贷款长江流域上游森林生态系统恢复项目营造林734公顷。简阳市22个镇（街道）、69个市级机关通过造林绿化、抚育管护、自愿服务等方式开展全民义务植树活动，参加人数53.08万人次，植树106.06万株，折合绿化面积642.77万平方米，其中造林绿化49.83万株，折合造林面积4530.5亩，对外发布全民义务植树点位4个。

【林业规划方案编修】 市规自局编制《简阳市"十四五"期间年森林采伐限额实施意见》《简阳市2021年林业有害生物防治实施方案》《简阳市2021年松材线虫病预防实施方案》《简阳市林业有害生物监测预警网格化管理工作实施方案》，完成并印发《简阳市森林经营规划（2021—2050年）》和《简阳市森林经营方案（2021—2030年）》。

【林业资源管护】 市规自局推行林长制，设立市、镇（街道）、村（社区）三级林长制责任体系，设各级林长543人，实现"一山一坡、一园一林"均有人管；常年有效管护公益林面积8.2万亩，发放集体公益林地生态保护资金和森林生态效益补偿资金436.24万元；开展古树名木日常和专项巡护30余次，复壮2株，移栽1株，并对新增古树（7株）和后备古树（13株）登记建档。

【天保工程实施】 市规自局开展天然林保护修复，完成2021年公益林森林生态效益补偿资金、2020年集体公益林（地）生态保护资金等"一卡通"惠民资金核实上卡，资金436.08万元，其中兑付2021年森林生态效益补偿150.12万元（个人部分148.33万元、集体部分1.79万元），兑付2020年集体公益林（地）生态保护资金285.96万元（个人部分282.55万元、集体部分3.41万元）。

【退耕还林成果巩固】 市规自局巩固退耕还林成果6.27万亩，兑付退耕还林生态林抚育补助资金119.22万元，面积59614.17亩，通过"一卡通"监管平台系统发放。

【林业执法】 市规自局全年办理林业行政案件63件，其中擅自改变林地用途案58件、滥伐林木案2件、古树名木保护案1件、野生动物案1件、毁坏林木和林地案1件。

【林业项目审批】 市规自局全年接待群众咨询1500余人次，办结审批项目946件，其中林木种子生产经营许可证36件、临时占用林地审批8件、一般林木采伐许可证核发59件、林业植物检疫证书核发839件、森林植物产地检疫合格证签发4件，限时办结率100%，群众满意率100%。

【林地组卷报批】 市规自局完成林地报批49件，面积236.19公顷，其中永久使用林地19件（8个批次，1个单独选址）、面积115.92公顷，临时使用林地8件、面积2.72公顷，直接为林业生产服务项目使用林地22件、面积117.55公顷。

（陈 微）

生态环境保护

【概况】 2021年，简阳生态环境局以改善生态环境质量为核心，系统推进水、气、土污染防治攻坚战。简阳市空气优良天数 317 天，优良率 86.8%，优良天数排名成都市第 4 位，PM2.5 平均浓度 33 微克／立方米，达到环境空气质量国家二级标准；沱江流域市控及以上断面水质优良比例 80%，“千吨万人”乡镇集中式饮用水水源地（禾丰镇、涌泉镇）水质达标率 100%；受污染耕地安全利用率和污染地块安全利用率均达到 94%。

【污染防治攻坚战】 简阳生态环境局制定印发《简阳市 2021 年大气污染防治工作行动方案》《简阳市 2021 年夏季臭氧污染防控行动方案》，定期组织相关单位召开调度会，解决工作推进中存在的问题；对涉 VOCS 排放的工业企业发放臭氧告知书 300 余份，开展大气污染防治“1 号行动”专项执法检查，检查企业 300 余家次，立案 7 家；强化移动源整治攻坚，查处柴油车、非道路移动机械和汽车维修领域违法行为，完成非道路移动机械监测 177 台、重型柴油货车完成监测 2600 余台，超标处罚 45 台。简阳生态环境局完成绛溪河流域水环境综合治理，河流水生态系统基底改良、沉水植物及鱼类等生物群落构建 36.5 万平方米，赤水场镇一体化生活污水处理设施（200 立方米／天）投运；推进黑臭水体整治，40 段黑臭水体基本消除黑臭指标，新增的 9 段黑臭水体 3 段完成整改“销号”，6 段实现动态“清零”；完成入河排污口现场排查、监测及溯源，排查河长 481.8 公里，排查排口 3943 个、溯源排口 3943 个、监测排口 399 个；强化集中式饮用水水源地保护，通过大管网供水解决原平窝乡场镇居民饮水安全问题。简阳生态环境局制定并印发《2021 年度简阳市土壤污染防治年度工作实施方案》，督促省控、市控 6 家重点单位完成土壤和地下水自行监测，掌握重点企业土壤环境状况；落实《污染地块土壤环境管理办法（试行）》要求，排查简阳市 43 个问题点位，全部整改到位。

【生态惠民示范工程实施】 简阳生态环境局全年谋划重点项目 43 个，其中饮用水类项目 4 个、水污染治理类项目 6 个、危废项目 2 个、生活垃圾规范处置类项目 4 个、农村环境类项目 8 个、市政类项目 9 个、城区风貌提升类项目 9 个、生态文明示范市创建项目 1 个，总投资 46.94 亿元；竣工项目 23 个，完成投资 15.08 亿元。

【环保督察与问题整改】 简阳生态环境局做好迎接四川省环保督察和中央环保督察，开展环境突出问题半年大排查大整治活动，简阳市委、市政府主要领导暗访、调研环境问题，分管领导主持专题会或到现场督促问题整改；派出 10 个专项督查组全覆盖督查督办环境问题，督促各镇（街道）和重点部门开通投诉电话引导群众向本级投诉，保证环境突出问题解决。两级督察期间，简阳市未出现公开曝光典型案例、领导暗访通报问题、督察组专题交办问题。四川省环保督察交办的 14 件信访主办件整改完成 11 件，中央环保督察交办的 44 件信访主办件整改完成 43 件，其余均按时序推进整改。

【环评审批服务】 简阳生态环境局推进生态环境领域“放管服”改革，从项目选址到取得环评批复全过程跟踪服务，加快项目落地建设，全年审批项目 38 个，总投资 409734.87 万元，环保投资 9449.9 万元，其中承诺制审批项目 10 个，总投资 138018.61 万元，环保投资 3307.7 万元；办理环境影响登记表备案 347 个，总投资 906265.62 万元，环保投资 8450.39 万元。

【环境执法监管】 简阳生态环境局加强生态环境执法检查，采取“双随机”抽查与专项执法检查、周末节假日突击检查等环境执法监管措施，加强监管频次，加大执法查处力度，开展现场执法检查 1155 次（其中“双随机”抽查 212 次、专项执法检查 750 次），行政处罚立案 63 件，下达处罚决定 23 件，处罚金额 142.65 万元，查封扣押案件 1 件，移交公安机关刑事处罚 1 件，移送公安机关行政拘留 1 件，并下发整改意见书 16 份，开展“回头看”40 件；深化测管协同，截至 12 月 31 日获取监测数据 1 万余个，环境监测分析报告 494 份。

【生态环保宣传教育】 简阳生态环境局在“4·22”世界地球日、“5·22”世界生物多样性日、“6·5”世界环境日、“8·25”全国低碳日等重要节日，组织各种形式的宣传活动，号召市民从自身做起，参与生态文明建设；每季度组织开展“环保设施向公众开放活动”，邀请镇（街道）环保干部、老年骑游队、市民代表等参观简阳市城市生活污水处理厂、垃圾焚烧发电厂等环保设施，提高公众生态环境保护意识。

【环境安全管理与信访】 简阳生态环境局指导企业编制环境应急预案，做到“一厂一预案”，完成95家企业突发环境事件应急预案备案，保障生态环境安全；开展环境风险隐患排查，重点排查涉危企业危险化学品储存、使用情况和工业危废储存、转运、处置情况，全市未发生环境安全事件；化解环境信访矛盾，接待群众来访6次，处理信访投诉件438件。

（文章琴）

城乡水环境综合整治

【概况】 2021年，市水务局围绕“河畅、水清、岸绿、景美、人和”治理目标，以改善城乡水环境质量为核心，按照“科学治水、依法治水、重拳治水、长效治水”的思路，推进河长制管理落地落实，统筹推进城乡水环境综合整治；开展黑臭河渠治理，强化河道水环境长效管理和防汛措施落实，加强农村污水治理和污水处理厂运行管理，改善和提高群众居住环境、生活品质。

【河长制管理】 简阳市坚持把河长制作为践行“绿水青山就是金山银山”理念和建设美丽宜居山水公园城市的具体行动，实行“流域河长+区域河长”管理模式，制定“河长+检察长+警长”联动治理机制、基层河长履职尽责激励机制和《河长制工作“红黄牌”预警问责实施细则（试行）》等规章制度，设立流域河长5名、市级区域河长22名、河道检察长5名、河道警长17名；把河长制管理纳入年度目标绩效考核，深化河长履职情况红黄牌预警管理，加强专项督查，开展“周巡查、月考核、季通报、年考评”。简阳市河长办全年下达水生态整改任务252件，对相关干部记黄牌27张；778名河长巡河96158次，解决水生态问题2768个。

【黑臭河渠治理】 简阳市按照《城市黑臭水体整治工作指南》和《农村黑臭水体整治工作指南》要求，通过采购服务方式，委托第三方完成对黑臭水体河段连续6个月的水质监测，检测结果显示水体级别均无黑臭。

【河湖“清四乱”】 简阳市坚持“控增量，减存量”，发现一处、清理一处、销号一处，常态化治理市域河湖“四乱”（乱占、乱采、乱堆、乱建），整治“四乱”点位2个，清理非法侵占303平方米，处理滥采滥挖5起，拆除违法乱建11平方米。

【河道清漂】 市水务局对全市流域属地镇（街道）漂浮物长效治理开展巡查督查，以问题整治为导向，落实临时措施，全年打捞漂浮物5578.9吨，清理岸坡垃圾7586.3吨，清理河道淤泥6962.82吨，投入人力36219人次，投入机械6792台次。

【污水处理设施建设】 简阳市基本完成河东污水处理厂建设并通水调试，新建配套管网4.6公里，新增生活污水处理能力4.98万吨/天，全市生活污水处理能力12.53万吨/天；新建西部电商园区、杨柳溪、石桥中学3处临时一体化污水处理设施，解决片区居民生活污水收集处理问题；完成射洪坝水东社区截污干管工程、简阳市城区配套管网完善工程、江水湾三期区域雨污水管网整治项目，新建管网4.74公里，整治病害管网3公里，投资3000万元。

（蒋　军）

【农村生活污水治理】 简阳市有20户以上的农民集中居住区927个，覆盖42758户，由市水务投资发展有限公司包装实施简阳市农村生活污水治理项目，累计完成882处；实施农村生活污水治理“千村示范工程”项目，施家镇、云龙镇、镇金镇等镇的5个村（社区）农村污水治理工程完工并投入使用，改善当地农村生活污水直排现象。

（蒋　军　文章琴）

【防汛减灾】 简阳市落实以行政首长防汛责任制为核心的防汛及地质灾害防范责任制，成立以市长为总指挥、相关负责人为指挥长、相关部门（单位）为成员的市防汛抗旱指挥部；组织召开防汛减灾工作会，安排部署防汛减灾工作；汛期落实24小时值班和领导带班制度，报送传递雨情、水情237次；储备市级防汛抢险物资388万元，各镇（街道）和相关部门储备抢险物资总价值684.7万元；组建市级综合防汛抢险队伍7支241人、救援车辆147辆、救援船只3艘，各镇（街道）和相关部门组建防汛抢险队伍443支8040人，开展防汛培训和演练85场次。汛期，简阳市降水总量782.2毫米，与2020年同期总降水量（777.9毫米）基本持平，较历年同期偏多29.14%。7月15—16日，简阳市出现全年范围最广强度最大的降雨过程，24小时最大降水量229.5毫米，出现在镇金镇三里埂村。7月15日21时，简阳市启动蓝色汛情预警1次，启动山洪灾害蓝色预警4次。9月15日14时55分，三皇庙水文站出现最高水位438.68米，最大流量每秒2650立方米，未超警戒。涌泉水文站超警戒水位2次，其中8月23日0时20分超警戒水位0.53米，9月5日2时超警戒水位0.15米；施家水文站超警戒水位3次，其中7月16日23时45分超警戒水位0.42米，8月23日4时超警戒水位0.63米，9月5日4时55分超警戒水位0.09米。沱江水位流量未超警戒。境内中小河流超警戒水位造成新市街道张家社区、怀远社区堤防水毁2处，各镇（街道）提前转移人员768人，简阳市没有较大灾情，无人因灾伤亡。

【水库安全管理】 市水务局逐库落实全市水库安全管理和安全度汛“三个责任人”（水库大坝安全管理地方政府、主管部门、管理人员“三个责任人”和水库安全度汛行政、技术、巡查“三个责任人”）154名，修编《水库安全度汛防洪预案》《水库大坝安全管理应急预案》，联合辖区镇（街道）开展防汛演练；组织全市水库行政、技术、巡查责任人开展水库安全管理和安全度汛责任人培训会，邀请四川省农水局水库处副处长重点讲解水库安全度汛专业技能知识，提升责任人能力水平；按照成都市要求对10座病险水库另行论证汛限水位，责令管理单位落实，确保病险水库安全度汛；汛期各水库管理站、技术责任人和巡查责任人落实24小时值班值守制度；利用现代信息宣传平台宣传报道水库防汛及涉水安全，向库区所在学校及村（社区）进行安全宣讲并发放宣传资料3000余份；通过简阳市融媒体中心发布《简阳市小型水库防溺水安全公告》，简阳市新闻综合频道就《简阳市全面开展小型水库安全管理和安全度汛专项检查》作专题报道。四川省河长制办公室将七零、明星、火连桥水库纳入《回眸五周年》之简阳市美丽河湖。简阳市60座小型水库运行平稳，未出现安全事故，未垮一座坝，水库安全度汛。

（蒋　军）

气象监测与服务

【概况】 2021年，市气象局学习贯彻中央领导对气象工作的最新批示指示精神，着力研究落实简阳市委、市政府和成都市气象局部署，开拓创新，服务保障简阳市经济发展，各项工作稳步推进。

（陈　淼）

【气候特征】 简阳市全年平均气温18.0℃，比历年平均气温偏高0.5℃；极端最高气温38.6℃，比历年极端最高气温偏低1.7℃；年极端最低气温-1.7℃，比历年极端最低气温偏高1.4℃。简阳市全年总降雨量967.9毫米，比历年平均降雨量偏多168.8毫米，距平百分率21%；总日照时数1025.4小时，比历年平均日照时数偏少306.3小时，距平百分率-23%。

【重要气象事件】 简阳市全年出现冬干天气1次，为1月10日至2月24日，共46天，总降水量3.3毫米；出现春旱1次，为3月1日至4月13日，降水量16.0毫米；出现夏旱1次，为5月24日至6月16日，共24天，降水量29.9毫米；出现伏旱1次，为7月27日至8月16日，共21天，降水量28.3毫米；出现暴雨天气过程1次，为8月17日，降水量67.9毫米；出现大暴雨天气过程1次，为7月15日，降雨量124.4毫米；出现降温天气过程1次，为12月24—27日，累计降温7.3℃。

（杨　婷）

【天气监测预报预警服务】 市气象局汛期坚持24小时值守班，严密监视天气变化，及时会商研判，准确发布预报预警，做好灾害性、关键性、转折性天气的监测预报预警服务；在7月16日大范围暴雨天气过程中，为当地政府部署防灾减灾提供气象决策依据，特别是为防灾避险提供气象保障，筑牢防灾减灾第一道防线。

【气象灾害防御机制健全】 市气象局加强与应急、规自、水务(防汛)、农业农村、交通、民政、环保等部门合作，建立联合会商、信息共享机制；加强与简阳市气象台、周边区(市)县气象局的预报预警会商和联防联动，提升监测预警能力；更新预警短信平台防灾减灾责任人信息，依托成都气象信息化建设成果，利用短信、微博、微信、党政网和阿里钉钉等渠道，提供多样、便捷、精细的气象服务。

【气象灾害风险普查】 市气象局参加上级气象部门和简阳市普查办关于自然灾害风险普查培训会议，组织业务人员集体学习培训，完成高温、低温、大风、雷电、冰雹、暴雨、干旱、雪灾 8 个灾种风险普查数据核对上传以及辖区灾情及承灾体信息收集上报和致灾因子数据调查；向分管市领导汇报风险普查经费，与简阳市财政局对接，协调同意将气象灾害风险普查经费 28 万元纳入 2023 年年初预算安排。

【公共气象服务】 市气象局通过微信、微博等渠道开展公共气象服务，通过“3·23”气象日、“5·12”防灾减灾日、安全宣传月等开展气象科普宣传，联合简阳市水务局、简阳市规自局等部门开展气象防灾减灾培训。

【农业气象服务】 市气象局年初制定《简阳市 2021 年农业气象周年服务方案》，加强与涉农部门合作，针对粮油作物、特色作物、乡村旅游等热点问题开展农业气象服务；针对强降雨、高温等农业气象灾害，开展农业气象灾害预报及调查分析评估。截至 12 月底，简阳市气象局制作短时天气预报 248 期、气象信息快报 93 期、灾害性天气预警信号 48 期、天气实况通报 61 期，通过预警短信平台发布预警信息 15 万余人次。

【重大活动和重点项目气象服务】 简阳市举行“2021 年全国青年跳水锦标赛”“成都市青少年柔道锦标赛”，简阳市气象局每个比赛日与市气象台进行天气会商，每日三个时次整点向市气象台汇报简阳文体中心天气实况，并发送至“幸福成都赛事气象内部协调微信群”。两场赛事期间，简阳市无高影响天气出现。市气象局在其他重要节假日、地方重大社会活动和重点项目，均做好气象保障服务。

【环境和森林防灭火气象服务】 市气象局与简阳生态环境局建立协作机制，实现信息共享和重污染天气预警会商、研判、联动，发布环境气象服务产品，重污染天气时段开展人工增雨作业；贯彻上级部门和简阳市森林防灭火指挥部有关文件会议精神，开展森林防灭火气象服务，与应急、消防、规自等部门建立协作机制，在森林防火期每周一会商、重要天气不定时会商，发布森林火险气象等级预报。

(杨　婷)

【人工影响天气作业】 市气象局开展火箭年检和维护，年检合格率 100%；在增雨防雹期间实行 24 小时值班制度；按照规定申报空域，保证作业安全和空域安全；作业期间炮弹设置专人管理，出入库进行记录，截至年底组织外出作业 13 次，完成防灾减灾、大气环境治理、生态环境修复和重大活动保障作业 6 次，用弹 18 枚；加强基础设施建设，按作业点规范化升级标准，改建 2 个作业点主体工程，通过简阳市人民政府同意将固定炮点定在青龙镇新堰村村委会旧址、禾丰镇合群村村委会旧址，截至年底工程完成 80%。

(鄢秀娟)

【气象现代化建设】 市气象局提升综合气象观测能力，完成闪电定位仪和风廓线雷达安装并进入试运行，国家自动观测站完成气象探测环境评估和仪器设备检定、标校；按照成都市气象局“雪山下的公园城市”实景天气观测系统建设要求，选取鳌山公园印鳌阁作为实景监测点，完成安装并投入使用。

(杨　婷)

简阳市国家气象观测站(侯莹　摄)

居民生活

人口与户政管理

【概况】 2021年，市公安局在每周六和节假日开展延时服务，方便外出务工人员返乡办理户籍业务；在中、高考前，为应考学生开通绿色通道，办理相关证件；办理户籍业务106066条、居民二代身份证44849件，受理港澳台居住证8个、临时身份证8199个，接待群众18万余人次，清理应销未销人员189人次，针对孤寡老人、精神病人、长期卧床病人等特殊人群开展上门服务55人次；针对第二代居民身份证业务，开通免费邮政快递服务，办理免费邮政快递18879件；通过“成都公安微户政”受理群众咨询1048次，审核户籍业务2959次，受理邮寄办理业务523次；在所有公安派出所建设成都公安“一站式办证点”，4月22日开始改造7个派出所户籍室，新增6个成都公安“一站式办证点”，6月15日建成的13个成都公安“一站式办证点”投入运营。

【户籍人口管理】 简阳市户籍总人口928567人（其中男性475528人、女性453039人），出生人口6242人，死亡人口4385人；户籍迁移执行“条件入户”和“积分入户”双轨并行政策，实行“一元化”户籍管理；成都市外迁入5232人，迁往成都市外6830人。

【流动人口管理】 市公安局完善社区流动人口服务站，设立信息采集点，落实专人指导社区网格员开展信息采集维护，强化网格员信息采集绩效考核，登记流动人口103667人，新登记23786人，办理居住证8347个，新办理2341个；规范出租房屋公示制度、用工单位“一牌一簿”、房屋中介机构申报制度，登记出租房屋22403户，新登记832户。

【出入境管理】 市公安局全年受理因私出国（境）申请1086人次，其中护照39人次、港澳通行证1036人次（签注537人次）、台湾通行证7人次（签注1人次）、港澳居民来往内地通行证4人次，出国（境）证件审核审批率、准确率均为100%。

（邱　琳　蔡丹丽）

城乡居民收入和支出

【概况】 2021年，简阳市城镇居民人均可支配收入43290元，比2020年增长8.9%；城镇居民人均消费支出25482元，比2020年增长11%。简阳市农村居民人均可支配收入21706元，比2020年增长10.5%，

表 44　　2021 年简阳市城镇居民人均可支配收入及构成情况表

指标名称		总量（元）		增量（元）	增速	占比	拉动增长率	贡献率
		2021 年全年	2020 年全年					
城镇	可支配收入	43290	39752	3538	8.9%	—	—	100.0%
	工资性收入	23837	21868	1969	9.0%	55.1%	4.5%	55.7%
	经营净收入	7564	6952	612	8.8%	17.5%	1.4%	17.3%
	财产净收入	2145	1964	181	9.2%	5.0%	0.4%	5.1%
	转移净收入	9743	8967	776	8.7%	22.5%	1.8%	21.9%

表 45　　2021 年简阳市农村居民人均可支配收入及构成情况表

指标名称		总量（元）		增量（元）	增速	占比	拉动增长率	贡献率
		2021 年全年	2020 年全年					
农村	可支配收入	21706	19643	2063	10.5%	—	—	100.0%
	工资性收入	7767	6991	776	11.1%	35.8%	3.6%	37.6%
	经营净收入	5975	5482	493	9.0%	27.5%	2.3%	23.9%
	财产净收入	778	706	72	10.2%	3.6%	0.3%	3.5%
	转移净收入	7185	6464	721	11.2%	33.1%	3.3%	35.0%

增幅列成都市 22 个区（市）县第一位；农村居民人均生活消费支出 15970 元，增长 10.6%。简阳市城乡居民收入比 1.99∶1，城乡居民收入差距继续缩小。

【居民收支调查】 简阳市居民收支调查工作网点涉及 9 个镇（街道）、15 个调查村（社区）、150 户记账户。国家统计局简阳调查队开展住户收支与生活状况调查，满足研究制定城乡统筹政策和民生政策需要；完成住户成员与劳动力从业情况报表、住房和耐用消费品情况报表、收支情况报表、现金和实物收支日记账报表、家庭经营和生产投资情况报表、社区基本情况报表、县（市、区）职工社会保障缴费比例报表和住宅摸底表；形成月报、季报、年报，报送国家统计局成都调查队。

【城镇居民收入构成】 简阳市城镇居民人均工资性收入 23837 元，占总收入的 55.1%，比 2020 年增长 9%，拉动城镇居民人均可支配收入增长 4.5 个百分点，工资性收入占比最大；城镇居民人均经营净收入 7564 元，占总收入的 17.5%，比 2020 年增长 8.8%，拉动城镇居民人均可支配收入增长 1.4 个百分点，经营净收入同比增速收窄；城镇居民人均财产净收入 2145 元，占总收入的 5.0%，比 2020 年增长 9.2%，增速位列四项收入之最，拉动城镇居民人均可支配收入增长 0.4 个百分点，财产净收入增速位列四项之最；城镇居民人均转移净收入 9743 元，占 22.5%，比重仅次于工资性收入，居第二位，比 2020 年增长 8.7%，拉动城镇居民人均可支配收入增长 1.8 个百分点，转移净收入拉动效应呈现回升态势。

【农村居民收入构成】 简阳市农村居民可支配收入中工资性收入 7767 元，占可支配收入的 35.8%，比 2020 年增长 11.1%，工资性收入稳步增长；农村居民可支配收入中经营净收入 5975 元，占可支配收入的 27.5%，比 2020 年增长 9%，经营净收入增速放缓；农村居民财产净收入 778 元，占可支配收入的 3.6%，比 2020 年增长 10.2%，财产净收入占比最小；农村居民转移净收入 7185 元，占可支配收入的 33.1%，比 2020 年增长 11.2%，转移净收入增长明显。

【城镇居民消费支出变动】 简阳市城镇居民食品烟酒消费支出占比有所下降，城镇居民恩格尔系数由 2020

年39.4%下降至39.3%，高于四川省平均水平5.1个百分点，高于成都市平均水平5.6个百分点。

【农村居民消费支出变动】 简阳市农村居民人均生活消费支出低于同期城镇居民人均消费支出增速0.4个百分点，其中用于生活用品及服务、交通通信、教育文化娱乐、医疗保健、其他用品及服务等发展型和享受型消费5672元，占35.5%，较2020年高0.3个百分点，比2020年增长11.5%，增速快于食品烟酒、衣着、居住等生存型消费支出1.5个百分点。

（张　瑾）

市场物价

【概况】 2021年，简阳市主副食品供应充足，交易活跃，市场总体平稳，其中粮油类商品库存充足，价格总体平稳，呈小幅上涨态势；猪肉价格震荡下行；禽肉、鱼、蛋、水果交易正常，价格涨跌互现；蔬菜价格呈下跌态势。

【价格监测】 市发改局落实国家、四川省、成都市价格监测报告制度，按照《成都市重要主副食品采报价手册》要求，以加强品种规格标准统一、规范采报价环节流程为主要抓手，提升价格监测数据质量，周末和节假日重点关注5种肉类食品（猪肉、牛肉、开膛洋鸡肉、洋鸡蛋、花鲢鱼）价格报简阳市委、市政府；落实《市场价格巡查规范》，做好重要节点、突发事件的应急价格监测；适时扩大市场监测覆盖面，增加市场监测频次。

【价格分析】 市发改局关注市场价格动态，落实月分析和研判，编制市场月动态和分析，向简阳市委、市政府和上级发改部门报送粮油、肉禽蛋、蔬菜、水果等生活物资价格情况。

表46　　2021年简阳市主副食品价格情况表

序号	品名	产品规格	计量单位	均价												
				1月	2月	3月	4月	5月	6月	7月	8月	9月	10月	11月	12月	全年
1	籼米	二级，本地	元／500克	2.20	2.20	2.20	2.20	2.20	2.20	2.20	2.20	2.20	2.20	2.20	2.20	2.20
2	粳米	二级，东北珍珠	元／500克	2.90	2.90	2.90	2.90	2.90	2.90	2.90	2.90	2.90	2.90	2.90	2.90	2.90
3	面粉	特一粉	元／500克	3.20	3.20	3.20	3.20	3.20	3.20	3.20	3.20	3.20	3.20	3.20	3.20	3.20
4	绿豆	上等	元／500克	6.50	6.50	6.50	6.50	6.50	6.50	6.63	6.38	6.50	6.50	6.50	6.50	6.50
5	黄豆	上等	元／500克	4.80	4.80	4.80	4.80	4.80	4.80	4.80	4.80	4.80	4.80	4.80	4.80	4.80
6	菜籽油	桶装，三级压榨	元／5升	79.90	79.90	79.90	79.90	79.90	79.90	79.90	79.90	79.90	79.90	79.90	79.90	79.90
7	大豆调和油	一级桶装	元／5升	69.90	69.90	69.90	69.90	69.90	69.90	69.90	69.90	69.90	69.90	69.90	69.90	69.90
8	大白菜	上等	元／500克	1.75	1.75	1.30	1.25	1.25	1.50	1.50	1.50	1.90	2.25	2.50	1.70	1.66
9	莲花白	上等	元／500克	2.75	2.25	1.10	1.25	1.00	1.00	1.25	1.50	1.50	2.00	2.50	2.00	1.65
10	菠菜	上等	元／500克	3.88	3.00	2.20	2.00	2.00	2.00	2.00	6.75	8.80	9.25	6.00	4.40	4.36
11	芹菜	上等	元／500克	5.13	3.38	2.40	3.13	2.63	3.10	3.00	3.88	3.50	4.50	5.38	3.10	3.55
12	韭菜	上等	元／500克	5.00	6.13	5.00	4.63	4.63	4.60	4.00	4.00	4.00	4.00	4.00	4.00	4.49
13	花菜	上等	元／500克	3.38	2.50	2.30	1.63	2.88	3.60	3.38	4.13	4.30	4.25	5.75	3.80	3.49
14	空心菜	上等	元／500克	2.00	2.00	2.80	4.75	3.25	2.70	1.75	1.50	1.50	1.50	1.50	1.50	2.22
15	青笋	上等	元／500克	2.88	2.63	1.80	1.63	2.13	2.30	1.63	2.25	2.50	3.13	3.38	2.10	2.35

续表 46

序号	品名	产品规格	计量单位	均价												
				1 月	2 月	3 月	4 月	5 月	6 月	7 月	8 月	9 月	10 月	11 月	12 月	全年
16	黄瓜	上等	元 / 500 克	2.88	3.75	2.60	2.63	2.50	2.30	2.38	2.50	3.00	5.88	4.50	3.30	3.15
17	冬瓜	上等	元 / 500 克	2.13	4.25	3.10	2.38	1.50	1.50	1.50	1.50	1.50	1.50	1.50	1.50	1.98
18	西红柿	上等	元 / 500 克	3.38	3.13	2.40	2.38	2.25	1.80	2.25	2.50	2.60	3.00	3.38	3.90	2.74
19	茄子	上等	元 / 500 克	4.13	4.00	3.10	3.38	3.13	1.90	1.50	1.88	2.30	3.13	4.75	3.40	3.02
20	白萝卜	上等	元 / 500 克	1.50	1.38	1.00	1.00	1.00	1.30	1.38	1.50	1.50	2.25	2.00	1.40	1.42
21	胡萝卜	上等	元 / 500 克	2.38	2.50	2.50	2.50	2.50	2.60	2.50	2.50	2.50	2.75	3.50	2.60	2.61
22	大青椒	上等	元 / 500 克	7.25	6.25	3.00	2.75	2.13	1.50	2.25	2.63	2.90	3.13	4.75	4.20	3.51
23	四季豆	上等	元 / 500 克	5.63	8.00	5.80	4.00	2.50	2.50	4.00	4.50	5.00	4.25	6.00	4.90	4.74
24	土豆	上等	元 / 500 克	2.00	2.13	2.00	2.00	2.00	2.00	2.00	2.00	2.00	2.00	2.00	2.00	2.01
25	大葱	上等	元 / 500 克	7.00	6.00	5.40	5.50	5.13	3.60	3.00	3.00	3.90	4.75	5.00	5.00	4.75
26	蒜薹	上等	元 / 500 克	4.50	4.88	4.80	4.50	4.50	3.50	4.00	3.63	4.00	4.38	4.88	5.00	4.38
27	韭黄	上等	元 / 500 克	9.50	8.75	6.00	6.00	5.00	5.00	5.00	5.00	7.50	7.75	6.50	7.80	6.64
28	豇豆	上等	元 / 500 克	7.75	8.00	6.30	6.00	5.75	2.90	3.50	4.50	4.40	4.63	6.00	5.60	5.39
29	莲藕	上等	元 / 500 克	4.00	5.25	4.60	5.00	6.00	7.00	6.00	5.00	4.60	3.88	3.75	3.50	4.88
30	黄豆芽	上等	元 / 500 克	2.00	2.00	2.00	2.00	2.00	2.00	2.00	2.00	2.00	2.00	2.00	2.00	2.00
31	豆腐	水豆腐（散装）	元 / 500 克	2.50	2.50	2.50	2.50	2.50	2.50	2.50	2.50	2.50	2.50	2.50	2.50	2.50
32	大蒜	中等，瓣蒜	元 / 500 克	4.00	4.38	4.40	4.00	4.00	4.00	4.50	4.50	4.50	4.50	4.50	4.50	4.32
33	生姜	中等，老姜	元 / 500 克	8.00	6.75	6.00	6.00	6.00	6.20	7.00	7.00	7.00	7.00	6.50	6.00	6.60
34	干海椒	中等，朝天椒	元 / 500 克	13.00	13.00	13.00	13.00	13.00	13.00	13.00	13.00	13.00	13.00	13.00	13.00	13.00
35	花椒	中等，红花椒	元 / 500 克	75.00	75.00	75.00	75.00	75.00	75.00	75.00	75.00	75.00	75.00	75.00	75.00	75.00
36	猪肉	精瘦肉	元 / 500 克	29.25	27.25	23.60	19.00	15.75	13.40	13.00	13.50	12.80	12.50	16.75	16.80	17.71
37	猪肉	去骨一级肉	元 / 500 克	27.25	25.25	21.60	17.00	13.75	11.40	11.00	11.50	10.80	10.50	14.75	14.80	15.71
38	牛肉	去骨统货	元 / 500 克	40.00	41.50	42.00	41.50	41.00	41.20	42.00	42.00	42.00	42.00	42.00	42.00	41.62
39	牛肉	去骨一级腿肉	元 / 500 克	42.00	43.50	44.00	43.50	43.00	43.20	44.00	44.00	44.00	44.00	44.00	44.00	43.62
40	羊肉	带骨统货	元 / 500 克	45.50	47.75	47.20	46.50	48.00	48.00	48.00	48.00	48.00	48.00	45.25	45.80	47.17
41	鸡肉	白条鸡，开膛，上等（洋鸡肉）	元 / 500 克	12.00	12.75	13.00	13.00	13.00	13.00	13.00	13.00	13.00	13.00	13.00	13.00	12.90
42	鸡蛋	新鲜完整	元 / 500 克	5.70	5.38	4.80	5.03	5.10	5.16	5.13	6.00	5.96	5.63	6.08	5.78	5.47
43	鸭蛋	新鲜完整	元 / 500 克	5.75	6.50	6.40	5.75	5.50	5.70	6.50	6.50	6.90	6.50	6.88	6.90	6.33
44	鲫鱼	活，250 克左右	元 / 500 克	11.00	11.75	13.00	14.50	15.00	15.00	15.75	17.00	15.00	13.50	12.25	12.00	13.81

续表 46

序号	品名	产品规格	计量单位	均价												
				1月	2月	3月	4月	5月	6月	7月	8月	9月	10月	11月	12月	全年
45	鲤鱼	活，500 克以上	元 / 500 克	9.00	9.25	10.00	10.00	10.75	11.00	11.00	11.50	11.00	10.25	10.00	10.00	10.33
46	花鲢	活，1500 克左右，鳙鱼	元 / 500 克	10.00	11.50	12.00	12.75	14.50	14.20	13.75	13.50	13.00	12.75	11.50	11.00	12.54
47	草鱼	活，1000 克左右	元 / 500 克	9.00	9.50	10.40	11.25	13.00	13.00	13.00	12.50	12.00	11.25	10.00	10.00	11.25
48	苹果	红富士一级	元 / 500 克	5.00	5.00	5.00	5.00	5.00	5.00	5.00	5.00	5.00	5.00	5.00	5.00	5.00
49	梨子	皇冠梨一级	元 / 500 克	4.00	4.00	4.00	4.00	4.00	4.00	4.00	4.00	4.00	4.00	4.00	4.00	4.00
50	香蕉	国产，一级	元 / 500 克	2.50	3.00	3.50	3.50	3.50	2.90	3.00	3.00	2.70	2.50	3.38	3.50	3.10
51	西瓜	本地主销，一级	元 / 500 克	3.00	3.00	3.00	3.00	3.00	3.00	3.00	3.00	3.00	3.00	3.00	3.00	3.00
52	红糖	本地主销一级（袋装）	元 / 500 克	6.00	6.00	6.00	6.00	6.00	6.00	6.00	6.00	6.00	6.00	6.00	6.00	6.00
53	白砂糖	本地主销一级（袋装）	元 / 500 克	4.50	4.50	4.50	4.50	4.50	4.50	4.50	4.50	4.50	4.50	4.50	4.50	4.50
54	牛奶	纯牛奶，盒装 250 克	元 / 盒	2.50	2.50	2.50	2.50	2.50	2.50	2.50	2.50	2.50	2.50	2.50	2.50	2.50

（陶小莉）

劳动就业

【概况】 2021 年，简阳市城镇新增就业 4303 人，城镇失业人员再就业 1340 人，就业困难人员再就业 183 人，农村富余劳动力向非农产业转移就业 6613 人，城镇登记失业率 3.83%。

【职业培训】 市就业中心稳步实施职业技能提升行动，开展职业培训 13316 人次，发放补贴资金 13263 人次 1593.49 万元，其中培训补贴 13263 人次 1571.57 万元，培训生活费补贴 409 人次 21.92 万元。

【失业保障】 市就业中心按月兑现失业保险待遇，核定发放失业保险金 32772 人次 4329.22 万元，代缴医疗保险费 32220 人次 1426.92 万元；发放失业补助金 15258 人次，金额 1310.27 万元。

【创新创业】 市就业中心加大创业扶持力度，推动青年创新创业就业筑梦工程，落实创业补贴、创业担保贷款、就业见习等扶持政策，多渠道新增吸纳大学生创业就业；兑现创业补贴 112 人 99.5 万元，发放创业担保贷款 1095 万元，年度考核合格高校毕业生（青年）就业见习基地 10 家，新增吸纳大学生就业创业 3270 人；搭建创新创业平台，开展线上线下创新创业活动 44 场，800 余家企业 2000 余人次参加。简阳市创业孵化基地入驻企业 116 家，创业带动就业 500 余人。

（汪　利）

【劳动维权】 简阳市劳动人事争议仲裁院立案受理案件 436 件，审结 429 件，结案率 98%，其中调解结案 283 件，调解结案率 65%；深化运用简阳市劳动纠纷“一站式”多元化解联动处置机制，接待群众 4098 人次，成功调解 789 件，维权案件办理周期平均缩短 10 天；协调处理欠薪案件 105 件涉及 1231 人，其中农民工工资欠薪立案 5 件，涉及劳动者 282 人

417万元，以涉嫌拒不支付劳动报酬罪移送公安机关3件。

（周先勇）

社会保障

【概况】 2021年，简阳市城镇职工基本养老保险参保人数31.18万人；机关事业单位在职参保人数1.69万人，企业在职参保人数14.85万人；失业保险参保人数7.46万人，工伤保险参保人数10.85万人；城乡居民养老保险参保人数35.89万人。简阳市全年基金总收入255932万元。

【工伤保险参保】 市人社局集中召开尘肺病重点行业企业工伤保险参保扩面工作推进会，简阳市68家尘肺病重点行业企业参会，推进尘肺病重点行业企业参加工伤保险。简阳市尘肺病重点行业企业工伤保险参保覆盖率92.82%，工伤基金发放2816.17余万元，社会化发放率100%，工伤事故发生率比2020年下降19.25%。

【被征地农民参保】 市人社局聚焦简阳市委、市政府确定的重点领域、重点环节、重大工作等目标任务，优化被征地农民参保经办服务；与市财政局协调，设立被征地农民备用金，确保每月按时为被征地农民发放生活补贴等待遇；建立资料上报及告知痕迹管理制度，通过有效痕迹管理，可查询征地项目各类人员汇总情况，杜绝漏报、瞒报、不承认被告知等情况导致的信访、起诉等现象；采取“请上来、走下去”的培训和宣传方式，开展《成都市人民政府办公厅关于贯彻落实四川省被征地农民养老保障实施办法的若干意见》政策集中培训4次，培训经办人员300余人次，同时到各镇（街道）、村（社区）进行业务操作指导培训，确保政策深入民心、落到实处；办理被征地农民参保2036人，发放被征地农民生活补贴和一次性待遇4813万元。

【困难群体养老保险代缴】 市人社局开展社保扶贫代缴城乡居民养老保险，为建档立卡未标注脱贫人员、低保人员、特困人员等困难群体代缴2021年最低档次城乡居民养老保险费，为7144名未超龄的低保和特困对象代缴城乡居民养老保险，代缴社保资金613.37万元，为73名超龄建档立卡贫困人员代缴城乡居民养老保险，代缴社保资金110.4万元，为超龄建档立卡贫困人员中丧失和未丧失劳动能力人员分别按照20%和10%档次一次性代缴城乡居民养老保险费；资助重度残疾人参加养老保险，协助简阳市残联做好重度残疾人参保，涉及人数1156人，涉及政府资助金额979.43万元。

【养老待遇资格领取认证】 简阳市各单位通过日常活动、年终走访慰问等方式开展机关事业单位退休人员养老待遇领取资格核查认证，完成单位统一申报核查认证9533人次，完成率100%。市人社局完善线上待遇认证，对即将超过认证有效期的待遇领取人员，“点对点”推送温馨提示短信，对高龄、残疾等行动不便人员开展上门认证服务，对超过24个月未认证且居住在异地的退休人员，通过邮箱、微信等平台收集资料协助完成认证，实现认证服务人性化，发送温馨提示短信4万余条，提供上门认证服务300余人次，为100余名超期未认证群众协助完成认证。

【“社税医”一窗受理】 11月9日，市人社局会同简阳市税务局、市医保局签署《关于社会保险费征缴应急联动机制工作方案》，明确部门职责，落实“首问责任制”，联合制定《简阳市社会保险费征缴联合服务工作方案》，建立健全社保费征缴联合服务区服务管理

11月9日，简阳市税务局、简阳市人社局、简阳市医保局成立社保费征缴联合服务区（市人社局供图）

制度，实现“社税医”一窗受理，优化办事流程，配合税务局、医保局化解移交过程中产生的数据、信访问题，保障参保职工的权益记录和待遇支付不受影响，完成社保费征收移交税务。

【社保基金管理】 市人社局完善单位内控制度，强化风险防控措施，开展社会保险经办风险防控专项整治行动，多举措加强社保基金安全监管，抓好源头治理；建立健全风险管理机制，严格执行社保基金预决算制度和“两随机、一公开”稽核制度，加强基金监管力度，确保各项待遇按时足额发放；建立人社局、法院、检察院、公安局“四局（院）联动”协作机制，联合签署规范服刑人员违规领取养老待遇合作备忘录；加强各部门信息共享，排查重复领取、死亡冒领等违规领取养老保险待遇等疑似信息，动态比对数据；建立市、镇（街道）、村（社区）“三位一体”的待遇领取人员注销月报管理制度，从源头杜绝冒领情况；做好基金风险问题排查，核实下发疑点数据，整改发现问题；加强各经办网点配合，多部门协同开展追缴，维护社保基金安全。

（周先勇）

医疗保障

【概况】 2021年，市医保局贯彻落实中央和四川省委、成都市委、简阳市委重大决策部署，特别是贯彻落实简阳市委十五届十四次、十五次全会精神和简阳市十六次党代会精神，推进简阳市医疗保障各项工作开展。“筑牢医疗保障防线让贫困群众有‘医靠’”入选国家发展改革委社会发展司社会领域公共服务助力脱贫攻坚典型案例。

【医保参保】 市医保局实施“全覆盖、保基本”参保计划，确保“应保尽保”，全市城乡居民基本医疗保险参保64.5万人，城镇职工医疗保险参保17.4万人；清理及调整因撤乡并镇后的22个镇（街道）、198个学校2022年城乡居民参保登记组织机构；完成42人次血透病人大病医疗互助补充保险补缴及待遇维护，完成32个项目1653人征地农民参加城镇职工医疗保险参保征收。

【医保结算】 简阳市城镇职工医疗保险基金和城乡居民医疗保险基金平稳运行，全年城镇职工基本医疗保险基金待遇支出55226.36万元（含2021年1—8月成都东部新区数据），其中统筹基金支出31413.52万元、个人账户支出23812.84万元，转移支出29.83万元；城乡居民基本医疗保险基金待遇支出64167.28万元（含2021年1—8月成都东部新区数据）；大病医疗互助补充保险基金保险费支出12282.73万元（含2021年1—8月成都东部新区数据）。

【医保基金监管】 市医保局加强《医疗保障基金使用监督管理条例》宣传，现场集中宣传活动462次、覆盖10793人次，制发宣传微视频1部，制作宣传栏887版，悬挂宣传标语680条，张贴发放海报、宣传折页、问答手册3万余份，发送宣传短信16万余条；开展打击欺诈骗保专项整治行动、打击“假病人”“假病情”“假票据”欺诈骗保问题专项整治、重点行业领域突出问题系统治理、医疗保障基金监管存量问题“清零行动”，查处违约定点医药机构271家次，中止协议10家次，解除协议4家次，追回违规、违约金额266万元。

【医疗服务管理】 市医保局完成57所定点医疗机构住院、46所定点医疗机构门诊统筹及一般诊疗费总控预算，完成2020年7—12月病组分值付费考核、1家次医疗机构病组分值付费考核申诉后二次考核；变

4月，简阳市医保局开展《医疗保障基金使用监督管理条例》集中宣传月活动（市医保局供图）

更13医院、33家药店、25家诊所基础信息，49家定点医疗机构新增人员366人次，定点医疗机构新增设备303台（套）；审核评估3家新增门诊特殊疾病治疗定点医疗机构，1家定点医疗机构新增中医诊疗项目7项；现场评审13家次新增定点医药机构，评估合格定点医药机构11家；申请21家定点医疗机构周转金，申请拨付周转金429万元，其中城镇职工拨付医疗机构3家260万元，城乡居民拨付医疗机构4家169万元；考核2020年度59家定点医疗机构，完成新增药店、诊所326家次协议签订及培训；完成255家定点药店、67家诊所、49家医院和社区卫生服务中心纸质协议及网络协议签订。

【异地就医结算】 市医保局推进异地就医联网结算，截至年底全市定点医药机构375家（其中定点医疗机构49家、定点诊所67家、定点零售药店259家），开通异地住院、异地门诊就医费用联网结算的定点医疗机构49家，省内异地联网刷卡诊所65家、药店256家。

【长期照护保险试点】 市医保局推进长期照护保险试点扩面，1月1日将城乡居民参保群众纳入长期照护险保障范围；全年受理失能（失智）申请4381人，通过照护等级评估可享受待遇3556人，简阳市城乡居民长照险申请受理量及享受待遇人数均列成都市23个区（市）县第一位。

【老年人意外伤害保险统保】 市医保局继续开展老年人意外伤害保险第二年统保，由简阳市人民政府统一出资为60周岁以上老年人购买意外伤害保险，推进基本医保和商业健康保险衔接，缓解人民群众医疗费用负担。截至年底，承保保险公司理赔236件，赔付129.24万元。

【基层医保经办服务】 市医保局健全基层医保经办服务体系，推动“群众身边的医保工作站”建设和医保业务下延，推进医保服务向一线延伸、向基层延伸，提升群众办事服务体验，截至年底设立医保服务工作站2个、医保便民服务点4个，医保业务下延覆盖22个镇（街道）。

【新国家医疗保障信息平台上线】 市医保局对接各定点医药机构，现场指导，确保各医药机构平稳切换新平台；在简阳电视台、“简阳发布”“简阳医保”微信公众号等媒体刊发播放停机通告、停机期间医保服务指南，明确上线时间安排、停机期间业务办理方式，方便群众办理事项并提前做准备；分门别类登记系统上线初期，电话咨询、来信来访反映较为集中的问题，安排专人处理。

【医保政策宣传】 市医保局开展长期照护保险集中宣传月、老年人意外险宣传周等主题宣传，同时通过各村“村村通”广播播放医保宣传音频，300台公交车播放医保宣传视频，结合2022年城乡居民参保登记，定向发送长期照护保险政策短信10万条。

（张霖杰）

住房保障

【概况】 2021年，简阳市贯彻落实各项政策住房保障措施，围绕年初目标任务，推进住房保障；完善住房保障机制，加大工作力度，对符合保障条件的保障对象应保尽保；健全完善住房保障体系，加快发展保障性租赁住房，着力解决新市民、青年人等群体住房困难问题；推进城市棚户区（城中村）、城乡危房整治和老旧院落改造等，改善城市居民居住环境，提高群众幸福感和获得感。

【保障性住房建设与管理】 简阳市成立由简阳市人民政府主要领导为组长的保障性租赁住房工作领导小组，确定简阳工业集中发展区孵化器及配套住房项目为简阳市2021年保障性租赁住房项目，并在项目中筹集符合保障性租赁住房房源324套；受理公共租赁住房租赁补贴申请1100余户，审核通过公租房租赁补贴、实物配租申请773户，发放租赁补贴302万余元。

【棚户区（城中村）改造】 简阳市推进建设路片区、华西片区、东溪场镇、石油仓库、城北片区等棚改项目，兑付资金5.2亿元，签约150户，拆除房屋766户。

【老旧小区改造】 简阳市按照“政府指导、群众参与”原则，实施兰苑、制药厂宿舍等4处城镇老旧小区改造，涉及户数166户；通过集中改造老旧小区配套设施、地下管网、公共环境等，提升院落居住环境、居住品质。

【城乡危房排查整治】 简阳市开展D级危房整治行动，排查录入“四川省房屋质量安全智慧监管平台”城镇房屋6722栋，面积2663.27万平方米，通过拆除、拆除重建等方式消除城镇D级危房9处；完成行政村房屋排查和基本整治，排查录入120772户，排查录入率100%，初判有安全隐患的652户，经鉴定为C、D级房屋613户，完成整治613户，其中采取安全防护措施整治430户、采取重建或维修加固彻底消除隐患183户。

【人才安居工程实施】 简阳市发挥住房吸引聚集人才的积极作用，新增人才公寓100套；出台《简阳市人才公寓管理实施细则（试行）》，提供先租后售、共有产权、优惠出售三种人才安居方式；通过“成都市人才安居信息服务网”受理人才公寓申请62件，审核通过取得资格38人，分配入住43套（含2020年取得资格的部分人才），发放人才租赁补贴32万元。

【既有住宅自主增设电梯】 简阳市既有住宅自主增设电梯新开工39部，覆盖15个社区、33个小区，拨付政府补贴资金860万元，惠及1000余人。

（张　祚　杨　丽　陈秋里　胡　超　邓泽雄）

6月2日，简阳市增设电梯项目补助资金现场拨付活动举行（市住建局供图）

城乡社区发展治理

【概况】 2021年，市委社治委贯彻落实中央和四川省委、成都市委决策部署，履行顶层设计、统筹协调、整合资源、重点突破、督导落实职责，深化党建引领城乡社区发展治理实践，各项工作有序推进，受到央视新闻、中央电视台、人民网、中国共产党新闻网等中央、省、市主流媒体宣传报道30余次。简阳市入围全国“2021基层社会治理创新城市”。

（黄　佳）

【基层政权及民主自治机制建设】 简阳市完成第十一届村（居）委会换届选举，22个镇（街道）291个村（社区）换届选举一次性成功率100%，选出村（居）民委员会成员1479人，所有村（社区）党组织书记，按照法定程序全部实现书记主任“一肩挑”；实施村（居）委会成员“素质提升行动”，分3批次集中轮训全市村（社区）书记（主任）；与简阳市委组织部共同牵头简阳市“两项改革”后半篇文章相关工作，制发《简阳市强化基层群众自治工作方案》《简阳市民政局关于印发简阳市村规民约和居民公约指南的通知》，修订完善村（社区）党务、村（居）务、财务公开目录，提升城乡社区民主协商能力，夯实基层治理。

（付　俊）

【幸福美好生活十大工程实施】 市委社治委组织召开部门协调推进会20余次，履行牵头职责；健全综合协调、项目统筹、督查考核机制，出台10项工作制度和议事制度，完善组织架构和政策指导、协调调度、考核评价体系；组建市民观察员、专业观察团、网络观察员三支队伍，畅通民意表达渠道，汇聚各方智慧；强化民生示范建设，制发《简阳市2021年党建引领示范社区（小区）创建工作方案》，统筹推进示范建设连片成效发展，全年培育城乡示范社区35个、示范小区7个；深化小区关键环节治理，发布《简阳市2021年城镇居民小区治理重点任务清单》，确定15类43项重点工作；建立健全公开透明、开放参与、信义为本的物业管理联动机制，在3个小区试点导入信托制物业管理服务。

【社区生活品质提升】 市委社治委统筹推进“爱成都·迎大运”城市共建共治共享，发布《“爱成都·迎大运”城市共建共治共享七大行动2021年项目清单》，开展“爱成都·迎大运”简阳市第二届社区运动会暨“运动成都”成都市第八届全民健身运动会；强化“金角银边”场景营造，打造主题社区4个，打造社区花园1个，上线天府社区游线6条，建设社区美空间1个，实施社区微更新项目15个，完成社区运动角3处，完成建设运动型主题社区3个；提升社区发展治理能级，聚焦市民全龄、全时、全新多元需求，推进社区商业优供给，制发《简阳市社会企业培育扶持办法（试行）》，开展社会企业评审认定，认证社区社会企业2家。

【基层治理阵地建设】 市委社治委确定党群服务中心建设点位55个，44个新建点位完成点位情况核实，30个点位完成地勘报告，5个符合改扩建点位筹备进场施工；开展党群服务中心亲民化改造，梳理重点改造点位41个，亲民化改造率92%。

【智慧治理能力建设】 简阳市开展天府市民云简阳特色门户建设，布局便民服务19项，26所医院、78所学校全面接入，开通疫苗线上预约功能；探索智慧社区建设运营模式，提升城市智慧治理能级，在简城街道、射洪坝街道、平武镇试点打造智慧社区，建成天府智慧小区33个。

（黄 佳）

民政社会事务

【概况】 2021年，市民政局加大惠民殡葬政策和殡葬改革政策宣传和实施力度；加强社会组织能力提升，落实巡查监管和诚实信用体系建设；完成婚姻登记指标，接待、救助各类求助人员。

【社会组织管理】 简阳市开展351个社会组织年检（社会团体132个、民办非企业单位219个），参加年

婚姻登记（市民政局供图）

检社会组织241个，年检率68%，年检合格率96%；有8家社会组织参加评级，其中AAA级4家、A级1家。

【救助管理】 市民政局建立流浪乞讨人员街面部门联动巡查救助体制，抓实街面巡查、分类处置、照料服务、救助寻亲、落户安置等环节，接待求助人员105人次，安置2人、省内护送返乡24人、省外资助返乡16人，支出救助资金48.3万元。

【婚姻登记】 简阳市全年办理婚姻登记14044对，其中结婚登记6920对、离婚登记2223对、补发婚姻证件4901对，参加婚前检查的新婚夫妇10604人次。

【殡葬服务】 市民政局创新殡葬工作思路，探索殡葬服务新方法，规范殡葬领域突出问题专项整治，杜绝殡葬行业服务态度生硬等不良风气，净化殡葬服务环境；落实惠民殡葬补贴资金，全年火化遗体4398具，发放惠民殡葬补贴资金143.26万元，惠及群众2136人；加强法治、惠民、绿色、人文、阳光“五个殡葬”宣传，春节、清明节等重大节日在孝子山公墓开展文明绿色祭扫服务，接待祭扫群众3万余人次、车辆1万余辆次，公墓严格执行“禁燃禁放”。

（曾和彬）

民族宗教事务

【概况】 2021年，市民宗局贯彻落实国家民族宗教方针政策、法律法规，依法管理民族宗教事务，妥善处

置民宗领域矛盾纠纷，维护民族团结、宗教和谐和社会稳定。简阳市有少数民族38个、3921人，以彝族、藏族、土家族、苗族为主，其中彝族1672人、藏族620人、土家族332人、苗族282人。简阳市有佛教、道教、基督教、天主教，依法登记开放的宗教活动场所35处，其中佛教28处、道教4处、基督教2处、天主教1处；有备案宗教教职人员97人，其中佛教72人、道教19人、基督教6人，天主教1人属成都市民宗局在册教职人员；有信教群众2.3万余人，其中佛教16800余人、道教3900余人、基督教2473人、天主教71人；有4名宗教教职人员为简阳市政协委员。

【民族团结进步创建】 市民宗局在简城街道花园街社区实施“铸牢中华民族共同体意识”宣传项目，推进民族团结进步创建，开展“讲好民族团结简阳故事”活动；走访慰问少数民族41人，送去慰问金和慰问品1.6万元；办理少数民族申请事项，全年办理民族成分更改事项4件。

【宗教中国化推进】 市民宗局坚持宗教中国化方向，制定落实《关于坚持中国宗教中国化方向责任分工方案》，推进中国化方向示范宗教活动场所建设，开展“讲好爱国爱教简阳故事”活动；开展宗教领域系统性培训3期，培训教职人员180余人次，内容涉及习近平总书记关于做好新时代宗教工作重要论述及全国、省、市重要会议精神和《宗教事务条例》《宗教教职人员管理办法》及安全管理、疫情常态化防控、禁毒等方面，引导宗教与社会主义社会相适应，提升宗教管理法治化水平；强化宗教界“四史”教育，深化“爱国爱教爱家乡”“五进”（国旗国歌、宪法和法律法规、社会主义核心价值观、中华优秀传统文化、科普知识进宗教活动场所）等主题教育，增进宗教界人士和信教群众“五个认同”（认同伟大祖国、认同中华民族、认同中华文化、认同中国共产党、认同中国特色社会主义）；开展“学党史、感党恩、跟党走”党史学习宣传活动，组织各宗教团体、宗教活动场所负责人及骨干90余人次参加报告会；组织各宗教团体和宗教场所观看“庆祝中国共产党成立100周年大会”实况直播，学习领会习近平总书记的重要讲话精神；发挥宗教团体桥梁纽带作用，支持鼓励宗教团体组织教职人员到红色教育基地学习感悟，开展慰问、文艺会演等活动，如基督教教职人员参加成都市组织的到陕西省延安市参观学习，弥陀寺、黑水寺、普照寺举办庆祝中国共产党成立100周年文艺活动，弥陀寺、玉林庵、龙泉寺、无极道院等场所慰问所在地贫困户及老人100余户。

【宗教团体和场所建设与管理】 市民宗局投入资金244万元，完成安全排危、美丽寺观、宗教中国化方向示范场所和“五进”项目建设；创新推进宗教团体和场所正规化、制度化、信息化管理，建立健全宗教团体学习制度、会议制度、宗教团体负责人联席会议、年终述职考评、重大事项报告5项制度，设立宗教活动场所教务活动、安全检查、财务、入住人员信息、信教群众信息5本登记簿，更新完善宗教团体、宗教活动场所和宗教教职人员数据库信息；整改中央宗教工作督查“回头看”、四川省委巡视组对宗教工作巡视反馈问题，完成佛道教“两乱”（乱建寺庙宫观、滥塑大型宗教造像）专项治理；抓好宗教场所安全，对各宗教活动场所开展消防、食品、森林防火、房屋等安全检查，消除安全隐患，组织70余人次检查场所52次；督促指导宗教活动场所抓好常态化疫情防控，建立健全宗教工作自查自纠机制，持续开展小范围、有重点的常态化督查检查，全年各场所未出现疫情问题；加强宗教团体及场所财务监管，推广使用财务信息化管理平台，聘请专业会计统一做账，完成宗教团体及活动场所2021年换届财务审计；指导4个宗教团体和35个宗教场所完成换届。

（张小林）

老龄事业

【概况】 2021年，市老龄中心围绕工作思路和目标，狠抓为老服务设施建设，打造镇（街道）为老服务示范点4个；组织指导开展老年文艺演出210余场，惠及3.3万名老年人；办理政协委员提案1件，办理老年群众来信来访来电5件次；评选表扬“孝亲敬老”“最美老人”先进个人30人。

6月27日，简阳市老龄中心主办、简阳市老年大学承办的庆祝中国共产党成立100周年文艺演出在简阳市文化艺术中心举行（市老龄中心供图）

【为老服务设施建设】 市老龄中心投入资金20万元，在简城街道、射洪坝街道、青龙镇、雷家镇4个镇（街道）老年协会打造为老服务示范点，营造场所氛围，添置文体设施，指导开展为老服务活动；组织示范点负责人到金堂县官仓街道红旗村学习为老服务先进经验。

【老年协会建设】 市老龄中心加强基层老年协会建设，建有市级老年协会1个、镇（街道）老年协会22个（覆盖率100%）、村（社区）老年协会291个（覆盖率100%），调解涉老纠纷80余件；在简城街道安象街社区、射洪坝街道东滨路南段社区等5个村（社区）老年协会实施成都市老年协会第四期为老服务项目。

【老年教育】 市老龄中心指导成立简阳市老年教育协会，服务全市老年教育；指导简阳市老年大学开设书画、古筝、摄影、声乐、舞蹈等14个专业，组织培训学员1550余人；组织简阳市老年大学开展送教下乡活动，到射洪坝街道、平泉街道、雷家镇等镇（街道）老年学校开展智能手机应用和英语培训，培训60余课次，受训老年人2000余人次；完善“市级—镇（街道）—村（社区）”三级老年教育服务体系，新建石桥街道、赤水街道等镇（街道）老年学校5所、村（社区）老年学习点95个，全市共建成镇（街道）老年学校22所、村（社区）老年学习点210个，培训学员1.27万人次。

【老年文艺】 市老龄中心组织开展成都市第二十届老年艺术节简阳分会场活动，组织镇（街道）、市级涉老团体开展老年文艺进社区活动210余场，惠及老年人3.3万人次；以成都市第二十届老年艺术节简阳分会场为契机，动员老年人讲好简阳故事、传播简阳文化、弘扬“东灌”精神，开展庆祝中国共产党成立100周年系列文体活动，打造老年人喜闻乐见的节目；组织简阳市老年协会、简阳市老年大学开展大型文艺演出3场。其中，6月26日，简阳市老年协会在简阳市文化艺术中心举行“党的光辉照我心”庆祝中国共产党成立100周年文艺活动；6月27日，简阳市老年大学在简阳市文化艺术中心举行“听党话　跟党走”庆祝中国共产党成立100周年文艺活动；10月15日，简阳市老年协会在简阳市文化艺术中心举行成都市老年协会“红星照耀100年”文艺巡演简阳站演出。简阳市老年协会选送5个节目参加成都市第二十届老年艺术节文艺会演，3个节目被评为二等奖，2个节目被评为三等奖。

【老龄服务】 市老龄中心组织开展“敬老月”走访慰问活动，集中走访慰问百岁老人95人、空巢和困难老人

10月，简阳市老龄中心开展“敬老月”走访慰问百岁、困难老年人活动（市老龄中心供图）

132人、敬老院2所，发放慰问金（品）9.86万元；开展为老志愿服务，动员志愿者参与关爱、帮扶老人活动，全市参与为老志愿服务1.17万人次，惠及1.88万人次；评选出2021年度简阳市“孝亲敬老”先进个人10名，“银龄奉献、博学多才、长寿安康”最美老人12名，“幸福和谐”最美老人8名，并宣传事迹；组织开展健康知识讲座、咨询、免费体检等服务，惠及1.41万名老人；组织开展涉老健康、防电信诈骗、涉老政策法规宣传，发放宣传资料2万余份；办理老年优待证1034个。

（谢　强）

表47　　2021年简阳市养老院情况表

序号	名称	地址	床位（张）	性质	占地面积（平方米）	建筑面积（平方米）
1	赤水街道敬老院石堰分院	赤水街道燕子社区16组	60	公建公营	600	1971
2	赤水街道敬老院	赤水街道太平桥社区2组	37	公建公营	800	936.4
3	简阳市东溪街道敬老院	东溪街道万古社区3组	100	公建公营	2580	1716.9
4	平泉街道敬老院	平泉街道龙泉社区8居民小组501号	100	公建公营	4068.7	1690.4
5	平泉街道敬老院五星分院	平泉街道太阳村4社	100	公建公营	599.4	2486.8
6	杨家镇敬老院	杨家镇民会村7组	68	公建公营	2001	1484
7	石钟镇敬老院	石钟镇长沟社区9组	29	公建公营	775	627
8	石钟镇敬老院平窝分院	石钟镇平窝社区3组	48	公建公营	2970	938
9	施家镇敬老院	施家镇龙河村11组	56	公建公营	1334	1050
10	施家镇敬老院平息分院	施家镇义和村6组	85	公建公营	772	1157.2
11	禾丰镇敬老院	禾丰镇禾丰社区青杠村5组	96	公建公营	626	1944
12	禾丰镇敬老院普安分院	禾丰镇安全村1组	66	公建公营	2655	1204.6
13	三合镇敬老院	三合镇靖水村1组	60	公建公营	3333	1072.1
14	平武镇敬老院	平武镇胡家街社区柴市上街90号	70	公建公营	6670	1144
15	云龙镇敬老院	云龙镇五合社区和平街35号	100	公建公营	4730	1501.3
16	三星镇敬老院	三星镇蟠龙村12组	60	公建公营	750	1084
17	三星镇敬老院新星分院	三星镇新星社区11组	50	公建公营	3500	991.6
18	青龙镇敬老院	青龙镇水井村24组119号	50	公建公营	811	1170
19	踏水镇敬老院	踏水镇泉水村15组69号	100	公建公营	2200	1972.2
20	宏缘镇敬老院	宏缘镇渡口社区13组	60	公建公营	3300	829.6
21	镇金镇敬老院	镇金镇二郎村19组	58	公建公营	1334	1346.7
22	镇金镇敬老院老龙分院	镇金镇三里埂村2组	28	公建公营	333.5	526.5
23	雷家镇敬老院	雷家镇团山社区永府街213号	48	公建公营	2000	1085
24	江源镇敬老院	江源镇五洞村12组	50	公建公营	1800	1502
25	江源镇敬老院永宁分院	江源镇石泉村4组	78	公建公营	1417.85	2111

续表 47

序号	名称	地址	床位（张）	性质	占地面积（平方米）	建筑面积（平方米）
26	简阳爱晚养老服务中心	东溪街道刘家村 11 组	390	民办	26300	11443
27	简阳市家乐中心敬老院	简城街道中心社区	200	民办	8000	2816
28	简阳市五福养老院	简城街道安象街社区公园印象 A 栋一楼和二楼	87	民办	2900	1968
29	简阳市银杏老年养护中心	射洪坝街道龙颈路 233 号 S4 商业街 26 ~ 32 号	45	民办	1365	1365
30	简阳市万安养老服务中心	简城街道中心村 2 组	290	民办	21000	10730
31	简阳市国康医养中心	简城街道建设西路中段 198 号	30	民办	4000	900
32	简阳市玛莉亚康养中心	简城街道广场路 38 号	30	民办	1200	1200
33	简阳市仁和康养中心	简城街道农兴街 192 号	30	民办	1500	2159
34	简阳市鳌山康养中心	射洪坝街道爱晚路 300 号	500	民办	18500	7861
35	成都金秋普乐养老服务有限责任公司	禾丰镇普新街 303 号	105	民办	5994	2970

表 48　　2021 年简阳市日间照料中心情况表

序号	镇（街道）	名称	地址	占地面积（平方米）	建筑面积（平方米）	床位（张）	可辐射老年人口（人）
1	赤水街道	赤水街道飞鹅村日间照料中心	飞鹅村 6 组（原村小学）	760	450	2	—
2		赤水街道福民坝村日间照料中心	福民坝村 4 组	470	416	2	980
3		赤水街道增产社区日间照料中心	增产社区（原村小学）	750	550	2	970
4	东溪街道	东溪街道二合村日间照料中心	园艺社区 10 组 61 附 1 号	550	320	2	—
5		东溪街道元灯社区日间照料中心	元灯社区 3 组	650	480	2	—
6		东溪街道星光社区日间照料中心	星光社区 7 组	600	400	2	—
7		东溪街道江南社区日间照料中心	江南社区 6 组	320	300	2	—
8		东溪街道黄岭村日间照料中心	黄岭村 1 组 50 号	350	350	2	653
9	禾丰镇	禾丰镇上游村日间照料中心	农云村 5 组	420	300	2	—
10		禾丰镇接龙村日间照料中心	接龙社区 2 组	800	300	2	420
11		禾丰镇丙灵村日间照料中心	丙灵村 4 组	450	400	2	—
12		禾丰镇玉清村日间照料中心	潮水社区 8 组	750	300	2	344
13		禾丰镇太山村日间照料中心	安全村 11 组	750	300	2	360
14		禾丰镇农云村村日间照料中心	农云村 3 组	720	460	2	—
15		禾丰镇南山村日间照料中心	南山村 2 组	750	328	2	400
16		禾丰镇火盆村日间照料中心	火盆村 1 组	790	300	2	300
17		禾丰镇连山村日间照料中心	连山村 6 组	2400	400	2	450
18		禾丰镇农民村日间照料中心	农民村 4 组	1000	400	2	450
19		禾丰镇牛心山村日间照料中心	牛心山村 10 组	760	300	2	518

续表 48

序号	镇(街道)	名称	地址	占地面积(平方米)	建筑面积(平方米)	床位(张)	可辐射老年人口(人)
20	简城街道	简城街道国康日间照料中心	建设西路中段 298 号	2000	900	2	—
21		简城街道安象街五福日间照料中心	安象街 2 号公园印象 2 号 1 栋 1 单元 2 楼	2590	1968	2	—
22		简城街道顺城街社区日间照料中心	新民街南段 196 号	900	760	2	—
23		简城街道西峰社区日间照料中心	西峰社区华西美庐二期负一楼	460	460	2	—
24		简城街道高屋社区日间照料中心	高屋社区 7 组 8 号	320	300	2	—
25		简城街道建设中路社区日间照料中心	楠柏弯巷 2 号	1000	700	2	—
26		简城街道节约社区日间照料中心	升阳社区 11 组	240	120	2	—
27		简城街道红塔社区日间照料中心	韵南苑内门市	240	150	2	—
28	江源镇	江源镇慈竹村日间照料中心	慈竹村 5 组	750	300	2	320
29		江源镇上坪村日间照料中心	红台村 6 组	534	108	2	330
30		江源镇社区日间照料中心	新场街 191 号	400	2400	2	—
31		江源镇强民村日间照料中心	月湾村 6 组	360	230	2	509
32		江源镇石泉村日间照料中心	石泉村 7 组	300	100	2	—
33	雷家镇	雷家镇望水寺村日间照料中心	望水寺村农贸市场	700	350	2	—
34		雷家镇石岩寺村日间照料中心	石岩寺村 8 社	780	285	2	590
35		雷家镇发青村日间照料中心	永旺街	700	300	2	—
36	平泉街道	平泉街道永安村日间照料中心	太阳村 11 组	500	320	2	520
37		平泉街道龙泉村日间照料中心	龙泉社区第 8 居民小组	1630	300	2	—
38		平泉街道龙泉寺社区日间照料中心	长兴街 107 号	75	69	2	—
39	平武镇	平武镇胡家街日间照料中心	怡心家园门口	500	300	2	—
40		平武镇尤安村日间照料中心	尤安村 13 组	700	300	2	—
41	青龙镇	青龙镇青龙观社区日间照料中心	古井街 42 号	1800	350	2	—
42		青龙镇石桅村日间照料中心	新堰村 4 组 82 号	750	1500	2	—
43	三合镇	三合镇石岭村日间照料中心	东街 3 号	120	110	2	—
44		三合镇塘坝村日间照料中心	塘坝村 1 组	760	300	2	—
45		三合镇沙河村日间照料中心	沙河村 8 组	3500	355	2	372
46	三星镇	三星镇平江村日间照料中心	平江村 5 组 99 号	760	295	2	—
47		三星镇水泉村日间照料中心	水泉村 7 组 47 号	265	125	2	450
48		三星镇响水滩村日间照料中心	柑子村 7 组 69 号	748	308	2	542
49		三星镇利济社区日间照料中心	利济社区 5 组卿家河路 3~7 号	220	155	2	—
50		三星镇新星社区日间照料中心	新星社区 2 组邹家湾新村小区	865	387	2	645
51		三星镇干石山村日间照料中心	干石山村 8 组 51 号	1200	380	2	320
52		三星镇柑子村日间照料中心	柑子村 2 组 110 号	1000	380	2	514

续表 48

序号	镇（街道）	名称	地址	占地面积（平方米）	建筑面积（平方米）	床位（张）	可辐射老年人口（人）
53		三星镇共和村日间照料中心	共和村 3 组 1 号 45 栋 1 单元 1 号	1000	380	2	845
54		三星镇雷公庙村日间照料中心	雷公庙村 11 组 37 号 27 栋	865	380	2	745
55	射洪坝街道	射洪坝街道解放路日间照料中心	解放路社区简山和苑 8 幢 1 单元 1 号	150	300	2	—
56		射洪坝街道易家村日间照料中心	新合社区	400	300	2	—
57		射洪坝街道东滨路南段日间照料中心	东滨路社区江水湾 16 号楼 17、18、19 号	75.72	75.72	2	—
58		射洪坝街道水东社区日间照料中心	射洪坝街道龙颈路 16~18 号	160	320	2	—
59	施家镇	施家镇悦乐村日间照料中心	悦乐村 3 组 72 号	150	300	2	—
60		施家镇三合村日间照料中心	兴隆村 5 组 62 号	150	300	2	400
61		施家镇云林村日间照料中心	云林村 4 组 79 号	300	300	2	—
62		施家镇竹山村日间照料中心	平息社区 4 组 13 号	200	320	2	—
63		施家镇施家社区日间照料中心	施家社区综合体小区 2~14 号	390	780	2	—
64		施家镇兴隆村日间照料中心	兴隆村 3 组 62 号	150	300	2	—
65		施家镇古桥村日间照料中心	义和村 6 组 59 号	320	320	2	416
66		施家镇龙凤村日间照料中心	龙凤村 4 组 36 号	300	300	2	1058
67	石桥街道	石桥街道永爱村日间照料中心	永爱村 3 组	750	300	2	320
68	石钟镇	石钟镇酸枣村日间照料中心	石王村 13 组 56 号	286	260	2	—
69		石钟镇龙颈街社区日间照料中心	长沟下街 175 号	450	420	2	—
70		石钟镇丁家村日间照料中心	丁家村 6 组	480	320	2	—
71		石钟镇狮子桥村日间照料中心	平窝社区 10 组	500	310	2	320
72		石钟镇庙山村日间照料中心	庙山村 8 组	480	350	2	—
73		石钟镇民强村日间照料中心	民强村 4 组 86 号	350	300	2	—
74		石钟镇均乐村日间照料中心	均乐社区 3 社	450	370	2	—
75	踏水镇	踏水镇社区日间照料中心	踏水社区 8 组	758	450	2	—
76		踏水镇泉水村日间照料中心	泉水村 1 组	750	370	2	—
77		踏水镇大树村日间照料中心	大树村 2 组	756	420	2	—
78		踏水镇双益村日间照料中心	双益村 4 组	750	300	2	230
79	新市街道	新市街道张家社区日间照料中心	张家社区 2 组（简新大道南路 300 号）	136	86	2	—
80	杨家镇	杨家镇金星村日间照料中心	金星村 5 组	200	300	2	317
81		杨家镇互助村日间照料中心	互助村 6 组 68 号	500	260	2	—
82		杨家镇新庙子村日间照料中心	新庙子村 5 组	400	280	2	—
83		杨家镇常家坪村日间照料中心	常家坪村 5 组	700	450	2	560
84		杨家镇界牌村日间照料中心	界牌村 2 组	900	400	2	362
85		杨家镇长安村日间照料中心	长安村 1 组	1300	300	2	562

续表 48

序号	镇（街道）	名称	地址	占地面积（平方米）	建筑面积（平方米）	床位（张）	可辐射老年人口（人）
86	涌泉镇	涌泉镇涌泉社区日间照料中心	泉井街 216~220 号	750	300	2	—
87		涌泉镇鼓楼村日间照料中心	凉塘村 9 组（原鼓楼村 5 组）	800	350	2	400
88		涌泉镇崇心村日间照料中心	崇心村 5 组（原崇心村 9 组）	820	330	2	800
89		涌泉镇文会村日间照料中心	文会村 8 组（原清泉村 3 组）	800	360	2	850
90		涌泉镇清河村日间照料中心	清河村 8 组（原四宁村 3 组）	780	325	2	900
91	云龙镇	云龙镇玉金社区日间照料中心	金马社区 3 组（马庙街 101 号）	650	300	2	—
92		云龙镇金马村日间照料中心	金马社区 7 组（原金马村 7 组）	300	280	2	—
93		云龙镇龙潭村日间照料中心	龙潭村 1 组	2000	240	2	300
94		云龙镇云峰村日间照料中心	云峰社区原农机站	750	300	2	—
95		云龙镇云龙社区日间照料中心	云龙社区	150	300	2	—
96		云龙镇桤木村日间照料中心	桤木村 5 组	400	300	2	—
97		云龙镇石佛村日间照料中心	石佛村 7 组 74 号	770	540	2	800
98		云龙镇海棠村日间照料中心	海棠村 5 组	1500	420	2	780
99		云龙镇红坝村日间照料中心	红坝村 1 组	180	600	2	520
100	镇金镇	镇金镇三里埂村日间照料中心	三里埂村 2 组（原老龙乡文化站）	700	300	2	—
101		镇金镇镇金村日间照料中心	鸿瑞家园	180	180	2	—
102		镇金镇燕坭村日间照料中心	老龙村 6 组 14 号	150	150	2	—
103		镇金镇金桥社区日间照料中心	牌坊路 64 号	180	180	2	—
104		镇金镇土地坳村日间照料中心	三里埂村 12 组（原土地坳村老办公室）	300	104	2	—
105	宏缘镇	宏缘镇金盆村日间照料中心	金盆村 6 组（原金简小学）	1500	750	2	500

表 49　　2021 年简阳市 100 岁老人一览表

序号	姓名	性别	出生日期	住址
1	刁纯潮	男	1919 年 5 月 22 日	三合镇沙河村 7 组
2	李志汉	男	1920 年 1 月 5 日	三合镇小型村 6 组
3	陈桂华	女	1921 年 4 月 29 日	江源镇东岳村 5 组
4	蔡素清	女	1921 年 5 月 17 日	江源镇江源村 4 组
5	魏玉香	女	1921 年 7 月 6 日	江源镇保卫村 4 组
6	王素清	女	1921 年 5 月 2 日	江源镇上坪村 3 组
7	程素清	女	1921 年 8 月 27 日	江源镇花朝村 5 组
8	黄素华	女	1915 年 1 月 2 日	江源镇老鹰村 5 组
9	樊福香	女	1920 年 1 月 20 日	赤水街道回龙寺 3 组
10	钟志贞	女	1916 年 11 月 13 日	赤水街道二峨村 1 组
11	肖海云	男	1917 年 9 月 9 日	赤水街道飞鹅村 8 组
12	付家华	男	1919 年 5 月 13 日	赤水街道劲松村 5 组
13	周素钦	女	1921 年 7 月 30 日	赤水街道回龙寺 8 组

续表 49

序号	姓名	性别	出生日期	住址
14	杨素华	女	1921 年 9 月 9 日	赤水街道麻石桥村 8 组
15	王素芳	女	1921 年 1 月 4 日	赤水街道建合村 4 组
16	刘云灯	男	1920 年 10 月 29 日	施家镇乡东村 9 组
17	严志芳	女	1917 年 7 月 12 日	施家镇大林村 3 组
18	袁华森	男	1921 年 12 月 14 日	施家镇安乐乡均平村七社
19	刘素清	女	1919 年 4 月 7 日	施家镇裕丰村 5 组
20	施为英	女	1919 年 6 月 13 日	施家镇裕丰村 5 组
21	钟刘氏	女	1920 年 2 月 27 日	施家镇长琴村 6 组
22	鲁先贞	女	1921 年 3 月 5 日	石钟镇石王村 9 组
23	曹修成	男	1916 年 9 月 29 日	石钟镇丁家村 2 组
24	周才芳	女	1920 年 6 月 27 日	石钟镇炮楼村 1 组
25	晋菊芬	女	1920 年 5 月 6 日	平泉街道铁佛村 3 组
26	钟德银	男	1921 年 2 月 9 日	平泉街道龙泉村 12 组
27	杨大琼	女	1916 年 11 月 2 日	平泉街道五星乡团和村 5 组
28	李素华	女	1921 年 8 月 3 日	平泉街道飞龙乡龙王村 3 组
29	张明清	女	1921 年 4 月 13 日	平泉街道龙泉村 1 组
30	吴芙蓉	女	1920 年 12 月 15 日	平泉街道胜华村 6 组
31	庄世青	女	1921 年 5 月 10 日	青龙镇政治村 7 组
32	唐陈英	女	1920 年 2 月 23 日	青龙镇极乐村 8 组
33	杨克翠	女	1919 年 7 月 10 日	三星镇桐麻岭 6 组
34	李秀英	女	1921 年 5 月 6 日	三星镇水泉村 11 社
35	胡明玉	女	1920 年 11 月 8 日	三星镇民桥村 14 组
36	唐素珍	女	1918 年 8 月 14 日	禾丰镇蒋家桥村 5 组
37	唐素清	女	1920 年 9 月 15 日	禾丰镇香乐村 5 组
38	李银珍	女	1919 年 9 月 26 日	禾丰镇城隍村 2 组
39	杨兴有	女	1917 年 3 月 29 日	禾丰镇蒋家桥村 4 组
40	黄全贵	男	1921 年 12 月 2 日	禾丰镇裕民街 290 号
41	杨兴芝	女	1920 年 1 月 6 日	普安乡连山村 3 组
42	杨素清	女	1920 年 12 月 3 日	禾丰镇青枫村 4 组
43	刘治清	女	1920 年 6 月 1 日	杨家镇土桥村 5 组
44	张贞荣	女	1921 年 3 月 13 日	杨家镇长安村 1 组
45	蔡素清	女	1912 年 7 月 17 日	杨家镇界牌村 7 组
46	傅素清	女	1921 年 6 月 5 日	杨家镇常家坪村 4 组
47	周洪海	男	1920 年 6 月 3 日	杨家镇杨家社区
48	夏文全	男	1918 年 11 月 3 日	射洪坝社区 11 组
49	谢超珍	女	1919 年 3 月 29 日	射洪坝街道凤凰 8 组
50	傅玉芳	女	1921 年 5 月 22 日	射洪坝筒车路社区 5 组
51	张家润	男	1919 年 9 月 13 日	射洪坝街道裕民 4 组
52	鄢德明	男	1919 年 12 月 19 日	射洪坝街道解放社区

续表 49

序号	姓名	性别	出生日期	住址
53	李素清	女	1916 年 8 月 8 日	新市街道新达街社区
54	赖泮云	男	1917 年 10 月 23 日	新市街道老虎嘴 6 组
55	黄一汉	男	1919 年 7 月 6 日	新市街道新建四社
56	王青芳	女	1921 年 12 月 29 日	新市街道新达街社区
57	吴李氏	女	1921 年 9 月 6 日	新市街道飞马 3 组
58	陈会彬	女	1920 年 1 月 4 日	新市街道怀远 5 组
59	龚兴素	女	1921 年 7 月 14 日	雷家镇团山社区 6 组
60	戢仲芳	女	1914 年 12 月 16 日	雷家镇发青村 6 组
61	晋秀珍	女	1920 年 10 月 18 日	云龙镇龙安村 1 组
62	袁素珍	女	1918 年 12 月 30 日	云龙镇阳明村 5 组
63	张主义	男	1921 年 8 月 14 日	云龙镇石佛村 2 组
64	易秀珍	女	1921 年 12 月 23 日	云龙镇龙潭村 5 组
65	胡秀珍	女	1921 年 12 月 15 日	云龙镇新乐村 8 组
66	刘茂珍	女	1921 年 11 月 8 日	云龙镇中峰村 9 组
67	陈绍斌	女	1921 年 7 月 18 日	云龙镇龙安村 1 组
68	施扬信	男	1920 年 7 月 25 日	云龙镇天泉 5 组
69	伍玉兰	女	1920 年 11 月 19 日	踏水镇寨子村 5 组
70	钟华清	女	1920 年 6 月 21 日	踏水镇泉水村 18 组
71	蒋德扬	男	1919 年 2 月 12 日	简城街道政府街 104 号
72	彭彦杰	男	1920 年 4 月 23 日	简城街道升阳村四社
73	丁秀夫	男	1921 年 5 月 21 日	简城街道办建设中路 152 号 12 栋 201 号
74	谢荣芳	女	1921 年 4 月 24 日	简城街道安西巷 11 号 1 幢 513 号
75	唐玉琼	女	1919 年 6 月 7 日	简城街道公园印象 B 幢 705 号
76	曾玉群	女	1921 年 6 月 3 日	简城街道建设中路 152 号 27 栋 407 号
77	傅碧霞	女	1921 年 10 月 28 日	简城街道政府街 143 号
78	李端宣	女	1921 年 12 月 11 日	简城街道棉丰村十社
79	黄一方	男	1921 年 10 月 3 日	简城街道安象街 13 组
80	鄢国成	男	1921 年 11 月 23 日	简城街道大井村 3 组
81	方之怡	男	1921 年 4 月 5 日	简城街道大古井街 170 号
82	孙寿琼	女	1919 年 4 月 19 日	平武镇尤安（胡家街 549 号）
83	杨美友	男	1919 年 10 月 29 日	平武镇安乐 3 组
84	陈文均	男	1921 年 12 月 2 日	平武镇安兴 11 组
85	王治辉	男	1921 年 11 月 19 日	平武镇梨园 5 组
86	曾鼎河	男	1920 年 7 月 7 日	平武镇皮匠街 3 组
87	钟素芳	女	1920 年 9 月 20 日	平武镇玉林 5 组
88	谢光文	男	1920 年 7 月 20 日	石桥街道大街社区
89	万玉祥	女	1920 年 10 月 10 日	石桥街道火烧店村
90	李光炳	男	1921 年 2 月 22 日	石桥街道火烧店村
91	唐张云	女	1918 年 2 月 20 日	石桥街道皂角社区

续表 49

序号	姓名	性别	出生日期	住址
92	周琼珍	女	1917 年 12 月 17 日	东溪街道尖山社区 4 组
93	张桂芳	女	1919 年 2 月 4 日	东溪街道尖山社区 13 组
94	纪从君	女	1919 年 12 月 14 日	东溪街道双河社区 5 组
95	王永光	男	1918 年 12 月 14 日	东溪街道元灯社区 1 组
96	杨素芳	女	1918 年 10 月 16 日	东溪街道元灯社区 3 组
97	周华清	女	1920 年 1 月 1 日	东溪街道星光社区 6 组
98	刘正邦	男	1921 年 7 月 29 日	东溪街道龙溪村 8 组
99	陈世英	女	1920 年 11 月 10 日	东溪街道园艺社区 7 组
100	王国忠	男	1919 年 6 月 20 日	宏缘镇红沙村 4 组
101	樊忠勋	男	1918 年 8 月 22 日	宏缘镇人民村 3 组
102	陈秀方	女	1921 年 11 月 27 日	镇金镇河坝村 7 组

（王　波　李毅伟）

慈善事业

【概况】 2021 年，简阳市慈善总会继续通过阳光育苗、宏志生、阳光圆梦、困难学生、大病医疗救助等系列帮扶，开展帮困助学、医疗救助活动；建立慈善示范社区 1 个、慈善示范场景 1 个，弘扬慈善文化，营造慈善氛围。

【阳光育苗帮扶】 简阳市慈善总会与成都市慈善总会合作，为 92 名家庭经济困难的 6 ~ 14 岁学生购买衣服和课外读物，金额 7.36 万元。

【宏志生帮扶】 简阳市慈善总会为 4 名家庭经济困难的宏志生发放宏志生帮扶资金 1.4 万元。

【阳光圆梦帮扶】 简阳市慈善总会为 15 名家庭经济困难的大学生发放阳光圆梦帮扶资金 40120 元。

【困难学生帮扶】 简阳市慈善总会为 4 名家庭经济困难的大学生发放困难学生帮扶资金 1.2 万元。

【大病医疗救助帮扶】 简阳市慈善总会与成都市慈善总会、平安保险四川分公司合作，为 34 名家庭经济困难的大病患者发放大病医疗帮扶资金 382317 元。

【慈善示范地标建设】 简阳市慈善总会在简城街道升阳社区进行慈善示范社区创建和慈善场景营建，打造可感知、可体验、可传承的慈善体验场所，形成具有简阳特色兼具观赏性和参与感的慈善地标。

【“慈善文化月”活动】 简阳市慈善总会于 9 月“慈善文化月”活动期间，联合社工组织、医院、志愿者组织、理发店，开展《中华人民共和国慈善法》宣传，通过发放宣传海报、发放环保小礼品、为群众义诊、义务理发等形式开展慈善活动，扩大慈善知晓度，动员市民参与慈善活动。

（孙　谦）

2021年“中华慈善日”“成都市慈善文化月”弘扬天府慈善文化·共建幸福美好成都活动（市民政局供图）

城乡社会救助

【概况】 2021年，简阳市城乡社会救助服务中心聚焦民生，落实困难群众主动发现机制，将符合救助条件的困难群众纳入救助保障范围，确保困难群众应保尽保、应救尽救、受助精准。

【城乡低保救助】 简阳市城乡社会救助服务中心延长成都市人民政府《关于提高最低生活保障标准的通知》（成府发〔2020〕19号）施行有效期至2021年12月31日，城乡最低生活保障标准继续执行月人均收入800元，保障城乡低保147222人次（其中城市低保12811人次、农村低保134411人次），发放城乡低保金9417.30万元（其中城市低保金938.29万元、农村低保金8479.01万元）。截至12月，简阳市在册城乡低保7996户（其中城市863户、农村7133户）、12518人（其中城市1086人、农村11432人）。

【城乡特困人员救助】 简阳市城乡社会救助服务中心延长成都市人民政府《关于提高最低生活保障标准的通知》（成府发〔2020〕19号）施行有效期至2021年12月31日，城乡特困人员供养标准继续执行每人每月1040元，保障城乡特困人员83924人次（其中城市特困人员8425人次、农村特困人员75499人次），发放特困供养金8728.10万元（其中城市特困供养金876.20万元、农村特困供养金7851.90万元）。截至12月，简阳市在册城乡特困人员6857人（其中城市677人、农村6180人）。

（唐　力）

惠民帮扶

【概况】 2021年，市惠民帮扶中心以“建设区域中心城市，打造五个新简阳”为主题，以“保障和改善民生”为重点，推进民生实事、幸福美好生活十大工程观察和惠民帮扶等工作，完成四川省、成都市民生实事74项，完成简阳市民生实事50项，帮扶困难群众3000人次。简阳市民生实事工作年度目标考核连续三年在成都市位列第一方阵。市惠民帮扶中心因牵头创新开展幸福美好生活十大工程观察，被成都市委、市政府表彰为“2021年成都市建设幸福美好生活十大工程突出贡献奖先进集体”。

【民生实事】 全年，简阳市完成了四川省、成都市下达简阳市民生实事任务74项（四川省民生实事20项、成都市民生实事54项）及简阳市十大民生实事50个小项。

【就业促进】 简阳市就业形势保持总体稳定，城镇新增就业4303人，新增吸纳大学生就业创业3270人，新增农村富余劳动力向非农产业转移就业6613人；组织开展补贴性职业技能培训11306人次，发放培训补贴984.15万元；推进高校毕业生就业创业，建成投运青年创新创业“一站式”服务平台，为100个种子期、初创期项目提供孵化入驻；运营青年之家旗舰店1个，开展青年社交活动300场，服务青年“蓉漂”、青年人才等2598人次；举办退役军人专场招聘会3场，提供就业岗位4000个，建立退役军人创业园（孵化基地）1个。

【教育助学】 简阳市减免2275名非民族自治地区幼儿保教费，为12081名义务教育阶段家庭经济困难学生提供生活费补助，向2768名家庭经济困难的普通高中学生发放助学金；对义务教育阶段公办学校城乡低保家庭学生及特困供养人员中的优秀非住宿学生给予助学补助，补助标准为小学每生每年1000元、初中每生每年1250元；对公办中职学校简阳籍学生及非简阳籍但家庭经济困难学生免除住宿费，对民办中职学校符合免费条件的学生给予住宿费补助；新建改扩建中小学、幼儿园1所，增加学位4500个。

【文体惠民】 简阳市开展“非遗”进社区展示、展演、培训等活动25场；新建（完善）社区全民健身服务站点25个，建成社区运动角1个；培训社会体育指导员155名，开展社区级科学健身指导服务220场次，开放公共体育场馆为 8 万人次提供免费（低收费）服务；开展全民健身活动 185 场次，国民体质监测 5250 人；建成村（社区）法律之家 2 个，办理法律援助案件 678 件，提供法律咨询、代书等其他法律服务事项 5865 人次；建成示范调解室 1 个，建成人口疏散示范基地 1 个；增设防灾警报设施 1 台，实现社区综合服务信息平台应用全覆盖；打造特色商业街区 4 条。

【社会保障】 简阳市持续为 64.36 万名城乡居民免费提供基本公共卫生服务，新生儿疾病免费筛查率≥95%；为 6748 名低保对象、特困人员等困难群体代缴城乡居民基本养老保险个人缴费，城乡居民基本医疗保险参保登记率 98%；实现全市 28.23 万人符合条件的人员养老金发放全覆盖；完成 10 家村卫生室公有化标准化建设；二级及以上综合医院全部开设老年人挂号、就医等绿色通道达标率 100%。

【扶弱助困】 市惠民帮扶中心结合“学习党史 · 为民办实事”开展“扶弱助困”、“五一关爱行”、“大手牵小手·爱心护成长”孤儿心理关爱活动、“圆梦大学”、“金秋夕阳幸福行”、“大病困难帮扶”等帮扶活动，帮扶慰问大病困难患者、困难学生、困难退役军人、残疾人、空巢老人、环卫工人等，帮扶困难群众 3000 人次，发放困难帮扶金 200 余万元。

【助民寻亲】 简阳市委办、市惠民帮扶中心、市公安局、市融媒体中心联合开展“我为群众办实事 · 助民寻亲”活动，逐一走访慰问“助民寻亲”家庭，建立寻亲台账 21 户，找回 2 人。

【孤儿助养】 市惠民帮扶中心争取到基金会“孤儿助养”项目，长期资助简阳市贫困孤儿 100 余名，2021 年接受资助资金 20 余万元；拓宽资金募集渠道，争取更多的爱心企业、爱心人士帮扶贫困孤儿。

【市容环境整治】 简阳市完成城郊接合部连片整治项目 1 个，打造背街小巷环境品质提升示范街 1 条；建设社区绿道 40 条，开展绿道公园活动 38 场；建成公园城市示范街区 1 个，建成特色街区片区 1 个；完善 4 处老旧院落改造，建设水美乡村 4 个；完成地质灾害避险搬迁 11 户；20 户以上农民集中居住区生活污水处理设施覆盖率 90%。

【幸福美好生活十大工程观察】 市惠民帮扶中心根据要求，组建市民观察团、专业观察团、网络观察团 3 支队伍，并将 55 名市民观察员和 100 名受邀群众分散组成 10 个观察组，开展幸福美好生活十大工程观察。其中，党代表 5 人、人大代表 6 人、政协委员 5 人、群众代表 139 人。市惠民中心组织开展组长和观察员培训会议 3 次，组织观察员分散观察 8 轮、集中观察 1 轮。观察团针对企业、群众普遍反映的“急难愁盼”问题，开展调查研究 160 次，入户走访 0.45 万人次，现场考察小区 70 个、公园 8 个、街道 45 条、商户 80 家、企业 60 个，收集观察意见建议 188 条，解决 83 条，其余 105 条意见建议由各专项组落实解决。

【“走基层 · 送温暖”活动】 市惠民帮扶中心牵头 2021 年春节“走基层 · 送温暖”活动，组织 29 个部门（单位）和 22 个镇（街道）在春节期间到各镇（街道）、驻简阳部队、敬老院、福利院等走访慰问，走访慰问困难党员、贫困学生、特困供养人员、老干部等 16987 人次，发放米、油、面等慰问品 15082 份，发放慰问金 530.52 万余元。

（魏　群）

镇(街道)

简城街道

【概况】 简城街道位于简阳市中部绛溪河汇入沱江处，东滨沱江，横跨绛溪河南北两岸，北邻杨柳街道，西接石桥街道，南靠新市街道、成都东部新区石板凳街道，东临射洪坝街道；街道办事处驻正中街116号。2021年，简城街道辖区面积44.7平方公里，其中耕地面积21474亩；辖安象街、滨江路、金水街、白塔路、顺城街、南街、政府街、新民街、建设路、花园街、川拖、川空、建设中路、红塔、华西、中心、西峰、大井、升阳、龙垭、大葫、棉丰22个社区，有居民小组235个；年末常住人口182284人，户籍户数40906户，户籍人口122718人(其中城镇人口96053人)；人口出生率2.89‰，人口自然增长率0.05‰，人口密度4078人/平方公里。

简城街道因地处简阳市区，故名简城。简城自建制，历代州、郡、县治均设于此，是简阳市经济、文化中心之一。明正德八年(1513年)简州迁此，清建城关镇，1913年始为简阳县治，1949年为简城镇，1992年红塔、棉丰二乡并入，2014年简城镇改为简城街道。境内有夜月洞、五隍洞、潦水洞、玄皇洞、弥陀寺等文物古迹，有金绛流虹、龙门锦浪、应第莲池、四崖泛月、一塔凌云、朝阳曙阁、渔村暮艇、乌龙揽月“简州八景”。

简城街道属浅丘地带，海拔390～460米；属亚热带湿润气候区，气候温和，雨量充沛，冬春多雨雾，夏秋多阴雨，日照少，年平均气温17.3℃，年降雨量883.6毫米。境内有3.32平方公里的棉丰水库。绛溪河、沱江流经辖区，沱江沿线有丰富的砂石资源。成渝铁路、成渝高铁、成渝高速穿境而过，国道318、321在此汇聚。简城街道主产油菜籽，有机械制造、农机、汽车修配、食品、饲料、建筑等行业。

2021年，简城街道有工业企业83家，其中规模工业企业15家，完成产值54.3亿元，比2020年增长30%以上；完成固定资产投资7000万元，完成新经济企业统计报表47户；基本单位名录库维护有单位1970个，其中法人单位1624个、产业单位346个，下发部门资料单位412个，核查412个，核查处理率100%。

【基础设施建设】 简城街道协调“三改”(水渠改迁、道路改迁、杆管线改迁)用地32亩，协调保障新成简配套强电、弱电和燃气管道迁改用地108亩，协调保障天府机场净空区超高电力处置工程项目清理附着物89.23亩；保障高铁片区开发及基础设施建设，完成高铁片区污水处理厂项目地上附着物清理，清理高铁站西大道南北延长线附着物140亩；完成简州大道电力迁改(除棉丰变电站)，完成棉普线拆旧及新建，完

简城街道白塔路国际化社区打造——外籍人士活动中心（简城街道供图）

简城街道退役军人服务站（简城街道供图）

成迎宾大道延长线征地拆迁（除边线1户）；完成阳安中学市政道路项目勘测定界图，结束摸底工作，支付高屋安置点租地租金，进场开展工作；保障空天产业功能区项目，完成港通医疗集团征地177亩、拆迁房屋26户，完成西峰4组环保项目征地45亩、拆迁房屋8户。

【白塔路国际化社区打造】 简城街道高标准建设白塔路国际化社区，突出共享理念，突破社区边界，探索将白塔路社区和红塔社区两个地缘相近、人员相通、文化相连的社区办公阵地共享，优化整合资源；坚持“办公空间最小化、服务功能最大化”“一室多用”的共享理念，以“一域一题”的标准，打造最美图书角、时光咖啡吧、儿童天地、世界瞭望角、最近警务站、外籍人士活动中心6个空间区域，突出亲民化功能体验。

【建设中路新党群服务中心打造】 简城街道高标准打造建设中路新党群服务中心，租用187平方米的一楼

简城街道建设中路社区党群服务中心（简城街道供图）

门面，结合幸福美好生活十大工程理念，发挥示范引领作用，力争推为2021年简城街道幸福美好生活样板工程，提升服务群众的便捷性、高效性；建设“社智在线”社区基础数据库，完成辖区人员、房屋、小区等信息数据归集，归集率超过100%，其中人口数204922人、小区院落数1151个、小区房屋数7117间、人房关系数187016条；动员6万余名社区居民通过“天府市民云”App加入“智慧社区”，占街道常住人口33%。

【社会民生】 简城街道紧盯重点民生实事，建立295名建档立卡贫困劳动力就业台账，帮助22名农民工、40名就业困难人员实现就业，为3名大学生、3名就业困难人员及12名返乡农民工办理创业补贴；为5609户7633人次发放低保资金544.7万元，为1103人次发放特困金1147万元，为230名生活困难群众发放救助金30.5万元，按时足额发放率100%；7月成功创建全国乡镇（街道）示范性退役军人服务站，加强政府街、安象街等10个服务对象300人以上社区服务站点建设，完成退役军人和现役军人家属信息录入，是简阳市体量最大、录入人数最多的街道。

【脱贫攻坚】 简城街道完成街道、村两级扶贫档案整理归档，55件文书档案于11月12日移交档案馆；印发《关于进一步加强防止返贫动态监测和帮扶工作的实施方案的通知》，完成188户脱贫户集中走访排查，无监测对象；排查“两不愁三保障”及“用水、用电及广播电视信号”情况，掌握脱贫攻坚成效，迎接巩固脱贫成果后评估；落实“雨露计划”等贫困家庭学生

资助政策，投入教育扶贫救助基金 1.65 万元，资助困难学生 11 人，投入“雨露计划”资金 3.3 万元，资助困难学生 11 人。

【新冠肺炎疫情防控】 7 月和 11 月，成都市发生疫情，简城街道分别排查走访外地来返人员 4179 人次，集中隔离 31 人次、居家隔离 697 人次、健康监测 17 人次；组织 102 名机关干部、198 名社区干部、189 名网格员、235 名小组长，全覆盖排查重点范围来返人员，摸排 32 万人次。简城街道开展常态化疫情管控，设置 36 个党员先锋岗、94 个普通排查点，严格实行“扫码亮码、测温、戴口罩”“四问、四登记、四查验”通行措施，全覆盖推广运用“社智在线”小区到访登记系统及“天府健康通”场所码；开展核酸检测桌面推演，设置 361 个疫情防控点，先后组织 22 个社区，协调市场监管所组织餐饮从业人员开展核酸检测演练 31 场；开展快速核酸检测准备，设置 61 个核酸检测点位、148 个工位，制定总体方案并报简阳市领导审议。截至 2021 年年底，简城街道新冠疫苗 3 ~ 11 岁人群第一剂次接种覆盖率 89.05%，全程接种覆盖率 65.65%；60 岁以上人群第一剂次接种覆盖率 92.49%，全程接种覆盖率 90.40%；18 岁及以上人群加强针完成率 24.29%。

（段奕帆）

射洪坝街道

【概况】 射洪坝街道位于简阳城区东部、沱江东岸，东邻平武镇，南接东溪街道，西与简城街道、石桥街道隔江相望，北与石钟镇毗邻，是简阳市政治、经济、文化中心；街道办事处驻民生路 67 号。2021 年，射洪坝街道辖区面积 39.24 平方公里，其中建成区面积 23.64 平方公里、耕地面积 15.6 平方公里；辖射洪坝、东滨路南段、解放路、蜀阳、筒车路、铁堰、柳林、沱江、新合 9 个社区和长顺、裕民 2 个村，有村（居）民小组 109 个；年末常住人口 132441 人，户籍户数 16094 户（其中农业户 5413 户、城镇户 10681 户），户籍人口 55802 人（其中农业人口 18481 人、城镇人口 37321 人）；出生人口 392 人，死亡人口 214 人，人口出生率 2.96‰，人口自然增长率 1.34‰，人口密度 3375 人 / 平方公里。

射洪坝街道成立于 2013 年 12 月 31 日。2020 年 5 月 25 日，裕民村与凤凰村合并设立裕民村；撤销新胜村、建政村、桂林村、易家村，合并设立新合社区；撤销柳林村、水东社区，合并设立柳林社区；撤销刘家村，原刘家村管理范围划归铁堰社区。射洪坝街道地处浅丘，海拔 418 ~ 488 米，年均温度 17℃，年降水量 850 毫米，水资源较为丰富。辖区交通便捷，有 20 余条城市公交线路穿境而过；城市配套设施完善，有养老机构 7 所、医疗服务机构 3 所、中高等教育机构 2 所（简阳中学为简阳市内唯一的国家级重点中学）、幼儿园 16 所、特殊教育学校 1 所。

2021 年，射洪坝街道实现地区生产总值 115.85 亿元，比 2020 年增长 13.5%，其中农业总产值 0.71 亿元、工业总产值 30.95 亿元、第三产业总产值 84.19 亿元；实现地方一般公共预算收入 3529.7 万元，公共财政收入 7.81 亿元。射洪坝街道获“简阳市实施乡村振兴战略推进城乡融合发展先进街道”“成都市基层妇联组织建设示范街道”“成都市病媒生物防制示范街道”等称号 33 项，被省级及以上主流媒体正面宣传报道 24 次；新合社区获评“成都市乡村振兴示范村”，蜀阳社区获评“成都市最美大运社区”。

【产业发展】 射洪坝街道抓牢抓实农业领域重点项目，打造万亩“天府百果园”“东麓花溪”等田园综合体，重点培育伏季水果和木本花卉两大主导产业，发展农事体验、观光休闲、近郊旅游等业态，推进“农业+旅游”“旅游+康养”业态深度融合；通过加快信息化建设、增加科技含量、调整产业结构，提高企业竞争力，有工业企业 23 家，其中规模以上工业企业 2 家，新增升规企业 1 家。

【天府百果园伏季水果产业园建设】 天府百果园伏季水果产业园位于射洪坝街道新合社区，按照“平台公司+龙头企业+专业合作社”发展模式，打造成为栽植水蜜桃、红梨、柑橘、李子等 5500 亩特色水果的现代农业产业园区。2021 年，伏季水果产业园被纳入简阳市乡村振兴示范环线，并成功创建简阳市首个成都市三星级现代农业产业园区。

射洪坝街道东麓花溪木本花卉观光产业园（射洪坝街道供图）

【东麓花溪木本花卉观光产业园建设】 东麓花溪木本花卉观光产业园位于射洪坝街道新合社区，周边产业资源丰富、交通便捷。射洪坝街道依托已有资源本底，以打造“简阳市新乡村时代形象展示窗口”“简阳市民休闲生活新花园”为战略定位，聚焦园区基础设施不完善、设施功能单一问题，投资500余万元修建东麓花溪旅游服务中心、天宫山观景平台及附属配套设施。园区完成1500亩黄花风铃木、蓝花楹、澳洲火焰木、美人树等观光林木种植，产业布局、总体骨架基本建成，观光花卉主导产业初具规模。4月，射洪坝街道举办简阳市首届“黄花风铃木”赏花节。五一期间，园区接待游客超6万人次，成为简阳市近郊乡村旅游“网红打卡地”。

【智慧生命小镇建设】 智慧生命小镇位于射洪坝街道铁堰社区，射洪坝街道以打造集“医、康、养、游、研、居”六位一体的智慧康养基地为总目标，预计将建设国际康养中心、康养特色小镇、旅居康养酒店、康复治疗中心等项目，建设面积约9万平方米。项目涉及搬迁农户63户，截至12月基本完成附着物清理，签订农房拆迁安置协议61户，签约率96.83%。

【张家院子林盘保护修复】 张家院子林盘位于射洪坝街道新合社区，林盘本底出色，群山环绕，交通便利，历史文化底蕴丰厚，适宜发展乡村特色休闲旅游。2021年12月，射洪坝街道开始实施张家院子林盘保护修复项目，建设内容包括硬化美化道路300米、铺设步道400米、修建木栈道80米、建设景观小品1个。

【扶贫项目建设】 射洪坝街道2021年中央财政专项扶贫资金（以工代赈支出方向）项目位于新合社区，是街道2021年农村基础设施与民生保障重点项目，建设内容包括硬化入户道路4.24公里、修通村组断头路0.46公里。项目于11月3日开工，12月26日竣工。项目实施过程中开展岗前技能培训286人次，群众务工175人，发放劳务报酬49.6万元，惠及群众1500户3500余人次。

【基础设施建设】 射洪坝街道整合投入各级各类资金，新建乡村道路20公里，硬化绿化村组道路15.9公里，扩宽2.67公里；攻坚群众生活生产用水问题，建成并投入使用河东自来水厂，验收通过新合社区二组提灌站，可灌溉周边农田300亩。

【鳌山公园建设】 鳌山公园位于射洪坝街道铁堰社区，南北长4000米，东西平均宽度600米，总面积3560亩，是简阳市首个集休闲、娱乐、观光于一体的城市公园。项目总投资8亿元，建设内容以园林景观工程为主，包括极限运动区、亲子拓展区、文化展示区、市民康体区、生态过渡区等功能区，于2016年10月竣工。鳌山公园除为志愿服务活动提供场地、设施，景区内所有灯杆、灯箱的设计均将简阳文化元素和精神文明建设成果展示融入，是简阳市将社会主义核心价值观融入群众的主要阵地，为简阳市再添一张城市新名片。截至2021年年底，鳌山公园有8支公益组织队伍入驻。

【生态建设】 射洪坝街道开展沱江流域春季禁渔巡查整改行动，劝阻钓鱼行为1170人次；实施张家院子林盘保护修复工程，突出水系、林木、绿地、景观小品建设；推进薛家沟、蟠龙湾、芭茅堰、张家院子4个林盘人居环境整治工程；开展“五美庭院”评选活动，促进农村人居环境再提升，新合社区钟科俊家庭获评2021年度简阳市“十佳五美庭院”，街道获评2021年度简阳市“农村人居环境整治工作先进集体”。

【社区治理】 射洪坝街道突出党建引领，构建社区治理新格局，设立“志愿服务岗”25个，构建“15分钟便民服务圈”，打造5个居民服务点，服务群众5

孩子们在体验传统吹糖人（射洪坝街道供图）

万余人次；开展"我为群众办实事"活动，协调解决安置房分配等群众"烦心事"213件；践行"谋赛营城"理念，全域打造城市示范社区，以大运场馆周边及石钟连接线风貌整治为重点，打造"工匠筒车""智慧沱江"等一批"有颜值、有文化、有温度"的国际化大运主题示范社区；挖掘社区特色文化元素，实施蜀阳糖厂记忆项目，让市民在互动体验中增强对城市的认同感和归属感，完成糖厂文化墙打造、糖厂文化展厅布置；开展村社合作体验活动、联谊活动、社区甜蜜文化推广活动12场次，"蜀阳·甜蜜蜜社区甜蜜文化及特色产业营造"案例获评2021年简阳市社区发展保障激励资金优秀案例一等奖；打造"鳌山坊"特色商业街区，提升街区风貌，完善街区休闲功能，营造多元消费场景，改造提升后的"鳌山坊"美食文化街在2021年成都市"打造特色商业街区"综合评分榜上名列简阳市第一名。

【社会综合治理】 射洪坝街道攻坚禁毒工作，开展禁毒"六进"（进社区、进企业、进学校、进网络、进家庭、进农村、进场所、进单位）活动，举办集中宣传活动19次，11月开展"铁腕治毒"行动，排查小区院落28处6450户、易涉毒场所26处，被简阳市禁毒委员会办公室评为11月"简阳市禁毒社会化工作"第一名；抓严抓实安全生产，建立安全生产例会制度，定期研讨会商重难点问题，组织城乡消防、防汛抗洪、森林防火等应急救援演练4次，组织1100余人次参加安全培训活动，针对重点行业领域开展安全督查80余次，开展烟花爆竹、燃气安全隐患、防范一氧化碳中毒等专项检查40余次。

【社会民生】 射洪坝街道加强公益性岗位人员管理，制定公益性岗位管理制度，有公益性岗位18人，其中乡村公益性岗位6人；促进失业人员再就业，对就业困难人员、弱势群体进行职业推荐，并配合简阳市就业中心做好失业人员职业技能培训，办理就业创业证35个，认定就业困难人员19人次，办理大学生创业补贴10人次，办理返乡农民工创业补贴18人次；关心关爱退役军人身心健康，接待退役军人政策咨询、思想疏导，将铁堰社区制定为2021年重点升级打造的村级退役军人服务站，11月底完成升级打造；便民服务大厅工作日中午和每周六开展延时服务，由窗口工作人员轮岗延时，全年办件3300余件；优化完善公共服务供给，加快养老服务体系建设，打造老年协会"为老服务"示范点4个；实施文体惠民项目，开展全民健身运动，提升改造社区运动场5个，组织体育培训46场，开展"送文化进社区"公益培训系列活动12场。

【新冠肺炎疫情防控】 射洪坝街道做好全覆盖大排查，落实人员进出管控，做好信息登记和体温检测，开展疫情防控专项巡查整治行动，对辖区76个小区、300余家企业进行疫情防控宣传和检查；依托社区网格化管理体系，组织11个村（社区）工作者、网格员、社工等1200余人次对109个村（居）民小组开展人员摸底，摸排有效线索2000余条；对国内中高风险地区返简阳人员、红黄码人员等逐一排查，登记行程信息，排查15000余次，针对性采取集中隔离、居家隔离、定期核酸检测等不同措施，并按照"做好一个责任人，建好一个微信群，当好一名代购员"方式做好隔离人员居家管理服务。

【射洪坝街道第一届"黄花风铃木"赏花节】 4月2日，射洪坝街道第一届"黄花风铃木"赏花节开幕式在新合社区东麓花溪木本花卉观光产业园举行，现场观众800余人，《四川农村日报》、中华网、红星新闻网、锦官新闻等多家新闻媒体报道。赏花活动持续至4月下旬，其间游客可以漫步山间纵览花海美景，还可以选购当地特色农产品、品尝天宫庙特色素食。

（潘媛媛）

新市街道

【概况】 新市街道位于简阳市南部，东邻平泉街道，南接杨家镇，西与成都东部新区石板凳街道相邻，北与简城街道接壤；街道办事处驻新达街461号。2021年，新市街道辖区面积47.06平方公里，其中城区面积12平方公里、耕地面积32283亩；辖新达街、龙桥、张家、飞马、新五、马鞍、怀远7个社区和仁义、五里登、老虎嘴、石家、垣坝5个村，有村（居）民小组88个；年末常住人口27458人，户籍人口44868人（其中农业人口27454人、城镇人口17414人）；人口出生率7.45‰，人口自然增长率0.46‰，人口密度953人/平方公里。

新市街道原名十里坝街道，于2014年6月成立，2020年1月因乡镇（街道）行政区划调整更名为新市街道。新市街道地处浅丘地带，沱江沿途而过，砂石资源丰富；常年气候温和，雨量充沛，空气质量良好，适宜各种农作物、水果、花卉、苗木生长。成渝高铁、成渝铁路、成渝高速、321国道、金简黄快速路、3条城市公交线路和1条市际客运专线穿境而过。

2021年，新市街道实现地区生产总值29.99亿元，比2020年增长10%，其中第一产业产值1.37亿元、第二产业产值20.92亿元、第三产业产值7.7亿元；有企业和个体户220户，其中规模以上企业34户，工业企业产值91亿元，实现税收1.4亿元，完成固定资产投资7500万元；农民人均纯收入23166元，比2020年增长10%。

（杨　建）

【重大产业发展】 新市街道立足“近郊农旅城乡融合发展片区”定位，推进马厚德、廖氏羊肉汤、海底捞等重点食品加工产业项目落地建成，加速构建现代化食品加工产业体系；发展现代农业，引入四川匠臻集团，打造900亩黄桃产业园，引进道承天下项目，开发大棚螺丝椒机械化种植100余亩，与成都大学农业农村部杂粮加工重点实验室共建“特种作物现代农业产业示范基地”50亩；创新发展“非遗”文化产业，引进“张氏古琴”“张氏土陶”“简州面塑”等文创产业，通过商

8月，新市街道引进非遗文化“张氏古琴”文创产业项目（新市街道供图）

业化运营方式，以非遗文化为载体，加速文化产业发展。

（王一桦）

【项目建设】 新市街道完成用地拆迁436余亩，拆迁农房158户，妥善安置人口715人，为天宫山安置点、颐海食品等项目建设提供保障；基本完成金简黄快速道路主体工程，三绕连接线、西内环线道路、城南污水处理厂100米卫生防护区、张家大道、滨江路等重点工程全面施工。

【社区治理】 新市街道坚持党建引领社区发展治理，全年投入社区发展治理保障资金331.31万元，实施社治项目78个；智慧小区试点1处，开发推广“社区服务微信小程序”平台1个，新增智慧公共停车场1个，12个村（社区）均开通“社智在线”系统，并依托系统常态化开展疫情防控排查；建设新时代文明实践所1个、新时代文明实践站12个，其中新达街社区新时代文明实践站被成都市委宣传部、成都市文明办评为2021年成都市新时代文明实践精品范例。

12月，金简黄快速道路主体工程基本完成（新市街道供图）

【环境治理】 新市街道新建4个垃圾房，投资20余万元完成场镇雨污管网临时整治；完成桂子溪清淤工程，清理河道6公里；完成农村户厕改造828户，普及率98%；消除黑臭水体，村民小组保洁员实现全覆盖。

【社会民生】 新市街道识别农村低保177户303人、特困人员165人，发放低保金245.5万元；开展医疗救助65人次、救助金额27万元，临时救助7人次、救助金额2万元，紧急临时救助9人次、救助金额2.7万元，社区快速救助19人次、救助金额0.95万元，开展公益服务100余次；帮扶辖区就业困难人员和贫困劳动力，组织2次300余人次参加成都市及简阳市专场招聘会，并多次协调三方公司举办现场招聘活动；建成1个社工站、4个社工室，为辖区居民群众构建服务体系，提供专业化、精细化、个性化服务；建成新达街社区综合儿童游乐园，为场镇1000余名儿童提供游玩场所和设施，满足群众多样化生活需求。

【全国广播电视基本公共服务标准化试点】 新市街道以标准化建设为引领，改进传输覆盖网络，完善公共服务制度，提升广播电视公共服务效能，共建镇级公服网点1个、村级代办点12个，村（社区）广播维护人员12人，配备广电管家7人，为群众收看电视提供服务保障，为应急广播系统以及其他智慧广电项目提供运行维护保障。6月2日，江苏省广播电视局调研新市街道五里登村全国广播电视公共服务标准化试点。8月6日，四川省广播电视局到新市街道调研全国广播电视公共服务暨老少边穷地区应急广播建设推进工作座谈会筹备情况及简阳市广播电视基本公共服务标准化试点和应急广播体系建设情况。8月31日，国家广电总局副局长到新市街道及五里登村调研全国广播电视公共服务暨老少边穷地区应急广播建设推进工作座谈会筹备情况及简阳市广播电视基本公共服务标准化试点和应急广播体系建设情况。

8月31日，国家广电总局副局长朱咏雷（前排左一）到新市街道及五里登村调研全国广播电视公共服务暨老少边穷地区应急广播建设推进工作座谈会筹备情况及简阳市广播电视基本公共服务标准化试点和应急广播体系建设情况（新市街道供图）

（杨　建）

【新冠疫苗接种】 新市街道全年完成新冠疫苗接种47360剂次，其中第一针剂19965人、第二针剂20208人、第三针剂7187人。

（王一桦）

石桥街道

【概况】 石桥街道位于简阳城区北部，东邻沱江，西接赤水街道，南连简城街道，毗邻成渝高速公路简阳北出口，成都东西城市轴线东段（简阳段）、成渝铁路、成渝高速、成简快速通道和321国道穿境而过；街道办事处驻江西街41号。2021年，石桥街道辖区面积33平方公里，其中建成区面积3.48平方公里、耕地面积28030亩；辖利民、天星、渡坝、皂角、杨柳、大街6个社区和陈家坝、火烧店、黄泥堰、永爱、菱角5个村，有村（居）民小组107个；年末常住人口35743人，户籍户数12534户，户籍人口35179人；人口出生率6.04‰，人口自然增长率-0.39‰，人口密度1083人/平方公里。

2019年12月31日，石桥街道由原杨柳街道7个村（社区）、原石桥镇11个村、原养马镇1个村共19个村（社区）合并而成。石桥街道场镇所在地石桥古镇自古以来是商贸重镇和物流集散地，是川中四大名镇之一。悠久的历史、繁荣的商业，造就石桥厚重的文化底蕴，形成独具特色的码头文化、兼容的多元文化、多彩的民间活动、丰富的饮食文化，石桥“九莲灯”被誉为“巴蜀一绝”，张家祠堂、陕西会馆等被纳入成都市历史建筑保护名录，是简阳人民“望得见山、看

3月20日，石桥街道大街社区换届选举大会现场（石桥街道供图）

得见水、记得住乡愁”的地方。

2021年，石桥街道实现地区生产总值25.18亿元，比2020年增长12%；实现农民人均纯收入22344元。石桥街道获简阳市乡村振兴考评激励先进街道、信访工作先进集体、城市管理先进集体、道路安全工作先进集体、创建国家卫生城市先进集体等称号。

【村（社区）“两委”换届选举与村（居）民小组优化调整】 2020年12月至2021年3月，石桥街道完成11个村（社区）“两委”换届选举，新一届“两委”成员平均年龄39.14岁，较上一届年轻3.3岁，大专及以上学历35人；完成村（居）民小组优化调整改革，合并撤减185个小组，村民小组由63个变为36个，居民小组由122个变为71个。

【产业发展】 石桥街道推动农旅融合，全年争取147万元推动黄泥堰村、永爱村产业发展配套，新建蓄水池2口、水渠2781米、产业大棚20亩；注重集体经济与企业之间利益链接，通过“合作社+企业+农户”引进社会资本300余万元发展农业产业，带动周边农户实现增收0.5万元。石桥街道发展石桥街道特色商贸区，亿联智慧商贸城基本完工，申通全部完工并完成移交，唯品会投入运营，中通项目加快实施，“e家天下·红星美凯龙”特色商业街区打造完成并通过成都市商投局验收；新完成德盛总部、飞达4S店、韵达快递、盈石冷链等项目征地836亩，完成金简仁快速路、深国际、赛欧东进双创产业园等项目预征地1884亩；启动石龙路、杨柳安置点等项目4个，签订农房拆迁补偿协议136户，安置613人。

【乡村振兴】 石桥街道加强水利设施建设，改建水渠1250米，新加固防洪堤135米，整治山坪塘2口，完成海井斗渠清淤保畅；加强特色产业培育，依托海井片区、永爱村产业基础，推进产业适度规模发展，带动农村居民经济增收，成立专业合作社46个，家庭农场入库36个，申报成都市级示范家庭农场1个，申报简阳市级示范家庭农场6个；引进明日见、沃柑、爱媛等柑橘新品种推动黄泥堰村柑橘产业品种改良，改良200余亩，引入猴头菇、羊肚菌等新型产业，加快苗木产业转型，逐步实现传统农业向现代农业转型。

【道路建设】 石桥街道启动檬赤路升级改造，推进金简仁（石桥段）、成都东西城市轴线东段（石桥段）建设，完成石龙路升级改造项目；对46条19.46公里村组道路实施硬化，对38条18.44公里村组道路进行第二批次修建，乡村道路硬化率90%；新增路灯137盏，解决道路照明问题。

【柳林大桥建设】 柳林大桥位于石桥街道渡坝社区，全长1.28公里，路幅宽度80米，主道双向八车道。柳林大桥作为东西城市轴线项目第五区段的标志性节点工程，主桥采用主跨280米空间双索面独塔斜拉桥，北引桥采用预应力混凝土连续梁桥，建成后将成为全国最宽断面的斜拉式跨江大桥之一；设计提炼太阳神鸟造型，将桥梁侧立面构筑成神鸟外形，反拉的斜拉索似神鸟展开的羽翼。项目于2021年6月开工建设，截至2021年年底完成桩基220根，设计351根，完成63%；完成承台16个，设计65个，完成25%；完成墩柱4个，设计58个，完成14%。

柳林大桥施工现场（石桥街道供图）

10月22日，天星公园建成投入使用（石桥街道供图）

【简阳城区防洪及生态湿地走廊工程（FH段景观工程）建设】 简阳城区防洪及生态湿地走廊工程（FH段景观工程）位于石桥街道杨柳街，建设面积16.72万平方米，建设内容包括景观绿化工程、绿道工程等，并配套服务建筑、公共卫生间及广场等附属设施。项目于2020年1月动工，截至2021年年底，完成足球场、篮球场、儿童乐园、架空栈道、下沉式雨水花园等功能配套设施基础施工，中心广场基础垫层施工完成40%，中心广场处喷泉、环形雕塑基础施工完成，环形雕塑模板施工完成30%；对完成基础施工的工程开展外立面装饰装修，同时开展绿化施工，铺设草坪，A、B、C区1.6公里绿道完成95%。

【城建社治】 石桥街道以创建全国文明城市为契机，坚持“建”“管”并举，聚焦基础设施配套，推动城市规划理念、发展路径、营城方式变革，以“绣花功夫”加强城市精细管理，打造高品质宜居生活社区；逐步解决城区旱厕、“蜘蛛网线”、卫生死角、占道经营等一批“老大难”问题，从大处着眼、小处着手，利用场镇“金边银角”、零星用地打造迷你花园4处。天星公园投入使用。

【城乡环境综合治理】 石桥街道践行公园城市理念，实施城市有机更新工程、高品质公共服务设施建设工程和街道活力工程，打造石桥街道慧生活居家文创体验街，实现“人、城、境、业”高度和谐统一的大美公园城市形态；推进“两拆一增”，在场镇新增便民停车场1处、车位40个，增加摩托车停车位160个、非机动车停放点10余处400余个停车位；拆除国道和雄州大道沿线广告牌40余处2000余平方米，清理下水道4000米，改造农村旱厕157户，添置绿化超400平方米；开展“村庄清洁美化提升”等专项行动，创建1个“五美庭院”；新建四分类垃圾收集亭20座、四分类垃圾亭8座，改造垃圾收集点60个，实现农村生活垃圾收集常态化、规范化；开展杨柳溪、天星河、九曲河水环境治理，向简阳市财政局、简阳市水投公司争取400余万元资金专项用于清淤、清漂和6000余米管网改造，打捞清理河道漂浮物及河岸垃圾，清理沱江河、杨柳溪河岸垃圾100余吨，打捞河道漂浮物100余吨，清理河道淤泥300吨，改善水环境质量。

【社会民生】 石桥街道开展返乡农民创业培训38人次、失地农民技能（中式面点师）培训105人次；城乡居民医疗保险参保人数17980人次、城乡居民养老保险参保缴费人数120人次，为12名群众实施城乡医疗救助，临时性困难救助68人次、发放临时救助金8.63万元，实施快速救助31户、发放快速救助金1.48万元；创新领导和驻村组“下访制度”，化解利民五社群众饮水难、天星一社群众出行难等矛盾，收集处理村民反映问题156件，办理信访案件186起，通过网格化系统办理民生事件3300余件，网格员参与调解矛盾纠纷128件，组织参与维稳行动61次。

【脱贫攻坚】 石桥街道开展2次集中防止返贫监测全覆盖排查，甄别核查市级有关部门反馈疑似线索192条，组织驻村组到12户疑似监测户家中实地调查；帮扶责任人每季度与脱贫户入户见面，开展“回头看”，重点关注脱贫户“两不愁三保障”及饮水安全等方面现实情况；为3户脱贫户解决电视信号问题，11人享受3000元“雨露计划”资助，54人享受困难学生生活补助，6人享受脱贫劳动力跨省稳定就业一次性交通补助，65人享受残疾人生活补助，25人享受小额信贷，199户507人享受全额资助医疗保险政策，参保率100%。

【全国文明城区创建】 石桥街道在159个点位制作公益广告130个、宣传栏25个、大型广告4个，在13个小区院落制作公益广告39个、宣传栏13个；创建新时代文明实践所1个、基地4个，实践所成立志愿者队伍11支、新时代文明实践站11个，开展志愿者服务活动；16名交通文明劝导员在8个点位全年开展文明劝导；发放宣传资料2000余份，制作四分类宣传栏6个，张贴垃圾分类海报400余份，宣传推进垃圾分类；纠正占道经营、乱设摊点现象1800余次，清理杂物200处，清理乱贴乱画广告“牛皮癣”1200余处，清除门前垃圾180次，规范店招横幅200余个，规范乱停放车辆1620余起，制止乱倒污水摊贩50起，开展联户联勤治理240起，整治撑杆搭棚120起；开展市容市貌、环境卫生集中整治24次，签订“门前三包”责任书1356份。石桥街道环境卫生、城市管理和道路安全等方面有效改善。

【新冠肺炎疫情防控】 石桥街道推进防控措施落细落实，持续抓好辖区人员排查、居家隔离、宣传引导、卡点值守、全员核酸检测等防控；制定完善《石桥街道大规模人群快速核酸检测工作预案》《石桥街道2021年新冠肺炎疫情防控应急预案》，落实疫情防控责任制和“五有一网格”措施；建立村（社区）疫情防控应急队11支486人，负责小区院落管控、聚集群众劝离、重点人员留置管理、重点人员接送治疗等；组建疫情防控宣传巡逻队开展村（社区）防疫宣传，提高群众防控意识；参照《分类管理措施一览表》落实排查管控要求，每日汇总所有返简阳人员名单；组织11个村（社区）疫情经办人开展视频会议培训，针对“智慧蓉城疫情防控平台”培训，做好线上大数据返简阳人员排查系统日常排查，人员排查“无死角”。截至12月27日，石桥街道接种新冠疫苗66911剂次，其中第一针30784剂次、第二针29206剂次、第三针6921剂次，街道户籍内已接种加强针3817人。

【党史学习教育】 石桥街道开展集中学习，传达学习习近平党史学习教育动员大会重要讲话精神、“七一”重要讲话精神、中共十九届六中全会会议精神等重要精神6次；发放党史书籍700余本，形成心得体会和发言材料78篇；制作“石桥码上学”专属二维码；以驻村组为单位组建基层宣讲队伍11支，开展党史专题宣讲12次，开展学习活动50余次；制定横幅、海报、展板150余份，制定党史学习教育简报35期；邀请四川省作家协会会员蒋向东讲述石桥史、抗美援朝老兵谢守元口述历史；11个村（社区）开展朗诵、演讲、歌唱等“七一”主题庆祝活动17场；解决“我为群众办实事”问题台账156个，向市级有关部门上报12个，形成调研报告11份。

【石桥街道第二届哈密瓜采摘节】 6月9—30日，2021年简阳品尝采摘季暨石桥街道第二届哈密瓜采摘节在永爱村举行。活动由简阳市文体旅局、简阳市文旅产业发展服务中心指导，石桥街道党工委、办事处主办，成都银光文化传播有限公司承办，简阳市文化馆石桥街道分馆、石桥街道综合文化站、永爱村股份经济合作联合社协办；开幕式当天接待游客1000余人，销售哈密瓜1000余公斤，收入10万余元，现场观看演出群众300余人次，简阳市电视台等媒体对活动全方位跟踪报道。

（冯均建）

6月9日，石桥街道第二届哈密瓜采摘节暨全国文明城市创建宣传活动开幕式举行（石桥街道供图）

永爱村村民喜迎哈密瓜丰收（石桥街道供图）

赤水街道

【概况】 赤水街道位于简阳市西北部，东临石桥街道，南与简城街道接壤，北与养马街道、石盘街道接壤，西与贾家街道、石板凳街道、海螺镇毗邻；街道办事处驻回龙大道5号。2021年，赤水街道辖区面积61.94平方公里，其中耕地面积49740.57亩；辖回龙寺、方家寺、万家堂、太平桥、飞鹅、增产、永达、燕子、建合、万家坝10个社区和深湾、永平、先明、三溪、劲松、福民坝6个村，有村（居）民小组152个；年末常住人口30539人，户籍户数15236户（其中农业户13070户），户籍人口49243人（其中农业人口41349人），流动人口2万人；人口出生率4.81‰，人口密度795人/平方公里。

2019年，简阳市行政区划调整，石桥镇20个村与太平桥镇9个村合并，更名为赤水街道。赤水街道属丘陵地貌；属亚热带季风性湿润气候，气候温和，雨量充沛，年平均气温16.9℃；地处沱江沿岸，绛溪河、赤水河、太平河、夏家河流经辖区，水资源较为丰富。辖区交通便捷，成渝高速、成渝高铁、成都二绕、国道318穿境而过；有企业40余家，有石堰、太平桥、赤水3个场镇和赤水九义校、太平桥中心小学、太平桥初级中学3个学校；环境优美，城市配套设施完善。

2021年，赤水街道实现一般公共预算收入4239.1万元，固定资产投资7000万元；工商业、工贸企业产值由2020年的42249元上升至46320元，增长9.6%；民营市场主体数（工贸企业和个体工商户）由2020年的433户上升至465户，增长7.3%。社区治理机制改革成效明显，社会稳定成果继续保持，环境整治成效显著，城乡环境更加宜居。

【基层党组织换届选举】 1月，赤水街道按照“选好书记、配强班子”的目标，按照“十严禁”要求执行换届纪律，通过党工委会议、周例会学习换届纪律“十严禁”，印发换届纪律明白卡1.5万余份；利用换届违纪违法案例对各村（社区）党组织书记警示教育，要求村（社区）党组织书记组织委员候选人预备人选全覆盖学习；畅通举报渠道，悬挂宣传标语20余幅，设置“两委”换届举报箱17个，分村（社区）张贴举报电话，公布驻村组长联系方式16个；组织各村（社区）监委会主任召开换届纪律工作会议，明确换届纪律，将监督延伸至一线。换届共选举村（社区）党组织委员97名，平均年龄38岁，大专及以上文化程度57名，其中党组织书记16名，平均年龄44岁，大专及以上文化程度10名；16个村（社区）均实现有1名35岁以下年轻干部、1名大专及以上文化程度干部和1名女性干部。换届离任干部涉及永达社区等7个村（社区）8人（其中因超龄离任7人、因学历离任1人），通过了解离任干部个人意愿，采取返聘、公益性岗位、任职纪委委员等方式安置。

【村（社区）“两委”换届选举】 3月，赤水街道贯彻落实简阳市村（社区）“两委”换届领导小组工作要求，把握组织投票关键环节，通过做好分类培训预演，工作层层明确责任到人；筹备好选举大会，依法依规推选出新一届村（居）民委员会，实现16个村（社区）一次性选举成功，确保书记、主任“一肩挑”。选举推选出新一届村（居）民委员会成员81人，平均年龄39.89岁，其中35岁以下（含35岁）35人，约占43%；大专以上文化程度43人，约占53%，中专及高中以上文化程度26人，约占32%；中共党员62人，约占76%；妇女当选村（居）民委员会成员41人，占村（居）民委员会成员总数的51%，新一届村（居）民委员会班子更年轻化、高学历化。

【农业转型升级】 赤水街道发展壮大水果、蔬菜两大

赤水街道飞鹅社区葡萄丰收（赤水街道供图）

6月16日，简阳市赤水街道第二届哈密瓜采摘活动开幕式举行（赤水街道供图）

游客采摘哈密瓜（赤水街道供图）

传统优势产业，种植甘蔗500亩、葡萄800亩、樱桃1200亩、蔬菜2万亩（含复种）；举办赤水街道第二届哈密瓜采摘活动，增收60余万元；完成农产品质量安全检测4800余例，合格率100%；创建四川省级家庭农场1个、成都市级家庭农场2个、简阳市级家庭农场4个。

【基础设施建设】 赤水街道推进金简仁、成龙简等重大项目建设，创新高地、赤水大道等10个项目如期交地；完成村（社区）道路路基整理52公里，实施村组道路硬化50余公里；建成三溪村4组提灌站，解决800余亩农田灌溉问题；新建回龙寺社区、赤水场镇、石堰场镇污水一体化设施运行，实现日收集处理场镇生活污水200余立方米；改造与疏通夏家河污水管网，提升夏家河水质；攻坚销号遗留问题13个，有效化解简阳北弃土场等信访问题。

【社区治理】 赤水街道坚持党建引领社区治理，建立“党员+”业委会；盘活回龙寺安置小区经营性用房，门市出租951平方米，收取租金21万余元；探索方家寺二期三方评估市场化拍卖模式。

【社会事业】 赤水街道建立农民工信息公开平台，推送就业、创业信息200余条，帮助实现就业150余人次；新成立农业合作社3个，培养后备干部和产业带头人7人，发展农民工党员5人；开展村民素养提升培训3期，组织职业农民工培训900余人次；推送2021年“成都工匠”“简阳工匠”评选2人；落实电子社保卡、大病住院救助、异地就医登记等惠民利民政策，城乡居民医疗保险覆盖率8%；保障785名低保、特困等对象生活，提升供养水平；村（社区）农家书屋、健身广场等文化体育设施实现行政村全覆盖，开展“永远跟党走”庆祝中国共产党成立100周年文艺表演、健身运动会、百姓舞台大家乐等文体活动56场次；受理行政审批和服务事项3266件，办结3266件，办结率100%，好评率100%。

【新冠肺炎疫情防控】 赤水街道坚持“群防联控”，建立街道、村（社区）、小区（院落）三级联动机制，重点排查来（返）简阳人员和茶馆、麻将馆、农贸市场等农村地区人流密集场所，对场镇、小区等农村地区防控薄弱点专项督查，关闭茶馆3家、麻将馆1家，发现整改问题236个，下发整改通知书128份；集中隔离49人、居家隔离228人，全部落实居家隔离管控措施，确保人员不漏管、不脱管；完成18岁以上新冠疫苗第一针接种23660剂次，排名简阳市第2位，完成18岁以上第二针接种22015剂次，排名简阳市第6位。

【赤水街道第二届哈密瓜采摘节】 6月16日，2021年简阳市品尝采摘季暨赤水街道第二届哈密瓜采摘活动开幕式在增产社区举行。活动由简阳市文体旅局、简阳市文旅产业发展服务中心指导，赤水街道主办，赤水街道综合便民服务中心综合服务科承办，增产社区、新裕农场协办，来自16个村（社区）的村（居）民代表及社会各界人士等380余人参加。

（夏成荣）

东溪街道

【概况】 东溪街道位于简阳市东大门，北接射洪坝街道，南邻平泉街道，东接平武镇，西与简城街道毗邻；街道办事处驻东溪大道403号附2、3、4号楼。2021年，东溪街道辖区面积41.75平方公里，其中耕地面积33306亩；辖尖山、江南、奎星、双河、新阳、万古、园艺、元灯、凉水、星光10个社区和黄岭、龙溪2个村，有村（居）民小组101个；年末常住人口34898人，户籍户数10760户，户籍人口39304人；人口密度836人/平方公里。

东溪街道以溪为名，意为城东汇入沱江的小溪，历史文化悠久，历史文物保留完整，现保留下来的有双河社区清代碉楼、奎星阁宋代摩崖造像、新阳社区摩崖造像。东溪街道起源于20世纪50年代设立的东溪乡农会，1987年改名为东溪镇，2019年12月东溪镇撤销，设立东溪街道并重新进行行政区域划分。东溪街道地处浅丘，海拔418～488米，年均温度17℃，年均降水量840毫米；地处沱江沿岸，水资源较为丰富；建有小（二）型水库1处，万古水库蓄水量49万立方米，仙女滩拦河堰（又名仙女滩石河埝）蓄水量80万立方米。

2021年，东溪街道实现地区生产总值13.42亿元，比2020年增长9.69%；实现农村居民可支配收入21706元，比2020年增长10.5%；实现城镇居民可支配收入43290元，比2020年增长8.9%。东溪街道获简阳市巩固拓展脱贫攻坚成果同乡村振兴有效衔接工作先进集体、成都市新时代文明实践精品范例等称号，获简阳市级及以上先进集体表彰15次。

【农业发展】 东溪街道以农业增效为目标，调整优化农业结构，增强农业发展后劲，投入资金356万元建成集中连片大棚296亩，蔬菜类产量497.5吨、水果类产量36吨、花卉类产量5.6万枝，以百果园为主导带动农村集体经济增长270余万元；生猪存栏4600头，牛、羊等畜类存栏980头、只，鸡、鸭等禽类存栏4.6万羽，带动经济7700万元，拉动增长10.8个百分点。

东溪街道天府百果园（东溪街道供图）

【乡村振兴】 东溪街道围绕乡村振兴二十字方针（产业兴旺、生态宜居、乡风文明、治理有效、生活富裕），谋划推进五大振兴（产业振兴、人才振兴、文化振兴、生态振兴、组织振兴），形成以龙溪村800亩柠檬园、黄岭村1300亩梨园、双河社区5000亩百果园为代表的现代农业产业园区，建成优质家庭农场、合作社15个，培养青年骨干农民、优秀农民工、职业经理人86人；推进农村"四合一"（股份经济合作联合社、集体经营开发公司、土地股份合作社、农民专业合作社）等改革，完成12个农村土地确权颁证、"四合一"组织构建等；加快推进农村集体土地上市交易，以"一轴一核"（以龙溪河为轴线，以仙女滩湿地公园为核心）乡村振兴环线为牵引推进实施双河社区农商文旅融合体补助项目、陈家沟特色林盘、黄岭村产业配套项目等农商文旅和产业发展项目9个，计划投资4954万元，完成投资1069万元；推广"平台公司+龙头企业+专业合作社+农户"模式，完善"产+供+销"体系，推动黄岭村、龙溪村等实现村集体经济收入超10万元，带动群众实现增收致富。

【征地拆迁】 东溪街道推进拆迁工作，完成房屋拆迁556户，实现交地1829亩和土地报征24307亩，完成安置还房分配725套，成都空天产业功能区4.6平方公里核心区、简阳东部未来新城、东西城市轴线等项目稳中有进。

【基础设施建设】 东溪街道开展家园绿化美化，改善人居环境，逐步实现环境优美目标，加盖露天粪坑777个，新、改建垃圾池103个，新建垃圾房5个，完善主干道绿化，升级和增设道路两旁路灯；推进重点项目建设，沱六桥、西内环线、东西城市轴线基础工程及棉普线、东光线电力线路迁改塔基建设完成，鳌山东环线安置还房分配完成；开展村（社区）文化建设，完善农村文化基础设施，翻建老人活动中心1个，并完善配套健身器材；加强乡村生活基础设施建设，提升群众生活指数，更新改造陈旧自来水设施200余套，引导农民新建标准化厕所，完成村（社区）道路硬化4公里。

【社区综合治理】 东溪街道夯实安全生产底线，落实安全生产责任制，组织安全专题培训16次，建设安全宣传阵地3处，完成辖区12个村级应急避难场所应急物资和应急力量配备，组织应急演练8次，开展道路交通、校园周边、危化品、城乡建筑施工工地、有限空间作业等专项检查57次，整治隐患218处；做实信访维稳，化解社会重大风险2个，解决突出信访问题3个、历史遗留问题2个，处理信访件800余件；开展拆违治违行动，在奎星、元灯、星光等村（社区）拆违治违80余处，整治征地拆迁产生建筑垃圾10万余平方米，整治乱堆放装修、生活垃圾300余处50余吨；完成“门前三包”签约率100%，开展市容市貌、环境卫生集中整治50余处，发放宣传单8万余张，纠正占道经营、乱设摊点、流动商贩200余处，规范广告、店招和清理“牛皮癣”300余处，整改环保问题245个，整治“小散乱污”企业2家；开展防汛演练3次，组建防汛抗旱队伍13支、成员324人，汛期巡查50余次，出动人员233人次，排查出隐患7处，均整改完成；两级河长总巡河3414次，清理河渠漂浮物90余吨，清理沟渠淤泥1.7万立方米，清理垃圾7.11吨，处理生活污水10万吨，发现、整改问题133个；打好禁毒人民战争，开展宣传教育和动态排查，实施“敲门行动”20余次，完善社区戒毒社区康复中心建设；开展电信网络诈骗宣传“扫楼”“扫院”25次。

【卫生城镇创建】 东溪街道深入开展爱国卫生运动，推进卫生城镇创建，加强和创新社会管理，推动城镇和单位基础设施建设，改善环境卫生，强化卫生防病，提高群众文明卫生意识和健康素养，促进经济社会协调健康发展。2月18日，东溪街道被评为四川省卫生街道，东溪街道黄岭村、龙溪村被评为四川省卫生村。

【资源保护】 东溪街道完成行政村房屋信息录入740余栋，整治乱占耕地交办件7宗、复耕16.96亩，整治乱占林地图斑12处、复林7.7公顷，拆除违建80余处，打击盗采砂石2次。

【社会事业】 东溪街道落实低保、五保、卫健等兜底保障政策，228户低保户、8户低保边缘户、162名特困老人、75名卫健特扶对象、1063名残疾人等弱势群体均实现“应保尽保、应救尽救”；保持基本医疗保险参保率98%，保持547名脱贫户劳动力和24名适龄长江流域退捕渔民就业率100%，动态管理公益性岗位21人次，举办失保金培训6场326人次；举办党史学习暨采桃活动，助农促销水果40万公斤；组织310人参与国民体质监测、300人参加太极拳培训，增设微健身场所2处，选送的《花锦简州美》获“成都文

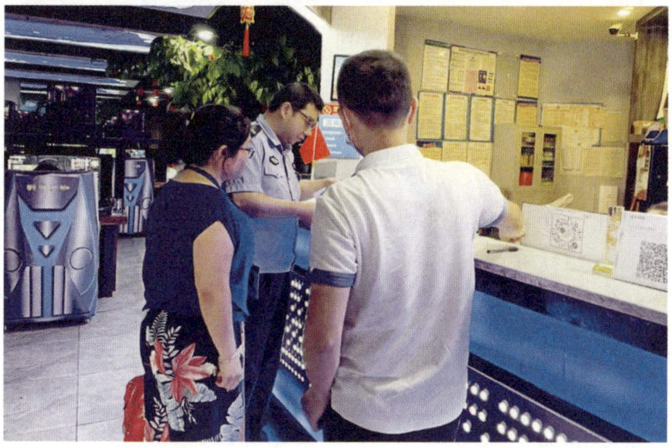

9月2日，东溪街道开展易制毒、涉毒场所排查（东溪街道供图）

9月25日，东溪街道联合东溪中心卫生院为老年群体开展免费健康体检活动（东溪街道供图）

化四季风·劲舞暖冬”广场舞展演成都决赛三等奖、简阳初赛一等奖；推进拥军优属，输送新兵入伍，做好退役军人和重点优抚对象日常关爱；开展“我为群众办实事”主题实践活动，围绕群众关心关注的重点问题，为群众解决道路出行、医疗救助、危房改造、证照办理等方面急难愁盼问题142个。

【新冠肺炎疫情防控】 东溪街道落实疫情防控四级责任制和“五有一网格”防控体系，按照“外防输入、内防反弹”常态化疫情防控要求，压实“四方”责任，实施闭环管理；统筹抓好精准防控，提高应急处置能力，引导群众合理有序出行，做好春节等重要时段疫情防控；加强境外和中高风险地区返简阳人员管理，紧扣酒店、市场、超市、文娱、交通和冷链等场所和人员，执行防控措施，维护人民群众生命安全和身体健康；统筹社区网格员、网格协管员按照分片包干制度，深入网格挨门逐户开展排查，对于返乡人员登记监控，张贴宣传单、发放告知书和防疫资料，每天定时开展消毒，对小区、广场等公共场所开展消毒，利用喇叭开展流动宣传，提升居民防疫意识。东溪街道全年排查中高风险地区人员3822人次，落实居家隔离管理793人次，完成新冠疫苗接种5.3万余剂次，开展全员核酸检测推演30余次。

（周靖尧）

平泉街道

【概况】 平泉街道位于简阳市东南部，东与施家镇接壤，西与东溪街道为邻，南与新市街道隔江相望，北与禾丰镇、平武镇相连；街道办事处驻后新街53号。2021年，平泉街道辖区面积80.18平方公里，其中耕地面积70297亩，森林覆盖率26.5%；辖平泉、龙泉2个社区和荷桥、协议、长春、进步、新桥、梓桐、太阳、农建、群乐、高坪、龙王、胜华、竹湾、杨家寺14个村，有居民小组16个、村民小组130个；年末常住人口26385人，户籍户数15486户，户籍人口46621人（其中农业人口43275人）；人口出生率5.11‰，人口自然增长率0.65‰，人口密度329人/平方公里。

平泉街道历史悠久，古为蜀国地。从明代龙泉寺建场开始，距今600余年，其间建制经历清乾隆五十八年（1793年）属仁善乡，清光绪四年（1878年）改名平泉保，1938年改名为平泉镇。新中国成立后，平泉镇建制无变化。1958年，平泉镇与石子乡、新桥乡合并，组建平泉人民公社；1962年，平泉镇另单设；1985年，平泉镇与平泉乡合并，更名平泉镇人民政府；1992年，撤区并乡建镇，将原新桥乡、五星乡、飞龙乡并入；1995年，因行政区划调整，划出五星乡、飞龙乡；2019年12月，因乡镇行政区划调整，撤销飞龙乡、五星乡、平泉镇，以原平泉镇龙泉寺社区、龙泉村、竹湾村、铁佛村、石盘村、荷桥村、白合村、石子村、白杨沟村、新桥村、长春村、进步村、胜华村、杨家寺村与原飞龙乡、原五星乡所属行政区域并为平泉街道。境内有龙泉寺（原武隍庙）、樊光廷炮楼、回龙桥、龙王沱、团和古树、黄桷树等文物古迹。平泉街道地处浅丘地带，濒临沱江，风景秀美，物产丰富；有成都市AAA级林盘景区1个（家风荷乡）、乡村旅游景点2个（十里荷廊、悠然岛），主产水稻、油菜、玉米等粮食作物，盛产枇杷、柑橘、黄金柚等水果。

2021年，平泉街道实现地区生产总值18.5亿元，比2020年增长18.59%；农村居民人均可支配收入21608元，比2020年增长8.75%；有企业31家，其中规模以上企业3家，企业总产值12.2亿元，比2020年增长19.6%；社会消费品零售总额4800万元；完成财政预算支出4950.38万元。平泉街道荷桥村获评全国脱贫攻坚先进集体、全国民主法治示范村、2021年中国美丽休闲乡村、四川省乡村治理示范村，协议村被评为四川省第二批乡村治理示范村，太阳村被评为2020年四川省乡村振兴示范村。

【农业产业发展】 平泉街道坚持以产业为抓手，发展特色产业，通过引进清华同方、蓝剑亚美、中安富海等知名企业，促进农业现代化、智能化发展，建成蓝剑亚美天府农业示范园，成型高端定制农业350亩、特色种植2800亩；建成中安富海高密度智能养鱼基地，以5亩地实现年产值600万元；依托脱贫攻坚带动产业发展，建成7800亩优质水果、6100亩特色种植产业，培育形成休闲、田园旅居等农业新业态，全年实现农业产值5.69亿元。

【乡村振兴】 平泉街道聚焦巩固拓展脱贫攻坚成果同乡村振兴有效衔接，做好巩固脱贫攻坚成果“回头看”，动态建档立卡脱贫户家庭成员信息1429户3824人，动态监测新增监测对象29户82人；健全防止返贫动态监测和帮扶机制，全覆盖开展集中摸排，做到“早发现、早干预、早帮扶”，调整驻村第一书记和工作队员帮扶力量，保持全体机关干部“一对一”“一对多”结对帮扶脱贫户；培育新型职业农民300余人，新增农村职业经理人11人；培育新型农业经营主体，农民专业合作社发展到116家（其中四川省级示范社5家、成都市级示范社1家），家庭农场总数56家（其中简阳市级以上示范性家庭农场2家），依托“四合一”模式壮大集体经济，促进农民持续增收；以5000亩农业产业园区建设为载体，整合区域内专业合作社，探索建立跨村跨区域的产业联合党支部，指引贫困户参与入股和经营，全年规模流转土地4.03万亩，流转率57%，村集体经济快速发展，经营性资产增加1500万元，实现经营性收入278万元；聚焦产业兴旺，引进蓝剑亚美、汇众同方、盛地农庄等实力农业企业10余家，打造2.3万亩优质果蔬和年出栏2万只大耳羊为主导的种养特色产业；发展乡村文创、科普观光、民宿体验等新兴业态，建成“家风荷乡”“十里荷花长廊”“悠然岛”等主题景区和网红打卡地，举办“住进春天里，感受家风家味”五一活动、“庆丰收、迎小康、兴乡村”农民丰收节等农旅活动，接待游客16万余人次，创造旅游收入1370万元。平泉街道连续5年获评简阳市“脱贫攻坚先进集体”，创建四川省级“四好村”3个、四川省级“扶贫文化示范村”1个、成都市级“三美”示范村4个；荷桥村被党中央、国务院评为全国脱贫攻坚先进集体，被农业农村部评为2021年中国美丽休闲乡村。

【基础设施建设】 平泉街道实施四批次城乡土地增减挂钩项目，改善900余户3000余人的生产生活环境；完成旅游环线一期和二期工程28.63公里建设，推进11条村组道路施工；建成绿道3.5公里、小龙溪景观打造提升1.5公里，完成3处林盘修护、5处景观节点打造；开展农村人居环境综合大整治行动20余次，推进农村厕所、垃圾、污水“三大革命”，完成户改厕4153户，农村卫生厕所普及率100%；推进“垃圾

平泉街道荷桥村土地“双挂钩”项目（平泉街道供图）

不落地”环境治理项目，贯彻落实“户分类、组集中、村收运、街道转运”的集中处理模式，生活垃圾处理农户覆盖率100%；新建生活污水处理厂3个，常住人口20户及以上聚居点由生活污水处理厂处置，生活污水处理农户覆盖率超70%；新建自来水管网45公里，街道80%村（社区）安全饮水得到保障。

【重大项目推进】 平泉街道坚持项目保障先行，做好项目用地、杆管线迁改、群众工作等要素保障，四川国光农化整体搬迁二期项目占地面积100亩，总投资4000万元，全部搬迁完毕；成都简阳危废处置项目占地面积170.82亩，涉及112户404人，总投资7740万元，已交付126亩并进场施工；简阳市绿色环保资源再利用项目占地面积109亩，涉及100余人，总投资2200万元，完成附着物清点、农房搬迁，工作完成进度60%。平泉街道推进农业示范园区建设，打造集繁育、育肥、屠宰、冷链加工、羊文化为一体的简州大耳羊产业平泉基地，太阳村5、6社三个简州大耳羊一级扩繁场建设全部完工并投入使用，太阳村12社简州大耳羊二级扩繁场建设完工，太阳村5社选点建设简州大耳羊屠宰场、冷链加工厂确定选址。

【社区治理】 平泉街道推进“党建引领、多元共治”，完成荷桥村主题社区创建，打造建设荷桥村智慧社区和龙泉社区、太阳村党建引领示范社区，2次承办成都市党建引领示范建设片区现场会，“荷乡茶苑”成为简阳市唯一入选中国（成都）社区美空间全球设计大赛决赛项目；整合城管执法队员、网格员、“红袖套”、人民调解员，成立群防群治队伍16支、300余人开展治安巡逻，结合“雪亮工程”等技术手段维护辖区治

安；针对群众信访和辖区不稳定因素，开展排查并调解，制定相应稳控方案，明确包案领导和具体责任人，受理信访件962件，接待群众来访88起，入户处理群众信访事件16起；严抓管控禁毒工作，根据风险等级对在册吸毒人员实施不同等级管控，深化青少年毒品预防教育宣传，开展禁毒知识进校园4次、集中宣传活动12次，发放宣传册3万余份；多部门协同推进反电信诈骗，组建反诈宣传小分队，发放反电信诈骗宣传单1万余份，推广安装蓉城反诈卫士和国家反诈中心App，劝返滞留缅北人员4人。

【环境治理】 平泉街道持续打好污染防治攻坚战，建立全街道网格制度和污染源台账，每月坚持对重点情况巡查2次，下发书面整改通知书12份，排查整治环境问题70件，整治入河排污口16个，打捞漂浮物20余吨，完成小龙溪河、农建河、群乐村儒林小河清淤整治，清淤流域长度16公里；清理在河滩地乱垦、乱种60余亩，拆除河道违建1处；处理违规钓鱼、捕鱼150余人次；协办央督交办件9件、省督交办件1件，整改成都市主要领导考察反馈环境问题2个点位。

【社会民生】 平泉街道城乡居民基本医疗保险参保24702人，参保率98%，其中向脱贫户3276人发放参保补助85万余元；落实农民工就业保障，提供农村劳动力公益性岗位77个，输出劳动力18105人次，实现劳务收入4000万元；开展低保、特困等特殊群体申报复核，惠及低保327户519人、特困供养469户469人、残疾人1781人、特别扶助83户127人；对80户困难群众实施快速救助，195户实施医疗救助，42户实施临时救助，2人实施补充医疗救助；退役军人服务站标准建设实现16个村（社区）全覆盖，实施退役军人关爱救助，实施生活、医疗和住房困难“三难”救助，为优抚对象提供天然气补贴、医疗补助。

【新冠肺炎疫情防控】 平泉街道加强防疫宣传，通过微信信息推送、悬挂宣传横幅（35条）、投放宣传海报（128张）、印发《四川省疫情防控指南》（1000份）等方式，提高居民疫情防控意识；做好各村（社区）返乡人员信息登记上报，对外来人员做好“四问四登记”，每日排查上报；开展重点人员摸排2400余人次，排查重点区域返简阳人员150余人次，集中隔离10人次，居家隔离127人次，开展太阳村双挂钩建房工地工人全员核酸采样和流调溯源113人次；投入40余万元按照疫情防控要求对五星敬老院集中隔离点位集中整改2次，接收集中隔离人员145人次；完成重点人员核酸检测226人次、隔离点位人员核酸检测342人次、辖区医院工作人员核酸检测9445人次，完成新冠疫苗接种第一针剂22002人、第二针剂21379人、第三针剂5644人；发动退休党支部25名退休党员投入疫情防控，劝导群众1000余人次，发放口罩2000余个；开展冬春季新冠肺炎疫情防控及新冠病毒核酸检测实地演练，集中选取6个场景，全方位、全流程检验街道、村（社区）应对新冠肺炎疫情的指挥体系、联动机制和处置能力。

【党史学习教育】 平泉街道党工委理论学习中心组开

6月25日，平泉街道党工委书记邹斯若到荷桥村上党课（平泉街道供图）

7月18日，2021成都首届荷花季暨简阳市平泉街道第四届荷花节观赏活动开幕式举行（平泉街道供图）

展集中研讨学习25次，获评简阳市“五个好”（领导班子好、党员队伍好、工作机制好、工作业绩好、群众反映好）街道党工委；落实组织生活会、“三会一课”、主题党日等制度，协议村党总支被评为成都市先进基层党组织；开展党史学习教育，学习“四史”和习近平总书记在中国共产党成立100周年庆祝大会讲话精神，教育引导全党人员做到学史明理、学史增信、学史崇德、学史力行；开展党史学习专题党课96场次，到村（社区）开展党史宣传宣讲40余次；落实意识形态工作责任制，在《人民日报》、今日头条等具有影响力的媒体刊发信息324条；带头推进“我为群众办实事”实践活动，形成调研报告16篇，化解群众“急难盼切”问题110个，解决民生实事4件。

【平泉街道第四届荷花观赏活动】 7月18—25日，2021成都首届荷花季暨简阳市平泉街道第四届荷花观赏活动在太阳村举行。活动以“荷风莲韵　魅力平泉”为主题，举办文艺演出、摄影书法作品展、电影放映、品尝美食、休闲垂钓、快乐健身跑等活动，吸引游客7万余人次，为当地村民带来人均200余元收入。

（杜　姣）

杨家镇

【概况】 杨家镇位于简阳城南，东临平泉街道，南界资阳市临江镇，西邻江源镇，北接新市街道；镇政府驻杨家街杨柳巷17号。2021年，杨家镇辖区面积46平方公里，其中建成区面积1.1平方公里、耕地面积35521亩；辖杨家1个社区和民会、长安、桐子湾、金星、界牌、常家坪、新庙子、互助、模范9个村，有村（居）民小组75个；年末常住人口14671人，户籍户数8375户（其中农业户7535户、城镇户840户），户籍人口26867人（其中农业人口24636人、城镇人口2231人）；人口出生率3.66‰，人口自然增长率–3.93‰，人口密度319人/平方公里。

2014年，原新市镇一分为二，设立十里坝街道和新市镇，新市镇办公驻地搬迁到原杨家乡政府。2019年，简阳市行政区划调整，新市镇更名为杨家镇。境内有石角嘴摩崖造像、简阳观音寺等文物古迹。杨家镇地处浅丘地带和沱江冲击坝区，沱江绕镇而过，镇内河岸线17公里，砂石资源丰富；常年气候温和，雨量充沛，空气质量良好，年平均气温17℃，无霜期300天左右，适宜各种农作物、花卉、苗木生长；主要农作物有水稻、玉米、油菜、花生、红薯等，其中以玉米最有名；特色产业主要有藤椒（600余亩）、萝卜（2000余亩）、塔罗科血橙（400余亩）、分葱（300余亩）、枇杷（400余亩）。成渝铁路、321国道、成渝高速公路、成渝客运专线、成都都市圈环线高速公路穿境而过。

2021年，杨家镇实现地区生产总值11.20亿元（其中第一产业5.50亿元、第二产业3.91亿元、第三产业1.79亿元），比2020年增长29.6%；农民人均纯收入22256元，比2020年增长8.9%；有企业14家，其中规模以上企业2家，工业产值5.56亿元，实现利润4586万元、税金1587万元，新增固定资产投资5000万元。杨家镇获简阳市级表彰先进集体11

3月3日，央视新闻、四川观察以“遇见春日——生机勃勃！四川春耕正当时”为主题直播报道杨家镇互助村萝卜、大豆等农作物春耕备耕（杨家镇供图）

个、简阳市级及以上表彰先进个人 24 人次（其中四川省级表彰 1 人次），被省级及以上主流媒体宣传报道 35 次（其中互助村春耕在央视新闻直播）。2021 年 2 月，杨家镇被命名为 2020 年四川省卫生乡镇，界牌村、金星村、常家坪村被命名为 2020 年四川省卫生村（社区）。

【产业发展】 杨家镇粮食种植面积 30437 亩、产量 10416 吨，经济作物面积 19702 亩，产量 18062 吨，生猪存栏 22137 头，出栏 27794 头；启动“天府双鱼水寨”田园综合体项目，打造农商文旅融合发展精品项目。绿光水岸生态园投资 460 余万元，实施简阳市五星级餐饮娱乐住宿一体改造。

【乡村振兴】 杨家镇做好巩固拓展脱贫攻坚成果同乡村振兴有效衔接，建立防止返贫动态监测和帮扶机制，对脱贫不稳定户、边缘易致贫户、突发严重困难户开展防止返贫动态监测集中排查 2 次，脱贫户均未出现返贫，1 户 3 人纳入监测户，帮扶 66 名贫困学子申请“雨露计划”9.9 万元，将 40 名贫困劳动力纳入临时或中长期公益性岗位；争取 174 万元实施脱贫村产业发展及配套基础设施建设，5 个脱贫村全年集体经济收益 45 万余元。界牌村股份经济合作联合社与四川成都建华食品有限公司签订 600 亩藤椒种植园管理运营战略合作协议，壮大集体经济。

【基础设施建设】 杨家镇做好成渝高速公路提质扩容前期筹备，开工建设 901 连接线项目、村组道路改（扩）建项目、陆文路与新猫路改造项目，杨模路建

12月3日，杨家镇界牌村建华藤椒基地签约仪式举行（杨家镇供图）

成通车；完成中金海能源项目征地拆迁，成都天府国际机场卸油库建成投产；推进标准化便民服务大厅、模范农贸市场等配套设施项目建设；改建山坪塘 1 口、提灌站 1 座、生产便道 1.71 公里，新（改）建垃圾收集房 10 座、垃圾亭 60 座、垃圾回收站 1 个。

【社会治理】 杨家镇每月召开信访维稳联席会，完成信访件 18 件、网络理政 555 件；召开禁毒专题会 12 次，每月全覆盖无死角排查，管控在册吸毒人员，开展禁毒宣传教育活动 36 次，发放宣传资料 3000 余份；开展反电诈宣传 8 次，发放宣传资料 500 余份；监管企业生产、在建工地、交通、消防、食品药品、危化品等重点领域，未发生重大安全事故，消除猫猫寺公共水域重大安全隐患 1 处。

【社会事业】 杨家镇有杨家、模范两所九义校，杨家幼儿园完工待验收，简阳市文化馆杨家分馆建成挂牌，卫生院主体完工；开展“红薯丰收节”“非遗进社区”“川剧进杨家”等文体活动 12 次；做好就业服务保障，免费提供就业岗位信息 2000 余条、就业岗位 1 万余个，组织劳动力参加大型招聘会 5 次，输出和转移农村劳动力 10343 人，调解拖欠农民工工资纠纷 18 起、涉及金额 290 万元；年末有低保 334 户 555 人、特困人员 187 人，城乡低保标准、特困人员供养标准分别增加至 800 元、1040 元；医疗救助、快速救助、临时救助、紧急临时救助 145 人，救助金额 23.84 万元；为 802 名 80 岁及以上高龄老人发放高龄津贴 121.49 万元，城乡居民养老保险参保 2540 人、生存认证 2411 人，城乡居民医疗保险参保 1.83 万人；完成危房改造 8 户、土坯房改造 4 户；完成佛道教“两乱”专项治理，集中整治乱建庙宇、滥塑露天宗教造像 39 个，其中依法拆除 38 个，去宗教功能 1 个，整治面积 7774.6 平方米。

【新冠肺炎疫情防控】 杨家镇落实上级部署和简阳市疫情防控要求，建立小区要道设卡值守、公共场合测温亮码、外出人员返乡报到、疑似人员快速追踪等机制，安排开展返乡人员多轮走访排查；强化重点人员管控，安装门禁卡，落实“三点名两测温”，加强宾馆、药店、超市等重点场所监督管理，全镇无感染病例；

推进新冠疫苗接种，全年接种第一针 11982 人、第二针 11512 人、加强针 2310 人。

【基层干部队伍建设】 杨家镇完成镇领导班子、村（社区）“两委”换届选举，村（社区）书记、主任“一肩挑”100%；完成市、镇党代表及人大代表选举，选举产生镇党代表 100 名、市党代表 5 名，镇人大代表 62 名、市人大代表 7 名，代表队伍素质整体提高、年轻化；举办干部综合素质能力提升专题培训班 14 期，培训党员干部 300 余人次。6 月 23 日，中国共产党杨家镇第一次党员代表大会召开，选举产生新一届党委委员 9 名、纪委委员 5 名。12 月 7—8 日，杨家镇第八届人民代表大会第一次会议召开，选举产生镇政府镇长、副镇长和镇人大主席、副主席。

【党史学习教育】 杨家镇开展专题学习 8 期、到基层宣讲 37 场、组织系列活动 15 次，参与党员干部群众 2400 余人次，发放学习用书 1155 本；开展庆祝中国共产党成立 100 周年系列活动，引领基层党组织和党员干部忆党史感党恩谋发展；围绕社会治理、民生保障等重点领域，解决“我为群众办实事”项目清单 29 项，推动党史学习教育走深走实。

【杨家镇 2021 年红薯丰收活动】 7 月 13 日，杨家镇 2021 年红薯丰收活动在互助村红薯栽种基地举行，四川省农科院、成都市老科协、简阳市委老干部局、简阳市科协、简阳市老科协、简阳市文旅中心等单位参加。活动以“听党话奋力乡村振兴　感党恩喜迎红薯丰收”为主题，包括开幕式、红薯产业发展介绍、现场观看红薯机械化采收、文艺演出等内容，设置免费品尝区，吸引周边群众 500 余人次参加。互助村示范种植龙薯九号红薯 800 亩，生长期 109 天，平均亩产 2800 公斤，与传统红薯相比，生长周期缩短 40 天，平均亩产增加 500 ~ 1000 公斤。

7月13日，杨家镇2021年红薯丰收活动在互助村红薯栽种基地举行（杨家镇供图）

（王定萍）

石钟镇

【概况】 石钟镇位于简阳市东北部，东邻平武镇、青龙镇、东溪街道、射洪坝街道，南与石桥街道隔河相望，西连成都东部新区养马街道，北连三星镇、成都东部新区壮溪镇；镇政府驻龙颈街 41 号。2021 年，石钟镇辖区面积 66.36 平方公里，其中耕地面积 41422 亩，沱江河岸线 11 公里；辖长沟、黄连、均乐、平窝 4 个涉农社区和前锋、胜锋、民强、石王、山泉、丁家、火烧庙、庙山、五桂 9 个村，有居民小组 49 个、村民小组 92 个；年末常住人口 20621 人，户籍户数 11796 户，户籍人口 37605 人（其中城镇人口 4524 人、农业人口 33081 人）；人口出生率 4.9‰，人口自然增长率 –3.61‰。

石钟镇建制始于清咸丰年间，以“石钟滩”成名，旧时水运业发达，素有“石钟对石鼓，金银万万五，谁能识得破，简阳买至成都府”之传说。“石钟滩场”沧桑多变，故名未改，沿袭至今。境内有雷音寺、轿顶山石刻等文物古迹。石钟镇属浅丘地带，地势东北高、西南低，海拔 350 ~ 450 米，最高的花果山海拔 450 米；年平均气温 17℃，雨量充沛，风景秀美，气候宜人。境内有两条小溪从东北至西南流经 6 个村组，于场镇北侧注入沱江；有成安渝高速、石钟连接线、金简仁快速路、东三路、石均路等重要道路，是简阳城区向成都北和东的重要出入口和简阳对外重要门户、窗口；有义务教育学校 2 所、幼儿园 1 所、卫生院 2 所、派出所 1 个。

2021 年，石钟镇实现地区生产总值 7.17 亿元，比 2020 年增长 7.3%；农村居民人均可支配收入 1.65 万元，比 2020 年增长 10.56%。石钟镇获评简阳市 2021 年度巩固拓展脱贫攻坚成果同乡村振兴有效衔接先进

石钟镇鸟瞰（石钟镇供图）

集体、农业农村工作先进集体，获简阳市级及以上表彰先进个人5人次，被省内外主流媒体宣传报道13次（川红花节）。前锋村被命名为2021年四川省卫生村。

【农业产业发展】 石钟镇粮食作物以水稻、红薯、小麦、玉米为主，全年生产粮食21659吨，其中水稻2767吨、红薯6429吨、小麦156吨、玉米9923吨；主要经济作物为蔬菜和苗木，蔬菜种植面积11043亩；畜牧以猪、家禽为主。2021年，石钟镇推动传统农业向绿色生态农业转型升级，发展果蔬经济作物和生态养殖，种植蔬菜700亩、藤椒330亩、羊肚菌345亩、草莓320亩、西瓜120亩，发展稻虾、大闸蟹等生态养殖360亩；缓解生猪生产保供压力，加大标准化养殖场建设支持力度，扩大标准化规模养殖比重，稳定生猪生产，生猪生产持续恢复；发展生猪生产试点组（山泉9组），完成检疫出栏4万余头。全镇近5000人从事经果苗木产业，成立苗木公司18家、专业合作社49个。

【“幸福美好前锋村”建设】 10月8日，简阳市级重点项目“幸福美好前锋村”落地建设。项目位于石钟镇前锋村，预计总投资7800万元，规划一期占地面积315亩、二期占地面积352亩，建设内容包括入口景观打造、农房风貌改造、美食特色商业街（新建建筑及景观）、大田景观打造、绿道交通体系、小三线迁改、水系工程等。2021年，前锋村集体牵头种植彩色白菜60亩，聘请当地农民从业30余人，通过“自发微推广+互联网营销”创收2.3万元。

【“西南·红酒奥特莱斯”建设】 “西南·红酒奥特莱斯”项目位于石钟镇前锋村，预计总投资48亿元，规划占地面积1.1万亩，计划建设周期5～6年，分4期建设。项目一期主要发展种植区、风情酒庄、展览及电商中心、安置区及景观带、特色商业街及住宅等，二期主要发展种植区、风情酒庄、主题民宿、集市等，三期主要发展田园康养、酒店、游乐体验设施、配套商业及住宅等，四期主要发展田园康养、文化艺术中心、娱乐及景观打造等。项目先行示范区主要发展葡萄种植示范区、示范酒庄及博物馆、亲子乐园等。2021年，项目流转土地700亩，聘请当地农民从业20余人，种植葡萄和蓝莓面积180余亩、桃树110余亩、水稻20余亩、莲藕20余亩，套种大豆20余亩。

【天府国际本草园建设】 天府国际本草园项目位于石钟镇前锋村，预计总投资40亿元，规划用地面积6700亩，其中中草药种植流转土地3000亩。项目规划建设“一带一轴四区”，含石钟滨河景观带、雄州大道城市休闲轴、中医药医疗服务区、疗养度假区、文

石钟镇丁家村草莓大棚（石钟镇供图）

石钟镇道地灵草川红花基地盛开的红花（石钟镇供图）

成安渝高速公路石钟连接线（石钟镇供图）

旅体验区和休闲观光区。

项目核心种植区“道地灵草川红花基地”位于石钟镇前锋村8组，整体俯瞰如蝴蝶造型，拟取名“川红花蝴蝶谷”，2021年种植红花150亩、芍药100亩、黄精30亩、牛樟苗2.5亩，推出红花精油手工皂、台湾牛樟芝滴丸、冬虫夏草商品化、二十四节气饮立体茶包等高附加价值商品，并推出以川红花为主轴之洗护系列、保养品与护肤品等，打造专属简阳特色IP。基地以“公司+合作社+农户”的方式，带动辐射周边农户种植中草药7000亩，带动地方农业产业转型升级。

【基础设施建设】 石钟镇推进交通路网建设，实施五桂村和山泉村村组道路建设铺基7.6公里、民强村道路提升铺基1.69公里，配合实施成安渝石钟连接线、东壮路、平青路和黄青路升级改造，协调沱江大桥便桥施工；推进金简仁快速路二期征拆，成渝中线高铁征拆，总供地2000余亩；提升重点河湖泄洪蓄洪能力，整治改造水库、塘坝、水闸、沟渠，新建、改建提灌站2座、蓄水池13口，整治水渠6639米；完成改厕验收29户，推进镇污水处理厂收集管网建设，场镇污水收集率达95%以上。

【环境治理】 石钟镇召开农村人居环境专题会20次，开展主题活动8次，张贴宣传标语1600条，发放宣传单2500张；清理交通沿线32公里，清理沟塘淤泥40吨，清理转运生活垃圾600吨；整治车辆乱停、物料乱放、交通秩序零乱现象200余次，确保公共场所有序整洁；整治农户庭院100户，实现户内生产生活物料堆放整齐、院落干净整洁；清理镇村田间塑料废膜和农业废弃物2吨，加强秸秆禁烧宣传、检查和督促，全镇全年不见火光、不见烟雾、不见黑斑。

【社会治理】 石钟镇建立完善社会治安防控体系，组建专兼职巡逻队伍13支、队员224人，“红袖套”及平安志愿者队伍358人，调处和化解矛盾纠纷109件，处理信访案件5件；建成镇村组三级视频指挥调度平台，实施完成一期、二期“雪亮工程”；构筑治安立体防控网，常态化巡逻防控重点区域、道路点位和中小学校周边；制定“八五”普法规划，开展法治宣传10次，举办普法讲座14次，开展法律咨询500余人次，实施法律援助38次；重点加强宾馆、快递物流、加油站、超市等行业场所日常检查和排查，对辖区行业集中检查40余次，发现并现场整改问题12个。

【社会事业】 石钟镇完善公共服务设施，设置社会保障服务站点13个，建成日间照料中心7个、敬老院2个和文化活动阵地、图书阅览室、卫生室各13个；综合文化站以及村（社区）图书室面向社会开放，阅读人数每月500余人次。石钟镇核定农村低保户336户515人，发放389.3万元；核定城镇低保户15户20人，发放17.6万元；特困人员补助、低保人员补助、申请事后医疗救助12人，发放17.5万元；申请发放80岁、90岁高龄补贴13675人次，发放金额200.09万元；申请医疗救助60人次，申请发放医疗救助金30.24万元；申请临时救助24户，申请发放临时救助金9.29万元；供养五保老人470人，发放473.5万元；享受困难残疾人生活补贴208人，发放49.2万元；享受重度残疾人护理补贴394人，发放37.9万元。

【新冠肺炎疫情防控】 石钟镇做好疫情防控常态化管理，成立疫情防控专项领导小组，召开专题疫情工作部署会40余次，明确分工职责，修订、充实、完善疫情防控总体预案；对返简阳人员实施全覆盖排查，抓实重点场所和重点人员全程健康监测和居家隔离防控管理，每日对重点场所消杀2次并建立台账，重点场所从业人员定期核酸检测；实行“人防”和“技防”相结合，每日约40人次参与村（社区）疫情防控排查，同时组建疫情防控民兵应急排30人，日间累计开展巡逻1200余次；推进新冠疫苗接种，全年完成第一剂接种15629人（其中12～17岁1648人、18岁以上13981人）、第二剂接种15123人（其中12～17岁1312人、18岁以上13811人）、第三剂接种152人。

【浪漫石钟川红花开·天府本草中医药文化宣传活动】 5月6日，浪漫石钟川红花开·天府本草中医药文化宣传活动在前锋村举行。活动由石钟镇党委、政府主办，以"春游幸福成都·乐享美好生活"为主题，以花为媒、以节会友；依托前锋村红花蝴蝶谷近700亩花海，打造"浪漫磐石钟情一生"主题IP，策划集展呈体验、赏花游玩、教学科研、文化交流于一体的本草中医药文化旅游盛宴。活动现场设置中医药文化宣传展览、健康咨询、互动体验、科普实践活动、红花系列产品营销等6个展区，接受群众咨询5000余人次，义诊群众200余人次。中国网、中新网、红星新闻、封面新闻等省内外13家主流媒体刊发宣介文章、网评13篇，抖音、石钟镇微信公众号、石钟镇政务微博、"i简阳"App、微信朋友圈总浏览量超2.3万人次，转发点赞封面新闻、四川观察抖音等川红花报道近2000条，川红花成为简阳专属"浪漫"IP。前锋村道地灵草公司生产的川红花籽油与简阳羊肉汤等5个具有影响力产品获评简阳市首届天府旅游名品。

（范凤燕）

施家镇

【概况】 施家镇位于简阳市东南，是成都市东部门户镇，故称"东来第一镇"；东邻资阳市乐至县高寺镇，南接资阳市雁江区老君镇，西连平泉街道，北靠禾丰镇、云龙镇；镇政府驻施乐路132号。2021年，施家镇辖区面积96.54平方公里，其中耕地面积9.3万亩（水田2.4万亩、旱地6.7万亩、坑塘地等0.2万亩）；辖施家、金玉、平息3个社区和白羊嘴、悦乐、天才、兰坝、兴隆、信义、四益、龙河、法堂、裕丰、龙凤、义和、云林、张林、清水、新安、共裕17个村，有居民小组33个、村民小组146个；年末常住人口27619人，户籍户数17856户，户籍人口53174人（其中城镇人口5872人）；人口出生率4.7‰，人口密度550.8人/平方公里。

2019年，简阳市行政区划调整，撤销施家镇、平息乡、安乐乡，设立施家镇，以原施家镇、平息乡和安乐乡所属行政区域为施家镇行政区域。2020年1月1日，施家镇人民政府正式挂牌。施家镇属浅丘地貌，海拔368～511米，土壤以紫色土为主；属亚热带气候类型，各季多偏北风，年平均气温16.5℃。国道318、成安渝高速穿境而过，成都"三绕"高速出口距场镇10公里，在建的河东环线与现有交通路网以及拟建的成都东西城市轴线将构建"两高两快一轴线"的交通网络。施家镇与资阳市乐至县、雁江区相邻，是简雁乐农旅融合发展示范区；有水韵兴隆文旅产业园、阳春玉桃核心产业园、简州大耳羊产业园等五大产业园，以发展高端农旅农业为方向，以简州大耳羊养殖和水蜜桃、百香果、羊肚菌种植为主，大耳羊年出栏1万余只，种植水蜜桃1万余亩、羊肚菌1000余亩、百香果120亩。水韵兴隆文旅产业园是四川省最大的粉黛花田，阳春玉桃核心产业园是简阳市三星级现代农业园区。

2021年，施家镇农村经济总收入59072万元，比2020年增长13.4%；农民人均纯收入18411元，比2020年增长10.7%；财政收入5526.74万元，固定资产投资619.64万元。施家镇获评简阳市级先进集体9个、四川省级先进个人1人。

【金玉良薯产业发展】 施家镇金玉良薯项目全年完成薯类新品种金玉紫光育苗4.5亩、金玉白玉育苗1亩，在田栽植面积260余亩，平均产量1000公斤/亩；新建育苗大棚30亩；与四川省农科院四川省薯类创新团队、四川同创共享电子商务有限责任公司达成战略合作协议，以"科研团队+销售公司+集体经济+农户"模式，2022年拟在施家镇绿色低碳产业化发展新品种红薯3000亩。

【水蜜桃品牌打造】 施家镇打造水蜜桃高端品牌，3月举办施家镇第二届"阳春花谷·网络桃源"赏花节，创新开通"云赏花"线上窗口，开展桃源美景直播及秀桃花摄影展活动，线上征集"秀桃花"摄影作品200余幅，为水蜜桃上市营造氛围；5月举办施家镇首届"阳春玉桃"采摘节线上活动，"阳春花谷""阳春玉桃"在成都电视台公共频道、看度、网易、今日头条等

施家镇阳春玉桃现代农业园区（施家镇供图）

新闻媒体平台推广宣传，提升施家镇“阳春玉桃”知名度。施家镇阳春玉桃产业园全年销售水蜜桃650余万公斤，销售额3250余万元。

【阳春玉桃现代农业园建设】 阳春玉桃现代农业园主要包括施家镇云林村、清水村、义和村、张林村、平息社区等，计划占地面积8000余亩，拟投资5000万元，模式为“政府帮扶+专合社+社会资本”。施家镇以产业发展为抓手，推广优质水蜜桃种植，组建水蜜桃种植龙头企业和合作社，建成8000亩“阳春玉桃”产业园。“阳春玉桃”于2018年注册商标并获绿色食品认证，园区于2019年创建为简阳市三星级现代农业园区。园区集生产、生活和景观于一体，结合赏花、品果、钓鱼、摸虾等活动，发展乡村旅游，打造特色品牌；紧抓乡村振兴战略契机，形成集旅游观光、休闲娱乐、招商引资于一体的“节会经济”，已举办两届桃花赏花节、两届线上赏花节和首届水蜜桃采摘节。2020年底，园区初步建成。截至2021年年底，园区提升打造项目拟在施家镇云林村7组修建阳春玉桃分拣展示中心1座，用地面积369.46平方米，建筑面积679.20平方米，建设内容包括土建、装饰装修、安装及总图等工程；项目完成用地审批和发改立项。

【简州大耳羊原种产业园建设】 简州大耳羊现代农业园区涉及施家镇、平泉街道、禾丰镇共14个行政村，其中施家镇涉及四益村、信义村、龙河村、天才村、兴隆村，面积23.93平方公里（耕地面积2.18万亩）。园区计划占地面积240亩，拟投资2500万元，模式为社会投资，内容为国家级新品种大耳羊养殖；以产业壮大、农民增收为目标，推进品种资源保护，增强市场竞争能力、创响大耳羊品牌；以四川天地羊生物工程有限责任公司和简阳市信义山羊专业合作社为主要原种、基因保护场，开展大耳羊养殖，四川天地羊生物工程有限责任公司于2018年1月获“四川省级核心育种场”称号。2021年，园区规划建设简州大耳羊文化博览园。

【青花椒示范产业园建设】 青花椒示范产业园主要包括施家镇龙河村、信义村、四益村、法堂村等，计划占地面积8800亩，拟投资2500万元，模式为社会投资，内容包括青花椒种植和调味品深加工。施家镇坚持以“政府主导、部门主推、乡镇主抓、业主主体”为原则，强化科技支撑，整合发展资金，争创品牌，拓展市场渠道，同时建立相应配套基础设施和产业风险保障机制，推进青花椒产业高质量发展。项目于2019年开工，2020年4月底青花椒幼苗全部栽种完成，2021年部分青花椒苗初挂果。

【水韵兴隆粉黛花海景区建设】 水韵兴隆粉黛花海景区位于施家镇兴隆村（原四川省级贫困村），占地面积450亩。兴隆村利用自身资源优势，协同成都轨道建设公司、成都轨道城投集团、成都轨道运营公司、成都轨道资源经营公司以及四川省建筑设计院、中铁七局、中车成都公司等单位，打造“水韵兴隆”农旅融合示范项目。截至2021年年底，项目完成投资1200余万元，新建滨河道路3.2公里、景观钓鱼台1座、健身休闲场所1处、景观文化墙3处、绿植1100平方

建设中的宏得祠堂文化博览园（施家镇供图）

米、“农夫集市”1个、农耕文化体验区1个、“粉黛花田”80亩、柑橘种植300亩；新建游客接待中心1个、旅游厕所1个、农家乐（风情柴火鸡）1个，实现乡村振兴与脱贫攻坚无缝衔接，加强农文旅融合发展；举办三期“水韵兴隆粉黛花海”赏花节暨施家镇“一镇一活动”，吸引游客近5万人次，解决就业50余人，带动兴隆村经济效益上百万元。

【宏得祠堂文化博览园建设】 宏得祠堂文化博览园位于施家镇信义村1组，占地面积3亩，投资1000万元。2018年5月9日，简阳市人民政府与四川宏得建设集体有限公司签订宏得祠堂文化博览园项目投资合作框架协议。2019年10月11日，简阳市人民政府与四川福宏生态农业旅游开发有限公司签订投资协议。项目以乡村振兴为导向，以生态保护为原则，以创新农业发展为主线，开展农业（畜牧业）新品种繁育、展示，打造生态观光农业、体验农业、休闲农业、祠堂文化展示等农商文旅融合发展的乡村振兴示范区。博览园游客接待中心占地面积1600余平方米，建筑面积3880余平方米，于2020年9月开工修建，截至2021年年底基本完工。

【基础设施建设】 施家镇推进全域土地双挂项目，截至年底实施“双挂钩”项目2个，其中信义村等村“双挂钩”项目建新点1个，参与户数427户3000余人，已动工；悦乐村等村“双挂钩”项目建新点7个，安置户数192户600余人。施家镇推进2019年、2020年村组道路提升项目，2019年村组道路硬化项目74.03公里，完成路基46.74公里；2020年村组道路加宽项目57.90公里，完成路基13.98公里。阳化河防洪工程（第一期）总设计治理长度17.6公里，总投资7800余万元，截至12月完成前期占地协调和摸底登记。金玉场镇污水处理厂总投资1100万元，截至12月完成80%的主压力管线埋设。截至2021年年底，绿道景观改造项目已经立项，投资350万元，长度800米。

【社会事业】 截至12月，施家镇精准识别低保601户967人，发放救助金695.85万元；受保城乡特困470户470人，发放补助金591.66万元；临时救助54户118人，发放16.7万元；紧急临时救助1人，发放1000元；快速救助103户169人，发放4.26万元；发放80～90岁高龄补贴16789人次，90岁以上高龄补贴3144人次，其中百岁高龄77人次；为2217名奖扶对象发放奖励扶助金213.79万元，为82名特扶对象发放特扶金及慰问金88.64万元，为866名独生子女家庭发放奖励金5.2万元，奖励政策兑现率100%；农村妇女“两癌”免费筛查5100余人次，免费孕检1200余人次；为优抚对象发放优抚金，为退役军人发放八一慰问金，打造21个退役军人服务站；完成21个便民服务站点建设调试，举办“我们的节日”主题活动20余场，打造“三美”示范村19个、文明村20个；表扬优秀党务工作者6人、优秀党员44人、优秀基层党组织5个，慰问困难党员58人、60年党龄老党员138人次。

【新冠肺炎疫情防控】 施家镇推进新冠肺炎疫情防控常态化，创新运用GIS（地理信息系统）技术，梳理排查成资交界村组路口17个，绘制镇域疫情防控边界地图，建立疫情防控应急预案，守好简阳市东大门；构建全面部署、全体动员、全民参与的疫情防控体系，扭住村（社区）联防联控“关键点”，常态化督促镇村干部保持“亮码测温戴口罩”，做到规范管理、精准防控、方便群众；在显著位置张贴中高风险地区公告，派专人关注最新消息并动态更新，制作悬挂横幅60余条，分发倡议书1.2万余份，出动宣传车540余次，同时利用LED、广播、微信群等方式在人员聚集场所及重要路口进行政策宣传，提高群众抗疫意识；推进新冠疫苗接种，截至年底完成疫苗接种53879剂次，基本实现目标人群“应种尽种”。

【施家镇第二届“阳春花谷·网络桃源”赏花节】2月24日至3月1日，施家镇第二届“阳春花谷·网络桃源”赏花节采取“线下（阳春花谷景区）+线上（施家发布公众号、简阳平息阳春玉桃网）”的模式举行。活动内容包括“云赏花”“秀桃花”“领桃树”“品蜜桃”，其中“秀桃花”作品200余件，评出一等奖3名、二等奖6名、三等奖9名；“领桃树”1000余株，体验管护活动1次，参与游客100余人次，体验采摘1000人次，采摘桃子5000公斤；“品蜜桃”发放代金券1万张，签约销售伙伴50余家、桃子300万公斤，经济效益1800万元。施家镇邀请简阳市融媒体中心拍摄活动宣传片，推送至成都电视台、简阳发布、简阳之声、简阳在线、简阳网、简阳论坛等媒体，报道网络桃源赏花节，宣传水蜜桃产业内容。活动推文点击量上千人次，游客5000余人次。

【施家镇首届“阳春玉桃”采摘节】5月21—25日，施家镇首届“阳春玉桃”采摘节在云林村、清水村、义和村举行。活动开幕式在阳春花谷景区举行，举办歌舞表演、采摘体验、旗袍快闪、百人坝坝宴、农夫集市等特色活动。成都橙视传媒科技股份公司在今日头条、网易、看度App、看度粉丝俱乐部、成都电视台新闻中心、新浪微博发布《硕果挂枝头　施家产业兴》总结片、《首届“阳春玉桃”采摘节开幕　可以实现“桃子”“自由”了！》等推文。活动期间，5000余名游客体验采摘乐趣，品尝阳春玉桃；建立长期销售合作伙伴关系20余家，销售阳春玉桃25万公斤，获得经济效益100余万元。活动通过线上线下相结合的方式，探索“互联网+农业”新模式，拓展施家镇水蜜桃销售渠道，扩大产品知名度和影响力。

（杨志艳）

禾丰镇

【概况】禾丰镇位于简阳市东部，东邻云龙镇，南接平泉街道、施家镇，西连平武镇，北交三合镇；镇政府驻裕民街200号。2021年，禾丰镇辖区面积107平方公里，其中建成区面积1.4平方公里、耕地面积105481亩、林地面积53355亩；辖裕民、普安、禾丰、元吉、接龙、潮水6个社区和连山、安全、翰林、农民、火盆、牛心山、南山、蒋家桥、碑垭、丙灵、农云、民胜、城隍13个行政村，有村（居）民小组198个；年末常住人口31326人，户籍户数17679户，户籍人口59042人（其中城镇人口8025人）；人口出生率6‰，人口自然增长率1.8‰，人口密度293人/平方公里。

禾丰镇于2019年年底由原禾丰镇和普安乡合并组成，为典型丘陵地形，森林覆盖率33.2%。境内有始建于唐贞观年间的普照寺，建于清道光二十六年（1846年）的字库塔（四川省级文物保护单位）等文物古迹；水资源丰富，有环溪河、响水河等6条沱江支流，流域里程70余公里，小（二）型水库6座，拟建的毗河引水工程（二期）穿境而过。禾丰镇地处成渝连接线之间，是四川省“百镇建设行动”试点镇、四川省卫生乡镇、成都市重点建设特色小城镇、简阳市“1+3+N”城镇体系（以中心城区为核心，以禾丰镇、三星镇、雷家镇3个中心镇和其他特色镇为支撑的城市发展体系）中确定的中心镇。

2021年，禾丰镇固定资产投资完成0.53亿元，其中农业投资完成0.53亿元。禾丰镇完成村“两委”换届，选举产生新一届村（社区）“两委”班子成员134名，干部队伍结构优化，村（社区）干部平均年龄从46.13岁降至40.14岁，被评为成都市“两项改革”先进集体；推进城乡“厕所革命”，卫生厕所普及率达95%，被评为成都市“厕所革命”工作先进单位；开展“四川省级百强中心镇”申报，被列入“四川省级百强中心镇”候选名单；成功创建四川省“安全社区”、成都市安全生产监督管理规范化镇，被评为简阳市2021年度巩固拓展脱贫攻坚成果同乡村振兴有效衔接工作先进集体。丙灵村被评为2021年度四川省乡村振兴示范村，连山村被评为2021年度四川省乡村振兴重点帮扶优秀村，连山村、城隍村成功创建成都市党建引领城乡社区发展治理示范社区，农民村被命名为2021年度成都市实施乡村振兴战略推进城乡融合发展先进示范村（社区）。

【产业发展】禾丰镇核实各村三调图斑并纠错，与19个村（社区）签订“耕地保护责任书”，处理卫片执法35处违法建筑；发放惠农惠民补贴932.9万余元，耕

禾丰镇晚熟柑橘产业（禾丰镇供图）

地播种面积145369亩，粮食总产量32167吨，水产养殖总产量1300余吨，检疫出栏肥猪5.25万余头、大耳羊1300余只、家禽类11万余只，农业生产形势总体向好；有潮水片区高效化菜粮1.3万余亩，普安片区优质晚白桃7000余亩，碑垭片区简州晚熟柑橘、黄金柚8000余亩；在接龙片区发展以中国台湾泥鳅、澳洲小龙虾为主的特色水产养殖3000余亩，简阳特色大耳羊年出栏2000余只，生猪出栏6万余头。全镇有简阳市规模以上企业4家、重点食品酿造加工企业6家，年加工鲜椒6万余吨、青菜9万余吨，年产值2.6亿元，泡菜系列占成都市20%以上市场份额。德青源现代蛋鸡养殖公司年产蛋量1.8亿枚以上，年产值2.7亿元，远销省内外各大超市。

【基础设施建设】 禾丰镇规划建设村组道路130公里，完成73公里；推动环溪河大桥项目，完成大桥主体建设；推进4个在建城乡土地增减挂钩项目，建成房屋836户，完成永乐村、火盆村和磨盘村农民集中建房项目384户分房；推动农村旱厕改造，完成改厕5758户；建成日处理量160吨的禾丰垃圾压缩转运站；开展垃圾分类，新建标准垃圾分类收集房9个、垃圾分类收集点48个，实现19个村（社区）有害垃圾收集点全覆盖。禾丰镇有自来水厂1座，铺设供水管网400余公里，日供水量2000余立方米；有污水处理厂2座，日处理量2500立方米；有10千伏变电站和5千伏变电站各1座；有港华、蜀能2家燃气公司，燃气供给覆盖1.8万余户；有简阳市第四人民医院（二级乙等综合医院）、普安中心卫生院及20个村级卫生室；有标准化公办学校10所，提供九年义务教育学位6500余个；有农贸市场7处、蔬菜转运点1处、大型便民超市7处。

【人才队伍建设】 禾丰镇建成简阳市乡村振兴培训学校，夯实阵地建设；着力选好乡村振兴“引路人”，成立“新青年·学习社”，开展党性教育50余场，发放如何成为“新农人”、加入中国共产党、成为村干部等手册600余册，新发展党员21人，党管人才培养机制不断完善；持续实施“技能成都”简阳十大技能品牌培育项目，利用校企合作平台，开展订单式培训、企业新型学徒制培训；全覆盖建成村农技培训点，组织企业家、农业专家、农技能手等32人组成“帮帮团”，以老带新巡回开展农技培育；组织开展农民工创业、农村电商、养老护理、辣椒种植技术、柑橘病

11月20日，禾丰镇火盆村农民集中建房项目完工（禾丰镇供图）

禾丰镇丙灵村“简阳市返乡农民工创业示范园”（禾丰镇供图）

3月5日，简阳第九届桃花源赏花活动在禾丰镇连山村举行（禾丰镇供图）

虫治理等专业技能技术培训12场，培训700余人次；职业经理人增至48人，新型职业农民增至29名，组织参与大（中）专、本科及研究生学历提升56名，晋升专业技术人才5人。

【乡村创新创业】 禾丰镇探索“产、销、研”全覆盖保障体系，开展校地、校企合作，加快现代农业产业园区建设，开展藤椒、羊肚菌等“三品一标”认证，整合108家青年农民创业产业，成立简阳市农产品公共品牌“青创圆”，建立起社区和基地的销售桥梁；建立乡村创新创业“一站式”服务平台，研究制定产业帮扶方案，每年列出50万元专项资金扶持产业发展，吸引17名大学生回乡创业，成立农业专合社4家、家庭农场86家，全镇涌现出年产值超50万元的返乡“小老板”20余人。

【社会事业】 禾丰镇农村公益性岗位申报457人次，发放补贴资金22.85万元；开设劳务品牌培训班10个，培训411人次；完成农村房屋信息录入8300户，完成城镇房屋信息录入300余户；举办中大型文化艺术活动48场，举办简阳第九届桃花源赏花活动；各村（社区）举办大小型文化艺术活动353场；19个村（社区）通广播终端519组，其中应急广播终端371组、村村响广播终端148组；为特殊困难群体、重大疾病群体发放临时救助金13.99万元、快速救助金6.43万元；实行特困人员护理补贴制度，发放护理费55.42万元；开展精神障碍患者管理，摸底并统计全镇精神障碍患者信息，配合简阳市精神病医院开展严重精神障碍患者义诊，村干部和村医每月至少入户走访一次，掌握更新易肇祸精神障碍患者信息。

【新冠肺炎疫情防控】 禾丰镇联动党员志愿者、基层民警、乡村振兴工作队、网格员等327人组建禾丰镇“战旗红”志愿服务队伍，重点做好防疫知识宣传、重点人员排查、疫苗接种动员等工作，设置大型广告、道旗、横幅269幅，发放张贴宣传资料2万余份，“禾丰小城市”微信公众号发布防疫、社保、电信网络诈骗等新闻稿件165篇，总用户数从1000余人涨至6000余人，点赞数4000余人次，相关工作被《四川日报》报道；组织新冠疫苗接种，接种第一剂25720人、第二剂25119人；制定《禾丰镇大规模人群快速核酸检测工作方案》，培训核酸登记人员110人，指导20个大规模核酸检测点位修改完善方案，开展核酸检测演练，为大规模核酸检测做好准备。

【简阳第九届桃花源赏花活动】 3月5日，“爱成都·迎大运”简阳第九届桃花源赏花活动在禾丰镇连山村党群服务中心文化广场举行，为禾丰镇首届主办的桃花源赏花节。活动集文艺会演、特色农产品展示、赏花休闲为一体，设置特色农产品展示区，邀请四川省胜男农业开发有限公司、四川省简阳利丰食品有限公司、四川省简阳市合华食品发展有限公司、简阳市夏氏食品有限公司、简阳市雄州酿造厂、简阳市蜀丰食品有限公司、简阳市西豪食品有限公司、德青源现代蛋鸡养殖基地、简阳市天慧置业有限公司等企业展示展销鸡蛋、榨菜、泡菜等特色农产品，吸引上千人游赏。《成都日报》、简阳电视台等多家媒体对活动现场直播和采访报道。

【"青春向党·奋斗强国"暨实施"幸福美好生活十大工程"主题活动】 4月30日，"青春向党·奋斗强国"暨实施"幸福美好生活十大工程"主题活动在禾丰镇文化广场举行。活动由禾丰镇党委、政府，简阳市农业银行、简阳市工商业联合会禾丰分会和镇团委联合举办，为优秀学生发放书包、运动器材、寄语笔记本和助学金，学生代表上台对老师和企业们表达感谢。禾丰镇党委书记、农行简阳支行行长、教育督导组纪检书记以及禾丰镇各初中教师、学生代表共300余人参加活动。

（蔡佼杉）

三合镇

【概况】 三合镇位于简阳市东北部与金堂交界处，东接云龙镇，南连禾丰镇，西临平武镇，北靠踏水镇；镇政府驻南街119号。2021年，三合镇辖区面积43.5平方公里，其中建成区面积1.5平方公里、耕地面积39513亩（含田9194亩）；辖石岭1个社区和塘坝、利木、斑竹、石马井、沙河、靖水6个村，有村（民）小组80个；年末常住人口12321人，户籍户数5054户，户籍人口22157人；人口出生率5.91‰，人口自然增长率-2.75‰，人口密度283人/平方公里。

三合镇原名三合场，因清代陈王二姓在水磨河两源汇口处建场得名。1935年置三合乡，1961年改公社，1981年更名为三合场公社，1984年置三合场乡，1992年与塘坝乡合并，建三合镇。境内有简阳市现存第二大佛教寺院——河游寺。三合镇地处浅丘陵地带，海拔462～538米；属亚热带湿润季风气候，气候温和，雨量充沛，年降水量750～800毫米；水资源丰富，杨柳河、马骡河和阳化河均有分布。禾（丰）塘（坝）路、平（武）三（合）路穿境而过。

2021年，三合镇实现地区生产总值5.57亿元，其中第一产业3.06亿元、第二产业0.24亿元、第三产业2.27亿元；有企业2家，工业产值0.5亿元，实现利润1000万元、税金650万元，新增固定资产投资1.1亿元。三合镇获评简阳市级先进集体1个、简阳市级及以上先进个人5人次，被省级及以上主流媒体宣传报道13次。3月，三合镇、斑竹村、沙河村分别被命名为2020年四川省卫生乡镇、卫生村（社区）。

三合镇斑竹村生猪养殖场（三合镇供图）

【农业产业发展】 三合镇坚守耕地红线，协助完成卫片图斑核查50余处，拆除违法占地2处，整改非粮化土地10余亩；升级猕猴桃产业，落实"技术支持+专家指导+市场助销"举措，促农增收40余万元；通过到绵阳市安州区实地考察，新引进优质品种"杨氏金红1号"猕猴桃；帮助农户完成"阳光玫瑰"葡萄口感改良50亩，新发展榨菜、青菜100亩；新建规模化养殖场1家、在谈2家，出栏生猪2万头、大耳羊2000只。

【成都见蓉生态康养园建设】 成都见蓉生态康养园由三合镇和金堂县云合镇、成都市鑫中天农业有限公司共同打造，计划总投资6205万元，建设工期3年；占地面积2000亩，由卧牛山康养休闲娱乐区、资水河亲水体验区和杨家塥片区生态农业区三部分组成。2020年4月，项目规划编制完成，三合片区计划以流转和代种方式发展特色种植1200亩。2021年12月，项目土地利用规划报批。

【基础设施建设】 三合镇升级改造村组道路36公里，推进15公里禾塘路、7公里旅游环线公路建设；配合完成成都"三绕"三合段建设，开通农村公交线路3条；新建成提灌站4座、蓄水池13口，铺装场镇供水管网2.5公里；完成毗河供水二期工程三合段实物测量，实施惠及三合镇的三星南自来水管网改建项目；硬化生产便道20公里，铺设水渠11公里，培肥改良土壤6000亩，完成540亩"双挂钩"土地复垦；实施"双挂钩"项目2个，完成9个新村聚居点建设，

986户3455人搬进新居；利用街边闲置空地实施“微更新”项目10个，规划原地建设微绿地、小游园4处。

【农村5G网络建设】 9月，三合镇人民政府与中国移动成都分公司达成初步框架协议，第一阶段计划在石马井村1组、9组升级2处700M频段基站，实现近25平方公里的5G网络信号覆盖，前期投资100万元，9月底完成平台搭建。12月，石马井村5G网络开通，成为成都市第一个实现5G全覆盖的脱贫村。

【环境治理】 三合镇建立健全“7+1”［7个驻村工作组+1个镇纪委对村（社区）人居环境开展联合督查］常态长效督查机制，开展人居环境问题检查24次，打造农村人居环境示范点7个；推进“三大革命”，厕改完成3045户；整治入河直排15处，关停违规企业作坊7处，改建排污管网8.2公里，三合镇污水处理厂、塘坝居民生活污水消纳池相继投用，污水偷排乱排问题有效根治；对照简阳市河长制工作要求，制定工作方案4个，督办简阳市级部门交办问题10个；开展专项清理活动18次，投入人力300余人次，打捞漂浮物12吨，清理河岸垃圾2.7吨；开展企业环保排查37次，帮助2家能耗企业完成环保技改，整改落实央督反馈问题1件。

【社会治理】 三合镇推进社区治理“七大场景”建设，运用推广“332”（打造民主协商场所、协商组织、协商网络，落实书记召集、民意委托、七步议决制，开展定期自评、群众测评）群众协商共建机制，推进村民协商制度化、规范化和程序化；推进平安建设、安全宣传月、“八五”普法、“6·26”禁毒宣传等活动；开展“三张清单”防控化解，推动历史遗留问题、突出信访问题、重大社会矛盾纠纷问题处理化解，解决历时12年的镇政府办公大楼项目资金遗留问题；“双清”（户籍人口和实有人口清理率）任务完成率居简阳市前列，重点人员、重点人群得到有效管控；完成违规宗教庙宇拆除；推进网格化服务，推进“一标三实”人口信息采集校正；修订完善4个专项应急预案，基本建立应急处突框架体系；组织开展企业安全和环保排查37次，全年无较大安全事故；开展汛期防火、森林防火整治等应急演练11场次。

10月12日，三合镇第四届“金秋十月·醉美三合”旅游活动举行（三合镇供图）

【社会事业】 三合镇城乡居民医疗保险、养老保险参保2万人次，电子社保卡签发率居简阳市第三；发布就业招工信息，帮助45名群众实现就业，9月获评简阳市2020年度基层就业和社会保障工作先进单位；创建全国乡镇示范型退役军人服务站，完成四川省级、成都市级民生工程及民生实事项目7项；推进贫困户动态管理，全镇无一人因病因疫返贫，迎接脱贫攻坚省检并顺利通过；通过财政专项扶贫资金项目镇市两级验收，完成2014—2020年度扶贫资金项目统计和扶贫资产移交；建成三合学校、三合中心幼儿园并投用，新建卫生院项目主体完工；举办“迎端午、庆中秋”“金秋十月·醉美三合”系列文体活动8场次，利用场镇闲置空间打造健身角3处、广场舞点位9处；常态化开展疫情防控，成都市发生疫情后，组织干部每天4次全覆盖巡查，发现并整改问题26类237个；推进新冠疫苗接种，12～17岁疫苗接种完成913剂次，3～11岁疫苗接种完成882剂次、居简阳市第二位。

（赵　芸）

平武镇

【概况】 平武镇位于简阳市沱江以东，东邻禾丰镇、三合镇，西连东溪街道、石钟镇，南依平泉街道，北靠青龙镇、踏水镇；镇政府驻柴市街50号。2021年，平武镇辖区面积42.82平方公里，其中耕地面积39715亩；辖胡家街、进化、黄桷堰3个社区和高坡、木桥、皮匠街、尤安、八角5个村，有村（居）民小组81个；

年末常住人口14053人，户籍户数7869户（其中农业户7127户、城镇户742户），户籍人口24719人（其中农业人口23303人、城镇人口1416人）；人口出生率4.87‰，人口自然增长率 –3.01‰。

1935年平武乡设置，1958年改公社，1984年复置乡，1992年建镇。辖区有语录塔、玉临庵等文物古迹；有渝蓉高速、螺简路、金简路、三平公路以及主要道路禾丰连接线，交通便捷；有小（二）型水库6个，集水面积9.79平方公里，总库容量231.65万立方米。

2021年，平武镇实现地区生产总值5.03亿元（其中第一产业1.58亿元、第二产业0.52亿元、第三产业2.93亿元），固定资产投资5000万元；农民人均可支配收入25751元，村集体收入3638万元。平武镇获四川省卫生乡镇、成都市乡村振兴先进镇等称号，创建四川省级乡村振兴示范村1个、四川省级先进基层党组织1个、四川省级“四好村”2个、四川省级卫生村7个、“美丽四川、宜居乡村”达标村7个、成都市级乡村振兴示范村2个、成都市级“三美”示范村1个、成都市级文化振兴样板村1个、成都市AAA林盘景区1个。

【农业产业发展】 平武镇坚持发展以桃为主的特色桃产业1万亩，发展订单农业5000亩，推进伏季水果产业园建设；加大农业专合社扶持力度，有农民专业合作社23家、家庭农场63家，流转土地7228亩，带动周边农户3412户；办理农业机械购置机具12户、19台，申报补贴资金19.252万元；开展春、秋两季畜禽防疫检疫，争取财政项目补助资金15.87万元。

【乡村振兴】 平武镇向上争取财政推进衔接乡村振兴补助资金1257.73万元，建设产业道路4.2公里，整治塘堰2口，修建蓄水池6口；高标准农田建设产业道路12.51公里，整治塘堰23口，修建排水渠4.25公里，整治土地1291亩；加强村闲置集体资产整理，实施八角村小提升改造等项目，推动八角村等5个村（社区）实体化运营；推进实施尤安村桃产业园区配套设施建设，提升四川省级重点帮扶村高坡村基础设施建设和集体经济产业发展项目；推进路网建设，启动实施2019年、2020年道路建设硬化项目，扩宽1.7公里，硬化11.8公里，推进乡村旅游环线AB线共10公里白改黑建设；完成黄桷堰社区15社提灌站建设；协助尤安村股份经济联合社实施2021年机耕社会化服务2000亩，服务农户854余户，为专合社争取社会化服务补助资金7.2万元；加快农商文旅融合，建成和乐尤安AAA林盘项目，推进虾笣塘林盘、夫妻树林盘等乡村振兴示范项目建设。

【成都市AAA级林盘景区创建】 平武镇以川西精品林盘保护性修复为核心，依托现有田园综合体，围绕荷塘、水库等地利资源建设游客接待中心、假日酒店、特色民宿、船坞餐厅、钓鱼台、观景绿道和栈道、亲子游园、

平武镇尤安村新农村聚居点（平武镇供图）

观景平台等；在农村宜观宜游上下功夫，深入探索文旅结合模式，布局“文创+游玩+餐饮”于一体的休闲度假产业体；依托简阳市美术协会，开办尤安村农民画艺术馆，以农民画艺术形态展示尤安村生产生活新风貌；深挖天府农耕文化，举办简阳市胭脂脆桃采摘节和桃花赏花节等旅游节庆活动，组织游客参与农耕民宿体验，形成春赏花、夏摘桃、秋捕鱼、冬品羊等旅游产业。11月26日，成都市旅游标准评定委员会公布成都市第四批A级林盘景区名单，和乐尤安景区上榜AAA级林盘景区。

5月21日，2021年简阳胭脂脆桃采摘活动开幕式在平武镇尤安村举行（平武镇供图）

【环境治理】 平武镇以皮匠街村为示范，加快全域“五美庭院”示范建设，美化农村人居环境；完成户厕改造47户；实施2021年沼气池运维管护项目32户，争取项目补助资金1.28万元；推进生活垃圾全体系建设，新建生活垃圾收集站1座、农村规范化垃圾房8座，改造提升具备分类投放功能垃圾点98个，生活垃圾实现“村收集、镇转运、县处理”，全年未发现非正规垃圾点；开展日常河道清漂20余次，投入江南河河道清漂专项经费13万余元；巡河上报问题176个，处置问题176个；完成央督、省督，查处1家散乱污企业。

【社会事业】 平武镇有农村低保181户283人、城市低保4户4人享受最低生活保障政策，所有低保群众均实行台账管理，做到“应保尽保”；组织7866人参与农村小额保险，312人参与夕阳红意外保险；为重度残疾人发放重度护理补贴2969人次，资金25.99万元；为低保户或者低保边缘户残疾人发放困难残疾人生活补贴1323人次，资金52.74万元；为事实无人抚养儿童2人发放基本生活补助金3.24万元，为困境儿童3人发放基本生活补助金1.46万元，为散居孤儿1人、感染儿童1人发放基本生活保障补助金3.24万元；有集中供养特困人员53人，分散供养特困人员200人；为80～90岁高龄老人660人、90岁以上高龄老人127人发放津贴100余万元；为714名持证残疾人提供量化服务，争取各项福利待遇，“走基层·送温暖”慰问残疾人17人；城乡居民医疗保险普通人群参保人数15636人，特殊人群参保人数2468人，做到“应保尽保”；城乡居民养老保险参保3650人；发放社会保障卡800人次；完成农村劳动力转移12468人，劳务收入15536.65万元，新增就业392人。

【新冠肺炎疫情防控】 平武镇坚持党委统筹、各部门配合、村（社区）具体负责的方式，按照属地管理原则明确责任，按照驻村工作原则实行“镇干部包村（社区）、村（社区）干部包组、社干部包人”的工作方式，网格化开展疫情防控；运用流动宣传车、广播、LED、媒体公众号等载体线上线下开展疫情防控知识宣传，截至年底组织志愿者发放疫情防控知识宣传单1000余份，安排人员流动宣传巡查200余人次，悬挂宣传横幅20余幅，不定期微博、微信推送疫情防控信息；按照分片分村的方式走村入户，针对重点场所管控是否到位、居家隔离人员隔离措施是否落实、重点地区人员摸排是否到位等重要环节加强落实，确保摸排全方位无漏洞；针对疫情防控形势，在镇场镇口、交通主干道及各村（社区）道路入口设立疫情防控监测点，每个点位均安排人员轮班值守，做到疫情防治不结束不撤岗，登记监测流动人员特别是返乡人员，重点巡查镇、村（社区）茶馆、超市、小区、场镇等场所，确保居民做好防护措施、不聚堆。

【简阳胭脂脆桃采摘活动】 5月21日，简阳2021年胭脂脆桃采摘活动开幕式在平武镇尤安村举行。活动由简阳市文化体育和旅游局、简阳市文旅产业发展服务中心指导，平武镇党委、政府主办，云龙镇党委、政府协办。开幕式当天吸引游客1000余人次，销售胭脂脆桃2500余公斤。

（兰　煊）

云龙镇

【概况】 云龙镇位于简阳市东部，距成安渝高速、成都“三绕”高速9公里；东与资阳市乐至县大佛镇交界，南连涌泉镇，北接金堂县云合镇、土桥镇，西与禾丰镇毗连；镇政府驻云西街40号。2021年，云龙镇辖区面积119.7平方公里，其中耕地面积112244亩；辖云龙、爱民、千佛、庄元、鱼荐、云峰、金马、五合8个社区和中峰、万安、团碾、老河、石塔、新乐、龙潭、青锋、红旗、石佛、桤木、海棠、红坝、翻身、全胜、方井16个村，有居民小组90个、村民小组133个；年末常住人口26783人，户籍户数22078户，户籍人口70379人（其中城镇人口7673人）；人口出生率10.79‰，人口自然增长率4.37‰，人口密度约224人/平方公里。

云龙镇以境内名山云峰山、千年古寺勾龙寺各取一字得名。2019年，简阳市部分乡镇（街道）行政区划调整，撤销金马镇、五合乡，将原金马镇、原五合乡所属行政区域划归云龙镇管辖。2019年12月31日，云龙镇人民政府挂牌。2020年4—5月，云龙镇实施辖区内47个村（社区）建制调整改革，47个村（社区）调整为24个。云龙镇属浅丘地带，平均海拔420.5米，最高海拔584米（仁和寨山顶）；地势东北高、西南低，山丘起伏，沟长谷宽，土壤棕紫色，中性偏碱，岩层水平波状；属亚热带湿润季风气候，冬暖夏热，雨量适中，日照较少，年平均气温16.5℃~17℃，年平均降雨量800毫米，霜期短。云龙镇特别的土壤土质和气候，种出的红薯和桃子、柑橘、梨子、草莓等风味独特、商品性好，远近闻名。境内有小（一）型水库百堰水库、七零水库、胜利水库，小（二）型水库高堰水库、龙安水库、方井水库、龙潭水库，库周风景秀丽。索溪河（阳化河支流）绕西北经万安村、鱼荐社区，再转南入施家镇。龙潭小溪、清水河过境流入索溪河。高庙子小溪发源于境内千佛社区高庙子山脚下，流经千佛社区、爱民社区、云龙场镇、庄元社区、鱼荐社区，在鱼荐滩汇入索溪河。

2021年，云龙镇实现地区生产总值14.31亿元，其中第一产业增加值62410.09万元、第二产业增加值13445.20万元、第三产业增加值67255.70万元；农民人均可支配收入17500元。

云龙镇七零水库春景（云龙镇供图）

云龙镇龙潭村金秋砂糖橘产业园（云龙镇供图）

【农业产业发展】 云龙镇大春播种面积103109亩，总产量40349吨，小春播种面积65713亩，总产量12100吨；生猪常年存栏23860头，出栏45000头，比2020年增长0.3个百分点；山羊常年存栏4680只，出栏8500只；小家禽畜存栏23.2万只，出栏32万只。云龙镇发展以胭脂脆桃、金秋砂糖橘为主的特色林果业并初具规模，以胭脂脆桃为主的桃产业超1.2万亩、金秋砂糖橘3000余亩、冬草莓1000余亩；通过镇农业部门、产业协会、各村（社区）形成合力、共享资源，开展业务洽谈、扩展销路，桃产业产值8000万元，金秋砂糖橘产值1800万元，冬草莓产值1200万元。云龙镇一号工程——德青源（简阳）现代蛋鸡产业示范项目初步建设完成，主体建筑化肥厂、鸡蛋厂、饲料厂均建成，其中化肥厂、鸡蛋厂投入生产。

【乡村振兴】 云龙镇向6个脱贫村调整轮换乡村振兴驻村工作队，3个四川省级乡村振兴重点村新派驻村工作队，1个四川省级经济薄弱村新派第一书记；探索“村级集体经济组织+”模式，引进彭州涌泉冷水渔业有限公司，培育农民专合社112家，新发展大棚种植1000亩，实现农村集体经济收入429万元；促进农旅融合，举办特色采摘节，组织承办简阳市2021年胭脂脆桃采摘节云龙分会场系列活动，吸引游客近万人，实现旅游收入500万元。云龙镇创建为成都市乡村振兴示范镇，获评2021年度成都市实施乡村振兴战略推进城乡融合发展先进镇，入围四川省首批100个魅力乡镇。千佛社区入选首批成都市乡村文化振兴样板村。

【基础设施建设】 云龙镇实施涉及18个村（社区）共53.6公里的村组道路硬化项目，完成云龙至平息路段道路改造，兰家桥改造施工；新建公共停车场1座，新增停车位42个，缓解场镇停车问题；完成2021年

9月，云龙镇参加四川省首届乡村文化振兴魅力乡镇竞演大赛，并获成都赛区优秀奖（云龙镇供图）

农村垃圾房项目，建设正规垃圾收集房24座，24个村（社区）全覆盖；推进农村生活垃圾减量化、无害化、资源化治理，完成翻身村垃圾分类池新建；加大水环境治理力度，完成场镇污水处理厂收集管网建设，整治云龙场镇、金马场镇、五合场镇污水管网；治理103个聚居点农村生活污水，截至年底完成82个；完成五合社区、红旗村2021年农村生活污水治理“千村示范工程”项目。

【水环境治理】 云龙镇开展拉网式排查，发现管网损坏、河墙渗漏等问题190余个，逐一制定解决方案，全部整改完成；出台污水治理考核办法，明确社区对场镇水环境治理属地责任，分段划分责任片，推动形成责任、管理、落实、受益的运维管理体系。乡镇污水处理厂收集管网建设项目竣工投用，水环境得到改善，治理效果得到群众好评。

【社会治理】 云龙镇加强平安建设，人防物防技防结合，建立“红袖套”分级响应机制，提升治安防控体系整体效能；成立镇、村（社区）人民调解委员会，设立90个百米服务圈点位，调解矛盾纠纷事项85件；结合“我为群众办实事”“两访两送”等专项活动，针对不同群体不同需求，分层次分对象，灵活制定策略方案，多方联动，合力化解遗留矛盾、破解群众难题，处理社会矛盾195件；解决龙兴商厦一期办证和德青源养殖场项目搬迁安置两个群体性矛盾风险问题，提高群体性社会风险防控能力，巩固“党建引领、群众信任”基层社会治理格局；接待群众来访235人次，收集建议18条，线上线下代理群众信访32件；开展打击网络电信诈骗犯罪专项行动，对重点人员建立“一人一档”，推广注册“国家反诈”App、“蓉城反诈卫士”App；推进禁毒工作，全覆盖排查易涉毒场所和种植毒品原作物情况，管控吸毒人员；创建“四川省安全社区”并通过初评，10个“成都市综合减灾标准化社区”均通过验收；食品药品安全工作上半年考核得分排简阳市镇（街道）第一位，保障居民食品安全。

【社会事业】 云龙镇开展供养照料，对581名散居特困人员落实日常照料护理服务，2626名残疾人家庭医生签约服务实现全覆盖；为2380名80岁以上老人发放高龄津贴，为600余名经济困难老年人申请养老护理补贴；组织召开送岗下乡招聘会，进场求职500余人次，与企业达成就业意向20余人次；开展劳务品牌培训8期，培训种类6种，培训人数330余人次；实施“文化惠民”工程，开展新时代文明实践站、所创建，鱼荐社区创建为简阳市“三美”示范村、文明村；组织实施文明实践专项行动，开展“最美庭院”等评先评优活动，开展环境卫生、走访慰问志愿者活动100余次。

【非遗文化传承】 云龙镇宣传非遗项目云龙水酥，举办水酥大赛、品尝会等；寻找非遗传人，4月云峰社区居民杨保军被评为“空心泥塑技艺”四川省级非遗传承人；挖掘非遗文化，申报非遗项目，9月云龙小学创建为成都市“非物质文化遗产传承基地”。

【新冠肺炎疫情防控】 云龙镇联动村（社区）“两委”、网格员、志愿者等基层力量入社入户摸底，开展地毯式排查，确保不漏一户、不落一人，落实“四早”工作要求；详细摸排重点地区返乡人员，掌握情况，建立动态台账，进行台账式管理；宣传防疫知识，呼吁少扎堆、不信谣、不传谣，在人员密集公共场所戴好口罩，做好个人防护；针对超市、餐馆等重点场所要求对到访人员测体温、扫两码、四查验，并全程佩戴口罩，做好登记和消毒记录。各村（社区）细化核酸检测方案，购置物资，规范规划核酸采样现场，划分等待区、登记区、采样区等，设置隔离带、一米线，组织志愿者服务队现场引导；提前统一培训核酸检测现场工作人员，熟悉四川省核酸检测系统操作流程，确保有序完成；核酸检测点位开展大规模核酸检测演练，完善应急方案。云龙镇多次召开接种新冠疫苗推进会议，部署疫苗接种要求、计划和具体实施步骤，成立专班、指定专人负责全程跟踪，确保实现“应种尽种”；对24个村（社区）疫苗接种前的人员信息再摸排、再核查，提前做好信息统计和疫苗接种预登记，合理安排接种建议时段；优化疫苗接种点等候区、接种区、留观区等区域划分及人员安排，工作人员答疑解惑、提供服务。截至年底，云龙镇完成新冠疫苗接种6.51万剂次。

（先倚汶）

涌泉镇

【概况】 涌泉镇位于简阳市最东端，东与资阳市乐至县高寺镇接壤，南接施家镇，西北靠云龙镇；镇政府驻泉井街72号。2021年，涌泉镇辖区面积37.5平方公里，其中耕地面积23127亩（旱地面积15032亩）；辖涌泉1个社区和文会、凉塘、齐心、崇心、清河、同德、石柱7个村，有村（居）民小组69个；年末常住人口9928人，户籍户数5747户（其中农业户5325户、城镇户422户），户籍人口17977人（其中农业人口15634人、城镇人口2343人）；人口出生率0.75‰，人口自然增长率-0.14‰，人口密度479人/平方公里。

涌泉镇历史民俗底蕴深厚，有涌泉寺、天池寺、老庙子、魔岩造像、邱家祠堂、场镇民俗建筑等文物古迹；气候温和，雨量充沛，水资源丰富，索溪河与小溪在场镇交汇，有小（二）型水库1座；生态保护成效显著，森林覆盖率高；农业用地为典型的丘陵地形，具备发展种养循环农业和文化旅游优势，"一村一品"乡村品牌打造成果突出，其中以小龙虾养殖和中药材、蜂糖李种植较有特色。简乐路穿境而过。

2021年，涌泉镇实现地区生产总值3.86亿元，其中第一产业1.3亿元、第二产业0.33亿元、第三产业2.23亿元；实现财政收入1940万元，固定资产投资9000万元，畜牧业收入4196万元；农村居民人均收入19538元。涌泉镇获评成都市级先进集体1个，被成都市及以上主流媒体宣传报道6次。石柱村被命名为2021年四川省卫生村（社区）。涌泉镇中心小学被命名为2021年四川省卫生单位。

【农业产业发展】 涌泉镇全年粮食播种面积23659亩、总产量8981吨，种植其他经济作物21795亩；完成占地面积407亩的涌泉镇简州大耳羊养殖项目场平，开展招商引资，带动凉塘村集体经济收入200余万元，支付农户土地流转租金、青苗补偿等费用208万元；以"四合一"改革为契机，完善"龙头企业+合作社+农户"发展方式，发展"生猪+""稻虾"等种养循环项目，土地流转9926亩，成都市示范农场名录录入10家，打造涌泉小龙虾、崇心村蜂糖李、凉塘村柑橘等品牌。

蜂糖李成熟了（涌泉镇供图）

【乡村振兴】 涌泉镇以党建引领脱贫攻坚向乡村振兴衔接发展，申报四川省级及成都市级重点帮扶村2个，配合完成市镇村三级力量驻村帮扶，下派第一书记2名，落实返贫动态监测，村集体经济购置挖机、垃圾车用于机械租赁和村内环境治理等；配合简阳市规自局完成4处图斑整改、复耕；免疫接种猪瘟39854头、口蹄疫27635头、禽流感71099只，重大动植物疫病防控稳定；常态监督12家农资销售经营单位、31家农业生产家庭农场和专业合作社；坚实党对人才工作的领导，从家庭农场中发展党员1名；组织农技、就业等技术培训11场，培养农业职业经理人14名、农民精英1名。

【基础设施建设】 涌泉镇推进土地挂钩项目，在全域城乡建设用地增减挂钩项目开展宣传动员、基础资料收集等工作的基础上，向上对接，待成都市批复后实施，齐心村小挂项目主体建设完成；推动交通建设，2019年乡道提升项目完成52.09亩新增占地土地青苗补偿和42处杆线迁改，2019年简阳市村组道路硬化项目（第一批）于2021年3月进场开工，完成177亩新增占地用地保障，完成崇心村等4个村道路路基平整；完成两河口桥设计备案等前期工作，项目资金文件得到批复，进入招投标程序；争取崇心村新桥改造项目，完成设计；完成12座危桥技术鉴定，向简阳市政府申请项目建设；加强农田水利建设，崇心村完成新建提灌站1座，凉塘村完成田埂、沟渠整治1500米，建设成都市高标准农田2万余亩。

【生态环境保护】 涌泉镇打赢生态保护“三大战役”，开展河流截面抽样整治，划定禁养区，结合两级河长制巡河机制立巡立改；推进土壤污染面治理，下沉指导农药肥料使用量；加强大气污染治理，秸秆还田综合利用5500余亩，实现全年“零”山火。涌泉镇深化人居环境整治，完成农村户厕改造40户，填埋处理露天粪坑75个，新建垃圾处理站点1个；制定340户污水管网支管网接入计划，完成一批次120余处污水管网综合整治，投资90余万元开展污水整治；打造以“秀美宜居”为特征的社区场景，完成社区“微更新”项目2个；推进垃圾分类，建设垃圾中转站1个、垃圾池123个；加强卫生创建，促进居民文明素质提升，宜居卫生乡村建设卓有成效。

【社会治理】 涌泉镇投资50余万元实施智慧安防治理系统建设，为“智慧社区”建设提供技术支撑；发挥社区干部作用，发动社区群众参与，推进扫黑除恶，举行“铁腕肃毒”三年攻坚行动誓师动员大会，开展禁毒宣传15场次，吸毒人员全部造册管理，强化排查保持禁毒高压态势；16名专兼职网格员下沉网格，做好重度精神病患者动态管理，未出现肇事肇祸情况；制定打击治理电信违法犯罪专项方案，发放反诈宣传单、反诈骗公开信7000余份，张贴海报100余张，制作宣传栏30个，召开反诈骗会议20余次；重要时间节点每日研判，处理上级信访派件147件；掌握社情民意，调解矛盾纠纷，未发生重大影响群体性事件及个人极端事件；建立消防安全、房屋安全等管理台账，落实风险隐患整治，更换消防器具，在道路桥梁增设凸面镜、减速带，对危房拉设警戒线或贴牌警示；强化综合应急救援队伍及信息员专业技术训练，组织大型消防安全培训1次；开展安全生产宣传20余次，发放防灭火宣传材料1万余份，LED滚动刊播防灭火宣传标语300余次；落实坝坝宴规模备案和管控；设立交通警示案例立牌10块，配合查获酒驾40余起。

12月8日，简阳市“铁腕肃毒”三年攻坚行动誓师动员大会涌泉镇分会场（涌泉镇供图）

【社会事业】 涌泉镇为193名特困人员发放特困人员护理费26.6万元，上卡直发高龄老人生活补贴81.17万元、临时补助6.64万元、快速救助1.95万元，为237名老年人提供居家养老服务，为285名低保、特困老年人完成适老化改造，申领电子社保卡4849人；组织公益电影展览等活动131场次，其中文化活动108场次、科技阅读活动23场次，获“文化四季风·欢歌庆秋”简阳赛区一等奖、“文化四季风·劲舞暖冬”比赛简阳赛区三等奖、2021年简阳市职工气排球比赛第二名；落实义务教育均衡，学校入学率100%；落实奖励扶助490人，为24名离职乡村医生办理保障性待遇；加强艾滋病防治知识教育宣传，针对性开展打击“两非”（非法鉴定胎儿性别、非法终止妊娠）工作2次；做好就业服务，每月推送招工信息18条，输出劳动力7360人，开发公益性岗位70人次，召开线上招聘会2场；做好退役军人事务，完成全国示范型退役军人事务服务站创建，提档升级8个村级退役军人服务站，镇村两级退役军人服务体系日趋完善。

【新冠肺炎疫情防控】 涌泉镇充实疫情防控指挥部力量，组建疫情防控各专项小组，构建横向到边、纵向到底指挥体系，推动防控责任落实到村（社区）、到组到户；强化宣传，开展疫情防控志愿服务等活动1000余次，利用专题宣传栏、横幅、疫情防控服务专线、微信公众号构建线上线下立体宣传阵地，提升全民防控意识；抓好疫情常态化防控，落实重点人员闭环管理及“五包一”社区防控责任制，“人防+技防”织密疫

12月15日，2021年涌泉镇第二届柑橘采摘活动暨运动会举行（涌泉镇供图）

情防控网；加强人员排查和社区报到，严控密集场所人员流量，摸排重点人员22人，管控重点人员及家属35人，组织四类人员、“五小”行业从业人员、一线排查人员核酸检测355人次；落实新冠疫苗接种，全年龄段与加强针接种6547剂次。

【涌泉镇第二届柑橘采摘活动暨运动会】 12月15日，2021年涌泉镇第二届柑橘采摘活动暨运动会在涌泉社区开幕，来自8个村（社区）的村民代表及社会各界人士等120余人参加开幕式。活动由简阳市文化体育和旅游局、简阳市文旅产业发展服务中心指导，涌泉镇党委、镇政府主办，涌泉镇民生服务办、综合便民服务中心、农业综合服务中心承办，涌泉社区、鼓楼山家庭农场合作社协办；设有文艺演出、采摘活动、有奖问答、运动会比赛环节，其中文艺会演和互动游戏赢得现场观众的喝彩和掌声。

（蒋　萍）

三星镇

【概况】 三星镇位于简阳市东北部，东邻踏水镇，南连青龙镇，西接宏缘镇，北靠成都市金堂县；镇政府驻双桂村四组60号。2021年，三星镇辖区面积89平方公里，其中建成区面积0.63平方公里、耕地面积66平方公里、林地面积15平方公里；辖利济、新星、同合3个社区和双桂、共和、民桥、水泉、宝莲、蟠龙、游林、胜天、平江、桐麻岭、雷公庙、柑子、干石山、三沟、秀阳15个村，有村（居）民小组212个；年末常住人口30542人，户籍户数17301户，户籍人口51272人（其中城镇人口2699人）；常住人口出生率6.79‰，人口自然增长率-1.79‰，人口密度343人/平方公里。

三星镇于清乾隆二十三年（1758年）建场，1970年设三星区，1985年2月区改镇。2019年，因简阳市行政区划调整，与原新星乡、原同合乡合并为三星镇。三星镇四面环山，风景秀丽，人文辈出，历史文化底蕴丰厚，有利济桥、蟠龙村等文物古迹；地貌以丘陵为主，属亚热带季风气候，气候温和，雨量充沛，冬季几乎无降雪，夏季高温多雨。三星镇是简阳市新一轮发展确定的三个中心镇之一，以乡村振兴发展为主线，围绕“一核一廊两带三区”工作思路，聚焦聚力强基础补短板、抓项目促改革、谋发展求创新。

2021年，三星镇实现地区生产总值12.91亿元（其中第一产业4.21亿元、第二产业1.25亿元、第三产业7.45亿元），比2020年增长6.35%；农民人均纯收入21000元，比2020年增长10%；新增固定资产投资完成5000万元。三星镇获“成都市征兵工作先进基层单位”“简阳市脱贫攻坚工作先进集体”“简阳市农村集体经济发展先进集体”“简阳市重点项目建设工作先进集体”等称号15项，农业发展、民生保障、社会治理等重点领域成效显著。

【农业产业发展】 三星镇优化产业动能，完成1.3万亩高标准农田扫尾，发展特色种植业5000余亩、养殖业3000余亩，建成简阳市级晚白桃现代农业园区，构建起“园区联基地、双驱带农户”的现代农业发展格局；推进农业品牌发展战略，做好油橄榄、水蜜桃等5个特色农产品策划包装，壮大“双桂瓜蒌籽”“共和鲜”等当地品牌知名度，延长农业生产链，提升附加值，实现群众致富增收；实施以共和村、雷公庙村为核心的农商文旅融合发展规划建设，打造“未来之星”和“杨袁家庭农场”网红打卡地，完成51个家庭农场提档升级，农旅融合发展先行区初具雏形；以农村“四合一”平台为抓手，利用产业帮扶资金，保障62个农民专业合作社良好发展，金盆庙村养猪场、秀阳村美美兔业、双桂村瓜蒌种植等集体经济优质项目成效凸显，全镇实现集体经济增收40万元，村级经济自我“造血”功能增强。

【基础设施建设】 三星镇实施60余公里村组道路建设，推进金简仁快速路、三踏路、三红路、新双路4条道路建设；完成毗河供水一期工程建设并试通水，推进毗河供水二期工程和简阳市河东片区水美乡村示范区（毗河一期斗农渠建设）项目前期准备；新建污水主管网550米、支管网3800米，完成2个二级场镇污水处理项目建设，完成8个农村聚居点污水收集配套设施新建完善，完成共和村“双挂钩”聚居点2台一体化污水处理设备安装调试并投入运行；投入资金142万元，完成农合水库、三合水库、狮子水库、共和水库维修整治；开展拆违治违专项行动，拆除违章搭建80处2500余平方米，遏制乱搭乱建、违法占地等行为；改造建设17个标准垃圾房、60个农村垃圾点位，保障垃圾分类有序开展。

【土地综合整治】 三星镇全域土地综合整治项目由四川商投汇成土地整理有限公司投资建设，总投资1.8亿元，总规划面积40万平方米，涉及原三星镇16个村。项目以产业促新村的思路，以推动新农村建设、促进城乡一体化发展和推动新型城镇化建设为目的，与高标准农田整治、农村土坯房改造、川西林盘保护修复项目相结合，2021年投入资金7000万元，重点实施胜天村城乡建设用地增减挂钩项目、游林村城乡建设用地增减挂钩项目、原巩固村城乡建设用地增减挂钩项目、原冬水村城乡建设用地增减挂钩项目、原众合村城乡建设用地增减挂钩项目等5个项目房屋及配套设施建设，涉及参与农户487户1461人，拆旧面积400亩，建新房占地面积62亩，预计节约土地253.95亩。

【社会治理】 三星镇狠抓安全生产隐患排查治理，检查生产经营单位788次，排查隐患532处，建立隐患整改排查台账500余份，发放提醒敦促函40份、约谈通知书6份；联合派出所、消防队等单位开展森林防火和防汛减灾大型应急演练2次，提高应急反应处置能力；落实禁毒工作，发放、张贴禁毒宣传资料1.5万余份，在册吸毒人员在管率100%；开展扫黑除恶专项斗争，实施全民反诈，营造平安和谐社会环境；化解信访矛盾，收到信访案件755件，比2020年降低21%，办结率100%。

【社会民生】 三星镇建立健全主动发现困难群众机制，新增低保54户87人、特困13人，实施临时救助122人次、快速救助154人次；完成1582名残疾人“量体裁衣”式个性化服务，发放残疾人补贴89万余元；扩大老年服务辐射面，为1667名在册老年人发放补贴230余万元，加快日间照料中心建设，新建共和村、雷公庙村两个日间照料中心；实行免费孕优检查227人，“两癌”筛查973人，无偿献血404人，扩大艾滋主动检测8454人；为3462名贫困户、1678名其他特殊人群购买城乡居民养老、医疗保险；提供农村公益性岗位63个、临时性公益性岗位3个，追回46名农民工被欠工资。

【新冠肺炎疫情防控】 三星镇常态化开展疫情防控，

毗河供水一期工程三星段（三星镇供图）

12月17日，“幸福简阳　魅力三星”暨三星镇第二届农业休闲观光体验活动启动仪式举行（三星镇供图）

科学研判防控形势，动态调整防控措施，落实外防输入、内防反弹，组织开展大规模核酸检测应急演练26次，保障疫苗接种，实现应接覆盖率99.74%，抓好排查登记，镇内未出现感染病例；持续开展宣传引导，组织机关干部、村（社区）干部、网格员、交通协管员等500余人开展入户走访及政策宣传，发放宣传单、海报、疫情防控知识手册3万余份，设置户外大型宣传广告点位11处，出动宣传车3000余次，各村（社区）LED屏幕全天滚动播放宣传标语，引导齐心抗疫，确保经济社会平稳运行。

【毗河供水一期工程通水】 7月6日，四川都江堰灌区毗河供水一期工程正式通水，三星镇秀阳村设立全省通水仪式分会场。毗河供水工程是都江堰水利工程的重要组成部分，供水区位于四川盆地腹部涪江、沱江分水岭两侧丘陵区，涉及成都市、资阳市、遂宁市，设计灌溉面积333万亩，供水人口448万人。毗河供水工程分两期实施，其中一期工程于2015年开工建设，总投入78.7亿元，解决近225万名城乡群众用水问题，灌溉农田125万亩；二期工程推进前期工作。

【“幸福简阳　魅力三星”暨三星镇第二届农业休闲观光体验活动】 12月17—18日，“幸福简阳　魅力三星”暨三星镇第二届农业休闲观光体验活动在雷公庙村未来之星家庭农场举行。活动由三星镇人民政府主办，包含启动仪式、乡村振兴农产品成果展示、特色美食汇、休闲观光体验活动、亲子游五大部分，吸引周边地区游客1000余人次参观游玩。活动展现三星镇独特的乡村旅游资源，彰显三星镇探索培育乡村游、生态游、农业体验游等农旅融合产业成果，提升三星镇知名度、美誉度，为乡村振兴注入新动能。

（徐乙涵）

青龙镇

【概况】 青龙镇位于简阳市东部，东与踏水镇、三合镇相邻，西同石钟镇毗邻，南接平武镇，北和三星镇接壤；镇政府驻长寿街152号。2021年，青龙镇辖区面积46.8平方公里，其中耕地面积38656亩；辖青龙观1个社区和联合、新堰、极乐、银洞、粮丰、明星、水井、芋河、大松树9个村，有村（居）民小组89个；年末常住人口10783人，户籍户数8241户（其中农业户6703户、城镇户1538户），户籍人口25998人（其中农业人口21326人、城镇人口4672人）；人口出生率6.69‰，人口自然增长率0.22‰，人口密度230人/平方公里。

青龙镇特产稻虾、桃子、生猪；地貌属浅丘地带，自然条件优越，土壤肥沃，四季分明，无霜期长，年平均气温18.5℃。

2021年，青龙镇实现生产总值56923万元，固定资产投资总额1.03亿元；农村居民人均可支配收入20244元，比2020年增长15.46%。青龙镇被评为简阳市乡村振兴示范镇。

青龙镇千亩桃园（青龙镇供图）

【农业产业发展】 青龙镇全年实现粮食总产量16385吨，生猪出栏2.27万头，存栏1.6万头；流转土地921亩，培育规模种植养殖新型经营主体69家，创建各级示范新型经营主体29家，争取上级补助资金336.35万余元，万亩产业园区初具规模；与高等院校合作，提高农业科技水平，利用无人机直播、机械化耕作，坚持标准化生产，持续发展稻鱼稻虾、水果苗木等特色产业，农业科技化、标准化、品牌化初步形成；依托成都一口吖吖农业有限公司、简阳虹兴蔬菜种植专业合作社、简阳新农农机专业合作社，发展水蜜桃、草莓、小龙虾等特色农产品产地粗加工、精深加工和综合利用，推进果蔬分拣中心、冷储仓库项目和物流设施建设，壮大产业链条；依托稻花香里生态农庄，在银洞村、极乐村、联合村举办第五届稻虾美食垂钓暨水果采摘月活动，吸引游客7000余人次，带动收入40余万元，推动青龙镇农旅产业持续升级、健康发展。

【农村集体经济发展】 青龙镇搭建完成“四合一”集体经济发展实体平台，探索“3＋N”（3条集体经济固定增收渠道＋N条路径）集体经济增收模式；推行“公司＋专合社＋农户”发展模式，探索农民以土地入股、技术入股、联产联营等多元化利益联结机制，确保三方共赢；各村（社区）因地制宜，以租赁、承接公益性项目等方式盘活现有资产，盘活38宗，盘活率100%；通过村集体经济组织整理农村闲散土地800余亩；联合村承接乡村振兴基础设施建设项目，安装路灯、打造景观绿化、建设健康步道，工程预计收入50万元。水井村带头，9个村（社区）集体经济共同参与秸秆综合利用离田收储项目，创收48万元。

【基础设施建设】 青龙镇实施增减挂钩项目，建设形成具有青龙特色的聚居点，完成原白庙、石桅聚居点建设；验收土坯房20户，改造户厕140户，安装路灯700余盏；完成青龙观社区移民后扶道路建设、2021年村组道路建设26.78公里、2019年乡村振兴项目建设、2021年衔接资金项目建设，共计投入建设资金4000余万元。

【基层治理】 青龙镇落实交通、水上、消防、地灾等安全工作，狠抓隐患排查治理，深化重点领域专项整治，遏制安全生产事故，消除芳草村人行桥地灾隐患点、极乐村地灾隐患点、高埡口地灾隐患点；深化社区治理，构建村级“一核三治、共建共享”治理体系，创新打造“星级党组织”，推动乡村治理提升，同时探索党组织引领院落治理新机制，成立院委会，实施“双10”（每名村党支部委员联系10名党员、每名党员联系10名群众）联系制度，社区治理微更新获成都市二等奖；化解信访积案难案，建立群众工作之家、百米服务圈等，多方联动形成合力，深入群众开展化解，解决部分涉法涉诉积案。

【环境治理】 青龙镇以开展农村“三大革命”为契机、以整治“八乱”为抓手，组织发动群众参与，整治乱象2000余处，升级改造农村分类生活垃圾收集点60个，升级新建垃圾收集站10个，农村生活垃圾无害化处理率100%；开展村庄“绿化、亮化、净化、美化”行动，提升村居颜值；实施治气、治水、治土战略，宣传政策法规，强化治理监管；落实基层河湖长制工作，强化流域长效治理；完成明星水库标志标牌建设和农业面源污染治理，改造场镇污水管网2000余米，整治黑臭河1.2公里，污水收集率95%；加强秸秆综合治理，秸秆综合利用率98%。青龙镇人居环境治理工作得到农业农村部及成都市、简阳市相关部门一致好评。

【社会事业】 青龙镇主动发现、救助困难群众，落实低保户、特困人员等需救助对象2300余人，发放救助资金900余万元；落实“两免一补”“双减”政策和捐资助学措施，完善贫困家庭学生教育资助体系；结合“大走访、大调研”“我为群众办实事”“两访两送”，常态化下村入户收集社情民意，收集诉求、意见建议 251 个；开展全民健身活动 30 余场、文化培训 200 场，丰富群众文体活动；综合便民服务中心接待咨询 1000 余人次，受理服务 6000 余件；组织返乡农民工、贫困劳动力和退役军人参加招聘会，2021 年疫情防控期间返乡农民工、贫困劳动力公益性岗位 13 人，返乡创业补贴申请 5 人，已全部补贴；网络理政办理投诉件 417 件；做好居民医保和养老保险，服务养老保险 12745 人、医保 17151 人，其中特殊人群参保 2573 人，参保率 98%；完成医疗救助 421 人，补助金额 48 万元。

【新冠肺炎疫情防控】 青龙镇做好“外防输入、内防扩散”的防控措施，排查、管控重点场所、重要环节，排查常住人口 10 万余人次、返乡人员 3 万余人次，加强重点区域人员管控 500 余人次；抓好新冠疫苗接种，疫苗接种 13685 人次 2.3 万余剂次。

【国家小麦产业技术体系现场观摩会】 4 月 15 日，国家小麦产业技术体系现场观摩暨简阳市粮食生产标准化技术培训会在青龙镇水井村召开，成都市农业技术推广总站、内江市农业科学院的领导和专家、简阳市农业农村局相关领导及简阳市各镇（街）农业综合服务中心人员、水稻小麦规模化种植大户近 100 人参加。培训会讲解小麦新品种示范及抗湿播种技术，发动小麦新品种推广，系统培训水稻集中暗化育秧；简阳市农业农村局领导总结培训意义并部署近期粮食生产工作。

（李　瑾）

4月15日，国家小麦产业技术体系现场观摩会在青龙镇水井村召开（青龙镇供图）

踏水镇

【概况】 踏水镇位于简阳市河东、金（堂）简（阳）两县市结合部，东北与金堂县竹篙镇相接，西南与三星镇相邻；镇政府驻中心街 62 号。2021 年，踏水镇辖区面积 42 平方公里，总耕地面积 37447 亩（田面积 10091 亩）；辖踏水 1 个社区和柏杨、发展、泉水、店子、石炮、寨子、双益、大树 8 个村，有村（居）民小组 92 个；年末常住人口 10173 人，户籍户数 7625 户，户籍人口 22629 人（其中城镇人口 976 人、农业人口 21653 人）；人口出生率 7.57‰，人口自然增长率 -2.14‰，人口密度 538 人 / 平方公里。

踏水镇因兴建于清乾隆五十年（1785 年）的踏水桥而得名。清宣统元年（1909 年）属仁善乡，民国时期设踏水场，后场改乡，1958 年乡改公社，1984 年改为踏水桥乡，1992 年与寨子乡合并为踏水镇。境内有四川省文物保护单位逍遥洞，有观音堂摩崖造像、店子山摩崖造像等文物古迹。踏水镇地势北高南低，境内最高点位于寨子山，最低点位于店子村。踏水镇气候温和，年平均气温 17.4℃，年平均降雨 878.64 毫米，无霜期 300 天以上，主要作物一年两熟。粮食以水稻、小麦、玉米为主，经济作物以花生、油菜、藤椒为主。

2021 年，踏水镇实现地方生产总值 4.5 亿元，固定资产投资 1 亿元，社会消费品零售总额 8700 万元，城镇居民人均可支配收入增长 7.5%，农民人均纯收入增长 7.3%。

【农业产业发展】 踏水镇全年流转土地 1.4 万余亩，发展大棚果蔬 1200 亩、青脆李 840 亩、柑橘 680 亩、柠檬 160 亩、黄桃 230 亩、藤椒 5000 亩、辣椒 420 亩、稻虾 960 亩，淡水养殖年产量 150 吨，实现农业产值 7260 万元；出栏肥猪 3 万头、山羊 0.8 万只、小家禽 36 万只，实现畜牧业收入 3500 万元。踏水镇优化升级产业结构，以黄桃、青脆李、羊肚菌等为代表的特色果蔬种植初具规模，以淡水养殖、稻虾养殖为代表的生态水产养殖成效显著；抓住集体经济发展契机，由各村集体经济组织流转村民土地，坚持市场化、规

村民采摘辣椒（踏水镇供图）

踏水镇城乡建设用地增减挂钩项目（踏水镇供图）

模化、集约化发展路径，通过“村集体经济组织+企业”的方式，与简阳市绿心果蔬专业合作社签订协议，发展订单农业，种植大头菜1125亩，吸纳400余名群众就近务工，产量2500余吨，实现销售收入150余万元；培育壮大简阳市和美种植专业合作社和强兴家庭农场等新经济组织52个，引进正邦集团等龙头企业8家。

【基础设施建设】 踏水镇启动踏水至三星、三合10.2公里连接道路建设和6公里新（星）双（河）路升级改造；通过存量资源撬动社会资本，引进鑫金河公司投入1.2亿元，参与踏水社区、店子村、寨子村城乡建设用地土地增减挂钩项目，同时引进船重公司投资6650万元，参与泉水村、大树村、寨子村农民集中建房土地整理项目256户，完成土地复垦280亩，实现结余指标210亩；完成毗河供水二期工程踏水水库及配套渠系实物调查登记，新建蓄水池3口；推进柏林场镇污水处理厂建设；建成投用占地面积1.6万平方米的踏水学校（新校区），有学生1040人。踏水卫生院标准化建设工程主体完工。

【环境治理】 踏水镇坚持共建共治共享理念，推进乡村绿化、美化、亮化、净化“四化”工程，实施场镇添花增绿、社区典型示范、乡村环境提升；以“五美庭院”、文明村示范创建为引领，加大农村人居环境整治投入，常态化开展城乡环境治理，完成户厕改造3500余户，新建垃圾站8个、垃圾投放点60个；通过控源截污、清淤疏浚、河面保洁等手段，推进黑臭水体整治，开展“清河、护岸、净水、保水”四项行动，清理淤泥6500立方米，整治黑臭水体2.5公里；以迎接中央环保督察、阳化河流域水质提前达标攻坚为契机，整治畜禽污染、农村面源污染和污水乱排放等问题，解决群众反映强烈生态环保问题3个，全镇生态环境持续向好。

【社会事业】 踏水镇有九年制义务教育学校1所、幼儿园2所，在校学生1280余人；有卫生院1个，有邮政储蓄银行1家、农村信用社1家。踏水镇落实困难群众救助政策，救助特困人员329人、低保户297户466人、残疾人847人、优抚对象148人；落实农民工就业保障政策，拓宽城乡居民再就业渠道，农村就业技能培训2200余人次，新增就业岗位300余个；推进“三张清单”化解，信访件办结率、群众满意率100%；开展“红袖套”应急响应，2000余人次参与治安大联防；健全完善“村规民约”，倡导绿色低碳卫生健康生活方式。

【脱贫成果巩固】 踏水镇利用衔接资金巩固脱贫攻坚成果，提档升级配套基础设施，争取资金191.95万元修建产业道路2.5公里，投入90万元修建蔬菜大棚

踏水镇泉水村“五美庭院”（踏水镇供图）

45 亩，投入 46 万元整治山坪塘 2 口。

【新冠肺炎疫情防控】 踏水镇在运用新媒体提高宣传效率的基础上，坚持运用传统手段，提升宣传广泛性、普适性，全年镇村两级悬挂宣传标语 1000 余幅，制作宣传专栏 27 个，张贴公告 1200 余张，发出倡议书 1.2 万份，出动流动宣传车 11 台、小喇叭 100 余个，防疫知识进村入户，深化群众思想认识，营造全民抗疫、群防群治氛围；实行镇村社三级干部包村包社包户制度，走访排查返踏水镇人员，组织工作专班核查和反馈数据，发现问题、迅速处置；对排查发现的重点人员安排专人落实生活服务及健康监测，明确管控人员管理要求，全覆盖安装电子门禁卡，提高管理效率；混岗编组镇机关、社区“两委”干部，划片成立 5 个专项工作组，常态化对农贸市场、商超、药店、茶馆等重点场所全覆盖督查和政策宣传，张贴温馨提示 780 余张，设立交通要道卡点 3 个，引导劝阻未佩戴口罩的商家和群众；设立废弃口罩投放点 20 个，定期安排专人消杀公共场所，建立消杀台账，保障群众身体健康。

（王晨冰）

宏缘镇

【概况】 宏缘镇位于简阳市最北端，东与三星镇相邻，南与成都东部新区壮溪镇相邻，西与成都市金堂县五凤镇相邻，北与成都市金堂县白果街道相邻；镇政府驻渡口街 15 号。2021 年，宏缘镇辖区面积 44.718 平方公里，其中耕地面积 40013 亩；辖渡口 1 个社区和金盆、大堰、矮桥、人民、红沙、壮家、河心、易家坝 8 个村，有村（居）民小组 92 个；年末常住人口 15504 人，户籍户数 8918 户，户籍人口 26713 人；人口出生率 6.73‰，人口密度 595 人 / 平方公里。

2019 年 12 月，简阳市行政区划调整，原宏缘乡更名为宏缘镇。境内山丘起伏，沟谷多为南北走向，平均海拔 418 ~ 491 米；属亚热带湿润气候区，气候温和，自然条件优越，土地肥沃。沱江环绕东部 5 个村（社区），绵延 4.5 公里，水利资源和砂石资源丰富。金简仁、成金简快速路穿境而过。

2021 年，宏缘镇实现地区生产总值 59445 万元（其中第一产业增加值 17836 万元、第二产业增加值 6921 万元、第三产业增加值 34688 万元），比 2020 年增长 6.5%；有企业 6 家；城镇居民人均可支配收入 42962 元；农村居民人均可支配收入 21491 元，比 2020 年增长 8.9%；居民总存款突破 4.7 亿元。宏缘镇获四川省卫生乡镇、成都市基层妇联组织建设示范镇、简阳市“五个好”镇（街道）党（工）委、简阳市脱贫攻坚工作先进集体等简阳市级及以上先进表彰 8 个，被省级及以上主流媒体宣传报道 36 次。

【产业发展】 宏缘镇产业发展以传统农业为主，配合苗木、核桃、葡萄、柑橘等经济作物规模化连片发展；依托成都“二绕”高速、金简仁快速通道、毗河供水工程等重大交通、水利基础设施建设，加快现代农业产业园区建设，构建“一轴一带”（沱江发展轴、金简仁产业带）现代农业产业发展布局，建成苗木产业园区 2000 亩、葡萄产业园区 600 亩、稻虾养殖园区 370 亩、高品质粮油产业园区 3000 亩，培育新型农业经营主体 137 家；完成大堰村冷链设施建设及配套设施建设，“524” 红薯、糯彩玉米、兰家葡萄、螺蛳岭鸡蛋等农产品与成都益民集团达成订单式销售协议，初步实现“春踏青、夏赏荷、秋品果、冬垂钓”一三产业互动格局。

【基础设施建设】 宏缘镇改善水利设施，新建大堰、金盆村提灌站，推进宏缘河西片区金龟山提灌站改建；建设公服设施，宏缘标准化卫生院、河心公办幼儿园交付，渡口、红沙两处垃圾中转站提档升级完成，新建标准化生活垃圾收集房 9 座、垃圾收集池 60 个，东三路、宏五路等主要干线安装太阳能路灯 387 盏；保障住房安全，人民村古井片农民集中建房整理项目 106 户群众搬进新居，危房改建 4 户，聚焦“两不愁三保障”维修加固 18 户脱贫户房屋；实施“渡口印象 · 滨江空间”社区微更新项目，改造生态停车位 41 个、观江护栏 210 余米、文化广场 300 余平方米、绿化绿植若干，缓解场镇停车难问题；完善村级养老服务设施，盘活村小集体闲置房屋，改造金盆村日间照料中心，使用面积 1500 平方米，辐射老年人口 500 余人，打造 15 分钟养老服务圈。

4月，建设中的人民村古井小区（宏缘镇供图）

【环境治理】 宏缘镇改造顺江街排污管网600余米，整治黑臭水体2处，新建场镇污水收集池1个；落实“五美庭院”创建，签订创建倡议书1.2万余份，评选出100家典型示范“五美庭院”，形成“全民行动，党员带头，从院落做起”新格局，打开农村人居环境整治新局面。

【社会治理】 宏缘镇学习上级对“扫黑除恶”工作指示精神，开展扫黑除恶宣传，设立“扫黑除恶”举报箱；持续开展“六乱”整治，落实“红袖套”巡逻制度，组织建立村（社区）群防队伍9支，每月定期不定时开展日常巡逻，开展“万人治安大联防”行动；开展法制宣传，组织法制宣传活动3场次，发放法治宣传资料1000余份；推广简阳市智慧公共法律服务平台，全镇在线使用人数2092人；落实安全生产“党政同责”“一岗双责”“三个必须”责任制，推进应急规范化建设，突出做好“迎大庆防风险保平安保稳定”工作；开展“大排查、大整治、大培训”三大专项行动，排查辖区安全隐患，针对性开展防汛暨地质灾害、森林防火应急演练；推进信访维稳，分类受理信访件，加大突出事项办理力度，定期排查不稳定因素，受理成都市书记公开信箱等网上信访件332件，接待群众30余次，满意度99.1%，各村（社区）“百米服务圈”和群众工作之家处理矛盾纠纷109件，接待288人次，满意率98.2%。

【社会民生】 宏缘镇新增低保户23户48人，在册低保户共273户432人，低保中60岁以上老年人享受居家养老服务182人，32户低保家庭享受天然气补贴，低保边缘户11户23人；35户困难老人家庭享受适老化改造，特困户集中供养25人、散居267人，为7名已故特困老人申请丧葬补贴；快速救助82户，临时救助20户，紧急临时救助4人；为11名困境儿童发放学习用品；为467名独生子女父母发放独生子女父母奖励金，为313名独生子女购买意外保险；在册农村部分计划生育奖励扶助对象649人，在册成都市城镇奖励扶助对象4人，在册计划生育特别扶助对象25人；完成奖励扶助、特别扶助、独生子女父母奖励金年审，年审率100%；做好艾滋病防治宣传及筛查，做好卫生、计生政策宣传，开展女性关心关爱活动；开展特扶政策宣传，做到应享尽享，春节走访慰问特扶对象。

【新冠肺炎疫情防控】 宏缘镇成立由镇党委、政府主要领导任组长的疫情防控工作领导小组，加强防控工作领导，落实重大突发公共卫生事件应急响应具体要求；镇村社三级联动，坚持“不漏一人”原则开展疫情防控排查，排查出国内重点地区来（返）乡人员70人、境外来（返）乡人员7人，均按照防控要求落实隔离和健康监测措施；落实常态化疫情防控措施，统筹落实新冠疫苗接种，每日制定接种方案，做到接种数据每日分析，疫苗临时接种点接种22920剂次，其中第一针11568剂次、第二针11255剂次、第三针（加强针）97剂次；规范发布疫情信息，加强健康科普知识宣传和有关政策措施解读，依托QQ、微信、微博等媒介，转载推送信息500余条。

【四川省卫生乡镇创建】 宏缘镇结合全国文明城市创建，创建简阳市文明村、“三美”示范村各1个；争取项目资金支持，启动建设村民聚居点污水处理设施和垃圾分类配套设施，解决基础设施不足问题；投入资金20余万元，集中改造提升集镇路面、人行道、路灯、绿化等基础设施；加大通村道路、村组道路及村内道路新修扩建力度，保证道路安全、畅通，改善生产、生活环境；启动实施宏缘场镇自来水安装项目，方便农户生产生活用水，提升供水保证率，提高水质达标率。宏缘镇结合脱贫攻坚，发动各村组大员、驻村扶贫工作队员和群众，集中整治镇村道路、村内道路、沟渠及群众房前屋后乱堆乱放垃圾，清除陈年垃圾和死角垃圾；推行保洁有偿服务，市场化运作，强化保洁服务功能，变突击整治为长效保洁，每天对集镇主干道全天候保洁，做到垃圾日扫日清；与场镇临街商铺、住户签订“门前三包，门内达标”责任状，规范门店经营、住户生活行为，设立党员责任区，做到镇、村、党员、群众四级联动推进环境卫生大整治，倡导美化环境新风尚。宏缘镇利用村（居）民小组活动场所、文化广场、村（社）主干道等宣传阵地，通过张贴宣传标语、发放宣传册、村级广播、入户宣传等常规方式开展创卫知识宣传；创新宣传方式，借助微信、QQ 群、电子显示屏等新媒体，宣传和普及创卫知识，提升干部群众卫生意识；开展环境宣传教育活动，增强群众参与卫生创建积极性；开展“我爱我家·增花添彩”百强院落主题评选活动，宣传先进典型，加强舆论监督，营造创建氛围。2月18日，宏缘镇被四川省爱国卫生运动委员会表彰为四川省卫生乡镇。

（方　帅）

镇金镇

【概况】 镇金镇位于简阳市西南部，距成都天府国际机场 15 公里，距成都第三绕城高速公路镇金站出口 4 公里；东与雷家镇相邻，南接资阳市雁江区祥符镇和眉山市仁寿县北斗镇，西与眉山市仁寿县贵平镇接壤，北与成都东部新区董家埂镇毗邻；镇政府驻金桥新街 38 号。2021 年，镇金镇辖区面积 87.38 平方公里，其中耕地面积 69941 亩（水田面积 24846 亩、旱地面积 45095 亩）；辖镇金、赵家 2 个社区和牌坊、南山坳、黄家厅、红庙山、二郎、河坝、小湾、三里埂、老龙、干家沟、朱家 11 个村，有居民小组 26 个、村民小组 104 个；年末常住人口 58731 人，户籍户数 13842 户，户籍人口 42253 人；人口出生率 4.96‰，人口密度 672 人/平方公里。

镇金镇原名镇金桥（场），于 1937 年改为镇金镇，1941 年改为镇金乡，1955 年设镇金区，1992 年 7 月撤区并乡建镇，原镇金、赵家、老龙 3 个乡合并为镇金镇。1995 年，老龙乡单独成立。1996 年，简阳各片区设置工、管委，镇金工委、管委设立在镇金政府办公楼，负责协调镇金地区镇金镇、董家埂乡、清风乡、雷家乡、望水乡、老龙乡等片区工作。2019 年，简阳市乡镇区划调整，镇金镇与老龙乡合并为镇金镇。2020 年，简阳市村（社区）建制调整改革，镇金镇 24 个村（社区）调整为 13 个村（社区）。镇金镇有字库塔遗址、半坡寺遗址等历史文物古迹。

镇金镇属浅丘地貌，海拔 370 ~ 390 米；属亚热带湿润气候区，气候温和，雨量较充沛，年平均温度 17℃，年降雨量 900 毫米左右，日照相对平均，霜雪时间不长，无霜期 300 天左右。镇内赵家水库、和平水库、老龙水库蓄水面积 558 亩，蓄水总量 229.05 万立方米。绿川河、高河坎河流经境内，水源较丰富，水流量较大。龙泉山引水工程贯穿全镇，灌溉方便。镇金镇交通优势明显，依托“2 + 2 + 4 + N”路网，出入便捷，交通便利。（“2”指两高，即环成都经济区高速路、成宜高速；“2”指两快，即金简仁快速路、金简黄快速路；“4”即四路，指简仁路、镇龙一线、镇龙二线、镇老路；“N”指村社道路。）

2021 年，镇金镇规模以上工业企业总产值 10664 万元，比 2020 年增长 24.1%；固定资产投资 4521 万元，财政一般预算收入 3508.38 万元；农村居民人均可支配收入 15769 元，比 2020 年增长 15.33%；输出劳动力 17359 人次，劳动力收入 40010 万元。

【农业产业发展】 镇金镇实施农业产业结构调整，发展现代绿色都市农业，推广玉米 24460 亩、水稻 8501 亩，实施小麦 300 亩，种植油菜 20425 亩、菜瓜 2772 亩，发展海椒 1860 亩、蔬菜 16444 亩。全镇有种养殖大户 194 家，其中注册经营 174 家，系统监管内规模养殖大户 12 家；有养殖专业合作社 22 个。全镇年出栏肥猪 36796 头，存栏生猪 28997 头；出栏山羊 2403 只，存栏山羊 1643 只。

【乡村振兴】 镇金镇以三里埂村为代表的李子产业 4946 亩，以河坝村、老龙村、干家沟村为代表的柑橘产业 4639 亩，蔬菜种植面积 16905 亩，初步形成以水果、蔬菜为主的农特产品种植业，“三品一标”产品 8 个，凤凰李、脆红李申创“绿色商标”；发展壮大新型经营主体，有家庭农场 210 个（简阳市级示范家庭农场 40 家、成都市级示范家庭农场 16 家、四川省级示

镇金镇三里埂村种植的李子（镇金镇供图）

镇金镇千家沟村柑橘园（镇金镇供图）

范家庭农场3家）、农民专合社81个，聚旺果蔬专合社、三和家庭农场示范带动作用逐步凸显，小湾村兴农文农机专业合作社获评国家农民合作社示范社，全年经营收入突破100万元；以市场需求为导向，做好重大动物疫情防控。老龙村整合资金820余万元建成生猪养殖场，引进鼎王金猪集团，集体经济收入突破100万元。全镇有经营性收入行政村实现全覆盖。

【基础设施建设】 镇金镇加强道路等基础设施建设，配合简阳市交通局建设完成成宜高速并于1月1日通车，完成镇老路、镇董路15公里提档升级并通车，硬化村道、社道26公里。

【社会事业】 镇金镇有初级中学1所，教学班13个，在校学生635人，教职工51人；完全小学2所，教学班24个，在校学生1043人，教职工68人；九义校1所，教学班18个，在校学生678人，教职工50人；公立幼儿园1所，12个班，在园幼儿343人，教职工38人。镇内有电视转播站1个，信号覆盖全镇及周边地区；有线电视用户8200余户，能收看电视节目210余套；广播村村通，农家书屋实现全覆盖；镇金社区艺术团、镇金老年协会、健身操队、腰鼓队、太极队等文娱队伍发展壮大，丰富群众精神文化生活。镇金镇享受城镇低保19户24人，农村低保385户681人，农村特困供养人员282人，城市特困供养人员25人；截至12月80～90岁老人1082名，90～100岁老人180名，100岁及以上老人1名；各类生活补助资金上卡到户，按月足额发放，民政救助帮扶落到实处；深化全面两孩政策宣传，群众知晓率100%；落实独生子女父母奖励和奖励扶助政策，继续享受独生子女父母奖励666人（新增10人、退出163人），继续享受农村计划生育奖励扶助1045人（新增90人、退出70人）、特别扶助38人（新增7人、退出1人），享受成都市城镇奖励扶助6人（新增1人）。镇金中心卫生院属一级甲等医院，设门诊部和住院部，有21个医疗业务科室，医务人员96人（其中高级职称6人、中级职称20人），承担全镇10个村卫生室和9个村卫生服务点的管理和业务指导；医疗设备齐全，编制床位99张，医疗站点布局合理，基本能达到上级要求，满足患者需要。老龙乡卫生院属乙等乡级卫生院，设门诊1处，有5个科室，医务人员14人（其中初级职称12人）；编制床位20张，医疗站点布局合理，基本能达到上级要求，满足患者需要。

【新冠肺炎疫情防控】 镇金镇成立疫情防控工作领导小组，研究部署相关工作，制定疫情防控方案、预案，建立镇包村、村包社、社包户工作机制；做好新冠肺

镇金镇老龙村宣传文化阵地（镇金镇供图）

炎疫情防控，发动镇村干部、党员、志愿者0.8万余人次参与疫情防控，落实重点地区返镇居家隔离、健康监测措施76人，组织大规模核酸采样演练15次；推进新冠疫苗接种，完成接种35830人次。

（陈东旭）

雷家镇

【概况】 雷家镇位于简阳市西部，东接江源镇、资阳市雁江区临江镇，南临资阳市雁江区祥符镇，西连镇金镇，北临芦葭镇；镇政府驻永府街137号。2021年，雷家镇辖区面积72.4平方公里，其中建成区面积1.5平方公里；辖团山、金家2个社区和望水寺、石岩寺、高桥、黑水寺、金竹、高嘴、九龙滩7个村，有村（居）民小组87个；年末常住人口19818人，户籍户数9698户，户籍人口32046人（其中城镇人口4569人）；人口出生率7.5‰，人口自然增长率3.3‰，人口密度443人/平方公里。

2019年12月31日，《成都市人民政府关于同意简阳市调整部分乡镇（街道）行政区划的批复》撤销望水乡、雷家乡，设立雷家镇，以原望水乡和原雷家乡所属行政区域为雷家镇的行政区域。境内有莲珠寺、雷打石湾、飞来石、黑水寺等文物古迹。雷家镇属丘陵地貌，山丘起伏，沟谷交错，海拔410~440米；属于亚热带湿润气候区，气候暖和，雨量充沛，平均气温17.7℃，无霜期平均303天；属川东伏旱区和川西洪涝区过渡地带，气候复杂多变，旱涝交错；有10平方公里的老鹰水库。雷家镇交通区位优势突出，成都第三绕城高速设出入口1处，有轨道交通2条（成自高铁、市域铁路S3线）、快速路2条（成资快速路、雷望路）、县道2条（万罗路、养资路）、乡道4条（雷望乡道、石雷路、永宁二线、望老路）、村道21条50.79公里、组道616条304.38公里，呈“两横两纵三环”的交通干路情况；距成都天府国际机场5公里，是简阳市“1+3+N”城镇体系中临空都市农业城乡融合发展片区的中心镇。

2021年，雷家镇实现地区生产总值71629万元，较2020年增长9%多；全社会固定资产投资2.1亿元，较2020年增长4%多；工业总产值5652万元。雷家镇获评简阳市2021年度目标绩效考评先进单位、2021年度全市政法工作先进集体、2021年度简阳市宣传文化工作先进集体、2021年度生态环境保护工作先进集体、2021年度老干部工作任务完成情况先进单位。

【农业产业发展】 雷家镇加快传统农业向现代农业转型，发展壮大特色蔬菜和食用菌2.3万亩，产量3.7万吨，发展阳光玫瑰等特色水果0.92万亩，产量1.49万吨，经济作物4.7万亩，产量1.7万吨；新建现代化生猪养殖场1个，新增年出栏生猪4000余头，全年出栏生猪33180头。

【基础设施建设】 雷家镇新建提灌站1个，惠及105户430亩；新建团山等村（社区）蓄水池61口，维修整治渠道1320米；维修整治石岩寺等村（社区）塘堰、蓄水池，维修整治塘堰、蓄水池；协调解决金家等村（社区）电压低问题，实施黑水寺村五凤山感恩广场

雷望路（雷家镇供图）

雷家镇石岩寺村南瓜丰收（雷家镇供图）

升级改造；截至年底硬化村组道路314.3公里，硬化率87.8%。

【环境治理】 雷家镇做好场镇排洪管道铺设以及石灰水库专项整治；加大场镇污水管网整治，新建主管网464.5米、支管网230.5米，新建污水井8座、检查井1座，新接管网用户28户，疏通管道2476米，抢修管道500米；推进生活垃圾分类，完成60个垃圾分类投放点建设、9座标准化垃圾房建设及金家社区垃圾中转站建设；抓好重点部位环境卫生整治，户厕改造210户；推进农村人居环境整治村庄清洁行动，改善农村人居环境。

【社会治理】 雷家镇新建团山社区、高桥村党群服务中心，提升基层党组织为民服务能力和水平；加强网格员业务能力培训，督促指导网格员熟悉各自网格内的情况，形成入户“敲得开门、认得到人、说得上话、办得成事”的格局；保持对涉黑、涉毒、涉恶等犯罪打击高压态势，组织镇金派出所、雷家镇司法所、雷家镇卫生院、望水卫生院、雷家镇民生服务办公室、各村（社区）禁毒专干召开联席会议12次，分析研判社会治理、信访维稳、禁毒形势;完善“雪亮工程”“农民集中居住社区整治工程”等防控体系，矛盾化解率95%以上。

【社会事业】 雷家镇有九年制义务教育学校2所、幼儿园2所，适龄儿童入学率100%；有镇文化站1处，卫生院2所。雷家镇开展“法律进学校”活动，强化中小学生法律意识；新农合参合率100%，解决群众有病不敢医的后顾之忧；推进就业工程，城镇新增就业300人以上，城镇登记失业率低于2%；规范城乡低保、城乡特困人员申报程序，坚持“应保尽保，动态管理”，245户城乡低保、219户城乡特困人员年审全覆盖，清除1户不符合政策对象；灵活运用快速救助、临时救助、备用金、惠民帮扶等救助手段，深化救助服务，为200余名困难群众申请救助金14万元；做好残疾人救助，全额资助68名符合条件残疾人参加基本医疗保险，为509名残疾人发放“两项补贴”115万元；组织157名对象参加孕前优生健康检查。

12月21日，雷家镇第二届钓鱼活动开幕式在黑水寺村举行（雷家镇供图）

【新冠肺炎疫情防控】 雷家镇成立疫情防控工作领导小组，制订疫情防控方案；做好“四类”重点人员台账和“五小”行业人员核酸检测台账，定期开展核酸检测抽检，检测“四类”重点人员136人次、“五小”行业人员139人次；建立105名机场工作人员及家属台账，作为重点人员关注；常态化开展中、高风险地区来（返）简阳人员及红黄码人员排查监测和健康管理，摸排“天府健康通”黄码人员23人；落实疫情防控常态化措施，宣传引导群众扫码测温、佩戴口罩等；实行外来人口实名登记，落实重点人员管控措施，确保人员不漏管、不脱管；截至年底，完成新冠疫苗第一剂接种15735剂次、第二剂接种15182剂次、加强针接种10644剂次。

【雷家镇第二届钓鱼活动】 12月21日，雷家镇第二届钓鱼活动在黑水寺村举行。活动以“喜庆丰收　渔乐无限”为主题，开幕式包括舞蹈、歌曲、太极表演等节目；以钓为媒、以节会友，通过丰富多彩的活动，展示望水寺村脱贫攻坚成果和发展现状。活动范围广、群众参与积极性高，吸引近200名钓鱼爱好者参与。

（刘云翔）

江源镇

【概况】 江源镇位于简阳市西南部，与成都天府国际机场直线距离4公里；东南与资阳市雁江区临江镇接壤，西南接雷家镇，西连成都东部新区芦葭街道，北倚成都东部新区石板凳街道；镇政府驻鑫源街8号。2021年，江源镇辖区面积73.8平方公里，其中耕地面积70428亩（水田面积24047亩）；辖江源、红旗2个社区和五洞、老鹰、和睦、丰产、月湾、顺源、花朝、团岭、石泉、双井、红台、芦稿12个村，有居民小组23个、村民小组104个；年末常住人口22421人，户籍户数12244户，户籍人口40326人（其中农业人口35498人）；人口出生率10.2‰，人口自然增长率–3.1‰，人口密度645.4人/平方公里。

江源镇原名新场乡（镇上有老街名为“新场街”），清末民初全街毁于大火，重建后，为避火，以水命名，取名为“江源”。1935年置江源乡，1936年改江源镇，1958年改公社，1983年复置乡，1992年复建镇。2019年，简阳市行政区划调整，江源镇与原永宁乡合并为江源镇。江源镇地势西南最高，相对高差100米，平均海拔480米；属亚热带湿润季风气候，常年平均气温17.5℃，年平均降雨量800毫米，无霜期300天左右，较适合农作物生长。辖区有江源水库、红旗水库、永宁水库，江源晚熟柑橘产业园、和美智慧农业柑橘产业园。

2021年，江源镇实现地区生产总值10.24亿元（其中第一产业3.3亿元、第二产业1.35亿元、第三产业5.59亿元），比2020年增长5.7%；人均纯收入18689元，比2020年增长10%；有企业9个，其中规模以上企业1个，工业产值1亿元以上；固定资产投资9400万元。江源镇获评简阳市级先进集体8个、成都市级先进单位1个。2月，月湾村、江源社区、和睦村、红旗社区、芦稿村被命名为2020年四川省卫生村（社区）。

【农业产业发展】 江源镇柑橘规模种植6500亩，桑葚规模种植2750亩，葡萄规模种植500亩，晚白桃规模种植750亩，草莓规模种植107亩；全年完成简阳市秸秆综合利用重点县项目（粉碎还田）5000亩，简阳市粮食规模化生产项目（玉米）53亩，全市全年玉米高产攻关示范基地建设100亩，实施高标准农田建设5000亩，新建提灌站1座；家庭农场入库160家，创建简阳市示范家庭农场26家、成都市示范家庭农场3家，完成2021年中央财政农业生产发展资金支持家庭农场项目4个、2021年中央财政农业生产发展资金支持农民合作社项目1个；申报简阳市2021年玉米绿色高质高效行动资金项目5000亩，盘活村级资产37宗36120平方米；推广农业机械化，粮食播种面积6.8万亩，机械化操作率70%。

【乡村振兴】 江源镇做好脱贫攻坚与乡村振兴有效衔接工作，实施乡村振兴财政衔接资金项目4批次12个项目，总投资370余万元，其中月湾村作为简阳市集体经济发展示范村，实施配套项目4个，由集体兴办的60亩蔬菜大棚已开始建设；补齐村公共基础设施短板，新注册家庭农场、专业合作社96家，硬化乡村公路68公里，整治山坪塘13口，新建蓄水池38口；聚焦农村垃圾革命、农村污水革命、农村厕所革命、农业废弃物及面源污染等7个方面，以“一月一督查”“一月一通报”的形式，推动工作落实。月湾村获评2021年度四川省乡村振兴示范村，五洞村获评2021年度成都市实施乡村振兴战略推进城乡融合发展先进示范村。

【基础设施建设】 江源镇实施村组道路建设、旅游环线建设共67公里；推进乡道改造提升项目永宁二线、石永路二期道路建设，乡道改造提升项目石永路通过验收交付使用；完成县道改造提升项目养资路水稳层施工，完成顺源村3座引桥建设；完成成都天府国际机场80分贝以上噪声区房屋搬迁470余户，鼓励75～80分贝噪声区群众实施噪声区隔音降噪门窗改造600余户，支付群众搬迁款和门窗改造资金3.4亿余元，清点登记80分贝以上噪声区附着物面积3680

江源镇江源社区“双挂钩”项目建成的安置房（江源镇供图）

余亩；实施土地增减双挂钩项目 3 个，均完成建新区房屋主体建设和拆旧地块土地复垦；投入 47.09 万元，建设标准垃圾分类收集点 60 个；投入 24.17 万元，整治和睦村 1 社及 2 社高铁沿线外立面风貌 5493.7 平方米。

【社会治理】 江源镇协调帮助企业解决实际困难 4 件，整治企业安全生产隐患 12 处，整治群众关注重点难点问题 17 个，协调解决涉环保矛盾纠纷 4 个；协助开展环保督察问题整改 2 个，处置农业产业园区违规堆肥 1 起；发放创建食品安全示范城市宣传资料 4000 余份，张贴海报 200 余张，录制宣传广播 8 条；开展猪肉市场专项整顿，配合市场监管局查处无证销售猪肉 10 余起，没收无证猪肉 200 余公斤；加强非法行医、虚假保健品打击力度，处置非法行医 4 起，打击虚假保健品 1 起，挽回群众经济损失 5 万余元；完善应急预案 6 个，开展预案演练，提高群众应急自救能力；开展消防演练、防汛演练、森林防火、地质灾害演练各 1 次，开展防疫演练 2 次、地震演练 1 次；镇建立以主要领导为指挥员的 28 人应急救援队伍，各村（社区）成立 10 人的兼职救援队，做好应急救援准备；开展矛盾纠纷及不稳定因素研判 24 次，开展常规禁毒排查 12 次、禁毒宣传 8 次，抓获吸毒人员 5 人；普法宣传 12 次，反电信诈骗宣传 7 次。

【社会事业】 江源镇有九年制义务教育学校 2 所、中心幼儿园 2 所、附设幼儿园 1 所，有卫生院 2 所、村卫生室 21 个；有镇文化站、广播站各 1 处，村级文化活动中心 14 处，各类图书室 14 个、藏书 2 万余册。江源镇建立健全社会保障体系，在册城乡低保户 374 户 596 人，其中农村低保户 364 户 585 人、城市低保户 10 户 11 人，在册低保边缘户 40 户 96 人；走访慰问残疾人 21 户，资助困难残疾人子女读书 28 人，残疾人无障碍改造 28 人；领取困难残疾人生活补贴对象人数 259 人，发放补贴 59.88 万元；重度残疾人补贴对象人数 501 人，发放重度残疾人护理补贴 48.38 万元；居家灵活就业 200 人，创业直补 20 人 3100 元；农村妇女“两癌”筛查 262 人，农村妇女病筛查 425 人；独生子女奖励扶助对象 1294 人，其中国家奖励扶助 1115 人、四川省奖励扶助 172 人、城镇奖励扶助 7 名，特别扶助 45 人，手术并发症扶助 5 人。

江源镇老鹰村群众在党群服务中心阅读宣传资料（谢宗俊　摄）

【新冠肺炎疫情防控】 江源镇织密织牢常态化疫情防控网络，动员 14 个村（社区）党组织、400 余名党员、100 余名社区志愿者参与常态化疫情防控，根据形势调整排查、管控措施，排查村（社区）2.1 万余户 5.7 万人次，居家医学观察 119 人、集中隔离留观 31 人；宣传指导企业、商超等重点场所、领域疫情防控，发放疫情防控宣传资料 200 余份，督促经营户整改问题 32 个，落实测温、亮码、扫码等工作；对商超、物流、餐饮等行业从业人员 110 人实施核酸检测，检测结果均呈阴性；开展全员核酸检测实战演练，制定“1 + 14”核酸检测方案，根据各村（社区）常住人口分布情况，规划采集区域、进场顺序、人员配置等重要环节，开展核酸检测演练 15 次，采集核酸 3300 人次；做好舆论引导和科学宣传，研判疫情态势，利用微信公众号、微博等线上平台发布防疫措施 20 余次，利用“村村通”、宣传车等线下方式普及防疫政策和知识 100 余次；推进新冠疫苗接种，截至年底 3 ~ 11 岁人群第一剂次接种覆盖率 91.36%，60 岁以上人群第一剂次接种覆盖率 91.17%，全程接种覆盖率 88.66%，18 岁以上人群加强免疫接种完成率 46.8%、列简阳市第五位。

【简阳第五届桑葚采摘活动】 4 月 16 日，2021 年简阳品尝采摘季暨简阳第五届桑葚采摘活动启动仪式在江源镇团岭村举行。活动以“桑”为主题，以网络为载体

4月16日，2021年简阳品尝采摘季暨简阳第五届桑葚采摘活动启动仪式在江源镇团岭村举行（江源镇供图）

4月，群众采摘桑葚（江源镇供图）

发布的“春至江源风拂面、桑海乡田葚果甜”邀请函点击量达200万次；涵盖桑果品尝、文艺演出、乡村振兴集市等活动，打造以石泉村、团岭村、双井村、红台村、芦稿村为代表的桑葚采摘点，宣传展示江源镇水果产业和旅游资源，彰显魅力江源新风采，为打造乡村振兴、建设美丽江源奠定新局面。活动接待游客、记者等1.5万余人次，现场销售额680余万元。

（陈诗芸）

附　录

领导名录

简阳市成都市管领导干部名录

市委

詹　庆　市委书记
罗开敏　市委副书记（—2021.7）
　　　　市政府市长（—2021.9）
　　　　市政府党组书记（—2021.8）
苏呈祥　市委副书记（2021.7—）
　　　　市政府市长（2021.9—）
　　　　市政府党组书记（2021.8—）
王安宁　市委副书记
陈建龙　市委常委（—2021.8）
　　　　政法委书记兼市法学会会长、党组书记（—2021.9）
顾晓玲　市委常委、宣传部部长（—2021.9）
吴　斌　市委常委（—2021.8）
　　　　市政府党组副书记、副市长、市行政干部学校校长（—2021.9）
李建军　市委常委、统战部部长、市总工会主席、市空天产业功能区（经开区）党工委书记、市政协党组副书记（—2021.9）
曾志勇　市委常委（—2021.8）
　　　　市纪委书记、市监察委主任（—2021.9）
黄永忠　市委常委、组织部部长（—2021.8）
　　　　社治委主任、党校校长、市直机关党工委书记、市西部电商物流产业功能区党工委书记（—2021.9）
马佰让　市委常委、市武装部部长（—2021.7）
雷启锋　市委常委
　　　　政法委书记兼市法学会会长、党组书记（2021.9—）
李建辉　市人武部政委
　　　　市委常委（2021.7—）
蒋黎旺　市委常委（2021.8—）
　　　　市政府党组副书记、副市长，市行政干部学校校长（2021.9—）
杨新秋　市委常委、组织部部长（2021.8—）
　　　　社治委主任、党校校长、市直机关党工委书记（2021.9—）
都学良　市政府党组成员、副市长（—2021.9）
　　　　市委常委、统战部部长、市政协党组副书记（2021.9—）
王　勇　市临空经济产业园党工委副书记、管委会副主任市委常委、市总工会主席（2021.9—）
彭能超 市临空经济产业园党工委委员、管委会副主任
市委常委、宣传部部长（2021.9—）
陈　蕾 市委常委、市纪委书记（2021.9—）
市监委主任（2021.12—）

市人大

钟世全 主　任（—2021.9）
陈建龙 主　任（2021.9—）
樊昌华 副主任
李筱丽 副主任
樊　勋 副主任
罗明全 副主任
蒋　雄 副主任

市政府

罗开敏 市委副书记（—2021.7）
市政府市长（—2021.9）
市政府党组书记（—2021.8）
苏呈祥 市委副书记（2021.7—）
市政府市长（2021.9—）
市政府党组书记（2021.8—）
吴　斌 市委常委（—2021.8）
市政府党组副书记、副市长、市行政干部学校校长（—2021.9）
蒋黎旺 市委常委（2021.8—）
市政府党组副书记、副市长，市行政干部学校校长（2021.9—）
钟世斌 市政府党组成员、副市长兼公安局党委书记、局长、督察长（—2021.9）
昌朝戎 市政府党组成员、副市长（—2021.9）
谢　强 市政府党组成员、副市长（—2021.2）
都学良 市政府党组成员、副市长（—2021.9）
市委常委、统战部部长、市政协党组副书记（2021.9—）
杨　军 市政府党组成员、副市长，市公安局党委书记、局长、督察长（2021.9—）
雷　磊 市政府党组成员、副市长（—2021.6 挂职）
市政府党组成员、副市长（2021.8—）
陈文雅 市政府党组成员、副市长（2021.9—）
罗　巍 市政府党组成员、副市长（2021.9—）
杨　科 市政府副市长（2021.9—）

市政协

李崇喜 市政协主席（—2021.12）
李建中 市政协主席（2021.12—）
黄叶全 市政协副主席（—2021.12）
杨天顺 市政协副主席（2021.12—）
李茂鸣 市政协副主席
蔡纯午 市政协副主席
陈明清 市政协副主席
安崇伟 市政协副主席（—2021.12）
曾继元 市政协副主席
陈晓恒 市政协副主席（2021.12—）
辜凯华 秘书长（—2021.12）
陈玉军 秘书长（2021.12—）
施碧君 副秘书长
曹　强 副秘书长
欧欣同 副秘书长

市人民法院、市人民检察院

周　斌 市人民法院党组书记、院长（—2021.10）
钟晞鲲 市人民法院党组书记（2021.10—）
院长（2021.12—）
刘　东 市人民检察院党组书记、检察长

其他成都市管领导

陈晓恒 市临空经济产业园党工委委员、管委会副主任（—2021.10）
市政协党组成员（2021.10—）、副主席（2021.12—）
谢林江 市临空经济产业园党工委委员、管委会副主任、简城街道党工委书记（—2021.8）

谢　宁　市空天产业功能区党工委副书记、管委会主任

市纪委监委领导名录

曾志勇　市委常委（—2021.8）
　　　　市纪委书记、市监察委主任（—2021.9）
陈　蕾　市委常委、市纪委书记（2021.9—）
　　　　市监委主任（2021.12—）
叶　军　市纪委副书记、市监察委副主任（—2021.9）
曾麒宇　市纪委副书记、市监察委副主任（—2021.10）
陈阁斐　市纪委副书记、市监察委副主任（2021.10—）
杨　成　市纪委副书记、市监察委副主任（2021.10—）
吴艳华　市纪委常委、市监察委委员（—2021.10）
邓　华　市纪委常委、市监察委委员（—2021.10）
李传松　市纪委常委（—2021.10）
谢　钢　市纪委常委（—2021.10）
周　婷　市纪委常委（2021.10—）
胡　海　市纪委常委、市监察委委员（2021.10—）
刘嘉毅　市纪委常委（2021.10—）
樊　建　市监委委员
　　　　市纪委常委（2021.10—）
王君华　市监委委员

市纪委驻部门（单位）纪检监察组名录

邓辛模　市人民法院党组成员、纪检监察组组长
林建涛　市人民法院纪检监察组纪检监察专员
万玥灵　市委办纪检监察组组长
汪兰英　市委办纪检监察组纪检监察专员
戢　林　市委组织部纪检监察组组长（—2021.5）
王　艳　市委组织部纪检监察组组长（2021.8—）
黎　鸣　市委组织部纪检监察组纪检监察专员（—2021.10）
李杰夫　市委宣传部纪检监察组组长
曹小强　市委宣传部纪检监察组纪检监察专员
黄　梅　市委统战部纪检监察组组长
石晓琴　市委统战部纪检监察组纪检监察专员（—2021.10）
于飞洋　市委政法委纪检监察组组长（—2021.8）
邓　粤　市委政法委纪检监察组纪检监察专员
吴　姣　市政府办党组成员、纪检监察组组长
谭念刚　市政府办纪检监察组纪检监察专员
王　勇　市发展和改革局党组成员、纪检监察组组长
马　宇　市发改局纪检监察组纪检监察专员
鄢家刚　市教育局党组成员、纪检监察组组长
钟俊良　市教育局纪检监察组纪检监察专员（保留正局级）（—2021.10）
樊　庆　市公安局党委副书记、纪检监察组组长（正局长级）
项双银　市公安局纪检监察组纪检监察专员
钟英文　市民政局党组成员、纪检监察组组长（—2021.10）
卢德义　市民政局纪检监察组纪检监察专员
付　波　市财政局党组成员、纪检监察组组长
倪　勇　市财政局纪检监察组纪检监察专员
张泽松　市人力资源和社会保障局党组成员、纪检监察组组长（—2021.7）
黄　伟　市人力资源和社会保障局党组成员、纪检监察组组长（2021.7—）
唐靖琪　市人社局纪检监察组纪检监察专员
曾绍刚　市住房和城乡建设局党组成员、纪检监察组组长
胡　艳　市住房和城乡建设局纪检监察组纪检监察专员
鄢正茂　市交通运输局党组成员、纪检监察组组长
孟树彬　市交通运输局纪检监察组纪检监察专员
陈　瑜　市农业农村局党组成员、纪检监察组组长（—2021.10）
毛泽刚　市农业农村局纪检监察组纪检监察专员（保留正局级）（—2021.10）
余生全　市卫生健康局党组成员、纪检监察组组长
山雪艳　市卫生健康局纪检监察组纪检监察专员

胡　海　市国有资产监督管理和金融工作局党组成员、纪检监察组组长（—2021.10）
高　义　市国有资产监督管理和金融工作局纪检监察组纪检监察专员（2021.8—）
邱　婷　市市场监管局党组成员、纪检监察组组长（—2021.5）
陈何愿　市市场监管局党组成员、纪检监察组组长（2021.8—）
王　迅　市市场监管局纪检监察组纪检监察专员
杨　君　市空天产业功能区（经开区）党工委委员、纪检监察组组长（—2021.10）
罗迎会　市空天产业功能区（经开区）纪检监察组纪检监察专员（—2021.10）

市人民法院、市人民检察院领导名录

市人民法院

周　斌　市人民法院党组书记、院长（—2021.10）
钟晞鲲　市人民法院党组书记（2021.10—）、院长（2021.12—）
陈玉岗　市人民法院党组副书记、副院长
缪祖君　市人民法院党组成员、副院长（2021.1—）
青　巍　市人民法院党组成员、副院长（—2021.8）
郑　鸣　市人民法院党组成员、副院长（—2021.1）
谢国斌　市人民法院党组成员、副院长（—2021.1）
万　静　市人民法院党组成员、副院长（2021.8—）
胡炀威　市人民法院党组成员、副院长（2021.8—）

市人民检察院领导名录

刘　东　市人民检察院党组书记、检察长
秦　敏　市人民检察院党组副书记、副检察长
周建新　市人民检察院党组成员、副检察长（—2021.1）
缪祖君　市人民检察院党组成员、副检察长（—2021.1）
郑　鸣　市人民检察院党组成员、副检察长（2021.1—）
李跃龙　市人民检察院党组成员、副检察长（保留正局级）
蒋琴琴　市人民检察院党组成员
　　　　副检察长（2021.8—）

市委各部门（单位）领导名录

市委办

张　杨　市委办公室主任
蒲俊伟　市委办副主任（正局长级）（—2021.10）
周海圣　市委办副主任（正局长级）
钟卫星　市委办副主任、市信访局党组书记、局长
屈信宇　市委办副主任

市委组织部

黄永忠　市委常委、组织部部长（—2021.8）
　　　　社治委主任、党校校长、市直机关党工委书记、市西部电商物流产业功能区党工委书记（—2021.9）
杨新秋　市委常委、组织部部长（2021.8—）
　　　　社治委主任、党校校长、市直机关党工委书记（2021.9—）
刘　勇　市委组织部常务副部长（—2021.10）
周星阳　市委组织部常务副部长（2021.10—）
吴良先　市委组织部副部长、市委编办主任（2021.10—）
巫锡良　市委组织部副部长、市人力资源和社会保障局党组书记、局长、市劳动保障监察大队大队长（—2021.10）
陶敏正　市委组织部副部长、市人力资源和社会保障局党组书记、局长、市劳动保障监察大队大队长（2021.10—）
傅海峰　市委组织部副部长（正局长级）
杜晓舟　市委组织部副部长（正局长级）、市非公有制经济组织和社会组织党工委书记
胡桂玉　市委组织部副部长（正局长级）、市委老干部局局长
李亮熙　市委组织部副部长、市公务员局局长

市委宣传部

顾晓玲　市委常委、宣传部部长（—2021.9）
彭能超　市临空经济产业园党工委委员、管委会副主任
市委常委、宣传部部长（2021.9—）
陶敏正　市委宣传部常务副部长、市委外宣办（市互联网信息办、市政府新闻办）主任、市新闻出版局（市版权局）局长（—2021.10）
付敬锋　市委宣传部常务副部长、市委外宣办（市互联网信息办、市政府新闻办）主任、市新闻出版局（市版权局）局长（2021.10—）
王晓红　市委宣传部副部长、市文化体育和旅游局党组书记
苏　兴　市委宣传部副部长（正局长级）、市文明办主任（—2021.10）
徐庆东　市委宣传部副部长、市融媒体中心主任（—2021.10）
毛远见　市委宣传部副部长（正局长级）（—2021.10）
邓　佳　市委宣传部副部长、市文联主席
潘　高　市委宣传部副部长

市委统战部

李建军　市委常委、统战部部长、市总工会主席、市空天产业功能区（经开区）党工委书记、市政协党组副书记（—2021.9）
都学良　市政府党组成员、副市长（—2021.9）
市委常委、统战部部长、市政协党组副书记（2021.9—）
刘荣华　市委统战部常务副部长、市民族宗教事务局局长（—2021.10）
曾　涛　市委统战部常务副部长、市民族宗教事务局局长（2021.10—）
陈　晖　市委统战部副部长（正局长级）、市政府侨务和台湾事务办主任
蒋建忠　市委统战部副部长、市工商联党组书记
王　黎　市委统战部副部长

市委政法委

陈建龙　市委常委（—2021.8）
政法委书记兼市法学会会长、党组书记（—2021.9）
雷启锋　市委常委
政法委书记兼市法学会会长、党组书记（2021.9—）
杨天顺　市委政法委常务副书记，市法学会专职副会长（—2021.10）
刘巨波　市委政法委副书记（正局长级）（—2021.10）
市委政法委常务副书记，市法学会专职副会长（2021.10—）
董泽安　市委政法委副书记（—2021.10）
杨宗楷　市委政法委副书记（正局长级）（—2021.10）
吕永昭　市委政法委副书记（—2021.10）

市委政研室

周星阳　市委政研室主任（—2021.10）
周立波　市委政研室副主任（—2021.10）
市委政研室主任（2021.10—）
秦柏梅　市委政研室副主任

市委社治委

黄永忠　市委常委、组织部部长（—2021.8）
社治委主任、党校校长、市直机关党工委书记、市西部电商物流产业功能区党工委书记（—2021.9）
杨新秋　市委常委、组织部部长（2021.8—）
社治委主任、党校校长、市直机关党工委书记（2021.9—）
毛章奇　市委社治委常务副主任
何琨治　市委社治委副主任
林　凌　市委社治委副主任（—2021.10）

市委编办

徐　建　市委编办主任（—2021.10）
吴良先　市委组织部副部长、市委编办主任（2021.10—）
邹　鸿　市委编办副主任
曾洪英　市委编办副主任

市委巡察办

雷振邦　市委巡察办主任（—2021.10）
谢　钢　市委巡察办主任（2021.10—）
蒋　全　市委巡察办副主任
卿　熠　市委巡察办副主任

市委党研室

朱贵全　市委党研室主任（—2021.10）
李　林　市委党研室主任（2021.10—）
张潇澜　市委党研室副主任（2021.7—）

市委党校（市行政干部学校）

黄永忠　市委常委、组织部部长（—2021.8）社治委主任、党校校长、市直机关党工委书记、市西部电商物流产业功能区党工委书记（—2021.9）
杨新秋　市委常委、组织部部长（2021.8—）社治委主任、党校校长、市直机关党工委书记（2021.9—）
王春华　市委党校（市行政干部学校）常务副校长
汪劲锋　市委党校（市行政干部学校）副校长
黎泽东　市委党校（市行政干部学校）副校长

市档案馆

李春燕　市档案馆馆长
严　剑　市档案馆副馆长
周秀兰　市档案馆副馆长（—2021.10）

市人大专门委员会、常委会办事工作机构领导名录

市人大常委会办公室

唐　华　主　任
范昊林　副主任
吴森洋　副主任（2021.7—）

市人大监察和司法委员会

廖国宏　主任委员（—2021.12）
干玉昌　主任委员（2021.12—）
万　宁　副主任委员（—2021.12）
余华志　副主任委员（—2021.12）
董泽安　副主任委员（2021.12—）
吴艳华　副主任委员（2021.12—）
杨　涛　副主任委员（2021.12—）
周厚利　副主任委员

市人大经济委员会

韩春健　主任委员（—2021.12）
谢　锦　主任委员（2021.12—）
魏法琼　副主任委员
郑　红　副主任委员（—2021.11）
刘　闯　副主任委员
马炳秀　副主任委员（2021.12—）

市人大教育科学文化卫生和民族宗教侨务外事委员会

王海泉　主任委员（—2021.12）
李强普　主任委员（2021.12—）
袁志全　副主任委员（—2021.12）
伍自刚　副主任委员
王谋智　副主任委员（—2021.12）
苏　兴　副主任委员（2021.12—）
胡良才　副主任委员（2021.12—）
方延兴　副主任委员（2021.12—）

市人大城乡建设与环境保护委员会

汪　明　主任委员
樊　友　副主任委员
傅永红　副主任委员
吴文华　副主任委员
陈先楚　副主任委员（2021.12—）

市人大农业和农村委员会

施　亮　主任委员（—2021.12）
万　宁　主任委员（2021.12—）
李发武　副主任委员（—2021.12）
唐远君　副主任委员（—2021.12）
周家兵　副主任委员（—2021.12）
吴光霞　副主任委员（—2021.12）
李青果　副主任委员（2021.12—）
钟友彬　副主任委员（2021.12—）
钟进勋　副主任委员（2021.12—）
刘加强　副主任委员（2021.12—）

市人大社会建设委员会

何小勇　主任委员
王桢尧　副主任委员（—2021.12）
彭育海　副主任委员
周　伟　副主任委员（—2021.12）
王　华　副主任委员（2021.12—）
谢　彤　副主任委员（2021.12—）
陈　瑜　副主任委员（2021.12—）

市人大预算委员会

樊健康　主任委员（—2021.12）
都安辉　主任委员（2021.12—）
谢居刚　副主任委员
朱　列　副主任委员
李仁祥　副主任委员（—2021.12）
阳仲宣　副主任委员
晋华文　副主任委员（2021.12—）

代表委员会

（2021年9月6日依法设立）

王　丽　主任委员（2021.12—）
杨文逊　副主任委员（2021.12—）
吴光霞　副主任委员（2021.12—）
周　伟　副主任委员（2021.12—）
石晓琴　副主任委员（2021.12—）

市人大常委会人事代表工作委员会

朱光钰　主　任（—2021.6）
杨先菊　副主任（—2021.11）
　　　　主　任（2021.11—）
曾　勇　副主任（2021.7—）

市人大常委会信访工作办公室

周　毅　主　任（—2021.11）
郑　红　主　任（2021.11—）

市政府部门（单位）领导名录

市政府办

毛劲松　市政府党组成员，市政府办党组书记、主任
张健涛　市政府办党组成员、副主任（正局长级）（—2021.10）
胡桃红　市政府办副主任、市机关事务服务中心主任
周　磊　市政府办党组成员、副主任（正局长级）
詹　波　市政府办党组成员、副主任（正局长级）（—2021.5）
罗　勇　市政府办党组成员、副主任（—2021.10）
杨　春　市政府办党组成员、副主任

市发改局

杨　敏　市发展和改革局党组书记、局长兼市粮食和物资储备局局长

石成刚　市发展和改革局党组成员、副局长（正局长级）（—2021.10）
钟　华　市发展和改革局党组成员、副局长（正局长级）
徐澜耘　市发展和改革局党组成员、副局长（—2021.10）
江水清　市发展和改革局党组成员、副局长

市经科信局

谢　锦　市经济科技和信息化局（市新经济工作局）党组书记、局长（—2021.10）
刘正和　市经济科技和信息化局（市新经济工作局）党组书记、局长（2021.10—）
樊　亮　市经济科技和信息化局党组成员、副局长（—2021.10）
郭锡涛　市经济科技和信息化局党组成员、副局长
蒋祥波　市经济科技和信息化局党组成员、副局长

市教育局

李强普　市教育系统党委书记、市教育局党组书记、局长（—2021.10）
刘　勇　市教育系统党委书记、市教育局党组书记、局长（2021.10—）
付　孟　市教育系统党委副书记，市教育局党组成员、副局长（正局长级）
刘德成　市教育局党组成员、副局长（正局长级）
冷国慧　市教育系统党委副书记、市教育局党组成员、副局长（—2021.7）
吴　昊　市教育局党组成员、副局长

市公安局

钟世斌　市政府党组成员、副市长兼公安局党委书记、局长、督察长（—2021.9）
杨　军　市政府党组成员、副市长，市公安局党委书记、局长、督察长（2021.9—）
王建勇　市公安局党委副书记、政委
雍　元　市公安局党委委员、副政委
李全洪　市公安局党委委员、副局长（正局长级）
杨　树　市公安局党委委员、副局长
胡永东　市公安局党委委员、副局长、交警大队大队长

市民政局

陈　强　市民政局党组书记、局长（—2021.10）
杨清白　市民政局党组书记、局长（2021.10—）
曾　祥　市民政局党组成员、副局长（正局长级）
钟友彬　市民政局党组成员、副局长（—2021.10）
李建文　市民政局党组成员、副局长

市司法局

文　星　市司法局党委书记
　　　　局长（2021.10—）
汤　凌　市司法局党委副书记、局长（—2021.10）
王江苏　市司法局党委委员、副局长（正局长级）
杨　涛　市司法局党委委员、副局长（—2021.10）

市财政局

曾文辉　市财政局党组书记、局长
陈　刚　市财政局党组成员、副局长兼市财政国库支付中心主任（—2021.10）
周　昆　市财政局党组成员、副局长（正局长级）
唐　忠　市财政局党组成员、副局长（正局长级）
李　俊　市财政局党组成员、副局长（正局长级）（—2021.7）
李　伟　市财政局党组成员、副局长（正局长级）
晋华文　市财政局党组成员、副局长（—2021.10）
钟志刚　市财政局党组成员、副局长

市人社局

巫锡良　市委组织部副部长、市人力资源和社会保障局党组书记、局长、市劳动保障监察大队大队长（—2021.10）
陶敏正　市委组织部副部长、市人力资源和社会保障局党组书记、局长、市劳动保障监察大队大队长（2021.10—）

胡良才　市人力资源和社会保障局党组成员、副局长、市就业服务中心（市农民工服务中心）主任（—2021.10）
袁　宁　市人力资源和社会保障局党组成员、副局长、市就业服务中心（市农民工服务中心）主任（2021.10—）
彭　忠　市人力资源和社会保障局党组成员、副局长（—2021.10）
陶　彬　市人力资源和社会保障局党组成员、副局长
李　玲　市人力资源和社会保障局党组成员、副局长（正局长级）
谢宏志　市人力资源和社会保障局党组成员、副局长

市规划和自然资源局

向　波　市规划和自然资源局党组书记（—2021.11）
彭觉勇　市规划和自然资源局党组副书记、局长（—2021.11）
市规划和自然资源局党组书记（2021.11—）
陈　涛　市规划和自然资源局党组副书记、局长（2021.12—）
汪　强　市规划和自然资源局党组成员、副局长（—2021.12）
市规划和自然资源局四级调研员（2021.12—）
汪广金　市规划和自然资源局党组成员、副局长
吴　斌　市规划和自然资源局党组成员、副局长
刘进明　市规划和自然资源局党组成员、副局长
卿智玲　市规划和自然资源局党组成员、副局长
付　红　市规划和自然资源局党组成员、副局长
黄　承　市规划和自然资源局党组成员、副局长
王付均　市规划和自然资源局党组成员、机关党委书记
吴勇全　市规划和自然资源局党组成员、简阳市土地储备中心主任（—2021.10）

市住建局

朱康敏　市住房和城乡建设局（市人民防空办公室、市公园城市建设局）党组书记、局长（主任）
李再友　市住房和城乡建设局党组成员、副局长（正局长级）
胡永红　市住房和城乡建设局党组成员、副局长
黄　位　市住房和城乡建设局党组成员、副局长
阳　洋　市住房和城乡建设局党组成员、副局长
钟　军　市住房和城乡建设局党组成员、副局长

市交通局

刘　令　市交通运输局党组书记、局长，市交通战备办公室主任，市交通运输综合行政执法大队大队长
王　波　市交通运输局党组成员、副局长（正局长级）
陈华敏　市交通运输局党组成员、副局长（正局长级）（—2021.10）
宁　杰　市交通运输局党组成员、副局长（正局长级）
陈　林　市交通运输局党组成员、副局长
唐　诚　市交通运输局党组成员、副局长
谢　彤　市交通运输局党组成员、副局长（—2021.10）

市水务局

周　靖　市水务局党组书记、局长（—2021.10）
刘荣华　市水务局党组书记、局长（2021.10—）
李　伟　市水务局党组成员、副局长（正局长级）
李大林　市水务局党组成员、副局长（—2021.10）
杨　强　市水务局党组成员、副局长
周鹏飞　市水务局党组成员、副局长

市农业农村局

吴良先　市农业农村局党组书记（—2021.10）
张健涛　市农业农村局党组书记（2021.10—）
李　毅　市农业农村局局长、市农业综合行政执法大队大队长

市乡村振兴局局长(2021.07—)

付建勇　市农业农村局党组成员、市农村经济发展服务中心主任

张　健　市农业农村局党组成员、副局长(—2021.10)

吴　俊　市农业农村局党组成员、副局长(—2021.10)

秦　翔　市农业农村局副局长、市应急管理局副局长(兼职)(—2021.9)

市商投局

刘德贵　市商务和投资促进局党组书记(—2021.10)

袁　宁　市商务和投资促进局党组副书记、局长(—2021.10)

林　凌　市商务和投资促进局党组书记、局长(2021.10—)

谢　强　市商务和投资促进局党组成员、副局长

罗　斌　市商务和投资促进局党组成员、副局长

市文体旅局

王晓红　市委宣传部副部长，市文化体育和旅游局党组书记

曾兰岚　市文化体育和旅游局(市广播电视局)局长，市文化市场综合行政执法大队大队长

徐三祝　市文化体育和旅游局党组成员、副局长

汤楚缨　市文化体育和旅游局副局长

刘廷宽　市文化体育和旅游局党组成员、副局长

市卫健局

黄安文　市卫生健康局党组书记、局长，市卫生健康行政执法大队大队长

郭　勇　市卫生健康局党组成员、副局长(正局长级)

鄢建章　市卫生健康局党组成员、副局长

万志成　市卫生健康局党组成员、副局长

何　琴　市卫生健康局党组成员、副局长

市退役军人局

谢　丰　市退役军人事务局党组书记、局长

肖孝辉　市退役军人事务局党组成员、副局长

周忠雨　市退役军人事务局党组成员、副局长

市应急局

黄建章　市应急管理局党委书记(—2021.10)

干玉昌　市应急管理局党委副书记、局长(—2021.10)

蒲俊伟　市应急管理局党委书记、局长(2021.10—)

张家林　市应急管理局党委委员、副局长(2021.10—)

谢恒平　市应急管理局党委委员、副局长

周宏伟　市应急管理局党委委员、副局长

吴　斌　市规划和自然资源局党组成员、副局长
市应急管理局副局长(兼职)

窦　磊　市水务局党组成员、机关党委书记
市应急管理局副局长(兼职)

秦　翔　市农业农村局副局长、市应急管理局副局长(兼职)(—2021.9)

市审计局

陈卫东　市审计局党组书记、局长(—2021.10)

陈　刚　市审计局党组书记、局长(2021.10—)

林忠斌　市审计局党组成员、副局长

杨　军　市审计局党组成员、副局长

施尚国　市审计局党组成员、副局长

市国金局

程有聪　市国资和金融工作局党组书记

毛国玺　市国资和金融工作局党组副书记、局长

翟磊方　市国资和金融工作局党组成员、副局长

陈志英　市国资和金融工作局党组成员、副局长

市市场监管局

方　正　市市场监管局党组书记(—2021.10)

陈胜昔　市市场监管局（市知识产权局）党组副书记、局长，市市场监督管理综合行政执法大队大队长（—2021.10）
徐庆东　市市场监管局（市知识产权局）党组书记、局长，市市场监督管理综合行政执法大队大队长（2021.10—）
付在勇　市市场监管局党组成员、副局长（—2021.10）
曾军华　市市场监管局党组成员、副局长（—2021.10）
吴立平　市市场监管局党组成员、副局长
文书培　市市场监管局党组成员、副局长

市统计局

施　玺　市统计局党组书记、局长
马炳秀　市统计局党组成员、副局长（—2021.10）
蒋　涛　市统计局党组成员、副局长

市信访局

钟卫星　市信访局党组书记、局长、市委办副主任
姜素香　市信访局党组成员、副局长（正局长级）
胡　刚　市信访局党组成员、副局长

市综合执法局

张　建　市综合行政执法局（市城市管理局）党组书记、局长
杨理均　市综合行政执法局（市城市管理局）党组成员、副局长、市综合行政执法大队大队长（正局长级）
冯　俊　市综合行政执法局（市城市管理局）党组成员、副局长
朱江勇　市综合行政执法局（市城市管理局）党组成员、副局长
安　波　市综合行政执法局（市城市管理局）党组成员、副局长

市行政审批局

李　林　市行政审批局（市政务服务管理和网络理政办）党组书记、局长（主任）（—2021.10）
曾麒宇　市行政审批局（市政务服务管理和网络理政办）党组书记、局长（主任）（2021.10—）
王　华　市行政审批局（市政务服务管理和网络理政办）党组成员、副局长（副主任）（—2021.10）
施红梅　市行政审批局（市政务服务管理和网络理政办）党组成员、副局长（副主任）

市医保局

冯　榕　市医保局党组书记、局长
姚　伟　市医保局党组成员、副局长
陈　果　市医保局党组成员、副局长

市融媒体中心

徐庆东　市委宣传部副部长、市融媒体中心主任（—2021.10）
毛　羽　市融媒体中心副主任
周　勤　市融媒体中心副主任
田　勇　市融媒体中心副主任（—2021.10）

市机关事务中心

胡桃红　市机关事务服务中心主任，兼任市政府办副主任
李玉霞　市机关事务服务中心副主任
李　刚　市机关事务服务中心副主任
李　信　市机关事务服务中心副主任

市投促中心

周　容　市商务和投资促进局党组成员、市投资促进服务中心主任（—2021.7）

谈梦泽　市商务和投资促进局党组成员、市投资促进服务中心主任（2021.7—）
陈　敏　市投资促进服务中心副主任
杨　成　市投资促进服务中心副主任（—2021.7）
刘　肖　市投资促进服务中心副主任

市文旅中心

杨晓勇　市文旅产业发展服务中心主任
高文君　市文旅产业发展服务中心副主任
王　波　市文旅产业发展服务中心副主任

市供销联社

徐勇刚　市供销联社党组书记、主任（—2021.10）
王　燕　市供销联社党组书记、主任（2021.10—）
汪广文　市供销联社党组成员、副主任（—2021.10）
施跃花　市供销联社副主任
周俊材　市供销联社党组成员、副主任（2021.7—）

市老龄中心

王　燕　市老龄工作服务中心主任（—2021.10）
徐勇刚　市老龄工作服务中心主任（2021.10—）
李明远　市老龄工作服务中心副主任（保留正局级）（—2021.10）

市地志办

杨　勇　市地方志办主任（—2021.10）
罗　勇　市地方志办主任（2021.10—）

市征补中心

周　杰　市房屋征收补偿服务中心主任（—2021.9）
吴勇全　市房屋征收补偿服务中心主任（2021.9—）
陈宏伟　市房屋征收补偿服务中心副主任
唐　敏　市房屋征收补偿服务中心副主任
朱林强　市房屋征收补偿服务中心副主任

市惠民中心

马　艳　市惠民帮扶中心主任
黄文兴　市惠民帮扶中心副主任

市公共资源交易中心

杨清白　市公共资源交易服务中心（成都市公共资源交易服务中心简阳分中心）党组书记、主任（—2021.10）
陈卫东　市公共资源交易服务中心（成都市公共资源交易服务中心简阳分中心）党组书记、主任（2021.10—）
钟永胜　市公共资源交易服务中心（成都市公共资源交易服务中心简阳分中心）党组成员、副主任
钟建成　市公共资源交易服务中心（成都市公共资源交易服务中心简阳分中心）党组成员、副主任

市规划中心

罗　勇　市自然资源规划研究中心主任（—2021.3）
向　波　市规划和自然资源局党组书记（—2021.11）
　　　　市自然资源规划研究中心主任（2021.3—）
段作文　市自然资源规划编制研究中心副主任（—2021.8）
晏若潇　市自然资源规划编制研究中心副主任
周罡正　市自然资源规划编制研究中心副主任
王　玲　市自然资源规划编制研究中心副主任（2021.8—）

市智慧城市治理中心（市网格化服务中心）

彭　峰　市智慧城市治理中心（市网格化服务中心）党组书记、主任（—2021.7）
黄　琦　市智慧城市治理中心（市网格化服务中心）党组书记、主任（2021.7—）

杨晓丽　市智慧城市治理中心（市网格化服务中心）党组成员、副主任
晋良炳　市智慧城市治理中心（市网格化服务中心）党组成员、副主任

市就业中心

胡良才　市人力资源和社会保障局党组成员、副局长，市就业服务中心（市农民工服务中心）主任（—2021.10）
袁　宁　市人力资源和社会保障局党组成员、副局长，市就业服务中心（市农民工服务中心）主任（2021.10—）
李　斌　市就业服务中心副主任
魏晓斌　市就业服务中心副主任

产业功能区领导名录

市临空经济产业园

王　勇　市临空经济产业园党工委副书记、管委会副主任
　　　　市委常委、市总工会主席（2021.9—）
彭能超　市临空经济产业园党工委委员、管委会副主任
　　　　市委常委、宣传部部长（2021.9—）
谢林江　市临空经济产业园党工委委员、管委会副主任、简城街道党工委书记（—2021.9）
陈晓恒　市临空经济产业园党工委委员、管委会副主任（—2021.10）

市空天产业功能区

李建军　市委常委、统战部部长、市总工会主席、市空天产业功能区（经开区）党工委书记、市政协党组副书记（—2021.9）
谢　宁　市空天产业功能区党工委副书记、管委会主任
段　丽　市空天产业功能区（经开区）党工委委员、管委会副主任
刘正和　市空天产业功能区（经开区）党工委委员、管委会副主任（—2021.10）
李京倍　市空天产业功能区（经开区）党工委委员、管委会副主任

市西部电商物流产业功能区

黄永忠　市委常委、组织部部长（—2021.8）
　　　　社治委主任、党校校长、市直机关党工委书记、市西部电商物流产业功能区党工委书记（—2021.9）
蒋和平　市西部电商物流产业功能区党工委副书记、管委会主任
　　　　市人大常委会党组成员（2021.10—）、副主任（2021.12—）
陈先楚　市西部电商物流产业功能区管委会副主任（—2021.10）
付　晋　市西部电商物流产业功能区党工委委员、管委会副主任

市政协办事机构、工作机构、专门委员会领导名录

办公室

伍家毅　办公室主任
郭洪彬　办公室副主任

研究室

周良才　主任（—2021.11）
唐　影　副主任（—2021.11）
　　　　主任（2021.11—）

提案委员会

周　灿　主任
周　健　副主任（—2021.11）
文书君　副主任（—2021.11）
李　强　副主任
晋中良　副主任（—2021.11）

蒋诗文　副主任(2021.11—)
张家林　副主任(2021.11—)

经济委员会

李中槐　主任(—2021.11)
陈胜昔　主任(2021.11—)
周贤刚　副主任(—2021.11)
陈　平　副主任(—2021.11)
王小惠　副主任
陈华敏　副主任(2021.11—)
徐澜耘　副主任(2021.11—)
张中顺　副主任

环境资源委员会

黄　辉　主任(—2021.11)
彭　峰　主任(2021.11—)
曾光卫　副主任(—2021.11)
张　锐　副主任(—2021.11)
肖云亮　副主任(—2021.11)
吴文强　副主任(2021.11—)
杨清泉　副主任
程慧英　副主任(2021.11—)

农业和农村委员会

付长荼　主任(—2021.11)
田　健　副主任(—2021.11)
　　　　主任(2021.11—)
张玉元　副主任(—2021.11)
周　杰　副主任(2021.11—)
蒋　勇　副主任
毛江林　副主任
汪广文　副主任(2021.11—)

教育卫生委员会

何　武　主任
肖　震　副主任
钟　奎　副主任(—2021.11)
康　敏　副主任(—2021.11)
赖　毅　副主任(—2021.11)
毛远见　副主任(2021.11—)
吕永昭　副主任(2021.11—)

社会法制民族宗教委员会

陈玉军　主任(—2021.11)
曾光卫　主任(2021.11—)
付小刃　副主任
蒋增木　副主任(—2021.11)
黄本刚　副主任(2021.11—)
李仁清　副主任
刘德文　副主任

文化文史委员会

王元新　主任(—2021.11)
罗君成　主任(2021.11—)
徐丰裕　副主任(—2021.11)
彭云义　副主任
王　久　副主任
钟　敏　副主任

委员联络委员会

蒋增勤　主任(—2021.11)
肖明华　主任(2021.11—)
严　宽　副主任
王　强　副主任
杨承礼　副主任(—2021.11)
周　芳　副主任(—2021.11)
陈　曦　副主任(2021.11—)

垂直管理机构领导名录

市税务局

袁永龙　党委书记、局长
李光灿　党委委员、纪检组长
方裕玺　党委委员、副局长(2021.11—)

高　强　党委委员、副局长（2021.11—）
谭　峰　党委委员、副局长（—2021.11）
熊　立　党委委员、副局长
马彦东　党委委员、副局长
周洪强　党委委员、副局长

简阳生态环境局

刘志强　党组书记、局长、生态环境综合行政执法大队大队长
邓长学　党组成员、副局长
李燕刚　党组成员、生态环境综合行政执法大队副大队长
魏　强　党组成员、副局长
罗　建　党组成员、副局长
李　雪　党组成员、机关党总支书记
吴东明　党组成员、监测站站长
袁一斌　副局长（2021.12 挂职—）

市气象局

周　勇　局长
毛　科　副局长
陈月琴　副局长

中国人民银行简阳市支行

张文豪　党组书记、行长
叶国良　党组成员、纪检组长、副行长
郝会凌　党组成员、副行长（—2021.8）

国家统计局简阳调查队

樊益全　党组书记、队长
钟泽伟　党组成员、副队长
刘昕宇　党组成员、纪检组长

市烟草专卖局（分公司）

李万权　党支部书记、局长、经理（—2021.9）
靳江军　副局长
谢　放　副局长

群众团体领导名录

市总工会

李建军　市委常委、统战部部长、市总工会主席、市空天产业功能区（经开区）党工委书记、市政协党组副书记（—2021.9）
王　勇　市临空经济产业园党工委副书记、管委会副主任
　　　　市委常委、市总工会主席（2021.9—）
吴　宇　市总工会党组书记、常务副主席
张　毅　市总工会党组成员、副主席
毛正品　市总工会党组成员、副主席（—2021.7）
冷国慧　市总工会党组成员、副主席（2021.7—）

团市委

王幼文　团市委书记（—2021.10）
安　然　团市委副书记（—2021.10）
　　　　团市委书记（2021.10—）
曹　洋　团市委副书记（2020.3—）

市妇联

周　利　市妇联党组书记、主席
钟　玲　市妇联党组成员、副主席
陈柢屹　市妇联党组成员、副主席

市科协

王　丽　市科协党组书记、主席（—2021.10）
应锡智　市科协党组成员、副主席（—2021.8）
田云富　市科协党组成员、副主席（2021.8—）

市侨联

徐小义　市侨联主席

应文秀　市侨联专职副主席

市工商联

陈明清　市政协副主席
　　　　市工商联主席（—2021.9）
蒋建忠　市委统战部副部长、市工商联党组书记
秦　翔　市工商联主席（2021.9—）
田云富　市工商联党组成员、副主席（—2021.8）
应锡智　市工商联党组成员、副主席（2021.8—）

市残联

肖明华　市残联党组书记、理事长（—2021.7）
周　容　市残联党组书记、理事长（2021.7—）
杨昌德　市残联副理事长

镇（街道）领导名录

简城街道

谢林江　党工委书记（—2021.9）
刘姜伟　党工委书记（2021.10—）
黎　波　党工委副书记、办事处主任
刘怀勤　党工委委员、人大工委主任
钟世伟　党工委委员、纪工委书记、监察办主任
林　红　党工委委员、组织委员（人大工委副主任、宣传委员）
余天清　党工委委员、政法委员、武装部部长
徐才勇　党工委委员、办事处副主任
文　凤　党工委委员、办事处副主任
邓小红　党工委委员、办事处副主任
叶绍培　党工委委员、办事处副主任
杨　英　综合便民服务中心主任

射洪坝街道

曾　涛　党工委书记（—2021.10）
酉艳霜　党工委书记（2021.10—）
姚禹宏　党工委副书记、办事处主任
胡　建　党工委委员、人大工委主任
尹　生　党工委副书记
李　军　党工委委员、政法委员、武装部部长
何　斌　党工委委员、纪工委书记（2021.5—）
文　君　党工委委员、办事处副主任（2021.5—）
伍　辉　党工委委员、办事处副主任
蒋治刚　党工委委员、组织委员（人大工委副主任、宣传委员）
贺晓龙　党工委委员、办事处副主任
张　浩　党工委委员、办事处副主任

新市街道

陈中波　党工委书记
毛传旭　党工委副书记、办事处主任
周同超　党工委副书记、人大工委主任（—2021.5）
　　　　党工委委员、人大工委主任（2021.5—）
黄克慧　党工委副书记（正局长级）
易学全　党工委副书记、纪工委书记、监察办主任（—2021.5）
王　波　党工委副书记（—2021.5）
　　　　党工委委员、纪工委书记、监察办主任（2021.5—）
彭廷建　党工委委员、组织委员、人大工委副主任、宣传委员
曾容康　党工委委员、政法委员、武装部部长
李洪明　党工委委员、办事处副主任
徐　宏　党工委委员、办事处副主任

石桥街道

樊邦贵　党工委书记
李　强　党工委副书记、办事处主任（—2021.11）
黄建章　党工委副书记、办事处主任（2021.11—）
王浩佑　人大工委主任
石　伟　纪工委书记、监察办主任（—2021.5）
　　　　党工委副书记（2021.5—）
李友清　党工委副书记（—2021.5）
　　　　纪工委书记、监察办主任（2021.5—）
付骅梁　党工委委员、组织委员（人大工委副主

任、宣传委员）
段燕勇　党工委委员、政法委员、武装部部长
魏　强　党工委委员、办事处副主任
徐荣奎　党工委委员、办事处副主任
付晓惠　党工委委员、办事处副主任
胡晓锦　党工委委员、办事处副主任
周　霆　综合便民服务中心主任（2021.4—）

赤水街道

叶勇智　党工委书记
朱光钰　党工委副书记、办事处主任
眊　林　人大工委主任
毛泽勇　党工委副书记
付　华　纪工委书记、监察办主任
汪黎平　党工委委员、组织委员（宣传委员、人大工委副主任）
肖　林　党工委委员、政法委员、武装部部长
毛　英　党工委委员、副主任
曹　艳　党工委委员、副主任

东溪街道

薛　强　党工委书记
张宏文　党工委副书记、办事处主任（—2021.5）
余志红　党工委副书记、办事处主任（2021.5—）
王　建　人大工委主任
党工委委员（2021.5—）
吴文强　党工委副书记（—2021.5）
张　宇　党工委副书记
纪工委书记（—2021.5）
朱　胜　党工委委员、组织委员（人大工委副主任、宣传委员）（—2021.5）
党工委委员、纪工委书记、监察办主任（2021.5—）
钟晓辉　党工委委员、组织委员（人大工委副主任、宣传委员）（2021.5—）
杨文超　党工委委员、武装部部长、政法委员（—2021.5）
饶宣治　党工委委员、办事处副主任（—2021.5）
党工委委员、政法委员、武装部部长（2021.5—）
陈　俊　党工委委员、办事处副主任
伍建萍　党工委委员、办事处副主任（—2021.5）
魏　昕　党工委委员、办事处副主任（2021.5—）

平泉街道

邹斯若　党工委书记
余志红　党工委副书记、办事处主任（—2021.5）
王游修　党工委副书记、办事处主任（2021.5—）
蔡显彬　党工委委员、人大工委主任
蒋　肖　党工委副书记、纪工委书记、监察办主任（—2021.5）
党工委副书记（2021.5—）
付建波　党工委委员、办事处副主任（—2021.5）
党工委委员、纪工委书记、监察办主任（2021.5—）
赖俊全　党工委委员、组织委员（人大工委副主任、宣传委员）
刘　勇　党工委委员、政法委员、武装部部长
温建英　党工委委员、办事处副主任
段兴堂　党工委委员、办事处副主任

杨家镇

王　芳　党委书记
曾　勇　党委副书记、镇长（—2021.5）
都　奎　党委副书记、提名镇长（2021.05—2021.12）
党委副书记、镇长（2021.12—）
钟　南　党委委员、人大主席
李锦彬　党委副书记、纪委书记、监察办主任（—2021.5）
鄢志雄　党委委员、政法委员、武装部长（—2021.5）
党委副书记（2021.5—）
刘　畅　党委委员、组织委员、人大副主席、宣传委员（—2021.5）
党委委员、纪委书记、监察办主任（2021.5—）

高　蕾　党委委员、副镇长（—2021.5）
　　　　党委委员、组织委员、提名人大副主席、宣传委员（2021.5—2021.12）
　　　　党委委员、组织委员、人大副主席、宣传委员（2021.12—）
赵修平　党委委员、政法委员、武装部部长（2021.5—）
刘　强　党委委员、副镇长
刘玉函　党委委员、提名副镇长（2021.5—2021.12）
　　　　党委委员、副镇长（2021.12—）
吴俊杰　副镇长（—2021.5）
卿　海　综合便民服务中心主任（事业副局级）

石钟镇

李　文　党委书记（—2021.11）
李　强　党委书记（2021.11—）
刘一夫　党委副书记、镇长
王　超　党委委员、人大主席（—2021.6）
胡剑斌　党委委员、人大主席（2021.6—）
郭　琪　党委副书记（—2021.6）
蒋汉青　纪委书记（—2021.6）
　　　　党委副书记（2021.6—）
郭　琪　纪委书记（2021.6—）
巫　亭　党委委员、人大副主席、组织委员（宣传委员）
刘　成　党委委员、政法委员、武装部部长（抽调援藏）
叶泽松　党委委员、副镇长（—2021.6）
黄　礼　党委委员、副镇长
周才军　党委委员、副镇长（2021.6—）

施家镇

刘姜伟　党委书记（—2021.11）
李建华　党委书记（2021.11—）
方延兴　党委副书记、镇长（—2021.5）
李建华　党委副书记、提名镇长（2021.5—2021.11）
吴远杨　党委副书记、提名镇长（2021.11—2021.12）
　　　　党委副书记、镇长（2021.12—）
魏　铃　党委委员、人大主席
付　华　党委副书记、纪委书记、监察办主任（—2021.5）
李佳波　党委委员、纪委书记、监察办主任（2021.5—）
梅　鹏　党委委员、组织委员（宣传委员）、提名人大副主席（2021.5—2021.12）
　　　　党委委员、组织委员（宣传委员）、人大副主席（2021.12—）
何麟龙　党委委员、政法委员（武装部部长）
陈　文　党委委员、副镇长
袁桂英　党委委员、组织委员（宣传委员）、人大副主席（—2021.5）
　　　　党委委员、提名副镇长（2021.5—2021.12）
　　　　党委委员、副镇长（2021.12—）
秦　璨　副镇长（—2021.5）
钟晓辉　党委委员、副镇长（—2021.5）

禾丰镇

陈阁斐　党委书记（—2021.10）
张宏文　党委副书记、提名镇长（2021.5—2021.10）
　　　　党委书记（2021.10—）
王游修　党委副书记、镇长（—2021.5）
黎　鸣　党委副书记、提名镇长（2021.10—2021.12）
　　　　党委副书记、镇长（2021.12—）
袁希铃　党委委员、人大主席（—2021.5）
　　　　党委委员、提名人大主席（2021.5—2021.12）
　　　　党委委员、人大主席（2021.12—）
陈　伟　党委副书记、纪委书记、监察办主任（—2021.5）
　　　　党委副书记（2021.5—）
曾小琼　党委副书记（—2021.5）
　　　　党委委员、纪委书记（2021.5—）
钟安顺　党委委员、政法委员、武装部部长
刁泽君　党委委员、副镇长（—2021.5）
张　瑾　党委委员、组织委员（宣传委员）、提名人大副主席（2021.5—2021.12）

党委委员、组织委员（宣传委员）、人大副主席（2021.12—）
曾良涛　党委委员、组织委员（宣传委员）、人大副主席（—2021.5）
党委委员、提名副镇长（2021.5—2021.12）
党委委员、副镇长（2021.12—）
徐　建　党委委员、副镇长
马　毅　党委委员、提名副镇长（2021.5—2021.12）
党委委员、副镇长（2021.12—）
卿绍芳　党委委员、副镇长（—2021.5）
副镇长（2021.5—）
杨　柳　副镇长（—2021.5）

三合镇

曾从鲁　党委书记
罗韩明　党委副书记、镇长
樊文全　党委副书记
姜　涛　党委委员、纪委书记、监察办主任（2021.5—）
袁高禄　党委委员、组织委员、宣传委员、人大副主席
彭　勇　党委委员、政法委员、武装部部长
付子艳　党委委员、副镇长
刁泽君　党委委员、副镇长（2021.5—）
马　毅　党委副书记（—2021.5）
杨宪华　党委委员、人大主席（—2021.5）

平武镇

曾　明　党委书记
蒋　茜　党委副书记、镇长
卿　理　党委委员、人大主席
曾　玮　党委副书记
杨　航　纪委书记
刘　东　党委委员、组织委员、宣传委员、人大副主席
王大明　党委委员、政法委员、武装部部长
张　锐　党委委员、副镇长
赵建清　党委委员、副镇长

云龙镇

付敬锋　党委书记（—2021.5）
都进新　党委书记（2021.5—）
夏　琴　党委副书记、镇长
袁大刚　党委委员、人大主席
陈　德　党委副书记、纪委书记（—2021.5）
党委副书记（2021.5—）
叶绍培　党委副书记（—2021.5）
刘　平　党委委员、副镇长（—2021.5）
党委委员、纪委书记（2021.5—）
罗艳辉　人大专职副主席、组织委员、宣传委员
曹绍军　党委委员、政法委员、武装部部长
卿立慧　党委委员、副镇长（—2021.5）
黄　春　党委委员、提名副镇长（2021.5—2021.12）
党委委员、副镇长（2021.12—）
杨廷波　党委委员、副镇长
袁　辉　副镇长
代　沛　提名副镇长（2021.5—2021.12）
副镇长（2021.12—）
姚海军　农业综合服务中心主任（2021.3—）

涌泉镇

都进新　党委书记（—2021.5）
曾　勇　党委书记（2021.5—）
苏　阳　党委副书记、镇长
袁　东　党委委员、人大主席
李　凡　党委副书记、纪委书记（—2021.5）
党委副书记（2021.5—）
肖全香　党委委员、副镇长（—2021.5）
党委委员、纪委书记（2021.5—）
宋春茂　党委委员、组织（宣传）委员、人大副主席（—2021.5）
陶雨秋　党委委员、组织（宣传）委员、提名人大副主席（2021.5—2021.12）
党委委员、组织（宣传）委员、人大副主席（2021.12—）
陈　胜　党委委员、政法委员、武装部部长

张光文 党委委员、副镇长（—2021.5）
李俏嘉 党委委员、提名副镇长（2021.5—2021.12）
党委委员、副镇长（2021.12—）
陈玉森 党委委员、提名副镇长（2021.5—2021.12）
党委委员、副镇长（2021.12—）

三星镇

徐红彬 党委书记
吴 勇 党委副书记、镇长（—2021.5）
雷 彪 党委副书记、提名镇长（2021.5—2021.12）
党委副书记、镇长（2021.12—）
陈孝勇 党委委员、人大主席
唐良才 党委副书记、纪委书记（—2021.5）
张汝洪 党委副书记（—2021.5）
李 杰 党委副书记（2021.5—）
蒋青淞 党委委员、纪委书记（2021.5—）
王雄辉 党委委员、组织委员（人大副主席、宣传委员）
王朝旭 党委委员、政法委员、武装部部长
陈华伟 党委委员、副镇长（—2021.5）
刘顺菊 党委委员、提名副镇长（2021.5—2021.12）
党委委员、副镇长（2021.12—）
付建梅 党委委员、提名副镇长（2021.5—2021.12）
党委委员、副镇长（2021.12—）
蒋福廷 综合便民服务中心主任
周国胜 农业综合服务中心（2021.8—）

青龙镇

李继银 党委书记
张原源 党委副书记、镇长
卿文满 党委委员、人大主席
文 君 党委副书记、纪委书记（—2021.5）
王 新 党委副书记（2021.5—）
彭育军 党委委员、组织委员、宣传委员、人大副主席（—2021.5）
纪委书记、监察办主任（2021.5—）
付 利 党委委员、组织委员、宣传委员、提名人大副主席（2021.5—2021.12）
党委委员、组织委员、宣传委员、人大副主席（2021.12—）
张卫东 党委委员、政法委员、武装部部长
钟琳洁 党委委员、副镇长
周才军 党委委员、副镇长（—2021.5）
钟 伟 党委委员、副镇长

踏水镇

刘 剑 党委书记
李建华 党委副书记、镇长（—2021.5）
邱 婷 党委副书记、提名镇长（2021.5—2021.12）
党委副书记、镇长（2021.12—）
罗成荣 党委委员、人大主席
刘顺菊 党委副书记、纪委书记、监察办主任（—2021.5）
叶泽松 党委副书记（2021.5—）
李 英 党委委员、副镇长（—2021.5）
党委委员、纪委书记（2021.5—）
梁 维 党委委员、组织委员、宣传委员、人大副主席
王 滨 党委委员、政法委员
张晓玲 党委委员、副镇长
邓传和 党委委员、副镇长（—2021.5）
王 迪 党委委员、提名副镇长（2021.5—2021.12）
党委委员、副镇长（2021.12—）

宏缘镇

酉艳霜 党委书记（—2021.10）
陈国敏 镇长（—2021.10）
党委书记（2021.10—）
王幼文 提名镇长（2021.10—2021.11）
镇长（2021.12—）
周崇清 党委委员、人大主席（—2021.5）
易学全 党委委员、提名人大主席（2021.5—2021.12）
党委委员、人大主席（2021.12—）
廖 珲 党委副书记、纪委书记、监察办主任（—2021.5）
李佳骏 党委副书记（2021.5—）

黄元腾　党委委员、纪委书记、监察办主任（2021.5—）
李书晗　党委委员、组织委员、宣传委员、人大副主席
钟文军　党委委员、政法委员、武装部部长
张　静　党委委员、副镇长
周向东　党委委员、副镇长
王　新　党委委员、副镇长（2021.5—）

镇金镇

曾　明　党委书记（—2021.5）
秦　学　党委书记（2021.5—）
都　奎　党委副书记、镇长（—2021.5）
詹　波　党委副书记（2021.5—2021.12）
　　　　党委副书记、镇长（2021.12—）
谢文华　党委委员、人大主席
胡剑斌　副书记、纪委书记（—2021.5）
付学彬　党委委员、党委副书记
陈　良　党委委员、纪委书记、监察办主任（2021.5—）
徐　超　党委委员、组织委员、宣传委员、人大副主席
徐永强　党委委员、政法委员、武装部部长
陈玉森　党委委员、副镇长（—2021.5）
黄　春　党委委员、副镇长（—2021.5）
郑　萱　党委委员、副镇长（—2021.5）
鄢　灏　党委委员（2021.5—2021.12）
　　　　党委委员、副镇长（2021.12—）
刘永进　党委委员（2021.5—2021.12）
　　　　党委委员、副镇长（2021.12—）

雷家镇

徐　浩　党委书记
谭文畅　党委副书记、镇长（—2021.5）
吴　勇　党委副书记、提名镇长（2021.5—2021.12）
　　　　党委副书记、镇长（2021.12—）
付少东　党委委员、人大主席（—2021.5）
卿　熠　党委委员、提名人大主席（2021.5—2021.12）
　　　　党委委员、人大主席（2021.12—）
邓小红　党委副书记、纪委书记、监察办主任（—2021.5）
廖　珲　党委副书记（2021.5—）
刘　伟　党委委员、组织委员、宣传委员、人大副主席（—2021.5）
　　　　党委委员、纪委书记（2021.5—）
王绍奎　党委委员、政法委员、武装部部长（—2021.5）
施　翀　党委委员、组织委员、宣传委员、提名人大副主席（2021.5—2021.12）
　　　　党委委员、组织委员、宣传委员、人大副主席（2021.12—）
陈　良　党委委员、副镇长（—2021.5）
李俏嘉　党委委员、副镇长（—2021.5）
江　恒　党委委员、副镇长（—2021.5）
　　　　党委委员、政法委员、武装部部长
付灿旭　党委委员、提名副镇长（2021.5—2021.12）
　　　　党委委员、副镇长（2021.12—）
卿立慧　党委委员、提名副镇长（2021.5—2021.12）
　　　　党委委员、副镇长（2021.12—）

江源镇

刘　阳　党委书记
雷　彪　党委副书记、镇长（—2021.5）
谭文畅　党委副书记、镇长（2021.5—）
罗　忠　党委委员、人大主席（—2021.5）
吴　双　党委委员、人大主席（2021.5—）
赖　晶　党委副书记
王绍奎　党委副书记、纪委书记、监察办主任
付灿旭　党委委员、组织委员、宣传委员、人大副主席（—2021.5）
陈　戢　党委委员、组织委员、宣传委员、人大副主席（2021.5—）
陈　锦　党委委员、政法委员、武装部部长
周　丽　党委委员、副镇长
徐　舟　党委委员、副镇长（2021.5—）

市属国有企业领导名录

四川雄州实业有限责任公司

程有聪 四川雄州实业有限责任公司党支部书记（—2021.7）
高 义 四川雄州实业有限责任公司总经理（—2021.7）
李 俊 四川雄州实业有限责任公司党支部书记、董事长（2021.7—）
吴雪梅 简阳发展（控股）有限公司副总经理、四川雄州实业有限责任公司副总经理（—2021.7）
四川雄州实业有限责任公司总经理（2021.7—）
赵 伟 四川雄州实业有限责任公司党支部副书记（2021.8—）
四川雄州实业有限责任公司副总经理
付文虎 四川雄州实业有限责任公司副总经理
胡建兵 四川雄州实业有限责任公司副总经理
徐小佳 四川雄州实业有限责任公司副总经理
李登维 四川雄州实业有限责任公司副总工程师、简阳发展（控股）有限公司监事会主席

四川龙阳天府新区建设投资有限公司

杨巾辉 四川龙阳天府新区建设投资有限公司党支部书记、董事长
汪 虎 四川龙阳天府新区建设投资有限公司总经理
王 琼 四川龙阳天府新区建设投资有限公司副总经理
周 忠 四川龙阳天府新区建设投资有限公司副总经理（—2021.8）
黄蜀海 四川龙阳天府新区建设投资有限公司监事会主席
钟 波 四川龙阳天府新区建设投资有限公司副总经理
杨青松 四川龙阳天府新区建设投资有限公司副总经理

简阳市现代工业投资发展有限公司

汪辉义 简阳市现代工业投资发展有限公司党支部书记、董事长
张 旭 简阳市现代工业投资发展有限公司党支部副书记、总经理
王启明 简阳市现代工业投资发展有限公司党支部纪检委员、副总经理
林 坤 简阳市现代工业投资发展有限公司党支部组织委员、副总经理
晋 伟 简阳市现代工业投资发展有限公司党支部宣传委员、总工程师
吴 娟 简阳市现代工业投资发展有限公司副总经理
李 东 简阳市现代工业投资发展有限公司副总经理（2021.12—）
罗光和 简阳市现代工业投资发展有限公司副总经理（—2021.11）

四川阳安交通投资有限公司

徐 庆 四川阳安交通投资有限公司董事长
吴居贵 四川阳安交通投资有限公司总经理（—2021.7）
代学佳 四川阳安交通投资有限公司副总经理
王彬璐 四川阳安交通投资有限公司副总经理
鄢广艺 四川阳安交通投资有限公司副总经理
邓爱明 四川阳安交通投资有限公司副总经理

简阳市水务投资发展有限公司

李树奎 简阳市水务投资发展有限公司董事长（—2021.7）
文礼忠 总经理
简阳市水务投资发展有限公司董事长（2021.8—）
袁 霞 简阳市水务投资发展有限公司副总经理
郑 华 简阳市水务投资发展有限公司副总经理
吴泓涛 简阳市水务投资发展有限公司副总经理
杨冬梅 简阳市水务投资发展有限公司副总经理

赵兴勇　简阳市水务投资发展有限公司监事会主席

简阳市汇众农业投资发展有限公司

赵贵勋　简阳市汇众农业投资发展有限公司董事长、总经理
赵法林　简阳市汇众农业投资发展有限公司副总经理、简阳市阳安畜牧技术服务有限公司董事长、总经理（2021.03—）
文　杰　简阳市汇众农业投资发展有限公司副总经理
庄　薇　简阳市汇众农业投资发展有限公司副总经理
陆锡东　简阳市汇众农业投资发展有限公司总工程师
曾　琳　简阳市汇众农业投资发展有限公司监事会主席
王　玉　简阳市汇众农业投资发展有限公司副总经理

简阳市雄州建设工程质量检测有限公司

周杨智　简阳市雄州建设工程质量检测有限公司党支部书记、总经理
赖炳祥　简阳市雄州建设工程质量检测有限公司党支部副书记、副总经理
李　炽　简阳市雄州建设工程质量检测有限公司副总经理

代表、委员名录

党代表名单

（截至2021年12月31日）

四川省第十一次党代会党代表（简阳市）

魏运顺

成都市第十三次党代会党代表（简阳市）

陈建龙　刘德贵　李强普　都学良　胡桃红
温常伟　李　文　黄秀华　谢莉茹　曾宗华
单金铭

简阳市第十六次党代会代表

第一代表团

杨新秋　黄叶全　张　杨　蒲俊伟　袁世钊
唐　华　辜凯华　曾麒宇　刘嘉毅　刘　勇
陶敏正　徐庆东　刘荣华　周星阳　毛章奇
林　凌　徐　建　雷振邦　朱贵全　王春华
李春燕　陈　强　陈卫东　冯　榕　胡桃红
马　艳　吴　宇　王幼文　安　然　周　利
王　丽　徐小义　蒋建忠　周　容　周　勇

第二代表团

蒋黎旺　罗　巍　毛劲松　张健涛　杨　敏
谢　锦　雷　京　曾文辉　巫锡良　胡良才
向　波　彭觉勇　朱康敏　干丽萍　刘　令
周　靖　吴良先　王　梅　刘　博　刘德贵
袁　宁　王晓红　施　玺　李　林　杨　成
谈梦泽　杨晓勇　徐勇刚　杨　勇　吴勇全
杨清白　魏德刚　黄　琦　袁永龙　贺　亮
刘志强　樊益全

第三代表团

雷启锋　李建辉　杨　军　陈玉岗　秦　敏
杨天顺　胡代伦　王建勇　聂　彤　彭　涛
马　艳　文　星　汤　凌　陈洪国　谢　丰
黄建章　干玉昌　陈胜昔　付　杨　张　建
刘　佳　钟卫星　左钟敏　王虞森

第四代表团

彭能超　蒋　雄　李强普　付　孟　彭传敏
刘凌云　施劲松　杨勇军　徐贵林　杨青燕
吴小平　汪晓霞　张　敏　王　立　袁　静
温常伟　冷　莉　梁　萍　刘国祥　王　建

王　俊　陈　琴　李　琴　彭　丹　钟　俊
王小华

第五代表团

李崇喜　陈文雅　黄安文　王　燕　陈　超
刘益民　任小兵　杨　丽　聂　姜　邓治林
代　陈　程　俊　徐耀明　彭雪梅　都成碧
罗万莲　付红梅　袁红梅　李红美　贾　健
林　海

第六代表团

都学良　谢　宁　杜晓舟　程有聪　毛国玺
蒋和平　李　俊　杨巾辉　汪辉义　任海洋
文礼忠　徐　庆　彭素科　魏　勇　单金铭
郝　军　夏仕千　辜英俊　傅　强　李何兵
杨国辉　周才斌　张　军　付超艺

第七代表团

李建中　王　勇　黎　波　吴远杨　文　凤
邓小红　刘　勇　毛茂彬　谢莉茹　谭　俊
晋　平　曾宗华　谢　伟　曾　涛　姚禹宏
蒋治刚　伍　辉　王　荐　马　艳　魏丽郦
樊邦贵　李　强　付骅梁　庞　佳　吴艾霜
傅育均　薛　强　余志红　钟晓辉　刘　梯
黄　锦　钟凤英

第八代表团

詹　庆　罗明全　陈中波　毛传旭　黄克慧
黄　霞　钟　声　罗天惠　叶勇智　朱光钰
毛泽勇　龙小平　付克春　冯晓敏　邹斯若
王游修　蒋　肖　吕小明　黄　丽　魏清英

胡陈秀　李　文　刘一夫　郭　琪　刘仁平
吴维勇　陈举文

第九代表团

陈建龙　樊昌华　钟晞鲲　徐红彬　雷　彪
蒋青淞　邱荣华　周先衡　李文斌　罗　奕
李继银　张原源　钟　伟　王　利　杨　科
傅俊凤　刘　剑　邱　婷　叶泽松　傅　敏
杨华林　酉艳霜　陈国敏　周向东　邱　添
牟丽娟

第十代表团

陈　蕾　安崇伟　王　芳　都　奎　赵修平
王小辉　刘本霞　秦　学　詹　波　付学彬
杨　平　李力心　杨奎刚　徐　浩　吴　勇
廖　珲　付灿彬　钟树林　郭春群　刘　阳
谭文畅　赖　晶　付建花　付胜国　李立群

第十一代表团

王安宁　樊　勋　刘　东　陈阁斐　张宏文
陈　伟　曾丽英　王　敏　王育敏　汤　勇
曾从鲁　罗韩明　姜　涛　苏　莹　周殿勋
曾　明　蒋　茜　曾　玮　吴功斌　段作其
蒋海亮

第十二代表团

苏呈祥　雷　磊　陈晓恒　刘姜伟　李建华
伍建萍　王　坤　邓富丽　杨　斌　罗承秀
都进新　夏　琴　刘　平　邱　雅　张　虎
袁春梅　卿　涌　曾　勇　苏　阳　李　凡
闻学春　袁小勇

人大代表名单

四川省第十三届人民代表大会代表（简阳市）

詹　庆　市委书记
曾　智　九三学社，简阳市人民医院内分泌科主任、主任医师

表 50　　简阳市任成都市第十七届人民代表大会代表一览表

序号	姓名	现任（或原任）职务	性别	出生年月	民族	党派	备注
1	王平江	成都市政府副市长、党组成员，四川省公安厅党委委员，市公安局局长、党委书记、督察长	男	1963 年 12 月	汉族	中共	
2	杨小英	成都市政协原副主席	女	1957 年 2 月	汉族	中共	
3	何荣波	成都市人大常委会副秘书长、办公厅主任、机关党组成员	男	1963 年 4 月	汉族	中共	
4	吕天一	成都市人大常委会委员、市人大民族宗教侨务外事委员会主任委员	女	1963 年 12 月	汉族	中共	
5	何建宏	成都市酒业商会会长，成都蜀酒汇电子商务有限公司董事长	男	1962 年 3 月	汉族	民建	
6	王　勇	简阳市委常委、简阳市总工会主席，简阳市临空经济产业园党工委副书记、管委会副主任	男	1979 年 6 月	汉族	中共	
7	孔志红	简阳市农业农村局退休干部	女	1966 年 4 月	汉族	九三	
8	邓治林	简阳市中医医院党委书记	男	1969 年 10 月	汉族	中共	
9	艾正友	简阳市人民医院普外二科主任	男	1964 年 4 月	汉族	农工	
10	冯顺贤	四川空分设备（集团）有限责任公司退休职工	女	1971 年 5 月	汉族	中共	
11	朱永昌	简阳市阳安中学原副校长、中学历史高级教师	男	1965 年 1 月	汉族	无党派	
12	李建琼	简阳市石桥街道杨柳社区党委书记、主任	女	1971 年 4 月	汉族	中共	
13	李显俊	简阳市东溪街道双河社区党总支委员会委员	男	1964 年 3 月	汉族	中共	
14	杨　敏	简阳市发展和改革局党组书记、局长，简阳市粮食和物资储备局局长	男	1977 年 9 月	汉族	中共	
15	杨勇军	简阳中学党委书记、校长	男	1966 年 10 月	汉族	中共	
16	邱　红	简阳市融媒体中心策编部主任播音员	女	1968 年 3 月	汉族	无党派	
17	陈　永	四川港通医疗设备集团股份有限公司董事长兼总经理	男	1966 年 9 月	汉族	中共	
18	罗开敏	简阳市委副书记，简阳市政府党组书记、市长	男	1971 年 11 月	汉族	中共	2021 年 8 月调入金牛区
19	周建芬	简阳市射洪坝街道水东小学教师	女	1975 年 7 月	汉族	无党派	
20	钟　敏	简阳市政协文化文史委员会副主任	女	1979 年 12 月	汉族	民建	
21	钟世全	成都市人大常委会委员，简阳市人大常委会主任、党组书记	男	1966 年 2 月	汉族	中共	2021 年 8 月调入龙泉驿区
22	徐　刚	成都市人大农业和农村委员会委员，碑垭口黄金柚种植专业合作社理事长	男	1976 年 12 月	汉族	中共	
23	徐英力	成都长江汽车有限公司、成都中聚电池有限公司董事、昆仑长江（成都）股权投资基金管理有限公司、东方昆仑（成都）资产管理有限公司董事长	男	1962 年 10 月	汉族	无党派	
24	高志浩	四川新开元制药有限公司操作工小组长	男	1986 年 10 月	汉族	群众	
25	唐　琼	简阳市青龙镇大松树村党支部书记、主任，永华葡萄种植专业合作社法人	女	1987 年 6 月	汉族	中共	
26	蒋和平	简阳市人大常委会党组成员、副主任，简阳市西部电商物流产业功能区党工委副书记、管委会主任	男	1967 年 7 月	汉族	中共	

续表 50

序号	姓名	现任(或原任)职务	性别	出生年月	民族	党派	备注
27	曾志勇	简阳市委常委、市纪委书记、市监委主任	男	1971 年 10 月	汉族	中共	2021 年 8 月调入新都区
28	谢婷婷	简阳市临空经济产业园管委会运营管理部部长	女	1984 年 9 月	汉族	无党派	
29	詹　庆	简阳市委书记	男	1967 年 10 月	汉族	中共	
30	谭　俊	简阳市简城街道安象街社区党委书记兼居民委员会主任	男	1971 年 8 月	汉族	中共	
31	颜亚奇	四川国光农化股份有限公司总经理	男	1979 年 2 月	汉族	无党派	
32	潘　川	简阳唯品会电子商务有限公司西南运营中心高级总监	男	1977 年 9 月	汉族	中共	

表 51　　简阳市第十七届人民代表大会代表一览表

序号	单位	姓名	工作单位及职务	出生年月	性别	民族	政治面貌	备注
1	简城街道	苏呈祥	市委副书记，市政府党组书记、副市长、代市长	1983 年 4 月	男	汉族	中共党员	2021 年 8 月补选
2	简城街道	钟世全	市人大常委会党组书记、主任	1966 年 2 月	男	汉族	中共党员	2021 年 8 月调离
3	简城街道	罗开敏	市委副书记，市政府党组书记、市长	1971 年 11 月	男	汉族	中共党员	2021 年 8 月调离
4	简城街道	安崇伟	市政协党组成员、副主席	1964 年 12 月	男	汉族	中共党员	
5	简城街道	雷启锋	市委常委	1972 年 9 月	男	汉族	中共党员	
6	简城街道	谢林江	市临空经济产业园党工委委员、管委会副主任，简城街道党工委书记	1983 年 1 月	男	汉族	中共党员	2021 年 9 月调离
7	简城街道	谢　丰	市退役军人事务局党组书记、局长	1976 年 10 月	男	汉族	中共党员	
8	简城街道	刘怀勤	简城街道党工委委员、人大工委主任	1976 年 10 月	女	汉族	中共党员	
9	简城街道	张才良	简城街道办保留正局级待遇干部	1963 年 7 月	男	汉族	中共党员	
10	简城街道	曾　德	简阳市德胜商厦公司董事长	1964 年 12 月	男	汉族	群众	
11	简城街道	方　毅	天坤国际副总裁	1985 年 7 月	男	汉族	中共党员	
12	简城街道	施明菊	简阳空冷器制造有限公司董事长	1954 年 11 月	女	汉族	中共党员	
13	简城街道	钟　会	简城街道红塔社区党委书记	1965 年 6 月	男	汉族	中共党员	
14	简城街道	张　梅	简城街道金水街社区党委书记	1972 年 8 月	女	汉族	中共党员	
15	简城街道	陈邦建	简城街道大井社区副主任	1963 年 3 月	男	汉族	群众	
16	简城街道	牟尹翔	简城街道办事处财政办公室主任	1971 年 10 月	男	汉族	群众	
17	简城街道	魏红艳	简城街道南街社区副主任	1976 年 1 月	女	汉族	群众	
18	简城街道	晋华强	简城学区教育督导组组长	1966 年 5 月	男	汉族	中共党员	
19	简城街道	周建芬	简城一小教师	1975 年 7 月	女	汉族	群众	
20	简城街道	王　琴	四川科业教学仪器有限公司法人	1969 年 4 月	女	汉族	民建会员	
21	简城街道	易春容	阳安中学教师	1970 年 3 月	女	汉族	民盟盟员	
22	简城街道	林小彬	市人民医院心脏外科副主任医师	1971 年 1 月	男	汉族	农工党党员	
23	简城街道	黄一贵	简城街道中心社区主任	1966 年 7 月	男	汉族	中共党员	

续表51

序号	单位	姓名	工作单位及职务	出生年月	性别	民族	政治面貌	备注
24	简城街道	王　永	简城街道南街社区网格员	1972年2月	女	汉族	群众	
25	简城街道	李　蓓	空分实验学校教师	1969年11月	女	汉族	民盟盟员	
26	简城街道	赵冷松	市文化馆工会主席	1974年6月	男	满族	中共党员	
27	简城街道	陈　艳	简城街道应急管理办公室工作人员	1974年1月	女	汉族	群众	
28	简城街道	冯炀狄	市房管局工会主席、租赁科科长	1974年1月	女	汉族	九三学社社员	
29	川空选区	单金铭	四川空分设备（集团）有限责任公司董事长	1944年4月	男	汉族	中共党员	
30	川空选区	冯顺贤	四川空分设备（集团）有限责任公司焊工	1970年6月	女	汉族	中共党员	
31	射洪坝街道	曾　涛	射洪坝街道党工委书记	1981年4月	男	汉族	中共党员	
32	射洪坝街道	刘　勇	市委组织部常务副部长	1973年11月	男	汉族	中共党员	
33	射洪坝街道	黄安文	市卫生健康局党委书记、局长	1973年1月	男	汉族	中共党员	
34	射洪坝街道	陈建根	射洪坝街道办保留正局级待遇干部	1965年8月	男	汉族	中共党员	
35	射洪坝街道	汪辉义	市工投公司董事长	1973年9月	男	汉族	中共党员	
36	射洪坝街道	胡兰琳	简阳中学副校长	1977年6月	女	汉族	群众	
37	射洪坝街道	蒋　梅	东溪街道新合九义校教师	1986年1月	女	汉族	群众	
38	射洪坝街道	周冬梅	旭海商城经理	1971年12月	女	汉族	群众	
39	射洪坝街道	王旭田	四川简阳尽春意酒业有限公司董事长	1956年6月	男	汉族	群众	
40	射洪坝街道	邓治林	市中医院党委书记	1969年10月	男	汉族	中共党员	
41	射洪坝街道	樊　静	射洪坝学区教育督导组工作人员	1981年11月	女	汉族	群众	
42	射洪坝街道	冯　阳	射洪坝街道沱江社区副书记	1984年4月	女	汉族	中共党员	
43	党群选区	李书超	市人大常委会原主任	1949年10月	男	汉族	中共党员	
44	党群选区	邱　红	市融媒体中心新闻部播音员	1968年3月	女	汉族	群众	
45	政府选区	付文勇	港华燃气副总经理	1975年5月	男	汉族	中共党员	
46	政府选区	张文豪	中国人民银行简阳支行行长	1967年8月	男	汉族	中共党员	
47	政府选区	周　利	市妇联党组书记、主席	1978年10月	女	汉族	中共党员	
48	部队选区	马佰让	市委常委、市人武部部长	1972年10月	男	汉族	中共党员	
49	新市街道	陈中波	新市街道党工委书记	1986年3月	男	土家族	中共党员	
50	新市街道	毛传旭	新市街道党工委副书记、办事处主任	1976年12月	男	汉族	中共党员	
51	新市街道	朱康敏	市住房和城乡建设局（市人民防空办公室、市公园城市建设局）党委书记、局长（主任）	1975年12月	男	汉族	中共党员	
52	新市街道	袁志全	市人大教育科学文化卫生和民族宗教侨务外事委员会副主任委员	1964年9月	男	汉族	中共党员	
53	新市街道	阳仲宣	市人大预算委员会副主任委员	1970年11月	男	汉族	中共党员	

续表 51

序号	单位	姓名	工作单位及职务	出生年月	性别	民族	政治面貌	备注
54	新市街道	周　三	四川华新南光真空设备有限公司董事长	1973 年 9 月	男	汉族	中共党员	
55	新市街道	曾德芳	四川华冠食品有限公司总经理	1969 年 5 月	男	汉族	群众	
56	新市街道	陈钦波	四川普拉恩管业有限公司董事长、总经理	1987 年 3 月	男	汉族	群众	
57	新市街道	王　迪	新市街道党群办主任	1993 年 2 月	男	汉族	中共党员	
58	新市街道	陈纯根	新市街道石家村 2 社社员	1976 年 10 月	男	汉族	中共党员	
59	石桥街道	聂　影	石桥街道办保留正局级待遇干部	1970 年 7 月	男	汉族	中共党员	
60	石桥街道	彭能超	市临空经济产业园党工委委员、管委会副主任	1977 年 9 月	男	汉族	中共党员	
61	石桥街道	朱光钰	市人大常委会人事代表工作委员会主任	1990 年 10 月	男	汉族	中共党员	
62	石桥街道	王浩佑	石桥街道人大工委主任	1988 年 6 月	男	汉族	中共党员	
63	石桥街道	艾正友	市人民医院普外二科主任	1964 年 4 月	男	汉族	农工党党员	
64	石桥街道	周海俊	简阳市简城城北九年义务教育学校副校长	1982 年 5 月	女	汉族	中共党员	
65	石桥街道	陈家福	石桥街道菱角村 2 组社员	1964 年 5 月	男	汉	群众	
66	石桥街道	杨晓燕	石桥街道海井九义校校长	1981 年 8 月	女	汉族	中共党员	
67	赤水街道	叶勇智	赤水街道党工委书记	1977 年 10 月	男	汉族	中共党员	
68	赤水街道	周　昆	市财政局党组成员、副局长	1969 年 9 月	男	汉族	中共党员	
69	赤水街道	王德全	赤水街道办保留正局级待遇干部	1964 年 9 月	男	汉族	中共党员	
70	赤水街道	何小勇	市人大社会建设委员会主任委员	1968 年 7 月	男	汉族	中共党员	
71	赤水街道	王谋智	市人大教育科学文化卫生和民族宗教侨务外事委员会副主任委员	1965 年 4 月	男	汉族	中共党员	
72	赤水街道	李仁祥	市人大预算委员会副主任委员	1964 年 11 月	男	汉族	中共党员	
73	赤水街道	郑　晓	市规划展示中心主任	1985 年 2 月	女	汉族	中共党员	
74	赤水街道	潘　川	唯品会（简阳）电子商务有限公司高级总监	1977 年 9 月	男	汉族	中共党员	
75	赤水街道	周　伟	市行政审批局法规和政务服务管理科工作人员	1983 年 2 月	男	汉族	民革党员	
76	赤水街道	林　剑	赤水街道办综治办工作人员	1986 年 7 月	女	汉族	中共党员	
77	赤水街道	郑　毅	石桥中心卫生院住院部主任兼外科主任	1976 年 2 月	男	汉族	群众	
78	赤水街道	鄢能宾	赤水街道飞鹅村村主任	1967 年 12 月	男	汉族	群众	
79	赤水街道	郭建彬	简阳市鑫裕专业合作社社长	1971 年 5 月	男	汉	群众	
80	赤水街道	胡纯英	赤水街道永久村 5 社社员	1958 年 1 月	女	汉族	中共党员	
81	杨家镇	王　芳	杨家镇党委书记	1986 年 2 月	女	汉族	中共党员	
82	杨家镇	曾文辉	市财政局党组书记、局长	1974 年 8 月	男	汉族	中共党员	
83	杨家镇	蒲俊伟	市委办副主任	1975 年 7 月	男	汉族	中共党员	
84	杨家镇	彭育海	市人大社会建设委员会副主任委员	1968 年 1 月	男	汉族	中共党员	

续表51

序号	单位	姓名	工作单位及职务	出生年月	性别	民族	政治面貌	备注
85	杨家镇	王　波	市交通运输局党委委员、副局长	1970年12月	男	汉族	中共党员	
86	杨家镇	应雪平	杨家镇民会村党总支委员、纪检委员	1975年11月	女	汉族	中共党员	
87	杨家镇	唐远英	杨家镇模范九义校教师	1980年11月	女	汉族	群众	
88	杨家镇	董春霞	杨家镇九义校教师	1988年4月	女	汉族	群众	
89	东溪街道	薛　强	东溪街道党工委书记	1976年2月	男	汉族	中共党员	
90	东溪街道	李　俊	市财政局党组成员、副局长	1968年6月	男	汉族	中共党员	
91	东溪街道	王晓红	市文化体育和旅游局党委书记，兼市委宣传部副部长	1972年8月	女	汉族	中共党员	
92	东溪街道	万　宁	市人大监察和司法委员会副主任委员	1968年12月	男	汉族	中共党员	
93	东溪街道	杨勇军	简阳中学党委书记、校长	1966年10月	男	汉族	中共党员	
94	东溪街道	都云志	解放九义校校长、党支部书记	1966年8月	男	汉族	中共党员	
95	东溪街道	骆　敏	市人大常委会信息服务中心工作人员	1983年4月	女	汉族	中共党员	
96	东溪街道	樊建洪	东溪街道江南社区党总支委员	1964年12月	男	汉族	中共党员	
97	东溪街道	徐　健	东溪街道江南九义校教师	1968年10月	男	汉族	中共党员	
98	石钟镇	李筱丽	市人大常委会副主任	1959年9月	女	汉族	群众	
99	石钟镇	王桢尧	市人大社会建设委员会副主任委员	1966年9月	男	汉族	中共党员	
100	石钟镇	李　文	石钟镇党委书记	1972年2月	女	汉族	中共党员	
101	石钟镇	王　丽	市科协党组书记、主席	1976年9月	女	汉族	中共党员	
102	石钟镇	周家兵	市人大农业和农村委员会副主任委员	1965年8月	男	汉族	中共党员	
103	石钟镇	桑米娜	市人大常委会信息服务中心工作人员	1985年12月	女	汉族	民盟盟员	
104	石钟镇	付贤容	石钟镇民强村监委会主任	1963年7月	女	汉族	中共党员	
105	石钟镇	吴运芬	石钟镇综合便民中心副主任	1983年12月	女	汉族	群众	
106	石钟镇	蒋万明	石钟镇平窝社区党委副书记	1964年12月	男	汉族	中共党员	
107	平泉街道	李崇喜	市政协党组书记、主席	1961年11月	男	汉族	中共党员	
108	平泉街道	曾志勇	市委常委、市纪委书记，市监察委主任	1971年10月	男	汉族	中共党员	2021年8月调离
109	平泉街道	邹斯若	平泉街道党工委书记	1981年9月	男	汉族	中共党员	
110	平泉街道	刘荣华	市委统战部常务副部长，市民族宗教事务局局长	1970年5月	男	汉族	中共党员	
111	平泉街道	都安辉	市委巡察组组长	1969年11月	男	汉族	中共党员	
112	平泉街道	唐远君	市人大农业和农村委员会副主任委员	1964年12月	男	汉族	中共党员	
113	平泉街道	陈　永	港通集团董事长兼总经理	1966年9月	男	汉族	中共党员	
114	平泉街道	颜亚奇	国光农化副董事长、总经理	1979年2月	男	汉族	群众	
115	平泉街道	杨　敏	市发展和改革局党组书记、局长，市粮食和物资储备局局长	1977年9月	男	汉族	中共党员	
116	平泉街道	刘　令	市交通运输局党委书记、局长，市交通战备办公室主任	1977年11月	男	汉族	中共党员	

续表51

序号	单位	姓名	工作单位及职务	出生年月	性别	民族	政治面貌	备注
117	平泉街道	张　旭	市现代工业投资发展有限公司总经理	1966 年 2 月	男	汉族	中共党员	
118	平泉街道	李　俊	平泉街道民生服务办工作人员	1968 年 11 月	女	汉族	群众	
119	平泉街道	刘　学	平泉街道应急管理办工作人员	1980 年 1 月	男	汉族	群众	
120	平泉街道	刘　敏	平泉街道平泉社区居民委员会委员	1975 年 10 月	女	汉族	群众	
121	平泉街道	文学琼	平泉街道退休职工	1964 年 2 月	女	汉族	群众	
122	平泉街道	樊文财	平泉街道农建村 4 社村民	1965 年 10 月	男	汉族	中共党员	
123	施家镇	陈建龙	市委常委、政法委书记，法学会党组书记、会长（兼）	1969 年 12 月	男	汉族	中共党员	
124	施家镇	罗明全	市人大常委会党组成员、副主任	1963 年 1 月	男	汉族	中共党员	
125	施家镇	刘姜伟	施家镇党委书记	1978 年 9 月	男	汉族	中共党员	
126	施家镇	吴光霞	市人大农业和农村委员会副主任委员	1972 年 4 月	女	汉族	中共党员	
127	施家镇	李　伟	市水务局党组成员、副局长	1977 年 1 月	男	汉族	中共党员	
128	施家镇	秦　璨	施家镇副镇长	1987 年 10 月	男	汉族	群众	
129	施家镇	侯云生	施家镇龙凤村党总支委员、工作委员会主任	1967 年 4 月	男	汉族	中共党员	
130	施家镇	何万明	施家镇法堂村工作委员会委员	1965 年 7 月	男	汉族	群众	
131	施家镇	付超红	施家镇信义村党总支委员	1985 年 11 月	女	汉族	中共党员	
132	施家镇	李兰慧	安乐卫生院办公室主任	1981 年 5 月	女	壮族	群众	
133	施家镇	李有德	平息卫生院院长	1976 年 10 月	男	汉族	中共党员	
134	施家镇	吴宗旭	施家镇白羊嘴村工作委员会副主任	1961 年 4 月	男	汉族	中共党员	
135	禾丰镇	王安宁	简阳市委副书记	1975 年 9 月	男	汉族	中共党员	
136	禾丰镇	吴　斌	市委常委、市政府党组副书记、副市长，市行政干部学校校长	1971 年 8 月	男	汉族	中共党员	2021 年 8 月调离
137	禾丰镇	刘　东	市人民检察院党组书记、副检察长、代理检察长	1968 年 12 月	男	汉族	中共党员	
138	禾丰镇	陈阁斐	禾丰镇党委书记	1980 年 8 月	男	汉族	中共党员	
139	禾丰镇	毛劲松	市政府办党组书记、主任	1978 年 9 月	男	汉族	中共党员	
140	禾丰镇	张　杨	市委办（市政府外事办）主任、市委保密机要局（市国家保密局、市密码管理局、市档案局）局长	1979 年 3 月	男	汉族	中共党员	
141	禾丰镇	张　建	市综合行政执法局（市城市管理局）党组书记、局长	1969 年 8 月	男	汉族	中共党员	
142	禾丰镇	李光富	禾丰镇政府保留正局级待遇干部	1963 年 1 月	男	汉族	中共党员	
143	禾丰镇	都　敏	禾丰镇农业服务中心工作人员	1981 年 6 月	女	汉族	群众	
144	禾丰镇	王玉芝	禾丰镇响水村副主任	1987 年 6 月	女	汉族	中共党员	
145	禾丰镇	李中长	禾丰片区教育督导组组长	1967 年 11 月	男	汉族	中共党员	
146	禾丰镇	吴书秀	禾丰镇民胜村群众	1964 年 11 月	女	汉族	中共党员	

续表51

序号	单位	姓名	工作单位及职务	出生年月	性别	民族	政治面貌	备注
147	禾丰镇	王　林	简阳市第四人民医院院长	1972 年 10 月	男	汉族	中共党员	
148	禾丰镇	王　雁	励志九义校教师	1982 年 3 月	女	汉族	群众	
149	禾丰镇	罗　君	禾丰镇裕民社区网格员	1969 年 10 月	女	汉族	群众	
150	禾丰镇	蒋　玲	禾丰镇水务科工作人员	1977 年 11 月	女	汉族	群众	
151	禾丰镇	蒋　波	禾丰镇村建环卫中心工作人员	1981 年 3 月	男	汉族	群众	
152	禾丰镇	王性奎	禾丰镇连山村村主任	1963 年 1 月	男	汉族	中共党员	
153	三合镇	樊　勋	市人大常委会党组成员、副主任	1963 年 6 月	男	汉族	中共党员	
154	三合镇	曾从鲁	三合镇党委书记	1978 年 11 月	男	汉族	中共党员	
155	三合镇	刘巨波	市委政法委副书记	1976 年 12 月	男	汉族	中共党员	
156	三合镇	王秀琼	三合镇利木村村民	1963 年 7 月	女	汉族	中共党员	
157	三合镇	陈炳英	三合镇中心小学副校长	1986 年 3 月	女	汉族	群众	
158	三合镇	李小兰	三合镇初级中学教师	1981 年 7 月	女	汉族	群众	
159	三合镇	王　勇	三合镇利丰家庭农场	1975 年 9 月	男	汉族	群众	
160	平武镇	蒋　雄	市人大常委会党组成员、副主任	1966 年 7 月	男	汉族	中共党员	
161	平武镇	秦　学	平武镇党委书记	1971 年 7 月	男	汉族	中共党员	
162	云龙镇	卿　理	平武镇党委委员、人大主席	1972 年 11 月	男	汉族	中共党员	
163	平武镇	伍　云	平武镇农业服务中心技术人员	1964 年 1 月	男	汉族	中共党员	
164	平武镇	陈　俊	平武镇九义校教师	1972 年 9 月	女	汉族	群众	
165	平武镇	高　勇	平武镇安佛九义校教师	1978 年 12 月	男	汉族	群众	
166	平武镇	樊　敏	平武镇农业服务中心主任	1976 年 12 月	女	汉族	中共党员	
167	云龙镇	付敬锋	云龙镇党委书记	1971 年 9 月	男	汉族	中共党员	
168	云龙镇	傅海峰	市委组织部副部长兼任市直机关党工委副书记	1987 年 5 月	男	汉族	中共党员	
169	云龙镇	唐　华	市人大常委会党组成员、办公室主任	1970 年 6 月	男	汉族	中共党员	
170	云龙镇	樊健康	市人大预算委员会主任委员	1964 年 5 月	男	汉族	中共党员	
171	云龙镇	魏法琼	市人大经济委员会副主任委员	1973 年 12 月	女	汉族	中共党员	
172	云龙镇	肖明华	市残联党组书记、理事长	1970 年 12 月	男	汉族	中共党员	
173	云龙镇	付建勇	市农业农村局党委委员、市农村经济发展服务中心主任	1974 年 12 月	男	汉族	中共党员	
174	云龙镇	林　涛	中国移动通信集团四川有限公司简阳分公司总经理	1983 年 11 月	男	汉族	中共党员	
175	云龙镇	邱晓君	市文旅产业发展服务中心工会主席	1990 年 3 月	女	汉族	群众	
176	云龙镇	蔡　亮	云龙镇农业服务中心工作人员	1968 年 1 月	男	汉族	群众	
177	云龙镇	晋术辉	云龙镇爱民社区居民	1965 年 4 月	女	汉族	群众	
178	云龙镇	袁昌安	云龙镇中峰村党委副书记	1968 年 3 月	男	汉族	中共党员	
179	云龙镇	傅晓斌	云龙镇中心卫生院职工	1967 年 8 月	女	汉族	群众	

续表51

序号	单位	姓名	工作单位及职务	出生年月	性别	民族	政治面貌	备注
180	云龙镇	李茂霞	云龙镇初级中学教师	1976 年 1 月	女	汉族	群众	
181	云龙镇	徐　梁	云龙镇个体医生	1966 年 7 月	男	汉族	群众	
182	云龙镇	张　筠	云龙镇社区云西街居民	1967 年 12 月	女	汉族	群众	
183	云龙镇	蔡　辉	金马九义校教师	1967 年 8 月	女	汉族	群众	
184	云龙镇	宣明德	五合卫生院院长	1966 年 7 月	男	汉族	中共党员	
185	涌泉镇	蒋向东	市人大常委会原副主任	1958 年 4 月	男	汉族	民盟盟员	
186	涌泉镇	都进新	涌泉镇党委书记	1978 年 5 月	男	汉族	中共党员	
187	涌泉镇	罗君成	市委巡察组组长	1969 年 10 月	男	汉族	中共党员	
188	涌泉镇	朱　列	市人大预算委员会副主任委员	1970 年 9 月	男	汉族	中共党员	
189	涌泉镇	秦　丽	涌泉镇中心小学教师	1978 年 2 月	女	汉族	群众	
190	涌泉镇	叶国良	涌泉镇凉塘村 9 组村民	1965 年 11 月	男	汉族	群众	
191	三星镇	徐红彬	三星镇党委书记	1978 年 4 月	男	汉族	中共党员	
192	三星镇	傅永红	市人大城乡建设与环境保护委员会副主任委员	1967 年 8 月	男	汉族	中共党员	
193	三星镇	李传松	市纪委常委	1974 年 9 月	男	汉族	中共党员	
194	三星镇	周厚利	市人大监察和司法委员会副主任委员	1974 年 6 月	女	汉族	中共党员	
195	三星镇	毛国玺	市国金局党组副书记、局长	1976 年 12 月	男	汉族	中共党员	
196	三星镇	雷莉萍	市农业农村局党委委员、机关党委书记	1982 年 7 月	女	汉族	中共党员	
197	三星镇	吴　炯	三星镇政府保留正局级待遇干部	1970 年 9 月	男	汉族	中共党员	
198	三星镇	樊　友	市人大城乡建设与环境保护委员会副主任委员	1970 年 11 月	男	汉族	中共党员	
199	三星镇	杨先菊	市人大常委会人代工委副主任	1976 年 8 月	女	汉族	中共党员	
200	三星镇	付绍英	市人大教育科学文化卫生和民族宗教侨务外事委员会社事科科长	1972 年 7 月	女	汉族	群众	
201	三星镇	陈晓燕	市人大常委会信息服务中心工作人员	1989 年 2 月	女	汉族	无党派人士	
202	三星镇	蒋学义	三星镇农业服务中心工作人员	1973 年 3 月	男	汉族	群众	
203	三星镇	唐　洁	三星镇双桂村六组村民	1992 年 1 月	女	汉族	中共党员	
204	三星镇	张顺格	新星九义校教师	1968 年 8 月	男	汉族	群众	
205	三星镇	尹才根	同合九义校后勤主任、会计	1979 年 7 月	男	汉族	中共党员	
206	三星镇	唐仕德	三星镇同合社区书记	1967 年 7 月	男	汉族	中共党员	
207	青龙镇	詹　庆	简阳市委书记	1967 年 10 月	男	汉族	中共党员	
208	青龙镇	李继银	青龙镇党委书记	1974 年 11 月	男	汉族	中共党员	
209	青龙镇	张原源	青龙镇党委副书记、镇长	1990 年 5 月	女	汉族	中共党员	
210	青龙镇	刘加强	市经科信局党委委员、机关党委书记	1971 年 4 月	男	汉族	中共党员	
211	青龙镇	马存贵	青龙镇新埝村党总支部书记	1967 年 11 月	男	汉族	中共党员	

续表51

序号	单位	姓名	工作单位及职务	出生年月	性别	民族	政治面貌	备注
212	青龙镇	吴　彬	四川省曙光钢结构制作有限公司副总经理	1976年9月	男	汉族	中共党员	
213	青龙镇	钟仟梅	射洪坝第一小学教师	1987年5月	女	汉族	群众	
214	踏水镇	李建辉	市委常委、市人武部政委	1976年5月	男	汉族	中共党员	2021年8月补选
215	踏水镇	刘　剑	踏水镇党委书记	1974年12月	男	汉族	中共党员	
216	踏水镇	李建华	踏水镇党委副书记、镇长	1973年11月	男	汉族	中共党员	
217	踏水镇	蒋和平	简阳市西部电商物流产业功能区管委会主任	1967年7月	男	汉族	中共党员	
218	踏水镇	徐庆东	市委宣传部副部长、市融媒体中心主任	1973年9月	男	汉族	中共党员	
219	踏水镇	钟进勋	市农村经济发展服务中心副主任	1967年11月	男	汉族	中共党员	
220	踏水镇	黄永忠	市委常委、组织部部长、社治委主任、党校校长、市直机关党工委书记，市西部电商物流产业功能区党工委书记	1971年7月	男	汉族	中共党员	2021年8月调离
221	踏水镇	周　波	踏水镇卫生院院长	1965年5月	男	汉族	中共党员	
222	宏缘镇	酉艳霜	宏缘镇党委书记	1987年11月	女	汉族	中共党员	
223	宏缘镇	成　鸿	市临空经济产业园安全环保部部长（正局长级）	1970年9月	男	汉族	中共党员	
224	宏缘镇	马贵珍	宏缘镇人民村工作委员会委员	1976年10月	女	汉族	中共党员	
225	宏缘镇	贺文忠	宏缘镇金盆村党总支书记	1968年10月	男	汉族	中共党员	
226	宏缘镇	王　川	宏缘镇金盆村党总支副书记	1983年10月	男	藏族	中共党员	
227	宏缘镇	陈　梅	宏缘镇人民村党委委员	1986年6月	女	汉族	群众	
228	宏缘镇	钟龙群	宏缘镇九义校教师	1988年12月	男	汉族	群众	
229	镇金镇	李强普	市教育系统党委书记，市教育局党委书记、局长	1967年11月	男	汉族	中共党员	
230	镇金镇	李跃龙	市检察院党组成员、副检察长	1978年9月	男	汉族	中共党员	
231	镇金镇	孙建国	市公安局保留正局级待遇干部	1963年2月	男	汉族	中共党员	
232	镇金镇	李再友	市住建局党委委员、副局长	1976年3月	男	汉族	中共党员	
233	镇金镇	李志彬	镇金镇政府保留正局级待遇干部	1964年9月	男	汉族	中共党员	
234	镇金镇	伍　丽	镇金镇中心小学教师	1988年1月	女	汉族	群众	
235	镇金镇	李玉美	镇金镇二郎村副主任	1989年6月	女	汉族	中共党员	
236	镇金镇	吴建伟	镇金镇镇金社区党委副书记	1967年12月	男	汉族	中共党员	
237	镇金镇	王勇全	镇金镇三里埂村党支部书记	1977年9月	男	汉族	中共党员	
238	镇金镇	钟蓉芳	老龙九义校教师	1976年12月	女	汉族	群众	
239	雷家镇	顾晓玲	市委常委、市委宣传部部长	1977年10月	女	汉族	中共党员	2021年9月调离
240	雷家镇	李建军	市委常委、统战部部长，市总工会主席	1974年5月	男	汉族	中共党员	2021年9月调离

续表51

序号	单位	姓名	工作单位及职务	出生年月	性别	民族	政治面貌	备注
241	雷家镇	胡桃红	市机关事务服务中心主任、市政府办公室副主任（兼）	1978年10月	女	汉族	中共党员	
242	雷家镇	付少东	雷家镇党委委员、人大主席	1967年9月	男	汉族	中共党员	
243	雷家镇	吴　宇	市总工会党组书记、常务副主席	1977年11月	女	汉族	中共党员	
244	雷家镇	杨　军	市审计局党组成员、副局长	1974年6月	男	汉族	中共党员	
245	雷家镇	徐文全	简阳市盛鼎包装制品厂厂长	1970年8月	男	汉族	群众	
246	雷家镇	王永明	雷家镇九龙滩村党总支部书记	1974年4月	男	汉族	中共党员	
247	雷家镇	杨　帆	市扶贫移民服务中心副主任	1983年1月	女	汉族	民盟盟员	
248	雷家镇	毛　杰	四川省凤杰食品有限公司法人	1989年1月	男	汉族	群众	
249	江源镇	刘　阳	江源镇党委书记	1971年9月	男	汉族	中共党员	
250	江源镇	周　斌	市人民法院党组书记、院长	1971年12月	男	汉族	中共党员	2021年10月调离
251	江源镇	付　强	市政协机关保留正局级干部	1962年12月	男	汉族	中共党员	
252	江源镇	陶　彬	市人社局党委委员、副局长	1970年1月	男	汉族	中共党员	
253	江源镇	蒋碧秀	市总工会保留正局级待遇干部	1968年8月	女	汉族	中共党员	
254	江源镇	吴志和	江源镇卫生院院长	1972年2月	男	汉族	中共党员	
255	江源镇	李茂全	江源镇花朝村党总支书记、村委会主任	1963年5月	男	汉族	中共党员	
256	江源镇	黄春晓	江源镇综合便民服务中心综合服务科工作人员	1987年1月	男	汉族	中共党员	
257	江源镇	周洪琼	江源镇红旗九义校教师	1980年3月	女	汉族	群众	
258	江源镇	严于刚	江源镇石泉村党委书记、村委会主任	1966年12月	男	汉族	中共党员	
259	江源镇	刘　果	江源镇党群办主任	1986年9月	男	汉族	中共党员	
260	三岔街道	廖国宏	市人大监察和司法委员会主任委员	1965年2月	男	汉族	中共党员	
261	三岔街道	谢居刚	市人大预算委员会副主任委员	1971年11月	男	汉族	中共党员	
262	三岔街道	付　勇	三岔街道党工委副书记、办事处主任	1981年9月	男	汉族	中共党员	
263	三岔街道	吴春喜	三岔街道党工委副书记	1964年12月	男	汉族	中共党员	
264	三岔街道	陶崇和	三岔街道党工委委员、街道人大工委主任	1966年11月	男	汉族	中共党员	
265	三岔街道	李学文	成都旭辉房地产有限公司总经理助理	1978年4月	男	汉族	群众	
266	三岔街道	付　东	成都体育学院副院长	1971年9月	男	汉族	中共党员	
267	三岔街道	曾　燕	三岔街道拆迁办工作人员	1970年6月	女	汉族	群众	
268	三岔街道	陈水英	三岔街道清庙村党委书记	1971年9月	女	汉族	中共党员	
269	三岔街道	方延林	简阳农村商业银行股份有限公司兴隆分理处主任	1987年8月	男	汉族	中共党员	
270	石盘街道	王　勇	市临空经济产业园党工委副书记、管委会副主任	1979年6月	男	汉族	中共党员	
271	石盘街道	蔡　勇	石盘街道党工委书记	1973年3月	男	汉族	中共党员	

续表51

序号	单位	姓名	工作单位及职务	出生年月	性别	民族	政治面貌	备注
272	石盘街道	唐　忠	市财政局党组成员、副局长	1968 年 2 月	男	汉族	中共党员	
273	石盘街道	刘兰英	石盘街道党工委委员、人大工委主任	1974 年 8 月	女	汉族	中共党员	
274	石盘街道	毛远见	市委宣传部副部长	1977 年 4 月	男	汉族	中共党员	
275	石盘街道	孔志红	简阳市农业农村局农业综合执法大队工作人员	1966 年 4 月	女	汉族	九三学社社员	
276	石盘街道	刘　侨	四川汇宇生物技术有限公司总经理	1981 年 10 月	女	汉族	群众	
277	石盘街道	杨红波	成都东部新区石盘小学副校长	1975 年 9 月	女	汉族	群众	
278	石盘街道	邹康茂	四川久真堂生物科技股份有限公司总经理	1972 年 11 月	男	汉族	群众	
279	石盘街道	蔡先德	石盘街道龙泉湖社区党总支书记	1963 年 4 月	男	汉族	中共党员	
280	石盘街道	施　亮	市人大农业和农村委员会主任委员	1966 年 11 月	男	汉族	中共党员	
281	石盘街道	陈洁明	简州新城经济发展局副局长	1975 年 1 月	男	汉族	中共党员	
282	石盘街道	刘　闯	市人大经济委员会副主任委员	1968 年 8 月	男	汉族	中共党员	
283	石盘街道	方兴琼	石盘街道河嘴村村民	1969 年 5 月	女	汉族	中共党员	
284	石盘街道	罗　堃	石盘街道办事处工作人员	1982 年 4 月	男	汉族	中共党员	
285	石盘街道	李建平	石盘街道桂花学校教师	1978 年 11 月	男	汉族	群众	
286	石盘街道	彭　毅	成都东部新区周家卫生院公共卫生科科长	1985 年 5 月	男	汉族	群众	
287	养马街道	雷　云	养马街道党工委书记	1976 年 1 月	男	汉族	中共党员	
288	养马街道	周孝亮	市市场监督管理局保留正局级待遇干部	1963 年 8 月	男	汉族	中共党员	
289	养马街道	郑　红	市人大经济委员会副主任委员	1968 年 6 月	男	汉族	中共党员	
290	养马街道	杨天顺	市委政法委常务副书记、市法学会专职副会长（兼）	1967 年 5 月	男	汉族	中共党员	
291	养马街道	陈　直	养马街道党工委副书记、办事处主任	1986 年 9 月	男	汉族	中共党员	
292	养马街道	周家友	养马街道办保留正局级待遇干部	1965 年 11 月	男	汉族	中共党员	
293	养马街道	王幼文	共青团简阳市委书记	1986 年 6 月	女	汉族	中共党员	
294	养马街道	韩光平	成都航天华涛汽车塑料饰件有限公司党支部书记、副总经理	1963 年 8 月	男	汉族	中共党员	
295	养马街道	石达君	四川杰特机器有限公司董事长	1956 年 11 月	男	汉族	中共党员	
296	养马街道	肖　幸	四川海大橡胶集团有限公司副总经理	1970 年 6 月	男	汉族	中共党员	
297	养马街道	余阳辉	中铁 23 局集团第四工程有限公司养马河分公司党工委书记	1968 年 6 月	男	汉族	中共党员	2021 年 1 月调离
298	养马街道	钟　训	四川诚德机械有限公司副总经理	1970 年 11 月	女	汉族	民建会员	
299	养马街道	尹晓玲	养马中心小学教师	1983 年 5 月	女	汉族	群众	
300	养马街道	徐才英	养马中心卫生院会计	1972 年 9 月	女	汉族	群众	
301	养马街道	张礼彪	养马街道顺江村党总支书记	1967 年 1 月	男	汉族	中共党员	
302	养马街道	吕长芬	养马街道松树湾社区党委委员	1977 年 2 月	女	汉族	群众	

续表51

序号	单位	姓名	工作单位及职务	出生年月	性别	民族	政治面貌	备注
303	养马街道	叶枝宣	养马街道先进村党支部书记	1973年11月	男	汉族	中共党员	
304	养马街道	卢晓兰	简阳玛莉亚妇产医院院长助理	1986年8月	女	汉族	群众	
305	女监选区	毛　新	四川省女子监狱监狱长	1968年12月	女	汉族	中共党员	
306	贾家街道	廖忠诚	贾家街道党工委书记	1973年8月	男	汉族	中共党员	
307	贾家街道	文　星	市司法局党委书记	1969年5月	男	汉族	中共党员	
308	贾家街道	都学良	市政府党组成员、副市长	1977年9月	男	汉族	中共党员	
309	贾家街道	余华志	市人大监察和司法委员会副主任委员	1964年5月	男	汉族	中共党员	
310	贾家街道	李发武	市人大农业和农村委员会副主任委员	1965年7月	男	汉族	中共党员	
311	贾家街道	曹　强	市政协副秘书长	1968年3月	男	汉族	民革党员	
312	贾家街道	万　勇	市政协机关党委副书记	1963年2月	男	汉族	中共党员	
313	贾家街道	张德学	贾家街道办保留正局级待遇干部	1963年3月	男	汉族	中共党员	
314	贾家街道	刘　进	四川帝王洁具有限公司董事长	1961年2月	男	汉族	群众	
315	贾家街道	刘贵宣	贾家街道竹林村2社村民	1964年2月	男	汉族	中共党员	
316	贾家街道	吴　红	成都东部新区中西医结合医院工会主席、感染科长、运营管理科长	1974年4月	女	汉族	中共党员	
317	贾家街道	陈　英	简阳市贾家中学教师	1979年12月	女	汉族	中共党员	
318	贾家街道	王　忠	贾家街道高坡社区党总支书记	1968年8月	男	汉族	中共党员	
319	贾家街道	蔡建英	贾家街道综合便民服务中心工作人员	1983年11月	女	汉族	群众	
320	贾家街道	邓廷军	贾家街道商贸街社区居民	1958年5月	男	汉族	中共党员	
321	贾家街道	付　丽	贾家街道前进路社区党支部委员	1974年11月	女	汉族	中共党员	
322	贾家街道	陈天才	贾家街道大山村村民	1976年8月	男	汉族	群众	
323	贾家街道	邓金香	贾家街道老君九义校教师	1974年7月	女	汉族	群众	
324	丹景街道	周建江	丹景街道党工委书记	1972年12月	男	汉族	中共党员	
325	丹景街道	李华勇	丹景街道党工委副书记、办事处主任	1978年12月	男	汉族	中共党员	
326	丹景街道	林　梅	新民学校教师	1976年8月	女	汉族	群众	
327	丹景街道	曹春兰	丹景街道保安村党支部委员、村委会文书	1981年1月	女	汉族	中共党员	
328	福田街道	方龙刚	福田街道党工委书记	1971年5月	男	汉族	中共党员	
329	福田街道	毛远臣	福田街道九义校教师	1965年8月	男	汉族	群众	
330	福田街道	杨　芳	福田街道龙游村党总支书记、龙游村村民委员会主任	1974年10月	女	汉族	中共党员	
331	福田街道	钟育宽	福田街道社会事业服务中心主任	1969年9月	男	汉族	中共党员	
332	福田街道	鄢行全	雅仕华龙家具有限公司总经理	1966年2月	男	汉族	群众	
333	玉成街道	吴　斌	玉成街道党工委书记	1969年2月	男	汉族	中共党员	
334	玉成街道	汪　明	市人大城乡建设与环境保护委员会主任委员	1967年6月	男	汉族	中共党员	

续表51

序号	单位	姓名	工作单位及职务	出生年月	性别	民族	政治面貌	备注
335	玉成街道	李和军	玉成街道街邻村党支部书记	1964 年 7 月	男	汉族	中共党员	
336	玉成街道	成丽秀	玉成街道回龙九义校教师	1982 年 8 月	女	汉族	群众	
337	玉成街道	徐清华	玉成街道同盟村副主任	1969 年 5 月	女	汉族	群众	
338	玉成街道	陈　彬	玉成街道秀才沟社区工作者	1968 年 6 月	男	汉族	群众	
339	玉成街道	徐素云	玉成街道同盟村副主任	1965 年 12 月	女	汉族	群众	
340	玉成街道	曾　军	玉成街道卫生院院长	1977 年 4 月	男	汉族	中共党员	
341	草池街道	付茂菊	草池街道幸福村副主任	1969 年 5 月	女	汉族	群众	
342	草池街道	汪玉兰	草池街道平桥村党总支副书记	1982 年 1 月	女	汉族	中共党员	
343	草池街道	陈　涛	草池街道团委书记	1984 年 8 月	女	汉族	中共党员	
344	草池街道	郑典均	草池街道崔家村副主任	1969 年 2 月	男	汉族	群众	
345	草池街道	袁娟娟	草池街道工会副主席、群工办负责人	1982 年 3 月	女	汉族	中共党员	
346	草池街道	徐尚会	草池街道幸福小学教师	1990 年 9 月	女	汉族	群众	
347	草池街道	彭德玉	简阳市精工机械有限公司法人代表	1963 年 8 月	男	汉族	群众	
348	草池街道	魏　魁	四川瑞之源农业开发有限公司法人代表	1977 年 1 月	男	汉族	群众	
349	石板凳街道	樊昌华	市人大常委会党组副书记、副主任	1962 年 11 月	男	汉族	中共党员	
350	石板凳街道	杨炳志	石板凳街道党工委书记	1972 年 4 月	男	汉族	中共党员	
351	石板凳街道	王海泉	市人大教育科学文化卫生和民族宗教侨务外事委员会主任委员	1966 年 2 月	男	汉族	中共党员	
352	石板凳街道	黄勇成	石板凳街道党工委委员、人大工委主任	1964 年 5 月	男	汉族	中共党员	
353	石板凳街道	李龙岗	成都东部新区综合执法局执法支队副主管	1973 年 3 月	男	汉族	中共党员	
354	石板凳街道	张恩华	石板凳街道菜子村党总支书记、菜子村村民委员会主任	1977 年 5 月	男	汉族	中共党员	
355	石板凳街道	李　银	石板凳街道莲花堰社区党委委员	1989 年 8 月	女	汉族	中共党员	
356	石板凳街道	张　俊	石板中心卫生院中医科科长	1978 年 4 月	女	汉族	群众	
357	石板凳街道	王心怡	石板中心幼儿园办公室主任	1996 年 2 月	女	汉族	群众	
358	高明镇	陈　林	高明镇党委书记	1988 年 7 月	男	汉族	中共党员	
359	高明镇	吴文华	市人大城乡建设与环境保护委员会副主任委员	1972 年 5 月	男	汉族	中共党员	
360	高明镇	吴居贵	阳安交投公司总经理	1966 年 3 月	男	汉族	中共党员	
361	高明镇	杨泽明	高明镇面房村 5 组组长	1964 年 6 月	男	汉	中共党员	
362	高明镇	郑艳芳	高明九义校教师	1964 年 2 月	女	汉族	群众	
363	高明镇	周翠英	高明镇石岗村党支部书记	1971 年 11 月	女	汉族	中共党员	
364	高明镇	苏　畅	五指九义校教师	1974 年 7 月	女	汉族	群众	
365	武庙镇	钟进军	市民政局保留正局级待遇干部	1964 年 2 月	男	汉族	中共党员	
366	武庙镇	李彦良	四川阳安酒业有限公司董事长	1972 年 2 月	男	汉族	中共党员	

续表51

序号	单位	姓名	工作单位及职务	出生年月	性别	民族	政治面貌	备注
367	武庙镇	巫坪霞	武庙九义校中学高级教师	1970年9月	女	汉族	群众	
368	壮溪镇	李利平	壮溪镇党委书记	1983年10月	女	汉族	中共党员	
369	壮溪镇	周　伟	市人大社会建设委员会副主任委员	1977年4月	男	汉族	中共党员	
370	壮溪镇	伍自刚	市人大教育科学文化卫生和民族宗教侨务外事委员会副主任委员	1967年12月	男	汉族	中共党员	
371	壮溪镇	韩春健	市人大经济委员会主任委员	1965年3月	男	汉族	中共党员	
372	壮溪镇	黄德伙	壮溪镇工农村8社村民	1963年2月	男	汉族	中共党员	
373	壮溪镇	漆君铭	壮溪镇中心小学教导主任	1991年10月	女	汉族	群众	
374	海螺镇	何建坤	海螺镇党委书记	1973年9月	男	汉族	中共党员	
375	海螺镇	万春丰	海螺镇党委副书记	1964年12月	男	汉族	中共党员	
376	海螺镇	巫思权	海螺镇党委副书记	1970年10月	男	汉族	中共党员	
377	海螺镇	万伯昌	海螺镇卫生院院长	1966年7月	男	汉族	中共党员	
378	海螺镇	黄玉梅	成都东部新区银海学校政教主任	1986年2月	女	汉族	群众	
379	海螺镇	李家富	海螺镇青龙村文书	1988年8月	男	汉族	中共党员	
380	董家埂镇	张　影	董家埂镇党委书记	1972年6月	女	汉族	中共党员	
381	董家埂镇	陈晓恒	市临空经济产业园党工委委员、管委会副主任	1970年11月	男	汉族	中共党员	
382	董家埂镇	李绪强	董家埂镇五马桥村党支部委员、副书记	1977年12月	男	汉族	中共党员	
383	董家埂镇	胡月如	董家埂镇社区发展办工作人员	1974年1月	女	汉族	群众	
384	董家埂镇	刘晓宏	董家埂镇九义校教师	1967年3月	男	汉族	中共党员	
385	董家埂镇	胡良星	董家埂镇农业服务中心工作人员	1962年7月	男	汉族	中共党员	
386	董家埂镇	汪思杰	董家埂镇高家湾村村民	1967年8月	男	汉族	群众	
387	芦葭镇	谢　强	市政府党组成员、副市长	1980年3月	男	汉族	中共党员	2021年2月辞职
388	芦葭镇	李　剑	芦葭镇党委书记	1971年12月	男	汉族	中共党员	
389	芦葭镇	吴新林	芦葭镇党委副书记、镇长	1981年7月	男	汉族	中共党员	
390	芦葭镇	李赟娟	市委巡察组组长	1981年9月	女	汉族	中共党员	
391	芦葭镇	付池彬	芦葭镇建安村党支部书记	1966年11月	男	汉族	中共党员	
392	芦葭镇	朱　良	芦葭镇岳王村总支部书记	1961年3月	男	汉族	中共党员	
393	芦葭镇	吴　佳	芦葭镇英明小学办公室主任	1986年10月	女	汉族	群众	
394	芦葭镇	陈　丽	芦葭镇农业服务中心副主任	1979年10月	女	汉族	群众	
395	芦葭镇	毛　艳	芦葭镇九义校教师	1981年6月	女	汉族	群众	
396	芦葭镇	王永德	芦葭镇万角村总支部书记	1963年5月	男	汉族	中共党员	
397	芦葭镇	李光友	芦葭镇清风社区总支部书记	1967年2月	男	汉族	中共党员	
398	芦葭镇	李世玉	清风卫生院副院长	1967年3月	女	汉族	群众	

表 52　　简阳市第十八届人民代表大会代表一览表

序号	单　位	姓名	现任职务	性别	出生年月	民族	学历	职业类别	政治面貌
1	简城街道	彭能超	市委常委、宣传部部长，市临空经济产业园党工委委员、管委会副主任	男	1977 年 9 月	汉族	硕士研究生	党政领导干部	中共党员
2	简城街道	卢　冰	市人大常委会副主任	女	1969 年 12 月	汉族	大学	党政领导干部	九三学社社员
3	简城街道	周　靖	市人大常委会党组副书记、副主任	男	1970 年 3 月	汉族	大学	党政领导干部	中共党员
4	简城街道	李书超	市人大常委会原主任	男	1949 年 11 月	汉族	大专	基层代表	中共党员
5	简城街道	刘姜伟	简城街道党工委书记	男	1978 年 9 月	汉族	大学	党政领导干部	中共党员
6	简城街道	黎　波	简城街道党工委副书记、办事处主任	男	1984 年 9 月	汉族	大学	党政领导干部	中共党员
7	简城街道	刘怀勤	简城街道党工委委员、人大工委主任	女	1976 年 10 月	汉族	大学	党政领导干部	中共党员
8	简城街道	吴　宇	市总工会党组书记、常务副主席	女	1977 年 11 月	汉族	大学	党政领导干部	中共党员
9	简城街道	安　然	团市委书记	女	1991 年 12 月	汉族	大学	党政领导干部	中共党员
10	简城街道	周　利	市妇联党组书记、主席	女	1978 年 6 月	汉族	大学	党政领导干部	中共党员
11	简城街道	干玉昌	市人大监察和司法委员会主任委员	男	1967 年 9 月	汉族	大学	党政领导干部	中共党员
12	简城街道	李强普	市人大教科文卫和民宗侨外委主任委员	男	1967 年 11 月	汉族	大学	党政领导干部	中共党员
13	简城街道	陈先楚	市人大城环委副主任委员	男	1974 年 12 月	汉族	大学	党政领导干部	民革党员
14	简城街道	刘加强	市人大农业和农村委副主任委员	男	1971 年 4 月	汉族	大专	党政领导干部	中共党员
15	简城街道	董泽安	市人大监察和司法委员会副主任委员	男	1969 年 11 月	汉族	大学	党政领导干部	中共党员
16	简城街道	杨　英	简城街道综合便民服务中心主任	女	1979 年 7 月	汉族	大学	党政领导干部	中共党员
17	简城街道	杨勇军	简阳中学党委书记、校长	男	1966 年 10 月	汉族	大学	其他	中共党员
18	简城街道	周卫东	四川省简阳市川力机械制造有限公司执行董事	男	1964 年 1 月	汉族	大专	其他	中共党员
19	简城街道	计晓亮	四川空分设备（集团）有限责任公司总经理	男	1974 年 11 月	汉族	大学	其他	中共党员
20	简城街道	李貌貌	中国人民财产保财险股份有限公司简阳支公司党支部书记、总经理	男	1981 年 7 月	汉族	大学	其他	中共党员
21	简城街道	谭　毅	国网四川省电力公司简阳市供电分公司党委副书记、总经理	男	1970 年 4 月	汉族	大学	其他	中共党员

续表52

序号	单　位	姓名	现任职务	性别	出生年月	民族	学历	职业类别	政治面貌
22	简城街道	张　军	四川省简阳市安吉迅客货运业有限责任公司党委书记、董事长	男	1971年1月	汉族	大专	其他	中共党员
23	简城街道	汪压尘	市空分医院副院长	男	1974年4月	汉族	大学	其他	农工党党员
24	简城街道	冀承杰	市人民医院检验科副主任	男	1986年3月	汉族	博士研究生	基层代表	农工党党员
25	简城街道	张文豪	中国人民银行简阳支行行长	男	1967年8月	汉族	大学	其他	中共党员
26	简城街道	钟　会	简城街道红塔社区党委书记、居委会主任	男	1965年6月	汉族	中专	基层代表	中共党员
27	简城街道	张　梅	简城街道金水街社区党委书记、居委会主任	女	1972年8月	汉族	大专	基层代表	中共党员
28	简城街道	魏红艳	简城街道南街社区居委会副主任	女	1976年1月	汉族	大专	基层代表	群众
29	简城街道	周建芬	射洪坝街道水东小学教师	女	1975年7月	汉族	大学	基层代表	无党派人士
30	简城街道	易春容	阳安中学支部委员	女	1970年3月	汉族	大学	基层代表	民盟盟员
31	简城街道	林小彬	市人民医院心外科副主任	男	1971年10月	汉族	大学	基层代表	农工党党员
32	简城街道	黄一贵	简城街道中心社区党总支书记、居委会主任	男	1966年7月	汉族	高中	基层代表	中共党员
33	简城街道	赵冷松	市文化馆副研究馆员	男	1974年6月	满族	大学	基层代表	中共党员
34	简城街道	冯炀狄	市房产保障中心工会主席、租赁科科长	女	1974年1月	汉族	大学	基层代表	九三学社社员
35	简城街道	冯顺贤	四川空分设备（集团）有限责任公司退休职工	女	1971年5月	汉族	中专	基层代表	中共党员
36	简城街道	陈金梅	简城街道安象街社区居委会委员	女	1990年6月	汉族	大专	基层代表	群众
37	简城街道	魏思慧	简城街道白塔路社区居委会副主任	女	1973年2月	汉族	高中	基层代表	群众
38	简城街道	缪祖俊	简城街道第一小学教师	女	1971年11月	汉族	大专	基层代表	群众
39	射洪坝街道	李建中	市政协党组书记、主席	男	1972年3月	汉族	硕士研究生	党政领导干部	中共党员
40	射洪坝街道	酉艳霜	射洪坝街道党工委书记	女	1987年11月	汉族	大学	党政领导干部	中共党员
41	射洪坝街道	姚禹宏	射洪坝街道党工委副书记、办事处主任	男	1984年4月	汉族	大学	党政领导干部	中共党员
42	射洪坝街道	胡　建	射洪坝街道党工委委员、人大工委主任	男	1974年10月	汉族	大专	党政领导干部	中共党员
43	射洪坝街道	易　平	射洪坝街道综合便民服务中心主任	男	1977年12月	汉族	大学	党政领导干部	中共党员
44	射洪坝街道	郝　军	海底捞集团党委书记	男	1973年3月	汉族	硕士研究生	其他	中共党员

续表52

序号	单 位	姓名	现任职务	性别	出生年月	民族	学历	职业类别	政治面貌
45	射洪坝街道	徐 庆	四川阳安交通投资有限公司董事长	女	1969 年 4 月	汉族	大学	其他	中共党员
46	射洪坝街道	付文勇	四川省简阳正大实业有限公司总经理	男	1975 年 5 月	汉族	大学	其他	中共党员
47	射洪坝街道	彭育海	简阳鸿杰环保科技有限公司董事长	男	1976 年 12 月	汉族	大专	其他	中共党员
48	射洪坝街道	邓治林	市中医院党委书记	男	1969 年 10 月	汉族	大学	其他	中共党员
49	射洪坝街道	樊 静	射洪坝学区教育督导组工作人员	女	1981 年 11 月	汉族	大学	基层代表	民革党员
50	射洪坝街道	邱 红	市融媒体中心策编部主任播音员	女	1968 年 3 月	汉族	大学	基层代表	无党派
51	射洪坝街道	段 科	市消防救援大队教导员	男	1978 年 12 月	汉族	大学	党政领导干部	中共党员
52	射洪坝街道	黄晓庆	射洪坝街道射洪坝社区居委会委员	女	1991 年 2 月	汉族	大专	基层代表	中共党员
53	射洪坝街道	吴艳华	市人大监察和司法委员会副主任委员	女	1972 年 6 月	汉族	大学	党政领导干部	中共党员
54	射洪坝街道	代中春	市羊肉美食产业协会会长	男	1971 年 3 月	汉族	大学	其他	群众
55	射洪坝街道	陈海东	射洪坝街道简车路社区网格员	男	1983 年 11 月	汉族	大专	基层代表	群众
56	射洪坝街道	唐 伟	解放九义校教师	男	1990 年 7 月	汉族	大学	基层代表	群众
57	射洪坝街道	田 慧	射洪坝街道水东小学校长，党委书记	女	1976 年 6 月	汉族	大学	其他	中共党员
58	射洪坝街道	付克勤	射洪坝街道办综合便民中心副主任	女	1976 年 7 月	汉族	中专	基层代表	群众
59	新市街道	陈中波	新市街道党工委书记	男	1986 年 3 月	土家族	硕士研究生	党政领导干部	中共党员
60	新市街道	毛传旭	新市街道党工委副书记、办事处主任	男	1976 年 12 月	汉族	大学	党政领导干部	中共党员
61	新市街道	周同超	新市街道党工委委员、人大工委主任	男	1974 年 1 月	汉族	大学	党政领导干部	中共党员
62	新市街道	周玉松	新市街道综合便民服务中心主任	男	1981 年 8 月	汉族	大学	党政领导干部	中共党员
63	新市街道	李 敏	新市街道综合便民服务中心副主任	女	1979 年 6 月	汉族	大专	基层代表	群众
64	新市街道	邓绍儒	新市街道新五社区党委书记	男	1970 年 7 月	汉族	大专	基层代表	中共党员
65	新市街道	邓 强	四川航天长征装备制造有限公司执行董事、总经理	男	1968 年 8 月	汉族	硕士研究生	其他	中共党员
66	新市街道	周 三	四川华新南光真空设备有限公司总经理	男	1973 年 9 月	汉族	大专	其他	中共党员

续表52

序号	单 位	姓名	现任职务	性别	出生年月	民族	学历	职业类别	政治面貌
67	新市街道	刘佳华	四川天禾谷旅游文化有限公司法人、总经理	男	1980年3月	汉族	大学	其他	群众
68	新市街道	胡 健	成都万家大业商贸有限公司董事长	女	1971年1月	汉族	大专	其他	群众
69	新市街道	张蔡勇	非物质文化遗产传承人	男	1987年9月	汉族	大专	基层代表	九三学社社员
70	新市街道	胡燕英	四川新开元制药有限公司总经理	女	1970年3月	汉族	大学	其他	中共党员
71	新市街道	晏世军	新市小学办公室主任	男	1974年10月	汉族	大专	基层代表	群众
72	石桥街道	王 勇	市委常委、市总工会主席，市临空经济产业园党工委副书记、管委会副主任	男	1979年6月	汉族	大学	党政领导干部	中共党员
73	石桥街道	樊邦贵	石桥街道党工委书记	男	1981年7月	汉族	大学	党政领导干部	中共党员
74	石桥街道	黄建章	石桥街道党工委副书记、办事处主任	男	1981年7月	汉族	大学	党政领导干部	中共党员
75	石桥街道	王浩佑	石桥街道人大工委主任	男	1988年6月	汉族	硕士研究生	党政领导干部	中共党员
76	石桥街道	苏 兴	市人大教科文卫和民宗侨外委员会副主任委员	男	1969年5月	汉族	大学	党政领导干部	中共党员
77	石桥街道	胡良才	市人大教科文卫和民宗侨外委员会副主任委员	男	1967年2月	汉族	大学	党政领导干部	中共党员
78	石桥街道	曾 德	四川德盛和利集团有限公司董事长	男	1964年12月	汉族	大专	其他	无党派人士
79	石桥街道	周 霆	石桥街道综合便民服务中心主任	男	1986年8月	汉族	大学	党政领导干部	中共党员
80	石桥街道	潘 川	简阳唯品会电子商务有限公司西南运营中心高级总监	男	1977年9月	汉族	大学	其他	中共党员
81	石桥街道	郑 毅	石桥中心卫生院住院部主任兼外科主任	男	1976年2月	汉族	大学	基层代表	群众
82	石桥街道	李建琼	石桥街道杨柳社区党委书记	女	1971年4月	汉族	中专	基层代表	中共党员
83	石桥街道	施雪梅	石桥街道综合执法协调办副主任	女	1975年8月	汉族	大专	基层代表	群众
84	石桥街道	徐 波	石桥初级中学总务副主任、数学一级教师	男	1981年10月	汉族	大学	基层代表	群众
85	石桥街道	贺增有	石桥街道陈家坝村乡村医生	男	1976年8月	汉族	中专	基层代表	群众
86	赤水街道	雷启锋	市委常委、政法委书记兼市法学会党组书记、会长	男	1972年9月	汉族	硕士研究生	党政领导干部	中共党员

续表52

序号	单 位	姓名	现任职务	性别	出生年月	民族	学历	职业类别	政治面貌
87	赤水街道	叶勇智	赤水街道党工委书记	男	1977年10月	汉族	大学	党政领导干部	中共党员
88	赤水街道	朱光钰	赤水街道党工委副书记、办事处主任	男	1990年10月	汉族	硕士研究生	党政领导干部	中共党员
89	赤水街道	戢 林	赤水街道党工委委员、人大工委主任	男	1978年11月	汉族	硕士研究生	党政领导干部	中共党员
90	赤水街道	李青果	市人大农业和农村委员会副主任委员	男	1973年7月	汉族	大学	党政领导干部	中共党员
91	赤水街道	方延兴	市人大教科文卫和民宗侨外委员会副主任委员	男	1978年5月	汉族	大学	党政领导干部	中共党员
92	赤水街道	吴垚瑶	赤水街道综合便民服务中心主任	女	1985年12月	汉族	硕士研究生	党政领导干部	中共党员
93	赤水街道	李传军	简阳唯正资产评估事务所首席合伙人、四川雄州会计师事务所有限公司副主任会计师	男	1969年11月	汉族	大专	基层代表	民建会员
94	赤水街道	郑 晓	简阳市城市规划展示中心主任	女	1985年2月	汉族	本科	基层代表	中共党员
95	赤水街道	林 剑	赤水街道综合便民服务中心退役军人服务站站长	女	1986年7月	汉族	大学	基层代表	中共党员
96	赤水街道	文 件	赤水街道农业综合服务中心水务科科长	男	1980年10月	汉族	大专	基层代表	群众
97	赤水街道	王 芳	赤水街道农业服务中心工作人员	女	1971年12月	汉族	大专	基层代表	群众
98	赤水街道	陈光全	赤水街道永平村党委书记、村委会主任	男	1964年12月	汉族	高中	基层代表	中共党员
99	赤水街道	黄希建	赤水街道福民坝村9社社长	男	1977年5月	汉族	初中	基层代表	群众
100	赤水街道	杨 丽	赤水九义校办公室主任	女	1980年11月	汉族	大学	基层代表	群众
101	赤水街道	钟明月	赤水社区卫生服务中心护士	女	1998年5月	汉族	大专	基层代表	群众
102	东溪街道	钟晞鲲	市人民法院党组书记、院长	男	1972年6月	汉族	大学	党政领导干部	中共党员
103	东溪街道	薛 强	东溪街道党工委书记	男	1976年2月	汉族	大学	党政领导干部	中共党员
104	东溪街道	余志红	东溪街道党工委副书记、办事处主任	男	1981年3月	汉族	大学	党政领导干部	中共党员
105	东溪街道	王 建	东溪街道党工委委员、人大工委主任	男	1973年11月	汉族	大学	党政领导干部	中共党员
106	东溪街道	曾亚聪	东溪街道综合便民服务中心主任	女	1974年7月	汉族	大专	党政领导干部	中共党员

续表52

序号	单　位	姓名	现任职务	性别	出生年月	民族	学历	职业类别	政治面貌
107	东溪街道	王　华	市人大社会建设委员会副主任委员	男	1968年3月	汉族	大学	党政领导干部	中共党员
108	东溪街道	陈　瑜	市人大社会建设委员会副主任委员	女	1974年3月	汉族	大学	党政领导干部	中共党员
109	东溪街道	曾小玉	东溪街道星光社区居委会副主任	女	1986年8月	汉族	大专	基层代表	群众
110	东溪街道	陈晓琴	东溪街道园艺社区居委会委员	女	1989年9月	汉族	大学	基层代表	群众
111	东溪街道	唐伟尧	东溪街道卫生院医技	男	1994年11月	藏族	大专	基层代表	群众
112	东溪街道	徐　虎	东溪初级中学教师	男	1971年11月	汉族	大学	基层代表	群众
113	东溪街道	李　辉	东溪街道江南小学教师	男	1982年4月	汉族	大专	基层代表	群众
114	东溪街道	吴　俊	四川南格尔生物科技有限公司办公室主任	男	1965年12月	汉族	大专	基层代表	群众
115	平泉街道	罗明全	市人大常委会原副主任	男	1963年1月	汉族	大学	党政领导干部	中共党员
116	平泉街道	邹斯若	平泉街道党工委书记	男	1977年9月	汉族	大学	党政领导干部	中共党员
117	平泉街道	王游修	平泉街道党工委副书记、办事处主任	男	1972年11月	汉族	硕士研究生	党政领导干部	中共党员
118	平泉街道	蔡显彬	平泉街道党工委委员、人大工委主任	男	1978年10月	汉族	大学	党政领导干部	中共党员
119	平泉街道	王碧中	平泉街道农业综合服务中心主任	男	1974年11月	汉族	大专	党政领导干部	中共党员
120	平泉街道	万　军	平泉街道农业综合服务中心副主任	男	1977年6月	汉族	大学	基层代表	群众
121	平泉街道	张建英	平泉初中教务室副主任	女	1977年7月	汉族	大学	基层代表	群众
122	平泉街道	周海圣	市委办副主任	男	1983年1月	汉族	大学	党政领导干部	中共党员
123	平泉街道	钟永翔	平泉街道荷桥村党委书记、村委会主任	男	1967年5月	汉族	中专	基层代表	中共党员
124	平泉街道	辜良林	简阳市盛地农业发展有限公司总经理	男	1979年6月	汉族	大专	其他	无党派人士
125	平泉街道	詹　庆	市委书记	男	1967年10月	汉族	大学	党政领导干部	中共党员
126	平泉街道	颜亚奇	四川国光农化股份有限公司总经理	男	1979年2月	汉族	硕士研究生	其他	无党派人士
127	平泉街道	魏仕英	平泉街道杨家寺村村委会副主任	女	1976年1月	汉族	中专	基层代表	群众
128	杨家镇	王　芳	杨家镇党委书记	女	1986年2月	汉族	大学	党政领导干部	中共党员
129	杨家镇	高　蕾	杨家镇党委委员、组织委员、宣传委员、人大副主席	女	1989年7月	汉族	硕士研究生	党政领导干部	中共党员

续表52

序号	单　位	姓名	现任职务	性别	出生年月	民族	学历	职业类别	政治面貌
130	杨家镇	钟　南	杨家镇党委委员、人大主席	男	1976年7月	汉族	硕士研究生	党政领导干部	中共党员
131	杨家镇	谢　彤	市人大社会建设委员会副主任委员	男	1971年2月	汉族	大专	党政领导干部	中共党员
132	杨家镇	黄　勇	杨家镇杨家社区居委会副主任	男	1970年12月	汉族	中专	基层代表	群众
133	杨家镇	尤玉良	杨家镇桐子湾村党总支副书记	男	1991年2月	汉族	大学	基层代表	中共党员
134	杨家镇	唐远英	杨家模范学校教师	女	1980年11月	汉族	大学	基层代表	群众
135	石钟镇	李　文	市人大常委会党组成员、副主任	女	1969年2月	汉族	大学	党政领导干部	中共党员
136	石钟镇	李　强	石钟镇党委书记	男	1986年3月	汉族	大学	党政领导干部	中共党员
137	石钟镇	刘一夫	石钟镇党委副书记、镇长	男	1990年9月	汉族	硕士研究生	党政领导干部	中共党员
138	石钟镇	胡剑斌	石钟镇党委委员、人大主席	男	1980年11月	汉族	大学	党政领导干部	中共党员
139	石钟镇	吴运芬	石钟镇综合便民中心副主任	女	1983年12月	汉族	大学	基层代表	群众
140	石钟镇	王　丽	市人大代表委员会主任委员	女	1976年9月	汉族	大专	党政领导干部	中共党员
141	石钟镇	蒋映琪	石钟平窝学校总务主任	男	1992年6月	汉族	大专	基层代表	群众
142	石钟镇	周　明	石钟镇前锋村党委书记	男	1977年9月	汉族	高中	基层代表	中共党员
143	石钟镇	曾善科	石钟镇火烧庙村村委会委员	男	1997年1月	汉族	大专	基层代表	群众
144	石钟镇	郑植心	石钟镇社区发展办副主任	女	1993年1月	汉族	大学	基层代表	群众
145	施家镇	李崇喜	市政协原主席	男	1961年10月	汉族	大学	基层代表	中共党员
146	施家镇	樊　勋	市人大常委会原副主任	男	1963年6月	汉族	大学	党政领导干部	中共党员
147	施家镇	李建华	施家镇党委书记	男	1973年11月	汉族	大专	党政领导干部	中共党员
148	施家镇	吴远杨	施家镇党委副书记、镇长	男	1982年12月	汉族	大学	党政领导干部	中共党员
149	施家镇	魏　铃	施家镇党委委员、人大主席	女	1985年2月	汉族	大学	党政领导干部	中共党员
150	施家镇	冯　健	施家镇施家社区党委书记、居委会主任	女	1980年4月	汉族	大学大学	基层代表	中共党员
151	施家镇	罗　航	施家镇龙河村村委会委员	男	1998年8月	汉族	大专在读	基层代表	群众
152	施家镇	李流君	施家镇法堂村盛隆种植专业合作社法人	男	1976年8月	汉族	大学大学	基层代表	中共党员
153	施家镇	薛　喻	施家镇共裕村村委会委员	女	1999年8月	汉族	大专	基层代表	群众

续表52

序号	单　位	姓名	现任职务	性别	出生年月	民族	学历	职业类别	政治面貌
154	施家镇	周鹏华	施家镇清水村村委会副主任	男	1968年3月	汉族	高中	基层代表	群众
155	施家镇	杨　林	市人大常委会人代工委人事代表科科长	女	1989年6月	汉族	大学	基层代表	中共党员
156	施家镇	施　扬	施家镇农业综合服务中心主任	男	1976年9月	汉族	大专	党政领导干部	中共党员
157	施家镇	秦　蜜	施家镇白羊嘴村村委会委员	女	1996年11月	汉族	大专在读	基层代表	群众
158	施家镇	郭子溢	市人大常委会办公室秘书科科长	男	1989年7月	汉族	大学大学	基层代表	中共党员
159	施家镇	唐吉元	施家镇天才村村委会副主任	男	1971年10月	汉族	中专在读	基层代表	群众
160	禾丰镇	王安宁	市委副书记	男	1975年9月	汉族	硕士研究生	党政领导干部	中共党员
161	禾丰镇	刘　东	市人民检察院党组书记、检察长	男	1968年12月	汉族	大学	党政领导干部	中共党员
162	禾丰镇	张宏文	禾丰镇党委书记	男	1987年1月	汉族	大学	党政领导干部	中共党员
163	禾丰镇	黎　鸣	禾丰镇党委副书记、镇长	男	1985年7月	汉族	大学	党政领导干部	中共党员
164	禾丰镇	袁希铃	禾丰镇党委委员、人大主席	男	1975年2月	汉族	大学	党政领导干部	中共党员
165	禾丰镇	周　琼	市人大农业农村委农业科科长	女	1976年9月	汉族	大学	基层代表	中共党员
166	禾丰镇	谢　锦	市人大经济委员会主任委员	女	1972年2月	汉族	硕士研究生	党政领导干部	中共党员
167	禾丰镇	马炳秀	市人大经济委员会副主任委员	女	1975年9月	汉族	大学	党政领导干部	中共党员
168	禾丰镇	陈　奇	禾丰镇连山村党总支书记、村委会主任	男	1993年12月	汉族	大专	基层代表	中共党员
169	禾丰镇	吴成安	成都市凤峻农业发展有限公司法人	男	1975年9月	汉族	高中	其他	群众
170	禾丰镇	王育利	禾丰中心卫生院院感科科长	女	1977年11月	汉族	大专	基层代表	群众
171	禾丰镇	高雅静	禾丰小学应急安全办公室副主任	女	1996年11月	汉族	大学	基层代表	群众
172	禾丰镇	周　明	利丰食品有限公司董事长	男	1976年5月	汉族	初中	其他	群众
173	禾丰镇	王　荣	禾丰镇禾丰社区居委会委员	男	1977年6月	汉族	高中	基层代表	群众
174	禾丰镇	李　英	禾丰镇专职网格员	女	1972年1月	汉族	中专	基层代表	群众
175	禾丰镇	杨宗花	禾丰镇普安社区居委会委员	女	1976年6月	汉族	中专	基层代表	群众

续表52

序号	单　位	姓名	现任职务	性别	出生年月	民族	学历	职业类别	政治面貌
176	禾丰镇	蔡佼杉	禾丰镇综合办工作人员	女	1995 年 7 月	汉族	硕士研究生	基层代表	群众
177	三合镇	曾从鲁	三合镇党委书记	男	1978 年 11 月	汉族	大学	党政领导干部	中共党员
178	三合镇	罗韩明	三合镇党委副书记、镇长	男	1978 年 3 月	汉族	大学	党政领导干部	中共党员
179	三合镇	陈炳英	三合学校副校长	女	1986 年 3 月	汉族	大学	其他	群众
180	三合镇	冯向越	四川简阳农村商业银行有限公司三合分理处主任	男	1992 年 1 月	汉族	大学	其他	群众
181	三合镇	杨飞燕	三合镇沙河村村委会委员	女	1978 年 2 月	汉族	中专	基层代表	群众
182	三合镇	陈　银	三合镇石马井村返聘村医	男	1959 年 11 月	汉族	初中	基层代表	群众
183	平武镇	蒋黎旺	市委常委、市政府党组副书记、副市长，市行政干部学校校长	男	1982 年 8 月	汉族	硕士研究生	党政领导干部	中共党员
184	平武镇	曾　明	平武镇党委书记	男	1983 年 2 月	汉族	大学	党政领导干部	中共党员
185	平武镇	蒋　茜	平武镇党委副书记、镇长	男	1985 年 6 月	汉族	大学	党政领导干部	中共党员
186	平武镇	卿　理	平武镇党委委员、人大主席	男	1971 年 11 月	汉族	大学	党政领导干部	中共党员
187	平武镇	段作其	平武镇尤安村党委书记、村委会主任	男	1972 年 7 月	汉族	大专	基层代表	中共党员
188	平武镇	游　霞	平武镇幼儿园教师	女	1994 年 8 月	汉族	大学	基层代表	群众
189	平武镇	邱　敏	平武镇胡家街社区居委会委员	女	1981 年 7 月	汉族	中专	基层代表	群众
190	云龙镇	苏呈祥	市委副书记、市政府党组书记、市长	男	1983 年 4 月	汉族	大学	党政领导干部	中共党员
191	云龙镇	蒋　雄	市人大常委会原副主任	男	1963 年 7 月	汉族	大学	党政领导干部	中共党员
192	云龙镇	都进新	云龙镇党委书记	男	1978 年 5 月	汉族	大学	党政领导干部	中共党员
193	云龙镇	夏　琴	云龙镇党委副书记、镇长	女	1984 年 12 月	汉族	大学	党政领导干部	中共党员
194	云龙镇	袁大刚	云龙镇党委委员、人大主席	男	1977 年 6 月	汉族	大专	党政领导干部	中共党员
195	云龙镇	姚海军	云龙镇农业综合服务中心主任	男	1986 年 2 月	汉族	大学	党政领导干部	中共党员
196	云龙镇	毛劲松	市政府办党组书记、主任	男	1978 年 9 月	汉族	大学	党政领导干部	中共党员
197	云龙镇	晋华文	市人大预算委员会副主任委员	男	1970 年 6 月	汉族	大学	党政领导干部	中共党员
198	云龙镇	石晓琴	市人大代表委员会副主任委员	女	1974 年 11 月	汉族	大学	党政领导干部	中共党员
199	云龙镇	都安辉	市人大预算委员会主任委员	男	1969 年 11 月	汉族	大学	党政领导干部	中共党员

续表52

序号	单　位	姓名	现任职务	性别	出生年月	民族	学历	职业类别	政治面貌
200	云龙镇	钟进勋	市人大农业和农村委员会副主任委员	男	1967年11月	汉族	大专	党政领导干部	中共党员
201	云龙镇	赵强东	中国移动四川有限公司简阳分公司总经理	男	1976年3月	汉族	硕士研究生	其他	中共党员
202	云龙镇	施红军	云龙镇金马社区党委书记、居委会主任	男	1973年11月	汉族	大专	基层代表	中共党员
203	云龙镇	魏红英	云龙小学校长	女	1979年3月	汉族	大学	其他	民盟盟员
204	云龙镇	马懿川	云龙卫生院医生	男	1994年10月	汉族	大学	基层代表	群众
205	云龙镇	吴良燕	云龙镇个体户	女	1987年6月	汉族	高中	基层代表	群众
206	云龙镇	袁　桃	云龙镇中峰村村委会委员	女	1984年2月	汉族	大专	基层代表	群众
207	云龙镇	刘　文	云龙镇桤木村村委会委员	女	1997年12月	汉族	大专	基层代表	群众
208	云龙镇	袁富均	云龙镇云峰九义校安全应急办副主任	男	1976年1月	汉族	大专	基层代表	群众
209	涌泉镇	曾　勇	涌泉镇党委书记	男	1973年2月	汉族	大学	党政领导干部	中共党员
210	涌泉镇	苏　阳	涌泉镇党委副书记、镇长	男	1987年9月	汉族	硕士研究生	党政领导干部	中共党员
211	涌泉镇	袁　东	涌泉镇党委委员、人大主席	男	1973年2月	汉族	大学	党政领导干部	中共党员
212	涌泉镇	宁光华	涌泉镇涌泉社区居民、吴三哥饭店厨师	男	1973年4月	汉族	初中	基层代表	群众
213	涌泉镇	张光虎	涌泉镇文会村党总支书记、村委会主任	男	1971年9月	汉族	高中	基层代表	中共党员
214	涌泉镇	秦　丽	涌泉学校教师	女	1978年2月	汉族	大学	基层代表	群众
215	三星镇	樊昌华	市人大常委会原副主任	男	1962年11月	汉族	大学	党政领导干部	中共党员
216	三星镇	蒋和平	市人大常委会党组成员、副主任，市西部电商物流产业功能区党工委副书记、管委会主任	男	1967年8月	汉族	大学	党政领导干部	中共党员
217	三星镇	徐红彬	三星镇党委书记	男	1978年4月	汉族	大学	党政领导干部	中共党员
218	三星镇	雷　彪	三星镇党委副书记、镇长	男	1986年9月	汉族	大学	党政领导干部	中共党员
219	三星镇	陈孝勇	三星镇党委委员、人大主席	男	1975年2月	汉族	大学	党政领导干部	中共党员
220	三星镇	杨文逊	市人大代表委员会副主任委员	男	1972年8月	汉族	大学	党政领导干部	中共党员
221	三星镇	刘正和	市经科信局（市新经济工作局）党组书记、局长	男	1989年6月	汉族	博士研究生	党政领导干部	中共党员
222	三星镇	蒋福廷	三星镇综合便民服务中心主任	男	1977年1月	汉族	大学	党政领导干部	中共党员
223	三星镇	蒋学义	三星镇农业综合服务中心工作人员	男	1973年3月	汉族	中专	基层代表	群众

续表52

序号	单　位	姓名	现任职务	性别	出生年月	民族	学历	职业类别	政治面貌
224	三星镇	曾吕遥	三星镇妇联专职副主席	女	1992年5月	汉族	大学	基层代表	群众
225	三星镇	张建国	三星镇共和村党委书记、村委会主任	男	1984年6月	汉族	大学	基层代表	中共党员
226	三星镇	杨　丽	三星中心卫生院副护士长	女	1982年4月	汉族	大专	基层代表	群众
227	三星镇	周晓英	三星新星学校中小学一级教师	女	1975年11月	汉族	大学	基层代表	群众
228	三星镇	张　攀	市三星镇桐麻岭村8组村民	男	1989年12月	汉族	初中	基层代表	群众
229	青龙镇	陈建龙	市人大常委会党组书记、主任	男	1969年12月	汉族	大学	党政领导干部	中共党员
230	青龙镇	李继银	青龙镇党委书记	男	1974年11月	汉族	大学	党政领导干部	中共党员
231	青龙镇	张原源	青龙镇党委副书记、镇长	女	1990年5月	汉族	硕士研究生	党政领导干部	中共党员
232	青龙镇	卿文满	青龙镇党委委员、人大主席	男	1974年1月	汉族	大专	党政领导干部	中共党员
233	青龙镇	黄　涛	青龙镇民生服务办副主任	女	1991年10月	汉族	大学	基层代表	群众
234	青龙镇	钟　涛	青龙镇水井村党总支书记、村委会主任	男	1989年2月	汉族	大学	基层代表	中共党员
235	青龙镇	朱小云	青龙中心小学教务室主任	男	1979年7月	汉族	大专	基层代表	群众
236	青龙镇	雷德福	简阳俊德家庭农场场主	男	1982年4月	汉族	大学	基层代表	群众
237	踏水镇	都学良	市委常委、统战部部长、市政协党组副书记	男	1977年9月	汉族	硕士研究生	党政领导干部	中共党员
238	踏水镇	刘　剑	踏水镇党委书记	男	1974年12月	汉族	大学	党政领导干部	中共党员
239	踏水镇	邱　婷	踏水镇党委副书记、镇长	女	1986年10月	汉族	硕士研究生	党政领导干部	中共党员
240	踏水镇	罗成荣	踏水镇党委委员、人大主席	男	1973年9月	汉族	大学	党政领导干部	中共党员
241	踏水镇	沈祖安	踏水镇踏水社区党总支书记	男	1965年4月	汉族	中专	基层代表	中共党员
242	踏水镇	马琳铃	踏水镇社会保障科科长	女	1991年10月	汉族	大学	基层代表	群众
243	踏水镇	邬瑞强	踏水镇发展村村委会委员	男	1990年10月	汉族	大学	基层代表	群众
244	宏缘镇	陈国敏	宏缘镇党委书记	男	1974年10月	汉族	大学	党政领导干部	中共党员
245	宏缘镇	王幼文	宏缘镇党委副书记、镇长	女	1986年6月	汉族	硕士研究生	党政领导干部	中共党员
246	宏缘镇	易学全	宏缘镇党委委员、人大主席	男	1976年11月	汉族	硕士研究生	党政领导干部	中共党员
247	宏缘镇	钟友彬	市人大农业和农村委员会副主任委员	男	1967年12月	汉族	大学	党政领导干部	中共党员
248	宏缘镇	王　川	宏缘镇民生服务办主任	男	1983年12月	藏族	大学	基层代表	中共党员
249	宏缘镇	田常勇	宏缘镇易家坝村村委会副主任	男	1975年10月	汉族	中专（在读）	基层代表	群众

续表52

序号	单 位	姓名	现任职务	性别	出生年月	民族	学历	职业类别	政治面貌
250	宏缘镇	贺文忠	宏缘镇金盆村党总支部书记、村委会主任	男	1968年10月	汉族	大专	基层代表	中共党员
251	宏缘镇	唐 利	宏缘镇矮桥村村委会委员	女	1980年6月	汉族	大专	基层代表	群众
252	镇金镇	陈 蕾	市委常委、纪委书记、监察委员会主任	女	1974年4月	汉族	大学	党政领导干部	中共党员
253	镇金镇	秦 学	镇金镇党委书记	男	1971年7月	汉族	大专	党政领导干部	中共党员
254	镇金镇	詹 波	镇金镇党委副书记、镇长	男	1985年6月	汉族	大学	党政领导干部	中共党员
255	镇金镇	谢文华	镇金镇党委委员、人大主席	女	1977年2月	汉族	大学	党政领导干部	中共党员
256	镇金镇	杨章华	镇金镇综合便民服务中心主任	男	1978年6月	汉族	大专	党政领导干部	中共党员
257	镇金镇	周 婷	市纪委常委	女	1987年11月	汉族	大学	党政领导干部	中共党员
258	镇金镇	付俊英	镇金镇农业综合服务中心副主任	女	1973年11月	汉族	大专	基层代表	群众
259	镇金镇	黄茂琳	镇金镇党群办主任	男	1995年3月	汉族	大学	基层代表	中共党员
260	镇金镇	陈 桃	镇金镇南山坳村村委会副主任	男	1986年3月	汉族	中专	基层代表	群众
261	镇金镇	杨 彬	镇金镇赵家社区居委副主任	男	1973年9月	汉族	中专	基层代表	群众
262	镇金镇	汪再军	镇金镇中心卫生院医保科科长	男	1975年7月	汉族	大专	基层代表	群众
263	镇金镇	钟蓉芳	老龙九义校教师	女	1976年12月	汉族	大学	基层代表	群众
264	雷家镇	杨新秋	市委常委、组织部部长、社治委主任、党校校长、市直机关党工委书记	男	1979年10月	汉族	硕士研究生	党政领导干部	中共党员
265	雷家镇	徐 浩	雷家镇党委书记	男	1975年10月	汉族	大学	党政领导干部	中共党员
266	雷家镇	吴 勇	雷家镇党委副书记、镇长	男	1977年11月	汉族	大学	党政领导干部	中共党员
267	雷家镇	卿 熠	雷家镇党委委员、人大主席	男	1988年10月	汉族	大学	党政领导干部	中共党员
268	雷家镇	郑汝能	雷家镇农业综合服务中心农业科科长	男	1968年4月	汉族	大专	基层代表	群众
269	雷家镇	彭育云	雷家学校教师	女	1994年2月	汉族	大学	基层代表	群众
270	雷家镇	鄢晓霞	雷家望水学校教师	女	1992年2月	汉族	大学	基层代表	群众
271	雷家镇	郑艳琼	雷家镇高桥村群众（雷家镇残联工作人员）	女	1977年8月	汉族	大专	基层代表	群众
272	雷家镇	王永明	雷家镇九龙滩村党总支部书记、村委会主任	男	1974年4月	汉族	中专	基层代表	中共党员
273	江源镇	徐 建	市人大常委会党组成员、副主任	男	1967年1月	汉族	大学	党政领导干部	中共党员

续表52

序号	单　位	姓名	现任职务	性别	出生年月	民族	学历	职业类别	政治面貌
274	江源镇	刘　阳	江源镇党委书记	男	1971年9月	汉族	大学	党政领导干部	中共党员
275	江源镇	谭文畅	江源镇党委副书记、镇长	男	1976年7月	汉族	大学	党政领导干部	中共党员
276	江源镇	吴　双	江源镇党委委员、人大主席	女	1987年8月	汉族	大学	党政领导干部	中共党员
277	江源镇	马秉兴	江源镇团岭村党委书记、村委会主任	男	1974年10月	汉族	大专	基层代表	中共党员
278	江源镇	毛　燕	江源镇居民	女	1981年5月	汉族	大专	基层代表	群众
279	江源镇	刘　果	江源镇党群办主任	男	1986年9月	汉族	大学	基层代表	中共党员
280	江源镇	吴志和	江源镇卫生院院长	男	1972年2月	汉族	大专	其他	中共党员
281	江源镇	周咸文	江源镇综合办工作人员	男	1995年6月	汉族	本科	基层代表	群众
282	江源镇	杨昌德	市残联副理事长	男	1972年10月	汉族	大学	党政领导干部	无党派人士
283	江源镇	周洪琼	江源学校教师	女	1980年3月	汉族	大学	基层代表	群众
284	市直机关一选区	周星阳	市委组织部常务副部长	男	1979年6月	汉族	大学	党政领导干部	中共党员
285	市直机关一选区	付敬锋	市委宣传部常务副部长	男	1971年9月	汉族	大学	党政领导干部	中共党员
286	市直机关一选区	王春华	市委党校（市行政干部学校）常务副校长	男	1972年5月	汉族	大学	党政领导干部	中共党员
287	市直机关二选区	杨　敏	市发展和改革局党组书记、局长兼市粮食和物资储备局局长	男	1977年9月	汉族	研究生	党政领导干部	中共党员
288	市直机关二选区	刘　勇	市教育系统党委书记，市教育局党组书记、局长	男	1973年11月	汉族	大学	党政领导干部	中共党员
289	市直机关二选区	曾文辉	市财政局党组书记、局长	男	1974年8月	汉族	大学	党政领导干部	中共党员
290	人武部	李建辉	市委常委、市人武部上校政委	男	1976年5月	汉族	大学	党政领导干部	中共党员
291	人武部	左钟敏	市人民武装部上校部长	男	1976年3月	汉族	硕士研究生	党政领导干部	中共党员
292	三岔街道	杨炳志	成都东部新区三岔街道党工委书记	男	1972年4月	汉族	大学	党政领导干部	中共党员
293	三岔街道	李　波	成都东部新区三岔街道人大工委主任	男	1979年1月	汉族	大学	党政领导干部	中共党员
294	三岔街道	谢居刚	市人大预算委员会副主任委员	男	1971年11月	汉族	大学	党政领导干部	中共党员
295	三岔街道	周厚利	市人大监察和司法委员会副主任委员	女	1974年6月	汉族	大学	党政领导干部	中共党员
296	三岔街道	桑米娜	市人大常委会信息服务中心副主任	女	1985年12月	汉族	大学	基层代表	民盟盟员

续表52

序号	单　位	姓名	现任职务	性别	出生年月	民族	学历	职业类别	政治面貌
297	三岔街道	黄玉兰	成都东部新区第三人民医院书记、院长	女	1975 年 9 月	汉族	大学	其他	中共党员
298	三岔街道	付　东	成都体育学院副院长	男	1971 年 9 月	汉族	硕士研究生	其他	中共党员
299	三岔街道	陈俊义	成都东部新区三岔湖高级中学校长	男	1966 年 2 月	汉族	大学	其他	中共党员
300	三岔街道	刘本吉	成都东部新区三岔街道民生和社会服务办工作人员	女	1981 年 10 月	汉族	大专	基层代表	群众
301	三岔街道	蔡光建	成都东部新区三岔街道清庙村村民	男	1979 年 7 月	汉族	高中	基层代表	群众
302	三岔街道	黄　彬	四川三岔湖北控海天投资有限公司总经理	男	1974 年 4 月	汉族	大专	其他	中共党员
303	石盘街道	李　剑	成都东部新区石盘街道党工委书记	男	1971 年 12 月	汉族	大学	党政领导干部	中共党员
304	石盘街道	李兴彬	成都东部新区石盘街道党工委委员、人大工委主任	男	1972 年 11 月	汉族	大学	党政领导干部	中共党员
305	石盘街道	刘　闯	市人大经济委员会副主任委员	男	1968 年 8 月	汉族	大学	党政领导干部	中共党员
306	石盘街道	魏法琼	市人大经济委员会副主任委员	女	1973 年 12 月	汉族	大学	党政领导干部	中共党员
307	石盘街道	吴文华	市人大城乡建设与环境保护委员会副主任委员	男	1972 年 5 月	汉族	大专	党政领导干部	中共党员
308	石盘街道	陈晓燕	市人大常委会信息服务中心工作人员	女	1989 年 2 月	汉族	大学	基层代表	无党派人士
309	石盘街道	张　璐	四川凯迈科技有限公司总裁	女	1970 年 10 月	汉族	硕士研究生	其他	群众
310	石盘街道	彭　毅	成都东部新区周家卫生院公共卫生科科长	男	1985 年 5 月	汉族	大专	基层代表	中共党员
311	石盘街道	蒋景元	成都东部新区石盘社区卫生服务中心	男	1989 年 12 月	汉族	大学	基层代表	中共党员
312	石盘街道	阙海宝	吉利学院执行校长	男	1976 年 5 月	汉族	博士研究生	其他	中共党员
313	石盘街道	李建平	成都东部新区石盘小学教师	男	1978 年 11 月	汉族	大专	基层代表	群众
314	石盘街道	欧阳抒	成都东部新区公安分局石盘派出所民警	女	1984 年 12 月	汉族	大学	基层代表	中共党员
315	石盘街道	谢旭刚	铭泰集团副总裁	男	1977 年 10 月	汉族	硕士研究生	其他	中共党员
316	石盘街道	李彦良	四川阳安酒业有限公司董事长	男	1972 年 2 月	汉族	大专	其他	中共党员

续表52

序号	单　位	姓名	现任职务	性别	出生年月	民族	学历	职业类别	政治面貌
317	石盘街道	蔡先德	成都东部新区石盘街道龙泉湖社区书记	男	1963年4月	汉族	高中	基层代表	中共党员
318	石盘街道	马丽琴	成都东部新区石盘街道办事处科员	女	1984年1月	汉族	大专	基层代表	群众
319	石盘街道	廖旭东	成都东部新区党工委管委会综合部信息政研处二级主任科员	男	1985年10月	汉族	硕士研究生	基层代表	中共党员
320	养马街道	雷　云	成都东部新区养马街道党工委书记	男	1976年1月	汉族	大学	党政领导干部	中共党员
321	养马街道	周　雪	成都东部新区养马街道人大工委主任	男	1973年11月	汉族	硕士研究生	党政领导干部	中共党员
322	养马街道	何小勇	市人大社会建设委员会主任委员	男	1968年7月	汉族	大学	党政领导干部	中共党员
323	养马街道	彭育海	市人大社会建设委员会副主任委员	男	1968年1月	汉族	大专	党政领导干部	中共党员
324	养马街道	付绍英	市人大教育科学文化卫生和民族宗教侨务外事委员会社事科科长	女	1972年7月	汉族	大学	基层代表	群众
325	养马街道	张礼彪	成都东部新区养马街道顺江村党委书记、村委会主任	男	1967年1月	汉族	中专	基层代表	中共党员
326	养马街道	石达君	四川杰特机器有限公司董事长	男	1956年11月	汉族	大专	其他	中共党员
327	养马街道	马长全	成都东部新区养马社区卫生服务中心麻醉科科长	男	1989年7月	汉族	大学	基层代表	群众
328	养马街道	钟传刚	成都东部新区养马高级中学校长	男	1980年4月	汉族	大学	其他	中共党员
329	养马街道	尹晓玲	成都东部新区养马小学校教师	女	1983年5月	汉族	大学	基层代表	群众
330	养马街道	段培磊	成都市公安局东部新区分局养马派出所四级警长	男	1985年3月	汉族	大学	基层代表	中共党员
331	养马街道	钟　训	四川诚德机械有限公司副总经理	女	1970年11月	汉族	大专	其他	民建会员
332	养马街道	田庆芝	成都东部新区养马街道办事处工作人员	女	1972年9月	汉族	大学	基层代表	群众
333	养马街道	曾　松	成都东部新区养马街道先进村村委会委员	男	1968年6月	汉族	初中	基层代表	群众
334	女监	吴正国	四川省女子监狱党委副书记、政委	男	1973年10月	汉族	大学	党政领导干部	中共党员

续表52

序号	单　位	姓名	现任职务	性别	出生年月	民族	学历	职业类别	政治面貌
335	贾家街道	廖忠诚	成都东部新区贾家街道党工委书记	男	1973年8月	汉族	大学	党政领导干部	中共党员
336	贾家街道	毛红艳	成都东部新区贾家街道人大工委主任	女	1975年9月	汉族	硕士研究生	党政领导干部	中共党员
337	贾家街道	周　伟	市人大代表委员会副主任委员	男	1977年4月	汉族	大学	党政领导干部	中共党员
338	贾家街道	吴光霞	市人大代表委员会副主任委员	女	1972年4月	汉族	大学	党政领导干部	中共党员
339	贾家街道	杨先菊	市人大常委会人事代表工委主任	女	1976年8月	汉族	大学	党政领导干部	中共党员
340	贾家街道	杨　涛	市人大监察和司法委员会副主任委员	女	1972年3月	汉族	大学	党政领导干部	中共党员
341	贾家街道	蔡建英	成都东部新区贾家街道民生办工作人员	女	1983年11月	汉族	大学	基层代表	群众
342	贾家街道	晏　奎	成都东部新区贾家中心卫生院党总支书记	男	1969年3月	汉族	大学	其他	中共党员
343	贾家街道	樊剑梅	成都东部新区贾家中心卫生院党总支委员、副院长	女	1973年4月	汉族	大学	其他	中共党员
344	贾家街道	冯世旭	成都东部新区贾家中心卫生院医生	男	1988年8月	汉族	大学	基层代表	群众
345	贾家街道	刘亚峰	四川帝王洁具有限公司西南片区总经理	男	1988年1月	汉族	大学	其他	群众
346	贾家街道	吴　林	成都东部新区贾家高级中学副校长	男	1982年3月	汉族	大学	其他	中共党员
347	贾家街道	蔡国辉	四川省人间印象家具有限公司董事长	男	1971年9月	汉族	大学	其他	中共党员
348	贾家街道	付　刚	成都东部新区贾家街道前进路社区居委会委员	男	1967年2月	汉族	大专	基层代表	群众
349	贾家街道	付　坤	成都东部新区贾家街道永盛村9组村民	男	1996年8月	汉族	大学	基层代表	群众
350	贾家街道	严孙贤	成都东部新区战略研究局工作人员	男	1994年3月	汉族	硕士研究生	基层代表	群众
351	丹景街道	周建江	成都东部新区丹景街道党工委书记	男	1972年12月	汉族	硕士研究生	党政领导干部	中共党员
352	丹景街道	苏　锦	成都东部新区丹景街道党工委委员、人大工委主任	男	1969年9月	汉族	大专	党政领导干部	中共党员
353	丹景街道	田　毅	成都东部新区空港新城投资有限公司总经理	男	1976年12月	汉族	硕士研究生	其他	中共党员

续表52

序号	单　位	姓名	现任职务	性别	出生年月	民族	学历	职业类别	政治面貌
354	丹景街道	李德伦	成都东部新区三岔湖长岛天堂洲际酒店经理	男	1980年1月	汉族	大专	其他	群众
355	丹景街道	林　梅	成都东部新区新民学校教师	女	1976年8月	汉族	大学	基层代表	群众
356	丹景街道	付苡萱	成都东部新区丹景街道社区发展办主任	女	1993年2月	汉族	大学	基层代表	中共党员
357	福田街道	曾　勇	成都东部新区福田街道党工委书记	男	1974年12月	汉族	大专	党政领导干部	中共党员
358	福田街道	汪良军	成都东部新区福田街道人大工委主任	男	1972年4月	汉族	大学	党政领导干部	中共党员
359	福田街道	何　亮	成都东部新区东部集团副总经理	男	1974年12月	汉族	博士研究生	其他	中共党员
360	福田街道	涂卓超	成都东部新区投资促进局项目主管	男	1993年4月	汉族	硕士研究生	基层代表	群众
361	福田街道	毛远臣	成都东部新区福田街道九义校办公室主任	男	1965年8月	汉族	大学	基层代表	群众
362	福田街道	蔡　义	成都东部新区福田街道九义校教师	男	1980年9月	汉族	大学	基层代表	群众
363	玉成街道	张　影	成都东部新区玉成街道党工委书记	女	1972年6月	汉族	硕士研究生	党政领导干部	中共党员
364	玉成街道	谢学军	成都东部新区玉成街道人大工委主任	男	1972年12月	汉族	大专	党政领导干部	中共党员
365	玉成街道	汪　明	市人大城乡建设与环境保护委员会主任委员	男	1967年6月	汉族	大学	党政领导干部	中共党员
366	玉成街道	骆　敏	市人大常委会信息服务中心工作人员	女	1983年4月	汉族	大学	基层代表	中共党员
367	玉成街道	金　锐	成都东部新区玉成街道社区治理办主任	男	1982年9月	汉族	大专	基层代表	中共党员
368	玉成街道	李　兰	成都市白鹤种植专业合作社法人	女	1987年7月	汉族	中专	其他	群众
369	玉成街道	李　杨	成都东部新区回龙学校教师	男	1989年10月	汉族	大专	基层代表	群众
370	玉成街道	曾　军	成都东部新区玉成社区卫生服务中心党支部书记、院长；成都东部新区第三人民医院副院长（挂职）	男	1977年4月	汉族	大学	其他	中共党员
371	玉成街道	汪春玲	成都东部新区玉成街道吊脚楼村党总支书记、村委会主任	女	1979年6月	汉族	中专	基层代表	中共党员

续表52

序号	单　位	姓名	现任职务	性别	出生年月	民族	学历	职业类别	政治面貌
372	玉成街道	张　娇	成都东部新区玉成街道高田村村委会委员	女	1990年10月	汉族	大专	基层代表	群众
373	草池街道	樊增伟	成都东部新区草池街道党工委书记	男	1979年12月	汉族	硕士研究生	党政领导干部	中共党员
374	草池街道	黄晋华	成都东部新区草池街道党工委委员、人大工委主任	女	1973年10月	汉族	大学	党政领导干部	中共党员
375	草池街道	朱　列	市人大预算委员会副主任委员（正局长级）	男	1970年9月	汉族	大学	党政领导干部	中共党员
376	草池街道	阳仲宣	市人大预算委员会副主任委员	男	1970年11月	汉族	大专	党政领导干部	中共党员
377	草池街道	陈　丹	市人大预算委员会预算科科长	女	1986年11月	汉族	大学	基层代表	民盟盟员
378	草池街道	徐良琼	成都东部新区第三人民医院人事科科长	女	1989年12月	汉族	大学	基层代表	中共党员
379	草池街道	王　剑	成都东部新区航空和口岸经济局工作人员	男	1970年8月	汉族	大学	基层代表	群众
380	草池街道	周　浩	成都东部新区消防救援大队筹备组副班长	男	1994年11月	汉族	高中	基层代表	群众
381	草池街道	周佳欣	成都东部新区草池社区卫生服务中心医务科科长	女	1992年12月	汉族	大学	基层代表	群众
382	草池街道	徐尚会	成都东部新区草池小学校教师	女	1990年9月	汉族	大学	基层代表	群众
383	草池街道	陈方军	成都市公安局东部新区分局草池派出所三级警长	男	1985年8月	汉族	大学	基层代表	群众
384	草池街道	何星甫	成都东部新区草池街道办事处综合便民服务中心工作人员	男	1984年11月	汉族	大学	基层代表	群众
385	草池街道	戢　统	成都东部新区草池街道国防村党总支书记、村委会主任	男	1969年8月	汉族	大专	基层代表	中共党员
386	草池街道	汪亮宇	成都市腾杨种植专业合作社理事长	男	1975年10月	汉族	大专在读	其他	中共党员
387	石板凳街道	王福平	成都东部新区石板凳街道党工委书记	男	1985年1月	汉族	大学	党政领导干部	中共党员
388	石板凳街道	马　辉	成都东部新区石板凳街道党工委委员、人大工委主任	男	1973年4月	汉族	大学	党政领导干部	中共党员

续表52

序号	单 位	姓名	现任职务	性别	出生年月	民族	学历	职业类别	政治面貌
389	石板凳街道	唐 华	市人大常委会党组成员、办公室主任，市人大机关党组书记	男	1970年6月	汉族	大学	党政领导干部	中共党员
390	石板凳街道	范昊林	市人大常委会办公室副主任	男	1985年9月	汉族	大学	党政领导干部	中共党员
391	石板凳街道	刘跃勇	成都简州新城投资有限公司监事、项目管理部设计管理主管	男	1985年2月	汉族	大学	基层代表	群众
392	石板凳街道	陈 艳	成都东部新区石板中心卫生院副院长	女	1977年1月	汉族	大学	其他	中共党员
393	石板凳街道	张 俊	成都东部新区石板中心卫生院中医科科长	女	1978年4月	汉族	中专	基层代表	群众
394	石板凳街道	周玉萍	成都东部新区石板凳幼儿园园长	女	1973年4月	汉族	大专	其他	中共党员
395	石板凳街道	陈 涛	成都东部新区石板凳街道机关党总支书记、党群办公室主任	男	1988年8月	汉族	大学	基层代表	中共党员
396	石板凳街道	付 飚	成都东部新区石板凳街道莲花堰社区党委书记、主任	男	1986年2月	汉族	大专	基层代表	中共党员
397	高明镇	付 勇	成都东部新区高明镇党委书记	男	1981年9月	汉族	大学	党政领导干部	中共党员
398	高明镇	李 波	成都东部新区高明镇党委委员、人大主席	男	1981年11月	汉族	大学	党政领导干部	中共党员
399	高明镇	刘启平	成都东部新区文化旅游体育局教育处处长	男	1971年6月	汉族	大学	党政领导干部	中共党员
400	高明镇	胡登宇	成都东部新区公共服务局卫健医保处主管	男	1984年1月	汉族	硕士研究生	党政领导干部	中共党员
401	高明镇	刘利剑	成都东部新区应急管理局水务处工作人员	男	1985年9月	汉族	大学	基层代表	群众
402	高明镇	周翠英	成都东部新区高明镇石岗社区党总支书记、主任	女	1971年11月	汉族	高中	基层代表	中共党员
403	高明镇	杨 茂	成都东部新区高塔村第四村民小组组长	男	1982年6月	汉族	初中	基层代表	群众
404	武庙镇	周明星	成都东部新区武庙镇党委书记	女	1985年5月	汉族	大学	党政领导干部	中共党员
405	武庙镇	向庆根	成都东部新区武庙镇党委委员、人大主席	男	1972年7月	汉族	大学	党政领导干部	中共党员

续表52

序号	单 位	姓名	现任职务	性别	出生年月	民族	学历	职业类别	政治面貌
406	武庙镇	池玉德	成都东部新区武庙学校支部书记、校长	男	1974年4月	汉族	大学	其他	中共党员
407	武庙镇	段 迪	成都东部新区武庙镇一级科员	女	1990年2月	汉族	大学	基层代表	群众
408	壮溪镇	李利平	成都东部新区壮溪镇党委书记	女	1983年10月	汉族	硕士研究生	党政领导干部	中共党员
409	壮溪镇	杨依华	成都东部新区壮溪镇党委委员、人大主席	男	1971年1月	汉族	大学	党政领导干部	中共党员
410	壮溪镇	漆君铭	成都东部新区壮溪小学教导主任	女	1991年10月	汉族	大学	基层代表	群众
411	壮溪镇	刘雨鸽	成都东部新区壮溪镇政府公务员	女	1994年10月	汉族	大学	基层代表	群众
412	海螺镇	陈 直	成都东部新区海螺镇党委书记	男	1986年9月	汉族	大学	党政领导干部	中共党员
413	海螺镇	杨 兵	成都东部新区海螺镇党委委员、人大主席	男	1978年1月	汉族	大专	党政领导干部	中共党员
414	海螺镇	冯 彬	成都东部新区海螺镇坛罐社区居委会委员	男	1987年9月	汉族	中专	基层代表	群众
415	海螺镇	张云飞	中共成都东部新区纪律检查工作委员会纪检监察室工作人员	男	1988年7月	汉族	大学	基层代表	中共党员
416	海螺镇	李胜宝	成都东部新区海螺镇互利村村委会委员	男	1987年1月	汉族	大专	基层代表	群众
417	海螺镇	李 薇	成都东部新区消防救援大队筹备组副主任	女	1988年9月	汉族	大学	基层代表	群众
418	海螺镇	陈忠平	成都市公安局东部新区分交通警察支队一级警长	男	1981年1月	汉族	大学	基层代表	中共党员
419	董家埂镇	李华勇	成都东部新区董家埂镇党委书记	男	1978年12月	汉族	大学	党政领导干部	中共党员
420	董家埂镇	傅永红	市人大城乡建设与环境保护委员会副主任委员	男	1967年8月	汉族	大学	党政领导干部	中共党员
421	董家埂镇	樊 友	市人大城乡建设与环境保护委员会副主任委员（正局长级）	男	1970年11月	汉族	大学	党政领导干部	中共党员
422	董家埂镇	胡晓静	成都东部新区公园城市建设局规划编制处工作人员	女	1993年12月	汉族	硕士研究生	基层代表	群众
423	董家埂镇	袁世超	成都市牛哞哞畜禽养殖专业合作社法人	男	1987年2月	汉族	大专	其他	中共党员

续表52

序号	单　位	姓名	现任职务	性别	出生年月	民族	学历	职业类别	政治面貌
424	董家埂镇	徐　勇	成都东部新区董家埂镇学校校长	男	1971年10月	汉族	大学	其他	中共党员
425	董家埂镇	鄢存刚	成都东部新区董家埂卫生院医生	男	1972年4月	汉族	大学	基层代表	群众
426	董家埂镇	雷　刚	成都东部新区董家埂镇人大主席	男	1969年12月	汉族	大学	党政领导干部	中共党员
427	董家埂镇	雷钧杰	成都东部新区董家埂镇社区治理办主任	男	1990年3月	汉族	大学	基层代表	群众
428	芦葭镇	蔡　勇	成都东部新区芦葭镇党委书记	男	1973年3月	汉族	大学	党政领导干部	中共党员
429	芦葭镇	陈　永	成都东部新区芦葭镇党委委员、人大主席	男	1970年10月	汉族	大学	党政领导干部	中共党员
430	芦葭镇	万　宁	市人大农业和农村委员会主任委员	男	1968年12月	汉族	大学	党政领导干部	中共党员
431	芦葭镇	伍自刚	市人大教科文卫和民宗侨外委员会副主任委员（正局长级）	男	1967年12月	汉族	大学	党政领导干部	中共党员
432	芦葭镇	吴森洋	市人大常委会办公室副主任	女	1982年4月	汉族	大学	党政领导干部	九三学社社员
433	芦葭镇	陶正会	成都东部新区消防救援大队筹备组分队长	男	1989年6月	汉族	大学	基层代表	中共党员
434	芦葭镇	李　想	成都东部新区党群工作部副部长	男	1982年1月	汉族	硕士研究生	党政领导干部	中共党员
435	芦葭镇	李　琳	成都东部新区水务监管事务中心党委副书记（主持工作）	男	1970年10月	汉族	硕士研究生	党政领导干部	中共党员
436	芦葭镇	付　刚	成都东部新区综合执法局二级副主管	男	1977年5月	汉族	大专	党政领导干部	中共党员
437	芦葭镇	陈　丽	成都东部新区芦葭镇乡村振兴服务中心工作人员	女	1979年10月	汉族	大专	基层代表	群众
438	芦葭镇	杨　敏	成都东部新区清风卫生院医务科科长	女	1990年10月	汉族	大学	基层代表	中共党员
439	芦葭镇	毛　艳	成都东部新区芦葭学校教师	女	1981年6月	汉族	大学	基层代表	群众
440	芦葭镇	朱明元	成都东部新区芦葭镇建安村村委会委员	男	1979年5月	汉族	大专	基层代表	群众
441	芦葭镇	陈　跃	成都东部新区芦葭镇芦葭社区居委会委员	男	1991年10月	汉族	大专在读	基层代表	群众

政协委员名单

表 53　　简阳市任成都市政协十五届委员会委员一览表

姓　名	现任(或原任)职务	出生年月	性别	民族	籍贯	学历	党派	职称	推荐安排界别
李建中	简阳市政协党组书记、主席	1972 年 3 月	男	汉	四川简阳	硕士研究生	中共		特邀
都学良	中共简阳市委常委、统战部部长	1977 年 9 月	男	汉	四川简阳	硕士研究生	中共		特邀
苏俊清	四川省简阳中学党委委员、副校长、工会主席	1970 年 12 月	女	汉	四川简阳	大学	中共	中小学高级教师	总工会
李　文	四川杰特机器有限公司总经理	1968 年 12 月	男	汉	浙江衢州	大专	中共	高级工程师	科协
张茑迁	四川师范大学商学院副院长，民革四川师范大学支部副主席	1965 年 1 月	男	汉	安徽宿州	大学	民革	副教授	民革
首　峰	简阳市人民医院院长助理、DSA 室、肿瘤科主任，九三学社简阳委员会委员	1966 年 7 月	男	汉	湖南郴州	大学	九三学社	主任医师	科技
刘　进	四川帝王洁具有限公司董事长	1961 年 8 月	男	汉	四川简阳	高中			工商联
钟守俊	简阳市农产品质量安全中心原主任	1965 年 1 月	男	汉	四川简阳	大专		农艺师	农业

政协简阳市第十四届委员会委员一览表

表 54　　（2021 年 1 月 1 日至 12 月 10 日）

序号	界别	姓名	党派	工作单位及职务
1	中共	李崇喜	中共	市政协党组书记、主席
2	中共	黄叶全	中共	市政协党组副书记、副主席
3	中共	辜凯华	中共	市政协党组成员、秘书长
4	中共	王游修	中共	平泉街道党工委副书记、主任
5	中共	伍家毅	中共	市政协常委、市政协办公室主任
6	中共	周　灿	中共	市政协常委、市政协提案委员会主任
7	中共	朱贵全	中共	市政协常委、市委党研室主任
8	中共	樊邦贵	中共	市政协常委、石桥街道办党工委书记
9	中共	王用军	中共	市委组织部干监（干训）科副科长
10	中共	邓　华	中共	市政协常委、市纪委常委、市监委委员
11	中共	吴　勇	中共	市政协常委、提名雷家镇镇长
12	中共	段　丽	中共	简阳空天产业功能区管委会党工委委员、副主任
13	中共	董泽安	中共	市委政法委副书记
14	中共	袁方媛	中共	市党政网管理中心主任
15	中共	姜素香	中共	市信访局党组成员、副局长
16	中共	邹　鸿	中共	市委编办副主任
17	中共	蒋　勇	中共	市政协农业和农村委员会副主任

续表54

序号	界别	姓名	党派	工作单位及职务
18	中共	欧欣同	中共	市政协常委、市政协副秘书长
19	中共	陈　业	中共	射洪坝街道办事处保留正局级干部
20	中共	王　波	中共	新市街道党工委副书记
21	中共	黄晋华	中共	草池街道党工委委员、人大工委主任
22	中共	周同超	中共	新市街道党工委委员、人大工委主任
23	中共	丁树林	中共	石盘街道一级主任科员
24	中共	范厚才	中共	东溪街道保留副局级干部
25	中共	卿　熠	中共	雷家镇人大主席
26	中共	王　超	中共	石钟镇党委委员、人大主席
27	中共	谢文华	中共	镇金镇党委委员、人大主席
28	中共	付　华	中共	赤水街道党工委委员、纪工委书记
29	中共	杨　航	中共	平武镇党委副书记
30	中共	胡廷明	中共	平泉街道保留副局级干部
31	中共	王　奎	中共	丹景街道纪工委书记
32	中共	马　毅	中共	三合镇党委副书记
33	中共	周正利	中共	平武镇保留副局级干部
34	中共	蒋　全	中共	市委巡察办副主任
35	中共	王君华	中共	市监委委员
36	中共	钟　华	中共	市发改局党组成员、副局长
37	中共	杨宪华	中共	三合镇正局级干部
38	中共	陈　德	中共	云龙镇党委副书记
39	中共	李　波	中共	高明镇人大主席
40	中共	文　君	中共	射洪坝街道党工委委员、副主任
41	中共	刘顺菊	中共	三星镇党委委员、提名副镇长
42	中共	方延兴	中共	施家镇正局级干部
43	中共	樊文全	中共	三合镇党委副书记
44	中共	陈祖林	中共	养马街道二级主任科员
45	中共	李　艳	中共	石盘街道党工委副书记
46	中共	毛泽超	中共	养马街道党工委副书记
47	中共	付文科	中共	贾家街道党工委副书记
48	中共	都文全	中共	玉成街道党工委副书记、纪工委书记
49	中共	余天清	中共	简城街道党工委委员、政法委员、武装部长
50	中共	戢曦临	中共	丹景街道四级调研员
51	中共	陈　容	中共	高明镇党委副书记、镇长
52	中共	吴　锟	中共	董家埂镇党委副书记

续表54

序号	界别	姓名	党派	工作单位及职务
53	中共	雷　刚	中共	董家埂镇人大主席
54	中共	马　辉	中共	石板凳街道人大工委主任
55	中共	王　黎	中共	市委统战部副部长
56	中共	曾慧兰	中共	成都东部新区党群工作部组织建设和社区治理处副主管
57	中共	马执建	中共	董家埂镇党委副书记、提名镇长
58	中共	贾兴才	中共	贾家街道党工委副书记
59	中共	罗成荣	中共	踏水镇人大主席
60	中共	胡恒仕	中共	芦葭镇二级主任科员
61	中共	李兴彬	中共	石盘街道人大工委主任
62	中共	刘志刚	中共	镇金镇保留副局级干部
63	中共	王　静	中共	市司法局保留副局级干部
64	中共	程慧英	中共	市委巡察组副组长
65	中共	周志安	中共	三岔街道党工委副书记、政法委员
66	中共	钟绍成	中共	草池街道副主任
67	中共	涂　军	中共	江源镇三级主任科员
68	中共	李　强	中共	石桥街道党工委副书记、主任
69	中共	安崇伟	中共	市政协党组成员、副主席
70	医卫	雷德财	农工党	市川空人民医院检验科主任
71	医卫	叶世富	九三学社	市人民医院肿瘤科主任医师、介入治疗中心主任、九三学社副主委
72	医卫	程　俊	无党派	市中医医院工会主席．护理部主任
73	医卫	付建中	民革	简阳星科医院院长
74	医卫	胡旭东	九三学社	简阳市胡旭东口腔诊所法人
75	医卫	贾坤林	农工党	市人民医院呼吸内科主任
76	医卫	刘　奎	民盟	市疾病预防控制中心检验科工作员
77	医卫	刘志燕	民建	市政协综合服务中心工作员
78	医卫	毛　英	民建	市人民医院体检中心副主任
79	医卫	彭晓佳	民盟	市卫生健康局科教与信息化科副科长
80	医卫	卿明主	无党派	市人民医院院务委员、审计科科长
81	医卫	首　峰	九三学社	市政协常委、肿瘤科主任
82	医卫	万志成	中共	市卫生健康局党委委员、副局长
83	医卫	汪压尘	农工党	市政协常委、简阳市川空人民医院副院长
84	医卫	汪雅兰	民盟	市卫生健康局规财科副科长
85	医卫	巫　霞	无党派	市妇幼保健计生服务中心退休职工
86	医卫	巫忠良	无党派	简阳市第二人民医院药剂科主任
87	医卫	张　卫	农工党	市人民医院麻醉科（退休返聘）

续表54

序号	界别	姓名	党派	工作单位及职务
88	医卫	朱　艳	无党派	简阳市妇幼保健计划生育服务中心医生
89	医卫	陈国胜	九三学社	市市场监督管理局食品药品协调和监测科三级主任科员
90	无党派	樊秀英	无党派	简阳市光大法律服务所主任
91	无党派	钟　胜	无党派	四川理创律师事务所主任
92	无党派	王　剑	无党派	市政协常委、空港新城管委会用地保障部干部
93	无党派	吴　娟	无党派	市工业投资公司副总经理
94	无党派	施跃花	无党派	市政协常委、市供销联社副主任
95	无党派	曾　强	无党派	石盘街道一级主任科员
96	无党派	辜垚鑫	无党派	市汇众农投公司投资发展部部长
97	无党派	毛　羽	无党派	市政协常委、市融媒体中心副主任
98	文体	陈　祥	九三学社	四川天灵科技有限公司董事长、总经理
99	文体	华北英	无党派	市政协常委、市文化馆副研究馆员
100	文体	梁　朗	中共	市融媒体中心正局级干部
101	文体	施　涛	民盟	简阳市图书馆自动化部主任
102	文体	唐小喻	无党派	简阳市文化艺术中心工作人员
103	文体	汪广飞	中共	市文化市场综合执法大队二中队队长
104	文体	钟　敏	民建	市政协常委、市政协文化文史委员会副主任
105	文体	朱国烨	九三学社	市文化馆美术辅导干部
106	特邀	王元新	中共	市政协常委、市政协文化文史委员会主任
107	特邀	毛江林	中共	市政协农业和农村委员会副主任
108	特邀	田　健	中共	市政协农业和农村委员会副主任
109	特邀	付长茶	中共	市政协常委、市政协农业和农村委员会主任
110	特邀	肖　震	中共	市政协教育卫生委员会副主任
111	特邀	何　武	中共	市政协常委、市政协教育卫生委员会主任
112	特邀	张　宇	中共	市政协常委、市委办保留正局级干部
113	特邀	张　锐	中共	市政协环境资源委员会副主任
114	特邀	陈玉军	中共	市政协常委、市政协社会法制民族宗教委员会主任
115	特邀	周　芳	中共	市政协委员联络委员会副主任
116	特邀	周良才	中共	市政协常委、市政协研究室主任
117	特邀	周贤刚	中共	市政协经济委员会副主任
118	特邀	晋中良	中共	市政协提案委员会副主任
119	特邀	黄　辉	中共	市政协常委、市政协环境资源委员会主任
120	特邀	蒋增勤	中共	市政协常委、市政协委员联络委员会主任
121	特邀	曾光卫	中共	市政协环境资源委员会副主任
122	特邀	王小惠	中共	市政协经济委员会副主任

续表54

序号	界别	姓名	党派	工作单位及职务
123	特邀	郑　鸣	中共	市人民检察院党组成员、副检察长
124	特邀	王凤林	无党派	市房屋征收补偿服务中心政策法规科干部
125	特邀	谭丽萍	无党派	市医保局法规与基金监管科科长
126	特邀	钟智刚	中共	市市政园林管理局安全巡查股副股长
127	特邀	甘立德	中共	市志办党支部书记
128	特邀	高　义	中共	四川雄州实业有限公司保留待遇
129	特邀	李　勇	无党派	简阳铁拐李美容美发工作室经理
130	特邀	吴立平	中共	市场监督管理局党委委员、副局长
131	特邀	李　庆	中共	简阳市看守所副所长
132	特邀	税绍波	中共	市公安局东城派出所所长
133	特邀	崔玉兰	无党派	简阳市司法局干部
134	特邀	林忠斌	中共	审计局党组成员、副局长
135	特邀	陈旭辉	无党派	市规划和自然资源局矿产科干部
136	特邀	陈顺军	中共	市土地储备中心副主任
137	特邀	方　英	无党派	市惠民帮扶中心干部
138	特邀	李　敏	无党派	市委统战部统战服务中心
139	特邀	毛家薇	无党派	市机关事务后勤服务中心干部
140	特邀	陈　平	九三学社	市政协常委、市人民检察院检委会专职委员
141	特邀	郑　研	民盟	市政协常委、市人民检察院第二检察部主任
142	特邀	刘光成	中共	四川得力律师事务所合伙人、律师
143	特邀	方义竹	无党派	简阳市邮政业服务中心工作员
144	特邀	谢　彬	无党派	市公共资源交易中心副主任科员
145	特邀	张德书	中共	成都东部新区水务监管事务中心党委副书记
146	特邀	赵金凤	民革	市教育工会主席
147	特邀	何琨治	中共	市委社治委副主任
148	特邀	吴　坚	中共	四川省监狱管理局干部
149	特邀	曾　涛	无党派	市就业服务管理局创业促进科科长
150	特邀	蔡纯午	民建	市政协副主席
151	特邀	陈明清	无党派	市政协副主席、市工商联主席
152	特邀	李茂鸣	民革	市政协副主席
153	特邀	施碧君	中共	市政协常委、市政协副秘书长
154	特邀	王　久	中共	市政协文化文史委员会副主任
155	特邀	徐丰裕	中共	市政协文化文史委员会副主任
156	特邀	严　宽	中共	市政协委员联络委员会副主任
157	特邀	钟兴贵	中共	市公路运输管理所保留正局级干部

续表54

序号	界别	姓名	党派	工作单位及职务
158	特邀	周　健	中共	市政协常委、市政协提案委员会副主任
159	特邀	王　华	中共	市行政审批局副局长
160	特邀	杨志勇	无党派	中共简阳市委宣传部市文联副秘书长
161	特邀	陈　敏	中共	市投资促进服务中心副主任
162	特邀	谢思菊	无党派	市政协常委、市统计局保留副局级干部
163	特邀	刘德洪	中共	市审计局保留副局级干部
164	特邀	周昱如	民盟	中国广电四川网络股份有限公司简阳市分公司职员
165	特邀	郭　惠	九三学社	中国广电四川网络股份有限公司简阳市分公司综合部职员
166	特邀	甘文先	无党派	简阳火车站客运部负责人
167	特邀	刘　兵	无党派	四川省简阳市烟草专卖局法规员
168	特邀	袁林斌	民革	成都东部新区综合执法局城市管理处副主管
169	特邀	吴俊杰	无党派	杨家镇副局级干部
170	特邀	应文秀	无党派	市政协常委、市侨联专职副主席、秘书长
171	特邀	贺胜芳	无党派	市政协常委、云龙五合乡学校教师
172	特邀	杨　柳	无党派	禾丰镇副局级干部
173	特邀	张金梁	无党派	市网格化服务管理中心社会管理科科长
174	特邀	黄开德	无党派	洁足仙蹬哑师修足店负责人
175	特邀	蒋　慧	无党派	市特殊教育学校教师
176	特邀	谢婷婷	无党派	市妇女儿童活动中心主任
177	特邀	曹　强	民革	市政协常委、市政协副秘书长
178	台侨	鲍　彪	无党派	都江堰龙泉山灌区管理处建筑工程公司项目经理
179	台侨	魏基忠	无党派	市政协常委、四川省广德成食品有限公司总经理
180	台侨	汪辉德	无党派	市人民医院麻醉科副主任
181	台侨	曾　爽	无党派	市政协经济委综合科负责人
182	台侨	徐小义	中共	市政协常委、市侨联主席
183	台侨	余　果	无党派	市规划中心城乡规划稽查科科长
184	台侨	张杨梅	无党派	市公安局拘留所工勤
185	台侨	张　瑛	无党派	四川大川压缩机公司退休干部
186	台侨	朱健强	中共	海螺镇应急安全组工作员
187	台侨	鄢松林	无党派	四川宏远机械设备有限公司董事长
188	台侨	郑　蓉	无党派	简阳中医院会计核算科副科长
189	台侨	刘跃亮	无党派	市政协常委、简阳川空精密铸钢有限公司总经理
190	农业	廖　华	民革	市政协常委、市综合行政执法局综合行政执法大队派驻镇街第四中队中队长
191	农业	秦　翔	九三学社	市政协常委、市农业农村局副局长
192	农业	潘　高	中共	市委宣传部副部长

续表54

序号	界别	姓名	党派	工作单位及职务
193	农业	付永辉	无党派	简阳市惠农农业公司董事长、总经理
194	农业	宋章成	中共	市规划和自然资源局执法监察大队干部
195	农业	干国昌	中共	市农房拆迁安置办公室保留局级干部
196	农业	樊高扬	中共	市土地整理事务中心主任
197	农业	冯 怡	无党派	市农产品质量安全检验检测站站长
198	农业	李 伟	无党派	四川省农广校简阳市分校高级农艺师
199	农业	孙国昌	民建	市政协常委、市动物疫病预防控制中心高级兽医师
200	农业	魏明清	无党派	市农技中心副主任
201	农业	吴红强	无党派	禾丰镇农业服务中心干部
202	农业	杨军辉	无党派	市植保植检站副站长
203	农业	张玉元	中共	市政协农业和农村委员会副主任
204	农业	钟守俊	无党派	简阳市农产品质量安全检验检测站副站长
205	农业	周 良	九三学社	市农业农村局农业综合执法大队科员
206	农业	尹 胜	无党派	市气象局干部
207	农业	杨清泉	中共	市政协环境资源委员会副主任
208	农业	晋良彬	无党派	简阳市新一佳苗木有限公司总经理
209	农业	王青华	无党派	简阳市石钟镇农业服务中心主任
210	农业	曾继元	民盟、中共	市政协副主席
211	民宗	陈 晖	中共	市政协常委、市委统战部副部长、市政府侨务和台湾事务办公室主任
212	民宗	释慧明	无党派	简阳市黑水寺住持、管委会主任
213	民宗	释照心	无党派	简阳市观音寺住持、管委会主任
214	民宗	陈道江	无党派	简阳市基督教崇光堂主任
215	民宗	释宗妙	无党派	简阳市河游寺住持、管委会主任
216	民宗	蒋理惠	无党派	简阳市宏缘镇无极道院住持，管委会主任
217	民宗	刘 耀	无党派	四川龙阳天府新区建设投资有限公司融资部部长
218	科技	高乙茗	民革	市政协常委、市政协综合服务中心工作员
219	科技	胡燕华	民革	市科技和信息化中心科技服务科科长
220	科协	袁志军	无党派	市科学技术协会办公室主任
221	科协	付修力	无党派	四川省天保果业有限公司董事长
222	科协	刘正田	无党派	四川省正田生物医药有限公司董事长
223	科协	吴国勇	中共	市政协常委、市中医医院院长
224	科技	魏 强	中共	市生态环境保护局党组成员、副局长
225	科技	张 军	中共	市安吉迅客货运业公司董事长兼总经理
226	科技	胡行行	无党派	简阳市川卉农业发展有限公司总经理
227	科技	王 强	民建	市政协常委、简阳市尽春意酒业营销有限公司总经理

续表54

序号	界别	姓名	党派	工作单位及职务
228	科技	王太新	无党派	简阳市大众养殖有限责任公司董事长
229	科技	袁　波	中共	空分置业有限责任公司董事长、总经理
230	科技	高　云	九三学社	四川空分集团公司空分事业部副总工程师
231	科技	张德山	九三学社	四川空分集团公司事业部设备室主任
232	科技	吴　捷	中共	中国电信股份有限公司简阳分公司经理
233	科技	付文革	无党派	四川空港燃气有限公司管副总经理
234	科技	吴　杰	无党派	国网成都市东部新区供电公司发展建设部主任
235	科技	周利全	无党派	国网简阳市分公司简阳运维部副主任
236	科技	孙丽君	无党派	简阳海天水务公司人事行政部行政主管
237	科技	龙平西	民建	市政协常委、四川天虎工具有限责任公司常务副总经理
238	科技	王　俊	无党派	市环境监测站干部
239	经济	李传军	民建	简阳唯正资产评估事务所所长
240	经济	汤　凌	中共	市政协常委、市司法局局长
241	经济	杨　萍	无党派	市财政局乡财科科长
242	经济	邹晓强	中共	市税务局一级主办
243	经济	张　洁	无党派	市政府投资项目服务中心主任
244	经济	赵贵勋	中共	市汇众农业投资发展有限公司董事长．总经理
245	经济	李东明	无党派	市市场监督管理局政策法规科干部
246	经济	刘德明	民建	简阳市民建办公室主任
247	经济	陈先楚	民革	市政协常委、市电商园区管委会副主任
248	经济	鲜海林	民革	市城乡建设勘察设计院
249	经济	张文豪	无党派	市政协常委、市住房和城乡建设局保留副局级干部
250	经济	陈举胜	中共	市税务局副局长
251	经济	陈　兰	无党派	市税务局干部
252	经济	蔡　斌	九三学社	市公路路政管理大队工会主席
253	经济	曾兰岚	民建	市政协常委、市文化体育和旅游局局长
254	经济	张泽波	中共	市经济科技和信息化局科技发展科科长
255	经济	何　伟	中共	简州新城管委会地方事务局局长
256	经济	贺国志	民革	市政协常委、市公园城市建设服务中心副主任
257	经济	顾　波	民建	市住房和城乡建设局人民防空科科长
258	经济	周　新	中共	市住房和城乡建设局保留正局级干部
259	经济	李中槐	中共	市政协常委、市政协经济委员会主任
260	经济	张中顺	中共	市政协经济委员会副主任
261	经济	李　毅	民盟	市政协常委、市农业农村局局长
262	经济	张　鑫	农工党	市政协常委、唯品会（简阳）电子商务有限公司工会主席

续表54

序号	界别	姓名	党派	工作单位及职务
263	经济	陶华卫	无党派	三岔湖旅游景区管理局工作员
264	经济	李卫东	九三学社	市政协常委、四川大川压缩机有限责任公司技术副总监
265	经济	王廷华	无党派	四川海大橡胶集团有限公司工程师
266	经济	吴小燕	无党派	建设银行简阳支行财会部副经理
267	经济	严鹏飞	无党派	简阳市农行城南分理处主任
268	经济	尹　航	无党派	成都东进雄州智慧城市科技有限公司技术部经理
269	经济	蔡林杉	无党派	简阳农商银行市场拓展部总经理
270	经济	卢贵权	无党派	市政协常委、四川简阳农村商业银行城区支行行长
271	经济	王善英	无党派	财产保险股份有限公司简阳支公司
272	经济	林昌光	中共	中国人民银行简阳市支行办公室主任
273	经济	王　桔	中共	邮政银行简阳支行副行长
274	经济	华晓琴	无党派	邮政集团简阳分公司监督检查部检查员
275	经济	刘　延	无党派	中国农业发展银行简阳市支行客户经理
276	经济	钟　琳	无党派	市政协常委、中国银行简阳支行个人数字金融部主任
277	经济	陈　丹	民盟	市人大预算审查科干部
278	经济	吴玉梅	中共	市应急管理局监察执法大队干部
279	经济	赖　英	无党派	中国人寿保险股份有限公司简阳支公司经理
280	经济	乐文婷	无党派	四川省弗沃德金融服务外包有限公司总经理
281	经济	冯　震	无党派	简阳温馨信息服务有限公司总经理
282	教育	吴　钰	民盟	市教师进修校教师
283	教育	胡　毅	民盟	市教育局装备电教馆副馆长
284	教育	黄建康	无党派	简阳市三星中学教师
285	教育	蒋延彬	民盟	石桥中学教师
286	教育	晋良军	民盟	市高级职业中学教师
287	教育	李安富	无党派	简阳中学教师
288	教育	李雪梅	民盟	简阳中学教师
289	教育	李玉萍	民盟	市政协常委、简阳市实验中学副校长
290	教育	彭育安	民盟	市高级职业中学教师
291	教育	曾茂棋	中共	市教育局办公室主任
292	教育	苏俊清	中共	市政协常委、简阳中学副校长
293	教育	唐承国	民盟	市政协常委、阳安中学政教处副主任、保卫科科长
294	教育	王育顺	无党派	阳安中学教师
295	教育	鄢文秀	民盟	市政协常委、简阳中学教师
296	教育	袁秀玲	无党派	镇金镇中心小学教师
297	教育	郑典君	无党派	市高级职业中学副校长

续表54

序号	界别	姓名	党派	工作单位及职务
298	教育	叶　祥	民盟	市政协常委、市教师进修校教师
299	教育	周万银	民盟	简阳中学教师
300	教育	朱永昌	无党派	阳安中学副校长
301	教育	徐文成	无党派	简阳中学教师
302	教育	曾春修	无党派	三岔中学办公室主任
303	共青团	魏　昕	中共	东溪街道副主任
304	共青团	肖　超	民建	四川渝大建筑工程有限公司项目经理
305	共青团	李　选	中共	市疾控中心党支部书记、主任
306	共青团	李　玲	中共	市人社局副局长
307	共青团	倪　丽	无党派	共青团简阳市委工作员
308	共青团	王秀英	中共	市委党校理论教育科科长
309	共青团	陈　皓	无党派	成都亿网科技公司总经理
310	工商联	蔡志斌	无党派	简阳市红建商贸公司总经理
311	工商联	陈　伟	无党派	四川帝王洁具股份有限公司副董事长
312	工商联	樊　程	民革	四川华东农林有限公司总经理
313	工商联	樊均成	无党派	简阳市佳昊商品混凝土公司副总经理
314	工商联	彭　健	无党派	四川港通医疗设备集团股份公司副总经理
315	工商联	韩式斌	无党派	简阳海特铸造材料有限公司总经理
316	工商联	何　颉	民建	国光公司董事、董事会秘书、副总经理
317	工商联	黄明辉	无党派	成都市成华区龙潭寺资源回收有限公司总经理
318	工商联	江　文	中共	四川南方昆仑钢铁投资有限公司总经理
319	工商联	李流成	无党派	四川雄洲建设集团有限公司总经理
320	工商联	李　兆	无党派	简阳市华油天然气有限公司副总经理
321	工商联	刘　杰	无党派	四川鑫顺房地产开发有限公司总经理
322	工商联	刘　敏	无党派	简阳市宏美服饰有限责任公司总经理
323	工商联	刘树明	无党派	简阳市宇豪电器有限公司总经理
324	工商联	马　明	无党派	简阳市通达汽车贸易有限责任公司总经理
325	工商联	毛向红	无党派	万福楼酒店经理
326	工商联	彭公学	无党派	市政协常委、四川简阳银河房地产开发有限公司董事长
327	工商联	田云富	中共	市工商联党组成员、副主席
328	工商联	汪玲西	无党派	四川省冠胜实业有限公司副总经理
329	工商联	王成军	无党派	四川川西科技有限公司总经理
330	工商联	王　勇	无党派	市政协常委、简阳市吉德农业发展有限公司总经理
331	工商联	魏　霖	民革	成都鸿新装饰装修有限公司总经理
332	工商联	吴　静	无党派	四川福伯林餐饮管理有限公司董事长

续表54

序号	界别	姓名	党派	工作单位及职务
333	工商联	肖瑞彬	无党派	简阳市永兴建筑工程有限公司项目经理
334	工商联	肖旭东	无党派	市政协常委、四川省诚卓房地产开发有限公司总经理
335	工商联	杨钟立	无党派	市政协常委、四川天慧置业有限公司董事长
336	工商联	曾云超	无党派	简阳市德盛房地产开发有限公司总经理
337	工商联	张　朝	无党派	简阳市宏立通讯总经理
338	工商联	张俊辉	无党派	四川省简阳龙翔化工有限公司总经理
339	工商联	章丽华	中共	四川五环石化装备有限公司总经理
340	工商联	钟时明	无党派	简阳市三星酒类经营部总经理
341	工商联	周发君	中共	简阳市利济物业有限公司总经理
342	工商联	周　军	无党派	四川东麓建筑工程有限公司总经理
343	工商联	周雨桐	无党派	简阳市联邦钓具有限公司总经理
344	工商联	朱　君	无党派	简阳市宏馨房地产开发有限公司董事长
345	工商联	卓巧俐	无党派	四川家乡薯业有限责任公司副总经理
346	工商联	赖崇礼	无党派	简阳市恒益商混董事长
347	工商联	李　寒	无党派	简阳金桥教学设备有限公司总经理
348	工商联	陈志庆	无党派	简阳市亿联置业发展有限公司董事长
349	工商联	陈　翔	无党派	市政协常委、四川省米良送连锁超市管理有限公司董事长
350	工商联	杨芝富	无党派	四川顺源机械设备租赁有限公司总经理
351	工会	李春萍	无党派	四川龙一制衣有限公司董事长
352	工会	李　勇	民盟	四川嘉汇会计师事务所董事长
353	工会	李方明	农工党	市政协常委、四川雄洲建设集团有限公司董事长
354	工会	曾　艳	无党派	市总工会工作员
355	工会	陈　勇	无党派	海底捞餐饮股份公司市场发展部总经理
356	工会	康　敏	中共	市政协常委、市政协教育卫生委员会副主任
357	工会	汪　建	无党派	四川龙恒实业发展有限公司董事长
358	工会	徐　刚	无党派	四川鼎舜矿产资源有限公司董事
359	工会	徐怀谦	无党派	四川阳安律师事务所高级合伙人
360	妇联	张晓敏	无党派	简阳农商银行信息管理部副总经理
361	妇联	李凡君	无党派	新市街道财政所
362	妇联	王一位	无党派	雷家镇社区发展办主任
363	妇联	罗玉姣	中共	海螺镇民生办工作员
364	妇联	何小梅	无党派	市政协常委、市司法局副局级干部
365	妇联	林小群	无党派	简阳虹蜂蜂业厂长
366	妇联	万治英	无党派	市政协常委、平安财产保险公司简阳销售总监
367	妇联	李玉娟	九三学社	市法院审判委员会委员、刑庭庭长
368	妇联	付小刃	无党派	市政协常委、市政协社会法制民族宗教委员会副主任

表 55

简阳市政协第十五届委员会委员一览表

（2021 年 12 月 10 日—12 月 31 日）

序号	姓名	单位及职务	党派
1	李建中	简阳市政协党组书记、主席	中共
2	杨天顺	简阳市政协党组副书记、副主席	中共
3	欧欣同	简阳市政协副秘书长	中共
4	周　灿	简阳市政协常务委员、提案委员会主任	中共
5	李　强	简阳市政协提案委员会副主任（正局长级）	中共
6	蒋诗文	简阳市政协提案委员会副主任（正局长级）	中共
7	张家林	简阳市政协提案委员会副主任	中共
8	万　磊	简阳市人民武装部副部长	中共
9	万志成	简阳市卫生健康局党组成员、副局长	中共
10	文书培	简阳市市场监督管理局党组成员、副局长	中共
11	尹　生	简阳市射洪坝街道党工委副书记	中共
12	甘银旭	简阳市公安局党委委员、政治处主任	中共
13	李建文	简阳市民政局党组成员、副局长	中共
14	李春燕	简阳市档案馆馆长	中共
15	杨　春	简阳市政府办副主任	中共
16	杨　萍	简阳市财政局乡镇管理科科长	—
17	陈志英	简阳市国金局副局长	中共
18	林　红	简阳市简城街道党工委委员、组织委员（人大工委副主任、宣传委员）	中共
19	周　刚	简阳市政协综合服务中心主任	中共
20	郑　鸣	简阳市政协常务委员，市人民检察院党组成员、副检察长	中共
21	施跃宇	简阳市交通运输局党组副书记、机关党委书记	中共
22	秦柏梅	简阳市委政研室副主任	中共
23	傅海峰	简阳市政协常务委员，市委组织部副部长、市直机关党工委副书记	中共
24	曾　玮	简阳市平武镇党委副书记	中共
25	曾　涛	简阳市政协常务委员，市委统战部常务副部长	中共
26	雷莉萍	简阳市农业农村局党组成员、机关党委书记	中共
27	樊　建	简阳市纪委常委、市监委委员	中共
28	潘　高	简阳市委宣传部副部长	中共
29	秦　璨	简阳市政协常务委员，中国农工民主党简阳市支部副主委、简阳市施家镇副局级干部	农工党
30	赵金凤	简阳市政协常务委员，市教育局教育工会主席	民革
31	郑　研	简阳市政协常务委员，市人民检察院第二检察部主任	民盟
32	陈胜昔	简阳市政协常务委员、经济委员会主任	中共
33	王小惠	简阳市政协经济委员会副主任（正局长级）	中共
34	陈华敏	简阳市政协经济委员会副主任（正局长级）	中共
35	徐澜耘	简阳市政协经济委员会副主任（保留正局级）	中共

续表55

序号	姓名	单位及职务	党派
36	张中顺	简阳市政协经济委员会副主任（保留正局级）	中共
37	万治英	简阳市平安财险经理	—
38	马　兰	简阳市政协常务委员，巴蜀老城墙火锅店经理	农工党
39	马　明	简阳市通达汽车贸易有限责任公司总经理	—
40	王　志	四川鼎正优创孵化器管理有限公司执行董事、总经理	—
41	王　建	简阳市投资审计和信息中心综合室主任	无党派
42	王　桔	邮储银行简阳支行副行长	中共
43	王　强	四川简阳尽春意酒业有限公司总经理	民建
44	毛海涛	成都汇诚珠宝有限责任公司董事长	—
45	方　梅	成都新黑马广告有限公司（简阳市）董事长	—
46	尹　航	成都东进雄州智慧城市科技有限公司技术部经理	—
47	卢　炀	简阳市统计局综合核算科科长	民革
48	叶泽松	简阳市踏水镇党委副书记	中共
49	付　继	简阳市五洲水泥厂法人代表	—
50	付学彬	简阳市镇金镇党委副书记	中共
51	朱蓉秀	简阳市科技和信息化中心工作人员	—
52	邬竣淘	四川省桑鸿邑坤餐饮管理有限公司董事长	中共
53	刘业英	简阳市政协常务委员，简阳海底捞门店经理	—
54	刘昌全	四川空分集团工程有限公司工程室副主任	九三学社
55	刘南坚	四川南格尔生物科技有限公司总经理	中共
56	严　杰	四川浩懿网络科技有限公司党支部书记兼总经理	中共
57	李　伟	简阳市财政局党组成员、副局长（正局长级）	中共
58	李　丽	简阳市行政审批综合服务中心行政审批服务科科长	—
59	李　源	简阳市发展和改革局团支部书记、国民经济综合科工作人员	—
60	李志鹏	简阳市中小企业服务中心工作人员	—
61	李秀根	四川空分集团工程有限公司成本会计	九三学社
62	李松云	简阳市餐饮协会会长、简阳市逸水小龙坎老火锅店总经理	—
63	李佳骏	简阳市宏缘镇党委副书记	中共
64	李晟昊	简阳市投资促进服务中心工作人员	—
65	李晨念	四川海缘食品有限公司执行董事	—
66	杨　帆	简阳市科技和信息化中心信息化服务科科长	—
67	杨　红	成都航之域航空科技有限公司董事长	—
68	杨　超	简阳市经济科技和信息化局燃油管理科科长	无党派
69	杨朝辉	简阳橄榄树酒店董事长	民建
70	肖　洋	成都银行简阳支行副行长	—
71	吴　娟	简阳市政协常务委员，市工投公司副总经理	—
72	吴　敏	简阳市川空精密铸钢有限公司办公室主任	—

续表55

序号	姓名	单位及职务	党派
73	吴　超	中小担公司业务经理	—
74	吴　静	四川福伯林餐饮管理有限公司董事长	—
75	汪晓玲	简阳市德盛集团行政部副总监	—
76	张　洁	简阳市发展和改革局市政府投资项目服务中心综合科科长	无党派
77	张　洋	四川省建筑防腐工程公司法人代表、总经理	民革
78	张雪千	简阳农商银行二级支行行长	—
79	张德山	四川空分集团工程有限公司设备室主任	九三学社
80	陈　功	四川理想大道文化传媒有限公司总经理	中共
81	陈　兰	国家税务总局简阳市税务局施家分局四级主办	—
82	陈　翔	简阳市政协常务委员，四川省米良送连锁超市管理公司董事长	—
83	陈玉彬	简阳市商投局党组成员、简阳国际商务服务中心主任	中共
84	陈占华	简阳市政协常务委员，简阳网易联合创新中心总经理	—
85	陈吉秀	中国广电四川网络股份有限公司简阳市分公司政企业务部副经理	中共
86	林昌光	人行简阳支行办公室主任	中共
87	周昱如	中国广电四川网络股份有限公司简阳市分公司工作人员	民盟
88	郑鹏程	简阳市碧辉家居有限公司董事长	—
89	胡　腾	简阳市政协常务委员，四川简阳海特有限公司总经理助理	中共
90	胡秀萍	中国邮政集团有限公司四川省简阳市分公司综合秘书	—
91	胡燕华	简阳市科技和信息化中心科技服务科科长	民革
92	钟刘杰	中国移动通信集团四川有限公司成都分公司简阳分公司三星服务中心主任	—
93	钟时明	简阳市联润商贸有限公司董事长	—
94	段　丽	简阳市空天产业功能区管理委员会党工委委员、副主任	中共
95	徐　敏	长龙航空西南分公司总经理	—
96	徐小佳	雄州实业副总经理	—
97	徐林林	中国人寿保险综合部综合管理	—
98	凌　彬	川橡天发物流有限责任公司总经理	中共
99	郭　兵	简阳市政协常务委员，中行简阳支行行政经理	—
100	唐文骏	简阳红建茗酒荟商贸有限公司总经理	中共
101	黄　凯	四川空分医用设备工程股份有限公司董事长、总经理	—
102	黄林彬	四川简阳华威机械设备有限公司总经理	九三学社
103	黄晓丽	四川凯力威科技有限公司技术部结构设计处处长	—
104	彭　健	简阳市政协常务委员，四川港通医疗设备集团股份有限公司副总经理	—
105	蒋　意	简阳市昌泰二手车交易市场有限公司董事长兼总经理	中共
106	蒋延洲	澜亭鲤餐饮有限公司董事长	—
107	蒋定军	简阳市三星镇新潮电脑经营部法人代表	—
108	蒋建忠	简阳市政协常务委员，市委统战部副部长、市工商联党组书记	中共
109	蒋祥波	简阳市经济科技和信息化局副局长	中共

续表55

序号	姓名	单位及职务	党派
110	曾云超	德盛和利集团副总经理	—
111	谢施娟	四川布洲社区服务有限责任公司董事长	中共
112	谢婷婷	简阳市政协常务委员，市临空经济产业园管委会运营管理部部长	—
113	鄢松林	四川宏远机械设备有限公司董事长	—
114	詹　喆	简阳市市场监督管理局市场秩序监管科（消费者权益保护科）科长	—
115	樊丽娜	泰和泰律师事务所律师	—
116	樊增林	四川省简阳市川霸电动工具制造有限公司董事长	—
117	彭　峰	简阳市政协常务委员、环境资源委员会主任	中共
118	吴文强	简阳市政协环境资源委员会副主任（正局长级）	中共
119	杨清泉	简阳市政协环境资源委员会副主任	中共
120	程慧英	简阳市政协环境资源委员会副主任	中共
121	王友金	简阳市金利钢结构工程有限公司董事长	—
122	王凤林	简阳市房屋征收补偿服务中心法规管理科工作员	—
123	王宏海	吉祥航空公司四川公司总经理	中共
124	王晓琴	简阳市房产保障中心财务科科长	—
125	王倩茜	简阳市东溪街道民生服务办主任	民盟
126	王誉桔	简阳市林业技术服务中心资源科科长	农工党
127	文章琴	成都市简阳生态环境局办公室副主任	—
128	方义竹	简阳市邮政业服务中心工作人员	—
129	叶润敏	简阳市公路养护二段应急安全管理科科长	—
130	冯　震	简阳市温馨信息服务有限公司总经理	—
131	朱志洪	简阳市政协常务委员，四川惠信物业服务有限公司总经理	—
132	刘　杰	四川鑫顺房地产开发有限公司总经理兼法人代表	—
133	刘德明	民建简阳总支办公室主任	民建
134	李　杰	简阳市三星镇党委副书记	中共
135	李　彬	四川广厦物业有限公司党支部书记、总经理	中共
136	李启德	四川瑞能律师事务所专职律师、研究室主任	中共
137	李流成	四川雄洲建设集团有限公司党支部书记	中共
138	杨　丽	简阳市城乡建设公共事务服务中心工作员	—
139	杨　婷	四川通鑫达机械设备租赁有限公司总经理	—
140	肖　超	四川渝大建筑工程有限公司项目经理	民建
141	吴雪梅	简阳市政协常务委员，雄州公司总经理	民革
142	余　斌	简阳海天水务有限公司法人代表、总经理	中共
143	汪玲西	简阳市四江建材有限公司总经理	—
144	汪智舒	简阳市市政园林管理中心党支部书记、主任	中共
145	张　瑾	简阳市禾丰镇党委委员、组织委员、宣传委员、人大副主席	中共
146	张成高	四川迈科建筑有限公司法人代表	民盟

续表55

序号	姓名	单位及职务	党派
147	陈　帆	建行简阳支行客户经理	—
148	陈旭辉	简阳市自然资源行政执法大队三级主任科员	—
149	陈志庆	简阳市政协常务委员，简阳亿联置业发展有限公司董事长	—
150	陈顺军	简阳市规划和自然资源局法规科科长	中共
151	陈新毅	简阳市旭海物业管理有限公司物业经理	—
152	周　军	四川东麓建筑工程有限公司总经理	—
153	周发君	简阳市利济物业有限公司总经理	中共
154	周杉杉	简阳市公园城市建设服务中心工作人员	—
155	郑建春	四川正远达建设工程有限公司总经理	—
156	秦　翔	简阳市政协常务委员，九三学社简阳市委员会主委、简阳市工商联主席	九三学社
157	袁高禄	简阳市三合镇党委委员、组织委员、宣传委员、人大副主席	中共
158	都莲洁	简阳市公路工程质量管理站工作人员	—
159	原　杰	四川森利达环保科技有限公司总经理	—
160	黄　敏	四川麓园建设工程有限公司董事长	民革
161	彭嘉晨	简阳市建设工程质量安全监督站工作人员	农工党
162	董海波	四川亿海环保工程有限公司董事长	中共
163	蒋润松	简阳市交通运输综合行政执法大队公共交通执法科科长	—
164	鄢　琴	简阳市自然资源规划编制研究中心用地和市政规划研究科科长	—
165	鲜海林	简阳市阳安交投计划合同部部长	民革
166	廖　华	简阳市政协常务委员，中国国民党革命委员会简阳市支部副主委，市综合行政执法局综合行政执法大队派驻镇街第四中队中队长	民革
167	魏　霖	成都市昆冈建材有限公司总经理	民革
168	陈明清	简阳市政协副主席	无党派
169	施碧君	简阳市政协副秘书长	中共
170	田　健	简阳市政协常务委员、农业和农村委员会主任	中共
171	周　杰	简阳市政协农业和农村委员会副主任（正局长级）	中共
172	毛江林	简阳市政协农业和农村委员会副主任（保留正局级）	中共
173	汪广文	简阳市政协农业和农村委员会副主任	中共
174	王　玉	简阳市政协常务委员，汇众农投副总经理	中共
175	王　萧	简阳市农业农村局综合行政执法科科长	农工党
176	王太新	简阳市大众养殖有限责任公司董事长	—
177	王青华	简阳市石钟镇农业综合服务中心主任	无党派
178	尹　胜	简阳市气象局气象台综合工作人员	—
179	毛泽勇	简阳市赤水街道党工委副书记	中共
180	卢长云	简阳市绿心果蔬专业合作社法人代表、理事长	—
181	付永辉	简阳市惠农农业生产资料连锁有限公司董事长、总经理	—
182	刘　飞	成都市众信友生态农业科技有限公司副总经理	—

续表55

序号	姓名	单位及职务	党派
183	刘　燕	简阳市水务局小型水库管理总站工作人员	民建
184	汤越全	简阳市施家镇民生办主任	农工党
185	许　超	四川东进嘉源食品有限公司董事长	—
186	许　善	简阳市水务局规建科工作人员	九三学社
187	李　毅	简阳市政协常务委员，市农业农村局局长	民盟
188	李芹斌	四川阳安律师事务所合伙人规划发展负责人	—
189	杨　帆	简阳市乡村振兴中心副主任	民盟
190	杨冬梅	简阳市水投公司副总经理	中共
191	杨树平	简阳市农茂种植专业合作社法人代表、理事长	—
192	肖　遥	简阳市东溪街道综合便民服务中心副主任	无党派
193	肖瑞彬	四川永兴建筑工程有限公司项目经理	—
194	吴俊杰	简阳市杨家镇三级主任科员、保留副局长级	无党派
195	何　颉	简阳市政协常务委员，四川国光农化股份有限公司董事、副总裁	民建
196	谷　燕	简阳市江源镇民生服务办主任	—
197	张忻怡	简阳市政协常务委员，九三学社简阳市委员会副主委，东溪街道综合便民服务中心社保科科长	九三学社
198	张晓敏	简阳农商银行信贷管理部副总经理	—
199	陈　强	四川匠臻生态农业有限公司总经理	—
200	陈　韬	简阳市政协常务委员，四川省胜男农业开发有限公司董事长	—
201	卓巧俐	四川家乡薯业有限责任公司副总经理	—
202	易思思	简阳市正源土鸡合作社经理	中共
203	钟晓兰	简阳市农业农村局养殖业科副科长	民建
204	施跃花	简阳市政协常务委员，市供销合作社联合社副主任	无党派
205	晏水平	简阳市水务局规建科长	民盟
206	黄远忠	人保财险简阳市支公司副经理	中共
207	黄克慧	简阳市新市街道党工委副书记（正局长级）	中共
208	彭山英	四川润尔科技有限公司研发部经理	—
209	辜垚鑫	简阳市汇众农投合资公司副总经理	—
210	谢　科	简阳市嘉实源生态农业有限公司总经理	中共
211	赖　晶	简阳市江源镇党委副书记	中共
212	鲍　彪	四川省都江堰龙泉山灌区管理处建筑工程有限公司项目经理	—
213	潘大立	简阳市大立农资有限责任公司总经理	中共
214	李茂鸣	简阳市政协副主席	民革
215	伍家毅	简阳市政协常务委员、办公室主任、机关党组副书记	中共
216	唐　影	简阳市政协常务委员、研究室主任	中共
217	何　武	简阳市政协常务委员、教育卫生委员会主任	中共
218	肖　震	简阳市政协教育卫生委员会副主任（正局长级）	中共

续表55

序号	姓名	单位及职务	党派
219	毛远见	简阳市政协教育卫生委员会副主任（正局长级）	中共
220	吕永昭	简阳市政协教育卫生委员会副主任	中共
221	王乙舟	简阳市政协常务委员，市中医医院皮肤科主任	—
222	邓贵琴	简阳市老龄工作服务中心工作人员	—
223	叶世富	简阳市政协常务委员，市人民医院肿瘤科主任	九三学社
224	田　美	简阳市政协常务委员，施家镇平息卫生院公卫科科长	农工党
225	付　孟	简阳市教育系统党委副书记、局党组成员、副局长	中共
226	付小东	简阳市石桥中学教研室副主任	民盟
227	朱钦剑	简阳市中医医院内二科主任	九三学社
228	刘志燕	简阳市政协常务委员、综合服务中心工作人员	民建
229	刘海燕	简阳市高级职业中学教师	民盟
230	许晓薇	简阳市高级职业中学教科室负责人	民盟
231	李　凡	简阳市涌泉镇党委副书记	中共
232	李玉萍	简阳市政协常务委员，市实验中学副校长	民盟
233	李绍峰	简阳李绍峰诊所主要负责人	民建
234	李雪梅	简阳中学教师	民盟
235	吴　钰	简阳教师进修校教师	民盟
236	吴　彬	简阳中学总务处副主任	民盟
237	吴国勇	简阳市政协常务委员，市中医医院党委副书记、院长	中共
238	邹松林	百年神墨教育培训学校有限公司董事长兼党支部书记	中共
239	应俊莉	简阳市政协常务委员，简城一小校长	中共
240`	汪亚莉	简阳市妇幼保健院产科副主任	—
241	汪雅兰	简阳市卫生健康局规划财务科副科长	民盟
242	汪辉德	简阳市政协常务委员，市人民医院麻醉手术部副主任	—
243	陈　勇	简阳市中医医院外二科主任	中共
244	陈　铃	简阳市教育局工作人员	民盟
245	陈　德	简阳市云龙镇党委副书记	中共
246	陈秋云	简阳市医疗保障事务中心综合科科长	—
247	苟廷伟	简阳市人民医院公共卫生管理部部长	九三学社
248	罗淑花	简阳中学教师	九三学社
249	金永建	简阳市中医医院骨科主任中医师	九三学社
250	徐文成	简阳中学教师	—
251	徐丽英	简阳市政协常务委员，四川理创律师事务所常务主任	九三学社
252	高　鹏	中国民主同盟简阳市基层委员会委员、简阳中学对外交流中心主任	民盟
253	黄治胜	简阳市中医医院内一科中西医结合主治医师	—
254	彭晓佳	简阳市卫生健康局科教与信息化科副科长	民盟
255	蒋　慧	简阳特殊教育学校教师	—

续表55

序号	姓名	单位及职务	党派
256	鄢文秀	简阳市政协常务委员，简阳中学教师	民盟
257	鄢志雄	简阳市杨家镇党委副书记	中共
258	雷德财	简阳市政协常务委员，简阳空分医院院长助理、检验科主任	农工党
259	谭丽萍	简阳市医疗保障局法规与基金监管科科长	—
260	樊晓川	简阳市石钟学校副校长	—
261	曾继元	简阳市政协副主席	民盟
262	陈玉军	简阳市政协常务委员、党组成员、秘书长，机关党组书记	中共
263	曾光卫	简阳市政协常务委员、社会法制民族宗教委员会主任	中共
264	付小刃	简阳市政协常务委员、社会法制民族宗教委员会副主任	无党派
265	黄本刚	简阳市政协社会法制民族宗教委员会副主任（保留正局级）	中共
266	李仁清	简阳市政协社会法制民族宗教委员会副主任	中共
267	刘德文	简阳市政协社会法制民族宗教委员会副主任	中共
268	郭洪彬	简阳市政协办公室副主任、机关党组成员	中共
269	马　勇	简阳市石桥街道综合便民服务中心农业服务科科长	—
270	王一位	简阳市雷家镇社区发展办主任	—
271	王臣勇	简阳市消防救援大队大队长	中共
272	王君华	简阳市监委委员	中共
273	方　英	简阳市惠民帮扶中心工作人员	—
274	石　伟	简阳市石桥街道党工委副书记	中共
275	田云富	简阳市科学技术协会党组成员、副主席	中共
276	付文会	简阳市政协常务委员，市民宗局副局长、节水办主任	无党派
277	冯筠凌	简阳市政协常务委员，赤水街道农业服务中心工作人员	民建
278	刘　刚	社区公益志愿者协会会长	中共
279	刘巨波	简阳市政协常务委员，市委政法委常务副书记	中共
280	刘永国	简阳市司法局保留副局长级	无党派
281	刘铃瑶	简阳星网商业运营管理有限公司内务总监	—
282	刘跃芳	简阳市人民检察院综合业务部主任	九三学社
283	李　玲	简阳市人力资源和社会保障局党组成员、副局长	中共
284	李　敏	简阳市委统战部（统战事务服务中心）工作人员	—
285	李文娟	简阳市委社治委综合科科长	中共
286	李玉龙	简阳市政协常务委员，市临空经济产业园党群服务部副部长机关工会主席	民盟
287	李华军	简阳市高粱湾生态农牧有限公司法人代表	—
288	李俊华	简阳市青龙镇妇联专职副主席	—
289	吴玉梅	简阳市应急管理局政策法规和宣传培训科科长	中共
290	吴美华	简阳市退役军人服务中心副主任	—
291	冷国慧	简阳市政协常务委员，市总工会党组成员、副主席、一级主任科员	中共
292	张金梁	简阳市智慧城市治理中心督查科科长	—

续表55

序号	姓名	单位及职务	党派
293	张晓玲	简阳市政协常务委员，踏水镇党委委员、副镇长（市妇联挂职副主席）	中共
294	张彭意	简阳市信访局办公室主任	中共
295	陈　平	简阳市政协常务委员，市人民检察院专职检委会委员	九三学社
296	陈　芳	简阳市司法局党组成员	中共
297	陈　皓	简阳市政协常务委员，成都亿网科技有限公司董事长	无党派
298	陈　霖	简阳市司法局三星司法所所长	九三学社
299	陈道江	简阳市基督教三自爱国会主席	—
300	周　伟	简阳市行政审批局办公室工作人员	民革
301	周　容	简阳市政协常务委员，市残联党组书记、理事长	中共
302	周　捷	简阳市公共资源交易服务中心交易一科工作员	—
303	周　燕	简阳市就业服务中心财务科一级科员	—
304	周宇驰	简阳投资促进服务中心招商专员	—
305	赵　云	简阳市委巡察办综合科科长	中共
306	赵　翔	简阳市空天产业功能区总工会副主席兼机关工会主席	民建
307	施　翀	简阳市雷家镇党委委员、组织委员（宣传委员）、人大副主席	中共
308	钟佑君	简阳市公安局法制大队大队长	中共
309	钟晓辉	简阳市东溪街道党工委委员、组织委员（宣传委员）、人大工委副主任	中共
310	段　飞	简阳市委办信息科副科长	九三学社
311	倪　丽	共青团简阳市委工作人员	—
312	徐小义	简阳市侨联主席	中共
313	徐怀谦	简阳市政协常务委员，四川阳安律师事务所高级合伙人、培训部部长、律师，市总工会兼职副主席	无党派
314	高乙茗	简阳市政协常务委员、综合服务中心工作人员	民革
315	唐红军	四川天府汉唐科技股份有限公司总经理	民建
316	曹　洋	简阳市政协常务委员，共青团简阳市委副书记	中共
317	崔玉兰	简阳市司法局财务规划科副科长	—
318	彭彬琳	简阳市机关事务服务中心工作人员	—
319	蒋中惠	简阳市道教协会会长、无极道院住持	—
320	税　娜	四川南格尔生物科技有限公司人事专员	—
321	税绍波	简阳市公安局射洪坝派出所所长	中共
322	傅　锋	四川新开元制药有限公司车间主任（市总工会委员）	—
323	释宗妙	简阳佛教协会会长、简阳弥陀寺住持	—
324	曾瀚峰	四川省乐客电子商务有限公司总经理	—
325	照　心	简阳佛教协会副会长、简阳观音寺住持	—
326	熊德琴	简阳市人民法院审判员	—
327	蔡纯午	简阳市政协副主席	民建
328	曹　强	简阳市政协常务委员、副秘书长，民革简阳支部主委	民革

续表55

序号	姓名	单位及职务	党派
329	罗君成	简阳市政协常务委员、文化文史委员会主任	中共
330	彭云义	简阳市政协文化文史委员会副主任（正局长级）	中共
331	王　久	简阳市政协文化文史委员会副主任	中共
332	钟　敏	简阳市政协常务委员、文化文史委员会副主任	民建
333	王　斌	简阳市书法家协会主席	—
334	王　新	简阳市青龙镇党委副书记	中共
335	毛　羽	简阳市政协常务委员，市融媒体中心副主任	无党派
336	毛强迪	简阳市文体旅局资源开发科副科长	民建
337	叶　宇	简阳市文化艺术中心办公室工作人员	—
338	朱国烨	简阳市文化馆馆员	九三学社
339	伍建萍	简阳市施家镇党委副书记	中共
340	汤楚缨	简阳市政协常务委员，市文体旅局副局长	民盟
341	苏　浪	简阳市艺煌文化艺术培训学校执行董事	—
342	苏俊清	简阳市政协常务委员，简阳中学副校长	中共
343	李成敏	简阳市文化馆音乐辅导干部	民建
344	应文秀	简阳市政协常务委员，市侨联副主席兼秘书长	—
345	汪广飞	简阳市文体旅局出版电影行政执法科科长	中共
346	张潇澜	简阳市委党史研究室副主任	中共
347	周丽莎	艺煌文化艺术培训学校有限公司校长	—
348	施　涛	简阳市图书馆自动化部主任	民盟
349	施燕玲	成都自然传奇文化传播有限公司总经理、四川宝中国际旅行社有限公司简阳金水街服务网点经理	—
350	费曙光	阳安中学教师	民盟
351	贺胜芳	简阳市云龙五合学校教师	—
352	唐承国	简阳市政协常务委员，阳安中学政教处副主任、保卫科科长	民盟
353	黄　冬	简阳市水上运动学校教练	—
354	蒋　肖	简阳市平泉街道党工委副书记	中共
355	韩　玉	简阳市档案馆四级主任科员	—
356	曾　艳	简阳市总工会宣教部负责人	—
357	曾　爽	简阳市政协常务委员、经济委综合科负责人	—
358	曾兰岚	简阳市政协常务委员，中国民主建国会简阳市总支部副主委，简阳市文体旅局局长、文化市场综合行政执法大队大队长	民建
359	魏红英	简阳市云龙小学校长	民盟
360	陈晓恒	简阳市政协党组成员、副主席	中共
361	肖明华	简阳市政协常务委员、委员联络委员会主任	中共
362	严　宽	简阳市政协委员联络委员会副主任（保留正局级）	中共
363	王　强	简阳市政协委员联络委员会副主任（保留正局级）	中共

续表55

序号	姓名	单位及职务	党派
364	陈　曦	简阳市政协委员联络委员会副主任	中共
365	王　黎	简阳市委统战部副部长	中共
366	王用军	简阳市委组织部老干部科科长	中共
367	王秀英	简阳市委党校理论教育科科长	中共
368	毛家薇	简阳市机关事务服务中心工作人员	—
369	邹　鸿	简阳市委编办副主任	中共
370	蒋汉青	简阳市石钟镇党委副书记	中共
371	马　飞	成都东部新区吉利学院艺术设计学院常务副院长	—
372	王一光	成都东部新区三岔街道党工委副书记	中共
373	叶伦文	成都东部新区公园城市建设局城市设计处处长	无党派
374	叶茂君	成都东部新区石盘街道党工委副书记	中共
375	田　均	成都东部新区公安分局三岔派出所三级警长	中共
376	朱健强	成都东部新区海螺镇政府工作人员	中共
377	伍书林	成都东部新区高明镇党委副书记	中共
378	庄　浩	成都东部新区壮溪镇党委副书记	中共
379	刘　颖	简阳市政协常务委员，成都东部新区党群工作部副部长	中共
380	刘俊江	成都东部新区草池街道党工委副书记	中共
381	许小丽	成都东部新区石盘幼儿园园长	—
382	孙凌霄	成都东部新区战略研究局战略规划处二级副主管	民进
383	杜　平	成都东部新区华派生物工程集团有限公司口蹄疫疫苗首席专家	—
384	李　林	成都东部新区石板凳街道党工委副书记	中共
385	杨晓东	成都东部新区福田街道党工委副书记	中共
386	吴　畏	成都东部新区董家埂镇党委副书记	中共
387	吴永超	成都东部新区武庙镇党委副书记	中共
388	宋亭亭	成都东部新区海螺镇党委副书记	中共
389	张　鹤	成都东部新区医投集团副总经理	农工党
390	张文芳	四川阳安酒业有限公司瓶装酒销售部副总经理	无党派
391	陈鲁毅	成都东部新区灵仙学校教师	—
392	陈露萍	成都东部新区芦葭镇党委副书记	中共
393	罗　云	成都东部新区丹景街道党工委副书记	中共
394	罗玉姣	成都东部新区海螺镇政府工作人员	中共
395	罗秋月	成都东部新区东部集团工作人员	—
396	郑　健	成都东部新区综合部政务服务处副处长	中共
397	胡行行	成都东部新区川卉农业发展有限公司总经理	—
398	袁林斌	简阳市政协常务委员，成都东部新区综合执法局城市管理处二级副主管	民革
399	都文全	成都东部新区玉成街道党工委副书记	中共
400	贾兴才	成都东部新区贾家街道党工委副书记	中共

续表55

序号	姓名	单位及职务	党派
401	唐春燕	成都东部新区养马街道党工委副书记	中共
402	唐德昌	成都东部新区养马社区卫生服务中心门诊部主任	—
403	陶华卫	成都东部新区三岔街道办事处工作人员	—
404	黄金明	成都东部新区石板中心卫生院放射科主任	—
405	葛　杰	成都东部新区应急安全管理局乡村振兴处工作人员	—
406	曾春修	成都东部新区三岔中学后勤办主任	—
407	魏　鸿	简阳市政协常务委员，成都东部新区公园城市建设局交通运输处副处长	民盟

先进人物

【蒋青淞】 男，汉族，中共党员，1989 年出生，四川资阳人，简阳市三星镇党委委员、纪委书记、监察办主任。蒋青淞于 2014 年参加工作，2018 年下派到简阳市石钟镇火烧庙村任第一书记。驻村后，他协调 160 万元资金壮大村集体经济，创新“1 个党支部+专合社+农企+农户”管理模式，率先种植羊肚菌 30 余亩、藤椒 200 余亩，全村集体经济收入从 2018 年 20 余万元增至 2020 年 50 余万元，实现从无到有、从有到优的转变。火烧庙村贫困群众人均纯收入从 2017 年 6719.8 元增至 2020 年 13562.6 元，年均增幅 33.9%。为庆祝中华人民共和国成立 70 周年，火烧庙村村民自发用集体经济种植的番茄、玉米摆出一面长 9 米、宽 6 米的国旗，表达感恩与祝福之情。疫情防控期间，他组织开展“城乡互助盼春归”和第一书记直播带货活动，帮助销售农副产品 17 吨。蒋青淞先后获成都市优秀第一书记、四川省优秀第一书记等称号，2021 年获“四川好人”“全国脱贫攻坚先进个人”称号，事迹被人民网、中央电视台、中央纪委国家监委网站官方微信公众号、中国文明网等媒体宣传报道。

（吴姿欣）

【刘佳】 女，汉族，中共党员，1987 年出生，四川简阳人，简阳市综合行政执法大队副大队长、办公室主任。刘佳于 2008 年 9 月参加工作，先后在简阳市新市镇民会村、安乐乡等部门工作，2017 年 3 月至 2019 年 6 月在简阳市五星乡农建村开展驻村帮扶，后回到简阳市城市建设管理监察队工作。2019 年 12 月，她到简阳市综合行政执法大队工作，负责城市治理。2020 年是简阳市创建国家卫生城市的关键一年，作为执法大队副队长，她与同事坚守岗位，协助原城南市场开展整治，创卫迎检。新冠肺炎疫情发生后，她保障后勤，为一线执法人员送去防疫物资。她先后获评四川省巾帼建功标兵、简阳市优秀党务工作者、成都市三八红旗手、四川省脱贫攻坚“五个一”先进个人、四川省三八红旗手，被简阳市人民政府记三等功 1 次。2021 年 3 月，刘佳被全国妇女联合会表彰为“全国巾帼建功标兵”。

（方　莹）

【马建贵】 男，汉族，中共党员，1986 年 8 月出生，四川简阳人，简阳市司法局射洪坝司法所所长。马建贵于 2009 年 9 月参加工作，曾在阿坝藏族羌族自治州从事公安特警工作 7 年，先后担任简阳市司法局社区矫正科科长、简阳市司法局简城司法所所长，2021 年 1 月任简阳市司法局射洪坝司法所所长。他坚持以“我为群众办实事”为工作理念，把自己摆在党性锤炼和法治的熔炉里。新冠肺炎疫情以来，作为主城区司法所所长，他放弃春节假期，主动请战上一线，摸排社区矫正对象 100 余人次、刑满释放人员 600 余人次，对“双列管”人员进行人人见面，被简阳市委办通报表扬为“2020 年新冠肺炎疫情防控先进个人”。他挂包企业助力复工复产，把企业的事，当成自己家中的事，帮助企业从生产制衣资质转型为生产非医用口罩资质，日产非医用口罩达到 20 万个，解决企业从拖欠职工工资问题，到现在每周一结，被简阳市委、市政府表扬为“2020年度工业经济发展先进个人”。2021年，他带领的射洪坝司法所与成都市其他区（市）县司法所进行角逐，以第三名的成绩，被四川省司法厅授予四川省级“枫桥式司法所”称号。2021年10月，马建贵被司法部授予“全国司法所模范个人”称号。

（薛文娟）

【肖天】男，汉族，中共党员，1988年10月出生，四川成都人，2021年任成都市市场监督管理局三级主任科员。肖天于2017年经四川省委组织部急需紧缺专业选调参加工作，2018年7月被派驻简阳市杨家镇常家坪村任驻村工作队队员。驻村期间，他以建设“村美、民富、家和、业兴”幸福美丽示范新村为目标，争取帮扶资金120余万元，实施川祖庙重建、关山坡提灌站改建、蓄水池新建及村社道路建设等项目；引进第三方发展藤椒种植500余亩，推动集体产业发展，带动群众就业100余人；开设素质拓展班、乡村少年宫，关爱留守儿童和贫困学生，开展活动50余期，2000余人次参加。常家坪村先后被评为简阳市“三美示范村”、简阳市“脱贫攻坚先进单位”、成都市优秀“儿童之家”、四川省“文化扶贫示范村”。疫情初期，他争取到50余万元捐赠财物，在简阳市105个贫困村中倡议“你助我脱贫攻坚·我援你抗击疫情”活动，采购和接收捐赠果蔬40余吨，并号召村民反季赶制香肠腊肉1000余公斤，分两批捐赠到湖北省武汉市6家一线定点收治医院和方舱医院，同时帮助村民解决农副产品销路问题。2020年，肖天获评“简阳市最美扶贫干部”“全国市场监管系统抗击新冠肺炎疫情先进个人”。2021年5月，肖天被四川省委、省政府表彰为“四川省2020年脱贫攻坚‘五个一’帮扶先进个人”。

（王定萍）

【刘敏】女，汉族，中共党员，1986年8月出生，四川简阳人，简阳市施家镇党群办主任、平息社区党委第一书记。刘敏在平息社区驻村工作和任第一书记期间，加大基础设施建设，硬化村组道路12.1公里，新建蓄水池24口、提灌站2处，争取资金860万元完成社区拆违风貌升级改造；发展集体经济，流转土地370亩，发展水蜜桃种植180余亩、莲藕种植80余亩、中药材种植40余亩、稻虾养殖30余亩、蔬菜种植40余亩，实现集体经济从无到有，贫困户人均年收入从2131元增加到11391元，带动全社区人均年增收800余元；改善人居环境，通过安居工程、CD级危房改造25户，新建农村居民小区1个，入住153户。她常态化开展新冠肺炎疫情防控，梳理社区人员外出务工情况并建立台账，任何地方发生疫情，均能实现一小时内掌握人员情况；抓好边界疫情防控，制作边界交通图及应急方案，确保周边邻近发生疫情，能最快有效排查；做好全员核酸检测应急预案并多次演练，确保12小时内能完成全员核酸检测采样；全覆盖走访群众964户3419人，帮助群众销售滞销鸡、鸭2600只和蔬菜2万余斤，得到群众高度评价。2021年5月，刘敏被四川省委、省政府表彰为“四川省2020年度脱贫攻坚‘五个一’先进个人”（优秀第一书记）。

（杨志艳）

【刘勇君】男，汉族，中共党员，1987年6月出生，四川岳池人，简阳市人民检察院第二检察部副主任。刘勇君于2017年8月到简阳市东溪镇凤凰村任第一书记，驻村四年，带领村民发展柑橘、枇杷等果树苗种植产业，凤凰村实现集体经济从无到有，村民收入明显增加。刘勇君先后被评为简阳市优秀青年志愿者、2018年度最美政法干警，连续两年被简阳市委记嘉奖，获成都市人民检察院“树立新时代成都特色检察职业精神”宣传展示活动优秀奖。2021年6月，刘勇君被四川省委、省政府评为“2020年脱贫攻坚‘五个一’帮扶先进个人”。

（孔令峰）

【杨敏】男，汉族，中共党员，1977年9月出生，四川简阳人，简阳市发展和改革局党组书记、局长。杨敏于1997年7月参加工作，2020年4月到简阳市发改局任职。他坚持率先垂范、冲锋一线，团结带领干部职工聚焦“十四五”规划编制、幸福美好生活十大工程、疫情防控、经济运行、产业功能区建设、成渝地区双城经济圈建设、重点项目建设、信用体系建设、体制机制改革等中心工作，推动简阳市获评“四川省县域经济强市”、首次跻身全国县域经济百强县，为简阳市经济社会高质量发展作出贡献。2021年，简阳市实现地区生产总值469.1亿元，比2020年增长

7.9%；完成固定资产投资358.7亿元，比2020年增长21.9%，增速位居成都市第一位；引进重大产业化项目20个，总投资303.76亿元。简雁乐农旅融合发展示范区建设在四川省同城办组织的综合评审中列第3名。简阳市被四川省委、省政府评为“易地扶贫搬迁先进县”。杨敏被国家发改委评为“十三五”奋进异地搬迁干部、被四川省委、省政府表彰为异地搬迁先进个人。

（曹 宇）

【肖明华】 男，汉族，中共党员，1970年12月出生，四川简阳人，简阳市残疾人联合会党组书记、理事长。肖明华推动《中华人民共和国残疾人保障法》落地落实，多次在成都市人民政府常务会上宣传残疾人法律法规，发动社会力量参与残疾人事业，挖掘树立残疾人自强典型，推动残疾人事业发展；加强和改善民生，推动重度残疾人护理补贴、免费实施白内障复明手术、免费乘坐公交、辅具适配等10余项工作纳入简阳市民生实事，推动残疾人参加城乡居民基本养老保险和城乡居民基本医疗保险、残疾人家庭无障碍改造；加强残疾人组织和基础设施建设，推动残疾人基层组织全覆盖，建成投用建筑面积2300平方米的简阳市残疾人康复综合服务中心和2处融乐阳光家园；推动残疾人基本康复服务体系建设，推动简阳市机关企事业单位集中安置残疾人就业，扶持农村残疾人发展生产；组织实施涉残项目300余项次，服务残疾人80余万人次。2021年12月，肖明华被四川省残工委、省人社厅表彰为“四川省残联系统先进工作者”。

【陈举红】 男，汉族，中共党员，1973年4月出生，四川简阳人，简阳市川丰农林开发有限公司经理。陈举红肢体残疾三级，于1991年9月参加工作，2010年成立简阳市川丰农林开发有限公司，主要经营苗木、花卉等农林产品，主要销往贵州省、重庆市、云南省、湖南省、湖北省等地。2013年7月，公司流转土地678亩，其中核心产业基地300余亩位于石钟镇前锋村，采取“公司+合作社+农户”的方式，辐射带动100余名贫困户及残疾人就业。公司于2016年创建为“四川省级创业示范基地”。陈举红于2017年获评“四川好人”，2018年举办的简阳市石钟镇果树科学种植技术协会被成都市残联认定为助残社会组织。2021年12月，陈举红被四川省残工委、省人社厅表彰为“四川省自强模范”。

（蔡远治）

荣誉榜

国家部（委）级先进单位和个人

表56　　简阳市获评国家部（委）级先进单位一览表

获奖单位	荣誉称号	颁奖单位	颁奖时间
简阳市	2021年度全国百强县	赛迪顾问县域经济研究中心	2021年8月
简阳市	2020社会治理创新典范城市	《法治日报》、法治周末报社	2021年1月
简阳市	2021基层社会治理创新城市	《法治日报》、法治周末报社	2021年12月
简阳市	2021年中国县级市基本现代化指数前100名	《中国经济导报》	2021年12月
简阳市人民法院	2021年度司法宣传和通联工作先进单位	人民法院新闻传媒总社	2021年12月

续表56

获奖单位	荣誉称号	颁奖单位	颁奖时间
简阳市人民检察院	“建好建强新时代基层检察院”主题调研征文二等奖	最高人民检察院政治部	2021年2月
简阳市人民检察院	2021年度全国检察宣传先进单位	检察日报社	2021年9月
简阳市水务局	第三届“守护美丽河湖——共建共享幸福河湖”全国短视频公益大赛优秀奖	中国水利水电出版传媒集团、水利部宣传教育中心、中国宋庆龄青少年科技文化交流中心	2021年12月
简阳市河长制办公室	第三届“守护美丽河湖——共建共享幸福河湖”全国短视频公益大赛优秀奖	中国水利水电出版传媒集团、水利部宣传教育中心、中国宋庆龄青少年科技文化交流中心	2021年12月
简阳市农业农村局（简阳市乡村振兴局）	2021“新时代乡村阅读及”之“我爱阅读”100天活动“全国百强”	中共中央宣传部、农业农村部、国家乡村振兴局	2021年10月
简阳市卫生健康局	2018—2020周期国家卫生城市（区）	全国爱国卫生运动委员会	2021年1月
简阳市工商业联合会	全国“五好”县级工商联	中华全国工商业联合会	2021年12月
平泉街道荷桥村	全国民主法治示范村	司法部、民政部	2021年1月
平泉街道荷桥村	全国脱贫攻坚先进集体	中共中央委员会、国务院	2021年2月
平泉街道荷桥村	2021年中国美丽休闲乡村	农业农村部办公厅	2021年11月
四川省简阳中学	第十四届“地球小博士”全国地理科普知识大赛“地理科普教育示范校”	中国地理协会	2021年3月
四川省简阳中学	舞蹈世界“全国网络舞蹈大赛”优秀组织奖	舞蹈世界中外电视舞蹈大赛组委会	2021年9月
四川省简阳中学	舞蹈世界“全国网络舞蹈大赛”全国十佳舞蹈队	舞蹈世界中外电视舞蹈大赛组委会	2021年9月
简阳市射洪坝第一初级中学	“传承中华文明，弘扬优秀传统”第二届“声采飞扬”青少年英语口语风采展示“星级组织”（中学组）	中国东方文化研究会红色文旅专业委员会	2021年8月
简阳市石桥中学	2021年少年问天全国青少年航天科普活动优秀活动基地校，中国宇航协会	中国科协青少年科技中心	2021年12月

表57　简阳市获评国家部（委）级先进个人一览表

姓名	工作（学习）单位及职务	荣誉称号	颁奖单位	颁奖时间
唐　丽	简阳市人民检察院机关委员会专职副书记	2021年度全国检察宣传先进个人	检察日报社	2021年11月
杨　敏	简阳市发展和改革局党组书记、局长	“十三五”奋进异地搬迁干部	国家发展和改革委员会	2021年1月
马建贵	简阳市司法局射洪坝司法所所长	全国司法所模范个人	司法部	2021年10月
刘　佳	简阳市综合行政执法局综合行政执法大队副大队长	全国巾帼建功标兵	全国妇联	2021年3月

续表57

姓名	工作（学习）单位及职务	荣誉称号	颁奖单位	颁奖时间
蒋青淞	三星镇党委委员、纪委书记、监察办主任	全国脱贫攻坚先进个人	中共中央委员会、国务院	2021年2月
李　贞	四川省简阳市高级职业中学教师	第二届全国物流服务师职业技能竞赛获职工组二等奖	第二届全国物流服务师职业技能竞赛组委会	2021年12月
王　芮	四川省简阳市高级职业中学教师	2021年“鸿科经纬杯”全国商贸类专业教师教学能力大赛三等奖	中国商业联合会	2021年7月
吴晓强	四川省简阳市高级职业中学教师	2021年“鸿科经纬杯”全国商贸类专业教师教学能力大赛三等奖	中国商业联合会	2021年7月
蒋　琪	四川省简阳市高级职业中学教师	2021年全国健身气功站点联赛暨全国健身气功助力乡村振兴八段锦网络视频大赛B组大舞一等奖	中国健身气功协会	2021年12月
蒋　琪	四川省简阳市高级职业中学教师	2021年全国健身气功站点联赛暨全国健身气功助力乡村振兴八段锦网络视频大赛B组五禽戏一等奖	中国健身气功协会	2021年12月
郑春燕	简阳市射洪坝第一初级中学办公室主任	《天下国家》在第十届全国初中语文教师教学基本功大赛暨教学观摩研讨会优秀课例评比活动获优秀课例评比一等奖	全国中学语文教师教学基本功大赛组织委员会	2021年8月
陈　涛	简阳市射洪坝第一初级中学教师	“传承中华文明，弘扬优秀传统”第二届“声采飞扬”青少年英语口语风采展示“星级指导教师”（中学组）	中国东方文化研究会红色文旅专业委员会	2021年8月
夏祖旭	简阳市射洪坝第一初级中学学生	“辉煌七十年　奋进新时代”青少年爱国主义读书教育活动四川省获全国奖项	全国青少年爱国主义读书教育活动组委会	2021年12月
余　悦	简阳市射洪坝第一初级中学学生	“传承中华文明，弘扬优秀传统”第二届“声采飞扬”青少年英语口语风采展示“声情并茂”（中学组）	中国东方文化研究会红色文旅专业委员会	2021年8月
刘芮妍	简阳市射洪坝第一初级中学学生	“传承中华文明，弘扬优秀传统”第二届“声采飞扬”青少年英语口语风采展示“声入人心”（中学组）	中国东方文化研究会红色文旅专业委员会	2021年8月
江可昊	简阳市射洪坝第一初级中学学生	“传承中华文明，弘扬优秀传统”第二届“声采飞扬”青少年英语口语风采展示“声入人心”（中学组）	中国东方文化研究会红色文旅专业委员会	2021年8月
钟昊宇	简阳市射洪坝第一初级中学学生	“传承中华文明，弘扬优秀传统”第二届“声采飞扬”青少年英语口语风采展示“勤学之星”（中学组）	中国东方文化研究会红色文旅专业委员会	2021年8月
付锦渝	简阳市射洪坝第一初级中学学生	“传承中华文明，弘扬优秀传统”第二届“声采飞扬”青少年英语口语风采展示“勤学之星”（中学组）	中国东方文化研究会红色文旅专业委员会	2021年8月
肖怡馨	简阳市射洪坝第一初级中学学生	“传承中华文明，弘扬优秀传统”第二届“声采飞扬”青少年英语口语风采展示“勤学之星”（中学组）	中国东方文化研究会红色文旅专业委员会	2021年8月

四川省级先进单位和个人

表 58　　简阳市获评四川省级先进单位一览表

获奖单位	荣誉称号	颁奖单位	颁奖时间
简阳市	易地扶贫搬迁先进县	中共四川省委办公厅、四川省人民政府办公厅	2021 年 5 月
简阳市人民政府办公室	四川省脱贫攻坚先进集体	中共四川省委、四川省人民政府	2021 年 4 月
中共简阳市纪律检查委员会 简阳市监察委员会	四川省脱贫攻坚先进集体	中共四川省委、四川省人民政府	2021 年 4 月
中共简阳市委组织部	2020 年脱贫攻坚“五个一”帮扶先进集体	中共四川省委、四川省人民政府	2021 年 5 月
简阳市人民法院	2021 年度全省法院思想政治建设工作先进集体	四川省高级人民法院	2021 年 12 月
简阳市人民检察院	四川省检察机关扫黑除恶斗争先进集体	四川省人民检察院	2021 年 5 月
简阳市公安局特警大队	全警实战大练兵第一批省级标兵集体	四川省公安厅	2021 年 3 月
简阳市公安局政治处	2020 年度最强党支部	四川省公安厅党委	2021 年 4 月
简阳市平泉派出所	“万名机关民警下基层上一线”活动成绩突出集体	四川省公安厅	2021 年 5 月
简阳市司法局射洪坝司法所	2021 年度省级“枫桥式司法所”	四川省司法厅	2021 年 12 月
简阳市人民防空办公室	全省人民防空“蜀盾 –2021”检验性演习先进单位	四川省人民防空办公室	2021 年 12 月
简阳市交通运输局	2020 年脱贫攻坚先进集体	中共四川省委	2021 年 5 月
简阳市统计局	四川省贫困地区重大专项普查（调查）先进集体	四川省国家脱贫攻坚普查领导小组	2021 年 10 月
简阳市行政审批局	2020 年四川省无烟单位	四川省爱国卫生运动委员会	2021 年 2 月
简阳市归国华侨侨眷联合会	先进典型基层侨联组织	四川省归国华侨联合会	2021 年 12 月
简阳市供销合作社联合社	全省供销合作社系统 2020 年度信息宣传成绩突出单位	四川省供销合作社联合社	2021 年 1 月
简阳市供销合作社联合社	全省供销合作社系统 2020 年度监事会工作成绩突出单位	四川省供销合作社联合社	2021 年 1 月
简阳市供销合作社联合社	全省供销合作社系统 2020 年度财会工作成绩突出单位	四川省供销合作社联合社	2021 年 1 月
简阳市公共资源交易服务中心	公共资源交易服务标准化规范化建设“示范交易中心”	四川省政府政务服务和公共资源交易服务中心	2021 年 1 月
简阳市公共资源交易服务中心	2020 年四川省无烟单位	四川省爱国卫生运动委员会	2021 年 2 月
简阳市税务局	四川省无烟单位	四川省爱国卫生运动委员会	2021 年 2 月
简阳市税务局	名次提升最多的 5 个县（市、区）	四川省税务局	2021 年 8 月
简阳市税务局机关党委	先进基层党组织	中共四川省委	2021 年 6 月
简阳市植保植检站	四川省科学技术进步三等奖	四川省人民政府	2021 年 3 月

续表58

获奖单位	荣誉称号	颁奖单位	颁奖时间
简阳市青少年活动中心	2020 年度四川省青少年社会教育工作先进集体	四川省青少年宫协会	2021 年 4 月
简阳市关心下一代工作委员会	四川省关心下一代工作先进集体	四川省关心下一代工作委员会	2021 年 5 月
简阳市学生资助管理中心	2020 年度国家开发银行生源地信用助学贷款优秀学生资助管理机构	国家开发银行四川省分行	2021 年 6 月
简阳市大学中专招生委员会办公室	2021 年度招生宣传工作先进单位	四川省招生考试指导中心	2021 年 7 月
东溪街道	四川省卫生街道	四川省爱国卫生运动委员会	2021 年 2 月
平泉街道太阳村	2020 年四川省乡村振兴示范村	中共四川省委、四川省人民政府	2021 年 2 月
平泉街道荷桥村	四川省乡村治理示范村	中共四川省委城乡基层治理委员会	2021 年 3 月
平泉街道协议村	四川省第二批乡村治理示范村	四川省农业农村厅	2021 年 11 月
三合镇	2020 年四川卫生乡镇	四川省爱国卫生运动委员会	2021 年 2 月
三合镇斑竹村	2020 年四川卫生村	四川省爱国卫生运动委员会	2021 年 2 月
三合镇沙河村	2020 年四川卫生村	四川省爱国卫生运动委员会	2021 年 2 月
平武镇	全省人民防空“蜀盾 –2021”检验性演习先进单位	四川省人民防空办公室	2021 年 12 月
云龙镇	四川省首届乡村文化振兴魅力乡镇竞演大赛优秀单位	中共四川省委宣传部、四川省农业农村厅、四川省文化和旅游厅、四川省体育局、四川省广播电视局	2021 年 10 月
踏水镇人民政府	2020 年度毗河供水工程先进集体	四川省都江堰灌区毗河供水工程领导小组办公室	2021 年 4 月
宏缘镇	四川省卫生乡镇	四川省爱国卫生运动委员会	2021 年 2 月
镇金镇镇金社区	2020 年度省级“六无”平安村（社区）	中共四川省委政法委员会	2021 年 1 月
江源镇人民政府	2020 年四川省卫生乡镇	四川省爱国卫生运动委员会	2021 年 2 月
四川省简阳中学	四川省第一届“云健身”网络运动会“鹤舞云端”健身气功争先赛优秀组织奖	四川省第一届“云健身”网络运动会组织委员会	2021 年 9 月
简阳市射洪坝第一小学	四川省“朵朵未来　机智如你”智能大赛优秀组织奖	四川省电化教育馆	2021 年 2 月
简阳市射洪坝水东小学	第二届四川省少儿书写大会优秀组织奖	四川省硬笔书法家学会、新浪四川	2021 年 4 月
简阳市石桥中学	2020 四川省朵朵未来机智如你智能大赛最佳组织奖	四川省电化教育馆	2021 年 2 月
四川省简阳市高级职业中学	“我要上全运”2021 年四川省学校健身气功锦标赛八段锦集体赛（高中组）二等奖	四川省健身气功管理中心、四川省高等教育学会体育专业委员会	2021 年 4 月
四川省简阳市高级职业中学	“我要上全运”2021 年四川省学校健身气功锦标赛体育道德风尚奖	四川省健身气功管理中心、四川省高等教育学会体育专业委员会	2021 年 4 月
四川省简阳市高级职业中学	2021 年四川省职业院校技能大赛（中职组）会计技能赛项二等奖	四川省职业院校技能大赛组织委员会	2021 年 6 月

表 59　简阳市获评四川省级先进个人一览表

姓名	工作（学习）单位及职务	荣誉称号	颁奖单位	颁奖时间
罗书成	简阳市人民法院刑事审判庭副庭长	四川省扫黑除恶专项斗争先进个人	中共四川省委政法委员会	2021 年 3 月
罗　刚	简阳市人民法院司法警察	一线优秀扶贫干部	中共四川省委、四川省人民政府	2021 年 5 月
宋　黎	简阳市人民法院民事审判第二庭副庭长	2021 年全省法院民商事审判培训暨人民法庭庭长专项培训班优秀学员	四川法官学院	2021 年 11 月
叶朦朦	简阳市人民法院平泉人民法庭副庭长	建设工程领域民事司法与行政执法衔接联动机制工作先进个人	四川省高级人民法院	2021 年 12 月
刘勇君	简阳市人民检察院第四检察部副主任	2020 年脱贫攻坚“五个一”帮扶先进个人	中共四川省委办公厅、四川省人民政府办公厅	2021 年 6 月
王莉栖	简阳市人民检察院第五检察部主任	第一届全省检察机关控告申诉检察业务竞赛业务标兵	四川省人民检察院	2021 年 8 月
杨　敏	简阳市发展和改革局党组书记、局长	异地搬迁先进个人	中共四川省委、省人民政府	2021 年 5 月
谢　锦	简阳市经科信局党委书记、局长	四川省工业领域脱贫攻坚先进个人	四川省经济和信息化厅	2021 年 5 月
张泽波	简阳市经济科技和信息化局科长	四川省科技系统先进个人	四川省科学技术厅	2021.1.8
张　雯	四川阳安律师事务所	四川省律师行业优秀共产党员	中共四川省律师行业委员会	2021 年 6 月
汪贵富	简阳市公安局特警大队副大队长	全警实战大练兵第一批省级“标兵个人”	四川省公安厅	2021 年 3 月
雷小龙	简阳市公安局政治处公共关系科科长	全警实战大练兵第一批省级“标兵个人”	四川省公安厅	2021 年 3 月
彭　涛	简阳市公安局治安管理大队副大队长	全省公安系统遂行建党 100 周年安保维稳任务先进个人	四川省公安厅	2021 年 9 月
陈兆略	简阳市公安局刑事犯罪侦查大队有组织犯罪侦查中队民警	全省公安机关扫黑除恶专项斗争成绩突出个人	四川省公安厅	2021 年 9 月
王　莎	简阳市公安局户政管理大队民警	2020 年全省公安户政管理工作成绩突出集个人	四川省公安厅	2021 年 8 月
付　俊	简阳市民政局区划地名和基层政权科科长	全省乡镇行政区划和村级建制调整改革先进个人	四川省民政厅、四川省人力资源和社会保障厅	2021 年 12 月
刘　玲	简阳市司法局党组成员	四川省法治政府建设工作先进个人	四川省人社厅、四川省司法厅	2021 年 9 月
宁　杰	简阳市交通运输局党组成员、副局长	四川省交通运输系统先进个人	四川省交通运输厅	2021 年 5 月
付在勇	简阳市市场监督管理局副局长	扫黑除恶专项斗争工作成绩突出个人	四川省市场监督管理局	2021 年 5 月
肖明华	简阳市残联一级主任科员	四川省残联系统先进工作者	四川省人民政府残疾人工作委员会、四川省人力资源和社会保障厅	2021 年 12 月

续表59

姓名	工作（学习）单位及职务	荣誉称号	颁奖单位	颁奖时间
肖　天	成都市市场监督管理局食品协调处三级主任科员、原杨家镇常家坪村驻村工作队队员	2020年脱贫攻坚“五个一”帮扶先进个人	中共四川省委、四川省人民政府	2021年5月
冯　榕	简阳市医疗保障局党组书记、局长	四川省医疗保障系统先进个人	四川省医疗保障局、四川省人力资源和社会保障厅	2021年10月
吴正基	简阳市植保植检站、高级农艺师	四川省科学进步奖二等奖	四川省人民政府	2021年3月
徐文昌	简阳市植保植检站、站长	四川省科学进步奖三等奖	四川省农业科学院	2021年3月
郑良莉	简阳市植保植检站、综合科副科长	四川省科学进步奖三等奖	四川省农业科学院	2021年3月
袁　智	简阳市石桥街道社区卫生服务中心支委委员、副院长	第九批四川省基层卫生拔尖人才	四川省卫生健康委员会	2021年12月
蒋青淞	简阳市三星镇党委委员、纪委书记、监察办主任	2021年度四川好人	四川省精神文明建设办公室	2021年12月
付　利	青龙镇党委委员、组织委员（宣传委员）、人大副主席	2020年省内对口帮扶涉藏地区和彝区贫困县先进个人	中共四川省委、四川省人民政府	2021年5月
陈举红	简阳市川丰农林开发有限公司总经理、高级农艺师	四川省自强模范	四川省人民政府残疾人工作委员会、四川省人力资源和社会保障厅	2021年12月
周柯帆	简阳市中医医院	2021年四川省中医医疗机构第五届护理品管圈竞赛三等奖	四川省中医护理质量控制中心	2021年7月
王　欣	简阳市中医医院	2021年四川省中医医疗机构第五届护理品管圈竞赛三等奖	四川省中医护理质量控制中心	2021年7月
陈建超	四川省简阳中学副校长	四川省优秀共产党员	中共四川省委	2021年6月
马　杰	四川省简阳中学教师	四川省特级教师	四川省人民政府	2021年9月
廖晓玲	简阳市射洪坝第一初级中学团支部书记	《红河谷》课堂大比武一等奖	四川省教育厅	2021年1月
徐小琼	简阳市射洪坝第一初级中学教师	2020四川省“朵朵未来·机智如你”智能大赛优秀指导奖	四川省电化教育馆	2021年2月
杜星宇	简阳市射洪坝第一初级中学学生	2020四川省“朵朵未来·机智如你”智能大赛代码竞技场（python）赛项二等奖	四川省电化教育馆	2021年2月
武奕帆	简阳市射洪坝第一初级中学学生	四川省中小学习近平生态文明思想知识竞赛中学组三等奖	四川省生态环境宣传教育中心	2021年7月
胡　文	简阳市射洪坝第一小学教师	四川省“朵朵未来·机智如你”智能大赛指导教师	四川省电化教育馆	2021年2月
邓　玮	简阳市射洪坝第一小学教师	四川省“朵朵未来·机智如你”智能大赛指导教师	四川省电化教育馆	2021年2月
王茅萍	简阳市射洪坝第一小学教师	四川省“朵朵未来·机智如你”智能大赛指导教师	四川省电化教育馆	2021年2月

续表59

姓名	工作（学习）单位及职务	荣誉称号	颁奖单位	颁奖时间
马　俊	简阳市射洪坝第一小学教师	四川省中小学校习近平生态文明思想知识竞赛指导教师	四川省生态环境教育中心	2021年7月
汪　俊	简阳市射洪坝第一小学教师	第六届“文轩杯　文学之星”四川省中小学生征文指导教师	四川省教育发展研究会	2021年4月
陈　柳	简阳市射洪坝第一小学教师	第六届“文轩杯　文学之星”四川省中小学生征文指导教师	四川省教育发展研究会	2021年4月
李红秀	简阳市射洪坝水东小学副校长	2020年少年传承中华传统美德活动暨四川省中小学阳光阅读第八届读书小明星活动“小小百家讲坛”小学组优秀指导教师	四川省教育厅	2021年1月
黄　杨	简阳市射洪坝水东小学教师	2020四川省“朵朵未来·机智如你”智能大赛优秀指导奖	四川省电化教育馆	2021年2月
张　兰	简阳市射洪坝水东小学教师	第十六届中国中学生作文大赛（四川赛区）暨第六届四川省征文活动小学组优秀指导老师奖	四川教育报刊社、四川省教育发展研究会	2021年4月
谢有惠	简阳市射洪坝水东小学学生	2020年少年传承中华传统美德活动四川省读书小明星	四川省教育厅	2021年1月
黄智铭	简阳市射洪坝水东小学学生	2020四川省“朵朵未来·机智如你”智能大赛图形化编程挑战赛一等奖	四川省电化教育馆	2021年2月
廖骏熙	简阳市射洪坝水东小学学生	2020四川省“朵朵未来·机智如你”智能大赛图形化编程挑战赛二等奖	四川省电化教育馆	2021年2月
周熠瑾	简阳市射洪坝水东小学学生	2020四川省“朵朵未来·机智如你”智能大赛图形化编程挑战赛二等奖	四川省电化教育馆	2021年2月
王艺凯	简阳市射洪坝水东小学学生	2020四川省“朵朵未来·机智如你”智能大赛图形化编程挑战赛二等奖	四川省电化教育馆	2021年2月
王辰瑞	简阳市射洪坝水东小学学生	2020四川省“朵朵未来·机智如你”智能大赛图形化编程挑战赛三等奖	四川省电化教育馆	2021年2月
赵惠茜	简阳市射洪坝水东小学学生	第二届四川省少儿书写大会“新苗奖”	四川省硬笔书法协会	2021年4月
王歆然	简阳市射洪坝水东小学学生	第二届四川省少儿书写大会“新苗奖”	四川省硬笔书法协会	2021年4月
严梓轩	简阳市射洪坝水东小学学生	第二届四川省少儿书写大会“新苗奖”	四川省硬笔书法协会	2021年4月
杨羽娣	简阳市射洪坝水东小学学生	第二届四川省少儿书写大会“新苗奖”	四川省硬笔书法协会	2021年4月
卿梓萱	简阳市射洪坝水东小学学生	第二届四川省少儿书写大会“新苗奖”	四川省硬笔书法协会	2021年4月
王苡萱	简阳市射洪坝水东小学学生	第二届四川省少儿书写大会“新苗奖”	四川省硬笔书法协会	2021年4月
卿梓萱	简阳市射洪坝水东小学学生	第十六届中国中学生作文大赛（四川赛区）暨第六届四川省征文活动小学组优秀奖	四川教育报刊社、四川省教育发展研究会	2021年4月
樊嘉烁	简阳市射洪坝水东小学学生	2021“成都文化四季风　音乐消夏”少儿才艺大赛五城市决赛十佳选手	四川省文化馆	2021年7月

续表59

姓名	工作（学习）单位及职务	荣誉称号	颁奖单位	颁奖时间
谢有惠	简阳市射洪坝水东小学学生	2021年四川省优秀少先队员	四川省教育厅	2021年12月
周云德	简阳市石桥中学教师	2020年四川省首届朵朵未来·机智如你智能大赛优秀指导教师奖	四川省电化教育馆	2021年2月
邓雪容	简阳市石桥中学教师	2020年四川省首届朵朵未来·机智如你智能大赛优秀指导教师奖	四川省电化教育馆	2021年2月
钟　伟	简阳市石桥中学教师	2020年四川省首届朵朵未来·机智如你智能大赛优秀指导教师奖	四川省电化教育馆	2021年2月
付小东	简阳市石桥中学教师	2020年四川省首届朵朵未来·机智如你智能大赛优秀指导教师奖	四川省电化教育馆	2021年2月
冯新林	简阳市石桥中学教师	2020年四川省首届朵朵未来·机智如你智能大赛优秀指导教师奖	四川省电化教育馆	2021年2月
周　洋	简阳市石桥中学教师	2020年四川省首届朵朵未来·机智如你智能大赛优秀指导教师奖	四川省电化教育馆	2021年2月
刘志勇	简阳市石桥中学教师	2020年四川省首届朵朵未来·机智如你智能大赛优秀指导教师奖	四川省电化教育馆	2021年2月
蒋海川	简阳市石桥中学教师	2020年四川省首届朵朵未来·机智如你智能大赛优秀指导教师奖	四川省电化教育馆	2021年2月
黄孝甫	简阳市石桥中学教师	2020年四川省首届朵朵未来·机智如你智能大赛优秀指导教师奖	四川省电化教育馆	2021年2月
周　娟	简阳市石桥中学教师	2020年四川省首届朵朵未来·机智如你智能大赛优秀指导教师奖	四川省电化教育馆	2021年2月
刘小平	简阳市石桥中学教师	2020年四川省首届朵朵未来·机智如你智能大赛优秀指导教师奖	四川省电化教育馆	2021年2月
谭　斌	简阳市石桥中学教师	2020年四川省首届朵朵未来·机智如你智能大赛优秀指导教师奖	四川省电化教育馆	2021年2月
刘艳红	简阳市石桥中学教师	2020年四川省首届朵朵未来·机智如你智能大赛优秀指导教师奖	四川省电化教育馆	2021年2月
张秋月	简阳市石桥中学教师	2020年四川省首届朵朵未来·机智如你智能大赛优秀指导教师奖	四川省电化教育馆	2021年2月
李　贞	四川省简阳市高级职业中学教师	第二届全国物流服务师职业技能竞赛四川省选拔赛（职工组）一等奖	四川省现代物流发展促进会	2021年12月
李　贞	四川省简阳市高级职业中学教师	第二届全国物流服务师职业技能竞赛四川省选拔赛（学生组）指导教师奖	四川省现代物流发展促进会	2021年12月
万　婷	四川省简阳市高级职业中学教师	第二届全国物流服务师职业技能竞赛四川省选拔赛（学生组）指导教师奖	四川省现代物流发展促进会	2021年12月
蒋　琪	四川省简阳市高级职业中学教师	“我要上全运”2021年四川省学校健身气功锦标赛优秀教练员	四川省健身气功管理中心、四川省高等教育学会	2021年4月

续表59

姓名	工作(学习)单位及职务	荣誉称号	颁奖单位	颁奖时间
蒋　琪	四川省简阳市高级职业中学教师	“川空集团杯”四川省第三届全民健身运动会暨“我要上全运”社区运动会健身气功优秀裁判员	四川省体育局、四川省体育总会、“川空集团杯”四川省第三届全民健身运动会暨“我要上全运”社区运动会组委会	2021年5月
王澜霓	四川省简阳市高级职业中学教师	诵经典二等奖	四川省教育厅	2021年10月
汪在文	四川省简阳市高级职业中学教师	四川省教育科研课题2021年度阶段研究成果三等奖	四川省教育科学研究院	2021年1月
苏方梅	四川省简阳市高级职业中学教师	四川省职业院校技能大赛一等奖	四川省职业院校技能大赛组委会	2021年6月
赵小蔡	四川省简阳市高级职业中学教师	四川省职业院校技能大赛二等奖	四川省职业院校技能大赛组委会	2021年6月

成都市级先进单位和个人

表60　简阳市获评成都市级先进单位一览表

获奖单位	荣誉称号	颁奖单位	颁奖时间
简阳市	环境空气质量达标市	成都市人民政府	2021年2月
中共简阳市委社治委	成都市第八届全民健身运动会暨首届社区运动会优秀组织奖	成都市体育局、中共成都市委城乡社区发展治理委员会	2021年11月
简阳市人民检察院	成都市扫黑除恶专项斗争中记二等功	中共成都市委、成都市人民政府	2021年6月
简阳市发展和改革局	2020年度投资工作先进单位	成都市发展和改革委员会	2021年3月
简阳市发展和改革局党组	2020年度全市发改系统先进基层党组织	成都市发展和改革委员会	2021年3月
简阳市教育局	成都市第二期特殊教育提升计划实施工作成绩突出单位	成都市人民政府教育督导委员会办公室	2021年5月
四川得力律师事务所党支部	成都市律师行业先进党组织	中共成都市律师行业委员会	2021年7月
四川深兰律师事务所	2019—2020年度成都市优秀律师事务所	成都市律师协会	2021年5月
简阳市交通运输局	2020年全市“安全生产月”和“安全生产蓉城行”活动优秀单位	成都市人民政府安委会办公室	2021年1月
简阳市交通运输局	2020年度全市组织系统网络宣传先进集体	中共成都市委组织部	2021年5月
简阳市卫生健康局	2020年全市基层平安创建合格单位	中共成都市委政法委员会	2021年11月
简阳市卫生健康局	2021年市卫健系统疫情防控先进集体	成都市卫生健康委员会	2021年12月
简阳市卫生健康局	2021年成都市健康科普传播技能竞赛表演作品二等奖、优秀组织奖	成都市卫生健康委员会	2021年12月
简阳市卫生健康局	2021年成都市“文明健康·幸福蓉城”知识大赛三等奖	成都市爱国卫生运动委员会、成都市精神文明建设办公室	2021年12月

续表60

获奖单位	荣誉称号	颁奖单位	颁奖时间
简阳市卫生健康局	2021年文明健康　幸福蓉城知识大赛三等奖	成都市爱国卫生运动委员、成都市精神文明建设办公室	2021年12月
简阳市卫生健康局	2021年第二届“成渝双城杯”暨成都市第四届“蓝盾杯”卫生健康监督执法技能竞赛团体三等奖	成都市卫生健康委员会	2021年11月
简阳市卫生健康局	农村户厕改造提升健康教育宣传赛课三等奖	成都市爱国卫生运动委员会办公室	2021年12月
简阳市卫生健康局	2020年度目标考核评估为先进单位	成都市计划生育协会	2021年3月
简阳市卫生健康局	2021年度计生特护保险、计生家庭综合保险工作先进单位	成都市计划生育协会	2021年11月
简阳市卫生健康局	庆祝中国共产党建党100周年系列活动舞蹈作品一等奖	成都老年大学协会	2021年6月
简阳市综合行政执法局综合行政执法大队直属一中队	市级优秀达标中队	成都市城市管理行政执法局	2021年4月
共青团简阳市委	2021年度成都市区（市、县）共青团青年志愿服务先进单位	共青团成都市委	2021年12月
简阳市归国华侨侨眷联合会	2021侨联工作、信息工作先进单位	成都市归国华侨联合会	2021年1月
简阳市供销合作社联合社	2020年度全市供销社系统监事会工作突出单位	成都市供销合作社联合社	2021年4月
简阳市公共资源交易服务中心	成都市“健康单位”	成都市健康城市建设领导小组办公室	2021年1月
简阳市邮政业服务中心	2021年度寄递行业安全管理先进单位	成都市邮政管理局	2021年12月
简阳市邮政业服务中心	2021年度推动“快递下乡进村”先进单位	成都市邮政管理局	2021年12月
简阳市大学中专招生委员会办公室	2020年招飞工作先进县级招生考试机构	空军招飞局成都选拔中心	2021年11月
简阳市大学中专招生委员会办公室	2021年招飞工作先进县级招生考试机构	空军招飞局成都选拔中心	2021年12月
射洪坝街道	2021年“成都市基层妇联组织建设示范街道”	成都市妇女联合会	2021年11月
射洪坝街道	2021年“成都市病媒生物防制示范街道”	成都市爱国卫生运动委员会办公室	2021年12月
射洪坝街道蜀阳社区	成都市“最美大运社区”	中共成都市委城乡社区发展治理委员会	2021年7月
平泉街道协议村	成都市先进基层党组织	中共成都市委	2021年6月
平泉街道荷桥村	成都市乡村文化振兴样板村	中共成都市委宣传部、市委网信办、成都市财政局	2021年10月
禾丰镇	成都市“厕所革命”工作先进单位	成都市“厕所革命”领导小组办公室	2021年1月

续表60

获奖单位	荣誉称号	颁奖单位	颁奖时间
禾丰镇	两项改革先进集体	成都市两项改革领导小组	2021 年 2 月
禾丰镇	2021 年度“门前三包”推进工作先进单位	成都市城乡环境综合治理领导小组办公室	2021 年 12 月
涌泉镇群众来访接待站	人民满意窗口	成都市信访局	2021 年 12 月
三星镇人民政府	成都市征兵工作先进基层单位	成都市人民政府、成都警备区	2021 年 11 月
江源镇人民政府	2020 年度反邪教工作先进单位	中共成都市委政法委	2021 年 4 月
简阳市射洪坝第一小学	2020—2021 年度人防警报管理先进设台单位	成都市人民防空办公室	2021 年 7 月
简阳市射洪坝水东小学	成都市党建标准化建设示范学校	中共成都市委教育工作委员会	2021 年 7 月
四川省简阳市高级职业中学	“庆祝建党百年　画说美好天府”第六届成都市中小学生校园书画创评活动优秀组织奖	中共成都市委宣传部、成都市精神文明建设办公室、成都市教育局、共青团成都市委	2021 年 12 月
四川省简阳市高级职业中学	德育先进集体	成都高职中专教育学会	2021 年 12 月

表 61　　简阳市获评成都市级先进个人一览表

姓名	工作（学习）单位及职务	获荣誉称号	颁奖单位	颁奖时间
李玉娟	简阳市人民法院刑事审判庭庭长	扫黑除恶专项斗争工作中表现突出获嘉奖	中共成都市委、成都市人民政府	2021 年 6 月
彭远飞	简阳市人民法院审判员	扫黑除恶专项斗争工作中表现突出获嘉奖	中共成都市委、成都市人民政府	2021 年 6 月
税旭东	简阳市人民法院行政审判庭庭长	成都市优秀共产党员	中共成都市委	2021 年 6 月
秦　敏	简阳市人民检察院党组副书记、副检察长	全市政法机关刑事诉讼实战大练兵活动先进个人（十佳公诉人）	中共成都市委政法委	2021 年 1 月
周　勇	简阳市人民检察院党组成员、政治处主任	扫黑除恶专项斗争工作中表现突出获嘉奖	中共成都市委、成都市人民政府	2021 年 6 月
赖祥顺	简阳市人民检察院退休干部	优秀离退休干部党员	中共成都市委组织部、中共成都市委老干部局	2021 年 7 月
陈国洪	简阳市经济科技和信息化局投资促建科科长	2021 年度成都好人	成都市精神文明建设办公室	2021 年 12 月
叶小勤	简阳市教育局基础教育科工作人员	成都市第二期特殊教育提升计划实施工作成绩突出个人	成都市人民政府教育督导委员会办公室	2021 年 5 月
蔡昊洋	简阳市公安局刑事犯罪侦查大队有组织犯罪侦查中队中队长	扫黑除恶专项斗争工作中表现突出的公务员（公务员二等功）	中共成都市委	2021 年 6 月
苏学海	简阳市公安局刑事犯罪侦查大队命案侦查中队指导员	扫黑除恶专项斗争工作中表现突出的公务员（公务员三等功）	中共成都市委	2021 年 6 月

续表61

姓名	工作(学习)单位及职务	获荣誉称号	颁奖单位	颁奖时间
朱小龙	简阳市公安局刑事犯罪侦查大队有组织犯罪侦查中队民警	扫黑除恶专项斗争工作中表现突出的公务员(公务员嘉奖)	中共成都市委	2021年6月
聂 彤	简阳市公安局网络安全保卫大队大队长	2020年度成都市优秀党务工作者	中共成都市委	2021年7月
李 进	四川阳安律师事务所	2019—2020年度成都市优秀律师	成都市律师协会	2021年5月
朱冬梅	四川得力律师事务所	2019—2020年度成都市优秀律师	成都市律师协会	2021年5月
黄 霞	阳安律师事务所律师	2021年度成都好人	成都市精神文明建设办公室	2021年12月
刘 令	简阳市交通运输局党组书记、局长	成都市2021年春运工作优秀工作者	成都市人民政府春运办公室	2021年6月
余 凯	简阳市交通综合行政执法大队公路路政科副科长	2020年度全市组织系统网络宣传优秀网宣员	中共成都市委组织部	2021年5月
刘本燕	简阳市疾病预防控制中心卫生应急与质量控制科科长	卫健系统疫情防控先进个人	成都市卫生健康委员会	2021年12月
周会彬	简阳市疾病预防控制中心性病与艾滋病防制科科长	疫情防控优秀共产党员	中共成都市委组织部	2021年11月
王雪梅	简阳市中医医院	2020年度药械化安全性监测工作先进个人	成都市市场监督管理局	2021年1月
张 杰	简阳市中医医院	2020年度对口支援阿坝州甘孜州先进个人	成都对口支援阿坝州甘孜州工作领导小组	2021年4月
陈超群	简阳市中医医院	全市优秀离退休干部党支部书记	中共成都市委组织部、中共成都市委老干部局	2021年6月
邓治林	简阳市中医医院党委书记	2021年度履职积极人大代表	成都市人大常委会办公厅	2021年12月
黄 娟	简阳市妇幼保健院儿科医师	2020—2021年成都市“安康杯”先进个人	成都市总工会、成都市卫生健康委员会、成都市应急管理局	2021年12月
徐丽卿	简阳市川空人民医院退休职工	2021年度成都好人	成都市精神文明建设办公室	2021年12月
何志文	简阳市简城街道金水街社区网格员	2020年成都市“扫黄打非”工作优秀网格员	成都市“扫黄打非”工作领导小组	2021年2月
陈世俊	简阳市简城街道白塔路社区网格员	2020年度网格抗疫先锋	中共成都市委政法委员会	2021年3月
廖晓兰	简阳市射洪坝街道东滨路南段社区网格员	2020年成都市“扫黄打非”工作优秀网格员	成都市“扫黄打非”工作领导小组	2021年2月
曾 玲	简阳市射洪坝街道东滨路社区网格员	2020年成都市“扫黄打非”工作优秀网格员	成都市“扫黄打非”工作领导小组	2021年2月

续表61

姓名	工作（学习）单位及职务	获荣誉称号	颁奖单位	颁奖时间
鄢光树	简阳市射洪坝街道东滨路南段社区网格员	2021年度“十优网格员”	中共成都市委政法委员会	2021年2月
王　芹	简阳市新市街道新达街社区网格员	2020年成都市“扫黄打非”工作优秀网格员	成都市“扫黄打非”工作领导小组	2021年2月
赵思宇	简阳市平泉街道网格员	2020年成都市“扫黄打非”工作优秀网格员	成都市“扫黄打非”工作领导小组	2021年2月
张跃芬	简阳市平泉街道进步村8组农民	2021年度成都好人	成都市精神文明建设办公室	2021年12月
潘启艳	简阳市石钟镇前锋村网格员	2020年成都市“扫黄打非”工作优秀网格员	成都市“扫黄打非”工作领导小组	2021年2月
钟水英	石钟镇庙山村村民	2021年度成都好人	成都市精神文明建设办公室	2021年12月
张　瑾	禾丰镇党委委员、组织委员（宣传委员）、人大副主席	成都政法系统英模	中共成都市委政法委员会	2021年4月
徐万奎	禾丰镇综合便民服务中心退役军人服务站站长	2020年度成都市征兵工作先进个人	成都市人民政府、成都警备区	2021年11月
徐万奎	禾丰镇综合便民服务中心退役军人服务站站长	成都市退役军人“战旗红”志愿服务队先进个人	成都市退役军人事务局	2021年12月
蒋青淞	简阳市三星镇党委委员、纪委书记、监察办主任	2021年度成都好人	成都市精神文明建设办公室	2021年12月
闵　楠	成都市人大常委会办公厅经济委办公室三级主任科员、简阳市三星镇共和村第一书记	2021年度成都好人	成都市精神文明建设办公室	2021年12月
朱宝玉	简阳市三星镇同合社区网格员	2020年成都市“扫黄打非”工作优秀网格员	成都市“扫黄打非”工作领导小组	2021年2月
肖　莹	简阳市青龙镇网格员	2020年成都市“扫黄打非”工作优秀网格员	成都市“扫黄打非”工作领导小组	2021年2月
王小艳	简阳市雷家镇黑水寺村网格员	2020年成都市“扫黄打非”工作优秀网格员	成都市“扫黄打非”工作领导小组	2021年2月
施奉坤	江源镇退役军人服务站站长	成都市退役军人战旗红志愿服务队先进个人	成都市退役军人事务局	2021年12月
田　慧	简阳市射洪坝水东小学校长	成都市教育系统优秀党务工作者	中共成都市委	2021年6月
李汶涛	简阳市射洪坝第一小学教师	2020—2021年度人防警报管理先进设台个人	成都市人民防空办	2021年7月
王　琴	简阳市施家学校教师	优秀班主任	成都市教育局	2021年11月
叶贵达	四川省简阳市高级职业中学退休教师	优秀离退休干部党员	中共成都市委组织部	2021年7月

文　存

表 62　　2021 年简阳市委、市政府（市委办、市政府办）政策性文件一览表

序号	文件名称	发文字号	印发日期
1	中共简阳市委关于制定简阳市国民经济和社会发展第十四个五年规划和二〇三五年远景目标的建议	简委发〔2021〕1 号	2021 年 1 月 13 日
2	中共简阳市委关于印发《中共简阳市委常委会关于加强自身建设的意见》的通知	简委发〔2021〕3 号	2021 年 3 月 2 日
3	中共简阳市委关于加强新时代人大工作和建设的实施意见	简委发〔2021〕4 号	2021 年 3 月 2 日
4	中共简阳市委关于修订《中共简阳市委工作规则》有关内容的通知	简委发〔2021〕5 号	2021 年 3 月 3 日
5	中共简阳市委关于修订《中共简阳市常委会议事决策规则》有关内容的通知	简委发〔2021〕6 号	2021 年 3 月 3 日
6	中共简阳市委　简阳市人民政府关于实施幸福美好生活十大工程的意见	简委发〔2021〕9 号	2021 年 3 月 31 日
7	中共简阳市委关于抢抓机遇创新发展加快培育新优势高质量建设成都东部区域中心城市的决定	简委发〔2021〕14 号	2021 年 7 月 30 日
8	中共简阳市委　简阳市人民政府关于印发《简阳市乡村振兴战略规划（2018—2025 年）》的通知	简委发〔2021〕16 号	2021 年 8 月 26 日
9	中共简阳市委办公室简阳市人民政府办公室关于印发《简阳市重大决策社会稳定风险评估制度（试行）》的通知	简委办〔2021〕3 号	2021 年 3 月 30 日
10	中共简阳市委办公室　简阳市人民政府办公室关于印发《简阳市构建现代化环境治理体系提升环境治理能力实施方案》的通知	简委办〔2021〕7 号	2021 年 12 月 2 日
11	中共简阳市委办公室　简阳市人民政府办公室关于印发《简阳市全面深化国际化营商环境建设实施方案》的通知	办字〔2021〕1 号	2021 年 1 月 20 日
12	中共简阳市委办公室　简阳市人民政府办公室关于印发《简阳市全面加强危险化学品安全生产工作实施方案》的通知	办字〔2021〕8 号	2021 年 3 月 26 日
13	中共简阳市委办公室关于印发《简阳市贯彻〈关于巩固深化“不忘初心、牢记使命”主题教育成果的意见〉实施方案》的通知	办字〔2021〕10 号	2021 年 4 月 2 日
14	中共简阳市委办公室　简阳市人民政府办公室关于进一步严格领导干部请假相关工作的通知	办字〔2021〕21 号	2021 年 7 月 9 日
15	中共简阳市委办公室　简阳市人民政府办公室关于进一步加强市委常委会会议、市政府常务会议重要议题合法性审查工作的通知	办字〔2021〕22 号	2021 年 7 月 9 日
16	中共简阳市委办公室　简阳市人民政府办公室印发《关于做好镇（街道）行政区划调整和村（社区）体制机制改革“后半篇”文章的实施方案》的通知	办字〔2021〕30 号	2021 年 8 月 20 日

续表62

序号	文件名称	发文字号	印发日期
17	中共简阳市委办公室　简阳市人民政府办公室关于印发《加强学校安全风险防控体系建设工作方案》的通知	办字〔2021〕38 号	2021 年 10 月 25 日
18	中共简阳市委办公室　简阳市人民政府办公室关于印发《简阳市贯彻落实〈新时代爱国主义教育实施纲要〉工作方案》的通知	办字〔2021〕39 号	2021 年 10 月 28 日
19	中共简阳市委办公室　简阳市人民政府办公室印发《关于全面推行建立林长制的实施方案》的通知	办字〔2021〕44 号	2021 年 11 月 19 日
20	简阳市人民政府关于印发简阳市地方政府性债务管理办法的通知	简府发〔2021〕4 号	2021 年 4 月 26 日
21	简阳市人民政府关于印发简阳市行政事业单位重大国有资产处置实施细则的通知	简府发〔2021〕10 号	2021 年 10 月 25 日
22	简阳市人民政府关于印发《简阳市稳定工业经济增长促进产业转型升级支持政策》的通知	简府发〔2021〕12 号	2021 年 11 月 19 日
23	简阳市人民政府关于调整城镇土地使用税税额标准和适用范围的通知	简府发〔2021〕14 号	2021 年 12 月 13 日
24	简阳市人民政府办公室关于印发《简阳市 2021 年四上企业培育行动实施方案》等 2021 年经济社会发展七大行动实施方案的通知	简府办〔2021〕21 号	2021 年 6 月 23 日
25	简阳市人民政府办公室关于印发《简阳市抢险救灾工程项目管理办法》的通知	简府办〔2021〕24 号	2021 年 7 月 21 日
26	简阳市人民政府办公室关于印发简阳市红十字会改革方案的通知	简府办〔2021〕44 号	2021 年 11 月 30 日
27	简阳市人民政府办公室关于印发《简阳市深化农村公路管理养护体制改革实施方案》的通知	简府办〔2021〕49 号	2021 年 12 月 13 日
28	简阳市人民政府关于印发《简阳市培育上规入库企业奖励办法（试行）》的通知	简府函〔2021〕252 号	2021 年 8 月 25 日
29	简阳市人民政府办公室关于印发简阳市落实离职乡村医生保障性待遇实施方案的通知	简府办函〔2021〕2 号	2021 年 1 月 11 日
30	简阳市人民政府办公室关于印发《简阳市人才公寓租售管理实施细则》的通知	简府办函〔2021〕78 号	2021 年 9 月 1 日

表 63　2021 年简阳市委、市政府（市委办、市政府办）表扬性文件一览表

序号	文件名称	发文字号	发布日期
1	中共简阳市委　简阳市人大常委会关于表扬 2020 年度优秀市人大代表和优秀人大工作者的通报	简委〔2021〕2 号	2021 年 1 月 21 日
2	中共简阳市委　政协简阳市委员会关于表扬 2020 年度优秀市政协委员和优秀政协工作者的通报	简委〔2021〕3 号	2021 年 1 月 21 日
3	中共简阳市委关于表扬 2020 年度基层党风廉政建设先进单位的通报	简委〔2021〕5 号	2021 年 3 月 9 日
4	中共简阳市委关于表扬 2020 年度宣传思想文化工作先进集体和先进个人的通报	简委〔2021〕10 号	2021 年 4 月 29 日
5	中共简阳市委关于表扬 2020 年度工会工作先进集体和先进个人的通报	简委〔2021〕11 号	2021 年 4 月 29 日

续表63

序号	文件名称	发文字号	发布日期
6	中共简阳市委关于表扬2020年度共青团工作先进集体和先进个人的通报	简委〔2021〕12号	2021年4月29日
7	中共简阳市委关于表扬2020年度全市政法、信访工作先进集体和先进个人的通报	简委〔2021〕13号	2021年4月29日
8	中共简阳市委关于表扬2020年度基层统战工作先进集体和先进个人的通报	简委〔2021〕14号	2021年4月29日
9	中共简阳市委　简阳市人民政府关于表扬2020年度农业农村工作先进集体和先进个人的通报	简委〔2021〕15号	2021年4月26日
10	中共简阳市委　简阳市人民政府关于表扬2020年度脱贫攻坚先进集体和先进个人的通报	简委〔2021〕16号	2021年4月26日
11	中共简阳市委　简阳市人民政府关于表扬2020年度国际化营商环境建设先进集体和先进个人的通报	简委〔2021〕17号	2021年6月17日
12	中共简阳市委　简阳市人民政府关于表扬2020年度项目招引工作先进集体和先进个人的通报	简委〔2021〕18号	2021年6月17日
13	中共简阳市委　简阳市人民政府　简阳市人民武装部关于表扬2020年度双拥工作先进集体、先进个人的通报	简委〔2021〕19号	2021年6月17日
14	中共简阳市委关于表扬2020年重点项目建设工作先进集体和先进个人的通报	简委〔2021〕20号	2021年6月18日
15	中共简阳市委关于表扬2020年度全市“四好”领导班子和“五个好”镇（街道）党（工）委的通报	简委〔2021〕21号	2021年6月28日
16	中共简阳市委关于表彰全市优秀共产党员、优秀党务工作者和先进基层党组织的决定	简委〔2021〕22号	2021年6月25日
17	中共简阳市委关于表扬2020年度全市优秀村（社区）干部的通报	简委〔2021〕23号	2021年6月25日
18	中共简阳市委　简阳市人民政府关于表扬2020—2021学年度“十佳教师”和“优秀教师”等先进个人的通报	简委〔2021〕26号	2021年10月11日
19	中共简阳市委　简阳市人民政府关于表彰2020年产业发展“三年行动计划”工作先进集体和先进个人的决定	简委〔2021〕30号	2021年11月19日
20	中共简阳市委　简阳市人民政府关于表扬2020年度工业经济发展优秀企业、先进集体、先进个人的决定	简委〔2021〕31号	2021年12月3日
21	中共简阳市委　简阳市人大常委会关于表扬2021年度优秀市人大代表和优秀人大工作者的通报	简委〔2021〕33号	2021年12月17日
22	中共简阳市委　政协简阳市委员会关于表扬2021年度优秀政协委员和优秀政协工作者的通报	简委〔2021〕34号	2021年12月17日
23	简阳市人民政府关于表扬2020年度纳税先进企业的通报	简府发〔2021〕2号	2021年3月10日
24	简阳市人民政府办公室关于表扬2020年度农民工工作、返乡创业工作先进集体和先进个人的通报	简府办〔2021〕28号	2021年8月19日

统计资料

2021年简阳市国民经济和社会发展主要统计指标

主要指标完成情况

（2021年1—12月）

地区生产总值（GDP）：469.07亿元，增速7.9%；
规模以上工业增加值增速8.1%；
固定资产投资增长21.9%；
社会消费品零售总额395.3亿元，增速18.1%；
一般公共预算收入33.72亿元，增速12.7%；
城镇居民人均可支配收入43290元，增长8.9%
农村居民人均可支配收入21706元，增长10.5%。
注：指标范围为22个镇（街道）

主要指标排位情况表

表64

（2021年1—12月）

指标	绝对量	成都排位	近郊排位	同比±%	成都排位	近郊排位
地区生产总值（亿元）	469.07	17	4	7.9	16	7
规模以上工业增加值增速（%）	—	—	—	8.1	21	8
固定资产投资增速（%）	—	—	—	21.9	1	1
社会消费品零售总额（亿元）	395.26	8	1	18.1	8	6
一般公共预算收入（亿元）	33.72	17	4	12.7	9	3
城镇居民人均可支配收入（元）	43290	20	6	8.9	6	6
农村居民人均可支配收入（元）	21706	16	8	10.5	1	1

注：该表中的指标因未公布成都东部新区数据，为22个区（市）县排位。其中，一般公共预算收入排名含成都东部新区

国内生产总值主要指标表

表65

（2021年1—12月）

指标	单位	总量	累计同比±%
国内生产总值	万元	4690693	7.9
农林牧渔业	万元	616414	4.8
工业	万元	956988	8.6
#采矿业	万元	19123	6.5
制造业	万元	691576	7.1
电力、热力、燃气及水生产和供应业	万元	246289	13.1
建筑业	万元	286229	3.5
批发和零售业	万元	407115	14.0
#批发业	万元	180894	19.0
零售业	万元	226221	10.4
交通运输、仓储和邮政业	万元	109558	8.8
住宿和餐饮业	万元	271909	47.5

续表65

指标	单位	总量	累计同比 ± %
# 住宿业	万元	20163	20.7
餐饮业	万元	251746	50.1
金融业	万元	360594	4.8
房地产业	万元	292036	0.0
其他服务业	万元	1389850	4.9
# 营利性服务业	万元	610260	7.2
非营利性服务业	万元	779590	3.3
第一产业	万元	602252	4.7
第二产业	万元	1243086	7.4
第三产业	万元	2845355	8.9

注：国内生产总值及国民经济三次产业增加值的增减比例按 2020 年不变价计算；计算口径为 22 个镇（街道）口径

表 66

城乡居民收支情况表

（2021 年 1—12 月）

城乡居民收支	单位	绝对额	增速
1. 城镇居民人均可支配收入	元 / 人	43290	8.9
2. 城镇居民人均（生活）消费支出	元 / 人	25482	11.0
3. 农村居民人均可支配收入	元 / 人	21706	10.5
# 工资性收入	元 / 人	7767	11.1
经营净收入	元 / 人	5975	9.0
转移净收入	元 / 人	7185	11.2
4. 农村居民人均（生活）消费支出	元 / 人	15970	10.6
# 食品烟酒	元 / 人	6271	10.0
居住	元 / 人	3353	10.1

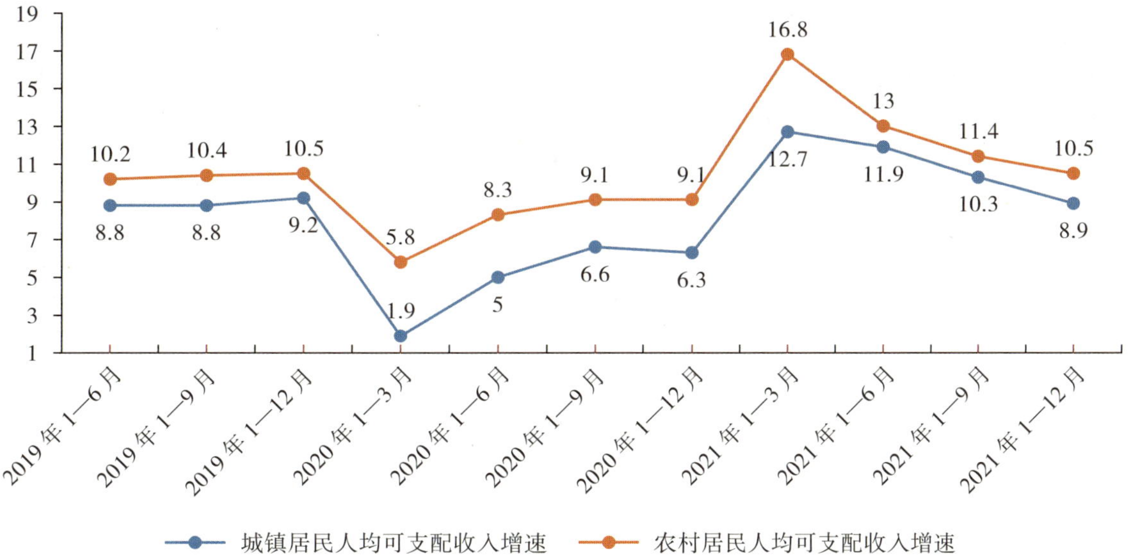

图1 城乡居民收支增速走势示意图

农业生产情况表

（2021 年 1—12 月）

表 67 单位：吨

指　　标	1—12 月	
	总量	同比 ±%
农林牧渔业总产值（万元）	937948.5	5.4
粮食总产量	398774.4	1.6
# 小春粮食总产量	20256.7	-2.3
# 大春粮食总产量	378517.7	1.9
油料产量	64051	0.4
# 油菜籽	55701	0.0
肉类总产量		
# 猪肉	43195	28.2
羊肉	5999	2.2
生猪出栏（头）	580765	20.5
羊出栏（头）	395389	0.5
家禽出栏（只）	6319052	-9.9
牛出栏（头）	1234	-44.6
生猪存栏（头）	380668	8.0
羊存栏（头）	169958	-1.9
牛存栏（头）	2684	-32.5

规模以上工业主要指标表

（2021 年 12 月）

表 68 企业户数：71 户　单位：万元

名　称	至本月止累计	上年同期累计	累计同比 ±%
1. 工业总产值总计（现行价格）	1261924	1331923	-5.3
其中：大中型工业企业	434151	390506	11.2
2. 工业销售产值总计（现行价格）	1196106	1322032	-9.5
其中：出口交货值	33708	50220	-32.9
3. 规模工业营业收入	1240982	1357798	-8.6
4. 规模工业利税总额	130652	120222	8.7
5. 规模工业利润总额	96747	91768	5.4
6. 产销率（%）	94.8	99.3	-4.5
7. 增加值增速（%）	8.1	0.3	7.8

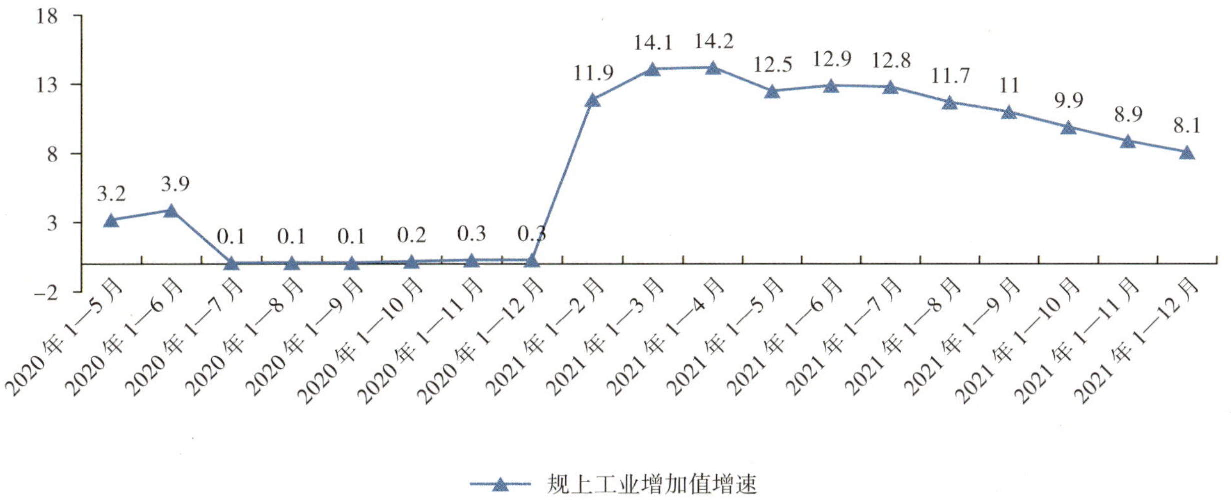

图2 规模以上工业增加值增速走势示意图

主要工业产品产量表

（2021年1—12月）

表69 汇总户数：71户

产品代码	产品名称	计量单位	本月止累计	去年同月止累计
1320010	饲料	吨	0	15872
1331020	精制食用植物油	吨	21556	21734
1353010	熟肉制品	吨	823	549
1440010	乳制品	吨	6030	5757
1781020	口罩	万个（只）	0	1844
1800010	服装	万件	60	264
2221010	机制纸及纸板（外购原纸加工除外）	吨	14741	12276
2631010	化学农药原药（折有效成分100%）	吨	23630	21593
2710010	化学药品原药	吨	738	469
2911010	橡胶轮胎外胎	条	1044908	950508
3011030	水泥	吨	200163	179311
3021010	商品混凝土	立方米	1585688	1152557
3321010	金属切削工具	万件	160	153
3332010	金属压力容器	吨	6072	4275
3391710	铸铁件	吨	86620	73462
3391720	铸钢件	吨	1309	1460
3441010	泵	台	63766	60066
3442010	气体压缩机	台	101	158
3443010	阀门	吨	284	1240
3463020	气体分离及液化设备	台	1073	825

表 70

固定资产投资表

（2021 年 1—12 月）

指标名称	同比 ± %
一、固定资产投资额	21.9
1. 固定资产项目投资	2.4
2. 房地产开发投资	12.1
# 住宅投资	17.2
按产业分	
1. 一产业投资	16.3
2. 二产业投资	15.1
# 工业投资	15.1
3. 三产业投资	26.0
二、民间投资	4.5
三、工业技改投资	25.2

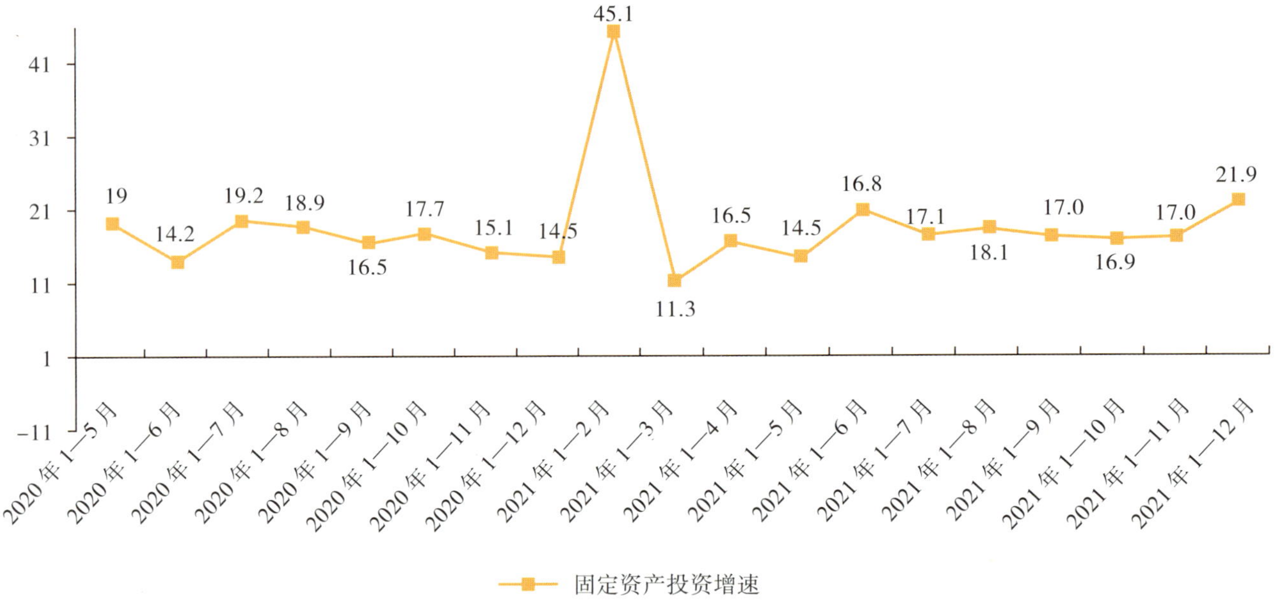

图3 固定资产投资增速走势示意图

表 71

房地产开发情况表

（2021 年 1—12 月）

指标名称	单位	本月止累计	同比 ± %
商品房屋施工面积	平方米	5445952	18.9
商品房新开工面积	平方米	1308238	25.9
商品房屋竣工面积	平方米	749392	44.3

续表71

指标名称	单位	本月止累计	同比 ±%
商品房屋销售面积	平方米	1001279	-13.5
其中：住宅	平方米	724173	-23.1
商品房屋销售额	万元	908064	-22.2
其中：住宅	万元	725730	-26.6
商品房待售面积	平方米	—	—

内外市场贸易、招商引资情况表

（2021 年 1—12 月）

表 72

单位：万元

名　称	至本月止累计	上年同期累计	累计同比 ±%
1. 社会消费品零售总额	3952616	3346775	18.1
# 城镇	3599840	3060442	17.6
乡村	352777	286333	23.2
# 餐饮收入	1742255	1051679	65.7
商品零售	2210362	2295096	-3.7
2. 对外贸易			
合同利用外资（万美元）	7600	—	—
实际到位外资（万美元）	8026	7919	1.4
出口创汇（自营出口）（万元）	80686	42084	91.7
进口（万元）	3270	3350	-2.4

注：进出口数据为扣除成都东部新区各镇（街道）的数据

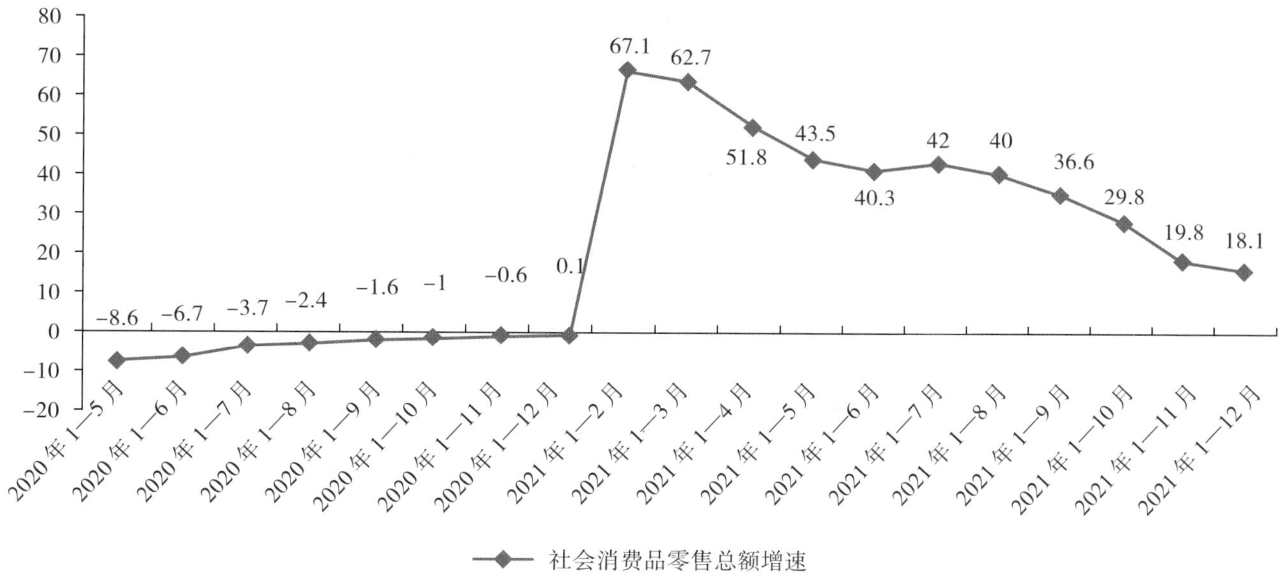

图4　社会消费品零售总额增速走势示意图

社会消费品零售额情况表

（2021 年 1—12 月）

表 73　　单位：万元

名　称	至本月累计	上年同期累计	累计同比 ±%
按消费形态分	3952616	3346775	18.1
（一）餐饮收入	1742255	1051679	65.7
其中：限上企业（单位）餐饮收入	1524962	862740	76.8
其中：通过互联网实现的餐饮收入	605	116	421.4
（二）商品零售	2210362	2295096	-3.7
其中：限上企业（单位）商品零售	2777151	2405668	15.4
其中：通过互联网实现的商品零售额	2685262	2314821	16.0
1. 粮油、食品、饮料、烟酒类	28147	31520	-10.7
2. 服装、鞋帽、针纺织品类	2430080	2105811	15.4
3. 化妆品类	122034	94251	29.5
4. 金银珠宝类	34578	48974	-29.4
5. 日用品类	49824	41880	19.0
6. 家用电器和音像器材类	64918	44089	47.2
7. 中西药品类	18837	20015	-5.9
8. 文化办公用品类	1530	942	62.4
9. 通信器材类	2560	2211	15.8
10. 汽车类	10081	10088	-0.1
11. 其他类	14563	5694	155.8

财政、税收情况表

（2021 年 1—12 月）

表 74　　单位：万元

	至本月累计	上年同期累计	累计同比 ±%
1. 一般预算收入	330312	293004	12.7
# 税收性收入	219467	192060	14.3
# 税务部门	219467	192060	14.3
非税收入	110845	100944	9.8
2. 一般预算支出	680097	675383	0.7
# 一般公共服务支出	91219	75371	21.0
公共安全支出	35471	31798	11.6
教育支出	125423	114040	10.0
科学技术支出	1787	1482	20.6
社会保障和就业支出	110556	112168	-1.4
卫生健康支出	65515	68712	-4.7
节能环保支出	11632	22354	-48
城乡社区支出	31907	32870	-2.9

注：该表数据由财政局提供。因同期数扣除了成都东部新区，增速与成都市反馈数据存在部分差异

税收入库情况表

（2021 年 1—12 月）

表 75　　单位：万元

项　目	累计入库	上年同期	同比%
合　　计	491333	422818	16.2
第一产业	708	804	-11.9
第二产业	134219	117353	14.4
（一）采矿业	687	748	-8.12
（二）制造业	60420	51396	17.6
（三）电力、燃气及水的生产和供应业	9097	9332	-2.5
（四）建筑业	64015	55877	14.6
第三产业	356406	304661	17.0
（一）交通运输、仓储及邮政业	21560	6222	246.5
（二）信息传输、计算机服务及软件业	825	505	63.4
（三）批发和零售业	70248	62226	12.9
（四）住宿和餐饮业	3107	4430	-29.9
（五）金融业	40231	33636	19.6
（六）房地产业	137102	138974	-1.4
（七）租赁和商务服务业	50530	35573	42.1
（八）居民服务和其他服务业	942	1547	-39.1
（九）教育业	474	256	85.2
（十）卫生、社会保险和社会福利业	2029	1469	38.1
（十一）文化、体育和娱乐业	128	101	26.7
（十二）其他行业	29230	19722	48.2

金融情况表

（2021 年 12 月）

表 76　　单位：万元

	至本月累计	上年同期累计	累计同比 ± %
一、各项存款	9064752	8224092	10.2
# 境内存款	9064261	8223679	10.2
（一）单位存款	1197256	1072058	11.7
（二）个人存款	7007877	6129942	14.3
（三）财政性存款	24598	49656	-50.5
（四）其他存款	834530	972023	-14.1
二、各项贷款	5412159	4745816	14.0
# 境内贷款	5412154	4745810	14.0
1. 短期贷款	786826	567447	38.7
# 个人贷款	317193	211028	50.3

续表76

	至本月累计	上年同期累计	累计同比 ±%
单位贷款	469633	356420	31.8
2. 中长期贷款	4473263	3861283	15.8
# 个人贷款	1890274	1711388	10.5
单位贷款	2582989	2149896	20.1
3. 票据融资贷款	81065	121980	-33.5
4. 各项垫资	0	0	—

注：该表数据中，各项贷款包括7.10亿元非银行业金融机构贷款

成都市各区（市、县）主要指标及排位表（一）

表77

（2021年1—12月）

地区生产总值	绝对量（亿元）	排位	近郊排位	同比 ±%	排位	近郊排位
四川天府新区	602.98	13	—	11.1	2	—
成都高新区	2800.56	1	—	11.1	2	—
锦江区	1260.64	7	—	7.2	17	—
青羊区	1454.93	4	—	8.1	13	—
金牛区	1472.89	3	—	7.2	17	—
武侯区	1358.77	5	—	7.2	17	—
成华区	1273.27	6	—	9.9	4	—
龙泉驿区	1504.39	2	—	7.2	17	—
青白江区	620.16	12	—	8.7	6	—
新都区	1000.11	9	—	8.2	12	—
温江区	688.13	11	—	7.2	17	—
双流区	1130.56	8	—	8.7	6	—
郫都区	724.19	10	—	8	15	—
新津区	444.41	18	—	8.6	10	—
简阳市	**469.07**	**17**	**4**	**7.9**	**16**	**7**
都江堰市	484.28	16	3	7.1	22	8
彭州市	601.99	14	1	11.2	1	1
邛崃市	386.32	20	6	8.6	10	5
崇州市	442.59	19	5	8.7	6	3
金堂县	524.38	15	2	9	5	2
大邑县	317.40	21	7	8.1	13	6
蒲江县	203.94	22	8	8.7	6	3

成都市各区（市、县）主要指标及排位表（二）

表78

（2021年1—12月）

城镇居民人均可支配收入	绝对量（元）	排位	近郊排位	同比 ±%	排位	近郊排位
四川天府新区	54349	7	—	8.5	11	—
成都高新区	58920	1	—	8.4	13	—

续表78

城镇居民人均可支配收入	绝对量（元）	排位	近郊排位	同比 ±%	排位	近郊排位
锦江区	55359	4	—	7.9	20	—
青羊区	55322	6	—	7.8	21	—
金牛区	54002	9	—	8.0	18	—
武侯区	56043	2	—	7.7	22	—
成华区	55349	5	—	8.1	17	—
龙泉驿区	52700	12	—	8.5	11	—
青白江区	50235	13	—	8.6	10	—
新都区	54297	8	—	8.4	13	—
温江区	53703	11	—	8.2	16	—
双流区	55557	3	—	8.3	15	—
郫都区	53720	10	—	8.0	18	—
新津区	47465	14	—	8.9	6	—
简阳市	**43290**	**20**	**6**	**8.9**	**6**	**6**
都江堰市	43377	18	4	9.0	5	5
彭州市	43337	19	5	9.4	1	1
邛崃市	43661	17	3	9.3	2	2
崇州市	45081	16	2	8.7	9	8
金堂县	45173	15	1	9.2	3	3
大邑县	43261	21	7	9.1	4	4
蒲江县	42450	22	8	8.8	8	7

成都市各区（市、县）主要指标及排位表（三）

表79　　（2021年1—12月）

农村居民人均可支配收入	绝对量（元）	排位	近郊排位	同比 ±%	排位	近郊排位
四川天府新区	34717	4	—	9.7	10	—
龙泉驿区	35919	1	—	9.3	15	—
青白江区	29727	7	—	9.7	10	—
新都区	32383	6	—	9.6	12	—
温江区	35637	2	—	9.2	16	—
双流区	34928	3	—	9.5	13	—
郫都区	33802	5	—	9.4	14	—
新津区	29130	8	—	10.0	6	—
简阳市	**21706**	**16**	**8**	**10.5**	**1**	**1**
都江堰市	28552	9	1	9.9	8	7
彭州市	28149	13	5	10.3	3	3
邛崃市	27045	14	6	10.4	2	2
崇州市	28322	12	4	10.0	6	6

续表79

农村居民人均可支配收入	绝对量(元)	排位	近郊排位	同比 ±%	排位	近郊排位
金堂县	25515	15	7	10.2	4	4
大邑县	28429	10	2	10.1	5	5
蒲江县	28334	11	3	9.8	9	8

注：因五城区和成都高新区农村住户样本较少已无代表性，故无农村人均可支配收入数据

成都市各区(市、县)主要指标及排位表(四)

表 80

(2021 年 1—12 月)

规模以上工业增加值	同比 ±%	排位	近郊排位
四川天府新区	12.9	11	—
成都高新区	10.1	15	—
锦江区	13.6	7	—
青羊区	13.3	9	—
金牛区	13.5	8	—
武侯区	13.3	9	—
成华区	14.6	5	—
龙泉驿区	9.7	18	—
青白江区	10.2	14	—
新都区	11.8	13	—
温江区	10.1	15	—
双流区	19.3	2	—
郫都区	8.0	22	—
新津区	14.1	6	—
简阳市	8.1	21	8
都江堰市	8.2	20	7
彭州市	18.4	3	2
邛崃市	12.5	12	4
崇州市	15.9	4	3
金堂县	22.0	1	1
大邑县	10.0	17	5
蒲江县	8.3	19	6

注：四川天府新区数据为成都直管区口径，双流区数据不包括成都直管区数据，下表同

成都市各区(市、县)主要指标及排位表(五)

表 81

(2021 年 1—12 月)

固定资产投资	同比 ±%	排位	近郊排位
四川天府新区	16.3	14	—
成都高新区	13.7	20	—
锦江区	14.1	18	—
青羊区	10.8	22	—

续表81

固定资产投资	同比 ±%	排位	近郊排位
金牛区	16.1	16	—
武侯区	19.2	6	—
成华区	19.0	9	—
龙泉驿区	0.1	23	—
青白江区	19.1	8	—
新都区	17.0	13	—
温江区	13.6	21	—
双流区	13.7	19	—
郫都区	14.3	17	—
新津区	21.3	2	—
简阳市	**21.9**	**1**	**1**
都江堰市	18.7	10	5
彭州市	19.2	7	4
邛崃市	17.4	12	7
崇州市	18.6	11	6
金堂县	19.3	5	3
大邑县	19.6	4	2
蒲江县	16.1	15	8

成都市各区（市、县）主要指标及排位表（六）

表 82

（2021 年 1—12 月）

社会消费品零售总额	绝对量（亿元）	排位	近郊排位	同比 ±%	排位	近郊排位
四川天府新区	166.9	14	—	24.4	1	—
成都高新区	936.7	5	—	12.3	19	—
锦江区	1324.3	1	—	13.7	17	—
青羊区	1051.0	3	—	10.9	21	—
金牛区	996.0	4	—	15.0	14	—
武侯区	1209.6	2	—	10.1	22	—
成华区	623.4	6	—	12.3	20	—
龙泉驿区	264.6	10	—	15.0	13	—
青白江区	156.5	15	—	16.7	10	—
新都区	358.4	9	—	18.4	7	—
温江区	173.2	12	—	16.7	11	—
双流区	443.4	7	—	12.4	18	—
郫都区	175.9	11	—	17.2	9	—
新津区	107.8	20	—	16.5	12	—
简阳市	**395.3**	**8**	**1**	**18.1**	**8**	**6**
都江堰市	172.1	13	2	14.1	15	7

续表82

社会消费品零售总额	绝对量（亿元）	排位	近郊排位	同比 ±%	排位	近郊排位
彭州市	130.2	18	5	20.7	5	4
邛崃市	123.3	19	6	23.1	2	1
崇州市	138.7	17	4	22.2	4	3
金堂县	143.7	16	3	19.3	6	5
大邑县	95.9	21	7	14.0	16	8
蒲江县	47.9	22	8	22.4	3	2

成都市各区（市、县）主要指标及排位表（七）

表83

（2021年1—12月）

一般公共预算收入	绝对量（亿元）	排位	近郊排位	同比 ±%	排位	近郊排位
四川天府新区	101.21	3	—	23.6	3	—
成都东部新区	7.20	23	—	37.9	1	—
成都高新区	233.72	1	—	13.3	7	—
锦江区	90.05	7	—	8.9	19	—
青羊区	94.58	4	—	9.1	17	—
金牛区	93.09	5	—	9.9	15	—
武侯区	107.87	2	—	13.3	8	—
成华区	86.56	8	—	9.5	16	—
龙泉驿区	80.05	9	—	7.9	22	—
青白江区	45.37	13	—	17.7	4	—
新都区	72.44	10	—	7.1	23	—
温江区	50.32	12	—	8.9	18	—
双流区	91.25	6	—	17.7	5	—
郫都区	51.24	11	—	8.6	21	—
新津区	33.47	18	—	10.3	14	—
简阳市	**33.72**	**17**	**4**	**12.7**	**9**	**3**
都江堰市	40.38	15	2	11.5	13	7
彭州市	40.29	16	3	12.1	11	5
邛崃市	31.08	20	6	12.4	10	4
崇州市	31.52	19	5	11.5	12	6
金堂县	41.96	14	1	8.7	20	8
大邑县	20.04	21	7	27.7	2	1
蒲江县	12.73	22	8	16.4	6	2

成都市各区（市、县）主要指标及排位表（八）

表84

（2021年1—12月）

税收收入	绝对量（亿元）	排位	近郊排位	同比 ±%	排位	近郊排位
四川天府新区	89.82	3	—	18.9	5	—
成都东部新区	4.38	23	—	6.0	19	—
成都高新区	209.65	1	—	19.2	3	—

续表84

税收收入	绝对量（亿元）	排位	近郊排位	同比 ±%	排位	近郊排位
锦江区	74.51	7	—	10.3	15	—
青羊区	82.93	4	—	10.6	14	—
金牛区	75.28	6	—	12.1	10	—
武侯区	95.59	2	—	13.9	9	—
成华区	64.40	9	—	15.2	7	—
龙泉驿区	68.61	8	—	9.1	17	—
青白江区	28.46	14	—	19.0	4	—
新都区	49.32	10	—	9.5	16	—
温江区	40.31	11	—	8.8	18	—
双流区	76.32	5	—	11.7	11	—
郫都区	37.52	12	—	10.7	13	—
新津区	18.81	18	—	2.1	20	—
简阳市	**22.40**	**16**	**3**	**14.3**	**8**	**4**
都江堰市	22.99	15	2	1.1	22	7
彭州市	29.67	13	1	17.7	6	3
邛崃市	16.40	20	6	10.9	12	5
崇州市	20.82	17	4	2.0	21	6
金堂县	17.58	19	5	-5.7	23	8
大邑县	11.78	21	7	20.5	2	2
蒲江县	8.37	22	8	31.5	1	1

表85

成都市各区（市、县）主要指标及排位表（九）

（2021年1—12月）

一般公共预算支出	绝对量（亿元）	排位	近郊排位	同比 ±%	排位	近郊排位
四川天府新区	147.50	2	—	37.9	2	—
成都东部新区	64.35	14	—	221.4	1	—
成都高新区	234.47	1	—	-5.4	21	—
锦江区	59.86	16	—	5.3	9	—
青羊区	60.90	15	—	3.4	11	—
金牛区	87.27	6	—	22.2	3	—
武侯区	84.47	7	—	-0.7	17	—
成华区	77.25	8	—	2.7	12	—
龙泉驿区	110.77	4	—	-0.6	16	—
青白江区	76.09	9	—	6.5	7	—
新都区	102.05	5	—	-2.1	18	—
温江区	69.06	11	—	-3.3	19	—
双流区	111.65	3	—	9.1	4	—

续表85

一般公共预算支出	绝对量（亿元）	排位	近郊排位	同比 ±%	排位	近郊排位
郫都区	69.81	10	—	0.8	15	—
新津区	44.57	21	—	4.5	10	—
简阳市	**68.01**	**13**	**2**	**-3.9**	**20**	**6**
都江堰市	53.15	19	5	-7.0	22	7
彭州市	59.17	17	3	1.4	14	5
邛崃市	58.84	18	4	8.4	5	1
崇州市	50.32	20	6	5.8	8	3
金堂县	68.76	12	1	6.5	6	2
大邑县	36.40	22	7	2.7	13	4
蒲江县	20.57	23	8	-15.6	23	8

表86　　2021年央级主流媒体报道简阳市情况表

序号	日期	标题	媒体	备注
1	2021年1月4日	中国纪检监察报：群音汇　巡到实处　察出实效	中国纪检监察报	03版
2	2021年1月5日	综艺节目创作掀起“青春”热	光明日报	09版
3	2021年1月30日	极致服务与海底捞的3500亿港元市值	上海证券报	06版
4	2021年2月10日	用智慧城市建设为社会治理现代化赋能	光明日报	16版
5	2021年2月25日	忠诚履职担当尽责凝心聚力助谱华章　政法机关全力打好法治扶贫“组合拳”	法治日报	08版
6	2021年2月27日	脱贫攻坚战中的忠诚卫士	中国纪检监察报	01版
7	2021年2月27日	田阔解放军干事帮助定点帮扶的四川省简阳市干家沟村修建“军民同心路”	解放军报	05版
8	2021年3月7日	川味《第三季》-5《简阳羊肉汤》	央视财经频道	
9	2021年3月8日	致敬脱贫攻坚中的纪检监察干部	中国纪检监察杂志	第5期
10	2021年3月24日	成都新兴领域党建有实招　职工认同才能避免“两张皮”	工人日报	07版
11	2021年4月11日	《乡理乡亲》《监护权背后的情感纠葛》	央视农业农村频道	
12	2021年4月21日	长江经济带：谱写生态优先绿色发展新篇章	光明日报	05版
13	2021年4月27日	西南“双城记”　增添新动力	经济日报	06版
14	2021年5月12日	紧盯长江大保护强化监督检查　推动禁渔令落地见效	中国纪检监察报	01版
15	2021年5月15日	成都排查整治群众急难愁盼问题　建立民情台账　逐一督办整改	中国纪检监察报	03版

续表86

序号	日期	标题	媒体	备注
16	2021年5月15日	《老兵你好》《天路上的飞车奇兵——川藏情英雄路系列节目（四）》	央视国防军事频道	
17	2021年5月23日	《农业气象》《四川简阳胭脂脆桃熟了》	央视农业农村频道	
18	2021年5月29日	“金链条”服务新发展	经济日报	11版
19	2021年5月29日	四川：在祖国西部崛起新的增长极	光明日报	05版
20	2021年5月31日	《体坛快讯》《大运会“搭台” 全运会“唱戏”》	央视体育频道	
21	2021年6月3日	［百家讲坛］技术的进步让阙被更实用的建筑形制取代	央视科教频道	
22	2021年6月4日	《体坛快讯》《第十四届全运会跳水资格赛落幕》	央视体育频道	
23	2021年6月14日	把责任层层传导下去	中国纪检监察报	02版
24	2021年7月6日	乡村蝶变 振兴按下“快进键”	中国青年报	06版
25	2021年7月17日	成都：以好作风护航新征程	中国纪检监察杂志	第14期
26	2021年8月4日	“生活在尤安村，太安逸啦！”	光明日报	10版
27	2021年8月5日	8名老兵重返高原，感受西藏翻天覆地的变化——39年后的军礼	中国国防报	02版
28	2021年8月16日	用好用准问责这把利器	中国纪检监察报	02版
29	2021年8月18日	图片报道·四川省简阳市简蒲高速沱江特大桥河畔绿树成荫	人民日报	11版
30	2021年8月23日	角色不同 初心依旧	中国纪检监察报	
31	2021年8月24日	成都简阳促物流和电商高质量融合发展	中国新闻	A14版
32	2021年9月15日	成都：从红色文化中汲取前行力量	光明日报	05版
33	2021年9月17日	乡村要规划 专家来操盘——四川省成都市乡村规划师制度发展探访	农民日报	05版
34	2021年10月3日	《回家吃饭》《金秋十月丰收季 坐在家中吃八方》	央视财经频道	
35	2021年10月5—6日	宣传片“天府简阳 畅安舒美”	央视农业农村频道	
36	2021年10月18日	铁纪护航住房安全	中国纪检监察报	02版
37	2021年10月25日	四川简阳：企业办事不出园区	光明日报	09版
38	2021年10月21日	实现“一网通办”“一窗受理”四川省简阳市着力提升政务服务效率	中国新闻	A14版
39	2021年10月1日	以中心城市引领发展带动实现区域乡村振兴	学习时报	08版
40	2021年11月7日	以新发展理念引领县域高质量发展的简阳实践	《国家治理》周刊	第41期总第353期
41	2021年11月7日	成渝一体化背景下的简阳发展战略	《国家治理》周刊	第41期总第353期
42	2021年11月7日	以创新支撑引领县域高质量发展的简阳实践	《国家治理》周刊	第41期总第353期
43	2021年11月7日	以产业功能区建设推动高质量发展的简阳探索	《国家治理》周刊	第41期总第353期

续表86

序号	日期	标题	媒体	备注
44	2021年11月7日	打造城乡融合高质量发展的简阳样板	《国家治理》周刊	第41期总第353期
45	2021年11月14日	新发展理念引领下县域发展质量评价体系建构及测评——以四川省所属77个县（市）为样本	《国家治理》周刊	第42期总第354期
46	2021年11月16日	［经济信息联播］保供稳价在行动　四川简阳：记者探访鸡蛋生产基地　科学饲养有保障	央视财经频道	
47	2021年11月17日	［第一时间］保供稳价在行动　四川成都：当天配送到超市　新鲜鸡蛋货源足	央视财经频道	
48	2021年11月17日	［天下财经］保供稳价在行动　四川简阳：科学饲养　保障冬季鸡蛋供应	央视财经频道	
49	2021年11月23日	全面提升城市品质　打造“五个新简阳”擘画未来美好蓝图　四川简阳五步并进	中国新闻	A14版
50	2021年11月24日	四川简阳开展乡村“五美庭院”创建活动	农民日报	04版
51	2021年11月25日	邮储银行四川省分行守正创新“惠民生”	经济参考报	A07版
52	2021年12月6日	理论宣讲接地气　全会精神深入人心	农民日报	01版
53	2021年12月10日	推进幸福美好生活十大工程建设　加快构筑城市面向未来持久竞争优势　四川简阳：让幸福美好生活可感可及	中国新闻	A15版
54	2021年12月14日	乡村舞台上的“简阳范儿”	农民日报	05版

表87　2021年简阳市纳税大户一览表

序号	纳税人名称	纳税额（万元）	所属行业
1	唯品会（简阳）电子商务有限公司	30167	批发和零售业
2	四川雄州实业有限责任公司	24008	租赁和商务服务业
3	四川简阳农村商业银行股份有限公司	21125	金融业
4	四川省诚卓房地产开发有限公司	15135	房地产业
5	四川省简阳市红塔房地产开发公司	14543	房地产业
6	四川海之雁贸易有限公司	12209	批发和零售业
7	四川万安三峰置业有限公司	9531	房地产业
8	简阳市海捞餐饮管理有限公司	9519	住宿和餐饮业
9	四川省精华房地产开发有限公司	7447	房地产业
10	简阳天慧置业有限公司	6873	房地产业
11	简阳荣盛均益投资开发有限公司	6323	房地产业
12	简阳市土地储备中心	6031	房地产业
13	成都晖江置业有限公司	6017	房地产业

续表87

序号	纳税人名称	纳税额（万元）	所属行业
14	颐海（成都）食品有限公司	5080	制造业
15	四川空分设备（集团）有限责任公司	4520	制造业
16	简阳中恒合置业有限公司	4516	房地产业
17	四川龙阳天府新区建设投资有限公司	4196	租赁和商务服务业
18	简阳攸住房地产开发有限责任公司	4143	房地产业
19	四川南格尔生物科技有限公司	3941	制造业
20	四川通汇建筑工程有限公司	3880	建筑业
21	简阳嘉欣瑞恒投资开发有限公司	3812	房地产业
22	成都碧贤置业有限公司	3635	房地产业
23	四川润尔科技有限公司	3375	制造业
24	成都招商简新房地产开发有限公司	3152	房地产业
25	简阳亿联置业发展有限公司	3075	房地产业
26	四川利东农牧股份有限公司	3048	房地产业
27	四川简阳能投建工发展有限公司	3043	建筑业
28	简阳嘉美印铁制罐有限公司	2666	制造业
29	中国人民财产保险股份有限公司简阳支公司	2492	金融业
30	四川港通医疗设备集团股份有限公司	2478	制造业
31	四川德源房地产开发有限公司	2397	房地产业
32	四川川空低温设备有限公司	2322	制造业
33	成都中弘信置业有限公司	2291	房地产业
34	成都兴赫房地产开发有限公司	2175	房地产业
35	四川新派餐饮管理有限公司	2175	租赁和商务服务业
36	简阳发展（控股）有限公司	2173	租赁和商务服务业
37	四川阳安交通投资有限公司	2135	租赁和商务服务业
38	简阳港华燃气有限公司	2131	电力、热力、燃气及水生产和供应业
39	简阳市鸿琛建设工程有限公司	2010	建筑业
40	四川雄洲建设集团有限公司	2004	建筑业
41	简阳合煦房地产开发有限公司	1835	房地产业
42	四川华冠食品有限公司	1834	制造业
43	四川国光农资有限公司	1820	批发和零售业
44	简阳蜀弘实业有限责任公司	1796	建筑业
45	成都和谦房地产开发有限公司	1780	房地产业
46	中国五冶集团有限公司简阳分公司	1746	建筑业
47	四川唯品会物流有限公司	1738	交通运输、仓储和邮政业

续表87

序号	纳税人名称	纳税额（万元）	所属行业
48	四川天成置业有限责任公司简阳分公司	1731	房地产业
49	中国农业银行股份有限公司简阳市支行	1707	金融业
50	简阳市水务投资发展有限公司	1683	电力、热力、燃气及水生产和供应业
51	简阳市金丰建材有限公司	1679	批发和零售业
52	成都交投建筑工业化有限公司	1677	制造业
53	成都市俊杰建设有限公司	1640	金融业
54	中国太平洋财产保险股份有限公司简阳支公司	1488	金融业
55	成都中弘景置业有限公司	1486	房地产业
56	简阳市静海投资有限公司	1434	房地产业
57	简阳市喜和悦房地产开发有限责任公司	1315	房地产业
58	四川众生跃劳务有限公司简阳分公司	1305	建筑业
59	中国工商银行股份有限公司简阳支行	1269	金融业
60	简阳市君晟睿混凝土有限公司	1263	制造业
61	简阳海天水务有限公司	1239	电力、热力、燃气及水生产和供应业
62	简阳市人民医院	1231	卫生和社会工作
63	国网四川省电力公司简阳市供电分公司	1194	电力、热力、燃气及水生产和供应业
64	四川信德药业有限公司	1182	批发和零售业
65	中国建设银行股份有限公司简阳支行	1151	金融业
66	简阳市新东南酒店投资管理有限公司	1148	住宿和餐饮业
67	四川众达鑫建设工程有限公司	1112	建筑业
68	四川省第一建筑工程有限公司	1102	建筑业
69	中国平安财产保险股份有限公司四川分公司简阳营销服务部	1085	金融业
70	四川金地城房地产开发有限公司	1066	房地产业
71	简阳市宏洋房地产有限公司	1059	房地产业
72	四川香榕源食品有限公司	1056	批发和零售业
73	简阳晨珲贸易有限公司	1052	租赁和商务服务业
74	中国华西企业股份有限公司	997	建筑业
75	成都银行股份有限公司成都简阳支行	994	金融业
76	简阳市实业建筑工程有限公司	974	建筑业
77	四川凯力威科技股份有限公司	973	制造业
78	四川精华建设有限公司	946	建筑业
79	四川派安建材有限公司	937	制造业
80	成都高投置业有限公司	871	房地产业
81	四川顺泰源机械设备租赁有限公司	820	租赁和商务服务业

续表87

序号	纳税人名称	纳税额（万元）	所属行业
82	简阳智诚实业有限公司	814	房地产业
83	简阳市恒益商混有限公司	782	制造业
84	四川一州劳务有限责任公司	778	租赁和商务服务业
85	四川国光园林科技有限公司	774	批发和零售业
86	四川新开元制药有限公司	742	制造业
87	四川辅正药业股份有限公司	740	制造业
88	成都凯安置业有限公司	726	房地产业
89	简阳市佳昊商品混凝土有限责任公司	724	制造业
90	简阳市石桥镇建强建材有限公司	715	制造业
91	四川东亚建筑工程有限公司简阳分公司	696	建筑业
92	成都成希废旧物资回收有限公司	678	批发和零售业
93	四川海底捞餐饮股份有限公司	661	住宿和餐饮业
94	四川恒枫建筑工程有限公司	653	建筑业
95	简阳市金控投资有限公司	647	租赁和商务服务业
96	中国银行股份有限公司简阳支行	633	金融业
97	简阳市汇众农业投资发展有限公司	619	批发和零售业
98	简阳市房产保障中心	616	公共管理、社会保障和社会组织
99	简阳市虹都房地产开发有限公司	604	房地产业
100	成都农村商业银行股份有限公司简阳支行	599	金融业
101	四川简阳海特有限公司	586	制造业
102	四川空分低温工程安装有限公司	582	建筑业
103	遂宁银行股份有限公司成都简阳支行	581	金融业
104	四川松源建筑工程有限公司	575	建筑业
105	简阳市京新房地产开发有限公司	520	房地产业
106	简阳市顺源典当有限责任公司	518	租赁和商务服务业
107	简阳市中小企业融资担保有限公司	497	金融业
108	浙江天勤建设有限公司	496	建筑业
109	绵阳市商业银行股份有限公司简阳支行	489	金融业
110	四川双实建筑新材料有限公司	482	制造业
111	四川宏鑫吉物资有限公司	471	批发和零售业
112	简阳蜀能天然气有限公司	452	电力、热力、燃气及水生产和供应业
113	中集天达富诚航空设备成都有限公司	444	制造业
114	四川宏运建筑工程有限公司	434	建筑业
115	四川兆信电力股份有限公司	431	电力、热力、燃气及水生产和供应业
116	四川世纪数科科技有限公司	431	科学研究和技术服务业

续表87

序号	纳税人名称	纳税额（万元）	所属行业
117	简阳市德顺建筑工程有限公司	427	建筑业
118	四川简阳港通经济技术开发有限公司	427	房地产业
119	简阳市兴泽供排水有限公司	427	电力、热力、燃气及水生产和供应业
120	乐山市商业银行股份有限公司资阳简阳支行	422	金融业
121	简阳市南方建筑工程有限公司	407	建筑业
122	四川谷田建筑工程有限公司	397	建筑业
123	四川省简阳市大地生态发展有限公司	393	农、林、牧、渔业
124	四川泰华水力发电有限公司	391	电力、热力、燃气及水生产和供应业
125	四川通汇房地产开发有限公司	386	房地产业
126	简阳市鸿和福建设发展有限公司	385	房地产业
127	四川空分医用设备工程股份有限公司	384	制造业
128	中国建筑第八工程局有限公司	376	建筑业
129	四川川橡天发物流有限责任公司	375	交通运输、仓储和邮政业
130	资阳市永吉建设工程有限责任公司	369	水利、环境和公共设施管理业
131	成都智海建筑安装工程有限公司简阳分公司	367	建筑业
132	简阳市天乙仓储物流有限公司	364	交通运输、仓储和邮政业
133	中信建投证券股份有限公司简阳雄州大道证券营业部	362	金融业
134	四川杰毅伟工建筑劳务有限公司	361	建筑业
135	中国民用航空西南地区空中交通管理局	357	交通运输、仓储和邮政业
136	四川腾扬商砼有限公司	356	制造业
137	简阳市金泰房地产开发有限公司	354	房地产业
138	成都市坤鑫旺建材有限公司	351	批发和零售业
139	中国邮政储蓄银行股份有限公司简阳市支行	351	金融业
140	四川川煤第六工程建设有限公司	346	建筑业
141	四川嵘华建材有限公司	337	批发和零售业
142	华安财产保险股份有限公司简阳支公司	329	金融业
143	成都简东人力资源有限公司	328	租赁和商务服务业
144	简阳市芸辉建筑有限公司	317	建筑业
145	阳光财产保险股份有限公司成都市简阳营销服务部	314	金融业
146	简阳市中医医院	314	卫生和社会工作
147	四川省简阳市川力机械制造有限责任公司	312	制造业
148	四川世扬机械设备租赁有限公司	311	租赁和商务服务业
149	成都市三新供电服务有限公司简阳市分公司	310	建筑业
150	四川简阳川空通用机械设备有限公司	305	制造业
151	四川振兴建筑工程有限公司	303	建筑业

表 88　2021 年简阳市辖区内医疗机构（含民营）一览表

医院名称	详细地址	病床使用率（%）	卫生技术人员	执业（助理）医师	实有床位数	编制床位数	年总诊疗人次	占地面积（平方米）	房屋建筑面积（平方米）
一、医院（综合医院 7 个、中医医院 1 个、专科医院 5 个）									
简阳市人民医院	简阳市简城街道医院路 180 号	90.23	1717	605	1618	1600	1531426	33930	20838
简阳仁和医院（民营）	简阳市简城街道农兴街 192 号	64.13	52	17	100	70	17913	1539	4812
简阳北门医院（民营）	简阳市简城北街 29 号、56 号	67.61	84	20	120	99	20642	1500	3400
简阳国康医院（民营）	简阳市建设西路中段 198 号	33.54	33	11	80	71	5642	4000	4800
简阳施家金玉医院（民营）	简阳市施家镇金玉街 1-1 号	50.06	19	9	50	10	5819	—	—
简阳空分医院（民营）	简阳市简城街道建设中路 239 号附 2 号	76.85	204	59	360	355	74001	9598	15956
简阳绛溪医院（民营）	简阳市安象街安西巷 5 号、7 号，58～60 号	79.96	66	21	80	70	16645	680	624
简阳市中医医院	简阳市雄州大道南段 421 号	83.68	820	260	880	950	539924	321517	59121
简阳兴雄州口腔医院（民营）	简阳市东城新区射洪路南段 74 号	0.00	22	6	15	15	14509	558	1219
简阳家乐精神康复医院（民营）	简阳市中心村 5 组	97.57	71	16	400	100	3903	8000	5818
简阳一安精神病医院（民营）	简阳市建设西路 738 号、740 号、742 号	0.00	17	4	88	50	0	310	1756
简阳玛莉亚妇产医院（民营）	简阳市广场路 38 号	64.67	90	28	130	130	30329	1210	8586
简阳市精神病医院（简阳市青龙镇卫生院）	简阳市青龙镇建设路 134 号	89.93	108	28	311	220	40117	5605	—
合计			3195	1056	3921	3520	2260753	382842	126930
二、基层医疗卫生机构（社区卫生服务中心 9 个、乡镇卫生院 16 个）									
简阳市简城街道滨江社区卫生服务中心	简阳市简城街道红建路北段 284～302 号	11.63	42	15	24	24	19507	—	—
简阳市简城街道红塔社区卫生服务中心	简阳市简城镇农兴街 7 号	20.84	37	15	20	50	34565	1893	6210

续表88

医院名称	详细地址	病床使用率（%）	卫生技术人员	执业（助理）医师	实有床位数	编制床位数	年总诊疗人次	占地面积（平方米）	房屋建筑面积（平方米）
简阳市简城街道空分社区卫生服务中心	简阳市川中路141号	0	34	11	10	10	15347	3020	7740
简阳市简城街道凤山社区卫生服务中心	简阳市简城镇正中街48~50号	0	13	2	0	20	9189	—	149
简阳市射洪坝街道鳌山社区卫生服务中心	简阳市射洪坝街道简车路105号	0	52	17	11	20	24422	—	—
简阳市东溪街道社区卫生服务中心	简阳市东溪街道东溪大道403号附30号	90.14	32	15	45	99	21537	—	—
简阳市石桥街道社区卫生服务中心	简阳市石桥街道大街92号	57.79	73	31	88	130	54156	1317	1581
简阳市赤水街道社区卫生服务中心	简阳市赤水街道平桥街45号	39.55	39	10	70	70	24231	5746	3189
简阳市新市街道社区卫生服务中心	简阳市新市街道凯力威工业大道南段16号	30.39	50	19	40	100	51164	13400	3841
简阳市红十字平泉中心卫生院（平泉、五星、飞龙）	简阳市平泉镇堤坝街148号，简阳市五星乡和兴街70号，简阳市飞龙乡回龙街20号	44.52	102	28	152	155	117935	6168	7515
简阳市禾丰中心卫生院（禾丰、普安）	简阳市禾丰镇裕民街338号，简阳市普安乡新街1号	61.37	177	56	218	290	124889	10991	5716
简阳市三星中心卫生院（三星、同合、新星）	简阳市三星镇祠堂街1号、民桥村2组，简阳市同合乡三座桥北街19号，简阳市新星乡月亮街39号	54.56	110	47	218	238	154631	15833	3993
简阳市施家中心卫生院（施家、安乐、平息）	简阳市施家镇施乐路124号，简阳市安乐乡梨园街27号，简阳市平息乡东街72号	57.38	67	28	150	166	86146	9767	13223
简阳市云龙中心卫生院（云龙、金马、五合）	简阳市云龙镇西街13号，简阳市金马镇马庙街131号，简阳市五合乡和平街146号	66.68	138	40	265	423	118350	10567	15498

续表88

医院名称	详细地址	病床使用率（%）	卫生技术人员	执业（助理）医师	实有床位数	编制床位数	年总诊疗人次	占地面积（平方米）	房屋建筑面积（平方米）
简阳市镇金中心卫生院（镇金、老龙）	简阳市镇金桥新街187号，简阳市老龙乡堰坪街192号	65.87	110	46	12	120	90016	7024	10235
简阳市杨家镇卫生院	新建								
简阳市精神病医院（青龙镇卫生院）	简阳市青龙镇建设路134号	89.93	108	28	311	220	40117	5605	—
简阳市石钟镇卫生院（石钟、平窝）	简阳市石钟镇龙颈街46号，简阳市平窝乡场镇平西街25号	66.81	46	18	70	70	55801	1565	1929
简阳市宏缘镇卫生院	简阳市宏缘镇渡口中街87号	43.9	11	9	27	40	27590	533	744
简阳市雷家镇卫生院（雷家、望水）	简阳市雷家镇永兴街，简阳市雷家镇永兴街（简阳市望水乡卫生院）	46.76	43	16	55	55	42105	2696	3630
简阳市江源镇卫生院（江源、永宁）	简阳市江源镇新场街14号，简阳市永宁乡自力街2号	40.43	43	20	85	85	47493	3111	2169
简阳市涌泉镇卫生院	简阳市涌泉镇泉井街159号	53.53	11	9	40	40	22972	1378	3117
简阳市三合镇卫生院	简阳市三合镇南街118号	35.51	26	10	65	63	24911	1478	1348
简阳市踏水镇卫生院	简阳市踏水镇中心街52号	77.33	18	9	55	55	33710	1483	1479
简阳市平武镇卫生院	简阳市平武镇胡家街143号	75.27	24	9	30	40	32231	600	985
合计			1406	508	2061	2583	1273015	104193	94291
三、专业公共卫生机构（4个）									
简阳市妇幼保健院	简阳市雄州大道南段868号	37.47	348	106	149	200975	506	25916	4475
简阳市疾病预防控制中心	简阳市射洪坝街道射洪路北段115号	0	106	52	0	0	0	510	3880
简阳牙病防治所（民营）	简阳市简城街道办事处红建路228号	0	6	2	0	6792	0	—	—
简阳蓉生单采血浆有限公司（民营）	简阳市东溪街道爱心巷6号	0	38	6	0	0	0	5668	3386
合计			498	166	149	207767	506	32094	11741

索 引

编制说明

一、本索引为《简阳年鉴（2022）》的内容分析索引。通过本索引所选的主题词条，可以对具有独立检索意义的完整资料进行检索。

二、本索引按汉语拼音字母（同音字按声调）顺序排列。索引词条用楷体字标明。数字表示该词条内容所在页码，后面的拉丁字母（a、b）表示栏别（从左到右）。

三、内文中的“特载”“专记”“大事记”“附录”内容，以及随文照片和彩色图片未做索引。

A

B

C

D

E

F

G

H

J

K

L

M

N

P

Q

R

S

T

W

X

Y

Z